JN491979

국역 한훤차록 • 寒暄箚錄

옛 편지의 격식과 용어

김남규 양재성 이상동 임규완 박다원 역주

영남대학교출판부

옛 편지의 격식과 용어 - 국역 한훤차록 寒暄箚錄

초판 1쇄 2025년 12월 31일

지은이 김남규 양재성 이상동 임규완 박다원
편낸이 최외출
펴낸곳 영남대학교 출판부

출판등록 1975년 9월 5일 경산 제16-1호
주소 경북 경산시 대학로 280
전화 053) 810-1801~3
FAX 053) 810-4722
홈페이지 book.yu.ac.kr

ISBN 978-89-7581-894-3 93900

옛 편지의 격식과 용어

국역 한훤차록 · 寒暄箚錄

김남규 양재성 이상동 임규완 박다원 역주

차례

한훤차록寒暄箚錄 권2

한훤차록寒暄箚錄 권3

한훤차록寒暄箚錄 권4

한훤차록寒暄箚錄 권5

『寒暄箚錄』 해제

林奎完(영남대학교)

1. 개요

지금은 통신매체의 발달로 휴대전화나 메일 등이 그 자리를 대신하고 있지만 전통시대 편지는 인간의 일상에서 가장 빈번하고도 중요한 소통의 매체였다. 당연한 이야기이지만 편지는 대면의 말을 대체하는 것이기에 대면에서 이루어지는 인간사 모든 영역의 내용을 그대로 담고 있다. 하지만 직접적인 대화와 달리 문자로 이루어지는 행위이기도 하여 그에 따르는 일정한 격식이 자연스레 요구되었다. 그렇기에 일정한 격식을 바탕으로 인간사의 다양한 내용을 담아내는 것이 편지의 가장 기본적인 속성이라 할 수 있다.

『寒暄箚錄』은 편지의 다양한 격식과 주제를 종류별로 분류하여 엮은 조선시대 서간문 교범서이다. 특히 조선에 정착된 서간문의 실제와 현장을 그대로 반영하여 우리 실정에 맞는 편지 작성의 모범을 제시하였다는 점에서 주목할 자료이다.

2. 저자

『한훤차록』의 저자에 대해 현재로서 확정된 바는 없다. 다만 이에 대한 접근으로 이전의 연구 성과가 어느 정도 이루어졌기에 이를 인용하고자 한다.[1]

한부 『寒暄箚錄』은 그 책은 비록 작지만 고심한 것을 넉넉히 볼 수

1 박철상, 「『童觀識錄』을 통해 본 조선후기 간찰투식집 고찰」, 『대동한문학』 36집, 대동한문학회, 2012.

있었네. 그러나 이것보다 더 큰 것을 만들고자 하지 않았던가?[2]

1811년 梅山 洪直弼(1776~1852)이 南允默에 보낸 편지이다. 이어지는 편지의 내용에 남윤묵을 팔도의 幕賓으로 운운하고 있는 것으로 볼 때 남윤묵은 행정의 실무에 능한 중인으로 보인다. 『한훤차록』과 관련한 저자로서 남윤묵의 성명을 명시한 홍직필의 언급 외에 다음의 글이 또 다른 단서가 된다.

이 책[한훤차록]은 여항의 남씨 성을 가진 사람이 편집한 것이라 하는데 樓閣洞의 河錫이란 사람은 그의 부친이 만든 것이라 한다.[3]

趙鼎淳(1791~1868)이 편찬한 『童觀識錄』의 「寒暄箚錄」에 관한 기록 중 일부이다. 『童觀識錄』은 조정순이 조선후기에 간행된 4종의 서찰 투식집과 1종의 필사 투식집에 대한 설명과 자신의 견해를 덧붙여 편찬한 책이다. 여기서 언급된 남씨 성을 가진 여항인이란 곧 남윤묵을 지칭하는 것일 가능성이 매우 크고, 아울러 河錫의 부친이 편찬하였다는 것 또한 하나의 단서가 된다. 樓閣洞은 여항의 서리들이 살았던 곳이라고 하니 그 또한 여항인이었던 것이다. 따라서 『한훤차록』의 저자가 여항인이라는 점은 분명한 사실로 보이며 구체적으로 남윤묵일 가능성이 제일 크고 하석의 부친 또한 一人으로서 가능성을 열어 두는 것이 현재로선 최선이라 판단된다. 간행 또한 미상이지만 남윤묵을 저자로 두었을 때 홍직필이 그에게 편지 보낸 1811년에서 그리 멀지 않은 시기에 간행된 것으로 추정할 수 있다.

---

2 洪直弼, 『梅山先生文集』권20, 「答南允默 辛未」, "一部寒暄箚錄。其爲書也雖小。亦足以見苦心。未欲爲大於此者乎"

3 趙鼎淳, 『童觀識錄』, 「寒暄箚錄」, "此書閭巷南姓人所輯云 而樓閣洞人河錫言其父所爲"

3. 구성 및 내용

5권 3책으로 이루어진 『한훤차록』은 격식에 관한 것과 주제별 분류로 크게 나누어 볼 수 있다. 이를 권차에 따라 도표화하면 아래와 같다.

<table>
<tr><td rowspan="3">권1</td><td>重封式</td><td>營鎭類, 節下類, 執事類, 開坼類, 上書類</td></tr>
<tr><td>皮封式</td><td>兄主類, 碩士類, 大監類, 尊丈類, 老兄類, 衙門類,
某官類, 台座類, 侍案類, 拜候類, 謹封類, 省禮類</td></tr>
<tr><td>寄狀式</td><td>①起頭類 ②未審類 ③時令類 ④氣候類 ⑤萬安類
⑥伏慕類 ⑦第類 ⑧仰念類 ⑨小生類 ⑩粗安類
⑪就告類 ⑫餽遺類 ⑬結語類 ⑭不備類 ⑮伏惟類
⑯鑑察類 ⑰上候類 ⑱年月類 ⑲姓名類 ⑳再拜類</td></tr>
<tr><td>권2</td><td>答狀式</td><td>①起頭類 ②匪意類 ③褫中類 ④伏承類 ⑤下書類
⑥謹審類 ⑦時令類 ⑧氣候類 ⑨萬安類 ⑩伏慰類
⑪第類 ⑫示意類 ⑬感荷類 ⑭辭謝類</td></tr>
<tr><td>권3</td><td>(주제별)</td><td>國哀類, 父母喪類, 祖父母喪類, 叔父母喪類,
兄弟喪類, 妻喪類, 子喪類子婦喪類, 女喪類, 夭慽類,
一家喪類, 親知喪類, 緬禮類</td></tr>
<tr><td>권4</td><td>(주제별)</td><td>邦慶類, 重試類, 大科類, 小科類, 發解類, 赴擧類,
落榜類, 生男類, 過婚類, 婚書類, 升擢類, 藩閫類,
邑鎭類, 筮仕類, 復職類, 赴任類, 赴燕類, 補外類,
譴謫類, 宥還類, 罷官類, 解官類, 就理類, 行役類</td></tr>
<tr><td>권5</td><td>(주제별)</td><td>問病類, 課做類, 詩什類, 勸勉類, 淸趣類, 游賞類, 請
邀類, 借與類, 水旱類, 歉荒類, 囑託類</td></tr>
</table>

권1과 권2는 편지의 기본 격식에 중점을 두되 寄狀式과 答狀式은 격식과 함께 그 용례를 수록하였고, 권3, 4, 5는 주제에 따른 다양한 용례를 수록하였다. 큰 틀로 보면 격식→격식·용례→용례의 자연스런 흐름으로 연결되고 있음을 알 수 있다.

권1의 重封式은 봉투에 써야하는 기본적인 내용을 나열한 것으로 여기에는 1. 받는 곳 2. 받는 대상 그리고 이어 3. 받아보시라는 뜻의 여러 단어들이 제시되어 있는데 주로 지방관의 용례가 대부분 수록되었다. 營鎭類·節下類 → 執事類 → 開坼類의 순서이다. 예컨대 '嶺營 節下下執事 入納', '錦山 政牙 記室 回納' 등이 되겠다. 그리고 그 옆줄에는 발신자의 정보, 즉 거주지(나) 지위를 쓰고 '글을 올린다'는 뜻의 단어들이 이어진다. 예컨대 '館洞 李判書 謝狀', '漆溪 戚從 候狀' 등이 있으며 수신자에 따라 앞부분을 생략하고 '候狀上' 등으로 보내는 것도 있다.

皮封式은 봉투를 사용하지 않고 편지의 내용이 있는 內紙를 왼쪽부터 일정하게 접어 제일 끝 면의 뒷면에 수신자, (발신자)를 기록하는 경우이다. 즉 봉투 없이 내지의 겉면에 수수자를 표시하는 것이다. 수신자의 대상에 따라 兄主類 ~ 侍案類로 분류하였다. '臨河 棣案 執事', '內舅主前 上候書' 등이 실례라 하겠다. 그리고 謹封類는 봉투 하단과 경우에 따라 상단에 쓰이는 용어를 제시하였다. 이는 중봉식, 피봉식 모두에 해당된다. 피봉식의 끝에 부기된 省禮類는 봉투가 아니라 服中이나 喪中일 경우 편지의 첫머리에 쓰는 격식 용어이다.

이어지는 寄狀式과 권2의 答狀式은 실제 편지에서 주고받는 격식에 따른 용례를 적어 놓았다. 실질적인 내용에 해당하는 부분이다. 글을 시작하는 起頭類에서 끝부분 姓名을 적고 마무리하는 姓名類, 再拜類까지의 단계를 나열하였다. 기장식은 모두 20단계, 답장식은 14단계로 설정해 놓았다. 번호순서에 따른 순차적 단계별 전개이다. 참고로 이러한 세부적 분류가 다소 번다한 점이 있음을 감안, 이를 크게 5단락으로 구분하여 일목요연하게 파악이 되도록 편리성을 도모한 연구도 있다.[4]

---

4 박대현, 「漢文書札의 格式과 用語 研究」, 영남대학교 한문학과 박사학위논문, 2010. 여기서 우리나라 서찰의 격식을 5단락으로 제시하고 여기에 해당하는 세부 항목을 배열하였다.

	寄狀式	비고	答狀式	비고
書頭	①起頭類	阻闊 외 9종	①起頭類	瞻戀 외 9종
候問	②未審類		②匪意類	
	③時令類	正月 외 11종 이칭	③禠中類	
	④氣候類		④伏承類	
	⑤萬安類		⑤下書類	
	⑥伏慕類		⑥謹審類	
	⑦第類	外任 외 2종	⑦時令類	
	⑧仰念類		⑧氣候類	
			⑨萬安類	
			⑩伏慰類	
			⑪第類	病憂 외 1종
自敍	⑨小生類			
	⑩粗安類	粗安외 8종		
述事	⑪就告類	請託 외 1종	⑫示意類	
			⑬感荷類	諸種 외 12종
	⑫饋遺類		⑭辭謝類	
結尾	⑬結語類			
	⑭不備類			
	⑮伏惟類			
	⑯鑑察類			
	⑰上候類			
	⑱年月類			
	⑲姓名類			
	⑳再拜類			

5단락이란 글을 시작하는 부분의 書頭, 상대의 안부를 묻는 候問, 자신의 근황을 전하는 自敍, 제반사를 기술하는 述事, 글을 마무리하는 結尾를 말한다. 이러한 대분류하에 세목으로 寄狀式 20단계, 答狀式

14단계를 성격에 맞게 배속하면 전체 흐름과 파악이 용이하다.

세부항목 중 첫째인 기두류는 寄狀과 答狀 모두 10개의 항목을 별도로 두어 다시 세분화 시켰다. 즉 阻闊, 別後, 闕候, 枉訪, 謁後, 邂逅, 付書, 伻人, 無雅, 時令類는 寄狀에 따른 것이고, 瞻戀, 阻餘, 別後, 病中, 卽承, 游承, 替慰, 擬候, 隨時, 付答類은 답장에 따른 항목이다. 그 중 時令類은 정월부터 12월까지 12달의 이칭을 나열하였다.

第類는 外任, 客遊, 問病의 3항목을 기장에서, 病憂와 鄕寓의 2항목을 답장에서 세분하였다. 그리고 기장에서 粗安類는 粗安, 公兄, 疾病, 親患, 憂患, 閑寂, 外任, 行役, 客中의 9항목과 就告類는 請託과 求請의 2항목으로 세분하였다. 아울러 답장에서 感荷類는 諸種, 藥料, 魚饌, 果實, 紙墨, 曆, 箑, 茶草, 油淸, 歲儀, 封餘, 贐行, 祭需의 13항목으로 세분화 하였다.

이상이 서찰의 격식을 언급했다면 권3에서 권5까지는 주제별 분류를 하고 있다. 권3은 國哀類를 시작으로 緬禮類에 이르기까지 모두 喪中과 관련해 대상에 따른 분류를 하고 있다. 권4는 여러 가지 주제가 섞여 있는데 먼저 邦慶類에서 落榜類는 나라의 경사와 시험에 관해, 生男類에서 婚書類는 혼인과 득남에 대해, 升擢類에서 끝의 行役類는 관직과 관련한 내용들이 제시되어 있다. 권5는 기타 일상에 대한 내용들로 문병, 과거 공부, 유람, 초대, 가뭄과 흉년, 청탁 등이 나온다.

이어 각 항목에 따른 예문 수량을 확인해 본다. 예문으로서 단문의 형태를 갖춘 기두류부터 대상을 삼았으며 수량 표기가 없는 것은 널리 쓰이는 한 단어 형식의 용어들이 나열되었거나 기장과 답장의 중복적 성격으로 예문이 생략된 경우이다.

연번	항목	수량	연번	항목	수량	연번	항목	수량
1	起頭類1-10	226	31	謹審類		60	小科類	15
2	未審類		32	時令類		61	發解類	21
3	時令類		33	氣候類		62	赴擧類	13

4	氣候類		34	萬安類		63	落榜類	12
5	萬安類		35	伏慰類	158	64	生男類	16
6	伏慕類	96	36	第類	50	65	邑鎮類	43
7	第類1-3	119	37	示意類	76	66	筮仕類	12
8	仰念類	14	38	感荷類	189	67	復職類	5
9	小生類		39	辭謝類	10	68	赴任類	36
10	粗安類1-9	371	40	國哀類	8	69	赴燕類	28
11	就告類1-2	78	41	父母喪類	146	70	補外類	6
12	餽遺類	35	42	祖父母喪類	10	71	譴謫類	48
13	結語類1-14	290	43	叔父母喪類	20	72	宥還類	29
14	不備類		44	兄弟喪類	49	73	罷官類	21
16	伏惟類		45	妻喪類	33	74	解官類	19
17	鑑察類		46	子喪類	58	75	就理類	12
18	上候類		47	子婦喪類	16	76	行役類	43
19	年月類		48	女喪類	12	77	問病類	49
20	姓名類		49	夭慽類	23	78	課做類	19
21	再拜類		50	一家喪類	37	79	詩什類	37
22	起頭類1-9	275	51	親知喪類	42	80	勸勉類	33
23	匪意類		52	緬禮類	8	81	淸趣類	26
24	褫中類		53	邦慶類	16	82	遊賞類	20
25	伏承類		54	重試類	6	83	請邀類	47
26	下書類		55	大科類	30	84	借與類	15
27	時令類		56	過婚類	24	85	水旱類	15
28	氣候類		57	婚書類	2	86	歉荒類	24
29	萬安類		58	升擢類	36	87	囑託類	69
30	伏慰類	158	59	藩閫類	12		총 계	3030

제일 많은 수량으로 제시된 항목을 순서대로 열거하면 기두류(기장+답장) 501, 조안류 371, 결어류 290, 감하류 189, 제류(기장+답장) 169, 복위류 158, 부모상류 146, 복모류 96, 취고류 78 등이다. 하위 세부 항목으로 분류되는 항목들이 다수를 차지하고 있다. 특히 격식의 예문들, 즉 기장식과 답장식의 예문들이 다수를 차지하고 있음은 『한훤차록』 편찬의 중점이 어디인가를 드러내고 있다.

그리고 권3 이하 주제별 분류의 경우 부모상류 146, 촉탁류 69, 자상류 58, 형제상류·문병류 49, 견적류 48, 청요류 47 등의 순서로 수록되었다. 일견 喪中과 관련한 예문이 압도적인 바, 권3 전체를 할애하여 주제별 분류 전체의 ⅓을 차지할 만큼 큰 비중을 두고 있음을 알 수 있다. 또한 승탁류에서 행역류에 이르기까지 관직, 특히 지방관직과 관련한 내용들이 350건이 수록되어 관직에서 가장 많은 인원수를 보이는 지방관에 대한 현실적 인식이 중요하게 작용하였음을 읽을 수 있다.

이어 『한훤차록』 제시된 예문의 출전에 대해 언급하고자 한다. 본격적 예문이 수록된 기두류에서 제일 끝인 촉탁류에 이르기까지 제시된 예문을 고전번역원DB를 바탕으로 검색해 본 결과 확인되는 출전과 그 수량은 다음과 같다.

서 명	저 자	수 량
明齋遺稿	尹拯(1629~1714)	257
農巖集	金昌協(1651~1708)	72
記言	許穆(1595~1682)	52
藥泉集	南九萬(1629~1711)	22
栗谷集	李珥(1536~1584)	13
樂全堂集	申翊聖(1588~1644)	10
息庵遺稿	金錫胄(1634~1684)	7
東谿集	趙龜命(1693-1737)	6
鳳巖集	蔡之洪(1683~1741)	5
退憂堂集	金壽興(1626~1690)	3
龜峯集	宋翼弼(1534~1599)	2
澤堂集	李植(1584~1647)	1
牛溪集	成渾(1535~1598)	1
同春堂集	宋浚吉(1606~1672)	1

윤증의 『明齋遺稿』 257, 김창협의 『農巖集』 72, 허목의 『記言』 52,

남구만의 『藥泉集』 22건 등의 순위로 많이 수록되었다. 소론인 윤증의 『명재유고』 출전이 단연 압도적인데 辭謝類에서는 전체 10건의 예문 가운데 『명재유고』의 글이 7건 수록되기도 하였다. 비록 윤증을 비롯한 소론을 중심에 두긴 하였지만 그러나 일방향의 편중만이 아닌 노·소론, 남인을 대체적으로 안배한 것으로 보인다. 특징적인 것은 시기적으로 17세기, 지역적으로 기호인들을 집중적으로 선발하였다는 사실이다. 퇴계 이황을 비롯한 조선 전기의 인물들이 거의 없고, 편찬 시기에서 멀지 않은 18세기 인물들과 영남 지역 인사의 글은 하나도 확인되지 않는다.

4. 가치

이상의 논의를 바탕으로 『한훤차록』의 가치 및 특징을 열거하면 다음과 같다.

첫째, 우리나라 실정에 맞는 편지 교범서이다. 『한훤차록』에 앞서 간행된 편지 교범서로서 『司馬氏書儀』(11세기)[5], 『居家必用事類全集』(14세기), 『簡式類編』(17세기) 등이 있다. 이들은 모두 중국에서 편집된 것으로서 중국의 편지 예문들이 수록되었다. 이에 반해 『한훤차록』은 순 우리식의 편지 격식과 예문만을 모두 수록하였다는 점에서 가장 큰 의미가 있다. 그런 점에서 토착화된 조선의 편지 교범서로서는 가장 대표적이라 할 수 있다.

둘째, 여항인이 편찬하였다. 남윤묵 또는 하석의 아버지가 저자라고 하는데 남윤묵이 가장 유력해 보인다. 누가 되었던 둘은 모두 여항인이다. 따라서 이 책의 독자는 여항인이 그 대상이었다. 다만 시간의 흐름과 함께 광범위하게 유포됨으로서 사대부의 시야에 포착되고 또 활용

5 11세기에 편찬되었지만 우리나라에서 간행된 것은 1767년(영조 43)이다.

되는 양상도 등장하였다.[6] 간행 시기는 1811년에서 그리 멀지 않은 시점으로 판단된다.

셋째, 매우 세분화된 항목 분류를 하고 있다. 봉투 쓰는 법식인 중봉식, 피봉식에서 각각 5, 12 항목으로 분류하였고 이어 기장식과 답장식의 격식에서는 각각 20, 14 항목을 두어 순차적인 항목 배열에 따라 자연스레 편지 작성을 할 수 있도록 안내하였다. 이어지는 주제별 분류에서는 모두 48 항목을 두어 각 항목에 따른 다양한 용례를 제시하였다. 그 중 상례에 관한 것과 지방관에 대한 관한 용례가 가장 다수로 수록되었는데 이는 격식이 가장 엄격히 요구되는 부분이 상례이고, 조정의 관리 중 가장 현실적으로 가까이 접할 수 있는 대상이 지방관이기 때문인 것으로 판단된다.

넷째, 명재 윤증의 편지가 압도적으로 많이 수록되었다. 이는 그의 편지가 모범 사례로 인식되었음을 말한다. 그러나 비록 소론 인사 중심의 선발이지만 노론과 남인 인사에 대한 나름의 안배 흔적도 찾을 수 있다. 그리고 17세기 기호 지역 명사들의 글이 집중적으로 수록된 것도 또 하나의 특징이다.

5. 기타

『한훤차록』의 판본에 대해 간단히 언급한다. 앞서 언급한 것처럼 『한훤차록』의 간행은 1811년 이후 간행된 것으로 추정하였다. 현전하는 『한훤차록』의 판본을 조사해 보면 정리자체철활자본 1종과 목활자본 2종 및 목판본 1종이 있다. 그리고 수많은 필사본들도 전한다. 목판본은 정리자체철활자를 번각한 것으로, 책 크기가 다른 현존본들을 보건데 여러 차례 인쇄한 것으로 보인다.

---

6 李晩燾, 『響山集』권19, 「伯父折衝將軍僉知中樞府事兼五衛將蕉齋府君行錄」, "其於書札也則曰問人起居。當以恭敬爲本。彼見行簡錄必知等書。鄙俚無足觀。而其禮節上稱謂起例。無一字放過。此不可不知也"

한훤차록寒暄箚錄 권 1

중봉식重封式[1]

먼 곳끼리 주고받는 편지와 존경하는 분에게 보내는 편지는 모두 중봉重封[2]을 한다[遠地往復 及尊敬處 皆重封].

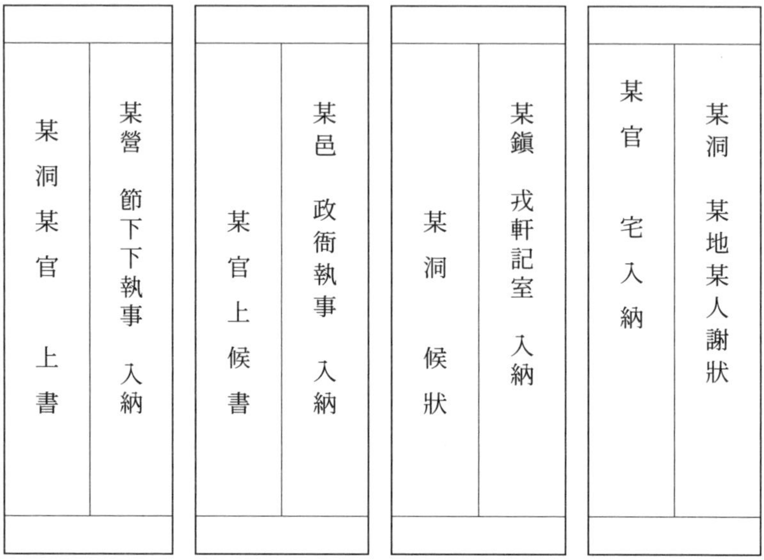

<중봉식 상서上書> <중봉식 상후서上候書> <중봉식 후장候狀> <중봉식 사장謝狀>

---

1 봉투에 기록하는 각 내용은 아래 유별로 제시하였다.

2 중봉重封: 비밀을 요하는 중요한 문서나 수신자가 원지遠地에 있어서 여러 사람을 거쳐 편지가 전달될 때 내지內紙의 손상을 막기 위해 한 번 더 봉하는 것을 말한다. 보통 내지를 봉투에 넣는 방식을 중봉重封이라 한다.

영진류營鎭類

•기영畿營 경기감영京圻監營 •해영海營 황해감영黃海監營 •기영箕營, 패영浿營 평안감영平安監營 •금영錦營 충청감영忠淸監營 •완영完營 전라감영全羅監營 •영영嶺營 경상감영慶尙監營 •원영原營 동영東營 강원감영江原監營 •함영咸營, 북영北營 함경감영咸鏡監營

•송영松營 송도松都 •심영沁營 강화江華 •남성南城 광주廣州 •화성華城, 수성隋城 수원水原

•통영統營 통제영統制營 •북영北營 북병영北兵營 •청영靑營 남병영南兵營 •안영安營, 유영柳營 평안병영平安兵營 •강영岡營 황해병영黃海兵營 •청영淸營 충청병영忠淸兵營 •강영康營 전라병영全羅兵營 •촉영矗營 경상우병영慶尙右兵營 •울영蔚營 경상좌병영慶尙左兵營

•동영桐營 경기수영京畿水營 •소영蘇營 충청수영忠淸水營 •매영梅營 전라좌수영全羅左水營 •연영蓮營 전라우수영全羅右水營 •내영萊營 경상좌수영慶尙左水營

•만영灣營 의주義州 •내영萊營 동래東萊 •강영江營 강계江界

•모방영某防營 방어사防禦使일 경우 쓴다[防禦使用之].

•모도중영某道中營 중군中軍일 경우 쓴다[中軍用之].

•모읍진영某邑鎭營 영장營將일 경우 쓴다[營將用之].

•모읍某邑 옛 지명을 많이 쓴다[多用古號].

<지명地名 고호古號>

【경기京畿】

·**여주驪州** 황려黃驪, 여강驪江 ·**파주坡州** 영평鈴平, 파평坡平 ·**양주楊洲** 견주見州, 내소來蘇 ·**부평富平** 계양桂陽, 수주樹州 ·**남양南陽** 당성唐城, 당은唐恩 ·이천利川 남천南川, 영창永昌 ·**인천仁川** 소성邵城, 인주仁州 ·**장단長湍** 임단臨湍, 단주湍州 ·**풍덕豐德** 승천昇天, 해풍海豐 ·**통진通津** 분진汾津, 사성史城 ·**교동喬桐** 재운載雲, 고림高林 ·**죽산竹山** 죽주竹州, 연창延昌 ·**양근楊根** 항양恒陽, 석양石陽 ·**안산安山** 장구獐口, 연성蓮城 ·**삭녕朔寧** 안삭安朔 ·**안성安城** 백성白城 ·**마전麻田** 미산眉山 ·**고양高陽** 덕양德陽 ·김포金浦 금릉金陵 ·**교하交河** 선성宣城, 원정原井 ·**가평加平** 가평嘉平, 근평斤平 ·용인龍仁 구성駒城, 용구龍駒 ·**진위振威** 금산金山, 연달連達 ·**영평永平** 영흥永興, 동음洞陰 ·**양천陽川** 양평陽平, 파릉巴陵 ·**포천抱川** 청화淸和, 포주抱州 ·**적성積城** 중성重城 ·**과천果川** 부림富林, 부안富安 ·**시흥始興** 검주黔州, 금양衿陽 ·연천漣川 장주漳州, 연주漣州 ·**음죽陰竹** 설성雪城 ·**양지陽智** 추계秋溪, 양산陽山 ·**양성陽城** 적성赤城

【호서湖西】

·**충주忠州** 태원太原, 중원中原 ·**청주淸州** 상당上黨, 서원西原 ·**공주公州** 웅진熊津, 웅주熊州 ·**홍주洪州** 홍양洪陽, 해풍海豐 ·**청풍淸風** 사열沙熱 ·임천林川 가림嘉林, 임주林州 ·**단양丹陽** 단산丹山, 적성赤城 ·**태안泰安** 순성蓴城, 소태蘇泰 ·**한산韓山** 마산馬山, 아주鵝州 ·**서주舒川** 서주西州, 서림西林 ·**면천沔川** 혜성槥城, 면주沔州 ·**천안天安** 영산寧山, 환주歡州 ·**서산瑞山** 부성富城, 서령舒寧 ·**괴산槐山** 괴주槐州, 시안始安 ·**옥천沃川** 옥주沃州, 관성管城 ·**온양溫陽** 온천溫泉, 온창溫昌 ·**대흥大興** 임성任城, 임존任存 ·**문의文義** 일모一牟, 연산燕山 ·**홍산鴻山** 대산大山, 한산翰山 ·**제천堤川** 내제奈堤, 의원義原 ·**덕산德山** 덕풍德豐 ·**평택平澤** 하입河入 ·**직산稷山** 사산蛇山, 위성慰城 ·**회인懷仁** 미곡未谷, 매곡昧谷 ·**정산定山** 열성悅城 ·**청양靑陽** 청무靑武 ·**연풍延豐** 장연長延, 상모上芼 ·**음성陰城** 설성雪城 ·**청안淸安** 도안道安 ·**은진恩津** 덕은德恩, 시진市津 ·**회덕懷德** 비풍比豐 ·**진잠鎭岑** 사성祀城, 진현眞峴 ·연산連山 황산黃山 ·노성魯城 이성尼城 ·**부여扶餘** 여주餘州 ·**석성石城** 석산石山 ·**비인庇仁** 비중比衆 ·남포藍浦 마산馬山 ·**진천鎭川** 상산常山 ·**결성結城** 결주潔州 ·**보령保寧** 신촌新村 ·**해미海美** 정해貞海, 여미餘美 ·**당진唐津** 부지夫只 ·**신창新昌** 온산溫山, 예창禮昌 ·예산禮山 오산烏山, 고산孤山 ·**목천木川** 대록大麓, 목주木州 ·**전의全義** 금기金歧, 금지金池 ·**연기**

燕岐 전기全岐 •영춘永春 자춘子春 •보은報恩 삼산三山 •황간黃澗 황계黃溪 •청산靑山 기산耆山, 음잠陰岑 •아산牙山 아주牙州 •영동永同 계산稽山, 영산永山

【호남湖南】

•전주全州 완산完山 •나주羅州 금성錦城 •제주濟州 탐라耽羅 •광주光州 무진武珍, 광산光山 •능주綾州 죽수竹樹, 능성綾城 •남원南原 대방帶方, 용성龍城 •장흥長興 관산冠山, 정안定安 •순천順天 승주昇州, 승천昇天 •담양潭陽 추성秋城, 담주潭州 •여산礪山 호산壺山, 낭산朗山 •장성長城 오산鰲山, 이성伊城 •무주茂朱 주계朱溪, 적천赤川 •보성寶城 산양山陽, 패주貝州 •익산益山 금마金馬, 익주益州 •고부古阜 영주瀛州, 안남安南 •영암靈巖 낭주朗州, 낭산朗山 •영광靈光 무령武靈, 정주靜州 •진도珍島 옥천沃川 •낙안樂安 낙천洛川, 양악陽岳 •순창淳昌 옥주玉州, 순화淳化 •금산錦山 금계錦溪, 금주錦州 •진산珍山 옥계玉溪, 진주珍州 •김제金堤 벽골碧骨 •창평昌平 기양祈陽, 명양鳴陽 •용담龍潭 옥천玉川 •임피臨陂 취산鷲山, 피산陂山 •만경萬頃 두산杜山 •금구金溝 봉산鳳山 •광양光陽 희양晞陽 •함열咸悅 함라咸羅 •부안扶安 부령扶寧, 낭주浪州 •함평咸平 모양牟陽, 함풍咸豐 •강진康津 탐진耽津, 도강道康 •옥과玉果 설산雪山 •고산高山 봉산鳳山 •태인泰仁 태산太山, 무성武城 •옥구沃溝 옥산玉山 •남평南平 영평永平, 오산烏山 •흥덕興德 흥성興城 •정읍井邑 정촌井村, 초산楚山 •고창高敞 모양牟陽 •용안龍安 칠성七城 •무장茂長 장사長沙, 무송茂松 •무안務安 면주綿州 •구례求禮 봉성鳳城 •곡성谷城 욕주浴州 •운봉雲峰 운성雲城 •임실任實 운수雲水 •장수長水 장주長州 •진안鎭安 월랑越浪 •동복同福 옹성甕城, 복주福州 •흥양興陽 고흥高興 •해남海南 해진海珍 •대정大靜 예래猊來 •정의旌義 홍로洪爐 •화순和順 여미汝湄, 여빈汝濱

【영남嶺南】

•경주慶州 계림鷄林 동경東京 •안동安東 영가永嘉, 화산花山 •창원昌原 합포合浦, 회산檜山 •상주尙州 상락上洛, 상산商山 •진주晉州 진산晉山, 진양晉陽 •성주星州 성산星山, 벽진碧珍 •김해金海 가락駕洛, 분성盆城 •영해寧海 예주禮州, 덕원德原 •밀양密陽 밀주密州, 응천凝川 •선산善山 선주善州, 숭선崇善 •청송靑松 청부靑鳧, 운봉雲鳳 •대구大邱 달성達城 •순흥順興 흥주興州, 인풍隣豐 •함양咸陽 함성含城 •울산蔚山 울주蔚州, 학성鶴城 •거제巨濟 기성岐城 •하동河東 하남河南 •동래東萊 내산萊山, 봉래蓬萊 •인동仁同 옥산玉山 •거창居昌 거타居陀, 제창濟昌 •칠곡漆谷 팔거八莒 •합천陜川 대량大良, 강양江陽 •초계草溪 팔

계八溪, 청계淸溪 •**청도淸道** 오산鰲山, 도주道州 •**영천永川** 임고臨皐, 영양永陽 •예천醴泉 보주甫州, 기양基陽 •**영천榮川** 영주榮州, 강주剛州 •**흥해興海** 회강回江, 오산鰲山 •양산梁山 양주良州, 양주梁州 •**함안咸安** 함주咸州, 금라金羅 •**금산金山** 금릉金陵 •**풍기豐基** 기주基州, 영정永定 •**곤양昆陽** 곤남昆南, 곤산昆山 •**영덕盈德** 야성野城 •**경산慶山** 장산獐山, 옥산玉山 •**고성固城** 고주固州, 철성鐵城 •**의성義城** 문소聞韶 •**남해南海** 해양海陽, 화전花田 •**개령開寧** 감주甘州, 청주靑州 •**삼가三嘉** 기산岐山, 삼기三歧 •**의령宜寧** 의춘宜春, 의산宜山 •**하양河陽** 하주河州, 화성花城 •용궁龍宮 용주龍州, 원산園山 •**봉화奉化** 봉성鳳城 •**청하淸河** 덕성德城 •**언양彦陽** 헌양獻陽 •**칠원漆原** 칠제漆堤, 무릉茂陵 •**진해鎭海** 팔진八鎭, 우산牛山 •**진보眞寶** 진안眞安, 진해眞海 •**문경聞慶** 관산冠山, 문희聞喜 •**함창咸昌** 함녕咸寧, 고령古寧 •**지례知禮** 귀성龜城 •**안의安義** 화림花林, 여선餘善 •**고령高靈** 영천靈川 •**현풍玄風** 포산苞山, 현풍玄豐 •**산청山淸** 산양山陽 •**단성丹城** 진성珍城, 단계丹溪 •**의흥義興** 귀산龜山, 귀성龜城 •**군위軍威** 적라赤羅 •**비안比安** 병산屛山 •**신령新寧** 화산花山 •예안禮安 선성宣城 •**연일延日** 임정臨汀, 오천烏川 •**장기長鬐** 기구鬐丘 •영산靈山 취성鷲城, 취산鷲山 •**창녕昌寧** 창산昌山, 하성夏城 •**사천泗川** 사주泗州, 동성東城 •**기장機張** 차성車城 •**웅천熊川** 병산屛山, 웅산熊山 •**자인慈仁** 여사餘沙 •**영양英陽** 연양延陽, 고은古隱

【해서海西】

•**황주黃州** 제안齊安, 용흥龍興 •**해주海州** 수양首陽, 대령大寧 •**연안延安** 해고海皐, 염주鹽州 •**평산平山** 영풍永豐, 평주平州 •**풍천豐川** 풍주豐州, 서하西河 •**곡산谷山** 상산象山, 고곡古谷 •**장연長淵** 장담長潭, 연강淵康 •**옹진甕津** 옹천甕遷 •**봉산鳳山** 휴암鵂岩, 봉양鳳陽 •**안악安岳** 양악陽岳 •**재령載寧** 안릉安陵, 식성息城 •**수안遂安** 수주遂州, 요산遼山 •**백천白川** 은천銀川, 백주白州 •**신천信川** 승주升州, 신안信安 •**금천金川** 금릉金陵 •**신계新溪** 신은新恩, 신성新城 •**문화文化** 신주信州, 시령始寧 •**장연長連** 장명長命, 연풍連豐 •**송화松禾** 가화嘉禾, 마경麻耕 •**강령康翎** 영강永康 •**은율殷栗** 율천栗川, 율구栗口 •**토산兎山** 월성月城 •**서흥瑞興** 농서隴西, 오관五關

【관서關西】

•**의주義州** 포주抱州, 용만龍灣 •**평양平壤** 서경西京, 기성箕城 •**영변寧邊** 약산藥山, 영산迎山 •**안주安州** 안릉安陵, 식성息城 •**정주定州** 정원定原, 조천鳥川 •**강계江界** 석주石州, 청

원淸源 ·**창성昌城** 창주昌州, 장정長靜 ·**선천宣川** 통주通州, 선주宣州 ·**성천成川** 송양松壤, 성주成州 ·**삭주朔州** 영새寧塞 ·**숙천肅川** 평원平原, 진국鎭國 ·귀성龜城 귀주龜州, 만년萬年 ·**중화中和** 당산唐山, 당악唐岳 ·**자산慈山** 자주慈州, 문성文城 ·**철산鐵山** 철주鐵州, 동산銅山 ·용천龍川 안흥安興, 용주龍州 ·**초산楚山** 이주理州 ·**삼화三和** 우산牛山 ·**함종咸從** 아선牙善, 아성牙城 ·**상원祥原** 토산土山, 식원息遠 ·**덕천德川** 덕주德州, 요원遼遠 ·**개천价川** 조양朝陽, 안수安水 ·**가산嘉山** 가주嘉州, 무령撫靈 ·**곽산郭山** 곽주郭州, 정양定襄 ·**순천順川** 순주順州 정융靜戎 ·**희천熙川** 희주熙州, 위성威城 ·**벽동碧潼** 음동陰潼, 설성雪城 ·**운산雲山** 운중雲中, 운주雲州 ·**박천博川** 박릉博陵, 박주博州 ·**위원渭原** 밀산密山, 청한淸漢 ·**영원寧遠** 요원遼原 ·용강龍岡 오산烏山, 용원龍原 ·**영유永柔** 영청永淸, 영령永寧 ·**증산甑山** 서하西河 ·**삼등三登** 능성能城, 양양陽襄 ·**순안順安** 평교平郊, 순화順和 ·**강서江西** 무학舞鶴 ·**양덕陽德** 동양東陽, 양암陽岩 ·**맹산孟山** 맹주孟州, 맹덕孟德 ·**태천泰川** 태주泰州, 광화光化 ·**강동江東** 송양松壤 ·**은산殷山** 은주殷州, 동창同昌

【관동關東】

·**강릉江陵** 임영臨瀛 임둔臨芚 ·**원주原州** 서흥西興, 평경平京 ·**회양淮陽** 회주淮州, 교주交州[3] ·**양양襄陽** 양산襄山, 덕령德寧 ·**춘천春川** 수춘壽春, 안양安陽 ·**철원鐵原** 철성鐵城, 동주東州 ·**삼척三陟** 실직悉直, 척주陟州 ·**영월寧越** 내성奈城, 내생奈生 ·**이천伊川** 화산花山, 이진伊珍 ·**평해平海** 기성箕城 ·**통천通川** 통주通州, 금양金壤 ·**정선旌善** 도원桃源, 주진朱陳 ·**고성高城** 풍암豐岩 ·**간성杆城** 수성水城 ·**평창平昌** 노산魯山, 백오白烏 ·**금성金城** 도성道城, 도령道寧 ·**울진蔚珍** 선사仙槎 ·**흡곡歙谷** 학림鶴林, 습한習漢 ·**평강平康** 평강平江 ·**김화金化** 화산花山, 부여夫如 ·낭천狼川 생천牲川 ·**홍천洪川** 녹효綠驍, 화산花山 ·**양구楊口** 양록楊麓, 양구楊溝 ·인제麟蹄 저족猪足, 저제猪蹄 ·**횡성橫城** 황천潢川, 화전花田 ·**안협安峽** 궁악窮岳, 안삭安朔

【관북關北】

·**영흥永興** 역양歷陽, 쌍성雙城 ·**길주吉州** 길성吉城, 해양海洋 ·**함흥咸興** 함주咸州, 함산咸山 ·**경성鏡城** 치성雉城 ·**경원慶源** 광주匡州, 공주孔州 ·**회령會寧** 오산鰲山, 회산會山 ·**종**

---

3 원문에는 회양淮陽의 고호古號로 아래 양양襄陽의 고호(양산襄山, 덕령德寧)가 기록되어 있다.

성鍾城 수주愁州, 종산鍾山 •**온성穩城** 전성氈城 •**경흥慶興** 공성孔城, 광성匡城 •**부령富寧** 부거富居, 영산寧山 •**북청北青** 청주青州, 청해淸海 •**덕원德源** 의주宜州, 용주湧州 •**정평定平** 산성宣城, 중산中山 •**무산茂山** 삼산三山, 오대鰲戴 •**안변安邊** 등주登州, 삭정朔庭 •**삼수三水** 삼강三江 •**단천端川** 복주福州, 단주湍州 •**명천明川** 명원明原 •**갑산甲山** 갑주甲州, 이주夷州 •**장진長津** •**문천文川** 매성妹城, 문주文州 •**고원高原** 덕령德寧, 상주尙州 •**홍원洪原** 홍헌洪獻, 홍긍洪肯 •**이원利原** 관성觀城, 시리時利

•모진某鎭 첨사僉使와 만하萬戶 이하 관직일 경우 쓴다[僉萬戶以下用之].

•모우某郵 찰방察訪일 경우 쓴다[察訪用之].

•모목某牧 감목관監牧官일 경우 쓴다[監牧官用之].

•모막某幕 비장裨將일 경우 쓰는데 해당 군영의 칭호을 따른다. 예컨대 기막畿幕, 해막海幕과 같은 종류가 이를 따라 쓴 것이다[裨將用之 隨其該營稱號 如畿幕海幕之類 倣此].

•모재某齋 당호堂號이다. 모재某齋, 모암某菴과 같은 종류다[堂號 如某齋某菴之類].

•모동某洞 지명이다. 모천某泉, 모계某溪와 같은 종류로 지명에 맞는 대로 호칭한다[地名 如某泉某溪之類 隨宜稱之].

절하류節下類[4]

•절하節下 감사監司 유수留守 통제사統制使 통어사統禦使일 경우 쓴다[監司留守統制使統禦使用之].

•곤하梱下 곤하閫下 모두 병사兵使와 수사水使일 경우 쓴다[並兵水使用之].

•월하鉞下 병사兵使, 수사水使와 방어사防禦使일 경우 쓴다[兵水使及防禦使用之].

•합하閤下 각하閣下 모두 내직과 외직의 높은 관원일 경우 쓴다[並內外尊官用之].

•휘하麾下 대장大將과 군관軍官을 관할하는 아문衙門에 쓴다[大將及軍官衙門用之].

•선당宣堂 당헌棠軒 아헌牙軒 모두 감사監司일 경우 쓴다[並監司用之].

•상아上衙 감사監司와 유수留守일 경우 쓴다[監司及留守用之].

•주헌籌軒 병영에 쓴다[兵營用之].

•수채水寨 장아檣牙 모두 수영水營에 쓴다[並水營用之].

•대아大衙 •목아牧衙 •부아府衙 •군아郡衙 •정아政衙 •정아政牙 •정당政堂 •정각政閣 •정헌政軒 •영당鈴堂 •영각鈴閣 •영헌鈴軒 •금당琴堂 •금각琴閣 •금헌琴軒 •인당仁堂 •인각仁閣 •인헌仁軒 •황당黃堂 •아사衙史 •정사政史 •군재郡齋 •현재縣齋 •아헌衙軒 •동각東閣 •동헌東軒 •매당梅堂 •매각梅閣 •매헌梅軒 •혜각惠閣 •아중衙中 •아하衙下 •영하鈴下

---

4 주로 '문무文武 지방관을 가리키는 말'과 '정무를 보는 곳', '지방관의 거처', '배소配所', '시묘소侍墓所' 등의 명칭을 유별로 나누고 별칭別稱과 함께 제시하였다.

· 이아貳衙 · 이아貳牙 · 이아二衙 · 이아二牙

· 연막蓮幕 · 부아副衙 · 부아副牙

· 진아鎭衙 · 진헌鎭軒 · 진각鎭閣 · 진사鎭史 · 융헌戎軒

· 우아郵衙 · 우헌郵軒 · 우하郵下 · 우사郵史 · 우하사郵下史

· 목아牧衙 · 목헌牧軒 · 목사牧史

· 막부幕府 · 화당和堂 · 좌막佐幕 · 좌헌佐軒 · 좌사佐史 · 막사幕史 · 막좌幕座 · 막중幕中

· 자사子舍 · 책아冊衙 · 책실冊室 · 책방冊房 · 책사冊史 · 서실書室

· 행차소行次所 · 행도소行到所 · 행중行中 · 행헌行軒 · 행사行史 · 행소行所 · 사소舍所

· 객중客中 · 객헌客軒 · 객좌客座 · 객사客史 · 객탑客榻 · 여헌旅軒 · 여사旅史 · 여탑旅榻 · 여차旅次 · 여소旅所 · 우헌寓軒 · 우좌寓座 · 우사寓史 · 우탑寓榻 · 우하寓下 · 우소寓所

· 적중謫中 · 적소謫所 · 비소匪所 · 복사鵩舍

· 효려孝廬 · 여소廬所 · 여하廬下 · 여차廬次 · 여사廬史

집사류執事類[5]

•하집사下執事 •집사執事 •기실記室

•서제소書題所 대관大官일 경우 쓴다[大官用之]. •중방소中房所 •시하인侍下人

•장명자將命者 •시인侍人 •시자侍者 •시동侍童 •하인下人

개탁류開坼類[6]

•개탁開坼 •개납開納 •입납入納 •즉납卽納 •즉전卽傳 •즉전납卽傳納 •즉견卽見 •개견開見 •즉즉전卽卽傳

•회납回納 •회전回傳 •회견回見 •회조回照

---

5 아래 부리는 사람이나 그들이 거처하는 곳을 가리키는 말로 '편지를 받아서 전달하는 사람'이나 '받는 장소' 뜻으로 쓰이는 용어를 유별로 제시하였다.

6 편지를 '받거나 펼쳐보라'는 뜻으로 쓰이는 용어를 제시하였다.

상서류上書類[7]

•상서上書 •상평서上平書 •상하서上賀書 •상위서上慰書 •상후서上候書 •상후장上候狀 •상하장上賀狀 •상위장上慰狀 •후서候書 •하서賀書 •위서慰書 •평서平書 •후장候狀 •하장賀狀 •후간候柬 •후간候簡 •후독候牘 •후찰候札 •후첩候帖 •서장書狀 •평신平信 •안신安信 •서간書簡 •서찹書帖 •서書 •안보安報 •상장上狀 •장상狀上

•상답서上答書 •답상서答上書 •상사서上謝書 •답평서答平書 •상사장上謝狀 •사서謝書 •사장謝狀 •사간謝柬 •사간謝簡 •사첩謝帖 •사찰謝札 •사독謝牘 •답서答書 •답장答狀 •답간答簡 •복찰復札 •복첩復帖 •보장報章

•상후소上候疏 •상위소上慰疏 •후소候疏 •위소慰疏 •소상疏上

•답소상答疏上 •사소상謝疏上 •답소答疏 •사소謝疏 •사위소謝慰疏

---

7 '보내는 목적에 따른 왕서往書와 그 답서答書', '위장慰狀과 그 답서答書'를 올린다는 뜻으로 쓰이는 용어를 제시하였다.

피봉식皮封式[8]

중봉식重封式과 같다. 별격別格은 아래 간략히 제시한다[同重封式 別格則略見于下].

寄某[兒][侄]

<피봉별격 아질兒侄>

兄主前 上書

<피봉별격 형주兄主>

某兄 謹候狀上

<피봉별격 형兄>

某碩士 侍案下

<피봉별격 석사碩士>

某衙門 直中

<피봉별격 아문衙門>

某洞 台座下 入納

<피봉별격 동洞>

某官 執事

<피봉별격 관官>

大監前 謹再拜上書

<피봉별격 대감大監>

---

8 피봉식皮封式: 봉투를 쓰는 격식이다. 피봉식은 봉투를 사용하지 않고 편지의 내용이 있는 내지內紙를 접어서 그 뒷면에 수신자와 발신자를 기록하는 경우가 많다. 그 격식이 중봉重封과 같지만 간단한 격식의 별격別格을 아래 제시한 후 봉투에 기록하는 각 내용을 유별로 제시하였다.

형주류兄主類

복친服親[9]으로서 높은 항렬行列인 일가一家와 내구內舅[10], 외구外舅[11]는 모두 '주主'자를 붙여 쓴다. •조부모祖父母와 부모父母께는 '상백시上白是[12]' 또는 '백시白是'라고 쓴다[一家有服親尊行及內舅外舅 皆用主字 •祖父母父母前云上白是白是].

석사류碩士類

•석사碩士 •아사雅士 •대아大雅 •대사大士 •사문斯文 •상사上舍 진사進士

대감류大監類

•대감大監 •태감台監 •영감令監 •사도使道 •성주城主 •도道

존장류尊丈類

•존장尊丈 •사장査丈 •척장戚丈 •족장族丈

노형류老兄類

•노형老兄 •사형査兄 •인형姻兄 •연형年兄 •요형僚兄 •경형庚兄

---

9 복친服親: 상을 당했을 때 복服을 입는 가까운 친족을 이른다.

10 내구內舅: 외숙外叔이다.

11 외구外舅: 장인丈人이다.

12 상백시上白是: '사뢴다'의 뜻으로 쓰이는 이두식 표현이다. 웃어른께 올리는 글에 쓴다.

아문류衙門類[13]

•천관天官 이조吏曹 •탁지度支, 지부地部 호조戶曹 •춘관春官 예조禮曹 •기성騎省 병조兵曹 •추조秋曹 형조刑曹 •수부水部 공조工曹 •경조京兆 한성부漢城府 •금오金吾 의금부義禁府 •주사籌司 비변사備邊司 •혜국惠局 선혜청宣惠廳 •내각內閣 규장각奎章閣 •상대霜臺 사헌부司憲府 •백부柏府, 미원薇垣 사간원司諫院 •후원喉院, 은대銀臺 승정원承政院 •옥서玉署, 영각瀛閣 옥당玉堂 •춘방春坊 시강원侍講院 •계방桂坊 익위사翊衛司 •괴원槐院 승문원承文院 •국자國子 성균관成均館 •운각芸閣 교서관校書館 •내국內局 약원藥院 내의원內醫院 •주원廚院 사옹원司饔院 •홍려鴻臚 통례원通禮院 •태복太僕 사복시司僕寺 •무고武庫 군기시軍器寺 •운관雲觀 관상감觀象監 •태상太常 봉상시奉常寺 •이원梨園 장악원掌樂院 •태창太倉 광흥창廣興倉 •풍저豐儲 장흥고長興庫

13 각 아문衙門의 별칭別稱을 제시하였다.

모관류某官類[14]

·수규首揆, 영합領閤 영상領相 ·좌규左揆, 좌합左閤 좌상左相 ·우규右揆, 우합右閤, 단규端揆 우상右相 ·대총재大冢宰, 전장銓長 이판吏判 ·아전亞銓 이참吏參 ·삼전三銓 이의吏議 ·대사농大司農, 판탁지判度支, 탁지장度支長 호판戶判 ·대사도大司徒, 대종백大宗伯 예판禮判 ·대사마大司馬, 기판騎判 병판兵判 ·대사구大司寇, 추판秋判 형판刑判 ·대사공大司空 공판工判 ·판금오判金吾, 집금오執金吾 판의금判義禁 ·헌장憲長 대사헌大司憲 ·간장諫長 대사간大司諫 ·국자장國子長, 반장泮長 대사성大司成 ·지신사知申事, 도령공道令公 도승지都承旨 ·좌령공左令公, 우령공右令公, 좌부령공左副令公, 우부령공右副令公, 동부령공同副令公 승지承旨 ·이상貳相 찬성贊成 ·삼재三宰, 사재四宰 참찬參贊 ·원륭元戎 훈장訓將 ·내한內翰 한림翰林

·모도자사某道刺史, 안사按使, 순사巡使 호남자사湖南刺史, 기보안사畿輔按使, 호서순사湖西巡使와 같은 종류 ·새로 제수되었을 경우 '신新'자를 붙이고 체직遞職되었을 경우 '구舊'자를 붙이는데 신사新使, 구사舊使라고도 부른다. ·절도節度, 수령守令 이하도 모두 이와 같이 쓴다[如湖南刺史 畿輔按使 湖西巡使之類 ·新除 加新字 旣遞加舊字 而亦稱新使舊使 ·節度守令以下 皆倣此]. ·모백某伯 관서백關西伯, 해백海伯과 같은 부류다[如關西伯海伯之類]. ·순상巡相

·유상留相 ·유무留務 ·모유某留 송류松留, 심류沁留와 같은 종류[如松留沁留之類]

·절도節度 ·모수某帥 매수梅帥, 연수蓮帥와 같은 종류[如梅帥蓮帥之類] ·병상兵相

·태수太守 ·목백牧伯 ·부백府伯 ·사군使君 ·명부明府 ·감무監務 ·통판通判 영하관營下官일 경우 쓴다[營下官用之].

---

14 내외 각 관직의 별칭別稱을 제시하였다.

·모목某牧 광목光牧, 능복綾牧과 같은 종류[如光牧綾牧之類] ·모수某守 안성수安城守, 안산수安山守와 같은 종류[如安城安山守之類] ·모쉬某倅 ·모재某宰 ·모령某令 용인령龍仁令과 같은 종류[如龍仁令之類] ·모판某判 수판隋判과 같은 종류[如隋判之類] ·모윤某尹 기윤箕尹과 같은 종류. 소윤小尹, 아윤亞尹이라고 칭하기도 한다. 좌천되어 외직에 보임된 수령은 적수謫守, 적쉬謫倅, 누쉬累倅라고 칭한다[如箕尹之類 或稱小尹亞尹 ·補外守令 稱謫守謫倅累倅].

·모독우某督郵 ·모승某丞

※찰방察訪일 경우 쓴다.

태좌류台座類[15]

·균좌하勻座下, 균좌勻座 대신大臣일 경우 쓴다[並大臣用之]. ·절좌節座 감사監司, 유수留守일 경우 쓴다[監司留守用之].

·태좌하台座下 ·태좌전台座前 ·태좌台座 ·영좌하令座下 ·영좌전令座前

·태안台案 ·영안令案 ·사안仕案 ·선안仙案 승지承旨일 경우 쓴다[承旨用之]. ·청안淸案 ·영안榮案

·족좌하服座下 ·복좌전服座前 ·복좌服座

※복중服中일 경우 쓴다.

·애좌하哀座下 ·애좌전哀座前 ·애좌哀座 ·애전哀前 ·애차哀次

※상중喪中일 경우 쓴다.

·직려直廬 ·직중直中 ·직헌直軒 ·직사直史 ·직소直所

※숙직하고 있는 경우 쓴다.

·재소齋所 ·재헌齋軒 ·재사齋史 ·재안齋案

※재계齋戒하고 있는 경우 쓴다.

---

15 아래 '시안류侍案類'와 함께 편지를 받는 곳을 뜻하는 말이다.

시안류侍案類

• 시안侍案 • 시사侍史 • 시기侍兀 • 안하案下 • 안우案右 • 안사前史 • 하사下史 • 기우兀右 • 문우文右

• 정안靜案 • 정궤靜几 • 정좌靜座 • 정사靜史 • 한안閒案 • 한사閒史 • 좌사座史 • 좌우座右

• 경황經幌 • 문황文幌 • 학안學案 • 독안讀案 • 주안做案 • 주기做兀 • 주사做史

• 조좌調座 • 조안調案 • 조사調史

※병을 조섭調攝하고 있는 경우 쓴다.

• 체안棣案 • 체사棣史 • 첨안僉案 • 첨전僉前 • 첨좌僉座 • 첨사僉史

• 아계雅契 • 현계賢契 • 정계情契

• 존시尊侍 • 세시世侍 • 척시戚侍

배후류拜候類[16]

•근재배상서謹再拜上書 •근배상후서謹拜上候書 •근배상후장謹拜上候狀 •근상후장謹上候狀 •근상후장拜上候狀 •근후장상謹候狀上 •근후장상拜候狀上

하장賀狀, 위장慰狀, 답사答謝는 상황에 맞게 고쳐 쓰니, 상하서上賀書, 상위서上慰書, 상사장上謝狀과 같은 종류다. [賀慰答謝 隨宜改之 如上賀書上慰書上謝狀之類]

•배후상拜候上 •근후상謹候上 •배후拜候 •배상拜上 •배정拜呈 •경후敬候 •경납敬納 •경정敬呈 •즉정卽呈 •봉후奉候 •봉장奉狀 •봉상奉上

•사장상謝狀上 •배사상拜謝上 •근사상謹謝上 •경사敬謝 •봉사奉謝 •사상謝上 •회상回上 •회정回呈 •환상還上 •배복拜覆 •경복敬覆 •앙복仰復 •봉복奉復 •봉답奉答 •답答

16 '편지를 올린다'는 뜻으로 쓰는 표현이다. 중봉식重封式의 '상서류上書類'와 같은 부류다.

근봉류謹封類

•근봉謹封 •경봉敬封 •봉封 •돈봉頓封 •근돈謹頓 •돈頓 •완完 •함緘 •배拜 •식式

아래쪽 봉하는 곳에 쓴다[用於下邊緘封處].

•생례근봉省禮謹封 •생식근봉省式謹封 •생식봉省式封 •제식봉除式封 •생봉省封 •호봉護封 •제봉除封 •계상근봉稽顙謹封

이상은 착명着名하지 않는다. •간혹 '근봉謹封'을 쓰지 않고 착서着署만 한다. •하단 봉하는 곳에 '모지후장某地候狀'이라 쓰기도 한다. •'모월某月 모일某日 출出'이라 쓰기도 한다[以上不着名 •或不書謹封而只着署 •下端合衿處 或書以某地候狀 •或書以某月日出].

※복중服中이나 상중喪中일 경우 쓴다.

•경敬 •숙肅 •고固 •정貞 •정正 •각恪 •완完 •식式 •함緘 •배拜 •근謹

위쪽 봉하는 곳에 쓴다[用之於上邊緘封處].

생례류省禮類[17]

・생례백省禮白 ・생례언省禮言 ・생례省禮 ・생백省白 ・생식언省式言 ・생식省式 ・생언省言

복인服人일 경우 쓴다. 상인喪人에게 쓰기도 한다[服人用之 或用喪人].

・제식除式 ・제번除煩 ・제용除冗

・계상백稽顙白 ・계상언稽顙言 ・계상稽顙 ・고수叩首

상인喪人일 경우 쓴다[喪人用之].

17 상중喪中이나 복중服中인 경우 편지 맨 첫머리에 '번거로운 격식을 생략하고 아룀', 또는 '머리를 조아리고 아룀'의 뜻으로 쓰는 용어를 제시하였다.

기두류起頭類 1

•문후를 드리지 못한 지 이렇게 오래되었으니, 다만 몹시 그리울 뿐입니다.

阻候此舊 只切慕仰而已

•오래도록 문후를 드리지 못했으니, 그리운 마음 어찌 끝이 있겠습니까?

久未承候 瞻慕曷極

•뵙지 못한 지 꽤 오래되었으니, 다만 몹시 그리울 뿐입니다.

阻拜許久 但有勞仰

•오래도록 당신을 뵙지 못하고 문후를 받든 지도 오래되어, 그리운 마음이 시절과 함께 깊어갑니다.

逖違薰德 承候間闊 瞻言慕往 與時俱深

•소식이 막힌 것이 이토록 오래 되니, 잊지 못해 그리운 마음 어찌 가눌 수 있겠습니까?

積阻至此 豈勝耿耿願言

•요사이 당신을 뵙지 못했으니, 그리운 마음 어찌 다하겠습니까?

間違光範 景溯何已

•당신을 뵙지 못한 것이 훌쩍 한 해가 지났으니, 그리운 마음 더욱 간절할 뿐입니다.

拜違門屛 倏爾經歲 慕仰之誠 祇益靡懈

•해가 바뀌도록 문후를 못하였으니, 어찌 슬프고 그리운 마음을 가눌 수 있겠습니까?

隔歲阻候 豈勝悵仰

•말씀을 받든 지 한 해가 지났으니, 슬프고 그리운 마음이 어찌 다하겠습니까?

承誨經歲 悵仰曷已

•문후를 전혀 하지 못했으니, 슬프고 그리운 마음만 간절합니다.

絶然阻候 悵想徒切

•여러 해 소식이 막혔으니, 슬픔이 마음속에 맺힌 듯합니다.

積歲阻闊 悵惘如結

•정담을 나누지 못한 지 이렇게 오래되었으니, 서글프지 않겠습니까?

阻晤此久 能不悵然

•소식을 전하지 못한 지가 이토록 오래되니, 날마다 쉼 없이 그리운 마음만 달려갑니다.

貽阻至此 日不暇神往

•서남西南은 길이 멀어 소식을 들을 길이 없으니, 언제나 우러러보며 하루도 그리워하지 않은 적이 없습니다.

西南脩敻 問聞莫憑 尋常瞻仰 無日不憧憧

•오랫동안 소식이 막혀 그리운 마음 매우 간절합니다.

久阻音墨 政爾馳仰

•소식이 막힌 지 오래되었으니, 서글프고 그리운 마음 어찌 다하겠습니까?

阻信久矣 悵懷曷極

•소식을 전하지 못한 지 매우 오래되었으니, 어찌 서글프고 그리운 마음을 가눌 수 있겠습니까?

不問聞殊久 豈勝悵遡

•인편과 편지가 모두 뜸하여 아득히 먼 곳을 바라보며 그리워하는 마음 꿈속에서도 간절합니다.

便書兩稀 相望悠悠 只勞夢想

•궁벽한 골짜기에 병으로 누워 지내는지라 인사人事가 거의 단절되어 구구한 서신을 올리는 예의조차 제대로 하지 못했습니다. 때로 오가는 족자族子들을 통해서 문득 당신의 소식을 물으며 그리워하는 정성을 달랠 뿐입니다.

病伏窮谷 人事殆絶 區區竿牘之禮 亦未自振 時因族子輩往來 輒奉詢杖屨動止 以慰瞻慕之誠而已[18]

•반년 동안 서로 바라보기만 하고 소식도 듣지 못하니, 너무나 그리워 때로 마음이 괴롭습니다.[19]

半歲相望 未聞消息 深用戀想 時復成勞

•봄이 다 가고 여름이 되었건만 줄곧 소식을 전하지 못했으니, 비록 상喪 때문이지만 서글프고 그리운 마음 어찌 그친 적이 있었겠습니까?

春盡夏屆 一味阻候 雖緣憂係 悵慕則何嘗已也

•추동秋冬 이래로 아직 소식을 듣지 못했으니, 그리움에 애가 탑니다.

秋冬以來 未聆動靜 瞻企爲勞

---

18 尹拯『明齋遺稿』卷10「答韓禮山如海」

19 李珥『栗谷先生全書』卷12「答李潑 庚辰」

·소식을 전혀 듣지 못한 지가 오래되었으니, 참으로 그리움만 쌓여 갑니다.

絶然不得聞動靜 久矣 良積懸仰

·여러 달 문후를 못하였으니, 그립고 슬픈 마음 말로 다 할 수 있겠습니까?

積月阻候 瞻悵可言

·달이 지나도록 소식을 받지 못하니, 그리운 마음에 떠오르는 생각을 어떻게 견디겠습니까?

逾月不承候 其於懸慕 豈勝耿耿[20]

·오랫동안 소식이 끊어져 서글펐는데 가을이 오니 보고픈 마음 갑절이나 됩니다. 형도 저와 같은 마음이겠지요?

積阻悵仰 而秋來瞻懸倍之 兄能一般懷耶

·한 달이 지나도록 문후를 못하였으니, 보고 싶은 마음 더욱 간절합니다.

閱月阻候 瞻誦采勤

·격조하여 그리운 마음 산과 같음을 굳이 말할 것도 없습니다.

阻懷如山 不須言

·잡무와 병으로 정신이 없어 오랫동안 편지를 하지 못했으니, 늘 그립고 생각이 납니다.

冗病滾汨 竿尺積阻 尋常瞻耿

---

20 金昌協『農巖集』卷17「與北溪李公」

•서남西南쪽이 아득히 멀어 그리움이 늘 마음에 맺혀 있습니다.
西南漠矣 瞻戀常結

•오래도록 문후를 못하였으니, 그리운 마음 가눌 수 있겠습니까?
久矣阻候 瞻嚮曷勝

•가까이 살지만 만나지 못해 그립고도 서글플 뿐입니다.
室邇人遐 只堪瞻悵

•근래 소식이 막힌 지 매우 오래되어 늘 그립고 울적한 마음 간절합니다.
近甚阻闊 常切遡菀

•근래 오랫동안 소식이 막혀 까맣게 서로 잊은 듯하니, 이것이 어찌 인정이겠습니까?
近久阻閡 闕然若相忘 是豈情也哉

•근래 오랫동안 소식이 막혀 마음이 매우 답답합니다.
近頗阻信 菀陶爲甚

•잠시 소식이 막혔지만, 어찌 그리운 마음을 가눌 수 있겠습니까?
稍阻 豈勝瞻戀

•소식이 막힌 지 거의 한 달이 되었으니, 다만 애타고 그리울 뿐입니다.
阻音殆一朔 但有勞仰

•여러 날 서로 소식을 듣지 못하니, 그리운 마음이 유달리 깊습니다.
積日不相聞 懷仰殊深[21]

---

21 金昌協『農巖集』卷13「答李同甫 戊午」

·각자 번거로운 일에 매여 여태까지 한 번도 편안히 뵙지 못했으니, 어찌 그립고 울적한 마음을 가눌 수 있겠습니까?

各自滾係 尙阻一番穩拜 曷勝瞻鬱

·소식이 막힌 지 오래되었으니, 어느 날인들 서로 그립지 않겠습니까?

阻甚 何日不相思

·소식이 막힌 지 요즘과 같은 적이 없었으니, 그리운 마음 날마다 쌓여갑니다.

阻莫近若 向戀日積

·소식이 격조하여 잊은 듯하니, 한결같이 그리움만 내닫습니다.

阻隔如忘 一味馳想

·오랫동안 소식이 막혀 매우 그립습니다.

阻久多耿

·잠시 소식이 막혔는데도, 슬프고 그립습니다.

乍阻悵仰

·소식이 막혀 그리워 목이 타는 듯합니다.

阻仰如渴

기두류起頭類 2

• 작별하고 물러난 저의 마음은 오래되어도 여전히 그립고 슬픕니다.

辭退下懷 久猶耿黯

• 강가에서 뵙고 이별하니, 서글프고 허전한 마음 말로 다 할 수 있겠습니까?

江頭拜別 悵惘可言[22]

• 성남城南에서 이별한 일은 지금도 꿈만 같습니다.

城南一別 至今如夢

• 청문(青門, 동문)에서 이별한 일은 봄꿈처럼 아련합니다.

青門一別 春夢依然

• 이별한 뒤의 그리움이 언제나 마음속에 맺혀 있는 듯합니다.

別後瞻仰 憧憧如結

• 뒤좇아 강가에서 이별하고서 다만 이별의 회포가 마음을 더욱 심란하게 합니다. 궁벽한 골짜기에 돌아와서도 여전히 서글픈 마음이 남아 있습니다.

追別江上 只令離思益攪 歸來窮谷 尚有餘悵[23]

• 이별의 회포를 말씀드릴 필요 없습니다.

別懷不須言

---

22 南九萬『藥泉集』卷34「上叔父 己未三月二十七日」

23 尹拯『明齋遺稿』卷19「與朴泰輔士元 九月十八日」

•뵙고 이별한 뒤에 보고 싶은 마음 다만 이별할 때의 회포 때문만이 아닙니다.

拜別後瞻溯 不但離思而已[24]

•이별의 회포가 여전히 잊히지 않습니다.

別意 尙覺耿然

•지난번 이별로 지금도 마음이 좋지 않습니다.

頃別 尙今作惡

•뵙고 이별한 지가 엊그제 같은데, 어느덧 연말이 되었습니다. 구구한 저의 그리움이 온종일 가슴에 맺혀 있습니다.

拜別如昨 忽已歲晏 區區慕用 日夕耿結

•뵙고서 이별한 지 벌써 한 달이 지났으나, 서로 추억하는 마음 어찌 달라졌겠습니까?

拜別已逾月 相憶何殊[25]

•한 번 이별하고 소식이 끊어져서, 너무나도 그립습니다.

一別音斷 甚苦思想

•뵙고 이별한 지 여러 달이 되었으니, 서글픈 마음을 어찌 가눌 수 있겠습니까?

拜辭多月 茹悵曷勝

•지난번에 송별하고 슬픔과 그리움이 깊어만 갑니다.

---

24 許穆『記言』別集 卷7「答朗善君俁」

25 許穆『記言』別集 卷7「與許斑仲玉」

向來送別 悵戀方深

•이별의 회포가 울적한데 가을은 저물어 갑니다.
別意黯然 秋事將盡

•봄철에 이별하고 소식마저 끊어졌으니, 구구한 저는 간절한 마음만 달려갈 뿐입니다.
春間一別 又阻音墨 區區者 第切神往

•중도에 작별한 일은 오래되어도 여전히 떠오릅니다.
中路分手 久猶耿耿

•서로 이별한 지 벌써 한 해가 되었습니다.
相別 已周歲矣

•뵙고 이별한 뒤에 그리운 마음 더욱 간절해집니다.
拜辭後 耿慕方切

•이별한 뒤 그리운 마음은 고요할 때가 바쁠 때보다 심합니다.
別后懷思 靜者甚於動者矣

•이별한 뒤의 마음이 지금도 그립습니다.
別意 至今耿耿

•이별하고 떠난 뒤 소식을 듣지 못하여 슬픔과 그리움이 더욱 깊습니다.
別去 不得音信 悵想彌深

•동문東門에서 손잡고 이별한 뒤로 여태 그리워서 잊을 수가 없습니다.
東門握別 迨依依不能忘

·문안을 드리지 못한 지 오래되었습니다.
阻問久矣

·강가에서의 이별은 하염없이 그리워 잊을 수 있겠습니까?
江頭分袂 依依可忘

·뵙고 이별한 뒤로 온통 그리운 마음 시절과 함께 깊어갑니다.
拜別之後 一念馳仰 與時俱深

·이별의 시름 가을을 지나 겨울에 이르니, 슬픔과 그리움이 더욱 깊습니다.
別意 經秋徂冬 悵仰采深

·남문南門에서의 갑작스런 이별로 슬픈 회포를 풀지 못해 지금도 그리운 마음 그지없습니다.
南門霎別 不足以敍悵懷 至今耿耿未已

기두류起頭類 3

•이별한 뒤 오래도록 문후를 드리지 못하여 늘 안타깝습니다.

辭退後 久未承候 尋常伏悵

•오랫동안 찾아뵙지 못하고 문후 편지도 뜸했으니, 그리운 마음 어찌 다함이 있겠습니까?

久違進拜 書候亦曠 瞻慕何極

•산천이 아득히 멀어 소식을 전할 인편이 거의 없기에 구구한 제가 편지로 문후를 드리는 것도 때에 맞추지 못했습니다. 다만 우러러 사모하는 정성에 아침저녁으로 간절히 그리워할 따름입니다.

山川悠邈 便信稀闊 區區紙面之候 亦不得以時 但有瞻戀之誠 憧憧於日夕而已[26]

•뵙고 이별한 지 오래되었으니, 어찌 인편을 통해 문후를 드려서 뵙는 것을 대신하고자[27] 하지 않았겠습니까마는 공무로 바빠 여전히 뜻을 이루지 못했으니 늘 그립고 울적합니다.

奉別久矣 豈不欲因便修候 聊以次面 而滾汨無暇 尙未遂意 居常耿結

•그리워하지 않은 것은 아니지만 질병으로 마음이 어수선하여 아직 한 번도 문후를 드리지 못했습니다.

非不瞻戀 而病憂冗甚 未奉一字仰候[28]

•곧장 편지를 올려 문후를 드렸어야 했는데 병으로 골골거리느라 아

26 尹拯『明齋遺稿』卷9「上草廬 乙卯」

27 뵙는 것을 대신하고자: 원문의 '차면次面'은 편지를 가리키는 말로 그리워하는 사람을 대면한 것에 버금간다는 뜻에서 나온 말이다.

28 金昌協『農巖集』卷18「答申靖夏 丁亥」

직 그렇게 하지 못했으니, 다만 매우 그리울 뿐입니다.

固當卽書申候 而病汨尙未果 只切耿耿

·마땅히 편지로 문후를 드렸어야 했는데 여태껏 하지 못했으니 양해해 주시리라 생각하지만 구구한 제가 죄송하고 한탄스러운 마음을 어찌 가눌 수 있겠습니까?

宜有書候 而迄此闕然 想或俯諒 而區區曷勝歉歎

·벌써 편지로 위문했어야 했지만 공무로 바빠 그렇게 하지 못하고 다만 이렇게 그리워할 뿐입니다.

業擬書慰 而滚汨未果 第此耿耿

·아무개가 돌아갈 때 마침 공무가 있어 문후 편지를 쓰지 못했기에 매우 슬픕니다.

某人之回 適有公故 不得修候 政以爲悵

·매번 편지로 문후를 드리려고 했지만 여태껏 하지 못해 다만 그립고 안타까울 뿐입니다.

每擬書候 闕焉至今 只有瞻言歎咄而已[29]

·오랫동안 문후 편지를 드리지 못하여 불민한 점이 많습니다.

久未候訊 不敏多矣

·저는 비록 공무로 바빠 붓을 잡을 겨를이 없었지만, 형은 어찌 한 통의 편지로 안부를 묻지 않습니까?

弟雖滚汨 不遑把筆 兄何不以一書相存耶

---

29 南九萬『藥泉集』卷30「與西溪 辛巳七月二十日」

• 여기 같은 지역에 왔지만 여태껏 한 번도 문후를 드리지 못했습니다.
來此同省 尙阻一候

• 이곳에 온 뒤로 가을 공무에 계속 얽매어 곧바로 편지를 올려 문후를 드리지 못했으니, 슬프고 그리운 마음 매우 깊습니다.
來此後 秋務纏綿 未卽奉書以候 悵仰殊深

• 오가는 인편이 없었던 것은 아니지만 병이 들어 편지로 문후를 드리지 못했습니다.
非無往來便 而病闕書候

• 오랫동안 찾아가 뵙지 못했으니, 죄송한 마음 어찌 그지 있겠습니까?
久未趨謁 罪悚曷極

• 더위가 두려워 틀어박혀 오랫동안 찾아가 뵙지 못했으니, 서글프고 죄송한 마음 함께 지극합니다.
畏暑蟄伏 久未進拜 悵悚交至

• 남쪽에서 돌아온 뒤로부터 공무에 시달리고 병들어서 아직까지 그대를 찾아뵙는 일을 미루어 두었으니, 어찌 송구하고 서글픈 마음 가눌 수 있겠습니까?
自南歸後 擾汨病憂 尙稽進承起居 豈勝悚悵

• 일찍이 성에 들어온 것을 알고 나아가 회포를 풀려고 했는데 갑자기 산으로 돌아갔다는 소식을 들었으니 서글픈 마음 매우 지극합니다.
曾審入城 方謀就敍 遽聞還山 悵惘殊極

• 지척으로 가까운 곳에 있으면서도 끝내 한번 회포도 풀지 못했으니, 그리운 이내마음 오래되어도 풀리기 어렵습니다.

咫尺之近 竟失一展 此恨耿耿 久猶難釋

•성城에 들어오셨지만 뵙지를 못했으니, 다만 서글픈 마음 간절합니다.

入城未奉 第切悵念

•매우 바쁜 터라 한 번 찾아뵐 겨를도 없었으니, 그리운 마음만 간절합니다.

奔忙中 未暇一就 徒切耿耿

•바쁜 일로 겨를이 없어 오랫동안 찾아뵙지 못했습니다.

役役少暇 久曠參尋

•지난번 행차가 성에 들어왔을 때도 한 번 찾아뵙고 정담을 나누지 못했으니, 지금도 한스러운 마음이 목에 걸려 내려가지 않습니다.

頃於行𢤱入城 亦不得一進穩款 至今茹恨 在咽不下

•안타깝게도 탈 것이 없어서 여태 찾아뵙지도 못했으니 송구하고 한탄스럽습니다.

苦無所乘 迄未就拜 悚歎

•오셨을 때 바쁘고 갑작스러워 끝내 찾아가 작별도 하지 못했으니 지금까지 서글프고 그립습니다.

來時忙卒 未得造別 迨今悵戀

•교외로 나오셨을 때 부모님 병환으로 바삐 길을 나선터라 찾아뵙지 못했으니, 여태껏 매우 서글프고 한스럽습니다.

出郊時 以親癠悤遽作行 不獲就謁 迨極悵恨

•일찍이 한번 나아가 뵙고자 했는데 온갖 근심이 몰려들어 지금까지 미

루어두었으니, 어찌 민망하고 한탄스러운 마음을 가눌 수 있겠습니까?

嘗擬一晉 而衆憂叢集 尙稽至今 豈勝悶歎

기두류起頭類 4

•지난번 찾아와 주셔서 여태껏 위로되고 기쁩니다.

頃蒙枉顧 迨用慰幸

•어제 찾아와 주셔서 감사하고 위로되는 마음 잊기 어렵습니다.

昨承枉訪 荷慰難忘

•요전에 먼 곳까지 찾아 주셨으니 후의厚意를 어찌 잊을 수 있겠습니까?

前者遠臨 厚意何可忘也[30]

•당신께서 찾아 주셔서 아직도 감사하게 생각하고 있습니다.

華蓋賁臨 尙用感荷

•지난번 멀리서 누추한 곳을 찾아 주셔서 지금까지 감사하게 생각하고 있습니다.

頃者遠枉荒郊 迄今感荷

•외지고 누추한 곳을 찾아 주셔서[31] 지금까지 위로되고 감사합니다.

僻陋左顧 慰荷至今

•일전에 당신께서 왕림해 주셔서 한나절 동안 당신의 가르침을 편안히 받들었으니 지금까지도 영광스럽고 고맙게 생각합니다.

日者 高軒賁臨 穩承半日淸誨 至今榮感

---

30 許穆『記言』別集 卷7「答權著作」

31 찾아 주셔서: 원문의 '좌고左顧'는 왼편을 돌아본다는 말로 윗사람이 아랫사람을 방문함을 말한다.

•산속의 거처에[32] 은혜롭게 찾아와 주시니 이 정의情意가 참으로 두텁습니다.

木石之居 惠然臨賁 此意良厚[33]

•어제 찾아와 주셔서 편안히 이야기 나누며 시간을 보냈으니 위로되고 감사한 마음 어찌 다하겠습니까?

昨日枉顧 從容移晷 慰感何極

•지난번 찾아주셔서 참으로 감사합니다.

頃枉良感

•어제 찾아오셔서 들려주신 말씀은 모두 훌륭한 말씀이었으니, 구구한 저에게 위로되고 기쁜 마음 그지없습니다.

日昨 臨顧所聞 無非德聲 區區慰幸 殆不自已

•지난봄 당신께서 찾아와 주셔서[34] 늘 깊이 감사하고 있습니다.

前春皂蓋之臨 每用感戢之深[35]

•지난번에 누추한 거처에 찾아와 주셔서 선장仙庄의 좋은 경치를 말씀하셨으니, 지금까지 꿈속에서도 가고픈 마음 늘 그곳에 있습니다.

疇昔之日 枉顧陋居 語及仙庄勝槩 至今夢想 每在其間[36]

---

32 산속의 거처에: 원문의 '목석지거木石之居'는 『맹자孟子』「진심盡心」상上에 "순이 깊은 산골에 살 때 나무나 돌과 함께 지내고 사슴이나 멧돼지와 함께 놀았으니, 깊은 산속의 야인과 다른 점이 거의 없었다[舜之居深山之中 與木石居 與鹿豕遊 所以異於深山之野人者幾希]"라는 구절에서 나온 말로 산속의 거처를 의미한다.

33 金昌協 『農巖集』 卷20 「答魚有鳳」

34 찾아와 주셔서: 원문의 '조개皂蓋'는 검정색의 수레 덮개로 군수의 행차를 뜻한다.

35 南九萬 『藥泉集』 卷31 「答李加平涑 丁亥三月三日」

36 南九萬 『藥泉集』 卷31 「答李加平 己丑五月一日」

•산속에서 3일 동안 나눈 정담은 또한 10여 년 동안 얻지 못했던 것이니, 어찌 감사하고 기쁜 마음을 가누겠습니까?

山中三日之晤 又十餘年來 所未得也 豈勝感幸[37]

•지난번 천만뜻밖에 십 년 만에 얼굴을 뵈었습니다. 한 번 뵌 것도 이미 기쁨으로 여기고 있는데 마침내 다시 찾아주셨으니, 얼마나 감사하고 위로가 되던지요.

向於夢寐之外 獲接十載顔面 一之已幸 遂至於再 其何感慰如之[38]

•찾아주신 것에 아직 인사를 드리지 못하여 죄송하게 생각합니다.

枉過 未謝爲罪

•어제 찾아주신 은혜를 입었습니다.

昨蒙委臨

•어제 뵙고서 많은 정담을 나눴습니다.

昨奉頗穩

•어제 찾아주신 것은 비록 감사하지만 손님이 많아서 편안히 이야기 나누며 하룻밤을 지새우지 못한 것이 한스럽습니다.

昨枉雖感 而緣客滿 未穩經宿爲歎

•전날 찾아와 주셨는데 제대로 모시지 못한 것이 한스럽습니다.

日昨枉臨 草草爲悵

•지난번 들러서 정담을 나눌 때 마침 소란하여 편안히 이야기 나누

37 尹拯『明齋遺稿』卷20「答朴大叔 辛巳臘月二十四日」
38 尹拯『明齋遺稿』卷12「答徐景簞 十月三日」

지 못했습니다.

向來歷晤 際撓未穩

•전날 뵈었을 때 몹시 바빴습니다.

日昨之奉 尤覺悤卒

•누추한 곳까지 찾아주셔서 지극한 정의情意에 매우 감사하지만 바쁜 형편에 편안히 얘기를 나눌 수 없어서 여태껏 슬픕니다.

井上枉蓋 甚荷勤意 而短晷行色 不能穩討 迨以爲悵

•성에 들어왔던 날 비록 다시 만나기는 했으나 끝내 격의 없이 담소하지 못하여 섭섭한 마음만 간절할 뿐입니다.

入城日 雖得再見 而終未款曲 悵念徒切[39]

•하룻밤 당신의 말씀을 들었으나 쌓였던 회포를 다 풀지 못해서 여전히 그리움이 남아 있습니다.

一夜奉誨 未究積蘊 尙有餘耿

•궁궐에서 뵈었지만 여전히 다 풀지 못한 한이 있습니다.

禁中奉拜 猶有未究之恨

•많은 사람들 사이에 잠시 뵈었던 터라 밤새도록 그리워했습니다.

稠廣霎奉 通宵依耿

•간혹 모습을 뵈었을 때 단지 멀찌감치 바라보기만 했으니[40] 대감께

39 金昌協『農巖集』卷20「與李夏坤 己卯」

40 멀찌감치 바라보기만 했으니: 원문의 '맥맥脈脈'은 서로 바라보이는 거리에서 말 한마디도 건네지 못하는 안타까운 심정을 가리킨다.『문선文選』「고시십구수古詩十九首」의 견우牽牛와 직녀織女를 읊은 고시古詩 중에 "찰랑찰랑 은하수 물

서 이런 마음을 어찌 다 알겠습니까?

時或見面 只有脉脉 台豈盡知此懷也

•아무개의 행차가 어제 도착하여 하룻밤 함께 자며 쌓였던 회포를 터놓고 나니 도성 밖 나그네 시름에 자못 위로가 되었습니다. 그러나 이별에 매우 바빠서 도리어 만나지 않은 편이 낫겠습니다.

某行昨到 一宵聯枕 穩攄積懷 頗慰闕外羈愁 而逢別甚悤悤 反不如不逢之爲愈也

•지난달에 헛걸음을 했다는 것을 듣고는 매우 한탄스러웠습니다.

前月 聞嘗虛枉 殊切恨歎[41]

•지난번에 찾아주신 은혜를 입었지만 맞이하여 회포를 풀지 못했습니다. 뒤늦게 그 소식을 듣고 서글프고 그리운 마음을 가누기 어려웠습니다.

向者 蒙荷委訪 而未及迎敍 追而聞之 悵遡難勝

•일전에 헛걸음을 하셨으니 어찌 놀라고 한탄스러운 마음을 가눌 수 있겠습니까?

日前虛枉 豈勝驚歎

•어제 마침 출타해서 당신의 편지를 헛되이 욕보게 했으니, 놀랍고 감사한 마음을 어찌 말로 다 하겠습니까?

昨適出他 致使惠書虛辱 驚感何言

사이에 두고, 애틋하게 바라볼 뿐 말 한마디 못 건네네[盈盈一水間 脈脈不得語]" 라는 표현이 있는 것에서 비롯된 것이다.

41 金昌協『農巖集』卷20「答申命鼎 甲申」

기두류起頭類 5

•요전에 뵌 일은 아직도 삼가 위로가 됩니다.

日前拜謁 尙用伏慰

•어제의 만남은 오랫동안 격조하던 차에 이루어졌으니, 아직까지도 기쁜 마음이 남아 있습니다.

昨奉 得於積阻 尙有餘幸

•어제 뵙고 자못 정담을 나누었으니, 하룻밤을 지났는데도 유익함이 있는 듯합니다.

昨進頗穩 經宿如有得

•어제의 만남은 여운이 그대로 남아 있습니다.

昨日之會 餘味尙津津

•우연히 이루어진 한 차례의 모임은 마침내 잊지 못할 즐거움이 되었습니다.

偶然一會 遂成難朽之樂[42]

•며칠 밤낮으로 나눈 정다운 이야기는 평생의 좋은 일이 되었으니, 어떻게 잊을 수 있겠습니까?

數晝夜良話 爲平生好事 何可忘也

•지난번 며칠 동안 뵙고 정담을 나눈 일은 떠도는 나그네의 회포에 조금 위로가 되었습니다.

向者 數日奉穩 稍慰萍水之懷

---

42 金昌協『農巖集』卷11「上伯氏 丁亥」

•지난번 시원試院에서 편안히 정담을 나눈 일은 또한 한 번 타향에서 만난 특별한 일이니, 여태껏 기쁨으로 여깁니다.

向之試院穩展 亦一萍場奇事 尙玆爲幸

•계상溪上에서 뵙고 정담을 나눈 일은 지금까지 삼가 위로가 됩니다.

溪上拜穩 迨今伏慰

•가을에 여러 번 정담을 나눈 것은 아직도 위로가 됩니다.

秋間 屢度晤言 尙此爲慰

•당신의 고을을 찾아가 뵙고 난 뒤로 그리운 마음이 평소보다 갑절이나 됩니다.

自歷貴府以來 瞻往倍常

•어제 종일토록 정담을 나누었으니, 돌아온 뒤로는 유익함이 있는 듯합니다.

昨者 終日穩 退而若有得

•지난번 찾아뵙고 정담을 나누지 못했으니, 아직도 슬픈 마음이 남아있습니다.

向進未穩 尙有餘悵

•일전에 뵙고 회포를 푼 일은 여태 잊지 못하고 있습니다.

日前拜敍 迄玆耿耿

•지난번 비록 뵈었지만 바빠서 조용히 이야기를 나누지 못했습니다.

頃雖奉拜 忙未從頌

•지난번 뵈었을 때 날이 저물어 편안히 이야기를 나누지 못해 몹시

서글픕니다.

頃進 迫曛未穩 悵悵

•이틀을 묵었지만 남은 회포는 오래되어도 서글픕니다.

信宿 餘懷 久猶悵然

•낮에 뵈었지만 일에 매이고 바빠서 제대로 모시지 못한 것 같아 한탄스럽게 여깁니다.

午間之拜 膠擾如未奉 方以爲歎

•아직 뵙지 못했을 땐 늘 한 번 만날 것을 생각했는데 이미 뵈었을 땐 도리어 일이 바빴습니다. 텅 빈 골짜기로 돌아와 예전처럼 쓸쓸히 지내다 때때로 우두커니 서서 홀로 슬퍼할 뿐입니다.

未見 常思一會 旣見 又却悤悤 歸來空谷 依舊離索 有時延佇 獨自悵然[43]

•어제 뵙고 바쁘게 헤어져서 그리운 마음 여전히 갑절이나 됩니다.

昨拜悤悤 依耿倍多

•성안에 있는 여러 날 동안 끝내 한번 조용히 이야기 나누지 못해 매우 한스럽습니다.

在城多日 終失一從容 甚恨[44]

•해상海上에서 한 번 정담을 나눈 일은 여전히 그리움이 남습니다.

海上一晤 尙有餘耿

•잠깐 뵙고 마침내 멀리 이별하게 되었으니, 내닫는 그리움이 세모歲

43 尹拯『明齋遺稿』卷16「與李君輔 戊辰二月」
44 金昌協『農巖集』卷20「與魚有鳳 丙子」

暮에 더욱 간절합니다.

霎拜 遂成遠別 馳仰 歲暮益切

•오랫동안 그리워하던 차에 한 번 만나 뵐 수 있었으니 흐뭇하고 기뻤다는 것을 아실 것입니다. 한스러운 것은 바빠서 한 번 반나절의 정담도 나누지 못한 점이니, 돌이켜 생각함에 생생하게 떠올라 지금까지 그치지 않습니다.

傾嚮之久 得遂一見 欣幸可知 所恨 悤悤未成一半日款 追思耿耿 至今未已[45]

•두 번이나 뵙고 이야기를 나누었지만 모두 편안히 이야기를 나누지 못했습니다.

再獲拜晤 俱欠從頌[46]

•어제 뵙고 말씀을 들은 일은 몹시 그리워한 끝에 나온 것입니다. 다만 바빠서 제 마음을 다할 수 없었던 것이 한스러울 뿐입니다.

日昨承誨 出於傾慕之餘 但恨悤遽 不能盡下忱

•지난번 뵈었을 때 너무 바빠서 지금까지도 여전히 서글픕니다.

頃奉卒卒 至今依悵

•이번에 한 번 회포를 풀 수 있다고 생각했는데, 출타할 때를 만나 뵙지 못했습니다.

此來 謂可一敍 値駕未奉

•그제 당신께 찾아갔지만 마침 출타할 때를 만나 헛걸음으로 돌아왔

45 金昌協『農巖集』卷18「答金美晦知光 壬午」

46 尹拯『明齋遺稿』卷10「與朴和順成阜」

으니 지금까지 슬프고 한탄스럽습니다.

再昨委進軒下 適値駕言而虛還 至今悵歎

•어제 당신께 찾아갔지만 출타 중이라 만나 뵙지를 못했으니 삼가 슬픕니다.

昨進門屛 値命駕失拜 伏悵

•지난번 찾아갔지만 때가 좋지 못했습니다.

頃進不利

•여러 번 찾아갔지만 헛되이 돌아와 소원함이 이 지경에 이르렀으니 매우 슬픕니다.

屢進虛還 致阻至此 甚悵

•문득 찾아갔는데 이른 잠이 막 깊어지려던 차라 감히 깨우지 못하고 돌아왔습니다.

俄進 値早睡方濃 不敢攪擾而歸

•제가 계속 찾아뵙는 것을 부지런하고 공경스럽게 하지 않은 적이 없었는데, 형은 끝내 한번 찾아 주시는 것도 인색했고, 심지어 마을을 지나면서도 들리지 않으셨으니 매우 슬프고 한스럽습니다.

弟之前後委進 非不勤摯 而兄則終靳一枉 甚至過洞不入 慨恨極矣

•이번 걸음에 마침 성안으로 들어갔는데 대감台監께서 멀리 관문 밖으로 행차하시어 연홍鷰鴻의 탄식[47]만 더욱더 슬픕니다.

47 연홍鷰鴻의 탄식: 원문의 '연홍지탄鷰鴻之歎'은 멀리 떨어져서 만나지 못하는 아쉬움을 말한다. 연홍은 제비와 기러기로 제비는 여름 철새고 기러기는 겨울 철새여서 서로 만날 수가 없기에 멀리 헤어져서 만나지 못하는 것을 비유하는 말로 쓰인다.

此行 適入城裏 台御遠爲關外 鶱鴻之歎 益切悵悒

•어제 본 현縣에 도착했지만 주인은 있지 않았습니다. 객관의 가을밤에 홀로 관촉官燭을 대함에 함께 이야기를 나눌 사람이 없어서 슬픔과 그리움이 더욱 간절합니다.

昨到本縣 主人不在 客舘秋夜 獨對官燭 無與晤語 悵仰益切

기두류起頭類 6

•어제 모임에서 우연히 만나 좋은 자리가 이루어졌으니 얼마나 기쁘던지요?

昨會得於邂逅 遂成勝事 欣幸何已[48]

•지난번 모지某地에서의 만남은 실로 뜻밖이었으니 지금까지도 감사하고 기쁩니다.

頃者 某地之會 實出意外 至今感幸

•골짜기에서 뜻밖에 만난 일은 돌이켜 생각해 보면 참으로 꿈결처럼 아련합니다.

峽裏邂逅之奉 追思 政如夢境依然

•하룻밤 함께 묵은 일은 바닷가에서 쉽게 얻지 못할 일이니 나그네의 가을 시름에 조금 위로가 됩니다. 다만 바빠서 회포를 다 풀지 못했던 것이 여한이 될 뿐입니다.

一宵聯枕 海外不易得之事 稍慰客裏秋思 而第以悤悤未盡懷 爲餘恨耳

•우연히 만나 하룻밤 이야기를 나눈 일은 아직도 여전히 위로되고 기쁩니다.

邂逅一夜話 尙餘慰幸

•많은 사람들 속에 잠시 만난 일은 여전히 그리움으로 남아 있습니다.

人海霎面 尙有餘耿

•관외關外에서 친척과 우연히 만난 것은 작은 인연이 아닌데, 한 해

48 金昌協 『農巖集』 卷11 「上伯氏 乙酉」

동안 서로 의지한 나머지에 갑자기 이별하게 되었으니 병든 마음이 아쉽고 암울하여 날이 갈수록 더욱 잊을 수가 없습니다.

關外親戚之萍逢 不是少緣 匝歲相依之餘 遽爾分手 病懷悵黯 去益不可忘

•지난날에 며칠 밤 단란했던 즐거움은 거의 십 년 내에 가장 좋은 일이었으니 여운이 아직도 넘쳐납니다.

向日 數夜團圓之樂 殆是十年內勝事 餘意尙有津津

•지난번 만난 일은 생각해 보니 하나의 꿈같은 일이었습니다.

向來奉面 思之 便一夢境

•지난번 뜻밖에 만난 일은 여태껏 몹시 기쁜 일이었지만, 돌아온 뒤로 안타깝고 그리움이 지금까지 마음속을 오갑니다.

向來 邂逅之拜 迨切欣幸 歸來悵仰 尙今往來于中

•지난 가을에 타향에서 우연히 만난 일은 지금까지 위로되고 후련합니다.

往秋萍會 迄用慰豁

•영외嶺外에서 우연히 만난 일은 한껏 단란했으니, 그 기쁘고 위로됨이 마땅히 어떠하겠습니까?

嶺外萍會 極意團欒 其所欣慰 當如何

•한적한 절간에서 하룻밤 편안히 이야기를 나눈 일은 특별한 만남이라고 할 만 하지만, 피차의 사정이 너무 바빠서 오히려 쌓인 회포를 다 풀지는 못했습니다. 돌아와 서글프고 암담한 마음을 어찌 형용할 수 있겠습니까?

蕭寺一宵之穩 可謂奇會 彼此行色悤卒 猶未盡積懷 歸來悵黯 曷可形諭

•화석花石의 좋은 모임은 아득히 꿈만 같아 돌이켜보니 서글픕니다.

花石佳會 杳然如夢 追思悵惘[49]

•길 위에서 잠시 만난일은 지금까지도 그립습니다.

路上霎面 迨此依耿

•말 위에서 잠시 인사를 나누었던 일은 지금까지도 생각납니다.

馬上揖鞭 迨今依依

•봄 사이 만나 뵌 일은 아련히 한바탕 꿈만 같습니다.

春間奉拜 怳若一夢

•타향에서 만났다 이별한 것은 위로가 되었지만 바빠 편안히 이야기 나누지 못했으니 생각하니 꿈만 같습니다.

殊方逢別 非不爲慰 而草草欠穩 思之如夢

•만났다 헤어진 뒤의 회포가 지금까지도 그립습니다. 매번 정담을 나눌 사람이 없을 때에는 더욱 이 때문에 그립습니다.

聚散餘懷 至今耿耿 每於無人晤語時 尤爲之馳思也

•쌍성雙城[50]에서 만났다 헤어진 일은 여태껏 꿈만 같아 그리워 잊을 수가 없습니다.

雙城逢別 迨如夢境 依依不能忘

•골짜기에서 잠시 만났다가 곧 이별하니 진실로 떠도는 신세가 가는 곳마다 다 그렇다는 것을 알고 있습니다. 그러나 온통 그리운 마음에

---

49 宋翼弼『龜峯集』卷4「答叔獻書」

50 쌍성雙城: 함경도 영흥永興에 있는 성이다. 1258년 원元나라가 이곳에 쌍성총관부雙城摠管府를 설치하고 100여 년간 고려 정무에 간섭한 곳이다.

갑절이나 서글픕니다.

峽裏乍逢 旋卽分手 儘知萍蹤身世 隨處皆然 而一念耿耿 倍切悵悵

•병으로 칩거하던 중에도 곡반哭班[51]에서 뵈었던 일을 그리워하지 않은 적이 없습니다.

病蟄中 未嘗不追思哭班之奉

•길에서 만나[52] 잠시 나눈 이야기로 어찌 마음을 다 풀 수 있었겠습니까? 갈림길에서 작별한 뒤로 나도 모르게 몇 번이나 돌아보다가 바로 산모퉁이에 이르러서야 그만두었습니다.

班荊少語 何能盡意 分岐以後 不知幾回首 直至山轉而後已[53]

---

51 곡반哭班: 국상 때 궁중에 모여서 곡을 하던 벼슬아치의 반열을 이르던 말이다.

52 길에서 만나: 원문의 반형班荊은 친구를 만난 기쁨을 표현할 때 쓰는 말이다. 『춘추좌씨전春秋左傳』 「양공襄公 이십육년二十六年」에 "오거가 정나라로 달아났다가 마침내 진나라로 달아났는데, 성자가 진나라로 가던 길에 정나라 교외에서 둘이 만나 형초荊草를 자리에 깔고 앉아서[班荊] 함께 밥을 먹으면서 복귀에 대한 이야기를 나누었다.[伍擧奔鄭 將遂奔晉 聲子將如晉 遇之於鄭郊 班荊相與食而言復故]"라고 한 고사에서 유래한 것이다.

53 尹拯 『明齋遺稿』 卷19 「與朴泰輔士元 六月九日」

기두류起頭類 7

•모지某地에서 올린 편지는 과연 받아보셨는지요?

在某地上書 果入鑑否

•지난번 파발 편에 부친 편지는 도착했는지요?

頃付書於撥上 達否

•지난번 올린 편지는 이미 받아보았을 것으로 생각됩니다.

向來上書 計已下覽矣

•어제 아무개 역참驛站에 도착하여 먼저 한 서찰을 부쳤는데, 이미 살펴보았을 것이라 생각됩니다.

昨到某站 先付一札 想已照過矣

•일전에 저체邸褫편에 부친 편지는 차례대로 받아보았는지요?

日以邸褫付書 長弟登徹耶

•지난번 편지를 모인某人편에 부쳤는데, 모인某人이 가지 않고 편지는 체遞편에 넣었습니다. 과연 살펴보셨는지요?

頃日書付某人 而某人不往 書則入褫矣 果已關照耶

•지난번 올린 문후는 이미 보셨을 것으로 생각됩니다.

頃者仰候 想已關聽

•지난 섣달에 보낸 편지는 일찍이 살펴보셨는지요?

客臘遣書 曾蒙下照否

•모참某站을 지나는 길에 문후 편지를 써서 올렸는데, 이리저리 다니

느라 지친 데다 전혀 여가가 없어서 다시 편지를 쓰지 못했습니다.

某站道間 倏上一候 驅馳撼頓 絶無餘暇 未得更尋竿尺[54]

•앞서 보낸 편지는 살펴보았는지요?

前書照未

•이제 막 편지를 썼습니다.

才有書矣

•지난번 보낸 편지는 이미 살펴보셨는지요.

頃書 已關照耶

•앞뒤로 보낸 편지는 차례대로 살펴보셨으리라 생각됩니다.

前後書 想次第照至

•지난번 드린 문후 편지는 아마 받아보았을 것입니다.

向者拜候 似已塵覽

•지난번 모인某人이 떠날 때에 급하게 편지를 올렸습니다.

向於某人之去 草草拜書

•각각 보낸 답장과 후장候狀은 다 살펴보셨는지요?

一復一候 俱覽未

•월초에 부채를 보내는 편에 올린 후서候書는 이미 살펴보았을 것으로 생각됩니다.

月初 扇便之候 想已關照矣

---

54 金錫冑『息庵遺稿』卷8「答首輔文谷金公書 壬戌冬赴燕時在義州」

•요전 인편에 부친 답장은 이미 살펴보셨을 것으로 생각됩니다.

前便覆書 想已照徹矣

•지난번 답장은 살펴보았을 것으로 생각됩니다.

頃復 想徹

•지난번 편지는 이미 살펴보셨을 것으로 생각됩니다.

日昨有書 想已塵案

•이제 막 문후 편지를 부쳤습니다.

纔付候矣

•지난번 쓴 답장은 이미 살펴보셨을 것으로 생각됩니다.

向修謝帖 想已覽下矣

•지난번 길에서 보내 주신 편지는 삼가 답장을 올렸는데 아마 미처 받아보시지 못한 듯합니다.

向來 在塗俯訊 伏奉復語 似未及達

•지난번 쓴 답장은 경치京褫편에 부쳤는데, 그사이에 이미 받아보셨을 것으로 생각이 됩니다.

頃脩覆語 付入京褫 其間 想已俯領矣

•지난번 승려[55] 편에 편지를 부쳤습니다.

向者 寄書於白足之行

---

55 승려: 원문의 '백족白足'은 세속의 더러움에 오염되지 않은 청정한 수도승修道僧을 말한다. 『낭야대취편琅琊代醉篇』「백족白足」에 위魏나라의 승려 담시曇始는 발이 얼굴보다도 깨끗했는데 흙탕물을 걸어가도 발이 전혀 더러워지지 않았으므로 백족화상白足和尙이라고 불렸다는 일화가 전해 온다.

•지난번 두 차례 부친 편지는 반드시 받아서 살펴보았을 것으로 생각되는데, 아직 답장을 받아보지 못한 것을 한으로 여길 뿐입니다.

頃者 兩度付書 想必入照 而惟以未承復爲悵

•지난번 올린 편지는 아직 복교復敎를 받지 못했습니다.

向來奉書 未承復敎

•재차 편지로 문후를 드렸는데, 아직 내려주신 답장을 받지 못했으니 서글프고 그리운 마음이 실로 큽니다.

再有書候 而未承俯答 悵仰實多

•앞서 편지를 올리고부터 손 모아 회교回敎를 기다림이 목마른 이가 물을 찾는 듯합니다.

自往前書 拱俟回敎 如渴於飮

•세 차례 올린 편지에 한 번의 답장도 아끼시니 일이 많으시기 때문이 아니겠습니까? 본래 무정無情한줄 알고 있었지만, 저의 서글프고 그리운 마음은 지극합니다.

三次之書 一靳下復 無乃緣撓耶 固知無情 而在我悵耿則極矣

•인편으로 보낸 편지가 간 것은 있는데 오는 것은 없으니, 매우 울적합니다.

便信有去無來 殊菀殊菀

•참으로 부지런히 재차 편지를 드렸는데, 한 번 받아보지도 못했으니 백씨伯氏의 종자從者는 아마도 홍교洪喬의 풍문을 들은 자가 아니겠습니까?[56]

---

56 홍교洪喬의~아니겠습니까?: 홍교는 동진東晉의 은선殷羨으로 자가 홍교다. 『세설신어世說新語』 卷23 「임탄任誕」에 그가 예장군 태수豫章郡太守로 나가게 되었는데 그가 떠날 때에 도성 사람들이 100여 통이나 되는 편지를 맡겼다. 석두성石頭城

再書良勤 而一未奉玩 伯氏從者 豈聞洪喬風者耶[57]

•앞서 보낸 편지가 석두침石頭沈[58]이 되었다는 것을 들었으니 한탄할 만합니다.

前書 聞作石頭沈 可歎

•두 번 올린 편지는 모두 아직 답장을 받아보지 못했으니, 매우 안타깝고 슬픈 생각뿐입니다.

兩書 俱未拜復 一念倍切訝悵

•연이어 세 번 편지를 올렸는데, 아직 한 번도 답장을 받아보지 못했습니다.

連有三書 一未承答

•한 번 이별이 한 해가 지났고 두 번의 편지에 답장이 없었으니, 마땅히 제가 책망하더라도 형이 또한 스스로 해명할 수 없을 것입니다.

一別經年 兩書無復 宜其弟之有誚 而兄亦不能自解也

•앞서 보내 주신 편지는 바쁜 일로 아직까지 답장을 하지는 못했습니다.

前書 凌遽未及作報

•앞서 보내 주신 편지는 마침 향리에 있다가 집에 돌아온 지 얼마 되지 않은 데다 병과 번잡한 일들이 서로 계속되어 답장을 올릴 겨를이

에 이르러서 그 편지를 모두 강물에 던지며 "가라앉을 것은 가라앉고 뜰 것은 떠라. 은홍교는 편지를 전달하는 우체부가 되지 않겠다."라고 한 데서 유래한 말로 정세옥이 보낸 편지 심부름꾼이 중간에 전달하지 않은 것을 비유한 말이다.

57 尹拯『明齋遺稿』卷18「與鄭君啓 丁巳三月七日」

58 석두침石頭沈: 중국 진晉나라 때 은선殷羨이란 사람이 백여 통의 편지를 전하러 가다가 석두石頭라는 곳에 이르러 물에 띄워 버린 고사에서 유래된 것으로 편지가 전달되지 않고 중간에서 유실되는 일을 이르는 말이다.

없었습니다.

前者枉書 適値在鄕 歸家屬耳 病冗相續 不暇奉報

•지난달에 보내 주신 편지는 아직 답장을 하지 못했으니, 병으로 혼미한 인사人事를 아실 것입니다.

前月惠書 尙未復 病昏人事 可知也

•어제 보내 주신 편지를 받고 오랫동안 소식이 없던 터에 기쁨과 위로됨이 마치 마주보는 듯 했습니다. 그러나 손님을 응대하는 번거로움에 날이 저물어 바로 답장을 쓰지 못했으니 허전하고 한탄스러움이 그지없습니다.

昨拜辱書 於積阻之餘 欣慰如面 而客撓日曛 未卽討謝 歉歎不已

•지난번 보내 주신 편지는 소식이 끊어져 그리워하던 차에 깊이 위로가 되었지만 번잡하고 소란스러운 일로 답장이 늦어져서 매우 슬프고도 부끄럽습니다.

向來惠書 深慰阻思 滚擾稽復 悵媿交摯

•길에서 편지를 받고 단지 말로만 인사를 드렸을 뿐입니다.

路上得惠字 只以口語致謝

•저편邸便에 보내 주신 편지는 바로 새해의 첫 번째 소식이니, 구구區區한 저의 놀랍고 기쁜 마음이 마땅히 어떠했겠습니까? 그러나 인편을 찾기가 쉽지 않아서 아직까지 답장이 늦어졌으니 계속 서글프고 그리울 뿐입니다.

邸便所惠書 乃新年第一信也 區區驚喜 當如何 討便未易 尙稽修謝 繼以悵往而已

•답장을 써서 벽에 걸어두었으나 아직까지 인편을 만나지 못했습니다.

裁答揭壁 尙未逢便矣[59]

•봄에 한 통의 편지를 받았으나 병으로 혼미하여 답장을 하지 못했습니다.

春間一書 病昏闕謝[60]

•지난번 서찰에 답장을 하지 못해 지금까지 서글펐습니다.

向札未復 至今爲悵

•체전遞傳이 이미 늦은 데다 인사도 너무 늦었으니 매우 송구한 마음을 가누지 못하겠습니다.

遞傳旣稽 修敬曠遲 不勝悚負之至[61]

•일전에 답장을 써 놓았지만 적당한 인편을 만나지 못해 막 그리운 마음 간절합니다.

昨修謝書 而未遇的便 方懷耿耿[62]

•공무에서 물러나 보내 주신 서찰이 책상에 남겨진 것을 보고 충분히 위로가 되었지만, 다만 답장이 늦어져서 서글퍼할 뿐입니다.

公退 見下札留案 仰慰十分 第以稽謝爲悵

•지난번 보내 주신 서찰을 책상에 두고 때때로 읽어보니 마치 친구의 얼굴을 보는 것 같았습니다. 아무개 체편을 놓치고부터 답장을 보낼 길이 없어 여태 답장이 늦었으니 한결같이 울적할 뿐입니다.

向來惠札 留案時時諷誦 如覿故人一面 自失某褫 無由討覆 迄稽謝儀

59 尹拯『明齋遺稿』卷19「與閔彥暉 六月二十一日」
60 尹拯『明齋遺稿』卷25「答沈埈 壬午八月三日」
61 申翊聖『樂全堂集』卷9「李左相聖求」
62 尹拯『明齋遺稿』卷11「與朴和叔 九月十二日」

一味菀瞀而已

•어제 편지는 받고 위로가 되었지만 날이 저물어 답장을 쓰지 못했습니다.

昨書拜慰 抵曛未謝

•어제 날이 저물었기 때문에 바로 답장을 쓰지 못했습니다.

昨緣日暮 未卽修謝

•어제 서찰은 답장이 늦어져서 무례를 범했습니다.

昨札稽謝 欠恭

•지난번 보내 주신 답장은 마땅히 바로 답장을 해야 했지만 그때 숙병이 다시 심해져 열흘 동안 위독하여 붓을 잡을 수 없었습니다. 끝내 지금까지 소식을 전하지 못했으니, 어찌 그립고 답답한 마음을 가눌 수 있겠습니까?

向來辱復 宜卽有謝 伊時宿痾復劇 涉旬濱危 不能搦管 遂闕然至今 豈勝耿結

•근래에 전혀 인편이 없더니 모인某人이 갑자기 이르렀습니다. 비록 보내 주신 편지는 없었지만 그 사람 입을 통해서 대강 소식을 알았습니다.

近苦無便 某人忽至 雖無下書 憑其口槩審

•모인某人이 와서 당신의 편지를 받았고, 또 그의 말을 통해서 어느 정도 일상 안부 외의 일들을 상세히 들었습니다. 매우 후련한 마음이 어찌 함께 자리에 있는 것과 다르겠습니까?

某人之來 承拜令翰 且因其口傳 細聞多少於起居之外 區區開豁 奚異合席

기두류起頭類 8

•삼가 보내 주신 편지를 받았습니다.
伏蒙下訊

•이에 전팽專伻을 통해 보내 주신 편지를 받았습니다.
玆拜耑敎

•아침에 심부름꾼을 통해 편지를 받고 어제 다하지 못했던 회포에 충분히 위로가 되었습니다.
朝伻 恰慰昨日未盡懷

•아침에 편지를 받고 매우 위로가 되었습니다.
早被舌諭 仰慰仰慰

•어제 마침 출타하여 팽자伻者가 헛걸음하게 하였으니, 놀라고 한탄스러운 마음을 어찌 가눌 수 있겠습니까?
昨適出他 以致伻者虛枉 豈勝驚歎

•아침에 팽자伻者를 통해 편지를 받았으니, 어찌 한 번 정담을 나누는 것보다 못하겠습니까?
早承伻問 何減一晤

•지난번 떠나기에 앞서 여러 번 팽문伻問해 주셔서 남은 정이 있습니다.
向來臨行 屢伻 殆有餘情

•빗속에 보내신 팽자伻者가 멀리서 이르렀으니, 고맙고 고맙습니다.
雨中 委伻遠至 知荷知荷

•소식이 없던 차에 팽자伻者를 통해 보내 주신 편지는 만나서 얘기를 나눈 것처럼 위로가 됩니다.

阻餘伻訊 慰當面譚

•지난번 팽자伻者를 통해 문후를 드렸는데 출타 중이셔서 편지만 남기고 돌아왔습니다. 근간에 또 팽자를 보내고자 했지만 공무로 바빠 그렇게 하지 못하니 매우 슬픕니다.

向來伻候 値駕言 只留書而歸 昨今又欲送伻 滾汨未果 政爾凝悵

•여러 차례 팽자伻者를 보내 문후를 드리고자 했지만 병과 잡무로 그렇게 하지 못했습니다.

屢擬伻候 而病冗未果

•어제 팽자伻者가 헛걸음으로 돌아온 것을 보고 병환이 있다는 것을 알았습니다.

昨伻虛還 知有愆節

•그제 팽자伻者를 보내 문후를 올렸는데, 마침 교외에 나가 계셨다 하니 돌아오셔서 혹시 들으셨는지요?

再昨送伻奉訊 値有郊行 歸或聞之否

•안타깝게도 편지를 보낼 동복僮僕이 없어서 오랫동안 문안을 드리지 못했습니다.

苦乏僮指 久未奉問

•바로 팽자伻者를 보내 편지를 드리고자 했지만 안타깝게도 과거시험이 임박한 것에 얽매여 신경 쓰느라 겨를이 없어서, 생각은 간절하지만 우선은 이렇게만 하고 실행하지 못했습니다.

政欲耑人奉書 而苦牽試場迫頭 接應無暇 含意耿耿 姑此未果

기두류起頭類 9

•비록 평소 친분은 없었지만 일찍부터 당신의 명성을 사모했습니다.

雖無雅分 夙仰聲華

•일찍이 평소 친분은 없었지만 사모하고 우러러본 것은 오래되었습니다.

曾無雅契 而景仰則久矣

•비록 평소 친분은 없었지만 모우某友를 통해 몹시 당신의 명성을 사모하였습니다.

雖無素分 而因某友 飽仰聲光矣

•뵙고 싶은 마음 간절하지만 하루도 뵌 적이 없어서 감히 곧장 편지로 문안을 드리지 못했습니다.

嚮往非不勤 而以無一日之雅 不敢輒通書問[63]

•지난번 당신의 명성을 들었지만 뵐 길이 없어 매우 그리워만 할 뿐입니다.

向聞聲光 而無由奉際 只切耿耿

•당신의 훌륭한 명성을 들은 지 이에 십 년이나 되었지만 칩거하고 있는 사람이라 아직까지 한번 뵙고 싶은 바람을 이루지 못했습니다.

獲聞高名 十年於此 跧蟄人事 汔未遂一識之願[64]

•당신을 뵙고 싶은 마음이[65] 간절하지만 여태 그렇게 하지 못하여 슬

---

63 金昌協『農巖集』卷16「答金叔涵載海 壬午」

64 尹拯『明齋遺稿』卷24「與梁得中擇夫 丁丑至月十三日」

65 당신을~마음이: 원문의 '식형識荊'은 이백李白이 한형주韓荊州에게 준 편지에

프고 그리운 마음만 큽니다.

識荊願切 尙此未果 悵仰徒深

•같은 성城에 살면서 비록 자주 뵙지는 못했지만 많은 사람들 속에서 모습을 뵌 지는 오래되었습니다.

同城而雖無源源 稠中顏範則熟矣.

•대대로 맺은 교분이 매우 돈독한데 평소 병과 게으름으로 인사人事가 뜸했습니다. 비록 많은 사람들 속에서 뵌 적은 있었지만 아직 직접 문후를 드리지 못했으니 늘 서글프고 그립습니다.

世分非不篤至 而平居病懶 罕脩人事 縱有稠中之拜 尙闕牀下之候 尋常悵仰

•일전에 만나 뵌 것은 뵙고 싶은 바람이 매우 간절하던 터였습니다.

日昨承拜 深切識荊之幸

•타향에서 만나 뵙게 되어서 다행히도 뵙고 싶은 바람을 이루었습니다.

殊方奉拜 幸遂識荊

•몹시 그리워하던 차에 어제 모시고 이야기를 나누면서 평소의 바람을 이루었으니, 영광과 기쁨을 어찌 말로 다 하겠습니까?

景仰之餘 昨承晤言 獲遂素願 榮幸何言

•당신을 처음 만나자마자[66] 갑자기 작별하게 되어 병중의 회포가 세

"나서 만호후萬戶侯를 봉하는 것 필요 없고 다만 한 번 한형주를 면식하길 바란다[生不用封萬戶侯, 但願一識韓荊州]"는 말이 있는데 이는 한조종韓朝宗이 형주장사荊州長史로 있었기 때문에 쓴 말이다. 이로 인해 세상에서는 처음 면식을 갖는 것을 식형이라 한다.

66 만나자마자: 원문의 '경개傾蓋'는 수레를 멈추고 일산을 기울인다는 뜻으로 길에서 잠깐 만남을 뜻한다. 『사기史記』「추양열전鄒陽列傳」에 "속어俗語에 '백발이

모歲暮에 더욱 괴롭습니다.

傾蓋纔新 遽爾作別 病裏懷緖 歲暮益苦

되도록 오래 사귀어도 처음 사귄 듯하고, 수레를 멈추고 잠깐 만났어도 오래 사귄 듯하다'고 하였으니, 그 까닭은 무엇인가? 서로를 아느냐 모르느냐에 달려 있다[諺曰 有白頭如新 傾蓋如故 何則 知與不知也]"라고 하였다.

기두류起頭類 10

·새해가 되니[67] 그리운 마음 더욱 간절합니다.
歲籥載新 瞻誦益勤

·새해를 맞아 봄기운이 피어나니 그리운 마음 어찌 끝이 있겠습니까?
獻歲發春 瞻慕何極

·새해가 되었는데도 문후를 드리지 못했으니 비록 바쁜 중이라도 매번 그리운 마음 간절합니다.
歲新而未承起居 雖在奔走之中 每切懸仰

·오늘은 정초로 해가 바뀌는 날이니, 더욱 그립고 허전한 마음 지극합니다.
今當元日易歲之際 尤用馳戀悵缺之至

·해가 바뀐 뒤로 더욱더 그립습니다.
歲改以後 倍增瞻溯

·이별한 뒤로 문득 새해가 되니 제 마음에 그리움을 견디기 어렵습니다.
別來 忽復歲新 此懷不堪戀往

·떨어져서 쓸쓸히 지내는 회포가 해가 바뀌니 더욱 절실합니다.
離索之懷 歲換益切

·해가 바뀐 지 이미 오래되었지만 아직도 문후를 드리지 못했습니

67 새해가 되니: 원문의 '세약歲籥'은 한 해의 변천을 뜻한다. 약籥은 기절의 변화를 측정하는 갈대 대롱을 가리킨다.

다. 병으로 혼미하여 인사人事를 챙기지 못함을 아시겠지요.

歲換已久 尙未修起居之候 病昏人事之不振 可知[68]

•해가 넘도록 소식이 막혀 그리운 마음을 굳이 말할 필요가 없습니다.

隔歲阻戀 不須言

•후반候班[69]에서 서로 바라보기만하고 이야기는 나누지 못했는데, 새해가 되어도 여전히 뵙고 정담을 나누지 못했으니 서글프고 한스러운 마음만 간절합니다.

候班相望不相語 新年尙阻奉穩 第切悵恨

•여태 새해에 한 번 뵙지도 못했으니, 그립고 서글픈 마음 어찌 가눌 수 있겠습니까?

尙阻新年一奉 豈勝耿耿悵恨

•해가 바뀌니 그리운 마음이 더욱 간절합니다.

改歲懸念 益耿耿[70]

•새해가 되었는데도 그리움은 여전합니다.

歲星已周 耿耿如昨[71]

•그대가 소식을 금옥처럼 아끼시다가[72] 어느덧 한해가 바뀌었습니

68 尹拯『明齋遺稿』卷10「與朴季肯 壬午二月十日」

69 후반候班: 문후問候할 때의 반열班列을 말한다.

70 김창협金昌協『農巖集』卷11「答子益 戊子」

71 신익성申翊聖『樂全堂集』卷9「田闢」

72 금옥처럼 아끼시다가:『시경詩經』「소아小雅」백구白駒의 "깨끗한 흰 망아지, 저 빈 골짜기에 있네. 싱싱한 꼴 한 줌 먹이노니, 그 주인님 옥과 같네. 가시더라도 소식을 금옥처럼 아껴서, 부디 나를 멀리하지 마시기를[皎皎白駒 在彼空谷 生芻一束 其人如玉 毋金玉爾音 而有遐心]"이라는 말에서 나온 것이다.

다. 비록 강호江湖에서 서로 잊는다는 말이 있지만[73] 어찌 서글프지 않겠습니까?

金玉爾音 悠悠歲換 雖云相忘於江湖 寧不悵然[74]

•문득 해가 바뀌었습니다.

倏爾歲改

•해가 막 바뀌었습니다.

歲籥載改

•해가 이미 바뀌었습니다.

歲律已改

•한해가 이미 새로워졌습니다.

歲色已新

•해가 이미 바뀌었습니다.

歲已翻矣

•해가 또 새로워졌습니다.

歲又新矣

•묵은해가 가고 새해가 되었습니다.

歲換新舊

---

73 강호江湖에서~있지만: 원문의 '강호상망江湖相忘'은 도에 뜻을 두었음을 비유한 말이다. 『장자莊子』 대종사大宗師에 "물고기는 강호에서 서로 잊고, 사람은 도술道術에서 서로 잊는다[魚相忘乎江湖 人相忘乎道術]"라고 한 데서 온 말이다.

74 尹拯 『明齋遺稿』 卷11 「與朴和叔 丁卯正月二十九日」

•해가 바뀐 지 여러 날입니다.
歲翻有日

•새해가 되어 봄기운이 피어납니다.
獻歲發春

•새해가 되고 봄기운이 피어난 지 이미 오래되었습니다.
獻發已久

•소식을 받은 뒤에 해가 바뀌었습니다.
信后歲改

•정월을 맞아 만물이 형통합니다.[75]
三陽回泰

•새해가 시작되었습니다.
三陽獻歲

•새해가 되었습니다.
履茲新正

•정월이 되었습니다.
履茲三陽

•막 새해가 되었습니다.
卽茲履端

---

75 만물이 형통합니다: 11월은 1양陽이 처음으로 생기기 때문에 복괘復卦가 되고, 12월에는 2양이 생겨나서 임괘臨卦가 되고, 정월이면 3양이 생겨서 태괘泰卦가 된다.

• 막 봄기운이 피어납니다.
卽玆春發

• 눈과 서리가 함께 내리니 엄동嚴冬과 다를 게 없습니다.
霜雪交下 無異嚴冬

• 봄인데도 겨울 날씨니 늦추위가 더욱 매섭습니다.
春行冬令 餘寒更酷

• 봄이 되었지만 문후를 드리지 못해 간절히[76] 그립습니다.
春生阻候 願言瞻詠

• 오랫동안 소식이 막혔던 터라 봄이 오니 더욱더 그립습니다.
積阻音信 春來益復憧憧

• 봄 날씨가 따뜻해지는 듯하더니, 또 다시 흐리고 쌀쌀합니다.
春氣若將載陽 而又復陰冷[77]

• 봄 날씨는 본래 바람이 많지만 요즘같이 심한 적은 있지 않았습니다.
春日固多風 而未有若近來之甚

• 심한 추위는 비록 지나갔지만 따뜻한 날씨는 아직도 미약합니다.
祁寒雖過 暖氣尙微

• 봄철이 절반이 지났지만 흐리고 쌀쌀한 날씨는 풀리지 않습니다.

---

76 간절히: 원문의 '원언願言'은 간절하게 생각한다는 뜻이다. 『시경詩經』「위풍衛風 백혜伯兮」에 "간절하게 伯을 그리워하는지라 두통頭痛을 마음에 달게 여기노라[願言思伯 甘心首疾]"라고 하였다.

77 金昌協 『農巖集』 卷11 「上仲舅 丙戌」

春序過半 而陰寒不弛[78]

•봄 날씨가 점점 온화해지니 보고 싶은 마음이 매우 간절합니다.
春意漸和 瞻仰政勤

•어느덧 봄이 다 지났으니 보고 싶은 마음 갑절입니다.
居然春盡 瞻仰倍切

•봄 서리가 여전히 위엄을 떨치고 있습니다.
春霜 尙有餘威

•봄기운이 점점 성해지니 그리운 마음이 간절해집니다.
春事漸闌 懷仰方切

•봄날 만물이 날마다 생동함을 느낍니다.
春物 日覺駘盪

•봄추위가 매우 매섭습니다.
春寒甚嚴

•봄추위가 여전히 매섭습니다.
春寒尙峭

•가벼운 추위는 아직 풀리지 않았습니다.
輕寒未解

•봄추위가 예년과 다릅니다.

78 尹拯『明齋遺稿』卷20「與朴泰輔士元 二月十八日」

春寒乖常

•봄추위가 쌀쌀합니다.
春寒惻惻

•봄추위가 다시 기승을 부립니다.
春寒復肆

•바닷가에는 봄이 시작되었습니다.
海國春生

•남은 추위가 여전히 매섭습니다.
餘寒猶峭

•봄 날씨가 비로소 따뜻해졌습니다.
春日載陽

•봄바람이 고르지 않습니다.
春風不調

•봄기운이 맑고 화창합니다.
春氣淸穆

•봄 해가 점점 길어집니다.
春晷漸永

•기온이 고르지 않습니다.
暄冷不常

· 고운 비가 만물을 적십니다.
佳雨潤物

· 좋은 비가 때맞춰 내립니다.
好雨知時

· 봄날이 점점 화창해집니다.
春日漸和

· 바람 부는 날씨가 매우 좋지 않습니다.
風日殊不佳

· 봄기운이 조금씩 차오릅니다.
春意輕盈

· 봄의 따뜻한 기운이 점점 펼쳐집니다.
春和漸敷

· 봄이 이미 저물었습니다.
春序已晩

· 춘사春事가 무르익어 갑니다.
春事向闌

· 편지를 받은 뒤로 봄이 저물었습니다.
信后春暮

· 꽃이 피고 바람이 많이 붑니다.
花發多風

•봄기운이 해곡海曲[79]까지 이르렀습니다.
春暄海曲

•꽃피는 계절이 바로 한창입니다.
花序正闌

•봄바람이 따뜻하고 좋습니다.
春風暸姸

•만물들이 한창입니다.
品物條鬯[80]

•온갖 화기가 막 한창입니다.
萬和方暢

•날은 따뜻하고 바람은 온화합니다.
日暖風和

•한 번 이별하고 해를 지나 또 여름이 되었으니, 구구한 저의 그리움은 내 마음만 괴롭게 합니다.
一別經年 又復夏屆 區區瞻懸 徒勞我心

•친구를 생각하는 마음이 긴 여름에 더욱 간절합니다.
停雲之思 長夏憧憧[81]

---

79 해곡海曲: 바닷가 후미진 곳이나 섬, 혹은 한 모퉁이를 말한다.
80 尹拯『明齋遺稿』卷9「上市南」
81 尹拯『明齋遺稿』卷24「答李公達 七月八日」

•늘 흐리다 잠깐 개니 촉나라 해가 드물게 보이는 것[82]과 다를 게 없습니다.

恒陰少晴 無異蜀日之罕見

•빗물에 길이 막혀 오랫동안 문후를 드리지 못했는데, 몇 달 장마에 무더위가 더욱 심합니다.

雨水阻路 積阻承候 而數朔淫霖 蒸濕轉甚

•흙비에 누워있으니 술에 취한 듯 정신이 흐릿합니다.

霾雨伏枕 昏昏若中酒[83]

•가물던 끝의 장마가 너무 많이 내릴까 걱정됩니다.

旱餘陰雨 恐爲極備之憂[84]

•여름 날씨가 꽤 서늘해서 사람에게 매우 좋지 않습니다.

夏候頗涼 甚不宜人

•가문 끝에 장맛비가 내리니 무더위를 견디기 어렵습니다.

旱餘淫雨 暑濕難堪

•연일 내리는 장마가 농가의 모내기에는 다행스럽지만 멀리 떠나온 나그네의 회포는 더욱 무료함을 느낍니다.

陰雨連日 農家揷秧可幸 而遠客懷緖 轉覺無聊

---

82 촉나라~보이는 것: 원문의 '촉일지한견蜀日之罕見'은 촉 땅의 개가 해를 보고 짖는다는 '촉견폐일蜀犬吠日'이란 속담을 인용한 것이다. 사천성四川省 지방은 산이 높고 안개가 짙어서 해를 보는 날이 드물기 때문에 어쩌다 해가 뜨면 개가 이상하게 여기고 짖는다는 것이다.

83 金昌協 『農巖集』 卷12 「答權致道尙夏 戊辰」

84 許穆 『記言』 別集 卷7 「與權監司脩」

•불볕더위가 날마다 사람을 볶는 듯합니다.
旱炎 日覺熬人

•올해 같은 무더위는 거의 처음 보는 듯합니다.
今年盛暑 殆若初見

•크게 가물던 나머지에 비 기운이 막 짙어집니다.
亢旱之餘 雨意方濃

•지금처럼 큰비는 이전에 비할 데가 없습니다.
今雨之壯 不比已前

•혹독한 불볕더위는 원근遠近이 같습니다.
旱炎之酷 遠邇同然[85]

•삼복이 이미 지났으나 더위는 더욱 기승을 부립니다.
三庚已過 日熱愈熾

•늦더위가 매우 혹독하여 초여름에 있는 듯합니다.
殘暑甚酷 如在初炎[86]

•괴롭게 내리던 비가 겨우 지나자 불볕더위가 또 혹독합니다.
苦雨才過 烈炎又酷

•문득 초여름이 되었습니다.
忽復初夏

---

85 尹拯『明齋遺稿』卷23「與鄭長源 甲申六月十日」
86 許穆『記言』別集 卷7「與宋進士錫祜」

•근래 자못 따뜻합니다.
近頗暄暖

•하루가 한해같이 깁니다.
日長如年

•첫 더위가 비로소 왕성해졌습니다.
初炎始旺

•날씨가 뜨거워져 갑니다.
天時向熱

•날씨가 점점 뜨거워집니다.
天氣漸熱

•때맞은 비가 시원하게 내립니다.
時雨沛然

•한줄기 비가 더위를 씻어줍니다.
一雨滌暑

•한바탕 내린 비가 시원합니다.
一霈爽然

•요즘 조금 가뭅니다.
近日少旱

•날씨가 매우 덥습니다.
天時劇熱

• 흙비 내리는 무더위가 매우 심합니다.
霾熱甚劇

• 찌는 듯한 더위가 매우 심합니다.
敲蒸殊甚

• 혹독한 더위가 전에는 없었습니다.
酷暑無前

• 가문 날씨가 사람을 괴롭게 합니다.
旱氣惱人

• 불볕더위가 근래에 혹독합니다.
旱炎比酷

• 여름비가 몹시 무덥습니다.
暑雨蒸溽

• 찌는 듯한 열기가 비를 만듭니다.
蒸炎釀雨

• 단비가 시원하게 내립니다.
甘霈沛然

• 무더위가 심합니다.
溽暑蒸濕

• 장마 뒤에 더위가 기승을 부립니다.
霖後驕陽

•혹독한 더위가 더욱 심합니다.
酷暑愈甚

•늦더위가 더욱 기성을 부립니다.
老炎尤熾

•삼복더위가 이렇게 혹독합니다.
庚熱此酷

•삼복 뒤에 더 덥습니다.
庚後倍熱

•괴로운 장마가 잠시 그쳤습니다.
苦霖乍收

•늦더위가 더욱 극성입니다.
晩熱轉劇

•여름이 가을과 같이 시원합니다.
夏涼如秋

•삼복더위가 점점 혹독해집니다.
伏熱漸酷

•가을이 이미 찾아왔지만 인편이 아득하여 매번 그리움만 쌓입니다.
秋已抄矣 便使杳然 每積勞仰

•불과 며칠 사이에 날씨가 이토록 급속하게 쌀쌀해졌습니다.

不過數日間 炎涼之交 如是神速[87]

•"매미 소리가 더욱 맑아서 아득히 고풍高風을 생각한다"[88]라고 하니 옛 사람이 진실로 내 마음과 같습니다.

蟬聲益淸 緬懷高風 古之人 實獲我心

•내닫는 그리움이 가을을 맞아 더욱 깊습니다.

馳仰 逢秋彌深

•교남嶠南[89]에 가을이 깊어가니, 그리움이 더욱 절실합니다.

秋老嶠南 懷仰益切

•여름에서 가을까지 일절 소식이 막혔으니, 남쪽 하늘을 바라봄에 마음은 늘 그립습니다.

自夏徂秋 一切阻候 瞻望南天 心神長馳

•여름을 지나 가을이 되어도 소식을 들을 길이 없으니 아득히 내닫는 그리움 어느 날인들 풀리겠습니까?

經夏涉秋 信息難憑 悠悠馳仰 何日可弛[90]

•여름이 다 가고 가을이 이르렀지만, 긴 장마가 여전히 괴롭습니다.

夏盡秋屆 積霖猶苦

---

87 許穆『記言』別集 卷7「與李生晉茂茂卿」

88 매미~생각한다: 『주자대전朱子大全』 권33「답여백공答呂伯恭」에 주자가 여조겸呂祖謙에게 "요 며칠 매미 소리가 점점 맑아지니, 들을 때마다 선생의 고상한 풍모를 떠올리곤 합니다[數日來 蟬聲益淸 每聽之 未嘗不懷高風也]"라고 한 말에 전거를 두고 읊은 구절이다.

89 교남嶠南: 조령鳥嶺 이남以南인 영남嶺南을 말한다. 교는 중국의 교령嶠嶺으로 우리나라의 조령을 교령에 비유한 것이다.

90 尹拯『明齋遺稿』卷11「與朴和叔 八月九日」

•가을에 든 뒤 장맛비가 한 달이나 계속되었습니다.
入秋後 淫雨竟月[91]

•밤이 깊어지자 비로소 늦가을의 기운이 있습니다.
夜深 始有高秋意

•장마가 비로소 그치니 신량新凉[92]이 점점 생동합니다.
積雨初收 新凉漸動

•아침저녁으로 서늘하게 가을 추위가 있습니다.
曉夕之間 凜有秋寒

•가을 기운이 상쾌하니 더욱더 그립습니다.
秋氣爽然 尤增馳仰

•계절이 어느덧 저물어 가고 서리 바람에 초목이 시들어 떨어집니다.
節序婉晩 霜風搖落[93]

•가을비가 여전히 사람을 괴롭게 합니다.
秋雨 尙爾惱人

•바람은 높고 강은 차니 더욱 그립습니다.
風高江冷 增我懷伊

•전혀 소식을 듣지 못하고 또 이렇게 반년이 지났습니다.

91 許穆『記言』別集 卷7「與尹佐郎鑴希仲」
92 신량新凉: 첫가을의 서늘한 기운을 말한다.
93 尹拯『明齋遺稿』卷14,「答羅顯道 九月五日」

絶不得消息 又此歲半[94]

• 가을 더위가 더 고통스럽습니다.
秋熱益苦

• 장마가 그치지 않습니다.
霖陰不止

• 장마가 비로소 개었습니다.
積雨始霽

• 괴로운 장마가 비로소 개었습니다.
苦霖新霽

• 비온 나머지에 아직 덥습니다.
雨餘殘暑

• 전에 없던 무더위입니다.
暑濕無前

• 초가을인데 여전히 덥습니다.
初秋尙熱

• 가을 기운이 점점 일어납니다.
秋意漸生

• 가을 기운이 문득 생겼습니다.

94 尹拯 『明齋遺稿』 卷11 「與朴和叔 五月二日」

秋氣頓生

•조금 가을 기운이 느껴집니다.
薄有秋意

•아침 저녁으로 기운이 맑습니다.
日夕清氣[95]

•서늘한 기운이 문득 생겼습니다.
凉意乍生

•신량新凉을 기뻐할 만합니다.
新凉可喜

•가을 날씨가 다시 더워졌습니다.
秋日復作熱[96]

•가을인데 비가 많이 내립니다.
秋日多雨

•가을비가 계속 이어집니다.
秋雨連綿

•해국海國에 서늘한 기운이 생동합니다.
海國凉動

---

95 許穆『記言』別集 卷7「與許斑仲玉」
96 金昌協『農巖集』卷17「與李伯祥 乙亥」

•가을장마가 지리합니다.
秋霖支離

•가을 기운이 이미 높습니다.
秋意已高

•가을 기운이 한창입니다.
秋意崢嶸

•가을빛이 무르익어 갑니다.
秋色向闌

•시원한 바람이 점점 더해 갑니다.
凉風漸高

•요즘 찬비가 내립니다.
比日冷雨

•단풍과 국화가 한창입니다.
楓菊正闌

•가을이 다 가고 추위가 닥칩니다.
秋盡寒屆

•가을이 이미 늦어졌습니다.
秋事已晚

•저문 뒤에 날씨가 더욱 차갑습니다.
晩後益冷

•서리 소식이 너무 빠릅니다.

霜信太早

•한해가 저무니 그리운 마음이 날마다 깊어갑니다.

歲色崢嶸 慕仰日長

•세모에 날씨가 차니 그리운 마음 매우 괴롭습니다.

歲暮[97]天寒 瞻仰正苦

•어느덧 연말이 되었지만 소식을 듣지 못한 채 오랫동안 쓸쓸히 지내니 그리운 마음 괴롭습니다.

倐爾歲晏 不聞動靜 久矣索居 懷仰爲勞

•눈 덮인 궁벽한 마을에서 그대를 그리워하는 마음 매우 간절합니다.

雪裏窮巷 懷人政切

•한바탕 눈으로 커진 감흥이 산음山陰[98]에 못지않으니 진실로 저로 하여금 그립게 합니다.

一雪倍興 不減山陰 儘令人懷仰[99]

•종일 문을 닫고 있는데, 눈보라가 몰아쳐 마음이 심란합니다.

---

97 暮: 『寒暄箚錄』 원문에는 '慕'로 되어있으나 문맥상 '暮'로 바꾸어 해석한다.

98 산음山陰: 『세설신어世說新語』 「임탄任誕」에 진晉나라 왕휘지王徽之가 산음현山陰縣에 살고 있었는데 겨울 어느 날 밤 큰 눈이 내렸다. 불현듯 섬주剡州에 살고 있는 절친한 벗 대규戴逵가 그리워진 그는 거룻배를 타고 밤새도록 강물을 따라 그의 집 문 앞에까지 갔다가 도로 돌아왔었다. 그 이유를 물어보니 "내 본디 흥이 나서 갔다가 흥이 다하여 돌아온 것이다.[吾本乘興而行 興盡而返]"라고 하였다 한다. 흔히 절친한 벗이 그리워 찾아가는 고사로 인용되는데, 작자 또한 산속에서 하얀 눈이 쌓인 것을 보고 벗 이희조를 그리는 흥취가 일었던 것이다.

99 金昌協 『農巖集』 卷13 「與李同甫」

終日閉門 風雪惱人[100]

•눈 쌓인 섣달[101]에 그리운 마음만 맺힙니다.
積雪窮陰 但結勞仰

•겨울이 반이 지나 해가 장차 저물어 가니 그대를 그리워하는 마음 더욱 간절합니다.
冬序强半 歲將垂暮 懷人政切

•소세小歲[102]가 이미 지났으니 그리운 마음 더욱 간절합니다.
小歲已過 瞻仰益勤

•눈 속에 깊숙이 누워서 지내니 단지 그리운 마음만 있을 뿐입니다.
雪裏深臥 只有耿耿

•아득히 서로 생각만 하다가 이 해가 또 다 가버렸습니다.
悠悠相憶 此歲又盡

•해가 저무니 그리움만 마음에 맺힙니다.
歲晏 只有神凝

•세모에 멀리 떨어져 있어 그리워하는 마음이 간절합니다.
歲暮路遠 瞻仰耿耿[103]

---

100 許穆『記言』別集 卷7「答李生晉茂」

101 섣달: 원문의 '궁음窮陰'은 음기陰氣가 꽉 찼다는 뜻으로 한 해가 저무는 겨울, 섣달을 가리킨다.

102 소세小歲: 납향臘享의 다음날, 곧 동지 뒤 셋째 술일戌日의 다음날로 주식을 차리고 경축한다.

103 金昌協『農巖集』卷19「與李同甫」

•그리운 마음 세모歲暮에 더욱 간절합니다.
耿仰 歲暮益勤

•오랫동안 소식이 막혀 그리운 마음이 해가 저묾에 더욱 간절합니다.
積阻瞻往 歲晏益切

•한 해가 다 저물어 가니 온갖 감회가 일어납니다.
歲序垂盡 百感耿耿[104]

•세폐歲幣[105]가 너무 보잘 것 없으니 더욱 마음이 편치 않습니다.
歲幣寒甚 一倍耿耿

•이 해가 다 갔으니 그리운 마음이 더욱 간절합니다.
此歲無餘 瞻慕益憧憧

•눈이 오려는 처량한 날씨가 저로 하여금 즐겁지 않게 합니다.
雪徵悄悵 令人不樂

•요즘 겨울 날씨가 매우 좋지 않습니다.
比日 冬候甚不佳

•겨울 날씨가 흐리고 매서워 해를 볼 수 있는 날이 늘 드뭅니다.
冬候凝嚴 見日恒罕

•눈 속의 심사가 쓸쓸하고 괴롭습니다.
雪中意思 悄然寒苦[106]

---

104 金昌協『農巖集』卷19「答道以」
105 세폐歲幣: 연말과 연시를 기하여 바치는 방물, 즉 선물을 말한다.
106 許穆『記言』別集 卷7「答道以 己卯」

• 해가 다 하려하니 내닫는 그리움 더욱 간절합니다.
歲行且盡 馳仰益勤

• 병들어 문을 닫고 있는데 새해가 되려합니다.
淹病閉戶 歲色將新

• 혹독한 추위가 전에는 없었던 것 같습니다.
寒事之酷 似乎無前

• 연말에 그립습니다.
歲晏瞻遡

• 세모歲暮에 더욱더 그립습니다.
歲暮 益勞瞻懸

• 해가 점점 다해 갑니다.
歲駸駸將盡矣

• 겨울이 점점 시작됩니다.
冬令漸行

• 맑은 서리가 추위를 알립니다.
淸霜戒寒

• 날씨가 점점 추워집니다.
日候漸嚴

• 추위가 점점 닥쳐옵니다.
寒事漸逼

• 첫추위가 매우 매섭습니다.
初寒甚祁

• 첫추위가 갑자기 혹독합니다.
初寒陡酷

• 첫추위가 갑자기 심합니다.
初寒斗劇

• 눈이 오려는지 흐리고 춥습니다.
雪意陰寒

• 눈과 추위가 갑자기 심합니다.
雪寒斗劇

• 흐리고 매서운 추위가 점점 심해집니다.
凝嚴轉酷

• 날씨가 흐리고 춥습니다.
天氣陰凝

• 겨울 날씨가 평소와 다릅니다.
冬候乖常

• 종일토록 추위가 매섭습니다.
嚴威鎭日

• 일양一陽의 기운이 이미 생겼습니다.
一陽已生

• 세한歲寒에 양의 기운이 싹틉니다.
歲寒陽復

• 한결같이 매우 추운 날씨입니다.
一直寒甚

• 추위가 갈수록 혹독합니다.
寒威愈酷

• 추위가 솜옷 속으로 파고듭니다.
寒威折綿

• 해가 다하고 추위가 극심합니다.
歲弊寒劇

• 추위가 갈수록 심해집니다.
寒事愈劇

• 세색歲色이 다했습니다.
歲色垂窮

• 어느덧 세모歲暮 입니다.
居然歲暮

• 한해가 다했습니다.
歲云盡矣

• 세색歲色이 당당堂堂[107]합니다.
歲色堂堂

• 한해가 얼마 남지 않았습니다.
歲色無餘

• 한 해가 저물었습니다.
歲律云暮

• 어느덧 한 해가 저물었습니다.
倏爾歲暮

• 한 해가 다 가려 합니다.
歲行且盡

• 어느덧 섣달입니다.
居然窮臘

• 섣달도 다하고 봄이 돌아왔습니다.
臘盡春歸

• 겨울의 따사로움이 봄과 같습니다.
冬暖如春

• 겨울이 가고 봄이 왔습니다.

107 당당堂堂: 한 해가 너무나 빨리 지나가서 마치 속은 듯한 느낌이 든다는 말로 『전당시全唐詩』 卷559 「춘일사부우회이수春日使府寓懷二首」에 당唐나라 설능薛能이 "청춘이 나를 배반하고 버젓이 가버리니, 흰머리가 날 속이며 야속하게 돋는구나[青春背我堂堂去 白髮欺人故故生]"라고 한 시구를 원용한 표현이다.

冬行春令

•찬 안개가 평소와 다릅니다.
凍霧乖常

•해가 장차 저물어 갑니다.
歲將除矣

미심류未審類[108]

·伏未審[삼가 알지 못하겠다] ·卽未審[곧 알지 못하겠다] ·未審[알지 못하겠다] ·伏不審[삼가 알지 못하겠다] ·卽不審[곧 알지 못하겠다] ·未諗[알지 못하겠다] ·未委[잘 알지 못하겠다] ·未知[알지 못하겠다]

·伏未諦[삼가 알지 못하겠다] ·未諦[알지 못하겠다] ·伏未諳[삼가 알지 못하겠다] ·未諳[알지 못하겠다]

·謹伏問[삼가 여쭙다] ·伏問[삼가 여쭙다] ·謹問[삼가 여쭙다] ·敬問[공경히 여쭙다] ·仰問[우러러 여쭙다] ·卽問[곧 여쭙다]

·伏候[삼가 여쭙다] ·謹候[삼가 여쭙다] ·敬候[공경히 여쭙다] ·恭候[공손히 여쭙다] ·仰候[우러러 여쭙다] ·卽候[곧 여쭙다]

·伏惟[삼가 생각건대] ·敬惟[공경히 생각건대] ·恭惟[공손히 생각건대] ·謹惟[삼가 생각건대] ·仰惟[우러러 생각건대] ·卽惟[곧 생각건대] ·緬惟[멀리서 생각건대] ·遠惟[멀리서 생각건대]

---

108 보통 왕서往書에 쓰는 표현으로 수신자의 안부와 상황 등이 '어떤지 알지 못한다', '어떠한지 여쭙다', '어떠할 것이라 생각한다' 등의 뜻으로 쓰는 용어를 유별로 제시하였다.

시령류時令類[109]

·신하辰下 ·즉신卽辰 ·자신玆辰 ·비일比日 ·비자比者 ·비래比來 ·이래邇來 ·이간邇間 ·비간比間

·일간日間 ·일래日來 ·야간夜間 ·야회夜回 ·소회宵回 ·야사夜謝 ·숙회宿回 ·소환宵環 ·경숙經宿

·수일래數日來 ·수소사數宵謝

·우중雨中 ·우여雨餘 ·우후雨後 ·소선少選 ·만후晩後

·신원新元 ·신정新正 ·신년新年 ·이원履元 ·신양新陽 ·신춘新春 ·발춘發春

·춘한春寒 ·여한餘寒 ·초한峭寒 ·춘양春陽 ·춘음春陰 ·춘풍春風 ·춘청春晴

·춘원春暄 ·춘화春和 ·춘난春暖 ·춘우春雨 ·화후和煦 ·화후花煦 ·춘만春晩 ·훤연暄姸 ·화신花辰 ·화충花風 ·화우花雨 ·괴풍乖風

※이상 봄 동안 쓰는 표현이다.

·청화淸和 ·초하初夏

·조염肇炎 ·조염早炎 ·시염始炎 ·향염向炎 ·단염端炎 ·향열向熱 ·시열始熱 ·점열漸熱

·고열敲熱 ·증열蒸熱 ·고증敲蒸 ·성서盛暑 ·성열盛熱 ·극열極熱 ·극열劇熱

---

109 편지를 주고받는 사이 시간 간의 경과, 날씨와 계절의 변화 등을 나타내는 용어를 유별로 제시하였다.

·고혁敲赫 ·요염潦炎 ·요서潦暑 ·서욕暑溽 ·매열霾熱 ·요열潦熱 ·비열比熱 ·임우霖雨 ·임습霖濕 ·한열旱熱 ·한염旱炎 ·혹서酷暑 ·혹열酷熱 ·극서極暑 ·극염劇炎 ·서우暑雨 ·독염毒炎

·경열庚熱 ·경염庚炎 ·노염老炎 ·여음餘炎 ·잔염殘炎

※이상 여름 동안 쓰는 표현이다.

·추염秋炎 ·추열秋熱 ·잔서殘暑

·사량乍凉 ·청추淸秋 ·추음秋陰 ·추림秋霖

·상량霜凉 ·상천霜天 ·상진霜辰 ·추청秋淸 ·추청秋晴 ·신량新凉 ·미량微凉 ·국신菊辰 ·상령霜令 ·추심秋深 ·상후霜候 ·상령霜冷 ·상풍霜風 ·심추深秋

※이상 가을 동안 쓰는 표현이다.

·호한沍寒 ·한호寒沍 ·한령寒令 ·시한始寒 ·초한初寒 ·조한肇寒 ·초동初冬 ·초설初雪 ·초한稍寒 ·초한抄寒

·설한雪寒 ·설호雪沍 ·지한至寒 ·지호至沍·졸한猝寒 ·응호凝沍 ·극호極沍 ·극한極寒 ·대한大寒 ·대설大雪 ·심한甚寒 ·융한隆寒 ·기한祁寒 ·동난冬暖 ·학한虐寒

·납한臘寒 ·납호臘沍 ·궁호窮沍 ·응한凝寒 ·엄호嚴沍 ·극호劇沍 ·궁음窮陰 ·혹한酷寒 ·극한劇寒 ·응엄凝嚴 ·잔랍殘臘 ·세잔歲殘

※이상 겨울 동안 쓰는 표현이다.

기후류氣候類[110]

・기체후氣體候 ・기후氣候 ・기도氣度 ・체내제절體內諸節 ・체상體上 ・체중體中 ・체기體氣 ・체도體度 ・체용體用

・동지후動止候 ・동지動止 ・기거후起居候 ・기거起居

태감太監・태감台監・영감令監・사도使道・순선旬宣・제곤制閫・도시道視・정여政餘・정중政中・시여侍餘・시외侍外・사여仕餘・직중直中・복중服中・건차虔次 등의 글자를 상황에 맞는 대로 앞에 붙여 쓰기도 한다[或加太監・台監・令監・使道・旬宣・制閫・道視・政餘・政中・侍餘・侍外・仕餘・直中・服中・虔次等字 量宜用之].

・균후勻候 ・균체勻體 ・정인동지鼎茵[111]動止 ・보리체도保釐[112]體度

※재상宰相의 안부를 물을 때 쓰는 표현이다.

・태제台體 ・태후台候 ・태리台履 ・태동지台動止 ・태기거台起居

・영후令候 ・영리令履 ・영동지令動止 ・영기거令起居

・순후旬候 ・순체旬體 ・순리旬履 ・순리巡履

안부按部・순선旬宣・원습原隰・포정布政 등의 글자를 동지動止나 기거起居 앞에 붙여 쓰기도 한다[或加按部・旬宣・原隰・布政等字於動止起居之上].

※관찰사觀察使나 순찰사巡察使의 안부를 물을 때 쓰는 표현이다.

---

110 수신자의 안부를 물을 때 쓰는 용어로 수신자의 몸 상태, 건강 상태, 생활 상황 등을 나타내는 용어를 수신자의 신분이나 처한 상황에 따른 표현을 유별로 제시하였다.

111 정인鼎茵: 솥과 자리로 재상宰相을 뜻한다. 옛날에 고관대작에 있는 사람이 여러 개의 솥을 늘어놓고 먹으며 여러 개의 자리를 포개어 앉는 풍요로운 생활을 한다는 '열정누인列鼎累茵'이라는 말을 줄인 것으로 높은 벼슬에 올라 넉넉한 생활을 누린다는 뜻이다.

112 보리保釐: 재상의 직책을 뜻하는 말로 '백성들이 편안하게 느낄 수 있게끔 보호하여 다스린다'는 뜻이다.

·곤후閫候 ·곤리閫履 ·곤황閫況 ·곤제閫制 ·이곤莅閫

※곤외閫外의 직책인 병사兵使나 수사水使의 안부를 물을 때 쓰는 표현이다.

·정후政候 ·정리政履 ·정황政況 ·자후字候 ·자리字履 ·전리篆履 ·전황篆況 ·이후莅候

정여政餘·정우政中·시정侍政·시전視篆·시인視印·장민長民·위정爲政·무자撫字·미부美赴·신리新莅·환아還衙·저아抵衙·환치還治·이정莅政·상관上官·하거下車·신정新政·혼아渾衙·임정臨政·임민臨民·정용政用 등의 글자를 동지動止나 기거起居 앞에 붙여 쓰기도 한다[或加政餘·政中·侍政·視篆·視印·長民·爲政·撫字·美赴·新莅·還衙·抵衙·還治·莅政·上官·下車·新政·渾衙·臨政·臨民·政用等字於動止起居之上].

※외직 지방관의 안부를 물을 때 쓰는 표현이다.

·융후戎候 ·무융撫戎 ·진후鎭候 ·진리鎭履 ·진황鎭況

※첨사僉使나 만호萬戶의 안부를 물을 때 쓰는 표현이다.

·우후郵候 ·우리郵履 ·우황郵況

※찰방察訪의 안부를 물을 때 쓰는 표현이다.

·목리牧履 ·목황牧況 ·공구攻駒 ·이황履況

※감목관監牧官의 안부를 물을 때 쓰는 표현이다.

·좌후佐候 ·좌리佐履 ·좌황佐況 ·막후幕候 ·막리幕履 ·막황幕況

※비장裨將의 안부를 물을 때 쓰는 표현이다.

·사후仕候 ·사리仕履 ·사황仕況

공극供劇[공무가 극심함]·숙야재공夙夜在公[이른 아침부터 밤까지 공무 수행] 등의 글자를 앞에 붙여 쓰기도 한다[或加供劇·夙夜在公等字].

※벼슬살이하는 안부를 물을 때 쓰는 표현이다.

•시후侍候 •시리侍履 •시황侍況 •시봉侍奉 •시채侍彩[113] •시학侍學 •채환彩歡 •시환侍歡 •시독侍讀 •시주侍做

※부모님을 모시고 지내는 안부를 물을 때 쓰는 표현이다.

•직후直候 •직리直履 •직황直況

※숙직하는 안부를 물을 때 쓰는 표현이다.

•체후棣候[114] •체리棣履 •체황棣況 •체환棣歡 •첨후僉候 •첨리僉履 •첨황僉況 •첨시僉侍

•복후服候 •복체服體 •복리服履 •복황服況

※복중服中 안부를 물을 때 쓰는 표현이다.

•애후哀候 •애리哀履 •애황哀況 •애체哀體 •기력氣力 •기체氣體 •체력體力 •기황氣況 •효리孝履

시전侍奠·궤전饋奠 등의 글자를 앞에 붙여 쓰기도 한다[或加侍奠·饋奠等字].

※상중喪中 안부를 물을 때 쓰는 표현이다.

•건후愆候 •건도愆度 •건절愆節 •건후䇖候 •건절䇖節 •신후愼候[115] •신도愼度 •신황愼況 •흠안절欠安節 •불안절不安節 •신절愼節

※병중病中 안부를 물을 때 쓰는 표현이다.

---

113 시채侍彩: 채의彩衣를 입고 부모님을 기쁘게 해드리는 것을 말한다. 노래자老萊子가 양친을 기쁘게 해 드리려고 색동옷을 입고 어린아이 놀이를 했다는 고사에서 온 말이다. '채환彩歡', '시환侍歡'도 같은 뜻이다.

114 체후棣候: '체棣'는 『시경詩經』「소아小雅 상체常棣」 시를 가리키는데 이는 형제간의 우애를 읊은 시로 형제들과 함께 지내는 안부를 말한다.

115 신후愼候: '신愼'은 '소신所愼'으로 병病을 이른다. 『논어論語』「술이述而」에 "공자께서 삼가신 것은 재계와 전쟁과 질병이셨다[子之所愼 齊戰疾]"라고 한 것에서 온 말이다.

·조후調候 ·조체調體 ·조절調節 ·조리調履 ·조황調況

조장調將·조양調養·장섭將攝·조중調中·섭양攝養 등의 글자를 붙여 쓰기도 한다[或加調將·調養·將攝·調中·攝養等字].

※병중病中 안부를 물을 때 쓰는 표현이다.

·합후闔候 ·합리闔履 ·합황闔況 ·합권闔眷 ·혼권渾眷 ·혼황渾況 ·합권合眷 ·합실闔室

※온 가족들의 안부를 물을 때 쓰는 표현이다.

·도체道體 ·도리道履 ·도황道況 ·소리素履 ·덕리德履 ·미도味道 ·위도衛道 ·진덕進德 ·기미氣味 ·체황體況

※도道를 닦고 있는 상황, 즉 수양이나 공부 중일 때 쓰는 표현이다.

·주후做候 ·주리做履 ·독리讀履 ·학리學履 ·주황做況 ·독황讀況 ·학황學況 ·위황爲況

※학문이나 독서를 하고 있을 때 쓰는 표현이다.

·체리體履 ·체용履用 ·이황履況 ·계거啓居 ·계처啓處 ·흥거興居

·아후雅候 ·한후閒候 ·정후靜候 ·아리雅履 ·한리閑履 ·정리靜履 ·아황雅況 ·한황閒況 ·정황靜況 ·청황淸況

·영위榮衛[116] ·동정動定 ·동인動引 ·동정動靜 ·진간震艮[117] ·동리動履 ·서식棲息 ·면식眠食 ·책응策應

·행리行履 ·행리行李

---

116 영위榮衛: 영혈위기榮血衛氣의 준말로 혈기血氣, 즉 건강을 말한다.

117 진간震艮: 동정動靜과 같다. 『주역周易』의 '진괘震卦'는 동動이고 '간괘艮卦'는 지止를 상징한다.

※노정路程에 있을 때 쓰는 표현이다.

·객후客候 ·객리客履 ·객황客況 ·여후旅候 ·여리旅履 ·여황旅況 ·우리寓履 ·우황寓況

※객지에서 생활하고 있을 때 쓰는 표현이다.

만안류萬安類[118]

•萬安[두루 다 편안하다] •萬康[두루 다 강녕하다] •安寧[안녕하다] •康寧[강녕하다] •康旺[강녕하고 왕성하다] •康福[강녕하고 복을 받다] •萬衛[두루 다 보호받다] •萬裕[두루 다 넉넉하다] •萬祉[두루 다 복을 받다] •蔓福[많은 복을 받다] •萬重[두루 다 진중하다] •萬相[두루 다 도움을 받다] •神明攸衛 一向萬安[신명이 돕와 한결같이 두루 다 편안하다] •神明攸佑 連獲康寧[신명이 도와 연이어 강녕하다] •一向康寧[한결같이 강녕하다] •神護萬安[신명이 보호하여 두루 다 편안하다] •神衛萬康[신명이 보호하여 두루 다 강녕하다] •神相萬重[신명이 도와 두루 다 진중하다] •連享康重[연이어 강녕하고 진중함을 누리다]

※'위衛', '호護', '상相', '우佑'와 같은 글자들은 '(신명이) 보호하다, 돕다'의 뜻이다.

•茂膺百福[온갖 복을 많이 받다] •增膺蔓祉[더욱 많은 복을 받다] •茂膺休嘏[복을 많이 받다] •益膺神佑[더욱 신명의 도움을 받다] •茂納增慶[복을 많이 받아 더욱 경사롭다] •益延新慶[새로운 경사를 더욱 맞이하다] •茂膺休祉[아름다운 복을 많이 받다] •茂膺百祿[祉][온갖 복을 많이 받다] •莅兹增祉[부임하여 더욱 복을 받다] •迓新增福[새해를 맞아 더욱 복을 받다] •迓福增慶[복을 받아 더욱 경사롭다]

•上營珍重[영문에 부임하여 진중하다] •美赴增休[부임하여 더욱 복을 받다] •新莅多福[새로 부임하여 많은 복을 받다] •莊莅淸休[부임하여 맑은 복을 받다]

•增休[더욱 복을 받다] •增福[더욱 복을 받다] •增祿[더욱 복을 받다] •增祉[더욱 복을 받다] •增慶[더욱 경사롭다] •增佳[더욱 좋다] •增吉[더욱 길하다] •增護[더욱 보호하다] •增嘏[더욱 복을 받다] •增綏[더욱 편안하다]

---

118 편지 본문에서 수신자의 안부를 묻거나 발신자의 바람이나 당부를 전하는 부분으로 '두루 편안하다', '신명이 돕다', '복을 받다' 등을 뜻으로 쓰이는 용어들을 유별로 제시하였다.

·佳福[아름다운 복을 받다] ·百福[온갖 복을 받다] ·鎭福[편안하고 복을 받다] ·神福[신명이 도와 복을 받다] ·均福[두루 복을 받다] ·安福[편안하고 복을 받다] ·多福[많은 복을 받다] ·崇福[큰 복을 받다]

·清重[맑고 진중하다] ·안중安重[편안하고 진중하다] ·晏重[편안하고 진중하다] ·衛重[신명이 보호하고 진중하다] ·增重[더욱 진중하다] ·護重[신명이 보호하고 진중하다] ·康重[강녕하고 진중하다]

·崇衛[크게 신명이 보호하다] ·重衛[진중하고 신명이 보호하다] ·增衛[더욱 신명이 보호하다] ·神衛[신명이 보호하다] ·加衛[더욱 신명이 보호하다] ·益衛[더욱 신명이 보호하다] ·清衛[맑고 신명이 보호하다] ·珍衛[진중하고 신명이 보호하다]

·神相[신명이 돕다] ·有相[신명이 돕다] ·增相[더욱 신명이 돕다] ·均慶[두루 경사롭다] ·均勝[두루 좋다] ·均祉[두루 복을 받다] ·俱泰[모두 편안하다] ·俱勝[모두 좋다]

·清毖[맑고 진중하다] ·安毖[편안하고 진중하다] ·冲毖[편안하고 진중하다] ·珍毖[진중하다] ·增毖[더욱 진중하다] ·休毖[편안하고 진중하다] ·崇毖[매우 진중하다]

·萬勝[두루 다 좋다] ·珍勝[진중하고 좋다] ·衛勝[신명이 보호하여 좋다] ·佳勝[좋다] ·增勝[더욱 좋다] ·冲勝[편안하고 좋다] ·安勝[편안하고 좋다] ·안승晏勝[편안하고 좋다] ·超勝[매우 좋다] ·毖勝[진중하고 좋다]

·珍嗇[진중하고 아끼다] ·冲嗇[편안하고 아끼다] ·毖嗇[진중하고 아끼다] ·保嗇[보중하고 아끼다] ·休暢[편안하고 즐겁다] ·納祉[복을 받다]

※'색嗇'은 '(몸을) 아끼다'의 뜻이다.

·益茂[더욱 복을 많이 받다] ·益福[더욱 복을 받다] ·益休[더욱 복을 받다] ·益衛

[더욱 신명이 보호하다] •益勝[더욱 좋다]

•安迪[편안하고 좋다] •平迪[편안하고 좋다] •佳迪[좋다] •冲迪[편안하고 좋다] •增迪[더욱 좋다] •清迪[맑고 좋다]

•冲適[편안하고 좋다] •清適[맑고 좋다] •安適[편안하고 좋다] •順適[순조롭고 좋다] •循適[순조롭고 좋다] •循宜[순조롭고 좋다] •一宜[한결같이 좋다] •如宜[한결같이 좋다]

•清裕[맑고 넉넉하다] •冲裕[편안하고 넉넉하다] •清勝[맑고 좋다] •清晏[맑고 편안하다] •清健[맑고 건강하다] •冲泰[편안하다]

•崇護[신명이 잘 보호하다] •珍護[진중하고 신명이 보호하다] •祉護[복을 받고 신명이 보호하다]

•平善[편안하고 좋다] •平吉[편안하고 좋다] •安吉[편안하고 좋다] •貞吉[편안하고 좋다] •康吉[강녕하고 좋다] •慶吉[경사롭고 좋다] •安穩[편안하다] •安貞[편안하다] •對佳[절서節序 따라 좋다] •日休[날마다 편안하다] •一安[한결같이 편안하다] •一樣[한결같다]

•康健[강건하다] •復常[평상을 회복하다] •康復[건강을 회복하다] •康勝[건강하고 좋다] •勝常[늘 좋다] •快安[완쾌하여 편안하다] •快復[회복하다] •勿藥[119] [병이 낫다]

※병중病中일 경우 쓴다.

•若何 •何如 •何似 •何若 •甚似 •奚似 •奚若 •奚如 •如何

※모두 '어떠한가?'의 뜻으로 안부를 물을 때 쓰는 표현이다.

---

119 勿藥: 병이 완치됨을 말한다. 『주역周易』「무망괘无妄卦 구오九五」에 "구오는 잘못이 없는 병이니 약을 쓰지 않아도 나을 것이다[九五 无妄之疾 勿藥有喜]"라고 하였다.

·支安[견디며 편안하다] ·支勝[견디며 좋다] ·支相[견디며 신명이 돕다] ·支將[견디며 지내다] ·支護[견디며 신명이 보호하다] ·支持[견디다] ·萬支[두루 견디다] ·持將[견디며 지내다] ·支保[견디며 보중하다] ·保安[보중하며 편안하다] ·萬護[두루 신명이 보호하다] ·護勝[신명이 보호하며 좋다]

※주로 '(몸을) 지탱하다', '견디다'의 뜻으로 상중喪中일 경우 쓴다.

복모류伏慕類

•너무도 그리워 저의 [정성·마음·그리움·정성·마음]을 가눌 길이 없습니다.
區區伏慕 無任下[誠情懷忱悰]

•제 마음에 그리워 간절한 심정을 가눌 길이 없습니다.
下懷伏慕 無任區區

•삼가 위로되고 그리워 [멀리 있는·보잘 것 없는] 저의 마음을 가누지 못하겠습니다.
伏慰且慕 不任[遠賤]誠

•너무나도 그리운 마음 어찌 감히 조금이라도 느슨하겠습니까?
區區慕仰 何敢少弛

•제 마음의 위로와 그리움 종일토록 해이하지 못합니다.
下懷慰慕 日夕靡懈

•그리움이 너무 커서 저의 마음이 더욱 간절합니다.
伏慕區區 下懷罙切

•삼가 구구한 저의 지극한 위로와 그리움을 가누지 못하겠습니다.
伏不任區區慰慕之至

•저의 마음 간절하여 어찌 그리움을 가눌 수 있겠습니까?
下懷區區 豈勝慕仰

•지극한 그리움을 가누지 못하겠습니다.
無任慕仰之至

•구구한 저의 마음 계속해서 그립고 위로가 됩니다.
區區伏慕 繼以慰仰

•저의 그리운 마음이 해와 더불어 깊어갑니다.
下懷慕仰 與歲俱深

•늘 그리운 마음에 울적함을 가누지 못하겠습니다.
尋常瞻慕 不任鬱鬱

•지극한 그리움에 제 마음을 가누지 못하겠습니다.
戀慕之極 不任卑悰

•저의 그리운 마음을 어찌 가누겠습니까?
曷勝瞻慕之私

•삼가 지극히 그리운 마음을 가누지 못하겠습니다.
伏不勝瞻慕之至

•그리운 저의 마음이 서로 소식이 막혔어도 간단(間斷)이 있는 것은 아닙니다.
瞻慕之誠 不以相阻而有間也

•구구한 제가 어찌 위로와 그리움을 가누겠습니까?
區區者 曷任慰慕

•온통 그리운 마음 어느 때에 그치겠습니까?
一心嚮慕 何時可已

•삼가 위로되고 또 그립습니다.

伏慰且慕

•삼가 위로되고 그리워 간절한 마음을 가누지 못하겠습니다.
伏慰且溯 不任區區

•구구한 제 마음은 삼가 지극히 위로되고 그리움을 가누지 못하겠습니다.
區區 伏不任慰溯之至

•우러러 위로되고 그리워 간절한 마음을 가누지 못하겠습니다.
仰用慰溯 不任區區

•우러러 위로되고 또 그립습니다.
仰慰且溯

•구구한 제 마음에 위로와 그리움이 함께 일어납니다.
區區慰與溯幷

•구구한 마음에 위로되면서도 그립습니다.
區區且慰且溸

•구구한 마음에 그리움을 가누지 못하겠습니다.
區區者 不任溸仰

•구구한 저의 그리운 마음이 날과 함께 커져 갑니다.
區區瞻漽 與日俱長

•한 해 동안 서로 소식이 막혔으니 그리움과 위로됨이 간절합니다.
隔歲相阻 瞻慰區區

·북쪽을 바라보며 맺힌 마음에 위로와 그리움 함께 간절합니다.
北望耿結 慰溯交摯

·지극한 그리움을 가눌 길이 없습니다.
無任瞻想之至

·그립다는 것이 빈말이 아닙니다.
瞻仰 非虛語也

·거듭 그리운 마음이 내닫습니다.
重爲之馳仰

·당신을 향한 그리움 절로 그칠 수 없습니다.
傾仰不自已

·소식이 서로 뚝 끊어져서 그립다는 말만 되뇔 뿐입니다.
截然相阻 瞻言詠溯而已

·보고픈 저의 마음 그리움을 가누지 못하겠습니다.
瞻翹之私 不任耿耿

·구구한 저의 그리운 마음이 날과 함께 쌓여만 갑니다.
區區瞻戀 與日俱積

·흠모하는 마음을 스스로 그칠 수가 없습니다.
令人歆想 殆不自已[120]

---

120 尹拯『明齋遺稿』卷20「答南子聞 甲子四月十八日」

• 한결같이 내닫는 그리움이 해와 함께 새롭습니다.
一味馳想 與歲俱新

• 늘 그리워하는 마음 어느 때인들 그치겠습니까?
願言憧憧 無時可已

• 구구한 저의 그리움 다시 어떠하겠습니까?
區區者溯仰 當復如何

• 구구한 저의 그리움을 어디에 비유하겠습니까?
區區瞻戀 如何可喩

• 그리운 마음 더욱더 간절합니다.
瞻遡 更切耿耿

• 그리운 마음 끝이 없습니다.
瞻遡不可極

• 이때 그리운 마음 갑절이나 간절함을 느낍니다.
此時瞻往 倍覺憧憧

• 그대 향해 내닫는 그리움이 마음속에 맺혀 있습니다.
向風馳仰 有懷耿結

• 간절한 저의 그리움이 어찌 일찍이 당신 곁에 있지 않겠습니까?
亹亹一念 何嘗不在吾左右也[121]

---

121 尹拯『明齋遺稿』卷19「與閔彦暉 庚申九月旣望」

•온통 그리워하는 마음 고개의 구름 속에 들지 않은 적이 없습니다.
憧憧一念 未嘗不入於嶺雲也

•아름다운 당신의 모습 어찌 일찍이 눈에 선하지 않았겠습니까?
英英淸眄 何嘗不在眼中[122]

•서로 바라봄이 어깨를 맞대는 것처럼 가까운데도 서로 소식이 막힌 지는 오래되었습니다.
相望猶比肩 而相阻如隔世也[123]

•온 마음이 그대 곁에 매어있지 않은 날이 없습니다.
一心無日不旌懸於左右也

•삼가 위로되고 또 그립습니다.
伏慰且往

•그리운 마음 지극합니다.
慕慮之至

•더욱더 그리운 마음 내닫습니다.
倍切馳仰

•그리움이 간절합니다.
仰溯區區

•그리움을 가누지 못하겠습니다.

122 尹拯『明齋遺稿』卷24「答朴喬伯庚申五月幾望」
123 尹拯『明齋遺稿』卷17「答奇子亮 挺翼」

仰遡不任

• 그리움이 더욱 간절합니다.

仰泝彌切

• 다만 그리움만 있습니다.

但有瞻耿

• 그리워하며 발돋움하여 바라봅니다.

瞻言思跂

• 간절히 그리워합니다.

區區嚮往

• 그리움이 마음에 몹시 맺혀 있습니다.

願言勞結

• 소식이 막혀 그리움이 맺힌 것 같습니다.

阻思如結

• 그리운 마음에 괴로울 뿐입니다.

瞻勞而已

• 그리움이 지극합니다.

凝想之至

• 우러러 위로되는 마음 그리움과 함께 합니다.

仰慰兼溯

• 간절하게 그립습니다.
區區瞻溯

• 그리움을 가누지 못하겠습니다.
瞻溯不任

• 위로가 되고 또 그립습니다.
瞻慰且溯

• 문득문득 그립습니다.
種種仰遡

• 어찌 내닫는 그리움을 가누겠습니까?
豈勝馳仰

• 그리움이 맺힌 듯합니다.
仰戀如結

• 간절히 그립습니다.
區區貢溯

• 그리운 마음을 가누지 못하겠습니다.
不任耿耿

• 그립기 그지없습니다.
戀溯不已.

• 그리움이 그지없습니다.
爲遡無已

•간절한 그리움을 어찌 그치겠습니까?
委溯何已

•그립고 염려되는 마음 함께 지극합니다.
溯念交至

•그리움이 더욱 간절합니다.
傾溯倍切

•그리움을 말로 표현할 수 있겠습니까?
戀思可言

•지극한 그리움이 거듭됩니다.
重爲至戀仰

•정말 그립습니다.
良用懸溯

•삼가 위로되고 그립습니다.
奉慰且溯

•정말 그립습니다.
良用戀仰

•한 결 같이 그립습니다.
一味馳係

•그리운 마음 그칠 때가 없습니다.
瞻往無時可已

• 그리운 마음이 줄지 않습니다.
傾溯不淺尠

• 그리운 마음 느슨한 적이 없습니다.
馳戀不弛

• 매우 그립습니다.
溯慰溯慰

• 매우 그립습니다.
瞻慰瞻慰

• 진실로 위로가 됩니다.
良慰良慰

• 매우 그립습니다.
仰溯仰溯

• 그리움이 내달습니다.
馳遡

• 매우 그립습니다.
瞻溯

• 삼가 그립습니다.
奉遡

• 그립고 염려가 됩니다.
溯念

•그립고 염려됩니다.

馳念

•염려가 됩니다.

爲念

제류第類 1

•새로 임지에 도착했다는 것을 들었으니 골치 아픈 일은 없었는지요?

新到屬耳 得無愁惱之端否

•새로 부임하여 모든 일이 이미 잘 정돈되었는지요?

新莅 凡百已整頭緖否

•새로 부임한 초이니 어찌 수접酬接하는 괴로움이 있지 않겠습니까?

新莅之初 不暇有酬接之苦否

•해일로 흉년이 들었다고 하니 백성의 근심으로 괴로울 것입니다. 이 때문에 우러러 염려 됩니다.

海溢告歉 民憂貽惱 爲之仰念

•황정荒政을 어떻게 감당하시는지요?

荒政 何以範圍

•진정賑政이 생각건대 이미 시작되었을 것입니다. 백성의 형세가 과연 어떠하며 병들어 죽는 걱정은 없는지요?

賑政 想已始了 民形果如何 而得無捐瘠之慮否

•농사가 생각과 어긋나 몹시 신경 쓸 것이라 생각되니 염려되는 마음 그지없습니다.

年事違料 想勞神用 仰念不已

•백성을 다스리는 일은 두서 있게 잘 정돈이 되었는지요?

民事 能整頓頭緖否

•비가 두루 적시니 기내는 앞으로 다가올 근심이 없겠지요?

雨澤普洽 畿內則可無來頭之憂否

•진사賑事가 완료되어 병들어 죽는 백성이 없는 것은 근심을 나누는 뜻을 잘 체득한 것이니, 함께 영화를 누리는 기쁨을 어찌 감당하겠습니까?

賑事完了 民無捐瘠 克體分憂之意 曷勝與榮之喜

•살아갈 방도를 마련[124]하여 안정시키는 일에 신경 쓸 것이라 생각되니 지극히 염려됩니다.

接濟奠安 想費神用 極用奉慮

•서쪽지역 백성의 근심은 귀현의 경우가 가장 심한 것 같습니다. 다스리는 책무에 더욱 마음을 쏟을 것으로 생각이 됩니다. 구휼의 물자는 감당이 되는지요? 매우 염려가 됩니다.

西來民憂 如貴縣爲尤甚 可想莪牧之責 益勞心神 賑資可能範圍否 爲念爲念

•태수의 걱정은 매양 이와 같은 해에 많으니 지극히 염려되는 마음 그치지 않습니다.

太守之憂 每多於此等之歲 仰念未已

•다만 흉년에 백성의 근심이 많을 것으로 생각되니 염려됩니다.

第當歉歲 想多民憂 爲之奉念

•오랫동안 진휼하는 정사가 근래 끝났을 것인데, 마음을 괴롭게 하는 일은 없었는지요?

124 살아갈 방도를 마련: 원문의 '접제接濟'는 살림살이에 필요한 물건을 갖추어서 살아 나갈 방도를 세우는 것을 말한다.

許久糴政 間已收殺 而能無惱心之端否

•진정賑政이 겨우 끝나자마자 큰 가뭄이 또 이와 같아서 괴로우실 것으로 생각되니 매우 염려됩니다.

賑政才了 亢旱又如此 可想惱撓 種種仰念

•장마와 가뭄[125]이 이렇게 극심한 때를 당하여 지방관으로서의 근심이 반드시 배가 될 것이라 생각됩니다.

當此備無斯極之時 守土之憂 想必倍之

•재해로 쌀을 사들이는 정사는 지난 겨울에 비해 어렵지는 않으신지요?

災糴之政 比昨冬難易如何耶

•수납을 재촉하는 것은 이미 끝났으니 다른 걱정거리는 없는지요?

催科已了 無他撓惱之端否

•귀부의 적사糴事는 듣는 저도 머리가 아픕니다. 그 사이 어떻게 처리했는지 알지 못하겠습니다. 노고에 염려가 됩니다.

貴府糴事 聞者頭痛 未知其間如何了勘耶 勞撓貢念

•적정糴政이 지금 어느 지경입니까? 읍무와 민사가 괴로운 지경에 이르지 않았는지요?

糴政 今至何境 邑務民事 不至惱神否

---

125 장마와 가뭄: 원문의 '비무備無'는 극비極備와 극무極無가 서로 이어진다는 뜻이다. 극비와 극무는 비·햇볕·더위·추위·바람 등이 고르지 못하여 장마·가뭄·혹서·혹한·태풍이 일어나는 것을 말한다. 『서경書經』「홍범洪範」의 여덟 번째 조목인 서징조庶徵條에 "한 가지가 지극히 구비되어도 흉하며, 한 가지가 지극히 없어도 흉하다[一極備凶 一極無凶]"라고 하였다.

·수납은 어느 때에 마칠 수 있습니까?

收納 何時可畢耶

·첨정簽丁과 최과催科는 매우 신경써야할 일이니 더욱더 걱정이 됩니다.

簽丁催科 無非費神之端 還切悶念

·해안에서[126] 여름을 나면서 병은 없었으며, 백성의 근심이 매우 신경쓸 지경에 이르지 않았는지요?

瘴鄕經夏 能無所愼 而民憂不至太勞神用否

·다만 병이 여전히 완쾌되지 않았고 지방관직도 그만두지 못했으니, 정히 생각건대 걱정거리가 한두 가지가 아니겠지요?

第所愼尙未快 懸紱未解 政想煩惱非一端耶

·가뭄 끝에 비가 내리니, 서변西邊도 여기처럼 비가 쏟아졌는지요?

旱餘得雨 西邊亦同此霈否

·간절히 바라던 끝에 단비가 막 내리기 시작했습니다. 호남도 비가 내리는 기쁨을 얻었는지요?

望霓之餘 好雨方始 未知湖南亦得同雲之喜否

·귀도貴道의 농사는 요즘 어떠한지요? 기내畿內는 바람이 불기도 하고 비가 오기도 하여 피해가 자못 큽니다. 이것도 초손招損[127]의 이치겠지요?

貴道穡事 近來如何 畿內則或風或雨 爲害頗多 此亦招損之理耶

---

126 해안에서: 원문의 '장향瘴鄕'은 바다에서 발생하는 습濕한 공기가 풍토병風土病을 일으키는 남쪽 지방을 말한다.

127 초손招損: 『서경書經』「대우모大禹謨」의 "자만하면 손해를 자초하고, 겸손하면 이익을 얻게 하니, 이것이 바로 하늘의 도다[滿招損, 謙受益, 時乃天道]"에서 나온 말이다.

•오랫동안 자리를 비운 나머지에 읍무邑務와 민사民事에 괴롭고 번잡한 일이 많을 것이니 삼가 염려스러운 마음 어찌 다하겠습니까?

久曠之餘 邑務民事 想多惱撓 奉念曷已

•다만 관원으로 차출되어 떠나는 길을 하루도 되지 않아 출발해야하니, 진실로 긴 여정에 있다고 하겠습니다. 자못 다시 만남을 기대할 수 있을지 알지 못하겠습니다.

第差員之行 不日當啓 眞所謂長在路上 殊不知更奉之爲企也

•오랫동안 부모님을 뵙지 못했고[128], 백성을 살핌에[129] 근심이 깊으니, 가만히 생각건대 대감의 마음에 어찌 일찍이 잠시라도 마음을 놓은 적이 있었겠습니까?

反面禮曠 察眉憂深 竊想台心何嘗頃刻弛懷也

•두 차례 조련[130]이 멀지 않았으니, 반드시 번잡한 일이 많을 것입니다.

兩操不遠 必多撓惱也

•성소省掃 길은 바로 차가운 계절이니 염려가 그지없습니다.

省掃之行 政當涼節 貢慮無已

---

128 오랫동안~못했고: 원문의 '반면례反面禮'는 어디를 갔다가 돌아와서 부모님께 뵙는 예를 말한다.

129 백성을 살핌에: 원문의 '찰미察眉'는 『열자列子』「설부說符」의 "춘추 시대에 진晉나라가 도적 때문에 고통을 겪었다. 극옹郄雍이란 사람이 있었는데 도적의 얼굴을 보고 그 눈썹 사이를 살펴서 마음까지 알아차렸다고 한다[晉國苦盜 有郄雍者 能視盜之貌 察其眉睫之間而得其情]"에서 유래한 것으로 여기에서는 백성의 마음을 잘 헤아려서 다스렸다는 뜻이다.

130 두 차례 조련: 원문의 '양조兩操'에 대해서는 『만기요람萬機要覽』「북취점西北聚點」에 "여러 도의 수군과 육군이 모두 춘추 2기의 조련이 있는데, 성위에서의 조련은 1년에 1차씩 실시한다[諸道水 陸軍俱有春秋二操 而城操則一年一操]"라는 말이 보인다.

•시장試場의 일은 지금 이미 갔다 오셨는지요? 이러한 소소한 수고는 오두미五斗米[131] 현령의 일이 아님이 없습니다. 우리들의 본분이 이와 같으니 어찌하겠습니까?

試場之役 今已往返否 此等小小勞碌 莫非五斗之故 吾輩本分如此 奈何

•역참의 일로 벌써 보냈는데, 객은 관아로 돌아왔는지요?

站役已送 客還衙否

•역참의 일은 신경이 쓰일 것으로 생각됩니다. 온갖 접대하는 비용이 백성들의 힘을 번거롭게 하지는 않을런지요?

站上之役 想勞神用 凡百支費 其能不煩民力否

•북사北使가[132] 또 온다고 하니, 많은 일들이 절로 배가 될 것이라 생각됩니다.

北使又至 想多事自倍[133]

•객사客使가 경내에 들어올 날이 가까워졌으니, 가만히 생각건대 수고롭고 어지러운 일들이 많을 것입니다. 매우 염려됩니다.

客使入境在邇 竊想勞攘多端 殊切仰念

---

131 오두미五斗米: 오두는 닷 말 쌀이라는 말로 박봉을 뜻한다. 『진서晉書』卷94 「은일열전隱逸列傳 도잠陶潛」에 진晉나라 도잠陶潛이 팽택 영彭澤令으로 있을 적에, 군郡에서 파견한 독우督郵의 시찰을 받게 되었는데, 아전이 도잠에게 의관衣冠을 갖추고 독우에게 인사를 해야 한다고 하자, 도잠이 탄식하면서 "내가 쌀 닷 말 때문에 허리를 구부려 향리의 어린아이에게 굽실거릴 수는 없다[我不能爲五斗米折腰向鄕里小兒]"라고 하고는, 즉시 수령의 인끈을 풀어 놓고 고향으로 돌아갔던 고사가 전한다.

132 북사北使: 청나라의 수도 북경은 우리나라의 서북쪽에 있었지만 조선 후기 대부분의 사대부들은 청나라를 북로北虜라고 하고, 청나라의 사신을 북사北使라 하며, 청나라와의 현안을 북변北邊의 일이라고 일컬었다. 청나라에 형식상으로는 조공을 하였으나 청나라를 상국上國으로 인정하지 않았기 때문이다.

133 許穆 『記言』 別集 卷7 「與權監司脩」

•번잡한 일이 많은 변방에서 접대하는 일로 신경이 쓰일 것으로 생각됩니다.

劇藩酬應 想費神用

•또한 염려하건대 영하營下의 번잡한 곳에서 난감한 일은 없는지요?

且念營下劇地 能無難勘之端否

•노년에 번잡한 곳에서 어떻게 고통을 견디는지요? 늘 매우 염려됩니다.

衰年劇地 何以堪苦 每切仰念

•군기를 수리하는 등 여러 일을 다스리는 것은 거의 모두 순조롭게 정돈되어 가고 있는지요?

修改軍器等 經紀諸務 幾皆整頓就緒耶

•경궤擎跪[134]의 고통은 일찍이 잘 알던 것이니, 근심으로 눈썹을 찌푸릴 것이라고 생각됩니다.

擎跪之苦 曾所稔知 可想愁眉之攢也

•올해 역병의 기운은 영남이 관서와 호서에 비해 심합니다. 처소에서[135] 백성에 대한 근심으로 눈썹 찌푸릴 일이 많을 것으로 생각됩니다.

今年癘氣 嶺以南比關湖爲甚 宴寢民憂 想多眉攢也

•도내의 역병이 아직 그치거나 사라지지 않아서 도를 살피는 근심이

---

134 경궤擎跪: 손을 높이 들고 무릎을 굽히는 일로 낮은 아전을 지칭하는 것으로 보인다.

135 처소에서: 원문의 '연침宴寢'은 편안히 휴식하는 처소를 말한 것으로 위응물의 시 「군재우중여제문사연집郡齋雨中與諸文士燕集」에 "호위병에겐 아로새긴 창이 늘어섰고, 연침에는 맑은 향기가 어리었네[兵衛森畫戟 宴寢凝淸香]"라고 한 데서 온 말이다.

다른 때보다 배가 될 것이라 생각하니 삼가 염려됩니다.

道內癘疫 尙不止息 按道之憂 想倍他時 爲之奉念

•무슨 복으로 풍년을 독점했는지요? 복성福星[136]이 비춘 것을 우러러 축하드립니다.

以何福力 獨占豐登 福星所照 爲之仰賀

•벼를 심을 비가 이미 충분히 내렸고 보리 수확도 풍년이 되었습니다. 우러러 생각해보니 동헌東軒[137]에는 일이 적고, 봉환奉歡에 운치가 많을 것이니 매우 부럽습니다.

秧雨旣足 麥秋且登 仰想琴堂少事 奉歡多趣 爲之馳豔.

•산골 마을이라 조용하고 백성의 풍속이 순후하여 크게 신경을 쓰지 않아도 되니 더욱 기쁩니다.

峽邑閒靜 民俗淳厚 可以不費心力 尤可喜也[138]

•보리가 머지않아 익을 것이니, 구휼하는 정사를 마칠 수 있을 것입니다. 촌점村店에서 가르치고 길러 나아갈 방도를 알게 하였으니, 부모를 모시느라 날을 아끼는 정성과 도를 행하는 뜻을 함께 얻었다고 이를 만합니다.

---

136 복성福星: 복을 내려 주는 신神이라는 뜻으로 한 지방의 일을 총괄하는 관원을 말하니, 지방관으로 나간 곳에 풍년이 든 일을 말한다. 『산당사고山堂肆考』에 송宋 나라 선우신鮮于侁이 절동 전운사浙東轉運使로 떠날 때, 사마광司馬光이 "지금 동쪽 지역의 폐해를 구제하기 위해선 자준子駿(선우신)이 아니면 불가능하니, 그야말로 일로(一路)의 복성이라 할 만하다"라고 말한 고사에서 유래된 것이다.

137 동헌: 원문의 '금당琴堂'은 고을의 동헌東軒을 말한다. 「여씨춘추呂氏春秋』에 "복자천宓子賤이 단보單父를 다스리는데 비파를 타고 가만히 앉아서도 단보를 잘 다스렸다"라고 하였다.

138 尹拯『明齋遺稿』卷14「答羅顯道 十月二十五日」

麥熟不遠 賑政可訖 村店教養 可使知方 愛日之誠 行道之志 可謂幷得之矣[139]

•이앙이 조금 이른데 비가 적지 않게 내렸다고 하니, 백성들의 근심이 거의 여덟아홉은 없어졌다고 하겠습니다.

移秧稍早 雨水不少云 民憂庶可除八九矣

•올해 적정糴政은 크게 신경을 쓰는 데에 이르지 않을 것이라 생각됩니다.

今年糴政 想不至大費神用

•이제 막 추수가 시작되었습니다. 비록 풍년이라고 말하지만 과세를 재촉하는 정사에 마땅히 고뇌가 많을 것이니 매번 매우 염려가 됩니다.

方當秋務 雖曰豐歲 催科之政 宜多惱神 每切奉念

•농사가 비록 처음 생각만 못하다고 하겠지만 그래도 흉년이라고 말할 수는 없으니, 백성에 대한 근심으로 애쓰는 일이 없을 것이라 생각됩니다. 가벼운 옷차림에 띠를 느슨하게 두르실 것이니, 과연 자사刺史의 풍취[140]가 있겠는지요?

穡事雖云不如初料 猶不可以歉歲言 想無民憂之費神 輕裘緩帶 果有刺史之趣否

•보리농사가 끝내 처음 생각과 어긋난 것은 참으로 애석하지만, 목전의 가을 농사는 대체로 큰 풍년을 바랄 수 있으니 이 뒤로 다른 재해가 없기를 바랄 뿐입니다.

麥事之終違始料 誠可歎惜 而目下秋農 擧有大登之望 此後無他災 惟

---

139 尹拯『明齋遺稿』卷14「答羅顯道 四月十六日」

140 자사刺史의 풍취:『진서晉書』「양호전羊祜傳」에 진晉 나라 양호羊祜가 형주 자사로 있을 때 군중軍中에서 늘 가벼운 옷차림에 허리띠도 느슨하게 한 채[在軍常輕裘緩帶] 갑옷도 입지 않았으며, 영각鈴閣에서 시위하는 군사도 십여 인에 불과하였던 고사가 있다. 영재鈴齋는 곧 영각鈴閣으로 지방 장관이 관할하는 지역을 말한다.

是企祝

•올해 농사는 거의 풍년을 바랄만하니 백성에 대한 근심을 조금이나마 풀 수 있을런지요? 쇠락한 나이에 번잡한 곳을 다스리느라 괴로운 상황이 많을 것이니 이로써 염려가 됩니다.

今年穡事 庶望有秋 可以少紓民憂否 衰齡理劇 計多苦況 旋用奉念

•올해 재해는 이르는 곳마다 같지만 해서海西는 그래도 조금 낫다고 할 수 있습니다. 복성福星이 비춰준 것이니, 어찌 기쁜 마음을 감당하겠습니까?

今年之災 到處同然 而海西猶能稍勝云 福星所照 豈勝仰喜

•집안이 단란하니 그 기쁨이 충만할 것으로 생각됩니다.

室家團圞 可想其欣滿矣

•고을이 후미져서 정무가 간편하니 절로 편안한 일이 많을 것이라 생각됩니다.

邑僻務簡 想多自便

•강산의 누각에서 맑은 풍취가 많을 것이라 생각됩니다.

江山樓閣 想多淸趣

•도道의 정무와 감영監營의 일처리로 마음을 쓰는 지경에 이르지는 않았는지요?

道務營樣 不至費心否

•깊은 감영에 편히 누워 소금장 안에서 조금씩 술을 마시고 짧은 노래를 들으며[141], 또 이어서 덕화를 베푸는 일로 백성에게 임할 것이니, 아마 백악白岳의 곤궁한 벗인 저에게는 생각이 미칠 겨를이 없는 듯합니다.

高臥深營 銷金帳中 淺酌短唱 又從以宣化臨民 恐無暇念及於白岳窮交也

•대감께서 연광정練光亭과 부벽루浮碧樓 사이에서 뜻을 얻은 것과 같은 일은 한결 같이 애타는 이 마음과 같을지 어찌 보장하겠습니까?

如台之得意於練光浮碧之間者 安保其一如此心之耿耿也

•형이 첩을 얻겠다는[142] 일념은 바로 평소 큰 경영입니다. 지금 관서의 수많은 미녀들이 기대에 부응하지 않을까를 어찌 걱정하겠습니까? 매우 우습습니다.

兄卜姓一念 乃平生大經營 今以關以西粉黛之富 何患不副望 極呵極呵

•비가 알맞게 내리고 보리가 점점 익어가니 백성에 대한 근심으로 애쓸 일이 없습니다. 때때로 송죽松竹 사이에서 소영嘯詠할 수 있으니 참으로 복성福星이 비춰준 것이겠지요.

雨不愆麥漸黃 無民憂關心 時得嘯詠於松竹之間 眞是福星所照耶

---

141 조금씩~들으며: 원문의 '천작단창淺酌短唱'은 『송패류초宋稗類鈔』卷15에 송나라 때 한림학사 도곡陶穀이 일찍이 당 태위党太尉 집의 기녀를 얻어가지고 정도定陶에 들러 설수雪水를 취하여 차를 끓이면서 그 기녀에게 말하기를 "당 태위의 집에서는 응당 이런 풍류를 모를 것이다"라고 하자, 그 기녀가 대답하기를 "저 당 태위는 추솔한 사람인데 어찌 이런 풍류가 있겠습니까마는, 소금장 아래 앉아 술을 조금씩 음미하면서 미인의 고운 노랫소리를 들으며 양고미주나 마실 뿐이랍니다[麄人 安得有此 但能銷金帳下 淺酌低唱 飮羊羔美酒耳]라고 했던 데서 온 말이다.

142 첩을 얻겠다는: 원문의 '복성卜姓'은 첩妾을 얻을 적에 동성同姓을 피하여 고르는 일로 여기서는 첩을 얻는 것을 의미한다.

•적상赤裳[143]은 본래 선위仙尉[144]로 일컬어진 곳입니다. 강산풍물이 참으로 청상淸賞에 흡족할 터이니 스스로 매우 부러워할 뿐입니다.

赤裳素稱仙尉 江山風物 果愜淸賞 只自馳豔

•신선이 살만한 곳에서의 관직 생활에다[145] 물맛도 맑고 차니 묵은 병이 마땅히 몸에서 떨어져 나가는 기쁨이 있을 것입니다. 이것은 거듭 부러울만한 일입니다.

仙區吏隱 水味淸冽 舊痾當有祛體之喜 重可貢幸

---

143 적상赤裳: 전라도 무주茂朱에 있는 산 이름이다.

144 선위仙尉: 『한서漢書』「매복전梅福傳」에 한漢 나라 때 일찍이 남창 현위南昌縣尉를 지냈던 매복梅福이 왕망王莽의 전정專政을 증오하여 처자妻子를 버리고 떠나서 신선이 되었다고 한 고사에서 나온 말이다.

145 신선이~생활에다: 원문의 '선구리은仙區吏隱'은 이록利祿에 관심을 두지 않고 은자隱者처럼 관직 생활을 하는 것을 말한다.

제류第類 2

•타향에서 해를 보내니 조정과 부모에 대한 그리움을 어찌 감당하시는지요?

殊鄉過歲 軒陛庭闈之戀 何以堪之

•다만 생각건대 서울을 그리워하는 마음이 이때에 더욱 깊을 것이니 우러러 염려가 됩니다.

第想京國馳戀 際玆益深 區區仰念

•텅 빈 객관客館에서 한해를 보내고 있어 시름과 적적함이 많을 것이라 생각되니 이 때문에 염려가 됩니다.

虛館送年 想多愁寂 爲之仰念

•한해가 어느덧 다시 저물어가니 임금과 어버이에 대한 그리움으로 맺힌 마음을 어떻게 견디시는지요? 또한 자사刺史의 일에 즐거움이 없을 것으로 생각됩니다.

歲律忽復駸駸 君親之戀 何堪耿結 想亦無樂乎刺史矣

•다만 부모를 떠난 마음이 이때에 더욱 가누기 어려울 것이라 생각되니 삼가 염려됩니다.

第想離闈情事 此時益難抑 奉念

•부모를 떠난 정사가 많이 억누르기 어려울 것으로 생각되니 그 때문에 염려가 됩니다.

離闈情事 想多難抑 爲之仰慮

•타향에서 해가 바뀜을 맞이할 것이니 감회를 상상할 만합니다.

他鄕歲換 感懷可想[146]

•묵은해를 보내고 새해를 맞이하시는 정황을 직접 보는 듯합니다.

送舊迎新 意況如見[147]

•나그네 생활로 한해가 지나도록 세상일에 얽매여 돌아오지 못하고 계시니, 이렇게 해가 바뀔 때를 맞아 답답하고 근심스러운[148] 회포가 많을 것으로 생각됩니다. 언제쯤 돌아오시는지요?

旅遊已經年 縻絆未歸 當此歲換之時 想多菀陶之懷 何間欲還來耶

•다만 세모歲暮가 되어 나그네 시름을 상상할 만합니다. 돌아올 기약은 어느 때 정하셨는지요?

第當歲暮 旅思可想 歸期定在何時

•책사冊舍의 열악한 상황에다 장부와 문서로 골치가 아파 감내하기 어려운 점이 많을 것으로 생각됩니다. 삼가 염려되는 마음 그지없습니다.

冊舍薄況 簿書惱神 計多難耐 奉念不已

---

146 尹拯『明齋遺稿』卷18「與兪起甫 戊辰除夕」

147 金昌協『農巖集』卷11「答子益 戊子」

148 답답하고 근심스러운: 원문의 '울도菀陶'는 울도鬱陶로도 쓰인다.『맹자孟子』「만장萬章」上편에 "상이 말하기를 형님이 너무 생각나서 왔습니다[象曰 鬱陶思君爾]"라는 말이 나오는데, 답답하고 근심스러운 심정을 말한다.

제류第類 3

•지난번 편치 않은 절후는 이미 평상을 회복하셨는지요? 간절히 그리워하는 마음 그지없습니다.

向來不安節 已得復常否 區區瞻戀 不能已也

•어느덧 한해가 저무는데 조리하시는 근황이 날로 평안하실 것이라 생각되니, 그리운 마음 간절합니다.

倏爾歲窮 想調候日有康勝 勞仰區區

•다만 듣자하니 지난번 자주 건강이 좋지 못해 도성 가까이에서 의원을 찾는 지경에 이르렀다하니, 비록 간절히 염려되나 이미 쾌차했을 것이라 생각됩니다.

第聞向來頻有愆候 至於近城尋醫 雖切奉慮 然想已快祛矣[149]

•북로北路에 전염병의 기운이 크게 성하니 영하營下에는 이러한 근심이 없는지 모르겠습니다. 그리운 나머지 또 지극히 염려되는 마음을 가누지 못하겠습니다.

北路染氣大熾 未知營下果無此患否 溯仰之餘 又不任仰慮之至

•요사이 조리하시던 몸은 과연 이미 회복하셨을 것입니다. 다시 남은 증세가 없는지요?

比間調節 果已快復 而更無餘證否

•지난번 병은 과연 이미 쾌차하셨을 것입니다. 남은 근심은 없는지요?

向來所愼 果已快祛 無餘憂否

149 尹拯『明齋遺稿』卷11「與朴和叔 丁卯正月二十九日」

•지난번 듣건대 묵은 병으로 다시 고생하신다 하니 지금 이미 평상의 몸을 회복했는지요?

頃聞宿患復苦 今已復常耶

•당신의 병세가 갑자기 다시 도지지 않았는지요?

美痾 霍然不復作否

•병든 몸은 이미 쾌차하셨는지요?

愆候 已底快安否

•병이 아직도 낫지 않았다 하니, 멀리서 염려되는 마음 가누지 못하겠습니다. 소식을 전한 뒤로 여러 날이 되었으니, 이미 가볍고 편안해졌으리라 생각됩니다.

所患 尙未良已 不勝遠念 信后多日 竊想已就輕安矣

•새벽부터 밤까지 분주하시니, 건강이 어찌 손상됨이 있지 않겠습니까?

曉夜駿奔之餘 起居不瑕有損

•풍질風疾이 빌미가 되어 침과 뜸만 사용하는 지경에 이르렀다고 들었습니다. 근래에는 약을 쓰지 않는 경사가 있는지요?

仄聞風疾爲祟 至徹鍼灸之單 未知邇來獲勿藥之慶否

•지난번 탕약을 드시는 체후는 근래에 나아지셨겠지만 여름과 가을까지 오래 끄는 데에 이르지는 않았는지요? 염려되는 마음 그지없습니다.

向來湯候 近得臻安 不至如夏秋之沈綿否 仰慮不已

•할아버지의 증환証患이 문득 나으셨다 하니 우러러 염려하던 차에 기쁘고 다행한 마음 또한 깊습니다.

大爺証患 旋瘳 仰慮之餘 欣幸亦深

•지난번 탕우湯憂가 있다는 소식을 들었으니 놀라고 염려되는 마음을 어찌 가눌 수 있겠습니까? 지금은 얼굴 가득한 기쁜 소식을 이미 아뢰었는지 모르겠습니다.

頃聞有湯憂 曷勝驚慮 不審此時已奏滿容之喜耶

•조개皁蓋[150]가 이미 떠나 출발했다 하니 얼굴 가득 기쁨이 있음을 알 수 있습니다. 우러러 하례 드리는 마음 어찌 가눌 수 있겠습니까?

聞皁蓋已離發 滿容有喜 從可知矣 豈勝仰賀

•대정大庭[151]의 문안은 종종 듣는지요?

大庭問安 種種承聞否

•대정大庭의 소식을 계속 들으시는지요? 소식이 끊어진 지 매우 오래되어 매양 그리움만 내달을 뿐입니다.

大庭平音 屬承聞否 阻闊頗久 每馳勞仰而已

•춘부장春府丈의 기체후는 근래 강녕하신지요? 종종 그리운 마음 내닫습니다.

春府丈氣候 近爲康寧否 種種馳仰

•숙부[152]의 병환이 지극히 가볍지 않으니 멀리 밖에서 이 소식을 들음에 매우 애타고 답답할 것이라 생각됩니다.

---

150 조개皁蓋: 흑색의 수레 덮개라는 뜻으로 지방 장관을 가리킨다. 『후한서後漢書』「여복지상輿服志上」에 "중 2000석과 2000석은 모두 수레 덮개를 흑색으로 한다[中二千石 二千石皆皁蓋]"라고 하였다. 군수郡守는 연봉 2000석이다. 여기서는 부모를 봉양하기 위해 지방관으로 나아감을 이르는 것으로 보인다.

151 대정大庭: 남의 아버지를 높여 부르는 말이다.

152 숙부: 원문의 '완장阮丈'은 진晉나라 때 죽림칠현竹林七賢에 속했던 완적阮籍과 그 조카 완함阮咸은 서로 숙질간이었는데, 이 때문에 남의 숙부를 완장阮丈이라 하고 남의 조카를 함씨咸氏 또는 현함賢咸, 아함阿咸이라 한다.

大阮丈患節 極其非細 遠外聞此 想甚焦菀也

•조카의 병은 근래 자못 쾌차하여 회복했으니 근심하던 차에 기쁘고 다행스러운 마음을 어찌 가눌 수 있겠습니까?

阿咸所愼 近頗差復 憂悶之餘 豈勝欣幸

•백씨伯氏는 근래에 평안하고 건강하신지요?

伯氏 比冲勝否

•아무개 관아의 소식을 계속 듣고 있는데, 백씨伯氏 대감의 병은 점점 건강해지고 있는지요? 간절한 그리움을 스스로 그만둘 수 없습니다.

某衙平音續聞之 而伯氏台愆候 漸臻康和否 區區嚮往 自不能已

•삼가 백씨伯氏 대감의 환후가 오래도록 낫지 않았다는 소식을 들었지만, 마침 공무에 있어서 몸소 문후를 여쭙지 못했습니다. 연일 심부름꾼을 보냈지만 헛걸음으로 돌아옴을 면치 못했으니, 다만 매우 슬퍼하고 탄식할 뿐입니다.

伏聞伯氏大監患候 彌留之報 適値在公 未果躬候 連日委伻 而未免虛還 第切悵歎

•백씨伯氏의 병환이 이미 평상을 회복하셨는지요?

伯氏患候 已臻平復否

•백씨伯氏형 또한 소식이 막혀 물어볼 길이 없으니 그립고 염려됩니다.

伯氏兄 亦致阻閡 憑問無路 旣溯且慮

•계씨가 수척하다 하니 근래 조금 나았는지요?

季兮瘦銷 近稍有勝否

•계씨[153]는 연이어 편안히 잘 지내며 열심히 공부하는지요? 매우 궁금합니다.

季方 連得安過勤做否 懸懸

•계씨의 고질병은[154] 항상 멀리서도 염려가 됩니다. 비록 친구인 저의 마음도 걱정되고 염려스러운데 하물며 형제간인 당신의 마음에서이겠습니까?[155]

季氏貞疾, 常貽遠慮. 雖以故舊之心 每相愍念 矧惟分痛之情乎?

•근래 서울의 소식을 듣건대 모매某妹의 병이 아직까지도 이렇게 낫지 않았다하니, 멀리 밖에서 애타고 염려됩니다. 가을로 이미 접어들었는데, 그 사이에 과연 훌훌 털고 일어나셨는지 알지 못하겠습니다.

頃聞洛報 某妹之病 尙此彌留云 遠外焦慮 秋序已入 伏未知其間果能離却否也

•지난날 부인의 병환으로 달아나 피하는 지경에 이르렀으니, 근심스럽고 괴로울 것이라 생각됩니다. 당신께서는 훌훌 털고 떨쳐내어 뜻을 빼앗기지 않아 점필佔僤[156]의 공부를 그만두지 않았겠지요? 이 때문에

---

153 계씨: 원문의 '계방季方'은 『세설신어世說新語』「덕행德行」에 동한東漢 진식陳寔의 아들 진기陳紀와 진심陳諶의 자字가 원방元方과 계방季方이었는데, 난형난제難兄難弟의 뜻으로 원방계방元方季方이라고 쓰였던 고사에서 유래하여 동생의 표현으로 통용하게 되었다.

154 고질병: 원문의 '정질貞疾'은 『주역周易』「예괘豫卦」 육오六五에 "정하되 병이 있으나 항상 앓고 죽지 않는다[貞疾恒不死]"라고 하였는데, 이 말은 임금의 자리에 거하여 신하의 제재를 받고 있으나 끝까지 그 지위는 잃지 않는다는 뜻으로 비유하면 항상 고질의 병을 앓고 있기는 해도 죽지는 않는다는 말이다.

155 형제간인~이겠습니까?: 원문의 '분통지정分痛之情'은 아픔을 나눌 정이라는 뜻으로 형제간의 깊은 정을 말한다. 『송사宋史』 卷1 「태조본기太祖本紀」에 송宋나라 태조太祖와 태종太宗이 형제간의 정이 아주 깊었는데, 태종이 병을 앓자 태조가 가서 병세를 살펴보고는 직접 뜸을 뜨면서 태종이 아파하면 자신의 몸에도 뜸을 떠서 아픔을 함께 하였다고 한다.

156 점필佔僤: 점필佔畢로 쓰이며, 본래 스승이 경의經義를 풀어 가르치지 않고 단

염려되는 마음 그지없습니다.

向日閣患 至有奔避 可想愁惱 座下能脫然排遣 志不爲所奪而 不廢佔之工否 爲之奉念不已

•아드님은 요사이 건강해져서 공부에 전념하는지요?

賢允比健 專於做工否

•아드님은 평소 병약하더니 한결같이 잘 버티고 있는지요.

賢允素病弱 能一向支勝否

•아드님 형제는 또한 편안히 공부하고 있는지요?

令允昆季, 亦皆安穩做工否

•아드님은 잘 지냅니까? 학문이 몸과 함께 성장했으리라 생각되니, 저로 하여금 보고픈 마음이 들게 합니다.

賢允佳否 其學想與其身俱長 令人戀繆[157]

•아드님은 혹 이미 돌아왔는지요? 멀지 않은 곳인데도[158] 끝내 찾아가 뵙지를 못했으니 슬픔과 그리움이 지극합니다.

令允 或已返面否 宿舂之地 竟靳迤訪 悵仰交至

지 책만을 읊는 것을 가리켰는데, 뒤에는 독서 또는 송독誦讀을 두루 가리키게 되었다. 『예기禮記』「학기學記」에 "지금 가르치는 자들은 그 보는 간독簡牘만을 읊을 뿐이다[今之敎者 呻其佔畢]"라고 하였는데, 진호陳澔는 『예기집설禮記集說』에서 "신呻은 읊는 소리고 점佔은 봄이고 필畢은 간독이다[呻 吟諷之聲也 佔 視也 畢 簡也]"라고 주하였다.

157 尹拯『明齋遺稿』卷17「與朴晦叔九月二十日」

158 멀지 않은 곳인데도: 원문의 '숙용지지宿舂之地'는 하룻밤 묵을 양식을 가져가는 백리의 땅을 가리킨다. 『장자莊子』「소요유逍遙遊」에 "백 리 길 여행을 떠나기 위해서는 하룻밤 묵고 갈 양식을 찧어서 가지고 가야 한다[適百里者 宿舂糧]"는 말이 나온다.

•백윤伯胤이 부모님을 모시고 있다고 들었는데, 눈병이 편지에 방해가 되어 인편으로 문안을 드리지 못했으니 자못 매우 슬프고 한탄스럽습니다.

伯胤 聞方在侍 而目疾妨於筆札 臨便闕候 殊甚悵歎

•모영某營의 안부는 한결같이 편안하십니까?

某營問安 一向康寧耶

•모아某衙의 소식은 연이어 듣고 있는지요?

某衙平信 連爲承聞耶

•모읍某邑의 소식은 계속해서 듣고 계신지요?

某邑平信 續續承聞否

•모처某處의 소식은 가을이 된 뒤에는 듣지 못하여 저로 하여금 우울하게 합니다.

某處消息 秋後無聞 令人紆鬱

•온 관아가 모두 평안하십니까?

渾衙 皆平安否

앙념류仰念類

• 다시 삼가 매우 근심스럽고 염려되는 마음이 지극합니다.
旋伏切憂慮之至

• 다시 삼가 염려가 됩니다.
旋用伏慮

• 다시 간절히 염려가 됩니다.
旋切仰念

• 다시 우러러 염려됩니다.
還用仰念

• 다시 염려됩니다.
旋用貢念

• 어찌 염려되는 마음을 가눌 수 있겠습니까?
豈勝貢念

• 염려되는 마음 어찌 다하겠습니까?
貢慮何已

• 거듭 이 때문에 염려됩니다.
重爲之慮仰

• 어찌 염려되는 마음을 가눌 수 있겠습니까.
豈勝獻念

• 염려되는 마음 그지없습니다.
獻念無已

• 우러러 위로되는 나머지에 다시 매우 염려됩니다.
仰慰之餘 還切貢念

• 삼가 위로되는 나머지에 다시 우러러 염려됩니다.
拜慰之餘 旋切仰慮

• 자못 매우 염려됩니다.
殊用馳念

• 위로와 염려가 함께 절실합니다.
慰慮交切

소생류小生類[159]

·소생小生 ·소인小人 ·휼하恤下 ·권하眷下 ·기하記下 ·기하생記下生 ·세하世下 ·세하생世下生 ·문하생門下生 ·문생門生 ·만생晩生 ·시생侍生 ·시교생侍敎生 ·시하생侍下生 ·하생下生 ·요하僚下

·세기世記 ·정기情記 ·기말記末 ·정말情末 ·인기鄰記 ·병기病記 ·인말隣末

·제弟 ·경제庚弟 ·정제情弟 ·인제隣弟 ·병제病弟 ·요제僚弟 ·연제年弟 ·세제世弟 ·동제洞弟 ·소제少弟

·누제纍弟 ·누인累人

※보통 배소配所에 있는 경우 쓴다.

·민民 ·화민化民 ·구민舊民 ·하관下官

※관리官吏의 치하에서 관리에게 편지를 보낼 경우 발신자는 '민民'을 쓴다.

·생生 ·복僕 ·졸拙 ·병생病生 ·병졸病拙 ·차此 ·차간此間 ·차중此中 ·엄俺 ·오吾 ·통儂 ·주走 ·비인鄙人 ·명名 ·자字 별호를 쓰기도 한다[或書別號].

※'명名'과 '자字'는 발신자의 이름이나 자字를 쓴다는 뜻이다.

·족손族孫 ·족하族下 ·삼종손三從孫 ·삼종질三從姪 ·삼종제三從弟 ·삼종三從 ·재종손再從孫 ·재종질再從姪 ·재종제再從弟 ·재종再從 ·종손從孫 ·종질從姪 ·당질堂姪 ·종제從弟 ·종종宗從 ·백종伯從 ·종從 ·사백舍伯 ·중형仲兄 ·계형季兄 ·사제舍弟 ·종자從子 ·유자猶子 ·질자姪子 ·족종族從 ·족말族末 ·족제族弟

---

159 발신자와 수신자의 관계에 따라 발신자를 지칭하는 용어와 유배流配나 복중服中, 상중喪中과 같이 자신이 처한 상황에 따라 발신자를 지칭하는 용어를 유별로 제시하였다.

•종말宗末 •종인宗人 •종기宗記 •종하宗下 •종하생宗下生

•척손戚孫 •척질戚姪 •척종질戚從姪 •척제戚弟 •척하戚下 •척말戚末 •척종戚從 •척기戚記 •척戚

•외종제外從弟 •외제外弟 •외종外從 •내종제內從弟 •내종內從 •이종제姨從弟 •이종姨從 •부질婦姪 •부제婦弟 •인질姻姪 •인제姻弟 •표종表從 •생질甥姪 •생甥 •외생外甥 •외생外生 •식息

•최복인縗服人 •최복제縗服弟 •기복인朞服人 •기복제朞服弟 •공복제功服人 •공복제功服弟 •복인服人 •복졸服拙 •복기服記 •복제服弟

※복중服中일 경우 쓴다.

•고애손孤哀孫 •고손孤孫 •애손哀孫 •고애자孤哀子 •고자孤子 •애자哀子 •고애孤哀 •죄인罪人 •죄제罪弟

※상중喪中일 경우 쓴다.

•심제인心制[160]人 •심제제心制弟 •담복인禫服[161]人 •담복제禫服弟

---

160 심제心制: 예법 상 상복은 벗었으나 슬픔이 가시지 않아 대상大祥이 지난 뒤 담제禫祭까지 입는 복이 심제心制다.

161 담복禫服: 상중喪中에 있는 사람이 담제禫祭 뒤로부터 길제吉祭까지 입는 복제服制다.

조안류粗安類 1

•노친을 모시고 그럭저럭 편안히 지냄은 당신의 덕택이 아님이 없으니 다행스러움을 어찌 말로 다 하겠습니까?

將老粗安 無非下庇攸及 伏幸何達

•노친을 모시고 그럭저럭 보존하고 있으며 분수에 따라 마시고 먹고 있으니 삼가 다행스럽고 다행스럽습니다.

奉老粗保 飮啄隨分 伏幸伏幸

•부모님을 모시며 그럭저럭 편안히 지내고 있습니다. 이외에는 공무로 바빠 말씀드릴 만한 것이 없습니다.

省事粗安 外此奔汨 無足奉道

•부모와 조부모님을 모시며[162] 그럭저럭 편안히 지내고 있으니 다행스럽습니다.

重侍粗安 私幸

•노인의 건강[163]은 근래 다행히 조금 편안합니다.

老人諸節 近幸少安

•이곳은 한결같이 편안하고 건강하며 아울러 다른 병은 없습니다.

此中一向安健 而兼無他恙耳

•문을 닫고 궁벽한 곳에 살며 그럭저럭 잘 지내고 있습니다.

---

162 부모와~모시며: 원문의 '중시重侍'는 중시하重侍下로 조부모와 부모가 다 살아 있어서 모시고 있는 처지를 말한다.

163 건강: 원문의 '제절諸節'은 상대방을 높여 그 집안 식구들의 지내는 형편을 이르는 말이다.

杜門窮居 粗幸依遣

• 한결같이 고요하고 적막하게 지내고 있어서 알려드릴 만한 것이 없습니다.

一味靜寂 無足奉聞

• 부모님을 모시고 그럭저럭 지내고 있습니다. 나이는 들어가도 병이 없으니 다행입니다.

省事姑遣 業有加病無進 私幸

• 겨우 예전 모습을 보전하고 있으니 염려해 주신 덕분인 줄 알겠습니다.

僅保宿狀 知荷盛念

• 노인을 모시며 그럭저럭 보내고 있습니다.

奉老粗遣

• 곁에서 모시는 것이 어제와 다를 바 없습니다.

侍側如昨[164]

• 부모님을 모시며 그럭저럭 편안합니다.

親候粗安

• 예전과 같이 밥만 축내고 있으니[165] 꼴이 절로 미워집니다.

---

164 尹拯『明齋遺稿』卷18,「與柳和仲 聖和 戊申九月十九日」

165 밥만~있으니: 원문의 '죽반승粥飯僧'은 많이 먹기만 하고 능력이 없는 중을 이르는데, 전하여 무능한 사람을 흉보는 말로 쓰인다. 단지 죽이나 먹을 뿐 아무 쓸모가 없는 중이라는 말이다.『신오대사新五代史』卷54「이우전李愚傳」에 오대五代 때에 이우李愚라는 사람에게 황제가 조롱조로 말하기를, "이 자는 죽이나 먹는 중일 뿐이다. 만날 죽이나 먹고 아무 일도 마음을 쓰는 것이 없다"고 한 데서 비롯된 말이다.

依舊作粥飯僧 樣予自憎

•무병無病이란 두 글자 외에는 매일 어수선하고 바빠서 드릴 말씀이 없습니다.

無病二字外 逐日撓汨 不足奉報

•위로 부모님과 아래로 아이들이 겨우 그럭저럭 보내고 있으니 이것이 매우 다행입니다.

上親下兒 僅得粗遣 是則幸甚

•근근이 지내고 있습니다.

僅遣

•우선 병이 나지 않고 부모님의 건강도 한결같으니 이것이 다행입니다.

姑不生病 而親候亦一樣 是幸

•어제 비로소 돌아왔는데 부모님의 건강이 그럭저럭 편안하니 이것이 다행입니다.

昨始還次 親候粗安 是爲私幸

•우선 예전같이 지내고 있고 계속해서 고향 집에 칩거하고 있어 마음이 맑고 한가로우니 저의 다행스러움을 어찌 말로 하겠습니까?

姑依前狀 而連蟄鄕廬 心界淸閒 私幸何言

•변변치 못한 제 모습은 예전과 같은데 과거시험의 어지러움까지 닥쳐서 스스로 매우 괴로우니 어찌하겠습니까?

劣狀如昨 而科擾迫頭 自多惱心 奈何

•불리한 과거장에서 고초를 겪어 막 이렇게 고통스러우니 사람을 번

민하게 합니다.

惱攘於不利之場 方此委苦 悶人悶人

•사제舍弟가 돌아와 단란하게 모였으니 이것이 다행스럽습니다.

舍弟歸來團會 此爲私幸

•변변치 못한 제 모습은 여전하고, 그 나머지 수고롭고 자잘한 일은 당신을 위해 말씀드릴 만한 것이 없습니다.

拙狀猶前 自餘勞碌 不足爲相愛者報也

•변변치 못한 저는 그럭저럭 지내고 있지만 어수선하고 바빠서 좋은 풍취가 적으니 어찌하겠습니까?

拙狀姑遣 而撓汨少佳趣 奈何奈何

•한결같이 수고롭고 자잘하니 말씀드릴 만한 것이 없습니다.

一味勞碌 無足奉聞

•고달프고 용렬함이 날로 심해지니 스스로 불쌍히 여긴들 어찌하겠습니까?

憊劣日甚 自憐奈何

•돌아와 칩거한 이후로 변변치 못한 제 모습은 예전과 같은데 병으로 시달려 어지러우니 여러 일은 말씀드릴 만한 것이 없습니다.

歸蟄以後 澌劣依昔 而疾憂爲撓 凡百無足言[166]

•어제와 다를 바 없이 지내고 있지만 형님을 보내고부터 우두커니 혼자 있어 즐거움이 없습니다. 관외에서 만나 즐거웠던 일을[167] 가만히

---

166 尹拯『明齋遺稿』卷24「答崔錫文君望[庚辰臘月二十五日」

생각해봄에 그리운 마음을 감당할 수 없으니 어찌하겠습니까?

姑如而自送舍伯 塊獨無悰 坐想關外眼青之樂 不任馳神 奈何

•노친을 모시는 모든 일이 그럭저럭 예전 모습과 같으니 다행스럽습니다.

奉老凡百 姑依宿狀 私幸

•근래 한민閒民이 되어 맘껏 노닐며 날을 보내고 있으니 매우 다행스럽습니다.

近作閒民 優游度日 甚幸

•어른을 모시는 일이 그럭저럭 괜찮으며 저의 병이 조금 나으니 다행스러움을 어찌 형언할 수 있겠습니까?

侍事粗宜 賤疾少勝 私幸何諭

•겨우 병든 몸을 보존하니 이 또한 대감께서 내리신 은혜이지만 형제[168]의 먼 이별은 늘그막에 견디기 어려운 바이니 어찌하겠습니까?

厘保病骸 此亦台賜 而鴒原遠別 暮境之所難堪 奈何

•노소가 탈 없이 지내고 있으니, 다른 일은 줄여도 될 것 같습니다.

老少免恙 他可略也

•어른을 모시고 그럭저럭 편안히 지내고 있으니 다른 일은 말할 만

---

167 관외에서~일을: 원문의 '청안青眼'은 반갑게 맞는다는 뜻으로 『진서晉書』「완적전阮籍傳」에 "완적阮籍이 상주가 되었을 때 혜희嵇喜가 예절을 갖추어 조문하니 완적이 흘기는 눈[白眼]으로 대하고 혜강嵇康이 술과 거문고를 갖고 찾아오니 완적이 기뻐하여 반가운 눈[青眼]으로 맞이했다"라고 하였다.

168 형제: 원문의 '영원鴒原'은 형제를 가리키는 말로 『시경詩經』「소아小雅 상체常棣」에 "척령이 언덕에 있으니 형제가 난을 구한다[脊令在原 兄弟急難]"라고 한 구절에서 유래한 말로 형제를 뜻한다.

한 것이 무엇이 있겠습니까?

侍事姑安 他何可諭

•자고 먹는 일이 그런대로 편안합니다.

眠食粗穩

•우선 다른 일은 없지만 몇몇 여종들이 아파 피접하러 나갔으니 이는 근래에 극심한 병우입니다. 비록 근심한들 어찌하겠습니까?

姑無他端 而數婢痛出 此乃近來極熾之憂 雖悶奈何

•근래 이웃집이 전염병에 걸려 아무개 집에 와서 우거하였습니다. 근년 이래로 이른바 피접避接[169] 또한 신기하지 않고, 주방의 재가 삼태기에 차지 않으니 이 또한 운수에 관련된 것이겠지요?

近以隣舍不淨 來寓某家 比年以來 所謂避接 亦不新奇 廚灰不盈簣 此亦關數事耶

•집안이 편안하지 않아 근래에 성 밖에 우거하니 근심스럽고 골치아픈 일이 많습니다. 열흘 후에 돌아가 살려 합니다.

家內不安 比寓城外 悶惱爲多 旬後將還棲耳

•저는 그럭저럭 지내고 있지만 비복婢僕들이 서로 이어 병으로 피접을 나가고, 남은 두세 사람도 그 사이에 죽는 참혹함이 없지 않을 것입니다. 비록 옮겨 피하고 싶지만 곳곳마다 다 그러하니 마땅히 갈만한 곳이 없습니다. 이로 인해 주저앉아 있으니 다만 매우 두려울 따름입니다.

僅遣而婢僕相繼痛出 只餘兩三人 間不無死亡之慘 雖欲移避 處處同然 無適可往 因仍盤礴 只切懍恐而已

---

169 피접避接: 비접의 원말로 앓고 있는 사람이 자리를 다른 곳으로 옮겨서 요양하는 것을 말한다.

·한 여종이 병으로 누워있으니, 전염병인지 아닌지 아직 알지 못하겠지만 처소를 잃은 곤궁함 또한 한 병입니다.

一婢病臥 未知染不染 而失巢之困 亦一病也

조안류粗安類 2

•쇠약해지고 병듦이 해마다 깊어 가고 공무도 날로 극심해지는데 억지로 독려하며 바쁘게 지내니 근심하고 가여워한들 어찌하겠습니까?

衰病年深 公冗日劇 强策奔忙 悶憐奈何

•부모님을 모시는 일이 여전하고 공무로 그럭저럭 보내고 있으니 나머지는 어찌 아뢸만한 일이 있겠습니까?

省奉如昨 公冗粗遣 餘何可聞

•병을 앓고 나서 분주하니 매우 근심스럽고 가련합니다.

病餘奔走 悶憐悶憐

•병든 몸을 부지하여 억지로 버티며 다행히 쓰러지는 것을 면하였으니 임금의 신령함이 미친 바가 아님이 없습니다. 다른 것은 어찌 말씀드릴 만하겠습니까?

扶病强策 幸免委頓 莫非王靈所暨 他何可諭

•묵은 병이 점차 깊어지고 공무로 바쁜 일이 서로 이어지니 근심스럽고 가련한 마음을 어찌하겠습니까?

宿病侵尋 公冗相仍 悶憐奈何

•날마다 공무에 쫓기고 게다가 병으로 혼미하고 쓰러질 것 같으니 어찌하겠습니까?

逐日公故 添病昏頓 奈何奈何

•병중에도 억지로 분주히 지내느라 근력이 거의 소진되었습니다.

强疾奔走 筋力殆盡

•병을 무릅쓴 대다 공무로 분주하니 스스로 가련하고 가련합니다.

扶病奔奏 自憐自憐

•매일 일로 쓰러질 듯하여 거의 버티기 어렵습니다. 이은吏隱[170]의 청복淸福과 비교해보면 어찌 천양지차일 뿐이겠습니까? 다만 스스로 부러운 마음 내닫습니다.

日事潦倒 殆難支 視令吏隱之淸福 奚翅天淵 只自馳豔

•근래 겨우 한가로워졌는데 추위를 만나 문을 닫고 있어 전혀 좋은 일거리가 없으니 어찌하겠습니까?

近纔就閒 而遇寒閉戶 頓無佳緖 奈何

•근래 밤낮의 부역은 누군들 그렇지 않겠는가 만은 유독 혼자 감당하기에는 거의 견뎌내기 어려움이 있는듯하니 어찌하겠습니까?

近日晝宵之役 夫孰役 夫孰[171]不然 而有若獨自當之殆難堪克 奈何

•근래 오래도록 분주하고 지쳐 날마다 신음하고 앓아 공사公私에 보탬이 없으니 어찌하겠습니까?

近久奔疲 祇日呻疾 公私無補 奈何

•날마다 분주하고 바쁘니 어찌 감히 사사로운 일을 말하겠습니까?

逐日奔汨 何敢言私耶

•근래 수고롭고 바쁨을 충분히 이해하실 것입니다.

近來勞滾 可以黙會

---

170 이은吏隱: 낮은 관직에 몸담고 은자隱者처럼 사는 것을 말한다.

171 孰: 원문에는 熟으로 되어 있으나 孰의 오기로 보여 바로 잡았다.

•밤낮으로 바빠 괴롭게도 조금의 틈도 없어서 오랫동안 찾아뵙지 못했으니, 서글픈 마음 자못 절실합니다.

晝夜奔忙 苦無片隙 久未進拜 悵仰殊切

•관무舘務가 정신을 피곤하게 하고 어버이 병환으로 마음을 애태우니, 공사公私간에 근심스럽고 괴롭습니다.

舘務疲神 親癠煎心 公私悶戹

•어지럽고 바쁜 일이 날로 심해지니 근심스러운 마음을 어찌하겠습니까?

紛汨日甚 悶如之何

•수고롭고 바쁜 일이 전일과 같아 몸이 거의 다하고 공사公私로 어지러우니 참으로 버티기 어렵습니다.

勞碌 猶夫前日 筋骸殆盡 公私撓惱 實難支吾

•묵은 병이 자주 이어지고 공무의 어지러운 일들로 바쁘니 단지 스스로 근심하고 가련할 뿐입니다.

宿病頻仍 公冗滾汨 只自悶憐而已

•병을 무릅쓰고 반班에 참여했다가 돌아온 뒤로 병이 더해져 지금 막 쓰러져 있습니다.

强疾與班 歸後添痾 見方委頓

•더위를 당한 대다 무척 바빠 실로 버티기 어려우니, 근심스럽고 가련한 마음을 어찌하겠습니까?

當暑供劇 實難支吾 悶憐奈何

•몹시 바쁜 나머지에 녹초가 되어 일어나지도 못하니 근심스러움을

어찌 형용하겠습니까?

滚汨之餘 委頓不振 愁悶何狀

•여전히 바쁜 일 없이 한가하니 말씀드릴 만한 것이 없습니다.

依舊宂散 無足奉道

•근래 공무가 지난번보다 심하니 근심스럽고 가련한 마음 어찌 다하겠습니까?

近日公故 有甚向來 悶憐曷已

•감기로 신음하는데다 바쁜 일이 그치지 않으니, 다만 스스로 근심스럽고 가련합니다.

患感呻楚 奔走不息 只自悶憐

•이곳에서 우거하는 모습은 한고寒苦를 오히려 벗어나지 못했으니 다른 일들은 알만합니다.

此間寓狀 寒苦猶不免 他可知矣

•긴요하지 않은 직명을 오랫동안 벗어나지 못하니 근심스럽고 걱정됩니다.

不緊職名 許久未解 悶蹙

•요즘 밤낮 일에 매여 쇠약하고 지치는 것이 날로 심해지니 어찌하겠습니까?

近縻夙夜之役 衰瘁日甚 奈何

•봄여름으로 너무 바빠 병의 빌미가 많아진 데다 손자의 혼사가 닥쳤으니, 스스로 어지럽고 골치 아픈지라 매우 근심스럽습니다.

春夏勞碌 病祟僥僥 而孫婚迫近 自貽撓惱 悶悶

·오래 한가한 나머지 억지로 몸을 일으켜 수고롭고 분주하여 갑절이나 몸이 고되니 어찌하겠습니까.

久閒餘 强起勞攘 一倍澌頓 奈何

·분주한 일이 여전하고 쇠약한 병은 점점 심해지니 스스로 가련합니다.

奔走如前 衰病轉深 自憐

·조금 나았다는 것으로 몇 차례 공무에 시달렸더니 여러 증세가 더욱 더해져 또 이렇게 누워 신음하고 있으니 근심스러울 만합니다.

以少愈也 故數次勞頓於公故 諸症越添 又此委呻 可悶

·병을 무릅쓰고 바쁘게 있으니 제 근심스러움을 어찌하겠습니까?

扶病奔忙 私悶奈何

·수고롭고 바쁜 일이 날로 심해져 근력이 점점 지쳐가니 근심스럽고 가련한 마음을 어찌하겠습니까.

勞碌日甚 筋力漸疲 悶憐奈何

·수고롭고 바쁜 일이 그칠 때가 없으니, 가련하고 근심스러운 마음을 말할 수 없습니다.

勞碌無已時 憐悶不可言

·추위를 무릅쓰고 공무에 분주하여 자못 견디기 어려우니 근심스럽고 가련한 마음 어찌 말로 다 하겠습니까?

冒寒奔走 殆難支堪 悶憐何言

조안류粗安類 3

•묵은 병이 봄이 되어서도 낫지 않아 오랜 시간 신음하고 있습니다.
宿病 逢春未解 長時呻囈

•한결같이 병이 오래 끌어 전혀 나아질 징후가 없습니다.
一味沈綿 頓無漸佳之效[172]

•묵은 병이 더욱 심해져 정신과 기운이 다했으니 근심스럽습니다.
宿病添劇 神氣澌綴 悶悶

•병이 깊어져 여전히 나을 기미가 없습니다.
一病沈頓 尙無蘇意

•저의 병이 깊어진지가 두 달이 지났습니다.
賤疾沈淹 跨歷兩月

•병의 증상이 한결같으니 족히 말할 것도 못 됩니다.
病狀一樣 置之不足道

•묵은 병이 열흘이 지나 정신과 생각이 날로 어두워집니다.
抱痾閱旬 神思日昏昏[173]

•근간에 큰 병을 겪어 여전히 병석에 누워있습니다.
間經大病 尙爾貼席

172 金壽興『退憂堂集』卷9「與李甥同甫庚午」
173 金錫胄『息庵先生遺稿』卷8「與申瑞明書」

•여러 차례 위험한 지경을 겪다가 요사이 겨우 고개를 돌리지만 완전히 낫기가 쉽지 않으니, 근심스럽고 가련한 마음 어찌 형용하겠습니까?

屢經危域 近纔回頭而 蘇完未易 悶憐何狀

•병의 증상이 추위가 닥쳐 더욱 심해져 날마다 탕약을 먹고 침상에 누워있으니, 괴롭고 근심스러운 마음 어찌하겠습니까?

病狀當寒陡劇 日事湯枰 苦悶奈何

•추위를 만난 이후로 본병本病[174]이 때때로 도져 날마다 괴로움을 부르짖으니 근심스러움을 말할 수 없습니다.

遇寒以來 本病間發 日事叫苦 悶不可言

•비록 가을바람을 만났으나 병의 고통이 아직 낫지 않으니 나머지는 어찌 말하겠습니까?

雖逢秋風 病苦未蘇 餘何足言

•한번 든 병이 50일이나 되었지만 아직도 떨쳐 내지를 못했습니다.

一病五旬 尙遲霍然

•겨우 독한 병을 겪고 거의 죽다 근근이 살아났으나 몸과 정신이 옛날 모양을 회복하지 못했으니, 가련하고 탄식스러움을 어찌 말로 하겠습니까?

纔經毒病 幾殊僅蘇 形神非復舊時貌樣 憐歎何言

•지난번 노점勞漸[175]으로 여러 차례 위험한 지경을 겪다가 요사이 비록 조금 나았지만 여전히 남은 근심이 많으니, 괴롭고 근심스럽습니다.

---

174 본병本病: 본디부터 가지고 있어 완치되지 않고 때때로 도지는 병을 말한다.

175 노점勞漸: 몸이 점점 수척하고 쇠약해지는 증상을 말한다. 『한의학대사전』에 노점은 허로虛勞, 노채癆瘵, 허손虛損, 노손勞損 때에 자주 본다고 설명하고 있다.

向以勞漸 屢經危域 近雖少減 尙多餘憂 苦悶

•매번 병으로 고달플 때 마다 곧 동병상련同病相憐의 마음을 둘 따름입니다.

每當作苦 便有同病之憐耳

•피로가 쌓여 몸을 해치고 병이 나서 더욱 고질이 되어 쓰러지는 지경에 이르렀습니다.

積勞而傷 病發益痼 至於委頓

•병을 앓지 않는 날이 없어 쇠하고 혼미함이 날로 심해집니다. 형편이 이러하니 어떻겠습니까?

無日不病 衰昏日甚 勢也奈何[176]

•종래의 고질이 여름과 가을을 지내며 더욱더 위독하고 괴롭습니다. 요사이는 자리를 지고 있는 것으로 연명하니 어찌할까요?

自來貞疾 越自夏秋 轉益癃苦 近以負席爲命 奈何

•위장이 망가져 음식을 먹지 못해 수시로 정신이 혼미하고 쇠약함이 많습니다.

胃敗却食 時多昏涔

•병의 증상이 심상치 않아 세상에 오래 살지 못할까 두려우니 어찌할까요.

病狀乖異 恐不久於世 奈何

•연말부터 앓던 감기가 봄에 들어서도 낫지 않았습니다. 창밖의 날

176 尹拯『明齋遺稿』卷23「答沈廷熙明仲 壬申三月六日」

씨가 점점 화창해 졌지만 오히려 열어 볼 수 없으니, 살맛이 적음을 알 만합니다.

歲前寒疾 入春未蘇 窓外風日稍和而 猶不能開見 其少生趣可知[177]

•쌓인 피로가 빌미가 되어 병세가 더욱 심해져 막 자리를 지고 누워 골골하고 있으니 매우 근심스럽고 가련합니다.

積瘁所祟 病情轉苦 見方負席涔涔 悶憐悶憐

•지난번 위험한 증세를 겪고 아직까지 회복되지 않았는데, 지치고 피곤함이 더욱 심하니 근심스러움을 어찌 형언하겠습니까?

向經危証 迄未蘇健 而勞瘁則愈甚 悶惱何諭

•저의 병이 석 달 동안 고질이 되어 날마다 도규刀圭[178]를 일삼습니다.

賤疾 三朔沈苦 日事刀圭

•조물주가 완전한 공능功能이 없어서 병이 몸에서 떠나지 않아 오랫동안 병석에 있으며 잠자지도 못하고 먹지도 못한 것이 이미 수십 일이 지났으니 어찌하겠습니까?

造物無全功 病不離身 長在牀笫 不寢不食 已數十日矣 奈何奈何

•서습暑濕에 몸이 상하여 담痰과 벽癖이[179] 번갈아 공격하여 오랫동안 병석에 한 물건이 되어 있으니 고민을 말로 다 할 수 없습니다.

暑濕所傷 痰癖迭攻 長爲枕席間物 悶不可言

177 尹拯『明齋遺稿』卷13「與趙士威丁卯二月二日」

178 도규刀圭: 예전에, 가루약의 양을 잴 수 있게 만든 숟가락을 이르던 말이다.

179 담벽痰癖: 수음水飮이 오래 정체되어 담으로 되어 옆구리에 흘러가 수시로 통증을 야기하는 병증이다.

•앓고 있는 담천痰喘[180]이 추위를 만나 더욱 심해져 날마다 신음을 일삼고 있으니, 근심스러움을 어찌 말로 다 하겠습니까?

所患痰喘 遇寒添欿 日事呻吟 愁悶何言

•병의 증상이 심상치 않아 눈 덮인 깊은 골목에서 근심과 번뇌로 일삼고 있으니, 다시 무슨 말을 하겠습니까?

病情乖異 封雪深巷 憂惱爲事 更何言也

•앓고 있는 현기증이 자주 일어나 정신과 기운이 날로 더욱 고갈되니 말씀드릴 만한 것이 없습니다.

所苦眩証頻作 神氣日益澌綴 無足言者

•원기가 크게 상한 데다 정신이 바람과 안개 속에 있는 것처럼 멍해져서 형용하기 어렵습니다.

元氣大敗 精神如在風烟中 恍惚難狀[181]

•서습暑濕에 상한 병증이 가을이 되어도 회복되지 않아 오랫동안 괴롭게 끙끙대고 있으니 어찌하겠습니까?

暑濕所傷之証 逢秋未蘇 長時呻喟 奈何

•넉 달 동안 병상에 누워 반신불수가 되니 다시 일어나 건강한 사람이 되지 못할까 두렵습니다.

四朔牀褥 半體不遂 恐不復起爲平人矣

•고질병이 추위를 만나 더욱 심해져 오랫동안 병상에 누워 있으니

180 담천痰喘: 담痰이 성해서 생기는 천증喘證의 하나다. 습담濕痰이 폐肺에 몰려서 기도를 막기 때문에 잘 생기는데, 가래 끓는 소리가 나고 기침을 하며 걸쭉한 가래가 잘 뱉어지지 않고 가슴이 그득하고 답답하다.

181 許穆『記言』別集 卷7「與李生晉茂茂卿」

말씀드리고 싶지 않습니다.

貞疾 逢寒苦劇 長委牀褥 不欲告聞也

•병이 지속되는 여러 달 동안 계속 끙끙거리고 힘들어하니 걱정과 고민을 형용할 수 없습니다.

淹病多月 日味呻憊 愁悶不可狀

•감기를 심하게 앓아 한해가 다하도록 낫지 않아 여전히 이렇게 자리지고 누워 혼잠昏涔하니, 늘그막의 정사가 가련합니다.

重患外感 終歲不解 尙此委席昏涔 暮境情事 堪憐

•성긴 창살 차가운 집에 사는지라 담색증이 문득 심해져 밤낮으로 혼비昏憊[182]합니다. 두어 그릇 약을 마시고 겨우 회생했지만 남은 증세가 여전히 괴로우니 어찌하겠습니까?

疎櫺冷屋 痰塞忽劇 昏憊一晝夜 灌藥數三器 纔得回甦 餘証尙苦 奈何

•묵은 병에다 또 별증이 더해져 아랫배가 쓰리고 아파 마시고 먹는 것을 다 물리쳤으니 근심스럽고 가련함을 어찌하겠습니까?

宿患又添別証 下腹酸痛 飮啖全卻 悶憐奈何

•한 번 든 병이 석 달이나 이어지니 위독하여 죽을 것 같습니다.

一病三朔 危綴欲絶

•병의 증상이 가볍지 않아 약물을 일삼고 있습니다.

病狀非細 藥餌爲事

•추위가 두려워 칩거하며 날마다 병으로 신음하고 있습니다.

---

182 혼비昏憊: 몸이 혼몽하고 피곤한 증상을 말한다.

畏寒蟄伏 日事吟病

•병세가 여전히 쾌차하지 않아 적막한 객관에서 끙끙거리며 근심스럽고 답답한 마음을 갑절이나 느끼니, 또한 어찌하겠습니까?

病情尙未快已 呻頓孤舘 倍覺愁菀 亦奈何

•한 번 든 병이 오래 끌어 가을을 바라보는데도 아직 회복되지 않으니, 시하侍下의 인사가 근심스럽고 급박함을 어찌 비유하겠습니까?

一病支離 望秋未蘇 侍下人事 悶迫曷諭

•각혈咯血의 증세가 달이 지나도록 더욱 심해지고 간간이 많이 토해내어 자못 견딜 수 없으니 어찌하겠습니까?

咯血之証 閱月彌苦 間多嘔下 殆無以支吾 奈何

•평소 더위 먹는 증세가 있는데다가 연일 기우祈雨의 행차로 더욱 심해져 침상에 쓰러져 식음食飮을 전폐全廢하고 있으니 근심스럽고 가련함을 어찌하겠습니까?

素有伏暑之証 越添於連日籲雨之行 委頓牀席 食飮全廢 悶憐奈何

•병이 날로 침범하여 몸뚱이만[183] 남아 있으니 스스로 가련히 여긴들 어찌하겠습니까?

病日侵尋 軀殼徒存 自憐奈何

•병의 증상으로 날로 점점 잔열孱劣[184]하니 다른 일은 말씀드릴 만한 것이 없습니다.

病狀 日漸孱劣 他無可論

183 몸뚱이만: 원문의 '구각軀殼'은 껍질이라는 뜻으로 육신을 가리킨다. 불가에서는 육신을 보기를 한갓 껍질로 여기기 때문에 '구각'이라는 표현을 쓴 것이다.

184 잔열孱劣: 허약하고 변변하지 못하다는 뜻이다.

•병상에서 새해를 맞아 다만 더욱 마음만 슬프니, 어찌 단지 나이를 더하는 감회뿐이겠습니까?

病榻逢新 只益愴神 奚但添齒之感而已

•병든 몸으로 시묘살이[185]를 하느라 약로藥爐를 끼고 사니, 근심스럽고 가련합니다.

病淹楸下 藥爐伴身 悶憐

•병의 빌미가 여름철에는 본래 더위에 맞지 않아 근래에 더욱 피곤하여 단지 쓰러져 있을 뿐입니다.

病祟在夏 本不宜熱 而近益憊劣 只頽然而已

•무더위가 더욱 극심하여 오랫동안 병상에 있으니, 근심스럽고 가련함을 어찌 형용하겠습니까?

宿暑添欿 長在牀褥 悶憐何狀

•남쪽에서 서습暑濕을 겪고부터 몸의 기운이 오랫동안 쾌청하지 못하더니, 가을이 되자 숙증宿証이 또 도지려 하니 근심스러운 마음 형용할 수 없습니다.

自經南中暑濕 身氣久不清快 當此風高 宿証又欲闖發 愁悶不可狀

•쇠병衰病이 서로 찾아들어 날마다 끙끙대고 아파하고 있으니, 고통스럽고 근심스러움을 어찌 말씀드리겠습니까?

衰病交侵 日事呻痛 苦悶何言

---

185 시묘 살이: 원문의 '추하楸下'는 가래나무 아래란 뜻으로 조상의 산소가 있는 곳을 말한다. 과거 무덤 옆에 소나무와 가래나무를 심었기 때문인데, 청나라 전영錢泳의 『이원총화履園叢話』에 "흙을 쌓아 봉분을 만들고 소나무와 가래나무를 심어 풍수의 이익을 누린다[築土爲墳 植以松楸 而享風水之利]"라는 구절이 보인다.

·쇠병이 날로 심하니 어찌 말할 것이 있겠습니까?

衰病日甚 何可言者

·홀로 떨어져 무료히 지내느라 몇 가닥 흰 머리카락만 늘어났습니다.

索居無聊 贏得數莖白髮[186]

·금년 들어 어둡고 혼몽함이 더욱 심하여 살날이 멀지 않음을 알겠으니 어찌하겠습니까?

入今年內 昏耄益甚 自知前路不長 奈何[187]

·병으로 전전하다 또 한 살을 더하였으니, 자신을 돌이키며 반성함에 단지 부끄럽고 가련함만 절실합니다.

抱病宛轉 又添一齒 撫躬循省 只切媿憐

·지난달부터 팔뚝 오른쪽이 저리고 아픕니다. 늙은이에게 병이 찾아드는 것이 응당 그러한 것이니 어찌하겠습니까?

自前月 臂右麻痛 年衰者 病侵應爾 奈何

·또 겨울 절기를 당해서 풍담風痰이 더욱 도져 증상이 누차 변합니다. 밤이 되면 더욱 괴롭고 심하여 날마다 약물만 일삼고 있으니, 근심을 이루다 말할 수 없습니다.

又當冬節 風痰轉肆 証形屢變 夜尤苦劇 日事刀圭 悶不可諭

·쇠병衰病은 진실로 당연한 이치이지만 밤새도록 잠을 이루지 못하는 것이 가장 견디기 어려운 점이니 어찌하겠습니까?

衰病固其勢也 而長夜無眠 最是難堪處 奈何

---

186 許穆『記言』別集 卷7「與鄭參奉昌基」
187 許穆『記言』別集 卷7「與尹佐郎鑴希仲」

•쇠병衰病이 날로 심하여 말씀드릴 만한 정황은 없고 다만 세모에 온갖 느낌만 있을 뿐입니다.

衰病日深 無況可言 徒有歲暮之百感而已[188]

•쇠병衰病이 일상의 일이 되어 어느덧 환갑에 이르렀습니다. 지난날을 돌아보니 망연하여 다만 가련하고 한탄스러울 뿐입니다.

衰病常事 喫到還甲 回顧茫然 只堪憐歎[189]

•허송한 세월이 이미 많은데, 환갑을 맞이하니 배나 두렵습니다. 어찌하면 좋겠습니까?

空送歲月已多 而見此還甲 倍覺怵然 奈何[190]?

•쇠상衰相이 날로 더하여 치아가 흔들거려 조금 딱딱한 포나 고깃점도 씹을 수 없습니다.

衰相日加 齒牙動搖 脯胾之稍硬者 無以咀嚼

•화병이 봄이 되자 더욱 괴롭습니다. 자리지고 신음하고 있자니 살고 싶은 마음이 전혀 없습니다. 화창한 날씨가 비록 덕을 펴지만 고목이 무슨 이유로 다시 무성해 지겠습니까?

火病 入春尤苦 委席呻楚 生意頓盡 陽和雖布德 枯木何由再榮耶

•여름 내내 서증暑症을 앓았는데, 지난번에 아무개 벗이 죽은 것을 보고는 한 갑절 더 심해졌습니다. 쇠약한 기운을 떨쳐 일어나지 못하니 어찌하겠습니까?

長夏病暑 頃見某友入地 一倍添劇 衰氣不振 奈何

---

188 尹拯『明齋遺稿』卷18「答崔漢臣 是翁」

189 尹拯『明齋遺稿』卷23「答李伯邵 己巳正月十四日」

190 尹拯『明齋遺稿』卷20「與朴泰輔士元 己巳正月五日」

·쇠병衰病으로 글을 폐하고 다만 밥만 축내는 중의 신세가 되었으니, 스스로 가련합니다.

衰病廢書 秖作喫飯僧生涯 自憐自憐

·병이 쇠약함을 따라 모이고 친구의 흉문도 자주 귓전에 들어옵니다. 결국 이렇게 가는 것이 현자나 우자나 벗어나지 못하는 것이므로 절로 문득 이 몸이 더부살이 같음을 느낍니다.

病隨衰集 知舊凶聞 頻入耳界 畢竟此行 賢愚所不免 而自爾忽忽覺此身如寄也

·연이어 한감寒感으로 지치고 괴로워 편안한 날이 전혀 없습니다. 이는 쇠상이 아님이 없으니 어찌하겠습니까?

連以寒感委苦 苦無寧日 莫非衰相 奈何

·병과 노쇠함이 더해진 데다 분암墳菴[191]에 칩거하며 침석寢席만 짝할 뿐입니다.

病與衰添 棲蟄墳菴 惟以寢席爲伴[192]

·한결같이 병으로 칩거하여 다만 세월만 보내는 사람이 되었으니 더욱 부끄러워할 만합니다.

一味病蟄 只作悠悠者 尤可媿也

·방에서 나가지 못한 채로 이불을 덮어쓰고 누워 조리하고 있습니다. 칠십 나이에 귀머거리 증세를 치료한다는 것이 얼토당토않은 일이지만, 만에 하나 있을까 말까 한 행운이라도 바라고 있으니 또한 망녕된 짓입니다.

---

191 분암墳菴: 분묘墳墓를 수호하는 자의 암실菴室을 이른다.

192 尹拯『明齋遺稿』卷11「與朴和叔 戊辰六月六日」

不得出房戶 厚擁調治 七十治聾 萬不近似 而猶望萬一之幸 亦妄矣[193]

•아직까지 청건淸健하지 못하니 쇠함을 알만 합니다.
尙未淸健 衰可知矣

•시골로 돌아와 칩거하고 있는데 쇠병이 날로 더하니 연말의 그윽한 회포는 말씀드릴 만한 것이 없습니다.
歸蟄鄕曲 衰病日添 歲晏幽懷 無可言者[194]

•쇠병衰病이 날로 심한 데다 올해도 저물어가니 절로 가련하고 가련합니다.
衰病日甚 此年又盡 自憐自憐

•융질癃疾[195]로 힘들고 괴로워 오랫동안 자리에 누워 있습니다.
癃疾困篤 長委牀簀

•그럭저럭 지내다가 해가 바뀐 뒤로 공무로 바쁜 것이 지난 겨울과 다름이 없습니다. 정신이 수고롭고 피폐하여 쇠약한 몸을 지탱하기 어려울 뿐만이 아닙니다.
粗遣而歲後 公冗無異前冬 勞弊神精 不但衰骸之難支而已

•노병老病이 더욱 심한 데다가 상참喪慘이 이어지니 근심과 심란함을 어찌 비유할 수 있겠습니까?
老病滋甚 喪慘連仍 悶撓可諭

193 許穆『記言』卷7「與宋進士錫祜」
194 尹拯『明齋遺稿』卷21「答李彦緯武叔 戊午至月二十日」
195 융질癃疾: 곱사등이, 곱추의 뜻이나 여기에서는 늙어 노쇠하여 등이 굽은 모습을 가리킨다.

•만 리길에 고달픈 나머지 여름철 중병을 겪고는 쇠약한 모습이 한층 더해졌으니 족히 말씀드릴 것이 없습니다.

萬里餘瘁 夏經重病 衰相層加 無足奉聞

•늙고 쇠하여 여지가 없는데, 집을 팔고 더부살이하며 여러 달 동안 허둥지둥 지내니, 또한 늘그막의 괴로운 형상입니다. 어찌하겠습니까?

癃衰無餘地 賣屋僦居 數月棲遑 亦暮境苦況 奈何

•병이 계속해서 낫지 않는데다 늙고 쇠함이 더해져 여지가 없으니 형편이 그러한 것을 어찌하겠습니까?

一病支離 加以癃衰 無餘地 勢也奈何

•노쇠함과 고질병이 점점 여지가 없는데다가 가장 괴로운 것은 매일 밤 복통이 곧 자주 일어 전혀 눈을 붙이지 못하는 것입니다. 고통스러운 모습에 원기元氣가 날마다 녹아내리니 서산에 지는 볕이 다할 날이 얼마나 남았겠습니까? 스스로 가련하고 가련합니다.

篤老貞疾 漸無餘地而 最是每夜腹痛便數 全不交睫 辛苦萬狀 眞元日爍 下山之景 幾何其盡 自憐自憐

•노병老病이 더욱 심해져 골골하며 날을 보내고 있으니 거의 바깥일을 살피지 못합니다. 오락가락하는 것은 본래 늙은 사람에게 늘 있는 일이니 비록 한탄한들 어찌하겠습니까?

老病轉苦 憒憒度日 殆不省戶外 昏明 自是老者常事 雖歎奈何

•묵은 병이 기약한 듯 재발하여 위태로웠다가 겨우 살아나 근래에 비로소 조식調息하고 있지만, 매년 더위를 만나면 쌓였던 쇠약한 기운을 실로 견디기 어렵습니다. 옛사람이 이른바 절로 여생이 싫다는 것이 참으로 빈말이 아닙니다.

宿病如期重發 幾危僅甦 近始調息 而每年當暑 積委衰氣 實難支

吾 古人所謂自厭餘生者 良非虛語也

•설사[196]를 앓은 끝에 지쳐 떨치기 어려우니 어찌하겠습니까?
暑泄之餘 憊頓難振 奈何

•더위를 먹은 것이 적지 않으니 근심스럽고 근심스럽습니다.
感暑非細 悶悶

•갑자기 설사를 얻어 오래도록 혼측溷側에 있어 모습이 야위고 기운이 약해 졌으니 근심스럽고 괴롭습니다.
忽得泄痢 長在溷側之上 形脫氣尫 悶苦悶苦

•궁중에서 물러나고부터는 계속 누워 일어나지 못한 데다 설사까지 더하여 몸져누워 살맛이 없으니 매우 근심스럽습니다.
退自禁裏 仍臥不起 又添暑泄 委頓無生意 悶切

•덥고 습한 기운이 괴로움을 더하는 데다가 설사가 자못 심하더니 요즈음 비로소 조금 줄어들었지만 침상에서 몸을 일으킬 날이 없으니 근심스럽고 가련함을 어찌하겠습니까?
暑濕添苦 下泄殊重 昨今始少減 而起身牀席無日 悶憐奈何

•관격關格[197]이 자주 일어나 거의 병든 사람과 같으니 스스로 가련하고 가련합니다.
關格頻作 殆同病人 自憐自憐

---

196 설사: 원문의 '서설暑泄'은 여름철 더위 때문에 생기는 설사를 말한다.
197 관격關格: 먹은 음식이 갑자기 체하여 가슴이 답답하고 계속 토하며 대소변이 통하지 않는 위급한 증상을 말한다.

•어제 늦게 병고餠餻[198]를 잘못 먹어 밤에 갑자기 곽란霍亂[199]으로 크게 아파 거의 죽을 뻔 했다가 새벽이 되어서야 비로소 진정되었지만, 남은 기운이 아직 고통스럽습니다. 비로소 음식을 탐하는 사람을 누구나 천하게 여긴다는 것[200]이 진실로 확실한 말임을 알겠습니다.

昨晚誤食餠餻 夜忽霍亂 大痛幾殊 向曉始鎭定 而餘氣尙苦 始覺則人賤者 眞確語也

•감기가 보름 동안 이어져 심신이 퀭하니 스스로 가련함을 어찌하겠습니까?

患感一望 神形索然 自憐奈何

•근래 감기를 앓아 몸져누워 고통스럽습니다.

近患感冒 委頓澌痛

•감기가 자못 깊이 들어 한 결같이 입맛이 없습니다.

感氣頗深 厭食一樣

•감기가 크게 더하여 사지가 오그라들고 등에 땀이 비 오듯 하니 결코 일을 할 형편이 아닙니다. 매우 근심스럽고 근심스럽습니다.

感冒大添 四肢攣縮 背如潑若 決非供劇之狀 極悶極悶

•감기로 고달프고 아픈 데다 아이 또한 매우 아파하다가 조금 줄어

---

198 병고餠餻: 가루떡과 경단을 말한다.

199 곽란霍亂: 음식이 체하여 토하고 설사하는 급성 위장병이다. 찬물을 마시거나 몹시 화가 난 경우, 뱃멀미나 차멀미로 위가 손상되어 일어난다.

200 음식을~것이: 『맹자孟子』 「고자告子」 상편에 "음식을 탐하는 사람을 누구나 천하게 여기나니, 그것은 작은 구복만을 기르고 큰 체통을 잃어버리기 때문이다. 음식을 탐하는 사람이 만일 잃는 것이 없다면, 구복인들 어찌 척촌의 살갗만큼 하찮은 것이리오[飮食之人 則人賤之矣 爲其養小以失大也 飮食之人 無有失也 則口腹豈適爲尺寸之膚哉]"라고 한 데서 온 말이다.

들었으니, 고민스럽고 고민스럽습니다.

患感㦃痛 而某兒亦重痛乍減 苦悶苦悶

•근래 한질을 얻어 자리를 지고 끙끙거리고 있으니 고민스럽고 가련함을 비유할 수 있겠습니까?

近得寒疾 負席呻痛 悶憐可諭

•비담臂痰이 너무 심하여 침과 뜸으로도 효과가 없으니 어찌하겠습니까?

臂痰苦劇 鍼灸無效 奈何

•담종痰腫이 다시 도져 서울로 의원을 찾아갔으나 침과 뜸으로도 효과가 없어 오래 침상에 누워있습니다.

痰腫復發 就醫洛下 砭炳罔效 長在牀褥

•예전처럼 그럭저럭 지내지만 요사이는 풍담병風痰病으로 오랫동안 신음하고 있습니다.

庸瑣依昔 而近以風痰之疾 長時呻痛

•요사이 풍현風眩이 들어서 한 달 내내 병이 나왔다 물러났다 하니 저로서는 근심스럽고 근심스럽습니다.

間患風眩 閱月進退 私悶私悶

•앓던 담증痰証이 지금 또 발작하게 되어 자리에 누워 부르짖고 있으니, 괴로운 모습이 한 번이 아닙니다.

所患痰証 見又發作 方落席叫絶 苦狀非一

•창구瘡口[201]가 겨우 완치되었는데, 곁에 종기가 또 생기니 근심스러움을 어찌 말씀드리겠습니까?

瘡口才完 傍腫又生 悶何可言

•종기 난 곳이 여전히 차도가 없으니, 악한 뿌리를 끝내 뽑아내기 어렵습니다.

腫處一樣無減 惡根猝難拔出

•눈병이 한결같이 이레 밤낮동안 이어져 찌르는 것 같은 아픔을 견딜 수가 없습니다. 비록 마땅한 처방을 요청하여 조치했지만 전혀 조금의 효과도 보지 못했으니, 이 근심스러움을 어찌하겠습니까?

目疾一連七晝夜 刺痛不能堪 雖請宜調治 而百未有片效 此悶如何

•눈병으로 한 달 내내 매우 괴로우니 삼가 근심스러운 마음을 어찌 말로 다 하겠습니까??

眼眚 浹月彌苦 伏悶何喩

•아픈 증세가 자못 줄어들었지만 입맛이 아직도 돌지 않아서 마시고 먹는 것을 모두 물리쳐 진원眞元이 점점 사그라져 종일 혼미하니 걱정이 되고 괴롭습니다.

痛勢頗減 而口味尙不開 飮啖頓却 眞元漸爍 長日昏昏 悶苦

•이곳에서 조섭하는 일이 점점 줄고 있어서 매우 다행스럽고 다행스럽습니다.

此中調事向減 甚幸甚幸

•위급한 상황은 비록 조금 물러갔지만 남은 기운이 아직 많아 눈앞

201 창구瘡口: 부스럼 따위가 터져 생긴 구멍을 말한다.

의 괴로운 형상을 견딜 수 없습니다. 앞으로 관찰사의 일[202]은 자력으로 해나갈 가망이 전혀 없으니, 공사간에 걱정스럽고 절박함을 말할 수 없습니다.

大勢雖少卻 餘氣尙多 目下苦狀 已不可堪 前頭行部 萬無自力之望 公私悶迫 不可言

•저의 병은 예전에 비해 조금 나아졌지만 오랫동안 수척한 끝에 소생되고 완쾌됨이 쉽지 않으니 스스로 가련함을 어찌하겠습니까?

賤疾 比前差勝 而積羸之餘 蘇完未易 自憐奈何

•병 끝에 아무개 약을 연이어 복용하니 원기가 쇠약해지고 다리 힘이 빠져서 문득 노인 꼴이 되었으니 걱정되고 가련함을 어찌 말씀드리겠습니까?

病餘連服某藥 元氣澌敗 脚力萎苶 奄成老人樣 悶憐何言

•가을에 접어든 이래로 병세가 점점 줄었지만 소생되고 건강한 것은 아직 아닙니다.

入秋以來 病勢非不漸減 而若曰蘇健則未也

•저의 병은 비록 뿌리가 제거된 것은 아니지만 봄 겨울 이전에 비해서 또한 어느 정도 줄어든 듯합니다.

賤疾 雖根柢未祛 比春冬以前 亦似減得分數

•저의 병이 근래 다행히도 조금 나았지만 남은 증세가 여전히 괴로워 완쾌되는 것은 아득하니 걱정되고 가련함을 어찌하겠습니까?

賤疾 近幸小減 而餘証尙苦 蘇完杳然 悶憐奈何

---

202 관찰사의 일: 원문의 '행부行部'는 관찰사가 관할 구역을 순시하며 죄수를 살피고 관리의 성적을 매기는 것을 말한다.

·병의 정황이 비록 대단한 것은 아니지만 먹지도 못하고 잘 수도 없어 증세가 심하여 평상시와 다릅니다. 막 육미六味의 약을 복용하고서 약간 변동이 있으니 매우 다행스럽고 다행스럽습니다.

病情雖不大段 而不食無寐 証甚乖常 方服六味之劑 略有變動 幸甚幸甚

·저의 병이 조금 나았다가 곧바로 괴로워져 오랜 시간 동안 누워 있으니 매우 근심스럽습니다.

弟病 乍勝旋苦 長時委頓 極悶

조안류粗安類 4

•이곳에 계시는 늙은 아버지께서는 근래 많이 편찮으시고, 저도 심통心痛이 다시 도져 지금 열흘 남짓 만에야 비로소 미음을 먹고 있으니 근심스럽고 애타는 마음을 어찌 말씀드리겠습니까?

此間老人 比多不健 弟亦心痛復發 今旬餘 始食煎飯 悶煎何言[203]

•아버지 병환이 여전히 오래 끌고 있으니, 애타고 근심스러운 마음을 어찌 말로 다 하겠습니까?

親癠 一樣彌留 焦悶何喩

•아버지 체후가 많이 좋지 않아 날마다 약을 드시고 있으니, 애타는 마음 그칠 수 없습니다.

親候多愆 日事藥餌 焦灼無已

•아버지의 기침이 추위를 당해 더욱 심하니, 애타고 걱정스러운 마음 형상하기 어렵습니다.

家親咳嗽之証 當寒苦劇 煎悶難狀

•아버지의 체후가 추위를 만나 자못 편치 못하니, 걱정됩니다.

親候遇寒 頗有欠節 爲悶

•늙으신 아버지께서 병을 앓은 끝에 기력이 소진됨이 더욱 심하니, 걱정되고 애타는 마음 어찌 말씀드리겠습니까?

老親病患之餘 氣力澌綴轉甚 悶煎何言

•아버지 병환이 어제 또 더욱 심해져 밤새도록 고통이 심하였으니,

203 趙龜命『東谿集』卷10「答時晦兄書」

애타고 근심스러운 마음 형용할 수 없습니다.

親癠 昨又添劇 達宵苦劇 焦悶不可狀

•아버지 병환이 지금 8일에 이르러서 수도水道가 줄곧 막혀 모든 행동이 더욱 예전만 못함을 깨닫습니다. 애타고 절박한 마음을 둘 곳이 없으니 어찌 형용할 수 있겠습니까?

親癠今至八日 水道一向閼塞 凡節益覺不逮 煎迫罔措 何可形諭

•아버지께서 분주히 뛰어다니며 슬퍼하고 애쓰던 끝에 옛날 앓았던 귀밑머리 뒤의 절창癤瘡이 다시 도지니, 저의 걱정스러운 마음 어찌 다 하겠습니까?

家親奔遑悲勞之餘 舊患鬢後癤瘡復作 私悶何已[204]

•어머니 체후가 갑자기 곽란霍亂을 얻어 구토와 설사가 지나치게 많아지면서 점점 경련[205]을 일으켰습니다. 온통 주야로 애태우고 울면서 걱정스럽고 경황이 없다가 하늘의 도움으로 조금 덜해졌지만 남은 증세가 여전히 많고, 설사병도 아직 그치지 않으니, 애타고 근심스러운 마음을 어찌 말로 다 하겠습니까?

慈候猝得霍亂 因吐瀉過多 轉成轉筋 一晝夜焦泣憂遑 天佑小減而餘証尙多 泄憂未霽 煎悶曷諭

•어머니 병환이 요사이에도 그대로 남아 있어 걱정하고 애태우며 날을 보내고 있으니 어찌하겠습니까?

慈癠 間又彌留 悶煎爲日 奈何

•아버지의 병환이 더욱 심해졌다는 소식을 듣고 허둥지둥 돌아와서

---

204 尹拯『明齋遺稿』卷13「與宋子文戊申六月一十日」

205 경련: 원문의 '전근轉筋'은 장딴지의 근육이 뒤틀려 별안간 경련痙攣을 일으키는 현상을 말한다.

간호하였습니다. 지금 벌써 열흘 남짓 되었지만, 다른 증세가 잇달아 발생해서 진원眞元이 날로 손상되어 계속 삼제蔘劑를 복용해도 오히려 드러나는 효과가 없으니, 애타고 걱정스러운 마음 둘 곳이 없으니 어떻게 말씀드릴 수 있겠습니까?

聞親癠越添之報 蒼黃歸護 今已十餘日 而別証疊出 眞元日敗 連用蔘劑 尙無顯效 煎悶罔措 如何可言

•늙은 아버지의 쇠병이 요사이 또 더 심해졌고, 아내의 병도 여전히 끌고 있으니 여러 가지로 애타고 근심스럽습니다.

老親衰病 近又添苦 妻病一向彌留 種種煎悶

•늙은 아버지의 환후가 가볍지 않고 저 또한 더위를 먹고 건강하지 못하며 아내의 병과 아이의 병이 서로 이어지니, 여러 가지로 애타고 근심스러운 마음을 말로 다 할 수 없습니다.

老親患候非細 身亦困暑不健 室憂兒病相繼 種種煎悶 不可言

•아버지의 병과 저의 병이 오랫동안 근심스러우니 어찌하겠습니까?

親癠身恙 長時憂悶 奈何

•아버지의 병과 아내의 병이 여러 가지로 위태롭고 괴로워 근심스럽고 심란한 마음[206]에 삼여三餘[207]를 모두 버렸으니 어찌하겠습니까?

親癠荊病 種種危苦 抛盡三餘於憂撓裏許 奈何

•아버지의 체후가 오랫동안 편치 못하여 근심하고 급박하던 중에 저의 병도 나이와 함께 더해져 문득 쇠하고 시듦을 느낍니다. 스스로 가

---

206 심란한 마음: 원문의 '이허裏許'는 겉으로 드러나지 않은 일의 실상이나 사정을 말한다.

207 삼여三餘: 학문을 하는 데 가장 좋은 세 가지 여가餘暇로 해의 나머지[歲之餘]인 겨울, 날의 나머지[日之餘]인 밤, 때의 나머지[時之餘]인 음우陰雨를 가리킨다.

련함을 어찌하겠습니까?

親候長時欠寧 悶迫中 身恙與齒俱添 頓覺衰謝 自憐奈何

•아버지의 병환이 여전히 줄어들지 않으니 애타고 근심스러운 마음 어찌 말로 다 하겠습니까?

親癠一向無減 煎悶何論

•늙은 아버지께서 며칠 전부터 갑자기 풍담風痰에 걸리시어 정신이 몽롱하고 언어가 또렷하지 못하여 여러 가지 약으로 치료했으나 끝내 효험이 없었습니다. 쇠경衰境의 위태로운 증상과 관계된 것이니 애태우고 눈물이 흐르는 상황을 오히려 어찌 다 말씀드리겠습니까?

老親自數昨 忽中風痰 省覺恍惚 語言迷錯 多般藥治 了無效應 係是衰境危証 焦泣之狀 尙何具論

•아버지의 체후가 근래 다시 손상됨이 있어 자고 먹는 것이 더욱 줄고 혼몽함이 더욱 심하니, 위태롭고 두려운 모습을 형용할 수 없습니다.

親候近更有損 寢膳益減 昏憒益甚 凜凜危懼之狀 不可形論

•노인의 모든 것이 전만 같지 못해 어지럼증이 때때로 나타나니 애타는 마음 어찌 말로 다 하겠습니까?

老人凡百 不如前 眩氣時發 焦灼何論

•늙은 어머니의 묵은 병이 오랫동안 오락가락하니 애타는 마음 형용하기 어렵습니다.

老慈宿病 長時進退 焦灼難狀

•근래에 듣건대 아버지의 체후가 여러 날 감기로 이어져 공무도 손을 놓는 지경에 이르렀다 하니, 매우 근심스럽고 절박합니다.

近聞親候 以感患多日彌留 公務亦至廢閣 悶迫悶迫

•아버지가 편치 못하다는 소식에 제 마음[208]이 절박합니다.

親信未寧 情私切迫

208 마음: 원문의 '정사情私'는 혈육 사이의 사적인 정을 말한다.

조안류粗安類 5

•사숙舍叔의 병이 근래 조금 나아졌지만 남은 증세로 여전히 괴로우니 삼가 근심스럽습니다.

舍叔之病 近稍回棹 而餘症尙苦 伏悶

•숙모叔母의 병은 또한 조금도 나은 것이 없습니다. 지금 날이 이미 오래됨에 실로 위태롭고 두려워하는[209] 염려가 있을 뿐입니다.

叔母所患 亦無分減 今則爲日已久 實有懍懍之慮已

•사백舍伯의 병증은 대체로 비록 조금 나았지만 근래에 또 감기가 더하였으니 조섭을 잘못한 것이라 근심스럽고 근심스럽습니다.

舍伯病症 大體雖稍減 而近又添感 失於將攝 悶悶

•사백舍伯의 병이 여전히 완쾌되지 않았으니 근심스러운 마음을 어찌 말로 다 하겠습니까?

舍伯所愼 尙未痊可 憂悶何言

•종형從兄의 병환이 거의 위태로웠다가 살아났으나 남은 병이 여전히 끝나지 않았습니다.

從兄病患 幾危而甦 餘憂尙未艾矣

•맏형수의 병이 한 달 동안 고통스럽게 이어져 연이어 약을 먹어도 끝내 드러난 효과가 없었습니다. 게다가 조카마저 식욕이 없어 여위었으니, 병 아닌 병인지라 더욱 근심스럽습니다.

丘嫂之病 浹月彌苦 連事刀圭 終無顯效 加以姪兒厭食羸尫 不病而病 尤可悶也

---

209 두려워하는: 원문의 '늠름懍懍'은 위태로워하며 두려워하는 모양을 말한다.

•아내가 시령時令[210]을 심하게 앓다가 다행히도 풀렸는데, 어제 또 감기에 걸려 이렇게 고통스러워하고 있습니다. 본래 허약한 데다가 또 이 같은 일이 되풀이되니 근심스러운 마음을 말로 다 할 수 없습니다.

室人得時令甚重 幸得和解 昨又再感 方此苦痛 本來虛敗 又復如此 憂悶不可言

•아내의 병과 아이의 병이 앞뒤로 몇 달이 되었으나 여전히 이렇게 끌고 있으니, 근심스럽고 걱정되는 마음을 어찌 형상하겠습니까?

室憂兒病 首尾數朔 尙此彌留 愁悶何狀

•아이의 병이 조금 나아지자 아내의 병이 다시 심해져 온 집안이 끙끙 앓으며 날마다 약을 일삼고 있으니, 근심스러운 마음을 어찌 말로 다 하겠습니까?

兒憂稍霽 荊憂復劇 滿室呻楚 日事刀圭 悶何可言

•병이 자주 이어져 매우 걱정되고 심란합니다.

病憂頻仍 殊以悶撓

•병환이 더함은 있고 나음이 없으니 오랜 시간 동안 근심하고 고민스럽습니다.

憂患有加無減 長時憂惱

•그럭저럭 옛 모습은 보전하고 있지만 아이의 병은 계속 이어지니 근심스럽고 괴로운 마음을 어찌 말로 다 하겠습니까?

姑保宿狀 而子病沈淹 悶苦何諭

---

210 시령時令: 때에 따라 유행하는 상한병傷寒病이나 전염성 질환을 이른다. 시환時患이라고도 한다.

•온 집안이 감기에 걸려 아프지 않은 사람이 없으니 괴롭고 근심스러운 마음을 어찌 말로 다 하겠습니까?

滿室感冒 無人不痛 苦悶何言

•모처某妻의 병이 숨이 끊어질 듯 오래 버티기 어려운 형세가 있습니다. 눈앞에 또 장차 차마 보지 못할 광경을 보아야 할 듯합니다. 사람이 목석이 아니고서야 어찌 이를 견뎌내겠습니까?

某妻之病 奄奄有難久之勢 目前 又將見不忍見之境界 人非木石何以堪此[211]

•액회厄會[212]가 가볍지 않아 두 아이가 모두 사경을 헤매어 애태우며 보낸 날이 70여 일이었는데 최근에 들어서야 다소 안정되었습니다.

厄會非輕 兩子俱經死境 煎撓度日者 七十餘日 而近方少定矣[213]

•병환이 점점 심해져 더욱 더해지니 어찌할 바를 모르겠습니다.

憂患轉益右加 罔措罔措

•손주의 마마가 비록 이미 빠져나갔는데 남은 병이 마음에 걸립니다. 게다가 때때로 숙직을 서느라[214] 실로 견디기 어려우니 그것을 어찌 하겠습니까?

孫痘 雖已出場 而餘症關心 加以時時鎖直 實所難堪 謂之何哉

•아이의 병은 밤사이 비록 다른 증상은 없지만 혼미하여 알아보지 못하는 것이 어제에 비해 더욱 심하니 근심스럽고 근심스럽습니다.

---

211 金昌協『農巖集』卷19「答道以 庚辰」

212 액회厄會: 액厄이 닥치는 불행한 고비를 말한다.

213 尹拯『明齋遺稿』卷11「與朴和叔 戊辰六月六日」

214 숙직을 서느라: 원문의 '쇄직鎖直'은 계속되는 숙직宿直 때문에 여러 날 외출을 못하는 것을 말한다.

兒患 夜來雖無別証 而昏昏不知 比昨尤甚 悶悶

• 젖먹이가 어제 온몸이 열이 올랐다가 갑자기 내려 아파하는 모습이 매우 심하고 경기도 일어났습니다. 곧장 듣고 알지는 못하고 밤사이 비로소 향유차香薷茶와 무가산無價散을 먹였지만 낫지 않았으니, 반드시 서감暑滅이 심한 것인지라 매우 근심스럽고 절박한 심정입니다.

乳兒昨午渾身 或烘熱或太冷 痛勢苦劇 驚氣亦發 不卽聞知 夜間始用香薷茶無價散 而無滅 必是暑滅之重者 悶迫悶迫

• 모아某兒의 천연두는 매우 다행이고 다행입니다. 매번 외로운 처지에 어떻게 장성해 갈지 가련하게 여겼는데, 지금 저 일을 겪고 나서는 거의 근심할 것이 없으니 천리天理가 진실로 이와 같겠지요?

某兒聖痘 奇幸奇幸 每憐孑孑 何以成就 今經渠役 庶可無憂 天理固如是耶

• 모아某兒가 무사히 천연두를 넘긴 것은 매우 기쁠 만합니다.

某兒之順經痘疫 甚可喜也

• 사제舍弟 아내의 병은 지금 조금 나았으나, 병든 아이는 행역 끝에 묵은 병이 더욱 심해졌습니다. 늘 걱정이 그칠 때가 없으니 근심스럽고 절박한 마음 어찌 말로 다 하겠습니까?

舍弟內患 今得少愈 而病兒行役餘 宿患添欿 種種憂慮 無休歇時 悶切何言

• 병으로 신경 쓰고 힘들어 하시니 걱정할 만합니다.

憂病滾撓 可悶

• 따님의 병은 모의某醫가 어떤 처방을 내었는지요? 이미 복용했을 것인데 어떤 변화가 있는지요? 때때로 그 편지를 보니 안부 이외 병상의

가감에 대해 한마디 언급도 없으니 참으로 답답합니다. 모병某病은 근래에 괴이한 증세가 겹쳐 나와서 고치기 어려운 염려가 있을까 걱정되니 매우 절박하고 근심스럽습니다.

令愛之病 某醫命出何方 其已始服 而有甚動靜否 時見渠書 寒暄外 病狀加減 無一言之及 良可鬱也 某病 近日 怪証疊出 恐有難醫之慮 切悶切悶

•온 집안이 병으로 함께 위태로운 지경을 겪고 있으니 가지가지 애타고 걱정되는 마음을 어찌 말로 다 하겠습니까?

滿室憂患 俱涉危域 種種燭悶 何喩

•모아某兒의 병은 잠시 심해졌다 나아지기를 반복하여 증세가 끝내 돌아서지 않습니다. 뿌리가 매우 깊으니 근심스럽고 절박한 마음에 어찌할 줄 모르겠습니다.

某兒之病 乍進乍退 頭勢終不回 根委頗深 憂迫罔措

•이곳에서 가족이 다 모여 산 이후로 날마다 병으로 신경을 쓰고 있으니 괴롭습니다.

此間 完聚以來 日以病憂惱心 苦哉

•모아某兒의 처가 중병이 들어 여러 날 근심하고 걱정하였더니, 근래 회복이 되어 참으로 다행입니다.

某兒之妻 重病 多日憂惱 近得回勢 良幸

조안류粗安類 6

•가을의 회포가 쓸쓸하여 온갖 감회가 마음속에 가득 차니 어찌하겠습니까?

秋懷憀慄 百感棚中 奈何

•한결같이 병들어 쓸쓸히 지내는데 추위를 당해 마음이 갑절이나 좋지 못함을 느낍니다. 어찌하겠습니까?

一味病散 而當寒懷緖 倍覺不佳 奈何

•근심과 걱정이 계속 이어져 머리가 셀 지경이니 매우 근심스럽고 괴롭습니다.

憂惱袞袞 幾乎頭白 悶苦悶苦

•세모歲暮의 강변은 쓸쓸하기 그지없습니다.

歲暮江干 忽忽無緖

•남은 해가 많지 않아 온갖 감회가 마음속에 교차합니다.

殘曆無多 百感交中

•문을 닫고 칩거하니 도리어 일을 줄인 것을 알았지만 다만 오래도록 대감을 찾아뵙지 못하여 그리울 따름입니다.

杜門蟄居 還覺省事 而只以久未趨拜台座 爲耿耿耳

•여러 날 한가히 거처하며 편안히 책을 펼치니 어찌 후향厚餉이 아닌 줄 알겠습니까?

數日閑居 穩展方冊 安知非厚餉耶

•헛되이 삼여三餘를 던져 버리고 또 한 살을 더하게 되니 장차 어떤 사

람이 될지 알지 못하겠습니다. 스스로 돌아봄에 부끄럽고 가련합니다.

浪抛三餘 又添一齒 殊不知將作何狀人 自顧慙憐

•문을 닫고 한가로이 지냄에 문득 정취가 있음을 느끼지만 세모의 쓸쓸한 마음 스스로 떨쳐버릴 수 없으니 어찌하겠습니까?

閉戶養閒 頓覺有趣 而歲暮離索之懷 自不能排遣 奈何

•문을 닫고 한가로이 지내면서 분수에 따라 생활하니 근래 맑은 정취가 영남 관찰사에 못지않습니다.

杜門養閑 隨分偃仰 比來淸趣 不下於嶺南觀察使矣

•한결같이 쓸쓸히 칩거하고 있어 말씀드릴 만한 것은 없습니다. 당신의 행차를 보내고부터 매번 눈이 개고 달 밝은 밤을 만날 때면, 문득 현계玄溪한 거리에서 놀았던 것이 생각나지만 등불을 밝히고 놀 사람이 없어 나가려고 하다가 다시 그만두었습니다. 당신같이 다니는 사람이 어찌 머무는 사람의 마음을 알겠습니까?

一味塊蟄 無足向人言者 自送令行 每逢雪晴月明之夜 便覺玄溪一巷之遊 無人提燈 欲出而還止 行者 何知居者之心也

•교외가 고요하지만 수양[215]의 효험은 없고, 노쇠하여 질병의 엄습함이 있으니, 부끄럽고 괴롭습니다.

郊靜而無頤養之效 年衰而有疾病之侵 媿悶

•문을 닫고 틀어박혀 베개 하나 책 한 권으로 한 해의 시간을 보내기에

---

215 수양: 원문의 '이양頤養'은 이신양성頤神養性의 준말로 마음을 가다듬어 정신을 수양한다는 뜻이다. 『주역周易』에 보면 「이괘頤卦」는 산山을 뜻하는 간괘艮卦와 우레[雷]를 뜻하는 진괘震卦의 결합이다. 또한 이頤는 '턱'이라는 뜻인데, 턱을 움직여 음식물을 씹어 몸을 기르기 때문에 '기르다[養]'라는 의미가 파생되었다.

충분합니다. 늙기 전에 한가로움을 얻었으니[216] 이만하면 만족합니다.

閉戶窮蟄 一枕一卷 足了如年之晷 未老得閑 如斯足矣

•한가히 지낼 때에는 책 읽는 것이 마땅하지만 게으름 때문에 묶어두고 있으니[217] 이것이 매우 한탄스럽습니다.

閑在宜書 緣懶束閣 是甚歎也

•온갖 벌레들과 편안히 칩거하니 일신의 계책에는 조금 맞을 수 있겠지만 세월이 흘러 한 살을 더함에 일마다 안타까워 끝내 조금의 기쁜 마음도 없습니다. 생각건대 묵묵히 잘 알고 계실 것입니다.

得與百虫安蟄 身計則差適 而行將添齒 事事嗟感 了無一分悰緖 想默諭之矣

---

216 늙기 전에~얻었으니: 원문의 '미로득한未老得閑'은 송宋나라 때 어느 역사驛舍의 벽에 걸려 있었다는 시구 중의 일부분으로 허균許筠의 『성소부부고惺所覆瓿藁 한정록閒情錄』 卷4 「퇴휴退休」에 "인생에 어찌 만족할 때가 있겠는가. 늙기 전에 한가로움을 얻어야 하네[人生待足何時足 未老得閑方是閑]"라고 소개되어 있다.

217 묶어두고 있으니: 원문의 '속각束閣'은 묶어서 시렁 위에 올려놓는다는 뜻으로 사용하지 않는 것을 의미하는 속지고각束之高閣의 준말이다.

조안류粗安類 7

•영에 부임한 지 얼마 되지 않아 멍하니 두서가 없는 데다가 흉년에 몇 차례 체직된 나머지에 모든 일이 모양을 갖추지 못하고, 여러 읍의 구휼하는 근심도 많이 마음에 걸리니 어찌하겠습니까?

莅營屬耳 茫無頭緖 而災年數遞之餘 凡百不成樣 列邑賑憂 又多關心 奈何

•별 탈 없이 관직에 올라 온 집안이 단란하게 모여 쌀밥을 먹고 고깃국을 먹으니, 이르는 곳마다 임금님의 은혜입니다. 감축함을 어찌 말로 다 하겠습니까?

無撓上官 而闔室團會 飯稻羹魚 到底恩造 感祝何言

•새로운 관청에 새로 부임하니 처음이라 근심스럽고 어지러워 다만 몸이 수고로울 뿐만이 아닙니다.

新局新莅 草創愁亂 非直形役之勞而已

•노년에 폐국弊局에 직임을 맡아 일이 많아 감당하기 어려우니 근심스러움을 말로 다 할 수 없습니다.

衰年弊局 事多難堪 愁惱不可言

•맡은 일이 너무 많이 쌓여 날마다 피곤하고 근심스럽습니다. 초보[218]가 큰 임무를 맡아 더욱 견디기 어려움이 느껴지니 어찌하겠습니까?

帶務棼集 日被勞惱 生手孔途 轉覺難堪 奈何

•정사는 보잘 것 없고 마음만 수고로워 하릴없이 날을 보내고 있으

218 초보: 원문의 '생수生手'는 일을 처음 하는 사람 또는 일에 전연 익숙하지 못한 사람을 말한다.

니, 어찌 멀리 존청尊聽을 어지럽히겠습니까?

政拙心勞 碌碌度日 何足遠溷尊聽耶

•폐국弊局에 흉년든 정사로 진실로 근심과 걱정이 많은 데다가, 사신의 왕래까지 빈번하여 날로 분주함을 일삼고 있습니다. 액운을 만난 것이 아님이 없으니, 어찌하겠습니까?

弊局荒政 實多愁悶 而使价旁午 日事奔走 莫非戹會 奈何

•재주는 보잘 것 없는 데다가 임무는 무겁고 또 풍토병마저 앓으니 공사간에 모두 걱정이 됩니다.

才拙任重 又傷水土 公私 俱可悶也

•가을걷이가 몹시 바빠 정신없이 날을 보내고 있으니 근심스러움을 어찌하겠습니까?

秋務煩劇 撓碌度日 愁悶奈何

•장기瘴氣가 있는 습한 땅인지라 병증이 날로 고질이 되었습니다. 이른바 가을걷이 때문에 날마다 고심하고 있으니 어찌하겠습니까?

瘴濕之地 病情日痼 所謂秋務 日復惱心 奈何

•공무로 인한 수고로움과 어지러움이 날마다 더욱 심해지니, 매우 힘들고 근심스럽습니다.

公務勞擾 日甚一日 苦悶苦悶

•또 가을걷이를 당해 피곤하고 일에 골몰하여 경황이 없습니다. 다만 노인의 건강이 그럭저럭 지탱하고 있는 것을 다행으로 여길 뿐입니다.

又當秋務 疲汨無況 只以老人凡節 粗得支吾 爲幸耳

•심하게 독감을 앓다가 근래에 겨우 조금 차도가 있었으나, 흉년에

백성에 대한 근심으로 갈수록 시름겨우니 어찌하겠습니까?

重經毒感 近纔少差 而災歲民憂 去益愁惱 奈何

•변화하고 기름진 땅이 조대措大[219]의 본색과 비교해 볼 때 자못 서로 맞지 않으니, 때때로 스스로 웃을 뿐입니다.

繁華膏腴之地 視措大本色 殆不相襯 有時自笑耳

•관의 꼴이 기괴하니 더욱 말씀드릴 만한 것이 없습니다.

官樣奇怪 尤無足道

•한 해 농사가 크게 흉년이 든 것은 원근이 같으니, 공사간에 근심스럽고 염려됨이 말로 다 할 수 없습니다.

年事大失 遠近同然 公私憂慮 有不可言[220]

•여전히 몹시 바쁜 데다가 마을의 창병이 점점 치성하여 사망하는 사람이 서로 이어지니 이것이 마음에 걸립니다. 어찌하겠습니까?

依昔滾擾 而村癘漸盛 死亡相續 是甚關心 奈何

•세모歲暮에 변방에서 지내다 보니 고향으로 돌아가고픈 생각이 더욱 깊어집니다. 어찌하겠습니까?

歲暮關塞 歸思轉深 奈何

•괴로운 상황이 날로 심해져 깊이 귀거래를 생각했지만, 또한 애쓴다고 얻을 수 없으니 고민하다 웃고 고민하다 웃습니다.

苦狀日甚 深思賦歸 亦未能辦得 悶笑悶笑

---

219 조대措大: 청빈한 선비를 일컫는 말이다.

220 尹拯『明齋遺稿』卷23「與鄭長源 乙酉九月一日」

•관직 생활이 일이 적어 언식偃息을 편의대로 하니, 서울에서의 번잡한 생활보다는 나은 듯 하지만 외롭게 홀로 지내다 보니 자못 좋은 흥취가 없음을 느낍니다.

官居少事 偃息隨宜 勝似洛下膠擾之中 而孤寄孑孑 殊覺無佳趣

•돌아가고 싶지만 아직 돌아가지 못해 한결같이 머물고 있는 데다 병도 지탱하기 어려우니 진실로 가련하고 걱정스러울 만합니다.

欲歸未歸 一味蹲滯 病狀又難支 良可憐悶

•잠시 겨울이 지나기를 기다렸다가 곧장 돌아가려 했지만 뜻대로 될 수 있을지 알지 못하겠습니다.

差待過冬 便欲賦歸 未知能如意否也

•한결같이 수고롭고 피곤하여 거의 한가한 틈이 없는데, 종기와 눈병으로 계속해서 고통스럽습니다. 심역心役이 또 신역身役보다 심하니, 다만 스스로 근심스럽고 가련할 따름입니다.

一味勞瘁 殆無暇隙 腫病眼眚 從以作苦 心役又甚於身役 秖自悶憐而已

•봄이 지난 뒤에 돌아갈 계획은 이미 화살을 쏜 듯 돌이킬 수 없지만, 춘궁기의 백성의 일을 벗어 던질 수 없어, 이달 저달 여전히 이렇게 머뭇거리고 있습니다. 근심스럽고 울적하며 절박한 마음이 한 병의 단서를 더하니 어찌하겠습니까?

春後賦歸之計 如矢已發 而窮春民事 擺脫不得 此月彼月 尙此蹲仍 愁鬱悶迫 添一病端 奈何

•3년 동안 가난한 고을에서 거듭 흉년을 만나 보리와 밀도 익지 않으니 눈앞 백성의 근심이 진실로 대처하기 어렵습니다. 다만 백발이 날로 더해만 가니 가련히 여기고 탄식해본들 어찌하겠습니까?

三年殘邑 再値歉荒 兩麥又不登熟 目下民憂 實難彌縫 只爲華髮之日添 憐歎奈何

•백성을 다스리고 군사를 조련하는 일은 실로 늙어 병든 사람이 감당할 수 없는데, 하물며 전에 없던 흉년을 만나 막 크게 진휼을 꾀하려 해도 구제할 방법이 없으니, 다만 스스로 근심하고 가련히 여길 따름입니다.

治民詰戎 實非老病可堪 而況値無前災歲 方營大賑 接濟沒策 只自悶憐而已

•고을에 일이 많고 흉년도 들어 날로 골치 아파하고 있으니 근심하고 탄식해본들 어찌하겠습니까?

邑劇歲荒 日事惱撓 悶歎奈何

•갑자기 흉년이 들어 조세[221]를 감면하고 거두어들이는 일이 매우 근심스럽고 골치가 아프지만 어찌하겠습니까?

猝當凶荒 俵災捧糴 無非愁擾之至 奈何

•이렇게 흉년이 든 해를 만나니 백성을 구제하는 데에 방법이 없어 걱정과 근심을 말로 다 할 수 없습니다.

當此災歲 賙民無策 憂悶不可言

•겨울철 일이 정말로 많지만 감히 오래 머물 수가 없습니다. 지금 남쪽으로 내려가려 하니 어머니를 떠난 저의 마음 더욱 억누르기 어렵습니다.

冬務政殷 不敢久淹 今將南下 離闈情私 尤難自抑

•도착하기 전에 진실로 이와 같을 줄 알았지만, 눈 닿는 곳마다 근심

221 조세: 원문의 '표재俵災'는 흉년에 조세租稅를 감면해 주는 것을 말한다.

스럽고 어지러운 지경이 아님이 없고, 손대는 곳마다 골치 아픈 일이 아님이 없습니다. 외로이 여관에 깃들어 마음 둘 곳이 없으니 어찌하겠습니까?

未到前 固知其如此 而觸眼 無非愁亂境 到手 無非惱擾事 孤寄旅館 無以爲心 奈何

•보잘 것 없는 재주로 형편없는 고을에서 폐단을 다스릴 방책이 없어, 매일 수고롭고 어지럽습니다. 하루 종일 응접하느라 예전같이 어지러운 모양인지라 끝내 위로는 특간特簡[222]을 그르치고 아래로는 선인의 아름다움을 더럽힐까 두려우니 어찌하겠습니까?

拙手敗局 釐弊沒策 逐日勞擾 終晷應接 而依舊是亂麻様子 終恐上誤特簡 下忝先美 奈何

•여름 초에 독려毒癘를 앓아 아직 낫지도 못했는데 하물며 바쁜 업무를 만나 더할 나위 없이 노쇠하고 정신도 예전 같지 않으니 스스로 가련히 여길 따름입니다.

夏初經毒癘 未及蘇健 況當劇務 衰白無復餘地 精神又非昔時 自憐而已

•흉년에 큰길에서 점점 근심스럽고 골치 아픔을 느끼니 어찌하겠습니까?

災年孔路 漸覺愁惱 奈何

•홀몸으로 텅 빈 관아에서 하루를 보내는 것이 한 해와 같습니다. 하물며 명절名節을 만나 고향의 그리움을 견딜 수 없으니 어찌하겠습니까?

單身空衙 度日如年 況當名節 不堪家國之戀 奈何

222 특간特簡: 특지特旨로 임용하는 것을 말한다. 간발簡拔이라고도 한다.

• 은혜로운 체직을 입어 저는 크게 다행으로 생각하지만 다만 떠나고 머무르는 회포가 있을 뿐입니다.

得蒙恩遞 私計萬幸 而第有去留之懷耳

• 공무로 점점 시름과 근심이 더해가고, 병고로 날마다 어지럽고 바쁜 가운데에 시환時患이 사방에서 치성하여 사망하는 사람들이 서로 이어지니 두려움이 더욱 어떠하겠습니까?

公務轉益愁悶 病故日事撓汨之中 時患四熾 死亡相續 悚懍尤如何

• 바야흐로 차원差員의 행차를 나서는데 일마다 방해되는 것이 많고, 병 또한 무릅쓰고 하기가 어렵습니다. 늘그막에 관리의 임무에 더욱 이가 시림을 깨달으니 어찌하겠습니까?

方作差員之行 而事多掣肘 病且難强 衰年吏役 益覺齒酸 奈何

• 백성의 근심과 몸의 병이 서로 얽혀 견뎌내기 어려우니 어찌하겠습니까?

民憂身病 糾結難耐 奈何

• 병들고 보잘 것 없는 모습이 예전과 같은데 부모와 떨어지고 고향을 떠난 근심이 가을을 만나 더욱 절실합니다. 읍의 일은 가지가지 견디기 어려우니 어찌하겠습니까?

病劣如昨 而離親去國之愁 逢秋益切 邑事節節難堪 奈何

• 그럭저럭 관차官次를 보존하는 것은 당신의 염려 덕분임을 알겠습니다. 다만 흉년에 백성의 근심으로 어지럽고 골치 아픈 일이 많습니다.

粗保官次 知荷盛念 但荒歲民憂 撓惱多端

• 오랫동안 영해嶺海에 체류하며 더욱 쇠퇴함을 느낍니다. 체직을 도모해도 얻지 못하니 근심스럽고 한탄스러운 마음을 어찌하겠습니까?

久滯嶺海 益覺衰頹 圖遞不得 悶歎奈何

•해를 보내고 달을 보내면서 이른바 읍무邑務라는 것이 바로 사신을 지대支待[223]하는 것입니다. 진실로 동병상련同病相憐의 마음이 있지만 어찌하겠습니까?

經年閱月 所謂邑務 卽使客支待也 實有同病之憐 奈何

•상순 동안 관을 비운 나머지에 가을 농사가 날로 더욱 바쁘고 어지러우니 근심스럽고 급박함을 어찌 말로 다 하겠습니까?

上旬曠官之餘 秋事日益悤擾 悶迫何言

•부모님을 모시는 데에 무사하고 과분하게 관양官養을 얻었습니다. 베풀어주신 은혜에 감축感祝하여 갚을 길을 알지 못하겠습니다.

侍奉無事 獲侈官養 感祝恩私 不知所酬

•부중의 온갖 일이 어지럽기가 엉킨 실과 같아 진실로 정돈될 희망이 없습니다. 미숙하고 서툶은 진실로 이미 스스로 알고 있었지만 처리하기 어려운 단초가 또한 한둘이 아니니 근심스럽고 걱정스러운 마음을 어찌하겠습니까?

府中百事 紛如亂緖 實無整頓之望 生疎鈍拙 固已自料 而難處之端 亦非一二 憂悶奈何

•좋은 쌀의 녹봉은 부모님을 공양하기에 충분하고, 바다와 산의 좋은 경치는 그럭저럭 흥을 부칠 수 있으니, 청유靑帷에서 골몰하던 것에 비교해 본다면 절로 선계仙界와 범계凡界의 차이라 할 수 있습니다. 집사께서는 어찌 생각하시는지 알지 못하겠습니다.

---

223 지대支待: 공사公事로 말미암아 시골로 나가는 높은 벼슬아치의 먹을 것과 쓸 물건을 그 시골 관아官衙에서 이바지하던 일을 말한다.

香稻之俸 足以養親 海山之勝 聊可寄興 比諸滾汩於靑帷 自謂仙凡之隔 未知執事以爲如何

조안류粗安類 8

•수고롭고 지친 나머지에 겨우 병고를 벗어났지만 서울은 아득하여 그리운 마음을 견딜 수 없습니다.

勞頓之餘 僅免病苦 而京國杳然 不堪戀結之下忱

•행역으로 힘을 쓰느라 헛되이 세월만 보냈습니다.

行役費力 虛擲光陰[224]

•부모님을 모시는 처지에 멀리 일을 떠나니 마음에 매우 걱정이 됩니다.

侍下遠役 情理切悶

•행역의 피로가 더욱 더해져 날마다 신음과 괴로움을 일삼고 있으니, 근심스럽고 괴로운 마음을 어찌 말로 다 하겠습니까?

行憊轉添 日事呻頓 悶惱何喩

•행역의 기일이 이미 닥쳐 절로 괴롭고 어지러움이 많으니 저의 고민스러움을 어찌 말로 다 하겠습니까?

行期已迫 自多惱撓 私悶何喩

•길에서 감기를 얻은 데다 쌓인 피로가 아울러 일어나 고통스럽게 끙끙거리며 날을 보내고 있습니다. 조금도 집으로 돌아가 쉴 생각이 없으니 근심스럽고 가련한 마음 어떻게 형용하겠습니까?

路得寒感 積瘁兼發 作苦呻囈以度 少無還家偃息之意 悶憐何狀

•내일쯤 여강驪江의 길을 나서려 하지만 추위에 길을 나서는 일이 지극히 마음이 쓰입니다.

---

224 尹拯『明齋遺稿』卷24「答都允中聖中執中戊辰三月二十七日」

明間 欲作驪江之行 當寒行事 極爲關心

•뜻밖의 일로 인해 봉鳳으로부터 돌아옴에 노독路毒으로 신음하고 있으니 어찌하겠습니까?

因意外事 自鳳經歸 路憊委呻 奈何

•날마다 백여리를 걸어 겨우겨우 이곳에 도착했지만 지치고 고달파서 떨쳐 일어날 수 없으니 매우 근심스럽고 가련합니다.

日行百餘里 僅僅抵此 而澌憊不能振 悶憐悶憐

•가도 가도 끝이 없고 앞길은 여전히 아득하니 매우 근심스럽고 괴롭습니다.

行行不已 前路尙遠 愁悶愁悶

•우환憂患이 계속 생겨나 남으로 들어갈 계획을 미적거리다 이루지 못했으니, 영하營下로 돌아 나아갈 뜻이 지금 수포로 돌아갔습니다.

憂患纏綿 南入之計 因循未遂 營下轉進之意 今歸左矣

•전송하는 말을 여러 번 반복해서 읽어보고 당신이 나를 사랑해 줌이 깊음을 알았으니 감사함을 이루 말할 수 없습니다.

贐語 三復以還 知尊愛我之深 感荷不可言

•경치 좋은 곳을 두루 다닌 것은 기뻐할 만하지만 시를 짓지 못한 것은 아쉽고 탓할 만합니다.

跡遍名區 可喜 而第不能詩 可欠可呵[225]

•행차가 모현某縣을 지나실 것이라기에 여정을 알아보았으나 이미

---

225 尹拯『明齋遺稿』卷27「與庶弟拙至月二十日」

되돌아가셨다고 하니 서운한 마음을 안고 돌아왔습니다.

行過某縣 爲詷動止 則業已回轅矣 不勝悵然而返[226]

•해서海西의 행차는 마땅히 그믐께 길을 나서서 곧장 장연長淵에 도착할 것이고, 오는 보름께 황주와 봉산을 둘러 점점 기성箕城에 나아갈 것이니, 20일 이후나 그믐 사이에 만나 뵐 수 있을 것입니다. 이전의 약속이 점점 다가옴에 미리부터 매우 기쁘고 설렙니다.

海西之行 當於晦間離發 而直抵長淵 來望間 逶迤於黃鳳 次次轉進於箕城 念後晦間 可以奉拜 前期在邇 預切欣企

•힘들게[227] 집으로 돌아왔는데 어버이의 문후가 그럭저럭 편안하니 저로서는 다행입니다.

間關歸稅 親候粗安 私幸

•천리 길을 산 넘고 물 건너느라 심신이 모두 피곤하여 이제야 자리에 누워 골골하고 있습니다. 근심스럽고 가련한 마음을 어찌 견디겠습니까?

千里跋涉 心神俱疲 見方委席涔涔 悶憐何堪

•더위를 뚫고 비를 무릅쓰며 험난함을 겪었지만 중도에 쓰러지는 일은 면하였으니, 처음에 우려했던 대로 되지는 않았습니다.

衝炎冒雨 間關跋履 而能免顚踣於中道 殆非始慮之所及

•행역의 피로가 더욱 더해져 날마다 신음과 괴로움을 일삼고 있으니 근심스럽고 괴로운 마음을 어찌 말로 다 하겠습니까?

行憊轉添 日事呻頓 悶惱何論

---

226 尹拯『明齋遺稿』「上鄭抱翁九月十日」

227 힘들게: 원문의 '간관間關'은 길이 울퉁불퉁하여 걷기 곤란한 상태로 험난함을 말한다.

·북으로 간 수레가 돌아오자마자 동으로 가는 행차가 곧 출발하여 오래도록 길 위에 있으니 노고를 이루 말할 수 없습니다.

北轅纔返 東行旋發 長在道上 勞撓不可言

·서쪽으로 온 후에 성광聲光과 점점 가까워져 떨어져 쓸쓸히 지내는 회포에 조금이나마 위로가 됩니다.

西來後 聲光漸近 稍慰離索之懷

·지난달 명을 받들어 해海로부터 관關으로와 방금 이곳에 도착했습니다. 그간 실컷 한 고생은 입으로 다 말씀드리기 어려우니 모두 남겨두고 뵙고 말씀드리겠습니다.

前月奉命 自海而關 方到此地 其間飽喫之苦 一口難說 都留奉討耳

·내일이나 모레 당신의 치하에 도착할 것이니 아리따운 기생과 좋은 음식을 하나하나 준비해 주심이 어떻겠습니까?

再明當到貴治 佳妓也 妙饌也 一一等待 如何

·집으로 돌아와 모시는 데에는 별 탈이 없었지만, 길에서 시간을 허비하였으니 이것이 부끄러울 만합니다.

歸侍無他撓 而虛費光陰於道路之間 是可媿也

·돌아와 임금과 어버이를 뵈니 다시 남은 유감이 없습니다. 임금님의 은혜를 감축하여 마음에 새겼지만 사천 리의 행역으로 근력이 모두 고갈되어 돌아오자마자 쓰러져 혼미하게 끙끙 앓고 있으니 어찌하겠습니까?

歸覲君親 更無餘憾 感祝恩造 寸情銘鏤 而四千里行役 筋力都竭 歸卽顚仆昏噻 奈何

·험난한 영남에서 누추한 나의 거처로 찾아와 주시니, 아마 형께서 크게 염려해 주지 않았다면 어찌 중도에 넘어짐을 면할 수 있었겠습니까?

돌아와 집안사람들에게 말을 함에 단지 감사하고 송축할 뿐입니다.

間關嶺嶠 穩尋弊居 儻非吾兄眷念之盛 何能免中道之顚蹶耶 歸語家人 只有感頌而已

•능히 행색의 곤란함을 면하여 좋은 모양으로 앞으로 나아간 것은 대정大庭의 두터운 보살핌이 미친 바가 아님이 없으니 매우 기쁘고 다행스럽습니다.

能免行色之困頓 好樣前進 莫非大庭腆念攸及 喜幸喜幸

•이름난 곳의 빼어난 경치를 꿈속에서도 그리워할 뿐입니다. 주인께서 정성스럽게 대접해 주신 뜻을 늘 마음속에 간직하고 있습니다.

名區風烟之勝 夢想徒勞 主人款接之意 銘佩無已

•혹독한 더위와 피곤했던 여정을 아직도 떨쳐내기 어려운데다 집안의 소식도 자주 받아볼 길이 없으니, 저의 근심스럽고 가련한 마음 갈수록 더욱 견디기 어렵습니다.

暑毒路憊 尙此難振 而庭信末由頻承 情私悶憐 轉益難耐

•지난달에 서쪽에서 돌아왔으나 관아의 소식이 매번 막히고 몸의 병도 자주 발병하여 종종 걱정됩니다. 어찌 다시 말씀드릴 만한 기쁜 일이 있겠습니까?

月前西歸 而衙音每阻 身痾頻發 種種憂悶 豈復有悰況之可言耶

•제가 북쪽에서 돌아왔는데 대감께서는 이미 동쪽으로 돌아가셨습니다. 종적이 멀어져 점점 소원하게 되었고, 서신의 왕래도 다시 이어지지 않습니다.

自弟北返 台已東歸 踪迹參商 轉成契闊 而書尺往還 亦復不繼[228]

---

228 金錫胄『息庵遺稿』卷8「答松磵李尙書端夏書 癸亥秋在牛川時」

•어제 비를 무릅쓰고 이곳에 도착했는데 내일 다른 곳으로 가게 되었습니다. 비록 다시 뵐 기약은 있겠지만, 되돌아보건대 서글프고 암담한 마음 가눌 길이 없습니다.

昨日冒雨到此 明將轉進 雖有更奉之期 回顧悵黯 無以爲懷

•더위를 무릅쓰고 길을 나서서 쓰러지는 일은 면했으나 갈 길은 여전히 멀고 근력은 이미 다했습니다. 진실로 걱정이 됩니다.

冒暑作行 能免顚仆 而前路尙遠 筋力已殫 良可悶也

•어제저녁에 집으로 돌아왔으니, 그 고달픔을 아실 겁니다.

昨暮還棲 其憊可知

•추위를 무릅쓰고 돌아와 담천痰喘[229]이 매우 심해졌으니 근심스럽고 급박함을 어찌 말씀드리겠습니까? 한 달 넘게 말을 내달려 원습原隰[230]을 두루 다녔으니 경치는 실컷 구경했지만 정력精力은 버티기 어렵습니다.

冒寒歸來 痰喘甚劇 悶迫何言 跨朔馳策 原隰已遍 玩景雖飽 精力則難支

---

229 담천痰喘: 가래가 끓어서 숨이 차는 것을 말한다.

230 원습原隰 : 언덕과 습지라는 뜻으로 왕명을 받들어 사신 가거나 외방에서 일하는 것을 말한다.

조안류粗安類 9

•객지의 상황은 그럭저럭 지낼만하지만 계속 집안의 소식을 받아보니 걱정과 병이 끊이지 않습니다. 돌아가고 싶어도 돌아갈 수 없는 처지이니 저의 걱정되는 마음을 어찌 말씀드리겠습니까?

客狀粗安 而連接家信 憂病相仍 欲歸未歸 伏悶何達

•객지의 상황은 다행히 그런대로 지내고 있지만 집안 소식이 오랫동안 막혔으니, 근심스럽고 답답한 마음을 말로 다 할 수 없습니다.

客狀姑幸粗遣 而庭信久阻 悶鬱不可言

•객지에서 그럭저럭 지내고 있습니다.

粗依羈棲

•부모님 소식을 오랫동안 듣지 못했습니다.

親信 久未承聞

•객지의 생활은 그럭저럭 편안하지만 부모님을 떠나온 정리情理는 이때 더욱 견디기 어려우니 어찌하겠습니까?

客狀粗安 而離違情理 此時尤難堪 奈何

•부모님을 떠나온 마음을 더욱 가누기 어렵습니다.

離闈情私 尤難按住

•엄친의 편지를 인편이 막혀 걱정하고 절박해 하던 차에 받았으니, 다행스러운 마음을 어디에 말로 다 하겠습니까?

家嚴書信 得於阻便悶迫之餘 私幸曷諭[231]

231 尹拯『明齋遺稿』卷9「上草廬己亥」

•오랫동안 도성[232]의 소식을 듣지 못했습니다.

久不聞日下消息

•도성에 홍역이 치성하여 매번 집안의 소식을 받을 때마다 감히 가벼이 열어 보지 못하겠습니다.

洛下疹疾火熾 每得家信 不敢輕坼

•부모님을 뵈러 가는 길을 나서고 싶어도 나서지 못하여, 걱정과 근심이 이만저만이 아닙니다.[233] 부모님 소식을 받지 못한 지 한 달이나 되었으니, 정으로 보나 마음으로 보나 온전한 사람이 되지 못한지가 오래되었습니다.

覲行欲發未發 憂惱匪今斯今 親信之未承聞 近爲一月 情私也心緖也 不能作完人久矣

•이 한 몸 객지에서의 고생이야 족히 돌볼 것이 못되지만, 오직 병드신 모친이 병상에 계셔서 오래도록 떠나기 어려우니 이것이 자못 근심스럽습니다.

一身旅苦 有不足恤 而惟是病母在牀 難於久違 此殊悶然

•객지에서 한 해를 보내며 또 한 살을 더하니 한갓 공문거[234]의 세월

---

232 도성: 원문의 '일하日下'는 제왕을 태양에 비유한 것에서 연유하여 임금이 사는 서울을 뜻한다.

233 이만저만이 아닙니다: 『시경詩經』「주송周頌」 민여소자지십閔予小子之什 재삼載芟에 "이것이 이에 있는 것만이 아니며 지금에만 지금만 같은 것이 아니니라. 오랜 옛날부터 이와 같았도다[匪且有且 匪今斯今 振古如玆 賦也]"라는 구절이 있다.

234 공문거: 문거文擧는 후한後漢 공융孔融(153~208)의 자이다. 공융이 당시에 승상으로 있던 조조曹操에게 보낸 편지에서 "덧없는 세월이 물처럼 흘러 공은 이제 막 오십이 되었고, 나 역시 거기에 두 살을 더 먹었습니다. 나라 안에서 서로 알고 지내던 친지들은 연이어 세상을 떠나 버렸고, 회계會稽의 성효장盛孝章 한 사람만 남았을 뿐입니다.[歲月不居 時節如流 五十之年 忽焉已至 公爲始滿

이 물 흐르는 듯하다는 감회만 있고, 다시 거백옥의 그릇됨을 알았다고 한 효과[235]는 없습니다.

客中過歲 又添一齒 徒有文擧如流之感 無復伯玉知非之效

•부모님을 떠난 마음 오래될수록 더욱 가누기 어렵습니다.

離親情緖 久益難抑

•여름에 든 이래로 묵은 병이 조금 나아졌습니다. 북쪽에 살던 객이 남쪽 더위에 익숙하지 못한 것은 또한 형편이 그러한 것입니다.

入夏以來 長病少健 北客不習南暑 亦勢之然也

•일 때문에 지체하여 아직까지 돌아가 부모님을 뵙지 못했으니, 매우 근심스럽고 답답하여 자못 병이 나려 합니다.

因事濡滯 尙未歸覲 愁鬱之極 殆欲成病

•객지의 괴로움이 더욱 심하여 돌아가고 싶은 생각 날마다 일어나니 어찌하겠습니까?

客苦轉甚 歸思日促 奈何奈何

•서글프게도 즐거운 마음이 없어서 단지 고향으로 돌아갈 생각만 있을 뿐입니다.

悄然無意況 只有鄕園之思耳

•끊임없는 일을 스스로 견디기 어려운 데다 세모歲暮의 타향살이에

融又過二 海內知識 零落殆盡 惟會稽盛孝章]"라고 하였다. 『문선文選』 권41 「논성효장서論盛孝章書」

235 거백옥의~효과: 거백옥은 춘추시대 위衛나라의 어진 대부로 이름은 원瑗이다. 『회남자淮南子』 「원도훈原道訓」에 "거백옥은 나이 50세에 49세 때의 잘못을 알았다"라고 하여, 그가 해가 바뀔 때마다 지난해의 잘못을 뉘우치며 끊임없이 개전改悛의 노력을 기울였다는 것을 가리킨다.

온갖 감회가 마음에 교차하여 더욱 드릴 말씀이 없습니다. 어찌하겠습니까?

滾滾不自堪 歲暮殊鄕 百感交中 益無可以仰道者 奈何

•아우를 서울로 보내고 외로운 마음 매우 애타서 오랫동안 버티지 못할까 걱정이 됩니다.

送弟西行 孤懷甚悄悄 恐久不能堪[236]

•외로이 변방에 살며 훌쩍 한 해를 보냈습니다. 좋은 정황은 전혀 없고 돌아갈 생각만 더욱 급하니 어찌하겠습니까?

孤寄邊塞 焂爾經年 好況全沒 歸思益急 奈何

•매번 예년 아무개 재齋에서 탁상을 마주하고 한껏 정담을 나눌 때를 생각해 보면 진실로 오래전에 한 번 겪었던 일 같습니다. 그립고 울적해서 홀로 쓸쓸히 지내는 괴로움뿐만이 아닙니다.

每想昔年某齋裏 對牀劇談 眞一歷刧事 瞻望悽黯 不特離索之苦而已[237]

•매번 아무개 벗과 마주하여 끊임없이 이야기 나눈 것은 오직 형 주변의 일이었습니다. 형도 이렇게 생각하시는지요?

每與某友相對 娓娓者 惟是兄邊 兄亦念到於此否

•매번 털고 일어나 달려가 가르침을 받고자 했으나 할 수가 없었으니 단지 서글피 그리워할 뿐입니다.

每欲奮身自致 以奉盛誨 而不可得 則只自悵然瞻望而已[238]

---

236 尹拯『明齋遺稿』卷22「答韓配周文卿 壬戌七月二十二日」
237 金昌協『農巖集』卷17「與金進士 楷○庚午」
238 金昌協『農巖集』卷12「與趙成卿」

•운령雲嶺이 아득히 멀어 소식도 이미 막혔습니다. 요사이 인편과 체편이 있었는데도 때로 편지가 사라져서 단지 답답하고 그리울 뿐입니다.

雲嶺夐闊 消息旣阻 間有便褫 亦時浮沈 只自悁菀馳情而已

•당신께서는 광릉廣陵의 행차가 있어서 아직 돌아오지 못했는데, 저가 또 서울에 와서 끝내 오랫동안 헤어지게 되어 서글픈 마음 가누기 어렵습니다.

賢有廣陵之行 行未還 而弟又西來 遂成闊別 悵想難勝

•부모님을 떠나와 또 이곳에서 한 해를 보내고 새해를 맞이하니, 저의 마음 더욱 견디기 어렵습니다.

離違大庭 又此餞迎 私情益自難聊耳

•바닷가에서 새해를 맞이하니 더욱 즐거운 일이 없습니다.

海曲逢新 益無佳悰

•돌아가 병든 어버이를 보살피는데 시일이 급하여 조금 있다가 유장由狀을 올리고 결국 돌아갈 것입니다.

歸省病親 時日爲急 俄已送呈由狀 從當發歸耳

•병으로 곧장 돌아가지 못해 결국 연말이 멀지 않게 되었습니다. 형편상 신정新正을 기다렸다 돌아가려고 합니다.

病未卽還 遂致歲除不遠 勢將待新正而歸耳

취고류就告類 1

•就伏白[곧 아뢸 말씀은] •就達[곧 드릴 말씀은] •就告[곧 아뢸 말씀은] •就白[곧 아뢸 말씀은] •就悚[곧 송구한 말씀은] •就控[곧 드릴 말씀은] •就煩[곧 번거롭게 드릴 말씀은] •就中[곧 드릴 말씀은] •仍白[이어서 드릴 말씀은] •仍告[이어서 아뢸 말씀은] •仍控[이어서 드릴 말씀은] •仍煩[이어서 번거롭게 다릴 말씀은] •且告[우선 아뢸 말씀은] •且控[우선 드릴 말씀은] •且煩[우선 번거롭게 드릴 말씀은] •第中[다만 드릴 말씀은] •第煩[다만 번거롭게 드릴 말씀은] •第控[다만 드릴 말씀은] •第告[다만 아뢸 말씀은] •就[곧 드릴 말씀은]

※이상은 편지에서 자신의 용건을 말하기 위해 '다만 드릴 말씀은' '이어서 드릴 말씀은' 등의 뜻으로 쓰는 표현이다. 아래에 다양한 예문을 함께 제시하였다.

•소지小紙에 말씀드린 것은 진실로 감히 하지 못하는 심한 부탁인 줄 알지만 긴요한 일에 관계되어 어쩔 수 없이 말씀드리지 않을 수 없습니다. 부디 별도로 베풀어 주시는 것이 어떻겠습니까? 망령되이 평소 돌봐 주심을 믿고 격식을 돌아보지 못했으니, 헤아려 주실 것이라 생각됩니다.

小紙仰煩 固知不敢之甚 而事係關緊 不得不仰溷 幸伏望卽賜另施 如何 妄恃平日之眷 不顧體例 想有以諒恕

•소록小錄의 내용은 보시면 절실하고 긴요한 것임을 아실 것입니다. 만일 쌓아두어서 옮겨 줄 만한 것이 있다면 곡진히 살피고 베풀어서 생색을 삼는 것이 어떠하겠습니까?

小錄事 覽之 可知其切緊矣 如有所儲可以推移者 則曲諒曲施 以爲生色 如何

•아무개의 일은 종전에 뵙고 아뢰었고, 편지로 간청한 것도 여러 번이었지만, 여태껏 흔쾌히 허락을 받지 못했으니 매우 송구스럽고 한탄스럽습니다.

某人事 從前面稟 書懇屢矣 迄未承快許 悚歎悚歎

•이곳의 형세는 잘 헤아려 주시리라 생각되지만, 기회를 만나도 어긋나버림을 면치 못했으니, 비록 한탄한들 어찌하겠습니까?

此間形勢 想俯諒善恕 而不免遇機錯過 雖歎奈何

•지난번 의논드렸던 일은 필경 처리하기 어려운 단서가 있을 듯하니, 어찌하면 좋을지 알지 못하겠습니다. 부디 세세히 헤아려 가르쳐 주시기를 바랍니다.

向來仰議事 似不無畢竟難處之端 未知何以則好耶 幸須細量而指教也

•아무개 일은 아직까지 소은消恩이 없어 성사할 수 있는 날이 없습니다. 집사께서 또한 힘을 베풀어 주셨다면 이 일이 어찌 이와 같이 지연되었겠습니까? 부디 유념하셔서 바로 주선해 주시는 것이 어떻겠습니까?

某事 尙無消恩 顧無可遂之日 執事亦宣力 則此事豈如是遲延耶 幸乞留意 卽爲周旋 如何

•태간胎簡은 곧 아무개가 요청한 것이니, 베풀어 주실 방법이 있는지요?

胎簡 卽某人所請 或有許施之道否

•이 편지와 함께 드리는 소지小紙의 내용은 동생이 이미 우러러 간청했다고 들었습니다. 진실로 거듭 말씀드리기에는 마땅하지 않지만 정애情愛를 나눈 사이에 유독 괄시할 수 없어서 이와 같이 말씀드립니다. 부디 헤아려 주시고 별도로 베풀어 주시기를 간절히 바랍니다.

此呈小紙事 舍弟聞已仰懇 固不當架疊 而情愛之間 獨不可恝視 如是煩浼 幸須俯恕另施 切仰

•태지胎紙의 내용은 지극히 긴요하고 절실한 일입니다. 게다가 이는

비용을 들이지 않고 베풀어 줄 수 있는 일이니 속히 도모해 주시기를 바랍니다.

胎紙事 事極緊切 且是不費之惠 速圖爲望

•이어서 태록胎錄에 드린 말씀은 간절한 사정으로 감히 아뢴 것이니, 혹시 채택하여 조처해 주시겠습니까?

仍悚胎錄 緣切敢控 倘蒙採施也

•아무개는 아직 서로 뵌 적이 없어서 감히 직접 편지를 쓰지 못합니다. 저의 이러한 뜻을 전달해 주시고 이 편지를 함께 살펴봐 주심이 어떻겠습니까?

某則未曾相拜 不敢直作書 以此意傳布 同照此書 如何

•별지의 일은 반드시 곡진히 베풀어주셔서 저의 생색을 내 주심이 어떠하십니까?

別紙事 必須曲施 生色如何

•드리고 싶은 말씀은 별폭別幅에 대략 갖추어 두었습니다. 보시고 바로 불태워 저의 추한 일이 드러나지 않기를 바랄 뿐입니다.

所欲言者 略具別幅 蓋欲其覽卽付丙 無使露醜故耳

•소지小紙는 자세히 살펴보시고 꼭 바로 들어주시는 것이 어떠하겠습니까?

小紙 詳覽 必卽曲副 如何

•아무개 일은 전에 이미 말씀드렸으니, 거듭 말씀드릴[239] 필요는 없

---

239 거듭 말씀드릴: 원문의 '첩상疊牀'은 첩상가옥疊床架屋의 준말로 상 위에 상을 겹쳐 놓고, 지붕 위에 지붕을 얹다는 뜻이다. 문장에서 같은 말이 반복되는 것, 또는 제도나 구조 등이 중복된 것을 비유하는 말이다.

습니다.

某事 前已煩告 不必疊牀

•망령되이 돌봐 주시는 사랑을 믿고 감히 이렇게 번거롭게 말씀드리지만 제 마음의 황송함은 지극합니다.

妄恃眷愛 敢此煩告 而下情惶悚則極矣

•말씀드린 일은 실로 장황함을 면치 못했으니, 죄송[240]한 마음을 감당할 수 없습니다.

爲陳事 實未免張皇 不勝主臣

•오로지 당신만 믿고 누차 말씀드리니 부디 소홀히 여기지 마시기를 바랍니다.

專恃屢控 萬望無忽

•긴요하고 절실하여 이렇게 말씀드리지만 도리어 송구한 마음이 간절합니다.

緣於緊切 有此煩稟 還切悚仄之至

•직접 뵙고 요청하는 것을 감히 하지 못하여 이에 편지로 알려드리고자 합니다.

直請不敢 玆要書告

•부디 속히 아름다운 은혜를 내리시어 예전의 허락을 저버리지 마시는 것이 어떻겠습니까?

幸望速賜嘉惠 無棄宿諾 如何

---

240 죄송: 원문의 '주신主臣'은 『사기史記』「진승상세가陳丞相世家」에 '陳謝曰主臣'이라는 대문이 있고, 그 주에 "주는 격擊이요, 신은 복服이니 그 격복擊服하고 황공함을 말한 것이다"라고 하였다.

•상세한 내용은 별지에 있으니, 바라건대 자세히 살펴보시고 잘 처리해 주시는 것이 어떻겠습니까?

其詳在小紙 幸望詳覽而善處 如何

•평소 이러한 일로 일찍이 한 번도 말이나 글로 부탁한 적이 없었으나, 제가 쓰고 형만 보시니 무슨 염려가 있겠습니까?

平日 以此等事 未嘗一發於口頭筆端 而弟書兄看 有何慮焉

•전후로 이렇게 부탁드린 요청은 여러 차례 주선해 주셨으니, 오로지 믿고서 다시 말씀드립니다.

前後此等請 屢蒙周章 專恃更煩

•부디 말씀해 주셔서 저 사람에게 답하도록 해 주시는 것이 어떠하겠습니까?

幸示敎 以爲答彼之地 如何

•형과 저의 사이가 아니면 어찌 감히 이렇게 자질구레한 말을 하겠습니까? 살펴 주십시오.

非兄我間 何敢出此瑣言 諒之

•감히 서로 사랑함만 믿고 두려움 없이 당돌하게 말씀드립니다. 부디 특별히 유념하여 조치해 주시고 때에 미치지 못하는 탄식이 없도록 해 주시기를 지극히 바라고 바랍니다.

敢恃相愛 不怕唐突 幸須另念俯施 得無不及之歎 至望至望

•이러한 때에 번거롭게 말씀드리는 것은 미안한 일이나, 벼슬을 그만두고 돌아가려는 뜻이 있다는 것을 들었기 때문에 감히 말씀드립니다. 유념해 주시는 것이 어떻겠습니까?

此時 煩冒未安 而聞有解歸之意 故敢白 留念如何

•한 가지 일로 여러 번 번거롭게 말씀드려 피차간에 지리하다고 할 만하지만 매우 긴박한 일인 데다 또 유념하겠다는 말씀을 받았기에 이에 또 부탁드립니다.

因一事 屢次煩瀆 可謂彼此支離 而事係切緊 且承留念之教 玆又仰浼

•이와 같은 일은 매우 친한 사이가 아니면 번거롭게 말씀드리기 어려운 점이 있습니다만, 이미 거듭 물어주셨고 감히 소외된 자로 자처할 수 없기에 이렇게 당돌하게 부탁드립니다.

如此事 若非甚親之間 有難塵瀆 而旣辱再問 不敢以疎外自處 敢此唐突

•긴절한 일이 아니면 어찌 이와 같이 누누이 말씀드리겠습니까?

如非緊切 豈如是縷縷

•소지小紙는 부디 유의해 주시길 바랍니다.

小紙幸留意也

•이것은 작은 일이 아니니 소홀히 하지 마십시오.

此非細事 可無忽也

•별지別紙는 부디 자세히 보시고 알려 주시길 바랍니다.

別紙 幸詳覽而指教之也

•이에 앞서 드린 말씀은 부디 재교裁教해 주시길 바랍니다.

先此仰稟 幸乞裁教

•속지에 말씀드린 것은 보시고 답을 주지 마십시오.

有裏紙 視至勿賜答

• 별지別紙는 보시고 다시 보내주셔도 무방합니다.

別紙 覽還無妨

• 소지小紙는 한번 살펴 주십시오.

小紙 可覽也

• 굳이 직접 오실 필요는 없고 편지로 주고받는 것이 좋겠습니다.

不必親枉 以書往復爲宜

• 이 뜻을 아울러 알려주시기를 바랍니다.

此意並通爲仰

취고류就告類 2

•상을 치른 나머지에 조섭할 길이 더욱 어렵고 제전祭奠의 절차도 뜻에 맞게 할 길이 없으니 이곳의 절박한 사정이 마땅히 어떠하겠습니까? 오로지 평소 돌보아주시는 정의를 믿고 감히 이렇게 종과 말을 보냅니다. 부디 아무개 물건을 가득 실어 보내 주시어 이곳의 급한 사정을 구제해 주심이 어떻겠습니까? 처음 이러한 일에 대해서 말씀드리고 싶지 않았으나, 형편이 매우 어려울 뿐만이 아닙니다. 존장이 아니라면 구지 이와 같이 하지 않았을 것이니, 부끄러운 마음 깊습니다.

喪葬之餘 調道益難 祭奠之節 末由稱意 此間悶迫 當如何 專恃平日眷厚之誼 敢此起送奴馬 須以某物充馱下送 以濟此急如何 始不欲開口於此等事 而不惟形勢之甚艱 如非尊長 必不如是 媿赧則深矣

•저와 같이 노졸한 사람은 곧 제나라 선비처럼 남의 도움을 받고 생계를 잇는 사람입니다.[241] 큰 재물이 있는 영문에서는 장부를 살펴보면 반드시 여지가 있을 터이니, 과연 아끼지 않고 기꺼이 옛사람이 가난을 구휼했던 의리를 기꺼이 베풀어 주시겠습니까?

如我老拙 便是齊士之待以擧火者 大財營勘簿 必有餘地 其果不惜肯爲古人恤貧之義否

•저와 같은 자는 먼저 풍비豐碑[242]를 도성 아래에 세운 후에야 바야흐

241 도움을~사람입니다: 원문의 '대이거화待以擧火'는 의지해서 살아간다는 의미로 『장자莊子』 「양왕讓王」에서 "증자曾子가 위衛나라에 살 때 입은 옷은 겉이 없을 정도로 해지고 얼굴은 부어 종기투성이고 손발에 굳은살이 박여 있었다. 사흘 동안 밥을 짓지 못하고 10년 동안 새 옷을 만들어 입지 못하였으며 갓을 바로잡으면 갓끈이 끊어지고 옷깃을 잡으면 팔꿈치가 드러나고 짚신을 신으면 발뒤꿈치가 터졌다. 그런데도 발을 끌면서 상송을 부르면 그 소리가 천지에 가득 차 마치 금석金石에서 나오는 것 같았다[曾子居衛 縕袍無表 顏色腫噲 手足胼胝 三日不擧火 十年不製衣 正冠而纓絕 捉衿而肘見 納屨而踵決 曳縱而歌商頌 聲滿天地 若出金石]"라고 한 데서 나온 말이다.

242 풍비豐碑: 공적을 적고 덕업을 기리는 거대한 석비石碑를 말한다.

로 칭송하는 소리가 길에 가득 찬다고 이를만하니 별도로 베풀어 주시기를 바랍니다.

如弟者 先立豐碑於洛下然後 方可謂頌聲載路 幸另施之

•믿는 바는 이것뿐인데 형께서 만약 범범하게 보신다면 이 어찌 어진 사람의 정사이겠습니까? 다시 별도로 생각해서 특별히 베풀어주시기를 바랍니다.

所恃者惟此 而兄若泛視 則此豈仁人之政 更須另念特施

•형께서 저의 처지를 깊이 알아주는 사람이 아니었다면,[243] 제가 비록 아무리 급한 사정이라도 결코 이러한 자질구레한 말씀은 드리지 않았을 것입니다. 또한 잘 헤아려 주실 것이라 생각됩니다.

非兄知仲之深 弟雖萬萬渴急 決不爲此瑣屑之言 想亦有以善恕之也

•노모의 회갑이 가까이 이르렀으나 집안 형편을 돌아보면 작은 술자리도 오히려 마련하기 어렵습니다. 게다가 딸의 혼사가 모일에 정해져 있어 모든 준비가 전혀 두서가 없습니다. 이별할 때에 부탁했던 것을 과연 기억하는지요? 이 태지胎紙를 보고 헤아려 보심이 어떻겠습니까?

老慈甲日屆近 而顧此家力 雖小酌 猶難辦得 且女婚 定在某日 凡具茫無頭緖 臨別時所溷 果能記有否 覽此胎紙 入量俯施 如何

243 알아주는 사람이 아니었다면: 『사기史記』 卷62 「관중열전管仲列傳」에 춘추 시대 포숙아鮑叔牙와 관중管仲은 모두 제齊나라 사람으로 어려서부터 서로 친구 사이였는데, 포숙아는 관중의 어짊을 잘 알아주었지만, 관중은 워낙 빈곤했기 때문에 포숙아를 항상 속이곤 했으나, 포숙아는 끝까지 관중을 잘 대해 주었으므로 관중이 일찍이 말하기를 "내가 처음 빈곤했을 때 포숙아와 함께 장사를 한 적이 있는데, 재리를 나눌 때는 내가 스스로 많이 차지했으나, 포숙아가 나를 탐한다고 여기지 않았던 것은 내가 가난한 줄을 알았기 때문이다. …… 나를 낳아준 분은 부모요, 나를 알아준 이는 포자였다[吾始困時 嘗與鮑叔賈 分財利多自與 鮑叔不以我爲貪 知我貧也 …… 生我者父母 知我者鮑子也]"라고 했던 데서 온 말이다.

•침침한 눈에는 안경이 매우 절실합니다. 바라건대 좋은 물건을 구해 보내주셔서 잘 볼 수 있도록 해 주시는 것이 어떠하겠습니까?

昏眸所須 眼鏡甚切 幸以品好者覓惠以開眼 如何

•안롱鞍籠[244]은 잘 받았고, 납상臘牀은 앞의 편지에 말씀드렸습니다. 부디 빨리빨리 만들어 주십시오.

鞍籠謹領 而臘牀前書有報矣 幸速速造惠焉

•신력新曆은 넉넉히 보내주시기를 바랍니다. 현달한 사람에게 구하는 것은 촌놈이 늘 하는 짓이지만 자못 염치가 없음을 느낍니다.

新曆 望優惠 求於達者 野漢常態 而殊覺沒廉也

•보내 주신 좋은 부채가 내 마음에 들지 않는 것은 아니지만, 다만 이번에 얻고 싶은 것은 바로 특별히 제작한 옻칠한 부채입니다. 동심이 아직 남아있어서 완물玩物로 삼고자하니 부디 가을겨울 사이에 각종 감상할 만한 것을 보내주심이 어떠하겠습니까?

妙箑非不喜也 第此欲得者 卽別製漆扇 童心猶未已 欲作玩物 幸於秋冬間 以各色可玩者送之 如何

•보내 주신 부채는 수응하는 데 쓸 만하지만 미자尾字[245]가 매우 부족하니 수십 자루를 더 보내주십시오.

惠箑 可用酬應 而尾字甚不足 更以數十柄 覓惠焉

•청선靑扇은 요청하고 싶었지만 하지를 못했는데 혼례에 들른 사람들 중에 청하는 사람이 많고, 또 지친가至親家에도 응수하지 않을 수 없는 곳이 있습니다. 부디 네다섯 자루를 속히 부쳐주시고, 쓸 만한 각종

---

244 안롱鞍籠: 수레나 가마 따위를 덮는 우비를 의미한다.

245 미자尾字: 미선尾扇으로 부채의 한 종류다.

부채도 바라니 넉넉히 보내주심이 어떻겠습니까?

青扇 欲請而未果 有過婚而請之者多 且有至親家 不得不酬應處 幸望以四五柄 付惠速便 而可把各色扇 亦望 優惠如何

•지난번 허락해 주신 흰색 꿀은 대개 약용으로 쓰일 것입니다. 혹 서너 되를 보내 주신다면 감사한 마음이 적지 않을 것입니다.

向諾蠭醲色白者 蓋爲藥用地也 儻蒙三四升見惠 爲感當不淺

•만일 별품의 백청白淸을 얻으신다면 반드시 같은 처지에 있는 저의 가련함을 생각하실 것입니다. 때때로 혹 나누어 맛본다면 어찌 고맙고 다행스럽지 않겠습니까마는 먼 곳에서 부쳐주신 것이니 어찌 감히 당신께서 충심을 다하기를 바라겠습니까?[246]

如得別品白淸 必思同病之憐 時或分味 則豈不感幸 而遠地相寄 安敢望竭人之忠也

•전복〔鰒魚〕은 귀부貴府의 특산품인데 한 번도 보내주지 않으시니 사돈간 정의가 진실로 당대의 벼슬아치만 못하단 말입니까?

鰒魚 貴府珍産 而一不見惠 査誼固不如時貴耶

•신선한 물고기는 비록 시장에서 사더라도 위장을 상하게 할 수 있습니다. 일찍이 신재信載 사이의 민어民魚가 맛이 좋고, 황주黃州의 새우젓은 즙이 많고 짜고 싱거운 것이 적당한 줄 알고 있습니다. 평소 기름진 음식을 좋아하지 않지만, 자못 생각건대 이것을 먹어 위장을 진정시킬 수 있을 것입니다. 부디 약간의 돈을 내어 이것을 사시고, 감동젓과 함께 빠른 인편으로 부쳐주심이 어떠하겠습니까?

---

246 당신께서~바라겠습니까: 원문의 '갈인지충竭人之忠'은 『예기禮記』「곡례 상曲禮上」에 "군자가 자신에게 베푸는 호의를 남김없이 하게 하지 않으며 충성을 다하게 하지 않는 것은 사귐을 온전하게 하기 위해서다[君子 不盡人之歡 不竭人之忠 以全交也]"라고 한 것에서 유래하였다.

魚鮮 雖貿之場市 適足以敗胃 曾見信載之間 民魚味佳 黃州細蝦醢 旣多汁 鹹淡得中 素不喜脂膏之物 頗思喫此以鎭胃 須捐如干圜物貿此 並與甘冬 速便付惠 如何

•이별할 때 홍로주를 자주 보내겠다는 약속은 아직 한 번도 실천하지 못하셨으니, 어쩌면 잊어버린 것이 아닙니까? 매번 아무개 벗과 이것을 이야기할 때면 귀가 가려울 것으로 생각됩니다.

別時頻寄紅露之約 尙不一踐 無乃忘之耶 每與某友語此 想耳痒矣

•늙고 병든 뒤로 곧 곡기를 끊은 스님처럼 되어 오직 입에 맞는 맛을 생각하지만 얻을 수 없습니다. 서쪽에 나는 것 가운데 부드럽고 먹을 만한 것이 있으면 조금 부쳐주시는 것이 어떻겠습니까?

老病以後 便作休粮僧 惟思適口之味 而不能得 西産中 如有柔軟可食者 少許寄送 如何

•두 가지를 모두 구하는 것이 염치없는 듯하지만, 너무 절실하기에 감히 이렇게 말씀드리니 너그러이 살펴주시기를 바랍니다.

二者並求 似涉不廉 而緣切敢此 恕施爲望

•집에 제사가 있으니 홰와 초를 함께 보내 주신다면 더욱 다행스럽고 다행스럽겠습니다. 긴요하게 쓸 일에 관계되어 이렇게 처음 청하는 것이니 꼭 보내 주시길 바랍니다.

家有祀故 炬燭若蒙並惠 則尤幸尤幸 旣係緊用 且是初請 更須另施

•보내 주시기로 약속했던 추석秋石[247]은 여태 이행이 더디니, 바쁜 가운데 잊고 지나침은 이상한 일이 아니지만 병든 저에게는 필요한 것이

247 추석秋石: 동변童便을 고아서 정제精製한 결정으로 유노遺尿·유정遺精·소변백탁小便白濁 등의 치료와 정력을 돕는 효력이 있다.

라 이에 감히 청을 넣습니다.

惠諾秋石 尙遲俯踐 冗中忘過 不是異事 委病所須 玆敢奉提

•병환에 쓰이는 민강閩薑과 사탕砂糖 및 익원산益元散 10여 첩을 보내주시고, 종이도 많이 보내주시는 것이 어떻겠습니까? 황송하고 죄송스럽지만 감히 부탁드립니다.

病患所用 閩薑砂糖及益元散十餘貼下賜 紙地亦多惠如何 惶仄敢達

•황량한 촌구석인지라 의원과 약이 없고 촌인村人이라 고후古侯의[248] 생애生涯도 알지 못합니다. 혹 납제臘劑를 얻으시면 약간 덜어주시기를 바라니 객지 생활에 필요한 바가 될 것입니다.

荒陬無醫藥 村人不知古侯生涯 或求臘劑 望捐如干種 爲羈棲所須也

•이 사람의 행차에 당녹용唐鹿茸을 사서 약재로 삼으려 하지만 값을 마련할 수 없으니, 약간이나마 도와주신다면 더욱 다행이겠습니다.

此人之行 欲貿唐鹿茸爲藥 而價不能自辦 或蒙略給 則尤幸

•상자 속에 혹 남은 약재가 있다면 먼저 보내주시고, 이어서 훈련도감에서 내려주는 것으로써 초하루마다 두세 첩을 나누어 주심이 어떠신지요? 달리 도움을 바랄 곳이 없어 감히 이렇게 곡진히 아룁니다.

箱篋之中 或有刀圭之餘 則先爲惠濟 繼此以訓局所行下者 逐朔分數三貼如何 無他望助之處 敢此委告耳

•아이가 평소 묵은 병을 앓고 있어 바야흐로 약을 복용하여 조치를 했지만, 진품의 죽력竹瀝[249]은 구해 쓸 수 없습니다. 혹 찾아서 속편速便

---

248 고후古侯: 『사기史記』 卷53 「소상국세가蕭相國世家」의 秦나라 때 동릉후東陵侯를 지냈던 소평召平이 진나라가 망하자 가난한 평민이 되어 장안성長安城 동쪽에서 지난날의 부귀를 잊고 오이를 가꾸며 살았다는 고사를 인용한 것이다.

249 죽력竹瀝: 대나무를 불에 구워 받아낸 대나무 진액으로 담痰을 녹이고 열을 내

으로 보내주실 수 있겠습니까? 죽력이 나올 때는 매번 물과 섞이는 것이 근심되니, 부디 믿을만한 사람으로 친히 감독하게 하여 두 개의 큰 그릇에 담아 단단히 봉해서 보내주시기를 바랍니다.

兒子有素抱宿病 方服藥調治 而眞品竹瀝 無以覓用 或可覓惠速便耶 竹瀝之出 每患和水 幸使可信人親監 限二大椀 堅封送惠爲望

•의원이 말한 흑임黑荏[250]은 폐를 좋게 하는데 이롭지만 이것은 도성 시장에서 구할 수 있는 것이 아니기에 이에 청을 드리니, 바라건대 속편으로 몇 말을 찾아 보내 주심이 어떠하겠습니까? 만약 토산품이 아니어서 여기저기 구하기 어렵다면 염려하실 필요는 없습니다.

醫言黑荏 利於潤肺 而此非京市可得者 玆以奉溷 幸向速便 覓惠數斗如何 如非土産 而難於轉求 則不必費念耳

•요사이는 지극히 천한 초재草材라도 가격이 폭등하여 사기 어렵습니다. 만약 약상자 속에 저장된 것이 있으면, 긴요하거나 그렇지 않음을 따지지 마시고, 넉넉히 보내주심이 어떠하겠습니까?

近來至賤草材 亦甚刁蹬 實難貿用 如有籠中之儲 勿論緊歇 從優覓副 如何

•영감께서 기성箕城을 다스리고부터 관절關節[251]을 받지 않은지라 저의 초궤草饋(담배)가 갑자기 끊어졌습니다. 형께서는 부디 자주자주 베푸시어 눈앞의 비방을 면하게 해 주심이 어떠하겠습니까?

自令爲箕城 不受關節也 弟之草饋頓絶 兄須頻頻繼惠 免謗於目下 如何

리는 약으로 쓰인다.

250 흑흑임黑荏: 임자黑荏子로 한의약에서 검은깨를 이르는 말로 통변通便 및 영양제營養劑로 쓰인다.

251 관절關節: 요로要路에 뇌물을 바치고 무엇을 청탁하는 일을 말한다. 관절은 뼈마디로서 인체의 요긴한 부분이므로 관료조직의 요로를 뜻한다.

•금년의 초정草政(담배)이 또한 흉년이 들었는데 서울 안은 더욱 심하다 하니, 늙어 잠이 없는 자가 더욱 무료함을 느낍니다. 이것은 비록 돈을 허비 것이지만 실로 별것은 아닙니다. 구하는 자나 응하는 자나 모두 부끄러움이 없을 것 같으니 가품佳品을 넉넉히 보내 주시기를 바랍니다.

今年草政亦歉 京裏尤甚 老無睡者 益覺難聊 此雖費鈔者 而實則草芥也 求之應之 俱涉無媿 幸以佳品優惠也

•기성箕城이 비록 부유하나 초정草政 외에는 마음을 움직일 것이 없으니, 다만 단종單種이라도 자주 보내 주심이 어떠하겠습니까?

箕城雖富 草政外 無動心者 只以單種 頻頻送惠 如何

•우러러 청을 드리는 것이 구차하고 어려운 줄을 알지만 시지試紙[252]로는 향지鄕紙가 미진한 선물이 될 듯하니, 돈으로 대신 선물해 주시면 얼마나 다행이겠습니까?

非不知仰溷之爲苟艱 而試紙則鄕紙 似有未盡之惠 以錢代惠 何幸何幸

•제 자식이 요행히 작년 감초監初[253]에 합격해서 장차 회시會試를 보려고 하는데, 그 기한까지 글자를 익히지 않을 수 없습니다. 그러나 장지壯紙를 구할 길이 없으니, 바라건대 빠른 인편을 찾아서 넉넉히 보내 주심이 어떻겠습니까?

迷兒倖參昨年監初 將見會試 不可不及期習字 而壯紙無路覓得 幸望速便優惠 如何

•바라건대 왕래하는 인편에 우선 간지를 보내 주십시오. 이곳의 종이는 귀하기가 금과 같아 감히 이렇게 욕심을 냅니다.[254]

---

252 시지試紙: 과거科擧 시험을 볼 때 쓰는 종이를 이르던 말이다.

253 감초監初: 생원진사초시는 감시초시監試初試·초시初試·생진시生進試라고도 불렸는데, 선비들이 처음으로 응시하는 과거의 첫 관문이었다.

254 욕심을 냅니다: 원문의 '망촉望蜀'은 만족할 줄 모른다는 뜻으로 『후한서後漢

幸於往來便 且投簡紙也 此地紙貴如金 敢此望蜀

•일은 보잘 것 없는 데 쓰임이 요긴하여 이렇게 부탁드립니다. 유삼油衫이 금번 북행에 다 헤어져서 쓸 수 없으니, 바라건대 한 건을 보내주심이 어떻겠습니까? 또 더 부탁드릴 것이 있으니 종이 구하기가 매우 어렵고, 게다가 작은 집을 잇는 데 들어가는 것도 많습니다. 장백지壯白紙와 유둔油芚은 몇 칸 붙여 바를 것을 또한 빠른 인편에 넉넉히 보내 주심이 어떠하겠습니까?

事微而用緊 玆以奉乞 油衫盡弊於今番北行 不堪用 幸以一件惠擲如何 又有加乞者 紙地甚艱 且葺一小屋 所入亦多 壯白紙及油芚 數間付塗者 亦爲優惠於速穪 如何

•당신이 영번嶺藩에 있으니 우리들 몇 사람이 날마다 쓰는 간폭簡幅이 어찌 끊어질 것을 근심하겠습니까? 웃을만합니다.

令在嶺藩 而吾輩數人 日用簡幅 何患不繼用耶 可呵

•한 치 종이가 금과 같으니 장백지壯白紙를 넉넉히 보내 주실 수 있겠습니까? 욕심을 내는 것이 부끄럽습니다.

寸紙如金 壯白可能優惠否 望蜀可媿

•별지別紙는 혼례와 장례에 긴요하게 쓸 것으로 삼가 청하니 바라는 바가 사치스럽다고 할 만합니다.

別紙 以婚葬所緊需 有所奉乞 可謂所欲者奢矣

書』「잠팽전岑彭傳」에 광무제光武帝가 잠팽岑彭에게, "서성西城이 항복하거든 곧 군대를 거느리고 촉로蜀虜를 치라. 사람은 진정 만족을 모르는 것이구나. 농隴을 평정하니 다시 촉蜀을 바라게 되는구나"라고 한 데서 온 말이다.

궤유류饋遺類[255]

•伏呈[삼가 드리다] •伏上[삼가 올리다] •汗呈[256][땀을 흘리며 드리다] •呈上[올리다] •呈似[257][드리다] •伴呈[편지와 함께 드리다] •伴似[편지와 함께 드리다] •伴上[편지와 함께 올리다] •伴簡[편지와 함께 드리다] •送呈[보내 드리다] •送似[보내 드리다] •奉呈[받들어 드리다] •送之[보내다] •送去[보내다] •伴去[편지와 함께 보내다]

•새해 선물을 대략 갖추어 잠시나마 이렇게 문후를 여쭙니다.

略備歲儀 暫此憑候

•재년災年으로 황폐한 상황이라 새해의 문후를 드릴 뜻을 내지 못하다가, 이렇게 후의候儀(계절에 따라 보내는 선물)를 마련해 보내지만 변변치 못한 선물이라 부끄럽습니다.

災年弊局 雖不敢生意於歲問 玆修候儀 物簿可愧

•전사專使를 통해 문후를 여쭙는 것이 늦어 송구하며, 별록別錄도 넉넉하지 못하여 더욱 부끄럽습니다.

專使之候 旣悚晩後 而不腆別錄 尤用媿歉

•새해 달력은 마침 열 개를 얻은 것이 있어 나누어 드리니, 영하營下에 수응酬應하는 데 보태어 쓰시는 것이 어떻겠습니까?

新曆 適有所得十件 分呈 補用於營下酬應 如何

---

255 편지와 함께 보내는 물건이 있을 경우 '함께 드린다' '함께 보낸다'의 뜻으로 쓰는 용어다.

256 汗呈: '땀을 흘리며 드린다'는 표현으로 드리는 물건이 변변치 못하여 부끄럽다는 겸양의 뜻이다.

257 사似: '여與'와 '급給'의 뜻이다.

•달력은 진실로 영감께서 넉넉히 얻으신 줄 알지만 다만 잊지 못하는 마음에 소략함을 잊고 세 개를 올려 드리니 한 번 웃으심을 면치 못할 듯합니다.

曆日 固知令鑑之優得 而只以不能忘之意 忘略以三件呈去 想不免一笑也

•두 달력을 부쳐 올리니, 작은 것은 영감의 동생에게 전해드리는 것이 좋겠습니다.

二曆付上 其小者 傳致令季爲可

•새 부채를 약간 얻어 다 나누어 주고 단지 몇 자루를 드리니 부끄러워 땀이 흐릅니다.

新箑略得盡散 只以如干把仰呈 媿汗媿汗

•부채는 얻자마자 싸서 향중에 보내어서 남은 것이라곤 두 자루밖에 없으니 부끄럽습니다.

節箑 隨得裹送於鄉中 所餘只是二把 可媿

•부채 세 자루를 보내드리니 푸른색 한 자루는 아드님에게 주심이 어떠하겠습니까? 우리 두 사람 마음의 두텁고 박함이 부채로 결정될 것 같으면 그 마음의 근본이 좋지 않음을 알 수 있을 것이니 매우 웃을 만합니다.

三把扇送呈 靑一把 給令胤如何 吾兩情厚薄 若決于扇子 則其情之本 不好可知 極好笑

•보잘 것 없는 부채 세 자루를 보내드리니 아우들과 나누어 가짐이 어떠하겠습니까?

劣扇三柄 送去 昆季分領 如何

•절선은 만든 것이 많지 않아 드릴 것이 매우 적습니다. 부지런히 찾아 또 서른 자루를 올리지만 예전처럼 보잘 것 없는 솜씨니, 참으로 아쉽고 한탄스럽습니다. 다만 몇 자루의 부채는 있으면 보내 드릴 것이고 없으면 보내지 못할 것이니, 어찌 바라고 바라지 않는지를 견주어 헤아리는 데에 이르렀겠습니까? 편지 끝에 말씀하신 것은 전혀 태형台兄의 평소 말투가 아니니, 정권頂圈이 변색되어 남아 있는 것이 따라서 변한 것이 아니겠습니까? 매우 웃을 만합니다.

節箑所造無多 所呈甚些 致此勤索 又以三十柄 呈似 依前是拙手段 良自歉歎 第如干扇柄 有則奉副 無則不送 何至於所望非所望之較量乎 書末云云 頓非台兄平日口氣 無乃頂圈色變 所存者 從以渝耶 絶呵

•보잘 것 없는 부채는 돌아가는 길이 바빠 지금 비로소 소략함을 잊고 나누어 드립니다. 다만 서릿바람을 맞아 면목 없음이 심합니다.

劣箑 臨歸忙了 今始忘略分呈 第犯霜風 無色甚矣

•약물로 치료하고자 하니 병의 가감을 알려 주심이 어떠하겠습니까?

欲濟以藥物 病之加減 示之如何

•부탁하신 납제臘劑[258] 약간은 이미 사방의 응대에 다 소모하여 겨우 청심원淸心元 두 개, 소합원蘇合元 다섯 개를 구하여 올립니다. 계속해서 약원에서 구하여 올리겠습니다.

敎臘劑些儲 已竭於四應 僅覓淸二蘇五以呈 續當求得於藥院以上也

•납제臘劑 약간 종을 소략함을 잊고서 올립니다.

臘劑如干種 忘略送上

---

258 납제臘劑: 해마다 연말에 임금이 가까운 신하들에게 나누어 주는 청심원淸心元, 안신원安神元, 소합원蘇合元 등의 환약丸藥을 말한다. 이것은 내의원內醫院에서 해마다 섣달에 조제하였는데, 납약臘藥이라고도 했다.

·약료藥料는 본래 가지고 있는 것이 없고, 사당砂糖도 가진 것이 없습니다. 약을 다린 끝에 남은 것이라곤 대략 이와 같으니 탄식할 만합니다.

藥料本無私儲 砂糖亦無所有 煎藥之餘 存些略如此 可歎

·약료藥料는 소략하게나마 이렇게 나누어 올립니다.

藥料 略此分呈

·앞서 찾으신 납제는 떨어진지 이미 오래되었으니 다만 몇 종을 올립니다.

前索臘劑 罄乏已久 只以幾種 呈上

·강료薑醪는 지금에야 비로소 익어 다섯 주발 한 병을 올립니다. 바라건대 살펴주십시오.

薑醪 今始告熱 五鐥一壺呈似 幸視至

·접때 아무개 집을 통해 몇 근의 향초를 드렸으니 과연 받으셨는지요?

向因某家 以數斤草仰呈 其果視至也

·매번 한번 문안하고자 했지만 너무 바빠서 그렇게 하지 못했습니다. 지금 비로소 두 근의 향초를 보내니 정으로 받아 주심이 어떠하겠습니까?

每欲一問 而擾汨未果 今始以二斤香草送呈 領情如何

·두 종은 연산燕山에서 구한 것이니 한 종류는 바다 비린내를 없앨 수 있고, 한 종류는 주방 고기 체증을 사그라지게 할 수 있습니다. 물건은 비록 작지만 효과를 거두는 데에는 긴요하니 정으로 잘 받아주시기를 바랍니다.

兩種 卽燕山所擕也 一則可以辟濱海腥臭 一則可以消官廚肉滯 物雖微 收效則緊 幸須領情也

•지난번 땔나무 단으로 도끼질하는 괴로움[259]을 도우려고 했으니 잘 받으셨는지요?

頃以柴束 奉助於斫桂之苦 果領受否

•소금 포대는 지난번에 사람을 통해 보내드렸는데, 마침 출타 중이라서 두고 왔으니 확인하셨는지 알지 못하겠습니다.

鹽包 頃者 專人送呈 而適値駕言 留之而來 未知檢納否

•형님 집안에 자주 양식이 떨어지는 일이 또한 염려되지 않은 것은 아니지만 요사이 수응하는 것이 매우 번다하여 뜻대로 넉넉히 도와드릴 수 없으니 자못 부끄럽고 탄식할 만합니다.

兄家屢空之患 亦非不念 而近來酬應甚繁 不得如意優助 殊可媿歎

•바닷가 마을에 별미가 없어, 감히 어란魚卵 젓갈로 조금 귀한 것을 받들어 올리니 웃으며 받아주시기를 바랍니다.

海邑無別味 敢以卵饌稍稀者 奉呈 或冀莞納

•누대 앞의 은빛 물고기는 본래 맛이 좋다고 일컬어져서 몇 마리를 이렇게 구해 올립니다. 비록 작지만 받아주시기를 바랍니다.

樓前霜鱗 素稱其雋 數尾 玆以覓呈 雖少 俯領爲望

•진현眞玄[260] 몇 동을 보내 드리니 과거 때에 수응하는 데 사용하심이 어떠합니까?

眞玄幾同送上 用於科時酬應 如何

---

259 도끼질하는 괴로움: 『유양잡조酉陽雜俎』「천지天咫」에 나오는 말로, 오강은 한漢나라 서하西河 태생으로 선도仙道를 배우다가 잘못을 저질러 달 속에 있는 계수나무를 쪼개는 작업을 맡아 하였다는 사람인데, 계수나무의 키가 5백 길[丈]이나 되어 도끼질을 하면 다시 달라붙곤 하였다고 한다.

260 진현眞玄: 참 먹으로 품질이 아주 좋은 먹을 가리킨다.

•과거 먹을 나누어 드리니 혹 수응하는 데 도움이 될 수 있을런지요?

科墨分上 或可爲酬應之資耶

•후지厚紙 몇 속과 장지壯紙 몇 속은 마침 가져온 것이 있어서 보내드리니 뒤에 반드시 배로 갚는 것이 어떠하겠습니까?

厚紙幾束 壯紙幾束 適有帶來故 送之 後必倍償 如何

•전에 말씀하신 붓[261]을 지금 몇 자루 뒤늦게 부쳐드립니다.

前示管城 今以幾枝追副

•친히 하교하신 모자帽子는 보내 드리게 하였으니 도착하면 받아주십시오.

帽子親教 使之送去 至須領之也

•간지簡紙를 어찌 권세 있는 집과 요즘의 분주한 여러 집에서 구하지 않고, 도리어 궁벽한 고을의 가난한 집에서 구한단 말입니까? 스무 폭 좋은 간지를 보내드릴 뿐입니다.

簡紙 何不求之於熱門及見方奔走之諸家 而乃反求之於窮巷冷門乎 卄幅好簡 送之耳

•금일은 저의 생일입니다. 노부老婦가 한 병 술과 한상 안주를 구했기에 존전尊前에 보내 드립니다. 보잘 것 없지만 술맛이 자못 좋아 삼가 작은 병을 드리니 매우 송구합니다.

今日 是賤晬也 老婦爲覓一壺酒一楪肴 以餉之尊前 甚褻而酒頗佳 謹獻小壺 悚極

261 붓: 원문의 '관성管城'은 붓을 의인화한 말이다. 한유韓愈의 「모영전毛穎傳」에, "진 시황이 장군 몽염蒙恬으로 하여금 붓에게 탕목읍을 내리고 관성에 봉해 주게 하여 관성자라 호칭하였다[秦皇帝使恬, 賜之湯沐而封諸管城, 號曰管城子]"라고 한 데서 나온 말이다.

·저 또한 서쪽의 산물 가운데 여분이 있어 변변치 못한 두 물건을 보내 드리니 웃으며 받아 주십이 어떠하겠습니까?

弟亦有西産所餘 以二種薄物仰呈 笑領如何

결어류結語類 1

•편지 한 통으로 문후를 드림이 진실로 간절하지 않은 것은 아니나, 일이 바쁘고 병이 들어 그럭저럭 지내다가 이 지경에 이르렀으니, 그리운 나머지에 도리어 저의 불민함을 탓할 뿐입니다.

一書仰候 誠非不切 而滾汨病冗 因循至此 瞻耿之餘 還訟不敏耳

•한 통의 편지로 문후를 여쭙고자 한 것이 오래지만 칩복하는 처지인지라 답장을 쓰지 못하다가 지금 비로소 감사 편지를 인편에 맡겼는데, 또한 감히 자세히 쓰지는 못했습니다.

久欲一書奉候 而蟄伏人事 未克自申 今始憑修謝 又不敢縷縷[262]

•수시로 문후를 드리는 것은 마음이 간절하지 않은 것은 아니나, 태수의 편지가 자못 사람을 번거로이 할까 두렵습니다. 길은 멀고 인편은 드물어 괴롭게도 정성을 이루지 못하니 겸연쩍고 송구합니다. 평소 알아주고 아껴주시는 마음으로 또한 용서해 주시겠지요.

隨時申候 意非不切 而太守書尺 殊怕煩人 道修便稀 苦未遂誠 歉負且悚 平日知愛 亦或恕宥也

•처음 부임하시어 아마도 수접酬接하는 일이 많을 것입니다. 한만閒漫한 서찰은 또한 긴요하지 않을 것으로 염려되어 지금에 이르도록 빠뜨렸으니 탄식할 만합니다.

新到之初 想多酬接 閒漫書札 亦恐不緊 遂至今闕焉 可歎

•매번 문후를 드리고자 했지만 공사간에 바빠서 여태 실행하지 못했으니 매우 안타깝기 그지없습니다.

每擬修候 而公私滾撓 尙此未果 歉歎萬萬

---

262 尹拯『明齋遺稿』卷13「與尹叔麟趾完」

•마땅히 편지를 올려 문후를 여쭈어야 하지만 믿을만한 인편이 구하기 쉽지 않고, 병과 바쁜 일이 또 이와 같아 여태 미루어두고 지금에 이르렀으니 안타까운 마음 어찌 다 하겠습니까?

宜卽奉書以候 而信禠未易 病擾又如此 尙稽至今 歉悚何已

•빨리 한 번 찾아뵙고자 했지만 노쇠함과 병을 떨치기 어렵습니다. 궁벽한 골짜기의 가을 회포를 함께 나눌 사람이 없어 다만 울적한 마음만 더할 뿐입니다.

亟欲一鞭往拜 而衰病難振 窮谷秋懷 無與晤語 只增蘊結而已[263]

•한번 문후드릴 생각은 매번 병 때문에 미루게 되었으니 안타까운 마음 말로 다 할 수 없습니다.

一候之計 每患遷就 歉歎不可言

•매번 찾아뵙고 문후를 여쭙고자 했지만 어버이 병에 골몰하여 품은 생각을 이루지 못했으니 다만 그리워할 따름입니다.

每欲就敍 而汨於親病 含意未遂 只用耿耿

•지금 비로소 체편을 의지해 답장을 보내니 헤아려 주실지 알지 못하겠습니다.

今始憑禠修敬 未知有以諒之否

•오래 지체된 한 통의 편지를 이제야 서울로 가는 인편에 부치니 어느날 당신의 자리 아래에 도달할지 알지 못하겠습니다.

遲遲一書 始付京便 不知何日能徹座下否

•마침 아무개 종을 만나 이제야 답장을 쓰게 되니, 어느날 당신의 책

263 尹拯『明齋遺稿』卷16「與成汝中 八月十九日」

상 앞에 이를 수 있을지 알지 못하겠습니다.

適逢某奴申謝 未知幾日能致靜几也

•이 해가 어느덧 다해 가는 것을 보니 더욱 그리운 마음을 가눌 수 없습니다. 이에 팽인을 보내어 우러러 묵은 세의歲儀[264]를 드립니다.

坐見此日之駸駸將盡 益不任瞻嚮之私 玆奉伻仰申舊歲儀

•찾아뵙고자 했던 앞날의 기약이 아득하여, 대신 짧은 편지를 받들어 안부를 여쭙니다.

承拜下風 前期杳然 替奉尺書 仰候起居[265]

•병들고 나태한 나머지에 또 참담한 소식을 듣게 되니, 온갖 일들이 두서가 없어져서 지금에야 비로소 문후드립니다.

病懶之餘 又聞慘報 萬事無緖 今始修候

•둘째 아이가 장지를 마련하기 위해 북상北上하는데, 장차 당신께 들러 문후드릴 것입니다. 이것으로 안부를 여쭙는 것을 대신하겠습니다.

仲兒爲營葬北上 將歷拜門下 玆替候起居

•근일의 안부를 알아보기 위해 삼가 이렇게 편지를 씁니다.

爲探近日起居節 謹此修敬

•편지를 올려 문후를 여쭙는 것 또한 더디니 매우 송구스럽습니다.

拜書申候 亦且遲遲 悚息悚息

•병중에 그리운 마음 더욱 간절하니 사람을 보내어 안부를 여쭙습니다.

---

264 세의歲儀: 연말에 선사하는 물건을 말한다. 세찬歲饌이라고도 한다.

265 南九萬『藥泉集』第31「與李相國 尙眞丁卯正月二十五日」

病中 向仰尤切 委奉起居節

•요사이 문후를 알아보기 위해 간략하게나마 이렇게 편지를 올립니다.
爲探近候 略此拜申

•마침 가는 체편이 있어 간략하게나마 이렇게 편지를 부칩니다.
適有去褫 略此寄候

•인편에 편지를 올리니 세세히 말씀드릴 수 없습니다.
因便修敬 未能縷縷

•병중에 그리운 마음이 갑절로 심하여 삼가 이렇게 팽인을 통해서 편지를 올립니다.
病中起想倍甚 謹此委伻奉候

•당신의 병이 더한지 덜한지 궁금하여 이렇게 편지를 올립니다.
爲探美疹加減 玆以修候

•이곳에 와서 당신의 성광聲光이 문득 매우 가깝다고 느꼈으나, 객지에서 우연히 만나는 기쁨이 늦음을 면치 못하였으니 슬픈 마음을 어찌하겠습니까? 이에 저체邸遞[266]를 통하여 우선 이렇게나마 소식을 부칩니다.
此來聲光 頓覺密邇 而萍逢之喜 未免較遲 悵如之何 玆因邸遞 先此寄聲

•간략하게나마 이렇게 편지를 써서 안부를 여쭙니다.
略此拜敬 仰申起居

---

266 저체邸遞: 저편邸便으로도 쓰이며 경저리京邸吏 편, 즉 서울로 가는 인편을 뜻한다.

•겨우 잠시 틈을 내어 간략하게나마 안부를 묻습니다.

僅偸少隙 略伸

•바라건대 덕음德音을 내리시어 그리운 저의 마음을 위로해 주십시오.

幸賜德音 以慰瞻詠之懷

•덕음德音을 머리 들어 기다리는 것이 앉은뱅이가 일어나기를 잊지 않는 것과 무엇이 다르겠습니까?

矯首德音 何異痿者之不忘起也

•방자幫子[267] 편이 근래에 반드시 계속해서 이어질 것이니 부디 곧장 편지를 보내주시기를 바랍니다.

幫便近必陸續 幸卽書及爲仰

•자주 덕음을 보내어 이렇게 그리운 마음을 위로해 주십시오.

頻惠德音 慰此瞻仰

•서울의 인편이 매우 드물어 소식도 뚝 끊어졌습니다. 때때로 좋은 소식을 보내주셔서 면대함을 대신하는 바탕으로 삼으심이 어떠하겠습니까?

京便甚闊 洛耗頓絶 須望時惠好音 以爲替面之資 如何

---

267 방자幫子: 지방 관아 하례下隷의 하나를 말하는 것으로 조선시대에는 방자房子로 통용한다.

결어류結語類 2

•가까운 시일에 와 주시기를 매우 바랍니다.

從近來枉 甚企

•마침 받들어 알려드릴 만한 긴급한 소식이 있으나 돌아보건대 가까운 시일 내에 움직임을 도모할 수가 없습니다. 형께서 만약 일이 없다면 내일 와주셔서 편안히 이야기 나누었으면 합니다.

適有緊聞可以奉傳者 而顧無以從近謀動 兄如無故 明須臨穩也

•어떻게 하면 한 번 만나 뵙고 이야기를 나눌 수 있을런지요?

何以則可得一叙

•일전에 전정殿庭에서 잠시 만났으나 만나지 않은 것과 무엇이 다르겠습니까? 금일 마침 좌제坐齋[268]로 일이 없으니, 찾아 주셔서 한 번 편안히 이야기 나눌 수 있겠습니까?

日前殿庭霎奉 與不奉何異 今日適坐齋無事 可蒙枉過以做一穩耶

•그믐께 찾아 주신다는 소식을 받고 손꼽아 일정을 헤아리며 매우 기대하고 있습니다.

承許晦間見訪 屈指計程 苦企

•조카가 와서 파발막에서 만나자는 뜻을 전하니, 목이 빠지도록 기다리고 있습니다.

家姪來傳撥幕相待之意 方深延佇

•방문하실 뜻이 있다고 하신 말씀은 몹시 송구하고 편치 않습니다.

---

268 좌재坐齋: 제사 전날부터 부정한 일을 삼가고 몸을 깨끗이 하는 것을 이른다.

示諭臨訪之意 尤用悚蹙[269]

•어찌하면 다시 정담을 나눌 수 있겠습니까?

何以則更得良晤

•한 번 당신[270]을 뵙고 저의 비루하고 인색함을 떨치려 하는 것 또한 운이 있을는지요?

一見叔度而去鄙吝 亦有數乎[271]

•어느 때에 운무를 헤치고[272] 당신을 만나 뵐 수 있을는지요? 저로 하여금 그립게 합니다.

何時披霧 得奉淸眄 令人瞻仰[273]

•병중에 울적해서 한번 뵙기를 바라지만 어찌 가능한 일이겠습니까?

病中鬱陶 願一拜 何可得也[274]

•지나는 길에 만일 찾아 주신다면 곤궁하고 적적한 마음에 위로가 되고 마음속에 쌓인 것을 풀 수가 있을 것이니 부응해 주실지 알지 못하겠습니다.

歷路 如得枉臨 可以慰窮寂而攄情穩 未知能副否

---

269 윤증『明齋遺稿』卷23「答金監司 演」

270 당신: 원문의 '숙도叔度'는『후한서後漢書』卷53「황헌열전黃憲列傳」에 동한東漢의 고사高士인 황헌黃憲의 자字인데 황헌은 어렸을 때부터 덕망과 학식으로 사람들의 존숭을 받았으므로 도량이 넓은 현사賢士를 일컫는 말로 쓰이게 되었다.

271 趙龜命『東谿集』卷11「與黃大卿書」

272 피무披霧: 운무雲霧를 헤치고 청천靑天을 본다는 말로 곧 훌륭한 사람을 만나 본다는 뜻이다.

273 金昌協『農巖集』卷20「答李命華 丙子」

274 許穆『記言』別集 卷7「與宋進士錫祜」

•돌아가실 때 만약 크게 바쁘지 않다면, 반드시 이곳을 경유하는 길을 내어 며칠간 머물러 계시면서 다시 남은 회포를 풀 수 있는 자리를 가져 주심이 어떠하겠습니까?

歸時 如不忙急 必由此作路 留連數日 更叙餘懷之地 如何

•해를 넘기도록 뵐 길이 막혀 그리운 생각을 견디기 어렵습니다. 가을걷이에 맞춰 내려오시기를 간절히 바랍니다.

隔年阻奉 戀想難耐 趁秋穫下來 苦望

•가을 산이 점점 좋아지니 어찌 한바탕 좋은 담소가 없어서야 되겠습니까? 기대하겠습니다.

秋山漸好 豈無一場良話 是跂[275]

•새해가 되기 전에 돌아갈 계획이 어긋나지 않는다면 다시 하룻밤 정담을 나눌 수 있을는지요?

歲前歸計 若不違繣 可得更做一夜穩耶

•찾아와 주신다는 말씀은 벌써부터 매우 기대됩니다.

枉顧之示 預用翹企

•오마五馬[276]가 들르는 길에 마땅히 깨끗이 쓸고 자리를 마련해서 기다리겠습니다.

五馬歷過之路 當掃設以候耳

•어느 때 말미를 청해서 서울에 들어오려 하십니까?

何間 欲請由入洛耶

---

275 許穆『記言』別集 卷7「與尹佐郎鑴希仲」

276 오마五馬: 한나라 때 태수의 수레를 다섯 필의 말이 끌었던 데서 온 말로 여기서는 고을 수령으로 부임하는 행차를 뜻한다.

•오마五馬가 어느 때에 응당 서울로 들어오는지요?

五馬 何間當入洛耶

•섣달 전에는 응당 서울에 들어갈 인편이 있겠지요? 뵙고 이야기 나누기를 기대합니다.

臘前 當有入洛之便否 拜叙是企

•서울 행차가 혹시 이번 그믐과 다음 달 초를 넘지 않는다면 뵐 때가 멀지 않을 것이니 자못 기쁘고 기대됩니다.

洛行 倘不踰今晦來初 奉際在邇 頗爲欣企

•뵙고 정담을 나눌 기약이 매우 기대됩니다.

奉晤之期 勤企萬萬

•세밑에 가까워 서울에 이를 것이니 벌써부터 기쁘고 기대됩니다.

臨歲戾洛 預用欣企

•만남이 다가오니 벌써부터 기쁘고 마음이 놓입니다.

奉面在卽 預用欣釋

•배를 띄워 두루 내방하겠다는 말씀을 받았지만, 어느 때인지 알지 못해 저로 하여금 꼼짝 못 하고 기다리게 합니다.

承許舟行歷訪 不知定在何間 極令人凝佇

•만나 뵙고 정담을 나눌 기약이 요컨대 멀지 않으니 기대됩니다.

奉晤之期 要在不遠 是企

•단지 조만간 만나 뵙기를[277] 기다릴 뿐입니다.

只竢早晩盍簪

•서울에 이를 때가 멀지 않음을 알았으니 만나 뵙기를 기대할 수 있겠습니다.

戾洛 知在不遠 可圖造拜

•행차가 이른다는 것을 들었으니 곧장 나아가 뵐 것입니다.

聞行旆戾止 卽當趨拜也[278]

•세전에 과연 서울에 들어오신다면 즉시 달려가 뵙겠습니다.

歲前 如果入洛 則可卽趨拜

•행차가 가까운 시기에 들어오신다면 찾아뵙겠습니다.

御者 從近入臨 可卽進拜

•기력이 비록 매우 지치고 고달프지만 오히려 힘을 내 일어나 움직일 수 있고, 하교하신 것도 이와 같으니 혹 우사寓舍를 정한 후에 인마人馬를 내려 보내 주신다면 감히 쫓아 가 뵙지 않겠습니까?

氣力 雖甚委苶 猶可强力起動 下敎又如此 儻於定寓舍後 下送人馬 則敢不趨拜

•돌아가는 길에 날이 다하지 않는다면 들리고자 하시겠지만 아마 쉽지 않을 것입니다.

277 만나 뵙기를: 원문의 '합잠盍簪'은 『주역周易』 「예괘豫卦 구사효九四爻」에 "말미암아 즐거워하므로 크게 얻음이 있으리니, 의심하지 않으면 벗들이 모여들리라.[由豫 大有得 勿疑 朋 盍簪]"라고 한 것에서 나온 것으로 뜻 맞는 이들이 서로들 달려와 회동하는 것을 말한다.

278 尹拯 『明齋遺稿』 卷9 「上炭翁」

歸路 日力如不盡 則擬欲歷入 而恐未易也

•행차의 기약이 이번 그믐과 달 초에 있을 듯하니, 조만간에 마땅히 한번 찾아뵙고 조용히 이야기 나누겠습니다.

行期 似在今晦來初 未間 當一造從容

•마땅히 곧장 나아가 당신께[279] 문후를 드려야 하지만 병상이 이와 같으니 혹 낫기를 기다려서 삼가 찾아가 뵐 것을 도모할 따름입니다.

宜卽進候軒屛 而病狀如此 容竢將息 謹圖造拜耳

•고단함이 조금 덜해지면 뵙고서 정담을 나눌 수 있겠습니다.

蘇憊可造穩

•서늘한 바람이 불 때쯤이면 나아가 뵐 수 있겠습니다.

西風起時 可以進拜

•조금 기다렸다가 한 번 찾아뵙겠습니다.

容俟少間一進

•근래에 한 번도 찾아 주지 않으셨습니다. 다른 사람은 괴이할 만한 것이 없지만 형의 무정함이 이에 이르렀을 줄 어찌 생각이나 했겠습니까?

比日 一不枉訪 他人則無足怪 而豈料兄之無情至此

•한 번도 찾아 주지 않으시니 어찌 이리 무정하십니까? 몹시도 밉살스럽습니다.

一不來 何無情 甚可憎

---

279 당신께: 원문의 '헌병軒屛'은 마루의 난간과 방 안에 둘러친 병풍이라는 뜻으로 어른의 가까운 곁을 이르는 말이다.

•조금 나은 줄 알고 있는데 결국 오시지 않으시니 서글픈 나머지에 염려되는 마음 또한 간절합니다.

知有少愆 不果來 悵然之外 奉慮亦切

•근래 만나 뵐 소식이 있을 듯한데 발자국 소리가 들리지 않으니 서운하고 울적한 마음 어찌 다하겠습니까?

近日 似有奉拜之便 而跫音無聞 悵鬱曷已

•당신의 행차가 반드시 지나가리라 생각하여 종일토록 고대했지만 끝내 소식이 없으니 서글프고 한탄스러운 마음을 어찌 말로 다 하겠습니까?

華蓋 想必歷過 終夕苦待 而竟無跫音 悵歎何言

•오늘 형께서 와주시기를 고대했지만 끝내 기대하던 바와 어긋났으니, 서글프고 그리운 마음 어떻겠습니까?

今日 苦待兄來顧 而竟失所圖 悵仰何如

•이번에 오시면 마땅히 한번 뵙고자 했지만 끝내 생각했던 바와 어긋났으니 서글프고 한탄스러운 마음을 어찌 말로 다 하겠습니까?

此來 謂當一奉 竟失所料 悵恨何可言

•팽인이 돌아옴에 찾아와 주실 생각이 없음을 알았으니, 아쉽고 서글픈 마음을 가눌 수 없습니다.

伻還 審無意枉過 不勝悚悵

•일찍이 한 번 방문해 주실 뜻이 있음을 알았지만 세모에 이르도록 소식이 적막하니 아마 이수二豎[280]가 빌미가 된 것인지요?

---

280 이수二豎: 병마病魔를 가리킨다. 『춘추좌씨전春秋左氏傳』「성공成公 십년十年」에 춘추시대 진 경공晉景公이 병이 들어 진秦나라의 이름난 의원을 불렀는데, 그 사이에 경공이 꿈을 꾸었다. 꿈속에서 병이 두 아이[二豎]로 변하더니 서로 얘기를

曾知有一訪之意 而直至歲暮 跫音寂然 豈二豎者 爲之魔耶

•비록 서로 마주하여 한 번 웃으면서 이 많은 이야기를 나누고자 하지만 어찌 될 수 있겠습니까?

雖欲相對一莞爾 討此多少 何可得也[281]

•병혼病昏으로 나갈 수 없어 모시고 정담을 나눌 길이 없습니다.

病昏不能出 無以承晤也

•오래도록 출입을 폐하여 공무의 연고 외에는 일찍이 문을 나서지 않아 소식을 전하지 못한지가 이 지경에 이르렀으니 헤아려 주실 수 있겠는지요?

久廢出入 公故之外 未嘗出門 貽阻至此 可恕諒否

•온갖 벌레처럼 칩거하는 것이 곧 하나의 벽癖을 이루어 문을 나설 의사가 전혀 없습니다. 이로부터 뵙기를 기약하기 어려우니 자못 서글픈 마음이 듭니다.

百蟄便成一癖 絶無出門意思 自此奉面難期 殊悵惘

•한결같이 병들어 칩복하여 문과 뜰 외에는 거동이 끊어졌습니다. 이 때문에 소식을 전하지 못한 것이 이 지경에 이르렀으니 답답한 마음을 어찌 다 말씀드리겠습니까?

一味病伏 戶庭外運動絶矣 以故 阻闊至此 鬱鬱何極

하는데, 이번에 오는 용한 의원에게 다칠지 모르니, 황肓의 위와 고膏의 아래에 숨어 있자고 하였다. 꿈에서 깨어난 경공이 막 도착한 의원에게 진찰을 받았는데, 병이 이미 고황에 들어 있어 치료할 수 없다는 말을 들었다. 과연 경공은 얼마 지나지 않아 죽고 말았다는 고사에서 유래한 말이다. 고황은 심장과 횡격막橫膈膜 사이로 여기에 병이 나면 치료가 어렵다고 하여 난치병, 또는 불치병을 이르는 말로도 쓰인다.

281 南九萬『藥泉集』第31「答李判書畬 丙子」

•찾아뵙고서 머리를 조아리고 사죄하려 했으나 병으로 바람을 맞을 수 없어 정성대로 할 길이 없으니 서글프고 그리운 마음이 어떠하겠습니까?

竊欲就拜 兼伸叩謝之意 而所患不可以風 末由如誠 悵仰如何

•병을 안고 쓸쓸히 지내는 처지인지라 만나서 좋은 이야기를 나누고 싶지만 쉽게 얻을 수 없으니 매우 슬플 뿐입니다.

抱病離索 雖欲一拚良話 有未易得者 只切冲悵

•한 번 찾아뵙는 일이 생각에 절실하지 않은 것은 아니지만 이리저리 미루다가 이루지 못했으니 늘 그립습니다.

一者進拜 計非不切 而自爾遷就未遂 居常瞻耿

•꼭 한 번 뵙고서 가르침을 받들고 싶었는데 또다시 이루지 못했습니다. 언제 마땅히 이것을 이루어서 저의 비루하고 인색함을 없앨 수 있겠습니까?

必欲圖一會 以承命晦 而又復不成 何當遂此 以祛鄙吝也

•돌아갈 뜻이 매우 바빠 걸음을 돌려 찾아가 뵐 길 없으니[282] 서글프고 그리운 마음이 어떠하겠습니까?

歸意甚忙 末由轉叩衡門 悵仰如何[283]

•금일 물길을 따라 상경하려 하기 때문에 들러서 뵐 수 없으니 그립고 서글픈 마음을 어찌 말로 다 하겠습니까?

今日 將以水道上京 故不得歷拜 瞻悵何言

---

282 걸음을~없으니: 원문의 '형문衡門'은 나무를 가로질러 만든 보잘 것 없는 문으로 안분자족安分自足하는 은자隱者의 거처를 뜻한다. 『시경詩經』「형문衡門」에 "형문의 아래에서 한가히 지낼 만하다[衡門之下 可以棲遲]"라는 내용이 보인다.

283 尹拯 『明齋遺稿』 卷10 「與朴季肯壬戌五月旣望」

•길을 나섬에 뵙고 이야기를 나눌 수가 없어서 서글프고 그리운 마음만 한갓 간절합니다.

臨行 無以奉叙 悵耿徒切

•한 해가 저물어 가도록 멀리 떨어져 서로 만나기[284]가 쉽지 않으니 이러한 우울한 심정이 마땅히 어떠하겠습니까?

歲暮落落 盍簪未易 此懷紆軫 當如何

•섣달이 단지 하루가 남았건만 만나 뵐 기약이 아득합니다.

殘臘 只有一日 相望渺然

•이로부터 모시고 정담을 나눌 기약이 어려우니 그립고 눈물 흘리며 서글플 따름입니다.

自此奉晤難期 瞻言流悵而已

•미시未時 전에 어떻게 한 번 정담을 나눌 수 있겠습니까? 종이를 대함에 마음이 맺힌 듯합니다.

未前 何以一穩 臨紙如結

•만나 뵙고 나눌 이야기는 끝이 없지만 종이를 대함에 서글프기만 합니다.

奉晤未涯 臨楮惘惘

•만나 뵐 길이 없어서 다만 서글픈 마음만 더해집니다.

奉際無因 只增冲悵

---

284 서로 만나기: 원문의 '합잠盍簪'은 『주역周易』「예괘豫卦 구사효九四爻」에 나오는 것으로 뜻 맞는 이들이 서로들 달려와 회동하는 것을 말한다.

•한 번 담소를 나눌 길이 없어 편지를 대함에 그리운 마음만 내닿습니다.
無由一笑 臨書馳情

•한 번 뵙고서 당신의 말씀을 받들 길이 없습니다.
無緣一奉謦咳

•뵙고 정담을 나눌 길이 없어 다만 더욱 마음만 내달립니다.
無路拜晤 只增神往

•만나 뵐 날이 어느 때 있을지 알지 못하겠습니다.
拜面 不知定在何時

•서로 떨어진 것이 가깝지 않아 얼굴을 마주하고 정담을 나눌 길이 없으니 그리운 마음이 어떠하겠습니까?
相望不邇 無由面晤 瞻戀奈何

•반나절 거리인데 서로 만날 길이 없으니 그립고 서글픈 마음 어찌 다하겠습니까?
半日之地 末由相奉 瞻悵曷已

•어느 때 서로 마주하여 주름처럼 겹겹이 쌓인 회포를 풀 수 있겠습니까?
何時相對 開叙襞積[285]

•목을 빼고 내달는 그리움을 이때 더욱 견디기 어렵습니다.
引領馳想 此時益難堪

•아무개 대감이 이웃 동네로 옮겨왔습니다. 마음은 비록 매우 기쁘

285 許穆『記言』別集 卷7「楠溪靜案」

지만 나는 병으로 출입할 수 없고 저 또한 자주 왕림하려 하지 않아 자못 끊임없이 지나고 따르는 즐거움이 없으니 어찌하겠습니까?

某台移來隣洞 心雖欣滿 弟病不得出入 彼亦不肯頻枉 殊無源源過從之樂 奈何

•마을 어귀에서 서로 따르고 좇는 즐거움도 누릴 겨를이 없습니다.

里閈追逐之樂 亦無暇爲之

•아무개 대감이 비록 들어 왔지만 아무개 영감이 또 나가셔서 무언가를 잃은 듯 서운하니 어찌하겠습니까?

某台雖入來 某令又出去 令人悵然如有失 奈何

•아무개 형의 취사僦舍[286]가 가까워 계속해서 왕래할 수 있으니 다행으로 여길 따름입니다.

某兄僦舍相近 源源爲幸耳

286 취사僦舍: 세 들어 사는 집 혹은 셋집, 셋방을 뜻한다.

결어류結語類 3

•파발이 급히 떠난다기에 매우 바빠 대충 씁니다.
撥便急發 忙甚胡草[287]

•인편이 바빠 길게 말할 수 없습니다.
便忙 不能長語

•심부름꾼이 서서 독촉하기에 곧장 답장을 씁니다.
來使立督 口占奉報[288]

•돌아가는 편이 바쁘다 하여 대충 쓰느라 회포를 다 말씀드리지 못합니다.
回便稱忙 潦草不盡懷

•인편이 서서 재촉하여 할 말은 많으나 대충 씁니다.
便人立促 萬萬艱草

•온 인편이 서서 독촉하는지라 말씀을 다 드릴 수 없습니다.
來人立督 不能口悉

•고달파 누워있는데 더군다나 인편까지 바쁘다 합니다.
憊臥 且因便忙

•관인官人이 답장을 독촉하는 것이 매우 급하지만 저물도록 바빠서 다 말씀드릴 수 없습니다.

---

287 金昌協『農巖集』卷11「與子益 大有 敬明」
288 金昌協『農巖集』卷12「答趙成卿 丁卯」

官人討答甚急 抵昏悤悤 不能究布

•파발에 임해서 바삐 씁니다.
臨撥忙草

•윤군胤君[289]을 앉혀 놓고 되는대로 대략 이렇게 씁니다.
留坐胤君 信草略此

•잦은 설사로 기운이 달려 겨우 씁니다.
數泄氣憊 厪草

•병을 무릅쓰고 이렇게 쓰자니 간신히 두루 다 말씀드리지 못합니다.
力疾布此 僅僅不周悉[290]

•이렇게 더위에 시달려 어지러이 쓰느라 글을 이루지 못합니다.
方此病暍 亂草不成書

•정신이 혼미한 데다 바빠서 짐짓 다 말씀드리지 못합니다.
神昏且忙 姑未盡復

•노독路毒이 막 생겨 하고 싶은 말을 다 할 수 없으니 단지 뒤의 인편을 기다릴 뿐입니다.
路憊方作 不能盡所欲言 只俟後便

•능행陵幸에 호종扈從함을 겨우 지냈기에 혼미하고 고달픔이 매우 심합니다.

---

289 윤군胤君: 다른 사람을 높여 그의 아들을 이르는 말이다.
290 金昌協『農巖集』卷11「答子益 戊子」

纔過陵幸陪扈 昏憊忒甚

•병들어 누운 채 겨우 씁니다.
伏枕艱草

•병들어 누운 채 겨우 씁니다.
伏枕胡草

•병들어 누워 혼미하여 남의 손을 빌려 씁니다.
伏枕昏憒 倩草

•여러모로 병으로 혼미하여 남의 손을 빌려 씁니다.
多少病昏 倩白

•손이 떨려 글자를 제대로 쓰지 못하여 두렵고 두렵습니다.
手戰不成字 恐恐

•마침 눈병[291]을 앓아 남의 손을 빌려 쓰는 것이 이만합니다.
適患阿覩 倩布只此

•팔에 뜸 뜬 상처가 있어 간신히 쓰느라 글자를 제대로 이루지 못하였습니다.
臂有灸瘡 艱草不成字

•손이 떨려 간신히 씁니다.

---

291 눈병: 원문의 '아도阿覩'는 눈을 가리킨다. 도覩는 도睹의 고자古字다. 소동파蘇東坡의 「전신傳神」에 "고호두顧虎頭가 이르기를 '사람의 초상을 그리는 것은 모두 아도 가운데에 있다'고 하였다[顧虎頭云 傳形寫影 都在阿睹中]"라는 말이 보인다. 호두는 동진東晉의 유명한 화가인 고개지顧愷之의 호다.

手掉艱草

•겨우 회복했는지라 제대로 답장을 쓰지 못하였습니다.
僅復 不成狀

•몹시 어지럽고 떨려 대략 답장을 씁니다.
極眩掉略謝

•눈을 비비며 병을 무릅쓰고 대략 이렇게 씁니다.
揩眼强疾略此

•땀을 뻘뻘 흘리며 바삐 글을 씁니다.
揮汗忙草

•한낮 열기에 땀을 뻘뻘 흘리느라 많은 이야기를 다 할 수 없습니다.
午熱揮汗 萬不能盡

•대충 써서 결례가 됩니다.
潦草欠敬

•낱낱이 말씀드릴 수 없습니다.
不能縷縷

•새벽에 일어나 등불을 켜고 잠시 이렇게 대신해 씁니다.
曉起呼燈 暫此替申

•이른 새벽이라 언 붓을 입김을 불어 가며 씁니다.
日早呵凍

·날이 저물어 붓끝이 어디로 가는지 알지 못하겠습니다.
日昏不知筆端

·어둠이 닥쳐 대충 답장을 씁니다.
觸昏潦謝

·어스름한 저물녘이라 대략 씁니다.
薄暮略申

·불을 켜고 대략 쓰니 제 뜻을 다하지 못합니다.
呼燭燎草 不能盡意

·밤 등불 아래 대략 씁니다.
夜燈草草

·밤에 겨우 이렇게 씁니다.
夜草僅此

·밤 등불에 모기가 모여들어 어렵게 씁니다.
夜燈蚊集 艱草

·종이가 다 되어 대충 쓰니, 비록 불경을 범했지만 삼가 용서해 주기를 바랍니다.
紙促潦草 殊涉不虔 伏惟恕鑑

·수작酬酢에 번거롭게 할까 염려되어 어느 정도 빠트립니다.
恐煩酬酢 多少並漏

·산처럼 쌓인 회포를 종이를 대함에 다 쏟아내지 못하니, 오직 묵묵

히 이해해 주실 줄 알겠습니다.

所懷山積 臨紙郤寫不盡 惟冀黙會[292]

•새로 부임해서 번거롭고 어지러운 일이 매우 심해서 하고 싶은 말을 다 할 수 없습니다.

新到 紛撓忒甚 不能盡所欲言

•수많은 회포를 다 펼치지 못하니 마음속으로 알아주시기를 바랍니다.

不能盡萬萬懷 統希神會

•지금 겨우 성에 들어와 어지럽고 매임이 더욱 심하니 답장의 말들은 모두 살펴주시는데 달려 있습니다.

今才入城 紛膠比甚 萬萬都在下諒

•수많은 이야기들을 바빠 다하지 못합니다.

千萬 悤悤不盡

•답장할 말들이 자못 쌓여 있지만 이정도만 씁니다.

裁答 頗積只此

•마침 바쁘고 어지러운 일을 만났습니다.

適値悤擾

•마침 다른 곳에 있어 바빠 남의 손을 빌립니다.

適坐他所 撓倩

•이제 막 안장을 풀었습니다.

---

292 金昌協『農巖集』卷13「答林德涵 甲戌」

餘方卸鞍

• 안장을 풀었는지라 바삐 대략 씁니다.
卸鞍忙草

• 출발에 임하여 많이 바빠 대략 답장을 씁니다.
臨發多撓略拜

• 마침 바빠 대략 쓰니 결례가 됩니다.
適撓胡寫欠恭

• 중모님께는 바빠서 편지를 쓰지 못하니 죄송합니다. 이 뜻을 알려 주심이 어떻겠습니까?
仲母主前 忙未修候 罪悚 以此意 詮告如何

• 중형께는 바빠서 따로 문후편지를 드리지 못하니 이 뜻을 전해 주시는 것이 어떻겠습니까?
仲兄前 忙未各候 此意轉布 如何

• 아무개 형님 아무개 벗에게는 따로 문후를 드리지 못하니 돌려서 보시기를 바랍니다.
某兄主 某友前 不得各候 輪照爲望

• 돌려 보시는 것[293]이 어떻겠습니까?
雷照如何

---

293 뇌조雷照: 편지 끝에 쓰이는 말로 뇌격雷擊이라고도 한다. 일일이 안부를 못 전하니 대신 여러 사람에게 안부를 전해달라는 부탁에 쓰인다.

•돌려 보시기를 매우 바랍니다.
雷擊幸甚

•아무개가 아직도 있는지요? 그리운 마음 잊을 수 없습니다.
某人尙在否 耿耿不能忘

•아무개가 자리에 있습니까? 그리운 뜻을 전해 주시기를 바랍니다.
某人在座否 幸傳戀意

•나머지 많은 일들은 붓으로 다 쓸 수가 없습니다.
餘萬非穎可旣

•나머지 많은 일들은 필설로 다 쏟아낼 수 없습니다.
餘非筆舌可罄

•다소의 일들은 글로 다 할 수 있는 것이 아닙니다.
多少 非書可悉

•나머지 일들은 멀리 편지로 다할 수 없습니다.
餘非遠書可旣

•나머지 일은 남겨 두었다가 뵙고서 말씀드리겠습니다.
餘在奉討

•나머지 일들은 찾아뵐 때까지 기다리겠습니다.
餘俟穩進

•나머지 일들은 뵙고서 다 말씀드리기를 기다리겠습니다.
餘俟拜悉

• 나머지 일들은 뵙고 다 말씀드리겠습니다.
餘在面悉

• 나머지 일들은 조만간 뵙고서 말씀드리겠습니다.
餘留早晏一進

• 나머지 일들은 오래지 않아 찾아뵙고 이야기 나누겠습니다.
餘留非久面攄

• 나머지 일들은 찾아뵙고 말씀드리겠습니다.
餘在就穩

• 모든 일들은 돌아가는 날에 다 말씀드리겠습니다.
都俟歸日披叙

• 나머지 일들은 한번 찾아뵙고 말씀드리겠습니다.
餘當一叩

• 나머지 일들은 관촉官燭 아래에서 편안히 이야기 나누겠습니다.
餘在官燭下穩話

• 나머지 일들은 당신을 맞이하고서 말씀드리겠습니다.
餘在迎拜

• 종이가 다해서 나머지 일들은 별지에 쓰겠습니다.
紙盡餘在別幅

• 나머지 일들은 별지에 쓰겠습니다.
餘在別紙

·뒤따라 편지를 쓰겠습니다.
隨當有書

·나머지 일들은 계속 문후를 드리겠습니다.
餘在續候

·나머지 일들은 다시 편지를 드리겠습니다.
餘留更候

·나머지 많은 일들은 모두 편지를 전하는 이 사람이 말로 알려 드릴 것입니다.
萬萬都在此人口傳

·편지 끝에 알립니다.
尾告

·편지 끝을 빌려서 씁니다.
借尾

·편지 끝에 말씀드립니다.
尾白

·편지 끝에 언급합니다.
尾及

·편지 끝에 고합니다.
追告

·편지 끝에 말씀드립니다.

追白

• 편지 끝에 아룁니다.
追控

결어류結語類 4

- 기체후가 절서節序와 같이 편안하시기를 바랍니다.
  惟伏祝氣體候 若序萬安

- 신명의 가호를 받으시고 모든 일이 편안하시기를 바랍니다.
  惟伏乞崇護萬安

- 신명의 가호를 받으시고 모든 일이 진중하시기를 바랍니다.
  崇衛萬重

- 몸을 귀중히 하고 스스로 아끼십시오.
  珍重自愛

- 시절을 대하여 더욱 진중 하십시오.
  對時增重

- 절서節序에 따라 더욱 신명이 가호해 주시기를 바랍니다.
  順序加護

- 시절에 따라 신명이 보호하고 진중하시기를 바랍니다.
  以時衛重

- 고요히 수양하고 크게 진중하셔서 저의 마음을 위로해 주시기를 바랍니다.
  惟冀靜養崇毖 以慰下情

- 자중하고 보안해서 이로써 저의 바람에 부응해 주시기를 바랍니다.
  所冀 自重保安 以冀區區之望

•신명의 가호를 받아서 멀리 있는 제 마음에 부응해 주시기를 바랍니다.
只冀加護 以副遠想

•오직 신명이 도와 화락[294]하고 몸과 마음이 맑고 건강하시기를 바랍니다.
惟希神相 豈弟體中淸健

•기체와 기거가 한가하고 더욱 만복을 누리시어 중외의 기대에 부응하시길 바랍니다.
只冀勻體居閒益福 以慰中外之望[295]

•오직 바라는 것은 나라를 다스림에 보섭保攝하여 여러 사람의 기대에 부응해 주시는 것입니다.
惟伏祝爲國保攝 以慰輿望

•오직 바라는 것은 백성을 다스림에 신명의 가호를 받으셔서 저의 바람과 기도에 부응해 주시는 것입니다.
惟冀按撫加衛 副此瞻禱

•오직 바라는 것은 절도사[296]로서 백성을 다스림에 진중하신 것입니다.
惟願節旄珍重

•바라는 바는 부모님을 모심에 많은 복을 누리시고 백성을 다스리는 데에 마음을 쏟아 백리 밖에 있는 저의 기대에 부응해 주시는 것입니다.

---

294 화락: 원문의 '개제豈弟'는 개제愷弟 라고도 하며 기상氣象이 단아하고 화락함을 나타낸 말이다. 『시경詩經』「한록旱麓」에서 문왕文王의 덕을 칭송하며 "화락하신 군자님은 신명이 보우한 바이로다[豈弟君子 神所勞矣]"라고 하였다.

295 南九萬 『藥泉集』 第31 「與李相國 尙眞 丁卯正月二十五日」

296 절도사: 원문의 '절모節旄'는 임금이 사신使臣에게 부신符信으로 주는 깃대로 모旄는 깃대 머리에 다는 쇠꼬리 털, 또는 그 기旗다. 여기서는 절도사를 의미한다.

所祝 侍奉蔓福之外 加意撫摩 以副百里之望[297]

•오직 바라는 것은 진중자애 하시고 좋은 곳으로 관직을 옮겨 다른 백성들에게 복성福星이 되는 것입니다.

惟冀珍重 移宰善地 爲福星於他民也

•부모님을 모시고 두루 좋으시기를 바랍니다.

都冀侍奉均勝

•다만 덕업이 날로 새로워져서 저의 사모하는 마음을 위로해 주시기를 바랍니다.

只希德業日新 慰此慕用

•오직 바라는 것은 시절에 대해 더욱 신명의 가호를 받으셔서 먼 곳에 있는 저의 마음에 부응하는 것입니다.

惟冀對時益衛 以副遠忱

•모든 일마다 절서節序를 대해 진중하고 아끼셔서 이곳에서 간절히 바라는 마음에 부응해 주십시오.

萬萬對序珍嗇 副此忉忉

•오직 바라건대 새해에 온갖 복을 크게 받으셔서 구구한 저의 바람에 부응해 주십시오.

惟祝新年百福茂集 以副區區

•오직 신년에는 더욱 새로운 복을 받으시길 바랍니다.

惟祝新年益膺新祉

297 尹拯『明齋遺稿』卷17「與朴晦叔 辛酉五月二十二日」

•새로운 복을 많이 받으시길 바랍니다.

茂膺新福

•해가 바뀜에 태평하고 장구한 경사를 많이 받으시기를 바랍니다.

惟冀歲改 茂膺泰長之慶[298]

•기거하심에 신의 가호를 받아 삼양三陽[299]의 경사를 맞이하시기를 축원합니다.

惟祝加護杖屨 以迓三陽之慶[300]

•새해에 큰 복을 받으시기를 바랄 뿐입니다.

所望蔓福於新歲耳

•단지 새해[301]에 많은 복을 받으시기를 바랍니다.

只願獻撥多福

•단지 바라는 것은 새해에 부모님을 모심에 복이 가득한 이외에 학문이 날로 새로워져서 이곳에서 아끼는 저의 바람을 위로해 주시기를 바랍니다.

只冀新元侍奉納福之外 學味日新 慰此相愛之望[302]

•한창 뜨거운 날씨에 더욱 자애하십시오.

正熱加愛

---

298 尹拯『明齋遺稿』卷17「答崔汝和 戊子臘月六日」

299 삼양三陽: 음력 정월을 이르는 말이다.

300 尹拯『明齋遺稿』卷10「上鄭抱翁 至月二十七日」

301 새해: 원문의 '헌발獻撥'은 헌세발춘獻歲撥春의 준말로 새해를 뜻한다.

302 尹拯『明齋遺稿』卷21「答李熉君晦 己未臘月二十八日」

•더위에 더욱 보중하시기를 바랍니다.

慎暑加重

•나머지 일들은 가을을 맞아 신명의 보호를 받고 진중하시기를 바랍니다.

餘祝逢秋衛重

•서늘한 기운이 일어날 때가 머지않았으니 더운 날씨에 더욱 자애하시길 바랍니다.

凉生不遠 惟冀對時加愛[303]

•서리가 내려 쌀쌀한 계절에[304] 신명의 가호를 받아 이곳에 있는 저의 기대에 부응해 주시기를 바랍니다.

霜冷加護 副此瞻祝

•이른 추위로 산림이 쓸쓸하여 초연히 좋은 회포가 없을 것이니 진중하시기를 바랍니다.

早寒山林蕭索 悄然無好懷 珍重[305]

•추운 날씨에 더욱 진중하고 신명의 가호를 받으시기를 바랍니다.

履寒 益珍衛

•연말에 스스로 아끼셔서 이곳에 있는 저의 그리운 마음에 부응해 주십시오.

歲晏自愛 副此瞻仰

---

303 尹拯『明齋遺稿』卷25「答鄭萬陽葵陽 丙戌七月十日」

304 서리가~계절에: 원문의 ‘상냉霜冷’은 찬 서리가 내리는 계절이라는 뜻으로 음력 9월을 달리 이르는 말이다. 상강霜降, 상후霜候라고도 한다.

305 許穆『記言』別集 卷7「答張生萬元」

•한 해가 저물어 가니 오직 형제와 지내면서[306] 절서를 대해 편안하고 길하시길 바랍니다.

歲華垂盡 惟望棣履若序安吉

•세모에 스스로 잘 보중하시기를 바랍니다.

惟希徂歲自衛

•섣달 추위 순찰사의 행차에 복을 더하시기를 바랍니다.

所冀 臘寒巡履 增福

•한 해가 저물어 가는 때에 더욱 자애하시기를 바랍니다.

惟祝歲窮加愛

•연말이 멀지 않았으니 새해를 맞아 복을 더하시기를 바랍니다.

乘除不遠 惟希迓新增福

•연말이 멀지 않았으니 묵은해를 보내고 새해를 맞이함에 복을 더하시기를 바랍니다.

歲除不遠 惟冀餞迎增祉

•묵은해를 보냄에 복을 많이 받으시기를 바랍니다.

餞舊多祉

•묵은해를 보내고 새해를 맞이함에 복을 더하시기를 바랍니다.

餞迓增祉

---

306 형제와 지내면서: 원문의 '체리棣履'는 형제들과의 일상생활을 가리키는 말이다. 체후棣候·체황棣況·체환棣歡 등으로 사용하기도 한다. 체棣는 형제를 상징하는 용어며, 이 때문에 형제간의 우애를 말할 때는 체악棣鄂 혹은 체악棣萼·체우棣友라고 한다.

·새해를 맞아 복을 더하기를 바랄 뿐입니다.
只希迓新增祿

·부모님을 모시고 지내심에 새해의 복을 많이 받으십시오.
侍歡 茂迓新祉

·아름다운 복을 많이 받으십시오.
茂納休慶

·섣달이 오늘이니 복을 받아 더욱 좋으시기를 바랍니다.
除夕在今 迓福益休

·묵은해를 보내고 새해를 맞이함에 도타운 복을 많이 받으시기를 바랍니다.
惟冀餞迓 茂膺純嘏

·새해와 묵은해가 교차되는 때에 지내시는 체후에 복을 더하시기를 바랍니다.
只希新舊之交 爲況增福

·행차 하시는 데에 진중하고 신명의 가호를 받아 부임에 복을 더하시기를 바랍니다.
只祝行旆珍護 美赴增福

·잘 부임하시기를[307] 참으로 기대하고 있습니다.

---

307 잘 부임하시기를: 원문의 '이섭利涉'은 『주역周易』 「고괘蠱卦」에 "크게 선하여 형통하니 큰 내를 건너는 것이 이롭다[元亨 利涉大川]"라고 하였는데, 정전程傳에 "고괘의 큰 뜻은 세상의 어려움을 구제하는 데에 있다. 그래서 큰 내를 건너는 것이 이롭다고 한 것이다[蠱之大者 濟時之艱難險阻也 故曰利涉大川]"라

萬希利涉美赴

•나머지는 행차에 보중하시기를 바랍니다.
餘祈跋履保重

•잘 드시고 더욱 아끼시기를 바랍니다.
珍飯加愛

•온갖 일을 신중히 하여 그리워하는 저의 마음을 위로해 주시기를 바랍니다.
惟祝凡百愼毖 以慰瞻嚮

•빠른 시일 내에 당신의 소식을 기다리겠습니다.
惟俟遄聞平信

•부모님의 병환[308]이 빨리 회복되셔서 길경吉慶하시기를 바랍니다.
惟冀色憂旋復 吉慶

•잘 조섭하시기를 바랍니다.
惟望善攝

•다소의 일들은 더욱 보중하셔서 속히 건강을 회복하시기를 바랍니다.

고 하였다.

308 부모님의 병환: 원문의 '색우色憂'는 얼굴에 걱정하는 빛을 띤다는 뜻으로 자식이 병든 어버이를 간호하는 것을 말한다. 『예기禮記』「문왕세자文王世子」에 주周나라 문왕文王이 세자世子로 있을 적에, "부친인 왕계王季의 몸 상태가 평소와 다른 점이 있어서 내시가 이 사실을 문왕에게 알리면 문왕이 얼굴에 걱정하는 빛을 띠고서 걸을 때에도 신발을 제대로 신지 못하였으며, 왕계가 평소처럼 음식을 들게 된 뒤에야 문왕도 예전으로 돌아갔다[其有不安節 則內豎以告文王 文王色憂 行不能正履 王季復膳 然後亦復初]"라는 고사에서 유래한 것이다.

多小只冀益加保重 速復天和[309]

·더욱더 잘 조섭해서 빨리 회복 하시기를 바랍니다.
益加善攝遄復

·더욱더 조섭하고 보중하시기를 바랍니다.
益加調衛

·슬픔을 잘 조절해서 스스로 보중하시기를 바랍니다.
惟冀節哀自保

309 南九萬『藥泉集』卷30「與西溪己卯七月二十七日」

불비류不備類[310]

•不備 •不宣 •不具 •不究 •不悉 •不式 [이상 표현은 (편지의 격식을) 갖추지 못한다] •不一[하나하나 말씀드리지 못한다] •不旣[다 말씀드리지 못한다] •不多及[많은 사연을 다 언급하지 못한다]

※이상 표현은 '書儀, 書式, 禮' 등이 생략된 격식이다. 아래 그 용례가 있다.

•姑不備[우선 남겨두고 격식을 갖추지 못한다] •餘姑不備[나머지 사연은 우선 남겨두고 격식을 갖추지 못한다] •姑留不備[우선 남겨두고 격식을 갖추지 못한다] •都留不備[나머지 사연은 모두 남겨두고 격식을 갖추지 못한다] •略此不備[대략 이만하고 격식을 갖추지 못한다] •艱倩不備[간신히 손을 빌려 쓰느라 격식을 갖추지 못한다] •倩姑不備[손을 빌려 쓰느라 우선 이만하고 격식을 갖추지 못한다] •只此不備[이만하고 격식을 갖추지 못한다] •病撓不備[병으로 심란하여 격식을 갖추지 못한다]

•病草[병들어 대강 쓰느라 (격식을 갖추지 못한다)[311]] •眼眵[눈이 침침하여 (격식을 갖추지 못한다)] •病倩[병들어 손을 빌려 쓰느라 (격식을 갖추지 못한다)] •艱倩[간신히 손을 빌려 쓰느라 (격식을 갖추지 못한다)] •呼倩[불러주고 대신 쓰게 하느라 (격식을 갖추지 못한다)] •略倩[대략 손을 빌려 쓰느라 (격식을 갖추지 못한다)] •姑倩[우선 손을 빌려 쓰느라 (격식을 갖추지 못한다)] •倩草[손을 빌려 대강 쓰느라 (격식을 갖추지 못한다)] •撓倩[심란하여 손을 빌려 쓰느라 (격식을 갖추지 못한다)] •撓撓[몹시도 심란하여 (격식을 갖추지 못한다)] •極撓[극히 심란하여 (격식을 갖추지 못한다)] •擾甚[몹시 심란하여 (격식을 갖추지 못하다)]

※불선不宣 이하 표현들도 이와 같다[不宣以下仝][312].

---

310 편지 말미에 주로 "편지의 격식을 제대로 갖추지 못한다"의 뜻으로 쓰는 표현을 유별로 제시하였다.

311 이하는 이상의 '不備' 등이 생략된 표현이기 때문에 보충해 번역한다.

312 위 항목에 제시한 '不宣, 不具, 不究, 不悉, 不式, 不一, 不旣, 不多及'과 같은 경우 '不備'를 쓰는 곳에 대체하여 쓸 수 있다는 의미다.

·千萬不盡說[수많은 사연은 다 말씀드리지 못한다] ·病昏不能宣悉[병으로 혼미하여 다 말씀드리지 못합니다] ·不能一一[하나하나 다 말씀드릴 수 없다] ·不能周悉[두루 다 말씀드릴 수 없다]

·只此謹狀[이만하고 편지를 올린다] ·略此拜狀[대략 이만하고 편지를 올린다] ·艱此拜上[간신히 이렇게 편지를 올린다] ·草草只此[대략 이만 쓴다] ·姑此[우선 이만 쓴다] ·略此[대략 이만 쓴다]

·不備狀禮 ·不備狀式 ·不備狀例 ·不備狀儀 ·不備式 ·不備書儀 ·不備謹狀 ·不備拜狀 ·不備書禮 ·不備書例 [이상 표현은, 편지의 격식(예)를 갖추지 못한다]

불선不宣 이하 표현들도 이와 같다[不宣以下仝][313].

·不次[두서가 없다] ·荒迷不次[정신이 혼란스러워 두서가 없다] ·迷錯不次[정신이 혼미하여 두서가 없다]

※상중喪中일 경우 많이 쓴다.

---

313 위 항목에 제시한 '不宣, 不具, 不究, 不悉, 不式, 不一, 不旣, 不多及'과 같은 경우 '不備'를 쓰는 곳에 대체하여 쓸 수 있다는 의미다.

복유류伏惟類[314]

•伏惟[삼가 바라건대] •仰惟[우러러 바라건대] •統惟[모두 바라건대] •姑惟[우선 바라건대] •遠惟[멀리서 바라건대] •統希[모두 바라건대] •仰希[우러러 바라건대] •姑希[우선 바라건대] •都希[모두 바라건대]

감찰류鑑察類[315]

•下鑑[굽어 살펴달라] •下覽[굽어 살펴달라] •下鑑察[굽어 살펴달라] •下察[굽어 살펴달라] •鑑察[잘 살펴달라] •照察[밝게 살펴달라] •崇照[잘 살펴달라] •下照[굽어 살펴달라] •雅照[잘 살펴달라] •雅炤[잘 살펴달라] •鑑臨[잘 보아달라] •下亮[굽어 살펴달라] •下在[굽어 살펴달라] •照在[밝게 살펴달라] •情在[정을 담아 살펴달라] •炤亮[밝게 살펴달라] •情照[정을 담아 살펴달라] •情察[정을 담아 살펴달라] •情亮[정을 담아 살펴달라] •心亮[마음을 담아 살펴달라] •崇亮[잘 살펴달라]

※'崇', '雅'는 상대를 존대하는 말이고, '在'는 '察'의 뜻이다.

•台鑑[대감께서 살펴달라] •台察[대감께서 살펴달라] •台下察[대감께서 굽어 살펴달라] •台下照[대감께서 굽어 살펴달라] •台照[대감께서 살펴달라]

'令'자나 '尊'자를 붙여 쓰기도 한다[或加令字尊字][316].

상후류上候類

이미 상편上篇 배후류拜候類에 제시하였다[已見上拜候類].

---

314 '삼가 바란다'는 뜻으로 편지 말미에 수신자에 대한 발신자의 당부나 바람의 표현으로 쓴다.

315 편지 말미에 보낸 편지를 '굽어 살펴달라' 또는 '잘 살펴달라'는 뜻으로 쓰이는 표현이다.

316 상대를 신분이나 존경의 뜻으로 쓰는 표현이다.

연월류年月類[317]

•年月日[○년○월○일] •甲之元月某日[갑년 정월 모일] •甲元之某日[갑년 정월 모일][318]

나머지들도 모두 이와 같이 쓴다[餘皆倣此].

•某年 원조元朝 •원일元日[모두 정조正朝] •인일人日[정월 초7일] •상원上元[정월 15일] •청명일淸明日 •냉절冷節 •한식일寒食日[모두 한식寒食] •상사일上巳日[3월 3일] •등석燈夕[4월 8일] •단양端陽 •단오端午 •천정일天中日[모두 5월 5일] •유두일流頭日[6월 10일] •칠석七夕[7월 7일] •추석秋夕[8월 15일] •중양重陽[9월 9일] •장지長至[319] •남지일南至日[모두 동지冬至] •가평일嘉平日 •납일臘日[모두 납평臘平[320]]

•제일除日 •제석除夕[모두 섣달그믐(臘月晦日)]

•원월元月[정월] •사월巳月[4월] •오월午月[5월] •유월流月[6월] •국월菊月[9월] •양월陽月[10월] •지월至月[11월] •납월臘月[12월] •윤월閏月

•某月 삭일朔日[초1일] •소망少望[14일] •망일望日[15일] •기망旣望[16일] •염일念日[20일] •소회少晦[29일] •회일晦日[30일]

• 즉일卽日 •즉조卽朝 •즉석卽夕 •즉卽 •즉회卽回 •즉선卽旋 •선旋

---

317 편지를 보낸 연월일을 기록하는 방법을 제시하였는데, 날짜와 월별 이칭, 고갑자古甲子 등을 아래 함께 제시하였다.

318 연도는 간지干支를 쓰는 것이 기본이나 지지地支를 생략하고 천간天干만 쓰기도 한다.

319 장지長至: 하지夏至와 동지冬至 모두 쓴다.

320 납평臘平: 납향臘享하는 날로 처음에는 동지 후 셋째 술일戌日로 잡았는데 조선조 태조太祖 이후에는 동지 후 셋째 미일未日로 정하였다. 납일臘日, 가평嘉平이라고도 한다.

※'즉卽'과 '선旋'은 '바로 그날'의 뜻으로 편지를 받은 날 바로답장을 쓸 때 쓰는 표현이다.

【고갑자古甲子】

·갑甲[알봉閼逢] ·을乙[전몽旃蒙] ·병丙[유조柔兆] ·정丁[강어强圉] ·무戊[저옹著雍] ·기己[도유屠維] ·경庚[상장上章] ·신辛[중광重光] ·임壬[현익玄黓] ·계癸[소양昭陽]

·자子[곤돈困敦] ·축丑[적분약赤奮若] ·인寅[섭제격攝提格] ·묘卯[단알單閼] ·진辰[집서執徐] ·사巳[대황락大荒落] ·오午[돈장敦牂] ·미未[협흡協洽] ·신申[군탄涒灘] ·유酉[작악作噩] ·술戌[엄무閹茂] ·해亥[대연헌大淵獻]

성명류姓名類[321]

·성명姓名 ·명名 이름 한 글자만 쓰기도 한다[或書名一字]. ·자字 ·별호別號 ·모동某洞 ·모영某營 ·모아某衙 ·모진某鎭 ·모막某幕

·번흠煩欠 ·번불명煩不名 ·번포煩逋 ·번불감명煩不敢名 ·흠명欠名 ·포逋 ·흠欠

※성명을 쓰지 않는 경우로 '번다하여 성명을 쓰지 않는다'는 뜻인데, 상중喪中일 경우 많이 쓴다. '포逋'와 '흠欠'은 '바치지 않은 세금'이라는 말로 '빠트리다' '빼먹다'는 뜻이다.

---

321 편지 끝에 발신자의 성명을 쓰는 방법을 제시하였다. 성姓과 명名을 다 쓰는 경우, 명名만 쓰는 경우, 명名의 한 글자만 쓰는 경우, 고을을 쓰는 경우, 아문衙門을 쓰는 경우, 이름을 쓰지 않는 경우 등을 제시하였다.

재배류再拜類[322]

•재배再拜 •배수拜手 •배拜 •돈頓 •돈배頓拜 •단숙端肅[단정 엄숙하게 올림] •백白[아룀]

※'배拜'와 '돈頓'은 '배수拜手'와 '돈수頓首'를 이르는 말로 모두 절의 종류다.

•煩欠再拜 •煩欠拜手 •煩欠拜 •煩欠頓 •煩不名拜 •煩不名頓 •煩逋拜 •逋拜 •煩逋頓 •逋頓 •煩欠謝 •欠拜 •欠頓 •欠謝 •欠式 •頓謝 •欠草 •謝 •欠悚 •逋悚 •煩欠悚悚 •煩欠悚

※성명을 쓰지 않는 경우와 결합한 격식을 제시하였다. '사謝'는 답장일 경우 쓴다.

•상백시上白是 •백시白是 •상서上書

※'上白是'는 이두吏讀로 '상솔이'라 읽으며 '사뢰어 올리다'라는 뜻이고,

'白是'는 '솔이'라 읽으며, 뜻은 '사룀'이다.

•煩不敢名上書 •煩不敢名再拜 •煩不敢名拜手

※성명을 쓰지 않는 경우와 결합한 격식을 제시하였다.

322 재배再拜는 '두 번 절하다'의 뜻인데, 발신자의 성명 다음에 쓰는 표현으로 편지의 마지막 격식이다. 보통 '올림' 또는 '드림'의 뜻으로 번역한다.

한훤차록 寒暄箚錄 권 2

답장식答狀式

기두류起頭類 1

상편 기두류起頭類와 통용한다. 조활류阻闊類로 말하자면 '근심조활近甚阻闊 상절소울常切溯鬱' 등과 같은 구는 직접 썼고, '허구조후許久阻候 첨영가언瞻詠可言' 등과 같은 구의 단락은 단지 '가언可言' 두 글자로 고쳤다. 혹은 '정절政切'이라 하고 혹은 '방심方深'이라하니 곧 답장答狀 기두起頭로 삼았다. 상편 기두류는 모두 아홉 개고 매 단락마다 대략 약간의 글자를 고쳤으니 모두 쓸 수 있다.

[與上篇起頭類 通用 以阻闊類言之 如近甚阻闊 常切溯鬱等句段 可以直用 如許久阻候瞻詠可言等句段 只改可言二字 或云政切 或云方深 則便爲答狀起頭 上篇 起頭類凡九 每段略改若干字 皆可以用之]

- 그리워하던 중에
  瞻[仰言]中

- 몹시 그리워하던 중에
  懸[仰溯]中

- 소식이 막혀 그리움이 바야흐로 지극한데
  阻仰方至

- 매우 그립습니다.
  政爾瞻注

- 그리운 마음에 매우 힘이 듭니다.
  馳仰政[勞勤]

•그리운 마음에 매우 괴롭습니다.
瞻泳正[苦]

•아득히 그리워하던 중에
渺然溯往中

•막 소식이 끊어져서 서글퍼합니다.
方以貽阻爲悵

•근래 오랫동안 문후를 드리지 못해 그리운 마음 깊어만 갑니다.
近久阻候 慕仰方深

•여태 한 번도 문후를 드리지 못해 단지 그리워할 뿐입니다.
尙阻一候 祇有耿耿

•오랫동안 문후를 드리지 못해서 그리움만 쌓여 갑니다.
久未承候 方積勞仰

•오랫동안 편지로 문후를 드리지 못해서 그리운 마음 매우 지극합니다.
久闕書候 瞻想政勤

•편지가 격조阻隔한 것이 이 때 보다 심한 적이 없었습니다.
書信之阻隔 未有甚於此時

•편지가 격조했던 것이 아득히 한 세대나 지난 것 같아 온통 그리운 마음 잠시도 잊은 적이 없었습니다.
書問之阻 邈若隔世 一念耿耿 未嘗少弛

•소식이 막힌 지가 오래된지라 그리운 마음에 단지 스스로 잊지 못

할 뿐입니다.

阻音久矣 瞻嚮之懷 祇自耿耿

•지난번 그쪽으로 가는 인편이 있었지만 우환이 심해서 문후를 드리지 못했으니 서글프고 한스러운 마음만 남아 있습니다.

頃有去便 而憂劇闕候 留作歉恨

•동남東南이 비록 이웃 고을이지만 소식이 멀리 떨어진 궁벽한 곳[323]과 다를 것이 없습니다. 세모에 그리운 마음 하염없이 일어납니다.

東南雖是隣境 聲光無異涯角 歲暮懷仰 不禁憧憧

•첩첩 고개 겹겹 강이 마침내 아득히 먼 곳이 되었으니 그립고 그리운 마음 구름과 함께 흐릅니다.

複嶺重江 遂成遼闊 憧憧瞻言 與雲俱溯

•이 해가 저물어 가니 그리운 마음 깊어만 갑니다.

此歲將盡 瞻想方勤

•잊지 못해 그리운 마음 날마다 해이한 적이 없었습니다.

耿耿瞻懸 靡日或懈

•소식이 오랫동안 끊어져서 한결같이 갑절이나 그립고 울적합니다.

問聞積致阻絶 一念倍切瞻菀

•고갯길이 아득해서 절로 소식이 끊기게 되었으니 다만 서글프고 그립습니다.

嶺路迢迢 自貽阻闊 只有悵仰

---

323 궁벽한 곳: 원문의 '애각涯角'은 매우 궁벽하고 먼 땅을 이르는 말이다.

•밤낮으로 그리운 마음 간절합니다.

日夕瞻耿 政爾

•한해가 장차 저물어 가니 그리운 마음 갑절이나 깊습니다.

歲將除矣 馳思倍深

•서쪽에서 돌아와 한 번도 문후를 드리지 못했으니 그리운 마음 마음만 간절해집니다.

自西而還 一未承候 方切向仰之忱

•이 해가 장차 다해감에 그리운 마음 깊어만 갑니다.

此歲將窮 戀思方深

•바람 불고 눈 내리는 관령의 일은 꿈에도 아득하여 매양 한결같이 그리우니 더욱 서글프고 답답한 제 마음을 금치 못하겠습니다.

風雪關嶺 夢亦渺然 每一企慕 益不禁悵結之私

기두류起頭類 2

•어제 조지朝紙에서 당신의 이름을 보고 비로소 행차가 도성에 들어왔음을 알았습니다. 오래도록 소식이 끊어진 나머지에 또한 조금 위로가 됩니다.

昨於朝紙 覩名字 始審御者入都 間闊之餘 亦一慰也

•그리워하던 중에 당신의 편지가 멀리서 와서 펼쳐 본지 반도 되지 않았는데 기뻐 눈썹이 먼저 솟구치니, 편지[324]의 위로됨이 어찌 직접 보는 것보다 못하겠습니까?

懸仰中 惠書遠枉 開緘未半 喜眉先聳 次面之慰 何減良覿

•손수 쓴 편지가 문득 이름에 황홀하기가 당신을 뵙고 고론을 듣는 것과 같아 위로되고 감사한 마음 헤아리기 어렵습니다.

手敎忽枉 恍若奉淸儀而聆高論 慰荷難量

•소식이 끊어져 그리워하던 중에 편지를 받고 사정을 알게 되니, 발자국 소리를 듣고 몹시 기뻐하는 것에 못지않습니다.

阻仰中承審 不啻喜跫音萬萬

•소식이 오랫동안 끊겨 매우 그리워하던 차에 이렇게 편지를 받았습니다.

阻久戀深 此承耑札

•오랫동안 소식이 끊어져 그리움이 쌓이던 차에 한 통의 편지는 백금과 같습니다.

久阻積戀 一書百金

324 편지: 원문의 '차면次面'은 대면하는 것에 버금간다는 뜻으로 편지를 이르는 말이다.

•여름사이 보내 주신 편지를 가을 끝자락에 받았습니다. 마치 격세의 소식을 얻는 것 같다는 말이 진실로 빈말이 아님을 알았습니다.

夏間下書 伏承於秋末 如得隔世消息者 儘覺非虛語也

•땅은 남북으로 멀리 떨어져 있는데 당신의 편지가 멀리서 오니, 산천은 막힘이 있어도 사람의 마음은 막힘이 없다는 것이 믿을만합니다.

地逴南北 惠書遠墜 信乎山川有阻而人心無隔也[325]

•너무나도 그리워하던 차에 천금 같은 편지를 받게 되니 기쁨과 감격이 번갈아 이릅니다.

戀繆之極 一書千金 令人喜感交至[326]

•편지 두 통이 한꺼번에 도착하였으니, 오랫동안 소식이 끊어진 나머지에 후련하고 위로되는 마음 한량없습니다.

兩書一時遞到 阻闊之餘 披慰沒量[327]

•뜻밖에 편지를 받으니 직접 당신의 모습을 뵙는 것과 같습니다.

意外手書 如接英眄[328]

•엊그제 종편에 보내 주신 편지는 소식이 끊어진 나머지에 삼가 위로가 됩니다.

再昨隸便下書 阻餘伏慰

•일전에 보내 주신 편지를 오랫동안 소식이 끊어진 끝에 받게 되니, 너무 후련하고 기뻐서 편지가 헤지는 것도 느끼지 못합니다.

---

325 尹拯『明齋遺稿』卷26「答江界景賢院儒 庚辰五月十日」
326 許穆『記言』別集 卷7「答趙應敎威鳳」
327 尹拯『明齋遺稿』卷23「答權汝柔 七月二十七日」
328 尹拯『明齋遺稿』卷24「答朴喬伯 乙丑四月十九日」

日者惠書 得於積阻之餘 披寫欣到 不覺紙獘

·천리 먼 곳에서 편지를 보내 주시니 대면한 것이나 진배없습니다.
千里書來 可替顏面[329]

·소식이 격조하던 차에 손수 쓰신 편지를 받으니 마치 만나서 정담을 나누는 것 같습니다.
阻隔得手翰 如對晤語

·오랫동안 당신의 소식을 받지 못해서 답답함이 절실하던 차에 문득 당신의 편지를 받으니 위로되는 마음 말로 다 할 수 있겠습니까?
久阻徽音 竆糾方切 忽承情緘 蘇慰可言[330]

·소식이 끊어졌던 나머지에 보내 주신 편지는 마치 당신의 모습을 다시 대면한 것 같으니, 기쁘고 위로되는 마음 말로 다 할 수 있겠습니까?
阻旅惠札 恰如更對顏範 欣慰可言

·소식이 끊어졌던 끝에 편지를 받고 몇 번을 펼쳐 보면서 감히 손에서 놓지 못합니다.
阻餘承書 再三披玩 不敢釋手

·멀리서 보낸 편지를 받아보니 보내신 뜻이 정중하였습니다. 받아서 읽어봄에 황홀하기가 모습을 뵙는 것 같았습니다.
寵翰遠降 屬意鄭重 拜而讀之 恍瞻光塵

·그리움이 지극하던 차에 문득 보내 주신 편지를 받았습니다.

---

329 尹拯『明齋遺稿』卷23「答金天與性伯 癸未九月十二日」
330 宋翼弼『龜峯先生集』卷5 玄繩編 下「答叔獻書」

戀想之極 忽承下書

•소식이 끊어졌다 답서를 받으니 너무 기뻐서 마치 지난해의 소식을 받는 것 같습니다.

阻拜惠復 喜甚如得隔年消息

•문득 이렇게 안부 편지가 와서 뜻밖에 받게 되니, 위로되고 풀리는 마음이 한 번 뵙는 것에 맞먹을 만합니다.

忽此問翰落來 望外承拜 慰釋可敵一面

•뜻밖에 형님의 편지가 문득 이르러서 손 바삐 펼쳐 보니 마치 함께 앉아 정담을 나누는 듯합니다.

卽於匪意 兄札忽至 忙手披來 如得合席娓娓

•멀리서 보내 주신 편지를 받아 보니 진실로 감사합니다.

遠承辱書 良荷感意

•소식이 막혀 매우 그리워하던 차에 편지를 보내주시니 지극히 위로됩니다.

阻戀方深 書辱極慰

•소식이 막힌 끝에 편지를 받으니 위로됨이 많습니다.

阻餘書辱 慰則多矣

•소식이 막혔다가 편지를 받으니 후련하고 위로되는 마음 형용할 수 있겠습니까?

阻承書問 披慰可狀

•생각지도 않았는데 정다운 편지가 적막한 곳에 와서 바삐 펼쳐서

읽어 보니 마치 당신의 모습을 뵙는 것 같습니다.

不自意 情翰落來寂寞之濱 忙手披讀 怳接淸儀

•여러 폭에 손수 쓴 편지는 보내 주신 뜻이 정중해서 마치 가르침을 받는 것 같아 감사하고 위로된 마음을 형용할 수 없습니다.

累幅手敎 意旣鄭重 若獲鐫誨 感慰不可狀

•손수 쓴 편지는 말씀과 글씨가 찬연하여 매번 받으니 일찍이 눈을 비비고 보지 않은 적이 없습니다.

手札 辭筆燦然 每得之 未嘗不刮眼也

•마음이 담긴 편지를 받을 때마다 달이 다 가도록 아끼고 완상합니다.

每得心畵 彌月愛玩

•종이에 가득한 글씨는 모두 당신의 얼굴이나 다름없는지라 오랫동안 소식이 막혀있던 중에 정담을 나누는 것과 같았습니다. 이 마음 이 회포를 어찌 말로 다 할 수 있겠습니까?

滿紙手墨 皆是顔面 如得良晤於積阻之中 此心此懷 何可盡言[331]

•뜻하지 않게 보내 주신 편지는 진중하고 깨끗해서 모두 마음속의 말씀입니다. 읽고 난 뒤에 감사하고 다행스러운 마음을 어찌 가눌 수 있겠습니까?

匪意左墨 珍重灑灑 皆肝肺語 奉讀以還 曷勝感幸

•멀리 떨어진 곳[332]에 전팽으로 보내 주신 편지는 위로되고 감사한 마음이 직접 찾아와 주시는 것에 못지않습니다.

331 許穆『記言』別集 卷7「與權監司脩」

332 멀리 떨어진 곳: 원문의 '사舍'는 행군할 때 30리를 이르던 말이다.

累舍之地 專人惠書 慰荷不啻聞跫

•이렇게 전팽을 통해 보내 주신 지극한 마음을 받아보니 깊이 생각해 주시는 마음에 감사를 드립니다.

承此專書致意 感佩深眷

•손수 쓴 편지가 멀리서 와서 바삐 펼쳐서 읽어 보니 마치 백붕百朋[333]을 얻는 것 같습니다.

手敎遠墜 忙手披讀 如獲百朋

•소식이 막혀 그리움이 지극하던 차에 아무개가 문득 형이 손수 쓴 편지를 전해 주었습니다. 바삐 펼쳐 보니 마치 벗의 모습을 대하는 것과 같습니다. 누가 편지가 사람만 같지 못하다고 했습니까?

阻想之極 某人忽傳兄手札 忙手開緘 怳對故人眉宇 誰謂書不如人乎

•뜻하지 않게 전팽으로 보내 주신 편지를 받아 보니 자못 곤궁하고 누추한 처지에 위로가 됩니다.

匪意專翰 殊慰窮陋

•잠시 소식이 막혀 허전함을 느끼던 차에 문득 전팽으로 보내 주신 편지를 받았습니다.

少阻亦覺感如 忽被專告之辱

---

333 백붕百朋: 많은 돈이나 재물을 일컫는 말이다. 『시경詩經』「소아 청청자아菁菁者莪」에 "나에게 백붕을 준다[賜我百朋]"라고 한 데서 나온 말이다.

기두류起頭類 3

•헤어진 뒤에 세 통의 편지를 차례로 받게 되니, 마치 뵙고 가르침을 받드는 것 같아 위로되고 다행함이 깊습니다.

別後三書 長弟承拜 若獲面奉謦咳 慰幸深矣

•헤어진 뒤에 보내 주신 편지를 일전에 비로소 받아 보았습니다. 전해 받은 것이 비록 늦었으나 얼마나 위로되고 마음이 후련하던지요.

別後惠書 日前始承見 傳之雖晚 何等慰濯

•보고 있으면 사랑스럽고 이별한 뒤에는 그리웠는데 편지가 와서 뜯어봅니다.

見之戀戀 別後懸懸 書來爲之把玩[334]

•일찍이 수십 일 간 소식이 막힌 적이 없었는데 한 번 이별에 겨울이 지났으니 서글프고 그리운 마음 매우 깊습니다.

曾無數旬之阻 而一別經冬 悵仰政深

•그리워하던 중에 삼가 보내 주신 편지를 받았습니다. 이는 헤어진 뒤 처음 소식이라 기쁘고 후련함이 갑절이나 됩니다.

瞻仰中 伏承寵翰 此是拜別后初信 欣豁一倍

•헤어진 뒤 소식이 막혀 정히 그리움만 간절합니다.

別後阻音 政切瞻耿

•헤어진 뒤 소식이 없으니 서글프고 그리운 마음만 간절합니다.

別后無聞 方切悵戀

---

334 尹拯『明齋遺稿』卷23「答兪敬基辛亥九月十三日」

•헤어진 뒤 가을이 저물도록 소식이 막혀 그리운 마음에 더욱 나도 모르게 안절부절못합니다.

別後秋晩 來音稍阻 懷仰益不覺憧憧

•성남城南의 외로운 등불 아래에서 이별의 회포가 간절하였는데, 답답한 마음 한해를 지났건만 그날과 같습니다.

城南孤燈 別懷悤悤 黯然之懷 歷歲如一日

•동행東行에서 돌아오자마자 남행길을 이미 나서서 드디어 한해 넘도록 이별하게 되었으니, 항상 저의 그리움만 간절합니다.

東行纔返 南節已啓 遂成隔歲之別 恒切瞻仰之私

기두류起頭類 4

•완전히 탈진하여 이리저리 뒹구느라 문밖의 일을 듣지 못한 것이 오래되었는데 곧 당신의 편지를 받들고서야 비로소 세상에서 군평君平[335]을 잊지 않았음을 알았습니다. 매우 기쁜 마음을 어찌 말로 다 하겠습니까?

渾脫宛轉 不聞戶外事久矣 卽承手札 始知世不忘君平 欣倒何言

•병으로 인사를 살피지 못해 여태 편지를 미루었는데 뜻하지 않게 당신의 편지가 먼저 이르렀습니다.

病無人事 尙稽書候 不自意令札先辱

•지난번 보내 주신 편지를 받고 후련하고 위로됨이 그지없었습니다. 병으로 혼미하여 답장이 늦어짐이 또 이 지경에 이르니 부끄럽고 죄송한 마음 어찌 말로 다 하겠습니까?

頃承惠書 披慰沒量 病昏稽謝 又至於此 媿悚何喩[336]

•생각지도 못한 이때에 당신의 편지가 갑자기 이르렀습니다. 뜯어서 읽어보니 또한 일반적인 안부를 묻는 말이 아니었습니다.

不虞此際 耑緘忽辱 折而讀之 又非尋常寒暄語也[337]

•천 리 먼 곳에서 편지가 옴에 완연히 당신의 모습을 대하는 것 같았습니다. 병중에 애타고 그립더니 어느새 문득 풀렸습니다.

千里書回 宛對故人淸範 病中戀渴 於焉頓釋

---

335 군평君平: 한漢나라 때의 은사隱士인 엄준嚴遵의 자다. 그는 일찍부터 벼슬을 포기하고 성도成都에 은거하면서 복서卜筮를 업으로 삼고 살다가 일생을 마쳤다.

336 尹拯『明齋遺稿』卷23「答沈明仲 壬午八月二日」

337 金昌協『農巖集』卷12「答趙成卿 乙丑」

•병으로 궁벽한 마을에 칩거하노라니 온갖 생각이 모두 사라지고 그리운 마음만 때로 당신에게 오갑니다. 인정이란 진실로 이와 같단 말입니까?

病伏窮巷 百念都灰 惟有耿耿一心 以時往來於座下 人情固如是耶

•누추한 방에 바람은 많고 날씨마저 또 음산하고 차가워 막 이불을 붙잡고 병으로 끙끙대고 있는데, 갑자기 먹감나무를 등에 진 아이가 불쑥 편지를 바치는 것을 보니 참으로 이른바 범숙일한范叔一寒[338]이 생각납니다.

陋室多風 日氣又陰冷 方擁衾吟病 忽見童丁背負烏柴 斗獻赤蹄 眞所謂戀范叔一寒

•병으로 바다 구석에 오래 누워 소식이 온통 끊어졌습니다. 머리를 들어 고개 구름을 바라보니 그리운 마음 갑절입니다.

病淹海曲 問聞頓阻 矯首嶺雲 瞻仰倍切

•병으로 골몰하느라 오래도록 안부를 묻는 예를 빠뜨렸습니다.

澳汨病憂 久闕起居之禮

338 범숙일한范叔一寒: 『사기史記』 卷79 「범수열전范雎列傳」에 전국시대 범수范雎가 온갖 고생 끝에 장록張祿으로 이름을 바꾸고 진秦나라 승상이 된 뒤, 빈궁한 사람의 모습으로 변장을 하고는 옛날 함께 노닐었던 수가須賈의 앞에 나타나자, 수가가 애처롭게 여긴 나머지 술과 음식을 대접하고는 "범숙이 여전히 이렇게까지 빈한하게 산단 말인가[范叔一寒如此哉]"라고 탄식하면서 명주로 만든 솜옷을 입혀 주었던 고사가 전한다.

기두류起頭類 5

·방금 보내 주신 편지를 받았습니다.
卽拜惠狀

·방금 뜻밖에도 먼저 보내 주신 문안 편지를 받았습니다.
卽於匪意 承拜先施之問

·그리워하던 중에 편지를 보내 주시니 후련하고 위로되는 마음 갑절로 지극합니다.
念中書枉 披慰倍劇[339]

·그리움이 지극하던 차에 문득 보내 주신 편지를 받았습니다.
戀想之極 忽承下書

·매번 그리운 마음을 가지다가 문득 보내 주신 편지를 받았습니다.
每有懷仰 忽承寵帖

·아침 파발마 편에 여러분께서 보내 주신 편지를 받았습니다.
朝於撥上 得奉僉書

·보내 주신 편지는 만나서 정담을 나눈 것을 대신하기에 충분하니 후련한 마음이 어떠하겠습니까?
訊札 足當面譚 蘇快如何[340]

·곧바로 보내 주신 정다운 편지를 받으니 후련하고 위로되는 마음

339 金昌協『農巖集』卷19「答道以」
340 申翊聖『樂全堂集』卷9「汝固」

말로 다 할 수 있겠습니까?

即承情翰 披慰可言

•곧바로 보내 주신 편지를 받아 보니 옛 자리를 잇는 듯합니다.

卽承問札 如續舊筵

•곧바로 먼저 보내 주신 편지를 받았습니다.

卽拜下狀先辱

•당신의 편지를 받았는데 세궤歲饋[341]까지 아울러 보내 주시니 감사하고 송구한 마음 지극하여 우러러 무어라 말할 수 없습니다.

拜玆盛札 兼以歲饋 感悚之極 無以仰喩

•종이 돌아옴에 문득 두 통의 편지를 받았습니다.

奴歸 輒被兩書

•이러한 위문편지를 받으니 감사한 마음 진실로 깊습니다.

拜此委問 感荷良甚

•한 번에 두 통의 편지를 받았습니다.

一承兩書

•편지가 오려는지 꿈속에서 미리 징조를 보았습니다. 소식이 매우 크다는 것이 이러한 경우를 두고 이르는 것인가 봅니다.

書札欲來 夢寐先感 信息甚大 其謂是歟[342]

---

341 세궤歲饋: 제석除夕(음력 섣달 그믐날 밤)전에 곡식을 나누어 주는 것을 이른다.

342 尹拯『明齋遺稿』卷10「與朴季肯 乙丑二月十六日」

•바로 보내 주신 편지를 받으니 감사함과 부끄러운 마음이 아울러 듭니다.

卽承惠訊 感與媿幷

•바로 손수 쓴 편지를 받아 보니 얼굴을 뵙는 것 같아 더욱 기쁘고 감격스럽습니다.

卽承手滋 如見面 尤可喜感[343]

•보내 주신 편지를 받으니 기쁘고 위로되는 마음 헤아릴 수 없습니다.

拜書之辱 欣慰沒量

•편지를 보내 주시니 적막하던 차에 놀라고 기쁜 마음 어찌 한량이 있겠습니까?

下惠書 寂中 驚喜何量[344]

•보내 주신 편지는 정담을 나누는 듯합니다.

惠書 如得良晤

•방금 받은 이 편지는 후련하고 위로되어 자리에 함께한 것과 같습니다.

卽此手翰 披慰如合席

•방금 보내 주신 편지를 받았습니다.

卽拜委存

•단서耑書로 위문하시니 또한 그대의 마음임을 알았습니다. 어찌 직

343 尹拯『明齋遺稿』卷25「答宋翼輔 甲申至月三日」

344 許穆『記言別集』卷7「答李佐郎鳳徵」

접 찾아와 주시기를 바라겠습니까?

崇書委問 亦認盛念 豈望臨顧

•손수 쓴 편지가 와서 그립고 답답한 마음에 위로가 되었습니다.

手札之來 足慰戀繆[345]

•매우 그리워하던 차에 편지를 받으니 감사하고 위로됩니다.

政爾瞻注 承書感慰

•바로 정다운 편지를 받고 거듭 펼쳐 보니 감사하고 위로가 됩니다.

卽承情翰 三復感慰

•영에 있을 때에 삼가 서울에서 전해 준 편지를 받았습니다.

在營時 伏承自京傳來惠札

•삼가 보내 주신 편지를 받고 거듭 받들어 읽어 보니 마치 다시 상 아래에서 정담을 받드는 듯합니다.

伏奉下存書 擎讀再四 如更承牀下之款

•삼가 번육을 보내준 인편 중에 보내 주신 편지를 받고 향례享禮를 의례대로 지냈음을 알았습니다.

伏承致膰便中 所惠書 伏審享禮如儀[346]

•엊그제 보내 주신 편지를 잘 받았으니 위로되고 감사합니다.

再昨惠書 承領慰荷

345 許穆『記言』別集 卷7「與李生澤」

346 尹拯『明齋遺稿』卷26「答蓬山院儒 壬戌三月七日」

•어제 손수 쓴 편지를 받아 보니 후련하고 위로됨이 많습니다.

昨奉手翰 披慰爲多

•지난번 편지를 받고서 그리워하던 마음에 위로가 됩니다.

向承書問 慰玆嚮往

•지난달 답장은 아직까지 감사합니다.

月前復教 尙此感荷

•지난해 아무개 조카가 돌아옴에 한 통의 편지를 전해 받아 뜯어보니 진실로 멀리 그리워하는 마음에 위로가 됩니다.

客歲某姪還 獲披一書 良慰遠懷

•지난겨울 보내 주신 편지는 여태 위로되고 후련합니다.

客冬下札 迨今慰瀉

•지난 섣달 보내 주신 편지는 여태 후련하고 위로됩니다.

客臘惠狀 迄今披慰

•전에 보내 주신 편지는 손에서 놓지 않고 완독玩讀 하였으니 감사하고 다행스러운 마음이 어떠하겠습니까?

前書 玩讀不置 感幸何如[347]

•지난번 보내 주신 편지에 아무개 물건을 같이 보내어 받고서 위로되고 감사한지라 여전히 책상 위에 두고 있습니다.

向來下札 伴以某物 拜受慰荷 尙在案上

---

347 許穆『記言』別集 卷7「答朗善君俁」

•늦가을에 보내 주신 편지는 여태 우러러 위로됩니다.

抄秋手敎 迄今仰慰

•수일 전 형의 편지를 받아 보니 비록 때늦은 감은 있지만 후련하고 위로됨이 진실로 많습니다.

數昨得承兄札 雖是後時 披慰實多

•어제 편지는 받고서 위로가 되었습니다.

昨書拜慰

•어제 편지는 받고서 위로가 되었습니다.

昨札承慰

•방금 편지를 받고 삼가[우러러] 위로가 되었습니다.

卽承[伏仰]慰

•편지를 받고 안부를 알게 되어 우러러 위로가 되었습니다.

承審仰慰

•편지를 받고 안부를 알게 되어 많이 위로가 되었습니다.

拜審多慰

•편지를 받고 진실로 위로가 되었습니다.

承書良慰

•일찍 편지를 받아 깊이 위로가 되었습니다.

早承深慰

•편지를 받고 안부를 알게 되어 위로됨이 가득합니다.

承審慰滿

•방금 보내 주신 편지를 받았습니다.
卽拜下狀

•보내 주신 편지를 받았습니다.
拜書之辱

•편지가 일찍 왔습니다.
手札早枉

•방금 편지를 받았습니다.
卽承情翰

•방금 또 편지를 받았습니다.
卽又拜書

•일찍 보내 주신 편지를 받았습니다.
早承惠翰

•편지를 받고 매우 위로가 됩니다.
拜書慰甚

•방금 보내 주신 편지를 받았습니다.
卽拜下書

•손수 쓴 편지를 받았습니다.
承拜手教

•일찍 당신의 편지를 받았습니다.
早被崇牘

•그리워하던 차에 편지를 받았습니다.
戀際得書

•계속 해서 편지를 받으니 감사합니다.
續承感荷

•연이어 편지를 받으니 감사하고 위로가 됩니다.
連承感慰

•거듭 편지를 받으니 우러러 위로가 됩니다.
洊承仰慰

•편지를 받고 안부를 알게 되니 매우 위로가 됩니다.
承審慰慰

•방금 편지를 받았는데 매우 감사합니다.
卽札尤荷

•계속 편지를 받으니 더욱 위로가 됩니다.
續拜尤慰

•멀리서 보내 주신 편지를 받고 인편이 없어 답장을 하지 못했는데 방금 또 그믐날 보내 주신 편지를 받으니 더욱 후련해 집니다.

遠承惠札 無便未謝 卽又得晦日書 尤用披豁

•전에 보내 주신 편지에도 답장을 하지 못했는데 또 이렇게 문안 편지를 보내 주시니 감사하고 위로되는 마음을 말로 다 할 수 없습니다.

前書未復 又此委問 感慰不可言

•어제 편지에 미처 답장을 하지 못했는데 방금 또 납길(臘吉, 12월 1일)에 보내 주신 편지를 받았습니다.

昨書未及謝 而卽又拜臘吉惠札

•도중에 삼가 당신의 답장을 받았는데 방금 또 편지를 보내 주셨군요.

路中伏承崇復 卽又委辱下札

•전후 파발 편에 누차 문안 편지를 받았습니다. 그리워하던 마음이라 저로 하여금 매우 감사한 마음을 느끼게 합니다.

前後撥便 屢承問札 戀戀之情 令人多感

•편지에 답장도 하지 못했는데 재차 편지를 보내주셨고, 또 답장을 하지 못했는데 세 번째 편지가 이르렀으니 진실로 부끄럽습니다.

一書未報 而有再書 又未報 而三書至 良可媿戢[348]

•편지에 답장을 하지 못했는데도 문안을 게을리하지 않으시니 그대의 의리에 감격하고 저의 게으름이 부끄럽습니다.

---

348 尹拯『明齋遺稿』卷26「答張洽 己丑二月二十二日」

有書不能答 而問存不怠 感君之義 而媿我之慵也[349]

•아무개 행차 때에 미처 답장을 쓰지 못했는데 돌아올 때에 편지를 받고 그 전 체편에 두 통의 편지를 차례로 받으니 위로되고 감사한 마음 말로 다 할 수 없습니다.

某人之行 未及修謝 而其回承書 其前遞中二書 次第承領 慰感不勝言

•지난번 두 통의 편지는 호행(湖行)에서 돌아오지 않았을 때에 함께 도착해서 삼가 서글퍼 합니다.

向來兩書 俱到於湖行未返 方用伏悵

•답장을 써서 우편을 기다리고 있던 차에 보내 주신 편지가 또 체편을 통해 도착했습니다. 수백 리 먼 곳에서 서신이 연이어 오고 편지의 말이 친절하였습니다. 만약 우리들이 서로 두터운 깊은 정을 나누지 않았다면 어찌 이 정도까지 이르렀겠습니까? 감탄할 뿐입니다.

纔修謝幅 以待郵便矣 惠書又因遞至 數百里之遠 而音信相屬 書辭親切 若微吾人相厚之深 何能至此 感歎[350]

•밤낮으로 연이어 편지를 받았는데, 길하다는 것을 알고 위로가 될 뿐만이 아니었습니다. 그대의 염려가 매우 두터우니 깊이 감사하고 감사한 일입니다.

書及夜連拜書 不惟審吉之爲慰仰 念及勤摯 深謝深謝

•팽인을 통해 계속 편지를 보내 주시니 가까운 거리에서 왕복하는 것과 다름이 없어서 관하關河[351]처럼 먼 것도 느끼지 못합니다.

---

349 尹拯『明齋遺稿』卷23「答李伯邵 辛酉五月二十一日」

350 尹拯『明齋遺稿』卷25「答鄭萬陽葵陽 丙戌臘月二十一日」

351 관하關河: 함곡관函谷關과 황하黃河를 가리키는 말로 고향이나 도성에서 멀리 떨어진 변방을 뜻한다.

伻札之絡續 無異於莽蒼往復 不覺關河之爲遠也

• 해 전후로 계속해서 보내 주신 편지를 받았습니다.

歲前後洊承下狀

• 앞뒤로 보내 주신 편지는 어찌 후련하고 위로되는 마음을 가눌 수 있겠습니까?

前後緘書 豈勝開慰

• 계속해서 편지를 받지만 한결같이 그리운 마음은 어느 때인들 그치겠습니까?

得書非不源源 而一味馳係 無時可已

• 지난번 편지에 막 답장했는데 이제 또 편지를 받았습니다.

前書纔復 玆又承翰

• 답장이 막 떠났는데 이어 전팽의 편지에다 좋은 선물도 잇달아 받았습니다.

覆札纔去 續承專問 嘉貺聯翩

• 막 앞 편지에 답장을 했는데 이어 편지를 받으니 감사하고 위로되는 마음 비유할 수 없습니다.

纔復前書 續承訊札 且感且慰 無以爲喩

• 막 답장을 올렸는데 또 보내 주신 편지를 받았습니다.

才上覆帖 又承下札

• 계속 보내 주신 편지를 받으니 한 번 만나 뵙는 것과 맞먹을 만합니다. 참으로 감사하고 다행입니다.

續承惠札 可敵一拜 良感且幸

•막 한 통의 편지를 보내었는데 당신의 편지가 먼저 도착하니 서로 도모하지 않았지만 한 마음이라 이를 만합니다.

纔上一札 惠幅先墜 可謂不謀而同

•방금 보낸 한 통의 편지가 도달하지도 않았을 텐데 그사이 당신의 편지를 받았습니다.

纔有一書未達 間承委問

•앞뒤로 보낸 편지는 답장할 만한 것이 많았을 것인데 다시 옴에 별다른 말이 없었습니다. 참으로 공무로 겨를이 없는 줄 알겠으나, 어찌 병속의 우울함을 염려하지 않으십니까?

前後書 多可復 而復來無別語 固知簿書無暇 而何不念病裏紆鬱耶

•지난번 영광스럽게도 저를 방문해 주셨는데 어제 또 편지를 보내 주셨습니다.

曩辱寵訪 昨又枉書

•어제의 왕림을 고마워했는데 또 지금 편지를 받았습니다.

方頌昨枉 尤荷今書

•어제 찾아주심이 이미 위로가 되었는데 오늘 편지를 보내 주시니 더욱 감사합니다.

昨奉旣慰 今札尤荷

•지난번 방문이 여전히 감사한데 방금 편지를 받게 되니 더욱 위로 됩니다.

頃枉尙感 卽書尤慰

•지난번 방문과 오늘 보내 주신 편지로 위로와 감사됨이 아울러 지극합니다.

前枉今書 慰感交切

•아침에 전팽을 통해 문안편지를 받고 또 이어서 단서耑書를 받았습니다.

朝承伻存 又此續承耑書

•지난번의 방문은 이미 매우 감사하고 위로되었는데 지금 또 편지를 보내 주시니 더욱 돌봐주심이 두터운 줄 알겠습니다.

日者歷枉 已極感慰 而今又惠書 尤認眷厚

•편지를 받고 기거起居가 편안한 줄 알게 되니, 지난날 잠시 만나고 남은 회포에 조금이나마 위로가 됩니다.

拜承起居安重 稍慰昨日霎奉餘懷

•일찍이 보내 주신 편지를 받아 보니 지난날 만나고 남은 회포에 위로가 됩니다.

早拜下札 審慰昨奉餘懷

•삼가 대감의 편지를 받고 비로소 지난번 헛걸음하셨다는 것을 알게 되었으니, 놀랍고 서글픈 마음을 어찌 가눌 수 있겠습니까?

伏承台札 始知有向者虛枉之擧 曷勝驚悵

•깊은 밤에 전팽이 왔지만 곤하게 잠들어서 헛걸음하고 돌아갔으니 매우 서글픕니다.

深夜專伻 値困睡 虛還 方以爲悵

기두류起頭類 7

•당신의 아들이 멀리서 찾아와서 소매에서 정겨운 편지를 전해 주니, 감사하고 위로되는 마음 매우 큽니다.

令胤遠訪 袖傳情札 感慰滿滿[352]

•둘째 아들이 방문함에 그 모습이 매우 닮았고, 또 소매에서 편지를 꺼내어 주었는데 말의 뜻이 도탑고 자세하였습니다. 이 어찌 한 책장 사이에서 친히 만나 좋은 가르침을 받는 것만 못하겠습니까? 매우 다행입니다.

卽玆二哥來訪 顔範克肖 又出袖中惠書 辭旨諄悉 此何減親奉良誨於一榻間 幸甚[353]

•당신의 아들이 찾아와서 너무나 기뻤습니다. 편지를 소매에서 꺼내어 주니 어찌 당신의 높은 논의를 직접 받드는 것만 못하겠습니까? 감사되고 위로되는 마음 헤아리기 어렵습니다.

賢胤來訪 欣倒已深 袖致惠書 何減獲奉高論 感慰難量

•당신의 아들이 와서 조후調侯를 세세히 알게 되었습니다. 비록 편지를 받지는 못했으나 어찌 당신을 직접 뵙는 것만 못하겠습니까?

賢郎來 細審調侯 雖未承惠翰 何減見老爺

•지난번 당신의 아들과 손자가 서로 이어 방문하고 안부의 말씀을 전하니, 위로되고 감사되는 마음 어찌 말로 다 하겠습니까?

頃者 令郎令孫 相繼來訊 且傳俯問之語 慰荷何極

---

352 허목『記言』別集 卷7「與宋進士錫祜」

353 金昌協『農巖集』卷18「答金顯甫 戊子」

•당신의 아들 모관이 내방함에 얼굴을 거의 알아보지 못했습니다. 손꼽아 보니 서로 헤어진 지가 이미 십여 년이 되었습니다. 놀랍고 기쁜 마음을 어찌 헤아리겠습니까? 그 사이에 인사人事가 변하였으니 유수처럼 흐르는 세월[354]에 또 한 번 서글퍼집니다.

令胤某官之來訪 面目幾不可識 屈指相別已十餘年矣 驚喜何量 其間人事之變 逝水之感 亦堪一愴[355]

•당신의 손자가 방문하여 편지를 받았습니다.

令孫委來 仍承手札

•당신의 손자가 찾아왔는데, 누구인지 물어본 뒤에야 그대의 손자라는 것을 알았습니다. 그 단아함이 사랑스러웠으니, 한편으로 위로되고 한편으로 서글퍼집니다.

令孫來見 問而後知之 愛其雅端 一慰一愴[356]

•조카가 방문함에 정다운 말이 매우 은근하였습니다. 아마 이른바 경卿과 말하는 것보다 낫다는 것이겠지요? 허허.

阿戎來過 晤語頗款 豈所謂勝與卿談者耶 笑笑

•뜻밖에 당신의 아들이 편지를 가지고 이르렀습니다.

意外令允 以惠書至

•어제 당신의 아들이 명으로 찾아와서 삼가 안부를 물어주셨습니다.

---

354 흐르는 세월: 원문의 '서수逝水'는 한번 흘러가서 돌아오지 않는 물로 흐르는 세월을 비유한다. 『논어論語』「자한子罕」에 공자가 냇가에서 흐르는 물을 보고, "가는 것이 이와 같구나, 주야로 쉬지 않는구나[逝者如斯夫! 不舍晝夜]"라고 한 데서 온 말이다.

355 尹拯『明齋遺稿』卷23「答沈明仲 冬至日」

356 尹拯『明齋遺稿』卷23「答沈明仲 壬辰九月二十四日」

昨蒙令允 以命來訪 俯致存訊[357]

•숙모님의 행차가 왕림하시니 몇 년에 뵙지 못했던 나머지에 기쁨과 위로됨을 말로 다 할 수 없었습니다. 모습을 뵈니 옛날과 같아 더욱 축하드릴만 합니다.

叔母主 行次臨過 積年阻拜之餘 欣慰不可言 仰見顔貌猶昔 尤可賀也

•백씨가 먼 곳에서 오셔서 따뜻한 날 초가집에서 연이어 정다운 말을 나누니 이렇게 적적한 곳에서 무한히 좋은 일입니다. 아쉬운 것은 당신과 이곳에서 함께 하지 못한 것일 뿐입니다.

伯氏遠來 暖日茅簷 連得晤語 此寂中 無限好事 所欠 吾友不同此耳

•당신의 아들이 모습이 청수淸秀하고 풍채가 훤칠하니 아낄만 합니다.

胤君毛骨 淸秀 風儀頎然 令人可愛

•일전에 아무개가 소매에 당신의 답장을 가지고 오니 마치 한번 만나 뵙는 것과 같아서 위로되고 후련한 마음 진실로 큽니다. 다만 멀지 않은 곳인데도 끝내 서로 대면하지 못하니 매우 서글픕니다.

日前某人 袖來惠復 如得一奉 慰豁良多 但不遠之地 竟失相面 甚悵

•아무개가 소매에서 편지를 전해 주니 펼쳐 거듭 봄에 위로되고 후련하여 마치 직접 말씀을 듣는 듯합니다.

某人袖傳書敎 披復慰瀉 如奉高論

•아무개가 뜻밖에 찾아와 객지에서 서로 만나니 그 기쁨을 알만합니다. 다만 만나고 작별하는 것이 너무 바빠 보지 않은 것만 못함이 한스럽습니다.

357 尹拯『明齋遺稿』卷10「與崔執義 攸之 辛亥四月二日」

某人意外來訪 客地萍逢 其喜可知 但恨逢別悤悤 不如不見也

•그대의 사위는 단지 한 번 만났을 뿐이고 후일의 기약이 또 멀어 매우 서글픕니다.

垣郎 只得一面 後期又遠 甚以爲悵

•막 아무개 승丞이 성에 들어온 것을 통해서 관찰사의 여러 일들을 자세히 듣게 되니 매우 위로되는 마음이 어찌 함께 만나는 것과 다르겠습니까? 이러한 때에 당신의 편지를 받게 되니 너무나 기쁜 마음이 평소의 갑절이 됩니다.

纔因某丞入城 細聞觀察營諸節 慰滿何異盍簪 此際惠翰落手 欣倒倍常

•일전에 서숙庶叔의 편지가 왔을 때에 또 당신이 보내 주신 편지를 받았습니다. 편지가 연이어 오니 기쁘고 그리운 마음 갑절이나 지극합니다.

日前庶叔 召檄之來 且承寵翰 書尺連仍 欣仰倍至

•방금 아무개에게 보내 준 편지를 받았습니다.

卽伏承抵某人書

•지난번 가정에 보낸 편지를 보았는데, 편지 끝머리의 문안을 받아보니 위로되고 감사한 마음 번갈아 지극하여 헤아릴 길이 없습니다.

頃伏見所抵家庭書 兼荷紙尾之問 慰感交至 無以爲量

•어제 존부께서 보내 주신 편지를 받고 그대가 내려온다는 것을 알았으니 위로가 됩니다.

昨承尊府惠書 知君下來 方以爲慰

•때로 당신의 아드님으로부터 기거에 대한 소식을 받게 되니 늘 그

리운 마음 간절합니다.

時從令胤 槩承起居 恒切瞻誦

•지난번 춘부장을 뵙고 말씀과 가르침을 많이 받았는데 오직 편지가 서로 막히니 매우 서글픕니다.

向拜春府丈 多少穩誨 而惟以書尺之相阻 深以爲悵

•지난번 돈아豚兒가 당신을 뵙고 돌아와 말씀을 전해 주니 감사한 마음 간절합니다.

頃者 豚兒獲拜牀下 歸傳德音 方切感戢

•공무에서 물러나자마자 본영의 관리 아무개를 만나 형의 기거하는 생활을 상세히 알게 되었으니 제가 형 곁에 있는 것과 다름없었습니다. 다만 영리營吏가 안사按使에 대해서 하늘을 밟고 올라가기 어려운 것과 같아서 상세히 알지 못한 것이 매우 한탄스럽습니다.

俄纔公退 逢本營吏某人 細扣令兄起居節 無異身在兄傍 而但營吏之於按使 如天之難階 不得詳知 極歎

•늘 척장戚丈을 모시고서 매번 형 주변의 소식을 듣게 되니, 어느 때인들 잊을 수 있겠습니까?

常陪戚丈 每聞兄邊消息 何時可忘

기두류起頭類 8

・심부름꾼을 통해 탐문하려 했으나 실행하지 못했습니다.

方擬伻探 而未之果

・편지를 보내려고 했는데 당신이 보내 주신 편지가 마침 이르렀습니다.

方擬遣書 下札適至

・심부름꾼을 보내려고 했으나 안타깝게도 보낼 종이 없었습니다. 이러한 때에 당신의 편지가 오니 갑절로 더 기쁘고 그립습니다.

方擬遣伻 而苦乏僮指 此際書枉 一倍欣仰[358]

・집으로 돌아온 지 얼마 되지 않아 심부름꾼을 통해 문후를 여쭈지 못했는데, 당신의 편지가 먼저 이르니 우러러 감사합니다.

還棲屬耳 未及伻候 情訊先及 仰荷

・해가 바뀌고 달이 다해 가는데 아직까지 만나지 못하고 매번 심부름꾼을 통해 탐문하고자 했으나 머뭇거리다 실행하지 못했습니다. 방금 심부름꾼을 통해 편지를 받으니 후련하고 위로되어 대면하는 듯합니다.

歲換月將盡 而尙阻奉敍 每欲伻探 而因循未果 卽拜專人惠書 披慰如對

・지난번 영감께서 부스럼을 앓는다는 소식을 듣고 매우 걱정해서 편지로 탐문하려 했으나 또 수응에 어려울까 걱정되어 마침내 그만두었습니다. 다만 백씨 영감을 통해서 동정을 들었는데, 이렇게 편지를 보내주셔서 이미 완쾌되어 남의 문자에 부응할 수 있다는 것을 알게 되니 기쁨이 보통 때에 편지를 받는 것에 비할 바가 아닙니다.

---

358 金昌協『農巖集』卷20「答魚有鳳 甲申」

向聞令之患癤 甚慮之 欲書探 而又恐難於酬應 遂止之 只憑伯台 知靜動 卽此委翰 承已快痊 能應副人之文字 爲喜 非尋常得書之比也

•편지를 쓴 뒤에 아무개가 와서 당신의 편지를 전해 주었습니다.

書成後 某人來傳惠札

•붓을 잡고 문후를 드리고자 했는데 이때 먼저 보내 주신 편지를 받으니 도모하지 않아도 같다고 이를 만합니다. 위로되고 그리운 마음 응당 어떠하겠습니까?

方把筆擬候 此際 獲承先施惠札 可謂不謀而同 慰仰當如何

•일찍이 면식도 없었는데 문득 보내 주신 편지를 받았으니, 여기에서 당신의 마음을 알 수 있었습니다. 그 마음을 알 수 있다면 얼굴을 보는 것과 무엇이 다르겠습니까?

未曾識面 而忽承惠札 卽此而可以見足下之心矣 其心可見 則何異見其面也[359]

•제가 집사에게 하루의 아분雅分도 없었지만 일찍이 벗 아무개를 통해서 집사께서 저에 대해 언급하시면서 도외시하지 않았다 들었습니다. 비록 앞뒤로 공교롭게도 어긋나 한 번 만나보지 못했으나 이 마음이 그리워함은 오랫동안 교분이 있는 사이와 다를 것이 없습니다.

不佞之於執事 無一日之雅 而曾因友人某 聞執事語到不佞 不置遐外 雖前後巧違 不獲一面 此心嚮往則 無異宿契矣

359 尹拯『明齋遺稿』卷26「答姜再恒 己丑四月五日」

기두류起頭類 9

•해가 바뀌고 갑절 더 그립던 차에 문득 전팽으로 보내 주신 편지를 받아 보니 말씀이 간곡한 것이 예사롭지 않았습니다.

歲改 相思一倍 忽拜專札之賜 辭旨繾綣 有踰尋常

•어젯밤 꿈에 당신의 모습을 보고 낮에 보내 주신 편지를 받아 보니, 새해인 오늘 만나 뵙지 못해 진실로 애석합니다.

夜夢丰範 晝接芳訊 新年此日 良足可惜

•봄이 시작되고 편지가 이르니 너무나 위로됩니다.

春生書至 慰甚可知

•인편이 이르러 편지를 받게 되니, 이는 새해 최고의 소식입니다.

便至惠書 此是新年 第一音信

•오랫동안 당신의 소식이 끊어졌는데, 문득 한해가 지나가니 그리움만 쌓여 갑니다.

久絶金玉之音 倏焉歲阻 向戀方積[360]

•헤어지고 해가 바뀌니 아득히 그리워하며 날마다 소식이 오기를 기다립니다.

別來歲換 思之渺然 日佇嗣音

•새해의 한 소식이 어찌 백붕百朋[361]일 뿐이겠습니까?

---

360 李珥『栗谷集』卷12「答李潑」

361 백붕百朋: 많은 재물을 말한다. 옛날 조개껍질을 돈으로 사용할 때에 오패五貝를 붕朋이라 하였다.『시경詩經』「청청자아菁菁者莪」에 "이미 군자를 만나 보니, 나에게 백붕을 주신 듯하네[旣見君子 錫我百朋]"라고 하였다.

新歲一字 奚啻百朋[362]

•이른 아침에 겨우 새해 인사를 씁니다.

淩早 纔修新歲儀

•며칠 사이에 갑자기 따뜻한 날씨가 되어 꽃피는 것이 문득 새로웠습니다. 흉금을 펼치고 편안히 앉아 뜻이 맞는 사람과 흥회를 펼치려 생각했는데, 전팽으로 보내 주신 편지가 문득 이르니 진실로 정신이 가만히 통하는 기쁨이 있습니다.

數日 炎令驟行 花事頓新 披襟宴坐 思與可意人 暢敍興會 耑札忽屆 實有精神默通之喜

•연초에 보내 주신 편지는 지금도 책상에 두고 때때로 한 번씩 펼쳐 보면서 얼굴을 맞대고 정담을 나누는 것을 대신합니다.

歲初惠書 至今留在案上 時一披玩 以代面晤[363]

•새해가 되니 그리운 마음 더욱 간절합니다.

歲色已新 嚮往尤切

•한길의 눈과 겹겹의 안개로 모든 날씨가 고르지 못한 이때에 편지를 보내주시니 갑절이나 기쁩니다.

丈雪重霧 俱係乖候 此際書枉 倍切欣仰

•해가 바뀐 지 거의 몇십 일이 되었는데 이럭저럭 여태 한 통의 편지도 보내지 못했으니 매우 그립습니다.

獻發殆數旬 而荏苒尙闕一書 政切瞻耿

---

362 尹拯『明齋遺稿』卷20「與羅仲輔 丙寅元月十日」

363 尹拯『明齋遺稿』卷23「與鄭長源 丁卯三月十七日」

•뭉게뭉게 구름은 서있고, 부슬부슬 때에 맞는 비가 내리는데,[364] 이러한 때에 한 통의 편지를 받았으니 어찌 천금에 비할 뿐이겠습니까?

停雲藹藹 時雨濛濛 此時一札 奚翅千金[365]

•비가 내려 근심스럽고 적적하며 종일토록 사람이 없더니, 이때에 편지를 받으니 진실로 얼굴을 뵙는 것과 다름없다 할 만합니다.

雨中愁寂 終日無人 此際得書 眞所謂次面

•무더위에 흙비까지 겹쳐 기분이 편치 않고 그리운 마음만 깊어 갑니다.

溽暑挾霾 人氣不寧 向戀方深[366]

•큰비로 들판이 잠겨 행인이 완전히 끊겼는데, 건실한 심부름꾼이 형의 편지를 가지고 이르니, 텅 빈 집 외롭게 지내던 처지에 위로되고 후련한 것이 평소의 배가 됩니다.

大雨沒郊 行人一斷 而健脚以兄書至 空齋幽獨 慰豁倍常[367]

•심부름꾼이 비를 무릅쓰고 이르러 손수 쓴 편지를 주기에 바삐 열어 빨리 읽어 보고 저도 모르게 고맙고 후련함을 느낍니다.

來使冒雨而至 投以手札 忙披疾讀 不覺感豁[368]

•계절이 이미 한 여름에 접어드니 그리운 마음 갑절이나 절로 깊어집니다.

---

364 뭉개뭉개~내리는데: 도연명陶淵明이 친우를 생각하며 지은 「정운停雲」이라는 제목의 사언시에 "뭉게뭉게 제자리에 서 있는 구름이요, 부슬부슬 제때에 내리는 비라[靄靄停雲 濛濛時雨]"라는 말이 나온다. 『도연명집陶淵明集』 卷1.

365 尹拯 『明齋遺稿』 卷16 「與白文玉 五月十九日」

366 李珥 『栗谷集』 卷11 「答宋雲長 戊寅」

367 尹拯 『明齋遺稿』 卷13 「與宋子文 甲辰閏月旣望」

368 尹拯 『明齋遺稿』 卷9 「上草廬 己亥」

天時已屬深夏 瞻仰倍自耿耿

•안개와 바람에 나부끼고 떨어지는 계절에 문을 닫고 홀로 읊조리고 있노라니 떨어져 지내는 근심에 그리움만 흉금에 가득합니다. 한 통의 편지가 와서 천리 먼 곳에서 심회를 얘기하게 될 줄을 어찌 생각이나 했겠습니까? 펼쳐 본 이후로는 한바탕 만나서 얘기한 것[369]에 못지않았습니다.

霧風搖落 閉戶獨吟 離索爲憂 有懷盈襟 何料一札惠然 千里論心 披玩以還 不減一場盍簪[370]

•매번 가을바람에 당신이 보내 주신 편지를 받았는데, 지금 또 기약한 듯 편지가 이르렀습니다.

每於秋風 得承惠札 今又如期而至

•가을 날씨가 쌀쌀해지니 그리운 마음만 매우 괴롭습니다. 이때에 편지가 이르니 위로되는 마음 가누기 어렵습니다.

秋事憀慄 懷仰政苦 此際書至 慰沃難勝

•가을에 그리운 마음 더욱 괴롭더니, 이에 보내 주신 편지를 받았습니다.

秋來瞻仰尤苦 玆拜惠札

•눈이 내려 문을 닫고 홀로 누워 있었는데, 문득 전팽으로 보내 주신 편지를 받으니 그립고 위로되는 마음 갑절이나 깊어집니다.

雨雪中 閉戶獨臥 忽被專書 傾慰倍劇

---

369 만나는 것: 원문의 '합잠盍簪'은 『주역周易』 예괘豫卦의 '물의붕합잠勿疑朋盍簪'에서 나온 말이다. 합盍은 합合이고, 잠簪은 질疾이니, '의심하지 말면 벗이 모이는 것이 빠르다'는 뜻이다. 여기서 '잠시 만나다'는 뜻으로 부연된다.

370 尹拯 『明齋遺稿』 卷21 「答尹周翊元亮 乙丑九月二十五日」

·눈 속에 덩그러니 앉아 있다가 문득 손수 써주신 편지를 받았습니다.

雪中塊坐 忽被手字[371]

·빈집에서 병으로 신음하고 있어 세모에 사람이 그립더니 이러한 때 정다운 편지는 저로 하여금 기쁘게 합니다.

空齋吟病 歲暮懷人 此時情札 使人如倒

·눈 속에 칩거하고 있노라니 쓸쓸한 처지가 괴롭습니다.

雪中藏蟄 離索爲苦[372]

·종일 문을 닫고 있는데 눈보라가 몰아쳐 사람 마음을 심란하게 합니다.

終日閉門 風雪惱人[373]

·추위가 두려워 움츠려 있으니 그리운 마음 매우 괴롭습니다.

畏寒龜縮 瞻想政勞

·큰 눈이 길을 막아 인적이 거의 끊어졌는데 당신의 편지가 문득 이르렀습니다.

大雪塞路 人蹤幾絶 而惠書忽至

·동짓달[374]에 당신의 답장이 문득 이르니, 편지를 받고 위로되고 기쁜 마음을 형용할 수 없습니다.

一陽纔生 惠復忽至 拜慰傾倒 殆難名狀

---

371 金昌協『農巖集』卷19「答道以」

372 尹拯『明齋遺稿』卷13「與宋子文 臘日」

373 許穆『記言別集』卷7「答李生晉茂」

374 동짓달: 원문의 '일양재생一陽纔生'은 송宋나라의 철학자 소강절邵康節이 동짓날 한밤중 자시子時 반에 하나의 양기가 처음으로 나온다는 학설을 주창한 데서 비롯되었는데, 그 뒤로 이 설이 정설로 자리 잡았다.

•어느덧 격조하여 한 해가 저물어 가니, 편지가 이름에 이 마음에 조금 위로가 됩니다.

居然阻隔 至於歲晏 書至 稍慰此懷[375]

•친구의 정다운 편지가 멀리 궁벽한 마을 눈 속에 누워 있는 가운데에 이르렀습니다.

故人情札 遠及於窮巷臥雪之中

•그리운 마음 어찌 일찍이 간절하지 않았겠는가마는 세모에 더욱더 그립습니다.

嚮仰何嘗不切 而歲暮益復悒悒

•세모에 쓸쓸한 회포가 날로 깊어 가는데 체편에 지난달 아무개 날에 보내 주신 편지를 받아 보니 영營에 도착한 뒤 첫 소식입니다. 편지 겉봉만 보고도 이미 내 마음을 풀기에 충분했습니다.

歲暮離索之懷 與日俱深 褫中拜前月某日所惠書 到營後初信也 只見簡面 已足開寫

•세모歲暮의 의례가 이미 끝났는데 뜻밖에 편지를 보내 주시고 물건도 보내 주셨습니다.

殘歲之儀已了矣 不謂又辱之以書 貺之以物

•편지 가득 구구한 사연이 마치 대면하고 마음속 일을 이야기하는 것 같아 산천이 멀고 막혀 있음을 느끼지 못합니다.

滿紙縷縷 如對面說心裏事 不覺山川之脩阻也

•인편이 있을 때마다 편지를 보내시고, 편지를 보내실 때마다 많은

375 尹拯『明齋遺稿』卷25「答金時濟 庚辰十月二十二日」

회포를 다 말씀하시고 한만閑漫한 얘기까지 해 주시어 적적한 생활을 깨어 주셨습니다. 당신의 정력은 저 같은 아우들이 따라갈 수 있는 것이 아니니 탄복하여 마지않습니다.

每便有書 每書討盡 多少情懷 且及閑漫說話 破此聾寂 某精力 非弟輩所及 歎服無已[376]

•공무로 바쁜 가운데에도 편지를 보내 문안을 해 주시니 감사하면서도 부끄러워 사례할 바를 알지 못하겠습니다.

公務鞅掌之中 委書存問 且感且媿 不知攸謝[377]

•이때 손수 쓴 편지를 받으니 서로 만난 것과 같아서 위로되는 마음 매우 큽니다.

此時手札 如相對 慰懷滿滿[378]

•손수 쓴 편지마다 작은 글자가 폭에 가득하고, 번번이 시로 부응해서 위문함이 매우 지극하니, 서호西湖[379]의 그윽한 기약을 편지 위에서 보는 듯 황홀합니다. 진실로 나의 그리움으로 형의 그리움을 안다고 할 만합니다.

手敎疊書 細字盈幅 輒以詩副 慰問勤摯 西湖幽期 怳見於尺紙之上 眞所謂以吾懸懸 知兄戀戀也

•여러 폭의 손수 쓰신 편지마다 정의情意를 내려 주심이 매우 중하니 마치 깊은 가르침을 얻는 듯합니다.

376 尹拯『明齋遺稿』卷27「上再從兄察訪公 壬子七日」

377 尹拯『明齋遺稿』卷13「答李公州 齊杜 辛酉八月十二日」

378 許穆『記言』別集 卷7「與許斑仲玉」

379 서호西湖: 서호西湖는 송나라 은사隱士 임포林逋가 살았던 곳이다. 임포의 시호諡號는 화정和靖이다.『송사宋史』권457「임포열전林逋列傳」에 그는 서호의 고산에 은거하여 20년 동안 성시城市에 발을 들여놓지 않았으며, 서화와 시에 능하였고 특히 매화시가 유명하다는 내용이 보인다.

累幅手教 意貺甚重 若獲鐫誨

·산가에서 쓸쓸히 지내고 있는데 문득 손수 쓴 편지를 받았습니다.

山家索居 忽被手翰

·가르침을 받지 못한지가 어느덧 두 해가 지나 보잘 것 없는 저의 회포로도 절로 그리운 마음이 없을 수 없는데, 지난해를 보내고 새해를 맞이하는 즈음에 매번 사무치는 마음을 가눌 수 없습니다.

貽阻清誨 忽過二籌 鄙吝之懷 無自不耿耿 而餞舊迎新之際 每不任結轖也

·이때 보내 주신 편지가 이르니 마치 가르침을 받는 듯합니다.

此際下札辱臨 如承驚咳

기두류起頭類 10 <부답附答>

•달 전에 답장으로 올린 편지는 과연 읽어보셨는지요?

月前答上書 果下覽否

•지난번 문안편지를 받고 답장을 써서 부쳤는데, 관예官隷가 돌아갈 때 과연 전해졌는지 알지 못하겠습니다.

頃承問札 修復付之 官隷之回 未知果傳致否

•지난번 답장은 이미 보았으리라 생각됩니다.

頃復 想已照至矣

•지난번 답장은 받아 보셨는지요?

頃覆照未

•이전 편지에 답장을 써서 저편邸便에 부쳤으나, 중간에 잃어버린 듯합니다.

前書脩謝 付之邸便 想有浮沈也

•지난번 아무개 곳에서 거듭 당신의 편지를 받고 한 번은 답장을 하고 한 번은 하지 못했는데, 살펴보셨는지 알지 못하겠습니다.

曩在某處 再承手札 一答一否 未知照下否

•그저께 날도 흐린 데다 병으로 혼미한 상태에서 급히 답장을 썼으니, 잠꼬대라고 여기셨을 것입니다.

再昨日黑 病昏走筆作報書 想以爲夢囈語也[380]

---

380 金昌協『農巖集』卷12「與趙成卿」

·어제 인편이 돌아갈 때 삼가 답장을 써서 올렸습니다.

昨因便回 敬修復書

·지난번 돌아가는 인편에 소란스러워 상세히 쓰지 못하고 대강 답장을 부쳤습니다.

頃於回便 撓不能悉 草草付答矣

비의류匪意類[381]

•匪意[뜻하지 않게] •不自意[뜻하지 않게] •意外[뜻밖에] •意襮[뜻밖에] •料外[뜻밖에] •料表[뜻밖에] •襮外[뜻밖에] •謂外[뜻밖에] •念中[생각하던 중에] •念外[뜻밖에] •戀際[그립던 차에] •戀頭[그립던 차에] •匪望[바라지도 않았는데]

체중류褫中類[382]

•褫中[우체 편에] •褫便[우체 편에] •卽褫[방금 우체 편에] •卽於褫中[방금 우체 편에]

•便中[인편에] •便至[인편이 와서] •便回[인편이 돌아와서]

•專价來[심부름꾼이 와서] •伻至[심부름꾼이 와서] •奴至[종이 와서] •奴歸[종이 돌아와서] •奴還[종이 돌아와서] •專伻來[심부름꾼이 와서] •專使至[심부름꾼이 와서] •伻還[심부름꾼이 돌아와서] •幫便[방자 편에] •官隷回[관아 종이 돌아와서]

※'전개專价, 전팽專伻, 전사專使'는 오로지 편지를 전하기 위한 목적으로 고용한 심부름꾼이다.

---

381 '뜻하지 않게', '뜻밖에', '그리워하던 차에' 등의 뜻으로 상대의 편지를 받았을 때 쓰는 표현이다. 답서答書에만 쓰는 표현이다.

382 '우체(역마驛馬) 편을 통해', '인편을 통해' 등의 뜻으로 편지를 받은 경로를 밝힌 것이다. 답서答書에만 쓰는 표현이다. '치褫'는 '체遞'와 같다.

복승류伏承類[383]

•卽伏承[방금 삼가 받다] •謹伏承[삼가 받다] •伏承[삼가 받다] •敬承[공경히 받다] •恭承[공손히 받다] •謹承[삼가 받다] •欣承[기쁘게 받다] •喜承[기쁘게 받다] •玆承[이에 받다] •就承[곧 받다] •拜承[삼가 받다] •卽承[방금 받다] •獲承[받다] •第承[곧 받다] •得承[받다] •忽承[갑자기 받다] •披承[펼쳐보다] •早承[일찍 받다] •又承[또 받다] •洊承[거듭 받다] •連承[연이어 받다] •續承[이어서 받다] •仰承[삼가 받다] •阻承[소식이 막혔다가 받다]

•玆蒙[이에 받다] •伏蒙[삼가 받다] •伏奉[삼가 받다] •忽奉[갑자기 받다] •獲奉[받다] •得奉[받다] •忽被[갑자기 받다] •連被[연이어 받나] •早被[일찍 받다] •屢被[누차 받다]

•得接[받다] •連接[연이어 받다] •又接[또 받다] •卽接[방금 받다]

•伏拜[삼가 받다] •謹拜[삼가 받다] •卽拜[방금 받다] •獲拜[받다] •得拜[받다] •忽拜[갑자기 받다] •玆拜[이에 받다] •第拜[곧 받다] •承拜[받다] •洊拜[거듭 받다] •續拜[이어서 받다] •又拜[또 받다] •此拜[이에 받다]

•承此[받다] •拜玆[받다] •拜此[받다] •獲此[받다] •得此[받다] •荷此[받다]

---

383 '삼가 받다'는 뜻으로 '편지를 받았다'는 표현이다. 답서答書에만 쓰는 표현이다.

하서류下書類[384]

• 下書[보내 주신 편지] • 下問書[보내 주신 문안편지] • 下辱書[보내 주신 편지] • 下存書[보내 주신 문안편지] • 下答書[보내 주신 답서] • 下覆書[보내 주신 답서]

• 下狀[보내 주신 편지] • 下問狀[보내 주신 문안편지] • 惠狀[보내 주신 편지]

• 俯札[보내 주신 편지] • 耑札[전팽專伻으로 보내 주신 편지] • 崇札[당신의 편지] • 手札[손순 쓴 편지] • 情札[정다운 편지] • 惠札[보내 주신 편지] • 委札[보내 주신 편지] • 問札[문안편지] • 訊札[문안편지] • 枉札[보내 주신 편지] • 辱札[보내 주신 편지] • 覆札[답서] • 令札[당신의 편지] • 兄札[형의 편지] • 尊札[당신의 편지]

• 華翰[당신의 편지] • 寵翰[총애가 담긴 편지] • 耑翰[전팽專伻으로 보내 주신 편지] • 手翰[손수 쓴 편지] • 情翰[정다운 편지] • 淸翰[맑은 편지] • 專翰[전팽專伻으로 보내 주신 편지] • 問翰[문안편지] • 枉翰[보내 주신 편지] • 崇翰[당신의 편지] • 惠翰[보내 주신 편지] • 嵬翰[당신의 편지] • 兄翰[형의 편지] • 尊翰[당신의 편지] • 墜翰[보내 주신 편지] • 委翰[보내 주신 편지]

• 崇牘[당신의 편지] • 嵬牘[당신의 편지] • 惠牘[보내 주신 편지] • 捐牘[보내 주신 편지]

• 崇帖[당신의 편지] • 嵬帖[당신의 편지] • 辱帖[보내 주신 편지] • 專帖[전팽專伻으로 보내 주신 편지]

• 復教[답서] • 覆教[답서] • 手教[손수 쓴 편지] • 書教[편지] • 翰教[편지] • 耑教[전팽專伻으로 보내 주신 편지]

---

384 '보내 주신 편지'라는 뜻, '보내 주다'는 뜻으로 쓰는 표현과 상대방의 편지를 뜻하는 말을 유별로 제시하였다.

•下覆[보내 주신 답서] •下復[보내 주신 답서] •惠覆[보내 주신 답서]

•專書[전팽專伻으로 보내 주신 편지] •惠書[보내 주신 편지] •辱書[보내 주신 편지] •耑書[전팽專伻으로 보내 주신 편지]

•惠字[보내 주신 문자(편지)] •辱字[보내 주신 문자(편지)]

•華緘[당신의 편지] •情緘[정다운 편지]

•耑告[전팽專伻으로 보내 주신 편지] •手告[손수 쓴 편지]

•手滋[손순 쓴 편지] •手畢[손수 쓴 편지] •手簡[손수 쓴 편지] •手誨[손수 쓴 말씀(편지)] •手字[손수 쓴 문자(편지)]

•俯問[보내 주신 문안편지] •記問[기억하여 보내 주신 문안편지]

•伻存[전팽專伻으로 보내 주신 문안편지] •耑伻[전팽專伻으로 보내 주신 편지]

•舌諭[구두로 전한 말씀] •口語[구두로 전한 말씀] •訊語[문안하신 말씀] •口訊[구두 문안] •肉札[손수 쓴 편지]

※서書, 장狀, 찰札, 한翰, 족牘, 첩帖, 교敎, 복覆(復 답서), 자字, 함緘, 고告, 자滋, 필畢, 간簡, 회誨, 문問, 존存, 유諭, 어語, 신訊은 모두 편지를 가리키는 말이다.

•遠問書珍重[멀리서 문안하신 진중珍重한 편지] •盛札遠存[멀리서 존문存問하신 당신의 편지] •惠書遠枉[멀리서 보내 주신 편지] •辱書委存[보내 주신 존문存問편지] •耑札俯存[전팽專伻으로 존문存問하신 편지] •下狀虛辱[보내 주신 편지는 괜한 수고를 끼치다] •惠書虛枉[보내 주신 편지는 괜한 수고를 끼치다] •早被耑諭[일찍 전팽專伻으로 전하신 말씀을 받다] •忽拜口語之訊[갑자기 구두로 전하신 문안을 받다] •舌諭虛辱[구두로 전한 말씀은 괜한 수고를 끼치다]

근심류謹審類[385]

•謹伏審[삼가 알다] •伏審[삼가 알다] •敬審[삼가 알다] •恭審[삼가 알다] •謹審[삼가 알다] •仍伏審[편지로써 삼가 알다] •憑伏審[편지로써 삼가 알다] •卽承審[방금 편지를 받고 알다] •承拜審[편지를 받고 알다] •仍審[편지로써 알다] •憑審[편지로써 알다] •槩審[대강 알다] •披審[편지를 펼쳐보고 알다] •承審[편지를 받고 알다] •拜審[편지를 받고 알다] •欣審[기쁘게 알다] •喜審[기쁘게 알다] •仰審[삼가 알다] •就審[편지로써 알다] •從審[편지로써 알다] •備審[다 알다] •細審[자세히 알다] •奉審[편지를 받고 알다] •且審[또 알다] •以審[편지로써 알다] •獲審[편지를 받고 알다] •第審[다만 알다] •況審[게다가 알다] •矧審[게다가 알다] •得審[편지를 받고 알다] •用審[편지로써 알다]

•謹伏諗[삼가 알다] •謹諗[삼가 알다] •伏諗[삼가 알다] •敬諗[삼가 알다] •仰諗[삼가 알다] •奉諗[편지를 받고 알다] •就諗[편지로써 알다] •備諗[다 알다] •仍諗[편지로써 알다] •槩諗[대강 알다] •況諗[게다가 알다] •矧諗[게다가 알다] •且諗[또 알다] •憑諗[편지로써 알다]

•仍伏諦[편지로써 삼가 알다] •謹諦[삼가 알다] •敬諦[삼가 알다] •仰諦[삼가 알다] •憑諦[편지로써 알다] •奉諦[편지를 받고 알다] •且諦[또 알다] •更諦[또 알다] •審諦[잘 알다] •備諦[다 알다] •以諦[편지로써 알다]

•備諳[다 알다] •就諳[편지를 보고 알다] •且諳[또 알다] •細諳[자세히 알다]

•就認[편지를 보고 알다] •從認[편지로써 알다] •且認[또 알다] •況認[게다가 알다] •第認[다만 알다] •槩認[대강 알다] •以認[편지로써 알다] •備認[다 알다]

---

385 '삼가 알다'는 뜻으로 편지를 받고 상대의 안부 등 사정을 알았다는 표현이다. 답서答書에만 쓰는 표현이다. 왕서往書의 경우 '알지 못한다'의 뜻으로 '미심未審'을 쓴다. 상편 「미심류未審類」 참조.

·就承[편지를 보고 받다] ·槩承[대강 받다] ·第承[다만 받다] ·況承[게다가 받다] ·矧承[게다가 받다] ·且承[또 받다]

※'承'은 '소식을 받아 알다'는 뜻이다.

·備知[다 알다] ·以知[편지로써 알다]

·備悉[다 알다] ·且悉[또 알다] ·以悉[편지로써 알다] ·就悉[편지를 보고 알다]

시령류時令類

이미 상편上篇에 제시하였다[已見上篇].

기후류氣候類

이미 상편上篇에 제시하였다[已見上篇].

만안류萬安類

이미 상편上篇에 제시하였다[已見上篇].

복위류伏慰類

•삼가 위로되는 마음이 간절하여 저의 [정성, 마음]을 가눌 길이 없습니다.

伏慰區區 無任下[誠懷]

•삼가 위로되고 또 경하를 드림에 저의 [마음, 정성]을 가눌 길이 없습니다.

伏慰且賀 不任下[悰忱]

•삼가 지극히 위로되고 경하드리는 마음을 가눌 길이 없습니다.

伏不任且慰且賀之至

•너무나도 축하하는 마음을 또 표현할 길이 없습니다.

區區攢賀 又不勝名喩

•삼가 지극히 위로되고 경하하는 마음 가누지 못하겠습니다.

伏不任慰賀之至

•삼가 위로되고 감사하여 간절한 마음을 가누지 못하겠습니다.

伏慰且荷 無任區區

•삼가 저의 지극히 기쁘고 위로되는 마음을 가누지 못하겠습니다.

伏不任下誠欣慰之至

•몹시 위로되고 이어서 감사합니다.

區區伏慰 繼以感荷

•몹시 감사하고 위로되는 마음 표현할 길이 없습니다.

區區感慰 不容名喩

•몹시 기쁘고 위로되어 저의 마음을 가누지 못하겠습니다.
區區欣慰 不任卑情

•신명이 도와 깊이 조정의 바람에 부합하니, 다행스러움을 어찌 감당하겠습니까?
神明所佑 深副公朝之望 豈勝伏幸

•소식이 끊어져 그리워하는 마음에 지극히 위로가 됩니다.
極慰阻信 馳慕之忱

•몹시 위로되어 마치 맑은 가르침을 받드는 것 같습니다.
區區伏慰 如承淸誨

•우러러 몹시 다행스럽고 얼마나 기쁘고 후련하던지요.
仰用萬幸 何等欣釋

•몹시 우러러 경하하는 마음이 다시 평상시에 비할 바가 아닙니다.
區區瞻賀 非復常時之比

•어찌 기쁘고 위로되는 마음을 가누겠습니까?
曷勝忭慰之忱

•이미 위로되고 경하하여 구구한 제 마음을 어찌 감당하겠습니까?
旣慰且賀 曷任區區

•우러러 경하하고 위로가 되어 저의 마음을 가누지 못하겠습니다.
瞻言慶慰 不任賤誠

·공사간에 기쁘고 다행스러운 마음 다 말씀드릴 수 없습니다.
公私欣幸 不可悉言

·몹시 위로되는 마음이 마치 당신의 가르침을 받드는 것 같습니다.
區區擎慰 如奉崇誨

·몹시 그리워하던 나머지에 위로되고 감사한 마음 끝이 없습니다.
區區瞻嚮之餘 慰荷不可極

·몹시 우러러 위로되는 마음 가눌 길이 없습니다.
區區不任仰慰

·우러러 위로됨이 지극하여 거의 표현할 수 없습니다.
仰慰之極 殆不可狀

·몹시 위로가 되고 후련한 마음 말로 다 하겠습니까?
區區慰濯可言

·위로되고 감사한 마음을 가눌 수 없습니다.
不勝且慰且荷

·몹시 위로되고 감사하여 자못 표현하기 어렵습니다.
慰荷區區 殆難名狀

·위로되고 감하드리니 어찌 만나서 정담을 나누는 것보다 못하겠습니까?
旣慰且賀 何減良覿

·몹시 위로되고 후련하니 만나서 정담을 나누는 것에 못지않습니다.

區區慰浣 無減對晤

•매우 기쁘고 위로되는 마음을 말로 표현할 길이 없습니다.
欣慰之甚 不容云喩

•구구한 저에게는 위로되고 감사하는 마음 함께 지극합니다.
區區者 慰荷交摯

•소식이 끊어져 매우 그리워하던 마음에 깊이 위로가 됩니다.
深慰阻懷耿耿

•몹시 위로되고 후련한 마음 평상시에 배가 됩니다.
區區慰釋倍常

•마치 마주한 것 같이 위로됨을 이루다 말할 수 없습니다.
如對之慰 不可勝言

•몹시 위로되고 감사하여 마치 모시고 정담을 나누는 듯하여 기쁨이 끝이 없습니다.
區區慰荷 悅如奉良 歡娓娓

•위로되고 감사한 마음 외에 부끄러운 마음이 따릅니다.
慰荷之外 感媿隨之

•만나서 정담을 나누는 것을 대신할 만하니 그 위로됨을 말로 할 수 있겠습니까?
足替良晤 其慰可言

•답장을 펼쳐 봄에 기쁘고 후련한 마음 자못 절로 그칠 길이 없습니다.

披復欣釋 殊不自已

•위안이 되고 축하드리는 마음이 마땅히 다시 어떠하겠습니까?
其爲慰賀 當復何如

•몹시 위로되고 그리운 마음이 마치 뵙고 가르침을 받는 듯합니다.
區區慰仰 如得拜誨

•매우 후련하고 위로되어 마치 당신과 자리를 함께 하는 듯합니다.
披慰傾倒 如得合席

•바쁜 손으로 펼쳐 보니 그립고 위로되는 마음을 헤아리기 어렵습니다.
忙手披展 傾慰難量

•지극히 감사하고 위로되는 마음 말로 다 할 수 없습니다.
感慰之極 言不可盡

•서너 차례 받들어 읽었으니 어찌 황송하고 감사한 마음을 감당할 수 있겠습니까?
奉讀三四 豈勝惶感

•지극히 후련하고 위로되는 마음이 마치 한번 만나 정담을 나누는 것과 같습니다.
披慰之極 如獲一晤

•몹시 위로되고 그리운 마음 마치 뵙고 가르침을 받는 듯합니다.
區區慰仰 如得拜誨

•기쁘고 위로되어 후련한 마음 한번 만나는 것과 다름이 없습니다.

欣慰披豁 無異一款

•몹시 위로되고 감사하여 자못 고질병이 몸에서 사라지는 것과 같습니다.
區區慰沃 殆若沈痾祛體

•뛸 듯이 기쁘고 위로되어 뵙고 정담을 나누는 것과 다름이 없습니다.
翻倒喜慰 無異獲承良晤

•감사하고 위로되며 기쁘고 후련한 마음 꼭 집어 비유하기가 어렵습니다.
感慰欣豁 有難名諭

•감사한 마음을 어찌 말로 다 표현할 수 있겠습니까?
知感之懷 曷可云諭

•몹시 기쁘고 감사한 마음이 다시 옛 자리를 잇는 것과 다름이 없습니다.
區區欣荷 無異更續舊筵

•편지를 펼쳐보고 기쁘고 감사한 마음 마치 당신의 모습을 대하는 것 같습니다.
披閱欣感 如對雅儀

•마치 거듭 뵙는 것 같아서 기쁘고 위로되면서 감사합니다.
如得重奉 欣慰且感

•실로 직접 뵙는 것같이 위로가 됩니다.
實有如拜之慰

•후덕한 풍모를 뵙는 것 같아서 매우 후련하고 위로가 됩니다.
悅奉德宇 披慰千萬

•지극히 후련하고 위로되는 마음이 다시 풍모를 뵙는 것에 못지않습니다.

披慰之極 不減復把光麈

•몹시 그리워하는 마음 의례히 경하할 뿐만이 아닙니다.

區區馳仰 不翅例賀

•격조하여 그립고 슬픈 나머지에 저도 모르게 풍모를 우러르며 위안을 삼습니다.

阻戀悲索之餘 不覺向風而傾慰也

•손을 씻고 펼쳐 읽어 봄에 저도 모르게 두려워 공경하는 마음이 일어납니다.

盥手展讀 不覺悚然起敬

•편지 가득 자세한 말씀이 마치 직접 뵙고 이야기를 나누는 것 같습니다.

縷縷滿紙 如得面談

•받들어 읽어 봄에 위로되고 감사한 마음에 종이가 해지고 먹빛이 바랜 줄도 몰랐습니다.

奉讀慰荷 不覺紙弊而墨渝

•이미 얼굴을 대신함에 기쁘고 또 이렇게 그리워하는 마음을 풀 수 있습니다.

旣喜替面 又可以釋此憧憧

•허둥지둥 편지를 펼쳐 보니 마치 격세의 소식을 받는 듯합니다.

惝怳開緘 如得隔世消息

•해를 넘겨 격조했던 그리운 마음에 매우 위로가 됩니다.

恰慰隔歲阻戀之思

•후련하고 위로되는 마음이 마치 다시 당신의 모습을 뵙는 듯합니다.
披慰如得更拜顔範

•편지를 펼쳐 봄에 위로되고 기쁜 마음이 당신의 맑은 말씀에 못지 않습니다.
披玩慰聳 不減淸言

•저로 하여금 마음이 열리고 눈이 밝아져 문득 병든 것도 잊게 합니다.
令人心開眼明 頓失病之所在

•갑절로 기쁘고 위로되는 마음이 당신을 뵙는 것[386] 이상이었습니다.
欣慰倍品 不啻披霧

•지극히 우러러 위로되는 마음이 마치 자리를 함께해서 말씀을 듣는 것과 같습니다.
仰慰之極 如得合席而承誨也

•다소간의 사정을 편지를 펼쳐 보고 알게 되니, 마치 열기가 씻겨 나가는 것 같습니다.
披審多少 如熱斯濯

•저물녘 바삐 이별했던 회포에 조금이나마 위로가 됩니다.

---

386 뵙는 것: 원문의 '피무披霧'는 운무雲霧를 헤치고 청천靑天을 본다는 말로 훌륭한 사람을 만나본다는 뜻이다. 『세설世說』에 위관衛瓘이 상서령尙書令이 되었을 적에 악광樂廣이 조정의 명사들과 이야기하는 것을 보고 기특히 여겨 말하기를, "이 사람은 사람 중의 수경水鏡이라 만나보면 운무를 헤치고 청천을 본 것 같다"라고 하였다.

稍慰薄暮忙別之懷

• 일 년 이상 격조하여 그리워하던 마음에 충분히 위로가 됩니다.
足慰隔歲阻戀之私

• 위로되는 마음이 직접 만나 이야기 나누는 것에 못지않습니다.
慰不減面討

• 구구한 저의 마음 얼마나 위로가 되던지요.
區區何等仰慰

• 감사하고 위로되는 마음 헤아릴 수 없습니다.
感慰不可量

• 지난번 뵙고 남은 회포에 크게 위로가 됩니다.
極慰向奉餘懷

• 위로되는 마음이 뵙고서 얼마간 정담을 나눈 것에 해당합니다.
慰當奉晤多少

• 몹시 기쁘고 위로되는 마음 어찌 다함이 있겠습니까?
區區欣慰 曷旣

• 위로되고 기쁜 마음 말로 다 할 수 없습니다.
慰倒不可言

• 몹시 위로되는 마음 진실로 적지 않습니다.
區區伏慰 實不淺鮮

•마치 뵙고서 쌓였던 회포를 푸는 것 같습니다.
如獲拜叙積襞

•더욱 살펴 기억해 주시고 돌봐주셔서 감사하게 여깁니다.
尤以省記戀眷爲感

•저의 마음에 우러러 위로가 됩니다.
區區仰慰

•저의 마음에 위로가 되고 감사합니다.
區區慰荷

•얼마나 우러러 위로가 되던지요.
何等仰慰

•우러러 위로되는 마음 그지없습니다.
仰慰無已

•어찌 기쁘고 위로되는 마음을 감당하겠습니까?
豈勝欣慰

•우러러 위로가 되고 또 감사합니다.
仰慰且荷

•우러러 위로되는 마음 갑절이나 지극합니다.
慰仰倍至

•충분히 후련하고 위로가 됩니다.
披慰十分

·위로되고 다행스러움이 견줄 바가 없습니다.
慰幸無比

·목마르게 우러르는 마음에 매우 위로가 됩니다.
甚慰渴仰

·위로되고 감사함이 지극합니다.
慰荷之至

·위로되고 기쁜 마음이 어찌 끝이 있겠습니까?
慰倒何極

·깊이 위로되고 마음이 풀립니다.
深用慰釋

·위로됨과 후련함이 진실로 큽니다.
慰豁良多

·위로됨과 감사함이 마치 대면하는 듯합니다.
慰荷如對

·위로됨과 그리움이 갑절 지극합니다.
慰仰倍至

·기쁜 마음을 감당하지 못하겠습니다.
不任欣倒

·매우 위로되어 만나서 이야기를 나누는 것 같습니다.
慰甚當晤

•대면하는 것과 같을 뿐만이 아닙니다.
不啻如對

•감사함을 어찌 감당하겠습니까?
感佩何勝

•위로됨이 마치 편안히 이야기 나누는 듯합니다.
慰若穩晤

•위로됨이 한 번 만나서 이야기 나누는 것 같습니다.
慰當一晤

•진실로 기쁘고 후련합니다.
良用欣釋

•조금 위로되고 후련합니다.
稍用慰瀉

•위로되고 후련한 마음이 갑절이나 됩니다.
慰瀉倍之

•마치 거듭 만나서 이야기 나누는 듯합니다.
如獲重晤

•답답한 마음이 조금은 풀립니다.
稍紓勞結

•마음과 눈이 함께 열립니다.
心眼俱開

•가끔 위로가 됩니다.

種種伏慰

•위로됨을 형언할 수 없습니다.

慰不可言

•위로되고 감사한 마음 함께 지극합니다.

慰荷兼至

•위로되는 마음을 알 수 있습니다.

慰可知矣

•크게 위로가 됩니다.

大可慰也

•더욱 듣기 좋은 소식입니다.

尤所欣聞

•더욱 마음이 기울어지고 위로가 됩니다.

尤用傾慰

•너무나도 위안이 됩니다.

區區慰仰

•얼마나 위로되고 고맙던지요.

何等慰荷

•얼마나 기쁘던지요.

何等欣聳

·위로되고 감사한 마음이 어찌 끝이 있겠습니까?
慰荷曷已

·위로되고 후련한 마음 손에 잡힐 듯합니다.
慰浣可掬

·후련하고 위로됨이 진실로 지극합니다.
開慰良至

·얼마나 위로가 되던지요.
何慰如之

·손뼉치며 감사한 마음 헤아릴 수 없습니다.
抃賀沒量

·기쁨을 형언할 수 없습니다.
喜不可言

·감사하고 다행스러운 마음 그지없습니다.
感幸萬萬

·위로됨을 알만합니다.
其慰可知

·지극히 위로되고 후련합니다.
極用慰釋

·더욱 축하를 드립니다.
尤用仰賀

• 소식이 막혀 그리워하던 회포에 조금 위로가 됩니다.
稍慰阻懷

• 마치 진실로 얼굴을 마주한 것 같습니다.
如承良晤

• 진실로 기쁜 소식입니다.
誠喜聞也

• 마음이 풀리고 위로됨이 평소의 갑절이나 됩니다.
蘇慰倍常

• 위로되고 감사함이 함께 지극합니다.
慰感兼至

• 놀라고 감사함을 견디지 못하겠습니다.
不任驚感

• 기쁘고 위로됨이 매우 큽니다.
欣慰千萬

• 정담을 이어가는 듯합니다.
如續款晤

• 손뼉 치며 기뻐하는 마음 절실합니다.
遙切攢聳

• 위로되고 위로됩니다.
仰慰仰慰

• 위로되고 위로됩니다.
承慰承慰

• 많이 위로가 됩니다.
多慰

• 깊이 위로가 됩니다.
深慰

• 매우 위로가 됩니다.
甚慰

• 삼가 위로가 됩니다.
奉慰

• 위로되고 위로됩니다.
慰慰

• 진실로 위로가 됩니다.
良慰

• 위로되고 기쁩니다.
慰喜

• 위로되고 후련합니다.
慰濯

• 위로되고 후련합니다.
慰浣

•위로되고 후련합니다.
慰沃

•위로되고 후련합니다.
慰瀉

•위로되고 마음이 풀립니다.
慰釋

•위로되고 감사합니다.
慰荷

•삼가 기쁩니다.
恭喜

•더욱 기쁩니다.
尤喜

•기쁘고 위로가 됩니다.
聳慰

•감사되고 위로가 됩니다.
感慰

제류第類

또한 마땅히 상편上篇과 통용한다[亦當與上篇通用].

•다만 건강[387]이 조금 나빠진 것을 알게 되어 염려되는 마음 간절합니다.
第審天和少愆 奉慮區區

•환후[388]는 매우 염려됩니다.
愼節 伏慮多少

•작은 병이 있다는 소식을 받고 그 때문에 염려가 됩니다.
伏承有微恙 爲之仰念

•연폭聯幅에 적힌 병상의 기록은 위태롭고 나쁜 조짐 아님이 없습니다. 환후가 졸지에 어찌 이런 지경에 이르렀는지 모르겠습니다. 다만 편지 하단을 보건대 다른 사람의 손을 빌었다는 말이 없으니, 이는 과장된 것으로 한없이 놀라고 염려되는 마음에 어느 정도 위로가 됩니다.
聯幅病錄 無非危兆敗証 未知患候 猝何至此歟也 第見下段 無倩人語 似是浮誇 差自慰無限驚慮之心

•작은 병이 있다는 것을 알았습니다.
知有少愆

---

387 건강: 원문의 '천화天和'는 사람 몸의 원기元氣로 건강을 뜻한다.

388 환후: 원문의 '신절愼節'은 『논어論語』「술이述而」에 "공자가 삼가신 것은 재계와 전쟁과 질병이었다[子之所愼 齊戰疾]"와 『예기禮記』「문왕세자文王世子」에 문왕이 세자로 있을 때 부왕 왕계王季가 "편치 않으신 때가 있어 내시가 문왕에게 알리면 문왕은 얼굴에 근심하는 기색을 띠시고 걸음을 똑바로 걷지 못하였다[其有不安節 則內豎以告文王 文王色憂 行不能正履]"에서 유래한 것으로 남의 병을 높여서 이르는 말이다.

·다만 건강이 좋지 않다는 것을 알았으니, 천 리 길 노고[389] 끝에 어찌 그러하지 않을 수 있겠습니까?

第審體內欠和 千里撼頓之餘 安得不然

·다만 조용히 수양하시는 가운데 때때로 환후가 있다는 소식을 들으니, 매우 염려됩니다.

第承靜養之中 時有愆度 仰念仰念

·늘그막에 중한 병을 앓고 난 뒤인지라, 혈기와 모든 것이 곧 몇 겹 떨어졌을 줄로 생각됩니다. 일상생활에서 외형과 먹고 마시는 여러 절후가 예전에 비해 어떠한지 모르겠습니다. 간절히 염려되는 마음 조금도 줄어들지 않습니다.

衰境重病之後 氣血凡百 便覺落下數層 未知起居肥膚飮啖諸節 比前若何 區區馳念 不敢少弛

·다만 낙상으로 병후가 가볍지 않다는 것을 알았습니다. 비록 지금 나아가고 있다 하지만 걱정되는 마음 어떻게 가누겠습니까?

第審落傷所患不輕 雖今向安 憂念何勝

·다만 눈병으로 괴로워 참으로 책을 보는데 방해가 될 것이니 이 때문에 염려가 됩니다.

第眼患方苦 實妨看書 用是奉慮

·눈병으로 매우 고생하신다는 것을 들었습니다. 이 병은 공부에 매우 방해가 되니 깊이 염려가 됩니다.

承眼眚加苦 此患殊妨藝業 深以爲慮

---

389 천 리 길 노고: 원문의 '감돈撼頓'은 흔들리거나 넘어진다는 말로 수레나 말을 타고 먼 길을 다니며 고생한다는 의미다.

•근간에 관격關格[390]을 겪었다 하니 얼마나 염려가 되던지요. 이제는 여러 가지 잘 조섭해 건강이 나아졌을 줄로 압니다.

間經關格 何等奉慮 今則調將諸節 嵩臻天和

•다만 때아닌 이질을 염려할 만합니다.

第非時痢疾 可念

•손가락이 다쳐 이 때문에 매우 괴롭다는 소식을 들으니 늘 잊히지 않고 염려가 됩니다.

聞有手指所患 頗以爲苦 耿耿馳慮

•풍토가 병의 빌미가 된 줄 알았으니 염려하는 마음 어찌 다 하겠습니까?

第審風土爲祟 仰慮何已

•듣자 하니 영감께서 유중類中[391]의 증세가 있다고 하더군요. 장기와 습기에 손상되어 그런 듯하니, 우려됨이 갑절이 됩니다.

似聞令得類中之証 恐爲瘴濕所傷而然 憂慮倍切

•다만 또 중증을 앓았다고 하셨는데 어떤 증세인지 모르겠습니다. 젊은 사람이 병치레를 하는 것은 대부분 몸 관리를 신중히 하지 않거나 음식을 조절하지 못하는 두 가지에 말미암으니 부디 스스로를 아끼시기를 바랍니다.

第承又經重証 未知何証耶 年少善疾 多由於不能愼起居節飮食二款

---

390 관격關格: 관關은 대소변이 통하지 않는 것이고 격格은 음식을 먹으면 토하는 증상이다. 먹은 음식이 갑자기 체하여 가슴 속이 막히고 위로는 계속 토하며 아래로는 대소변이 통하지 않는 증상이다.

391 유중類中: 안에서 생긴 풍風으로 인하여 발생한 중풍증中風證을 말한다. 밖으로부터 풍사風邪를 맞은 것이 아니라는 뜻에서 비풍非風 이라고도 한다.

千萬自愛[392]

•오래도록 매서운 추위를 견딤에 실로 병이 생길까 염려되었는데, 편지를 받고 과연 그런 줄 알았으니 이 때문에 염려가 됩니다. 다만 이렇게 봄기운이 생겨나니 때에 맞게 회복되었으리라 생각됩니다.

久耐寒苦 固慮生病 書至果爾 爲之奉念 但此春生 想對時和泰也

•조리하는 체후가 여태껏 완쾌되지 않으니, 염려되는 마음 그지없습니다.

調候 尙未快復 仰念無已

•병이 오래 지속됨을 알게 되니 염려되는 마음 지극합니다.

第審愼節彌留 貢念萬萬

•조섭하는 근황이 여태껏 회복되지 않으니 그리운 마음 얼마나 지극하겠습니까?

調況 尙未康復 戀仰何極

•병이 여태껏 그대로니 염려가 됩니다.

愼節尙爾 獻念

•조섭하는 근황이 여태껏 편안하지 않으니, 이 때문에 근심하고 탄식합니다.

調候 尙未和泰 爲之憂歎

•또한 병이 여태껏 완쾌되지 않았다 하니 염려되는 마음을 어찌 가눌 수 있겠습니까?

---

392 尹拯 『明齋遺稿』 卷23 「答李體乾 臘月二十五日」

審所愼 尙未快可 曷勝奉念

•중병을 앓은 끝인지라 작은 것도 더해지는 게 또한 두려우니 염려되는 마음 그지없습니다.

重患之餘 少添亦可畏 仰慮不能已

•다만 하룻밤 지나 다행히 크게 병이 더해짐이 없음을 알았으니, 구구한 제 마음에 얼마나 위로가 되던지요.

第審經宿 幸無大段所添 區區何等慰滿

•몸이 오랫동안 병을 앓았다고 들었습니다. 비록 이미 안정을 되찾기는 하였지만 늘그막에 한 번 손상되면 완쾌되기는 실로 어려우니, 이 때문에 염려가 됩니다.

聞體中久愆 雖已獲安 老境一敗 完復實難 爲之仰念[393]

•지난번 종기가 곧바로 완쾌되었다고 하니, 기쁨과 위로는 물론 그리운 마음을 어찌 가누겠습니까?

向來腫患 旋卽差完 欣慰曷任區區

•게다가 앓고 있는 병이 점차 나아지고 있다는 것을 알았습니다.

況承所苦 漸就佳安[394]

•조섭하는 생활이 편안하다고 하니, 기쁘고 위로됨을 말로 표현할 수 없습니다.

攝養起居如宜 欣慰不容喩

---

393 尹拯『明齋遺稿』卷10「與朴季肯 甲戌四月二十二日」

394 金昌協『農巖集』卷13「答李同甫」

•묵은 병이 가을이 되어 나아져서 조용히 수양할 수 있을 것입니다. 비록 도와줄 수는 없겠지만 어찌 그리워하는 마음을 가눌 수 있겠습니까?

宿病秋蘇 靜業可理 雖莫助之 豈勝愛慕[395]

•지난번 설사는 비록 다행히 벗어났지만, 그러나 저의 놀라고 염려되는 마음 오랫동안 풀리지 않았습니다.

向來泄候 雖幸終臻脫 然下懷驚慮 久猶未弛

•지난번 병은 지금 이미 완쾌되었으니, 처음에는 놀랐지만 뒤이어 기뻤습니다.

向來愼節 今已快復 始驚旋喜

•다만 지난번에 건강이 오랫동안 좋지 않았다는 것을 알았습니다. 비록 낫고 난 뒤의 소식이지만 어찌 동병상련의 마음을 가눌 수 있겠습니까?

第審向來天和久愆 雖是後瘳之報 豈勝同病之憐

•다만 근간에 종기로 고생했다는 것을 들었습니다. 비록 지나간 일이라고는 하지만 이 때문에 놀랐고 또 다행이라 생각합니다.

第聞間經腫苦 雖係過境 爲之旣驚旋賀

•다만 병으로 여러 달 고생했다는 것을 알았습니다. 지금에서야 쾌차했다고 하니 놀람과 기쁨이 교차합니다.

第審所愼 屢朔沈苦 今始快安云 驚喜交切

•새로 병을 겪고 나서 몸이 평안해졌으니, 처음에는 놀라고 염려되다가 이어 위로되고 기뻐 자못 마음 가눌 방도를 모르겠습니다.

---

395 尹拯『明齋遺稿』卷20「與羅碩佐仲輔 壬子閏月六日」

新經美疾 體中清迪 始爲驚慮 繼以慰喜 殊不知所以爲懷

•근간에 앓던 병이 곧바로 나으셨으니, 염려했지만 또 다행입니다.
間經愼節 旋卽勿藥 旣慮且賀

•병이 있다는 것을 듣고 매우 염려했는데 곧이어 병의 큰 증세가 줄었음을 알게 되어 매우 기쁘고 기쁩니다.
聞有所愼 奉念方切 旋承大勢差減 深喜深喜

•비록 병으로 괴롭지만 서적에 푹 빠져 한가로이 자적하고 계심을 알게 되었습니다. 왜황倭皇의 복[396]이라도 어찌 이보다 더하겠습니까?
雖承美疹爲苦 而涵泳書籍 優閒自適 倭皇之福 何以加此[397]

•어버이의 병환이[398] 오래 지속되어 염려가 깊었는데, 근래에 이미 일상을 회복했다고 하니 그 다행을 어찌 다 가눌 길 있겠습니까?
湯患彌留 仰慮方深 近承已復常節 豈勝獻賀

•존장의 환후에 날마다 심부름꾼을 보냈지만 더하고 덜함이 일정하지 않았습니다. 수일전 회복의 동정이 있다 하니 매우 다행입니다.
尊丈患候 逐日仰伻 加減靡常 日昨快有動靜 伏賀萬萬

•심부름꾼이 돌아옴에 비로소 병이 조금 나았음을 들었으니 매우 다행입니다. 우거를 파하고 귀가할 날이 언제쯤에 있습니까?
伻回 始承憂患少霽 仰賀仰賀 罷寓還第 當在何間

---

396 왜황倭皇의 복: 편지 전체의 내용을 통해 살펴보면 상대가 아파서 요양하고 있는 것이 왜황의 입장에서는 커다란 복이라는 의미임을 알 수 있다.

397 趙龜命『東谿集』卷11「答時晦兄書」

398 어버이의 병환: 원문의 '탕환湯患'은 시탕의 우환이라는 뜻으로 부모의 병을 이른다.

•거처를 여태껏 정하지 못했다고 들었으니 매우 염려가 됩니다.

伏聞舍館尙未定 區區伏慮

•이사할 계획은 실로 즐거운 일이 아닌 줄 압니다. 사는 곳을 옮겨 지내는 형세를 상상할 수 있으니, 친구 된 자의 마음에 서글픔이 어떠하겠습니까?

搬移之計 固知非樂 爲遷土棲遲 形勢可想 其爲知舊者心 悵恨何如

•먼 땅에서 나그네로 지내는 모습은 실로 괴로움은 많은데 즐거움은 적을 줄 압니다. 더구나 그대의 아이가 병이 더 심해지고, 풍토가 또 서북과 같지 않다고 들었습니다. 아이를 돌보는 사이에 신경 씀이 갑절이나 될 것이니, 어찌 염려되는 마음 다함이 있겠습니까?

遠地客況 固知多苦少樂 況聞令兒所患加劇 風土又不比西北 調護之際 想倍費神 奉慮何已

•오랫동안 먼 곳에 머물고 있음에 나그네로 있는 심사의 쓸쓸하고 울적함이 어찌 그렇지 않겠습니까? 한편으로 위로되고 한편으로 염려가 됩니다.

許久滯遠 羈思之愁鬱 安得不然 一慰一慮

•시골에 사는 것이 비록 도성 안의 번잡한 생활보다 낫겠지만 도리어 농가의 번잡한 일이 있을 것입니다. 그런 일에서 벗어났는지 모르겠습니다만 이 때문에 몹시 그립습니다.

鄕居 雖勝於城裏膠擾 却有田家雜冗 未知能免此否 爲之戀仰[399]

•돌아가서는 옛 농장을 수리하고 돌아와서는 새 집도 손봐야 하니, 시냇물을 거슬러 끊임없이 왕래하느라 마음과 몸이 모두 수고로울 것

399 尹拯『明齋遺稿』卷21「答李彦緯武叔 乙丑十月十六日」

으로 생각됩니다.

還治舊庄 歸重新寓 泝流憧憧 想心力俱勞[400]

•장차 호연히 돌아갈 것이라 들었습니다. 큰길에서 여러 해 동안 수고로웠던 일이 곧 과거의 일이 될 것이니 그 일은 부러울 만합니다.

承將浩歸 孔路屢年之勞懷 便屬過去光景 卽事堪羨

---

400 尹拯『明齋遺稿』卷14「答羅顯道 丙辰六月二十三日」

시의류示意類

• 하교하신 [뜻, 일]은 삼가 잘 알겠습니다.
教[意事]伏悉

• 말씀하신 것은 삼가 잘 알겠습니다.
來教拜悉

• 말씀하신 바는 상세히 잘 알겠습니다.
所教詳悉

• 보여 주신 뜻은 삼가 잘 알겠습니다.
示意謹悉

• 보여 주신 일은 다 알겠습니다.
示事備悉

• 글의 뜻은 삼가 잘 알겠습니다.
書意謹領

• 별지는 상세히 살펴보았습니다.
小紙詳覽

• 보내온 편지는 공경히 살펴보았습니다.
來紙敬覽

• 별지에 보여 주신 뜻은 다 살펴보았습니다.
別幅所示 備閱

•일러두신 일은 제가 어찌 잊겠습니까?

示事 弟豈忘之

•일러두신 일은 그것을 잊은 것이 아닙니다. 기다려야 할 것이 있으니, 좀 기다려 주심이 어떻겠습니까?

示事 非忘之也 方有所待者 姑俟之如何

•별지와 일러두신 것은 함께 자세히 알았으니, 마땅히 말씀하신 것과 같이 하겠습니다.

小紙及來示 幷細悉謹 當如戒爲之

•말씀하신 것이 매우 고마우니 어찌 감히 잊겠습니까?

所敎甚厚 安敢忘也

•일러두신 일은 마땅히 하나하나 말씀하신 대로 할 것입니다. 비록 이보다 큰 것이라도 형의 부탁이 이 정도이니 제가 감히 받들지 않겠습니까?

示事 當一一如戒 雖是大於此者 兄托至此 弟敢不奉施乎

•말씀하신 일은 실로 긴절하게 수응해야 할 것이 많이 있으나, 앞뒤로 부지런히 부탁하심이 이 정도이니 이에 어지러운 것을 다스려 완성해 올리겠습니다.

下敎事 實多有切緊酬應者 而前後勤托至此 玆以撥亂成上耳

•이런 청탁은 날로 더욱 어지러워 한결같이 허락지 않았지만 형의 말씀에 이르러서는 부응하지 않을 수가 없습니다. 마땅히 경계를 깨트려 도모할 것이나 조금 더딘 것을 혐의치 마십시오.

此請 日益紛如 一幷不許矣 至於兄敎 有不可不副 當破戒圖之 勿以少遲爲嫌也

• 보내 주신 편지는 잘 받았습니다. 거듭 이렇게 정성스레 말씀해 주시니, 삼가 마땅히 생각에 담아 두겠습니다.

來紙領留 申敎此勤 謹當入思

• 봄 이후에 요청하신 것은 어떤 일인지 알지 못하겠습니다만 제가 형이 부탁하신 일을 과연 시행할 수 있는 것이라면 감히 받들어 부응하지 않겠습니까?

春後所請 未知何事 弟於兄 果若可施者 敢不奉副

• 말씀하신 일은 마땅히 형편을 살펴 도모할 것이니, 제 힘이 미친다면 감히 곡진하게 해야 할 처지가 아니겠습니까?

示事 當觀勢圖之 力所及處 敢不曲爲之地耶

• 편지 끝에 말씀하신 일은 비록 지극한 부탁은 아니지만, 어찌 혹 대수롭지 않게 여기겠습니까?

尾敎事 雖非勤托 豈或歇後

• 편안한 마음으로 가르침을 받들기를 원합니다.[401]

願安承敎

• 그대 막내아우의 문자는 어찌 감히 잊겠습니까마는 병과 쓸데없는 일이 서로 이어져서 미루다가 오늘까지 이르렀으니, 민첩하지 못한 죄는 실로 피할 길이 없습니다.

令季氏文字 豈敢忘之 而病宂相仍 遷就至此 不敏之罪 誠無所逃也

• 영남의 소식은 대략 이미 들었습니다. 일찍 이와 같은 줄을 알았다면 감히 주선하지 않았겠습니까?

---

401 『맹자孟子』「양혜왕梁惠王」 상편 4장에 보인다.

嶺信略已聞矣 早知如此 敢不周旋耶

• 말씀하신 뜻은 참으로 좋지만 제 손에서 나오기를 어찌 기필할 수 있겠습니까?

敎意儘好 而出自此手 何可必也

• 지난번에 별지 편으로 부탁했던 일은 이미 따로 시행했음을 알게 되었으니, 저로 하여금 흠탄欽歎을 그칠 수 없게 합니다.

向來小紙事 承已另施 令人欽歎 不能已也

• 일마다 주선해 주기를 이처럼 지극하고 절실하시니 감사함이 매우 큽니다. 생각건대 이렇게 괴로운 일을 집사께서 실컷 겪었기에 나를 가련히 여겨 도리어 칭념稱念[402]해 주시는 것인지 모르겠습니다.

隨事周章 若是勤摯 感荷誠萬萬 顧此苦衙 執事之所飽經 不知憐我 而返爲稱念耶

• 모읍某邑의 일은 서로 염려해 주심을 깊이 입었으니, 매우 감사합니다. 그도 또한 깊이 덕으로 여길 것입니다.

某邑事 深荷相念之勤 感謝千萬 渠亦深德之耳

• 서제庶弟는 아끼고 불쌍히 여겨주심을 입었으니, 감사한 마음을 말로 다 할 수 없습니다.

庶弟 持荷愛恤 感戢之私 不可名喩

---

402 칭념稱念: 수령들이 고을로 부임할 적에 그 지방 출신의 고관高官들이 술과 고기를 가지고 와서 전별하며 자기 고향의 노비들을 잘 보호해 주기를 청탁함을 이른다. 수령들 또한 대부분 고관들에게 청탁하여 벼슬을 얻었으므로 그들의 요청을 들어주지 않을 수 없어 하나의 풍속이 되었다. 『성종실록成宗實錄』「9년 4월 8일」의 기록에 관련 내용이 보인다.

•지난번 아무개의 편지를 봄에 그대의 은혜를 크게 입었다고 하니 감사하는 마음 지극하여 인사할 바를 알지 못하겠습니다.

頃見某也書 過蒙下恤云 感荷之極 不知所謝

•당숙의 일에 이렇게 지극한 염려를 해 주시니 참으로 감사하고 감사합니다. 바라건대 모쪼록 마음을 더 쓰셔서 그 은혜를 끝까지 다함이 어떻겠습니까?

堂叔事 有此勤念 良感良感 望須加意 俾卒其惠如何

•특별한 정성이 이정도까지이니, 감히 마음속에 간직하여 조만간에 보답할 바를 도모하지 않겠습니까?

特款及此 敢不中心藏之 圖所以早晩相報耶

•관절關節[403]의 엄금은 조정에서 거듭 법을 밝힌 지가 얼마 되지 않았기에 여러 청탁하는 편지는 모두 물리쳤습니다. 경계를 범함은 실로 마음이 편하지 않기 때문에 이에 청하신 말씀에 부응할 수 없으니 비록 한탄스러우나 어찌하겠습니까?

關節之禁 朝家申明屬耳 凡諸請簡 一幷揮罷 而犯戒實爲未安 玆不得副敎 雖歎奈何

•법에 저촉되는 것 같으니 어떻게 하겠습니까? 이와 같이 할 수 없으니, 바라건대 이 뜻으로 다시 왕복하는 것이 어떻겠습니까?

似涉如何 不得如是 幸以此意 更爲往復 如何

•보내 주신 편지에서 말씀하신 것은 삼가 잘 알았지만 지난번 일이 이미 낭패를 면하지 못하였으니 앞으로의 일 또한 염려가 되지 않을 수 없습니다. 어찌 하겠습니까?

---

403 관절關節: 뇌물로 청탁하는 것을 말한다.

來教謹領 向來事已未免狼狽 而前頭亦不能無慮 奈何

•말씀하신 일은 시행하고자 하지 않은 것은 아니나 스스로 오일경조五日京兆[404]가 사람을 낭패하게 한다는 것을 알기 때문에 주저하며 지금에 이르렀습니다. 지금은 돌아갈 날이 멀지 않아 더욱 받들어 시행할 방법이 없습니다. 일의 형세가 그러하니, 바라건대 화내지 않는 것이 어떻겠습니까?

俯教事 非不欲仰施 自知五日京兆 徒令人狼貝故 趑趄至今矣 今則歸期不遠 尤無奉施之道 事勢其然 幸勿嗔如何

•전후로 친구가 부탁한 것은 한결같이 모두 사양하였고, 지난번 모 어른의 부탁 또한 요청에 부응하지 않았습니다. 지금 대감의 뜻이 중하다 하여 경계를 깨트린다면 진실로 어떤 것은 취하고 어떤 것은 버린다는 혐의를 사게 될 것입니다. 반복하여 생각해 보았지만 끝내 명을 받들 수 없으니, 삼가 바라건대 너그럽게 이해해 주십시오.

前後親舊所屬 一皆辭謝 如向來某丈之托 亦未副其請矣 今以台旨之重 而不免破戒 則實有彼此取舍之嫌故 反覆思量 終不得承命 伏乞有以恕諒也[405]

•비록 지극히 부탁하셨지만 부응할 수 없으니, 부족하고 한탄스러운 마음을 어찌 금할 수 있겠습니까?

雖以委教之勤 無以仰副 歉歎何已

•감히 말씀을 따르지 못하여 송구스러워 진땀이 납니다.

---

404 오일경조五日京兆: 한漢나라 장창張敞이 경조윤에 임명되었을 때, 그가 며칠 못 가서 해임될 것을 알고 적포연賊捕掾 서순絮舜이 "이분은 지금 오일경조五日京兆일 뿐이다"라고 했던 데서 온 말로 관직에서 단시일에 해임되는 것을 비유한 말이다.

405 金昌協『農巖集』卷17「答申右相琓 壬午」

不敢承教 悚汗悚汗

•일이 청탁에 관계되니, 감히 경계를 깨트릴 수 없습니다.

事係關節 不敢破戒

•부탁하신 아무개 일에 이르러서는 결코 거론해서는 안 될 것입니다. 이미 그 폐단을 충분히 진언하고 같은 말로 금할 것을 요청했는데 얼마 지나지 않아 또 금기를 깨트려 일이 아이들 장난과 같게 되어버렸으니 어찌 이러한 이치가 있겠습니까?

至於某事 決不可擧論 才已盛陳其弊 同辭請禁 曾未幾何 又破其禁 事同兒戲 寧有是理

•일이 마음대로 되지 않아 다짐대로 되지 못했으니 매우 탄식할 만합니다.

事不從心 無以如戒 極可歎也

•바라건대 이해하고 헤아려 주셔서 허물로 삼지 않으심이 어떠하시겠습니까?

幸加諒恕 勿以爲咎 如何

•바라건대 헤아려 주실 수 있으신지요.

幸有以恕之

•말씀하신 것은 저도 모르게 웃음이 터졌습니다.

下教 不覺噴飯

•말씀하신 것은 저로 하여금 매우 부끄럽게 합니다.

來教 使人大慙

•들어 주던 들어 주지 않던 마땅히 편지를 보내어 부탁해야 하겠지만 이 친구가 느슨하여 떨치지 못하니 힘을 얻을 수 있을지 모르겠습니다.

聽不聽間 當貽書托之 而但此友緩而不振 未知其能得力也

•다만 마땅히 편지로 알려야 하겠으나 때늦은 탄식이 없지는 않을 것이니, 이것이 염려스럽습니다.

第當書報 而不無晩時之歎 是可慮也

•지극한 말씀이 이와 같으니 마땅히 따로 부탁해야 하지만 반드시 성사시킬 수 있을지는 보장하기 어려우니 어찌하겠습니까?

勤教如此 第當另托 而難保其必諧 奈何

•세전洗腆[406]의 수요에 관해 말씀하신 것은 감히 힘을 다해 받들어 돕지 않겠습니까마는 뜻밖에 관의 쓰임이 모자라 마음에 흡족하게 하지는 못했습니다. 부탁하신 배는 토산품으로 잘못 일컬어졌으니, 예전에는 있었으나 지금은 없는 것이 아니겠습니까?

誠洗腆之需 敢不極力奉助 而意外官用大絀 不能稱情 至於生梨 誤稱土宜 無乃昔有而今無耶

•보잘 것 없는 감영의 적은 봉급으로는 마음처럼 두둑이 전별금을 보낼 수 없으니 부끄러운 마음이 매우 큽니다.

殘營薄況 亦無以如意厚贐 歉媿萬萬

•우리 집에서 꿩을 구함은 바로 나무에 올라 물고기를 찾는 것과 같아서 한 번 큰 웃음을 자아내게 합니다. 그 적적함을 해소하는 것은 형

---

406 세전洗腆: 음식을 정갈하고 풍성하게 장만하여 공경히 부모를 봉양함을 이른다. 『서경書經』「주고酒誥」에 "효도로 그 부모를 봉양해서 부모가 기뻐하시거든 스스로 음식을 정갈하고 풍성하게 장만하여 술을 올리도록 하라[用孝養厥父母 厥父母慶 自洗腆 致用酒]"라고 하였다.

이 찾아오는 것보다 좋으니 다행입니다.

求雉於吾家 政是緣木求魚 而發一大笑 其爲破寂 勝於兄來訪 可幸

• 편지에서 자세하게 하신 말씀은 저를 염려해 주시는 뜻인지라 매우 감사합니다.

示諭縷縷 極荷見念之意

• 보내 주신 편지에서 이처럼 길게 말씀하시니, 도리어 송구합니다.

辱賜開示 縷縷至此 還用悚惕

• 병 때문에 의논하는 자리에 나아가지 못해 몹시 답답했었는데, 이렇게 간곡한 말씀을 내려주시니 매우 감사하고 감사합니다.

病未就議 殊以爲鬱 有此委敎 深感深感

• 이렇게 곡진하게 알려주심을 입으니 마음에 감사할 만합니다.

荷此委報 情念可感

• 이러저러한 많은 가르침은 마치 한바탕 얼굴을 마주하고 얘기를 나눈 듯합니다.

多少敎意 如獲一場面晤

• 감히 절을 하고 받아 지극한 경계로 삼지 않을 수 있겠습니까?

敢不拜而受之 以爲至戒耶

• 사람으로서 해야 할 일에 주밀과 세심함이 부족하다는 가르침은 더욱 따끔한 지적이었습니다.

人事欠周詳之喩 尤是頂門一鍼[407]

---

407 金昌協『農巖集』卷13「答李同甫 甲寅」

•별지에서 하신 말씀은 더욱 감사하는 마음을 갖게 합니다.
別紙垂諭 尤荷感意

•참으로 영광이니, 어찌 감히 사양하겠습니까?
固爲榮矣 何敢辭乎

•얼마 전 편지에서 말씀하시니 것은 분명히 깨달음이 부족했습니다. 형이 이처럼 말씀하신 것은 저의 우원함 때문입니다.
俄書所報 果欠分曉 兄之如是爲敎 由弟之踈也

•앞서 드렸던 말씀은 편지로 인하여 바삐 언급한 것에 불과하니, 비록 당신의 답장이 없더라도 어찌 잘 알지 못하겠습니까?
前言 不過因書忙及 雖非回敎 豈不體認乎

•얼마 전 편지는 저로서는 충분히 자세하다고 여겼는데, 과연 어느 곳을 잘못 보았기에 다시 이렇게 다시 상세히 일러주신단 말입니까?
俄書 弟自謂十分纖悉 果何處錯看 而更有此詳示之敎耶

•보내온 편지에서 하신 말씀은 모두 옳습니다.
來敎 儘得之矣

•보내온 편지에서 하신 말씀은 매우 타당합니다.
來敎 甚得當

•참으로 말씀하신 것과 같습니다.
誠如來敎矣

•물으신 것은 대략 속지에 있습니다.
所詢 略復在裏紙

•부유하면서 가난한 이를 구제하는 것은 이치의 당연함이니, 어찌 지난 것을 갚는 예로써 요구하겠습니까?

富以濟貧 理之常也 豈可以報往之禮責之耶

•말씀하신 일은 모두 지난 일이니, 다시 답할 만한 말이 없습니다.

示事 無非過境 更無可覆之語矣

•아무개 일은 모두 이제 쓸모없는 것이 되고 말았으니 다시 제기할 필요가 없습니다.

某事 俱屬筌蹄 不必更提

•편지에서 말씀하신 것은 아마도 당신께서 길거리의 말을 지나치게 들으신 듯합니다.

垂喩云云 恐左右者 過聽於塗說也

•본래 당신의 능력이니 저와 무슨 상관이 있겠습니까? 부질없이 욕되게도 감사하는 말을 해 주시니 도리어 우습기만 합니다. 앞으로 부탁하실 모든 일은 저의 이목이 미칠 바라면 어찌 가르침을 기다리겠습니까마는 다만 근래의 일은 뇌물이 아니면 성사되지 않습니다. 당신께서 만약 종이를 많이 보내어 주신다면 마땅히 근력을 다해 그대를 위해 경주인京主人[408]의 일을 할 것입니다. 당신의 생각이 어떠한지 모르겠습니다.

自是令之能 何干於弟耶 虛辱謝語 還可笑也 向後凡事之托 弟之耳目所及 豈待勤戒 而但近來事 非賂不成 令若多送紙地 第當殫竭筋力 爲令京主人之役 未知令意如何

•제가 비록 어수선하고 바쁘지만 때때로 그리운 마음은 있으니, 어

408 경주인京主人: 아전 또는 서민庶民으로서, 서울에 있으면서 그 지방 관청의 사무를 연락하고 대행代行해서 보던 사람. 경저리京邸吏라 이르기도 한다.

찌 종종 편지로 안부를 묻고 싶지 않겠습니까마는 먼저 밖에 물어보겠다고 일찍이 하신 말씀이 있고, 또 별도로 아뢸 만한 다른 일도 없었습니다. 소식이 막혀 안타깝다는 말씀은 아마 서로 심정을 잘 살피지 못해서 그런 듯합니다. 앞으로 만일 그대에게 긴요하게 아뢸 일이 있으면 감히 말씀과 같이 하지 않겠습니까?

弟雖撓汨 有時馳想 豈不欲種種書替 而先問於外 曾有戒 且別無他可報者 未免阻候慨然之教 恐未相照而然矣 此後如有緊聞於令者 敢不如戒耶

•편지로 공문서의 수고로움을 거듭 번거롭게 하기 싫은 데다 또 서로 통하는 마음에 어찌 반드시 편지의 왕복을 기다리겠습니까? 양해하실 줄로 압니다.

不欲以書尺 重煩簿牒之勞 且兩照之情 何必待寸牘之往復耶 可俯諒也

•이는 참으로 처음에 생각지도 못했던 바입니다.

此誠始慮之所不及

•한바탕 주고받은 이야기는 서로 헤아리지 못했다고 이를 만하니 어찌하겠습니까?

一場脣舌 可謂不相諒 奈何

감하류感荷類

• 보내 주신 몇 종류의 물건은 저를 내버리지 않는 후의임을 잘 알고 있기에 한편으로 황송하고 한편으로 감사한지라 아뢸 바를 모르겠습니다.

下送幾種 仰認不遺之盛眷 且惶且感 不知攸達

• 보내 주신 몇 종류의 물건은 잘 받았습니다. 감사하는 마음이 어찌 물건에만 있겠습니까? 후의가 이정도이니 감사한 마음 그지없어 인사할 바를 모르겠습니다.

惠來幾種 依領 珍戢 奚但在物 眷意至此 祗用僕僕 不知爲謝

• 보내 주신 여러 가지의 물건은 삼가 잘 받았습니다. 후의를 잘 알고 있기에 감사하기 이를 데 없습니다.

見惠諸種 謹領 仰認勤摯 鳴謝萬萬

• 보내 주신 몇 종류의 물건은 잘 받았습니다. 후의에 감사드립니다.

惠送幾種 領 謝眷意

• 보내 주신대로 잘 받았으니 감사합니다.

依受感荷

• 보내 주신대로 잘 받았으니 매우 감사드립니다.

依領多謝

• 보내 주신 여러 물건은 만일 후의가 남다르지 않았다면 어찌 이정도이겠습니까? 보내 주신대로 잘 받았으니 매우 감사하여 무어라 말할 수가 없습니다.

惠饋諸種 倘非眷意之出常 何以及此 依領 多謝無以爲喩

·보내 주신 몇 가지 물건은 삼가 잘 받았습니다. 너무나 감사하여 인사할 길이 없습니다.

惠貺幾種 謹領 珍戢 無以爲謝

·부쳐 주신 몇 가지 물건은 받고 감사하는 마음 그지없습니다.

寄惠諸種 拜嘉無已

·몇 가지 성대하게 보내 주신 물건은 저를 저버리지 않는 마음임을 잘 알기에 감사하는 마음 매우 절실합니다.

幾種盛貺 仰認不遺 感佩殊切

·두터운 선물을 받았으니 정다운 우의에 감사드립니다.

腆貺 仰荷款誼

·천 리 밖에서 보내 주신 음식은 백붕百朋과 다를 것이 없으니 받은 은혜가 두터워 감사할 뿐입니다.

千里有饋 百朋無異 受惠也厚 爲謝而已

·물건과 함께 보내준 편지는 당신의 후의니, 감사하는 마음 어찌 다 하겠습니까?

物簡情摯 銘感曷已

·물건과 마음 둘 다 중하니 깊이 감사드립니다.

物意兩重 已深珍感

·모두 다 일상의 긴요한 물품과 관계되는 것인지라 후의임을 잘 알기에 감사하는 마음 매우 큽니다.

俱係日用緊需 認出情貺 珍謝萬萬

•정으로 생각해서 주신 물건을 받게 되니 감사하기 그지없습니다.
拜領情念 珍感無已

•후의임을 잘 알기에 감사함을 말로 다 할 수 없습니다.
仰認厚誼 感謝不容諭

•후의를 받게 되니 실로 서로 잊지 않은 정에 감사를 드립니다.
拜領盛意 實感不相忘之情也

•후의가 이르는 곳을 알 수 있으니 저로 하여금 감사한 마음 그지없게 합니다.
有以見眷意攸及 令人珍謝不已

•정으로 보내 주신 물건임을 알았으니 삼가 받고 감사하여 인사할 바를 알지 못하겠습니다.
亮出情念 奉領珍感 不知攸謝

•보내 주신 몇 가지 물품은 수량대로[409] 삼가 받았습니다. 경기 고을의 좋지 못한 형편에 어찌 이런 물건을 마련할 수 있었겠습니까? 후의를 잘 알았으니 감사하는 마음 가누지 못하겠습니다.
下惠幾種 昭數伏領 畿邑殘況 何能辦此 仰認厚眷 不任感謝

•좋지 못한 관아의 형편에 또한 쉽게 마련할 수 있는 것도 아니니 도리어 이 때문에 마음이 편치 못합니다.
殘薄官況 亦非容易辦此 還用不安

409 수량대로: 원문의 소수昭數는 촉소수계燭昭數計의 준말로 촛불로 비추고 숫자로 계산하듯 정확하다는 의미다.

•부임하신 초기인지라 온갖 일이 쌓였을 것인데 위문편지가 정중한데다 후한 선물까지 보내 주시니 비단 선물에만 있는 것이 아님을 잘 알겠습니다.

下車之初 百事塡委 而惠問鄭重 厚貺兼之 有以仰認不但在物而已

•보내 주신 여러 물건은 정으로 보내주시는 것인지라 깊이 감사드립니다. 새로 부임해서 어찌 이를 마련할 수 있었겠습니까? 도리어 이 때문에 마음이 편치 못합니다.

諸種之惠 深謝情念 新到何能辦此 還用不安

•객중에서 어찌 저에게까지 생각이 미쳤는지요. 감사하는 마음 더욱 지극합니다.

客中何以念及 感荷尤至

•피차간 한미한 선비인 것은 같기에 마땅히 글로써 주고받아야 할 터인데 어찌 이런 물건으로 예를 삼는단 말입니까?

彼此共一寒措大 宜以文字相與 焉用此饋餉禮爲[410]

•편지를 부쳐 안부를 묻는 것이 바로 정이니, 사례의 물품 없이 편지만 보낸들 또한 무슨 문제가 되겠습니까?

寄書問訊 卽是情也 空簡亦何妨也

•보내 주신 여러 물건은 하나하나가 후의에서 나온 것입니다. 하물며 공무로 바쁜 가운데 지극한 염려가 이정도인지요. 먼 길에 심부름꾼에게 맡김은 수고와 비용이 참으로 많이 드니 감사한 나머지 도리어 송구한 마음이 큽니다.

惠送諸種 一一出於至意 況於鞅掌之中 勤念至此 遠路委伻 勞費良多

410 趙龜命『東谿集』卷10「與金生聖守書 戊戌」

感仰之餘 還極悚仄

•보내 주신 물건은 모두 긴요한 것들이니 후의에 깊이 감사드립니다. 먼 곳에서 부쳐 주는 것은 실로 신경을 쓰는 것이니, 삼가 받고서 감사한 마음이 물건에만 있는 것이 아닙니다.

惠物俱係切緊 深荷盛情 而遠地投寄 良亦費神 拜領珍感 不曁物也

•보내 주신 여러 물건은 후의가 아니라면 어떻게 멀리까지 존문하는 것이 이정도이겠습니까? 감사하는 나머지와 아울러 마음이 편치 못합니다.

俯惠諸種 如非厚意 何能遠存至此 仰感之餘 繼以不安

•후의에 깊이 감사하지만 먼 길에서 신경을 써 준 것이 이와 같으니 도리어 송구스러워서 마음이 편치 못합니다.

深感至眷 而遠路致意若此 還用悚仄 不能安也

•보내 주신 몇 가지 물품은 좋지 못한 형편에도 인편이 있을 때마다 나누어주시니 만일 후의가 아니라면 어찌 이렇게 할 수 있겠습니까? 삼가 받고서 매우 감사를 드립니다.

送惠幾種 以殘況有便輒分 倘非至意 何能如是 謹領多謝

•후한 선물을 연달아 보내주시니, 인간 세상에 과연 양주학楊州鶴[411] 이 있다 하나 이처럼 호사스러울까요.

盛貺連續 人世果有楊州鶴 如是之奢也[412]

---

411 양주학楊州鶴: 인간이 바라는 소망을 모두 겸비하는 것을 말한다. 『연감류함淵鑑類函』 조부鳥部3 「학鶴」에 예전에 사람들이 모여서 각자 소원을 말하였는데, 한 사람은 많은 돈을 갖는 것이 소원이라 하였고, 한 사람은 학鶴을 타고 하늘에 오르는 것이 소원이라 하였고, 한 사람은 양주 자사楊州刺史가 되는 것이 소원이라 하자, 이를 듣고 있던 한 사람이 많은 돈을 허리에 차고서 학을 타고 양주 고을의 하늘을 날아오르는 것이 소원이라 했던 데서 나온 말이다.

412 許穆 『記言』 卷7 別集 「與權漣川佾」

•여러 종류의 선물은 해마다 빠뜨리지 않으시니 후의에 매우 감사드립니다.

諸種之餉 連年不闕 甚荷勤念

•매번 지극한 존문을 받을 때마다 더욱 두터운 정을 보게 되니 매우 감사하고 매우 감사합니다.

每蒙勤存 尤見厚義 深謝深謝

•수시로 기억해서 존문해 주시니 마음으로 돌보아 주심을 알 수 있습니다.

不時記存 可見情眷

•성대한 선물이 지극히 두터우니 이제부터 부잣집 늙은이 신세가 되겠습니다.

盛貺周厚 自此可作富家翁身世也

•두터운 선물이 이정도이니, 선물하는 예절에 너무 지나치지 않겠습니까?

腆厚至此 饋遺之節 無乃太過耶[413]

•짐 싣는 말 가득 보내 주신 물건은 바라던 바에 매우 과한 것이니 도리어 마음에 편치 않습니다. 가을 곡식이 눈에 가득하지만 내 처지에서는 먹을 것이 없는 것을 근심하던 차 이로부터 몇 달의 고통에서 벗어날 수 있으니 매우 다행입니다.

充馱之惠 太過所望 還用不安 秋穀滿眼 方患無食 從此可免數月之苦矣 甚甚幸幸

•다섯 말의 녹봉을 몹시 급한 지경에 받게 되니 더욱 감사하는 마음

413 尹拯『明齋遺稿』卷24「答李尚輔 癸巳」

이 지극합니다.

五斗祿米 正在渴急中 尤切伏感之至

•이부자리를 이렇게 요구대로 성대하게 부응해 주시니 참으로 혼수 물품 가운데 좋은 선물인지라 지극히 감사를 드립니다. 초해草醢까지 곁들여 보내 주심에 인정에 감사한 마음 연이어 그지없습니다.

寢席荷此盛副 儘是婚具中長物 仰感至意 而草醢之伴貺 尤感情味 僕僕不已

•돗자리는 이렇게 즉시 만들어서 부쳐주는 은혜를[414] 입어 매우 감사하고 다행스러운데 또 꾸미는 장식이 지극히 화려하고 사치스럽습니다. 만약 형께서 나를 지극히 생각해 주는 마음이 아니라면 이정도에 이르렀겠습니까? 더욱 기뻐할 만합니다.

登每 荷此趁卽造惠 旣多感幸 而從又餙縇 極其華侈 儻非吾兄勤念之篤 何以及此 尤可喜也

•보내 주신 여러 물건은 지극히 생각해 준 것이라 감사하기 그지없습니다. 그 가운데 휘항揮項[415]은 추운 계절에 귀를 막는데 긴요한 것이니 더욱 다행스럽고 다행스럽습니다.

惠送諸種 無非勤念處 銘感無已 而其中揮項次 當此寒節 緊於掩耳 尤幸尤幸

•보내 주신 당음唐音 한 질은 손자아이를 위해 얻고자 한지가 오래되었습니다. 지금 문득 제 수중에 들어오니 더욱 후의에 감사하여 사례할 바를 알지 못하겠습니다. 손자들이 참새처럼 뛰며 서로 차지하려 하니

414 즉시~은혜를: 원문의 '진즉조혜趁卽造惠'는 그 시기에 딱 맞추어 만들어 보낸다는 의미다.

415 휘항揮項: 겨울에 추위를 막기 위해 썼던 모자의 일종이다. 남바위처럼 생겼으나 뒤가 훨씬 길고, 목덜미와 뺨까지 싸게 되어 있었다. 호항護項이라고도 한다.

더욱 기쁘고 감사드립니다.

惠寄唐音一帙 爲孫兒欲得久矣 今忽落手 益感情眷 無以爲謝 孫兒輩雀躍爭相占 尤作喜感

•새 버선은 보내 주신 뜻이 지극히 후하니 매우 감사합니다.

新襪 惠意至厚 深謝[416]

•지난번 인편으로 보내 주신 채색한 상자, 빗 첩은 모두 긴요한 물건이니 매우 감사합니다. 또 이 사람이 가는 편에 일러둔 바가 있으니 모쪼록 조처해 주시기를 바랍니다.

向便下送彩箱梳貼 俱係緊用 伏感伏感 又此某人之去 因有所告 幸下施 伏望

•이렇게 좋은 음식을 하사받은 것이 매우 많습니다. 만일 왕래하는 인편이 있으면 계속 베풀어 주시길 지극히 바랍니다.

得此香味 受賜殊多矣 如有往來之便 續惠至望

•후의에 감사를 드리지만 물건은 오지 않았습니다.

厚意仰感 而物種不來耳

•보내 주신 여러 종류의 물품은 모두 병중에 필요한 것이니, 어찌 감사하는 마음 다하겠습니까? 연꽃 열매에 이르러서는 더욱 약용으로 긴요한 것이니 삼가 받고 매우 다행스럽게 여기고 있습니다.

下送諸種 俱係病中所需 曷任珍感 至於蓮實 尤切藥用 謹領深幸

•보내 주신 녹각교鹿角膠는 매우 감사하고 감사합니다. 열 근이라 했던 앞의 말은 농담일 뿐이니, 근을 양으로 여긴 것은 과연 잘 헤아리신

416 許穆『記言』別集 卷7「楠溪靜案」

것입니다.

送惠鹿角膠 多感多感 十斤前言戲耳 以斤爲兩 果已料度矣

•보내 주신 죽력竹瀝은 곧 어린아이의 오줌에 타서 복용했으니 정말로 감사합니다.

惠來竹瀝 卽和童便服之 感幸感幸[417]

•보내 주신 양식과 구기자는 후의에 정말로 감사를 드립니다. 수명을 늘이는 것은 먼 일이고 당장 끼니를 해결할 수 있어 매우 다행입니다.

惠餉枸杞 良感勤念 延年是遠 目下可佐盤飡 甚幸[418]

•보내 주신 청밀淸蜜, 제호醍醐, 익원益元은 모두 여름철에 보양하는 약제들입니다. 지극한 마음으로 염려해 주심이 한결같이 이정도에 이르렀단 말입니까?

下惠淸蜜醍醐益元, 無非夏月調養之具 至意見念 一至於此[419]

•납제臘劑를 보내 주신 후의에 거듭 감사드리며 어떻게 말씀드려야 할지 모르겠습니다.

臘劑之貺 重拜德意 不知所喩[420]

•보내 주신 토사자兎絲子는 오래되어도 잊지 못하겠습니다. 구해서 조제까지 해 주신 것에 이르러서는 후의에 깊이 감사드립니다. 게다가 이어란魚卵은 마침 피우避寓[421]하여 고기를 먹지 못하는 상황[422]에 보내 주신

---

417 金昌協『農巖集』卷19「答道以 庚辰」

418 金昌協『農巖集』卷20「答李命華 丙子」

419 尹拯『明齋遺稿』卷23「答金監司 演」

420 尹拯『明齋遺稿』卷13「與尹叔麟趾完 乙亥」

421 피우避寓: 병이 들어 거처를 옮겨서 요양療養하는 것을 말한다. 비접이라고도 한다.

422 고기를 먹지 못하는 상황: 원문의 '탄협彈鋏'은 칼을 두드린다는 의미로『사기史記』卷75「맹상군열전孟嘗君列傳」에 전국시대 제齊나라 풍환馮驩이 손잡이를 노끈으

것이라 즉시 우리 집 부엌으로 보냈으니 더욱 감사한 마음 큽니다.

惠送兎絲子 久而不忘 至於求索以濟 深感眷意 且此魚卵 適及於避寓彈鋏中 卽歸病廚 尤謝萬萬

•약초를 이와 같이 육지로 운송하여 보내 주시니 옮겨오는 즈음에 도리어 형께 폐를 끼쳤습니다. 기쁘고 다행스러운 나머지에 도리어 매우 미안합니다.

藥草如是 陸運以惠 輸送之際 反貽弊於兄 喜幸之餘 還切不安

•보내 주신 각종 약재는 후의에 깊이 인사를 드리니 대단히 감격스럽습니다.

惠各種藥料 深謝眷意 感銘感銘

•약재는 이미 그대의 허락이 있었기 때문에 지난번에 보내 주신 약방문으로 봉제奉提를 했으나 이처럼 조치해 주실 줄은 생각지 못했습니다. 녹용값을 넉넉히 도와주신 것은 매우 뜻밖의 일이니 혹 지극한 뜻이 아니라면 어찌 이정도이겠습니까? 크게 감사드립니다.

藥材旣有盛諾 故頃送方文奉提 而不料若是準施 茸價之優助 大是望外 儻非至意 何以及此 銘感銘感

•여러 차례 요구했던 약 빚이 마침 약재를 바꿀 즈음에 미쳤으니 받고는 몹시 감사했습니다. 하지만 약을 구한다는 편지가 돈을 매개로 하여 왔으니 도리어 두렵고 부끄럽습니다.

十索藥債 適及於貿材之際 謹受多感 而求藥之書 妹錢而來 還用悚恧

•몇 종류의 좋은 음식은 이렇게 보내 주신 은혜를 입고서 손 바쁘게

로 감은 칼을 두드리며, 맹상군孟嘗君에게 처우 개선을 요구했던 고사가 있다. 그 노래에 "장협이여 돌아가야 할까보다. 밥에 고기반찬이 없구나[長鋏歸來乎 食無魚]"라고 하였다. 고기를 먹지 못하는 객지에서의 불우한 생활을 뜻한다.

맛을 보니 병든 입에 입맛이 돋습니다. 감사하는 마음 어찌 다 함이 있겠습니까?

幾種佳味 蒙此下惠 忙手知味 病口生新 仰感何已

•몇 가지 좋은 음식에 나도 모르게 병든 위가 갑자기 깨어나니 매우 감사드립니다.

種種珍味 不覺病胃頓醒 殊極感荷

•수량대로 다 받았으니 병든 입맛에 매우 맞습니다. 정이라는 것 잘 아니 감사한 마음 어찌 한량이 있겠습니까?

照數依領 殊適病口 仰認情味 篆謝何量

•모두 서쪽에서 생산되는 진품으로 병든 위를 깨우는지라 감사하는 마음 형언할 수 없습니다.

俱是西産珍品 庸醒病胃 感謝不容諭

•보내 주신 여러 물건은 감사한 마음 많은데 두 젓갈이 모두 위를 깨워주니 더욱 감사드립니다.

俯惠諸種 多感而兩醢俱醒胃 尤荷

•모두 먹을 만하여 여기에 힘입어 숟가락을 더하게 되니 그지없이 감사한 마음 물건에만 있는 것이 아닙니다.

無非可食 賴以加匙 珍感僕僕不在物

•좋은 물품 몇 종류는 삼가 받고서 정으로 보내 주신 것임을 알았으니 감사하고 감사합니다.

嘉貺幾種 謹領情味 多謝多謝

•은혜로이 받은 두 종류의 물품은 풍미風味임을 알았으니 감사하는

마음 어찌 다하겠습니까?

蒙惠兩種 感認風味 珍荷曷已

•어제 이미 각종 진미를 보내 주신 은혜를 입었고, 오늘 아침에 이어서 보내 주신 찬탄饌炭까지 받게 되니 부끄럽고 부끄럽습니다.

昨日旣蒙各種珍味之惠 今朝續承惠寄饌炭 媿仄媿仄

•생선을 보내 주신 것은 매우 감사합니다. 매번 객지의 음식을 보내 주시니 집에 있는 사람이 부끄럽습니다.

鮮魚珍謝 而每分旅味 居者之媿也[423]

•몇 종류의 해산물은 후의에 깊이 감사하지만 제가 구한 뒤에야 비로소 부응해 주시니 정이 박하다는 말이 그렇지 않겠습니까?

幾種海味 深謝眷意 而求之然後 始見副 情薄之說 不其然乎

•보내 주신 두 마리 생선은 족히 편지[424]를 대신할 만합니다.

惠送兩魚 足替雙鯉之信

•병든 위에는 짜고 신맛이 생각나는데 오직 이 말린 고기가 입맛을 깨워줄 수 있습니다.

病胃 政思鹹醋 惟此乾鱗 可以醒蘇

•실로 올겨울에 처음 보는 것이니 고기를 먹지 못하는 탄식을 면할 수 있는지라 감사한 마음 그지없습니다.

---

423 尹拯『明齋遺稿』卷18「與鄭君啓 乙卯二月九日」

424 편지: 원문의 '쌍리雙鯉'는 두 마리 물고기라는 말로 서신書信을 의미한다. 진晉나라 육기陸機의 「음마장성굴행飮馬長城窟行」에 "멀리서 온 손님, 잉어 두 마리 전해 주네. 아이 불러 요리하게 했더니, 그 가운데 한 자 비단 글 있네[客從遠方來 遺我雙鯉魚 呼兒烹鯉魚 中有尺素書]"라고 하였다.

實是今冬初見 可免彈鋏之歎 銘謝僕僕

•석어石魚[조기]의 새로운 맛을 야인野人이 일찍 얻게 되니 일찍이 맛난 것을 나누어 주신 은혜 매우 감사드립니다.

石魚新味 野人得早 嘗分甘之惠 多謝多謝

•말린 청어는 또한 장을 넣어 지져 오래 먹을 수 있습니다.

乾鯖 亦可煮醬久喫也

•은어 등 세 음식은 병든 입에 맞으니 더욱 다행스럽습니다.

銀脣等三味 甚宜病口 尤可幸也

•보내 주신 생선과 조개는 소반의 찬거리가 되니, 궁핍한 끝에 하나하나 받고서 인사드리지만 도리어 마음이 매우 미안합니다.

魚蛤之饋 又及盤供 方乏之餘 一一領謝 還深不安

•소반의 찬거리가 부족하고 기름을 태우는 것도 잇기 어려운 때에 보내 주셔서 감사한 마음 그지없습니다.

政及盤饌垂乏 焚膏難繼之時 感領無已

•게 젓갈은 이곳에는 없는 것이라 먹고자 해도 먹을 방법이 없었습니다. 보따리를 열고는 눈이 번쩍 띄니 친구가 정으로 준 물건임을 잘 알겠습니다.

蟹醢此土所無 方欲得喫 而亦末由也 開包眼明 認是故人情貺也

•보내 주신 몇 가지 먹거리는 모두 이곳에는 없는 것이니, 생각해 주는 정임을 잘 알고 있습니다. 감사한 마음 그지없습니다.

惠餉幾味 俱是此中所無 奉認情念 珍感無已

•보내 주신 선물은 궁벽한 산골에는 없는 것이라 입과 눈이 모두 놀랐습니다.

惠饋 窮峽所無 口眼皆驚[425]

•심부름꾼을 통해 편지와 물고기 서른 마리도 보내 주시니 마음을 써 주심에 매우 부끄럽습니다.

委伻以書 惠魚三十 深媿有情也[426]

•보내 주신 전복은 정으로 준 것임을 잘 알기에 감사하는 마음 진실로 깊습니다.

惠鰒 領認情念 珍感良深

•보내 주신 전복은 세상에서 흔히 말하는 우리나라의 진귀한 맛입니다. 후의를 입어 촌로의 입에 맛볼 수 있게 해 주시니 어찌 감사하지 않겠습니까?

惠鰒 世所稱域中珍味 賴荷厚意 使野老口吻得嘗之 安得不爲感也

•앞서 보내 주신 조개 꿰미는 그 후의에 지금까지도 감사합니다. 그렇지만 한미한 선비가 교제함에 이러한 것으로 예물을 삼아서는 안 됩니다. 어떻게 생각하십니까?

前惠蛤串 迨戢至眷 而寒士交際 不但以此等爲禮 如何[427]

•생선국에 전복까지 먹으니 찬거리에 너무 사치스럽습니다.

羹魚啖鰒 飯羞頓侈

•어금니가 점점 빠져 조금 딱딱한 것은 씹을 수가 없습니다. 지금 부

425 許穆『記言』別集 卷7「答羅生斗春」

426 尹拯『明齋遺稿』卷23「答兪敬基 壬子八月二日」

427 尹拯『明齋遺稿』卷21「答尹周翊元亮 十月十七日」

쳐 주신 마른 전복은 또한 마음만 받을 뿐입니다.

牙齒漸脫 喫不得稍硬者 今其所寄乾鰒 亦領意而已[428]

•하란蝦卵을 열흘간 나물만 먹던 끝에 보내주시니 선미仙味인 듯합니다. 이 고을에서 물고기 잡는 것을 금한 지가 한 달에 두세 차례인지라 채소만 먹기가 실로 괴롭습니다. 인편이 있으면 모쪼록 자주 찬거리를 보내 주심이 어떻겠습니까?

蝦卵政及於十日菜食之餘 頓是仙味 此邑 停屠江魚 一月數三 奉疏食良苦 有便 幸頻惠饌資如何

•광주리에 가득한 좋은 채소는 전원의 즐거움을 생각하기에 충분합니다.

蒲筐佳菜 足想田園之樂

•양이 채소밭을 망가트리는 것[429]도 옛날에는 특이한 일이라고 일컬었는데 하물며 소가 망가뜨리는 것이겠습니까? 다만 정으로 보내 주신 귀한 음식에 감사한 마음 그지없습니다.

羊踏蔬園 古稱異事 況牛踏耶 第戢情珍 不能已已[430]

•오이와 파는 한적한 생활에 재미를 느끼기에 충분합니다.

靑苽白葱 足知靜中滋味[431]

•하물며 이 새 채소와 살찐 꿩 같은 좋은 선물을 받아 부모님의 찬에

428 金昌協『農巖集』卷18「答金顯甫 壬午」

429 양이~망가뜨리는 것: 삼국시대 위나라 한단순邯鄲淳이 지은『소림笑林』에 나온 고사다. 어떤 사람이 채소만 먹다가 하루는 양고기를 갑자기 먹게 되었는데, 꿈속에서 오장五臟의 신이 나타나 말하기를, “양이 채소밭을 망가뜨려 놓았다”라고 하였다 한다. 채소만 먹던 사람이 분에 넘치게 양고기를 먹었다는 것으로 과분한 선물을 받은 것을 비유한 것이다.

430 尹拯『明齋遺稿』卷16「與李君輔 甲子八月」

431 許穆『記言』別集 卷7「與李生晉茂茂卿」

드릴 수 있으니 그 후의에 감사하여 인사할 바를 알지 못하겠습니다.

矧此新菜膏雉 仰領嘉貺 庸供親廚 感佩厚眷 不知攸謝

•보내 주신 몇 종류의 물품은 모두 노인을 봉양하는 수요에 적합한 것이니 후의에 감사한 마음 말로 형용할 수 없습니다.

下送幾種 俱宜供老之需 感佩盛意 不容名諭

•꿩은 병든 딸에게 오로지 이것이 필요했는데, 연이어 진미를 보내 주시니, 기쁜 마음 형용할 수 없습니다.

山梁 病女專以此爲須 而續惠珍味 其爲喜 不可狀諭

•두 마리 꿩은 친구가 정으로 보내준 먹거리임을 알기에 나도 모르게 계속 절을 하게 됩니다.

二首山梁 可見故人情味 不覺僕僕起拜也

•꿩을 구워 배를 불리고 생강을 다려 소화하니, 대감께서 나를 사랑하신다 할 만 합니다.

炙雉而飽 煎薑而下 台可謂愛我者矣

•몇 마리 꿩을 보내 주어 썰렁한 부엌에 생기가 도니 만일 후의가 아니라면 어찌 여기에 이르렀겠습니까?

幾雉之惠 冷廚生色 倘非厚意 何以至此

•보내 주신 물건으로 시골 부엌에 호사를 누리니 감사히 받고서 인사드립니다.

賴侈村廚 感領珍謝

•갖가지 보내 주신 음식으로 산골 부엌살림이 갑자기 넉넉해졌으니 감사히 받고서도 송구할 따름입니다.

各種貺味 山廚驟富 拜嘉之餘 竦謝而已[432]

•임지에 도착하자마자 곧장 문후를 해 주시니 이미 후의에 감사한데 물건 또한 긴요하게 필요한 것입니다. 갑자기 썰렁한 부엌에 생기를 돌게 하니 얼마나 감사한지요.

下車卽問 已感情念 物亦緊需 頓令寒廚生色 尤何等鳴謝

•보내 주신 음식 여러 종류는 산속의 진미임을 알겠으니 감사한 마음 갑절로 지극합니다.

寄餉各種 領得峽中珍味 感荷倍至

•보내 주신 당귀고當歸膏는 진한 향기가 구미를 당기게 하고 구운 꿩은 안주 거리가 되니, 친구의 후의임을 알겠습니다. 연이어 안부를 물어주시니 감사하는 마음 늘 마음에 있습니다.

送惠當歸膏 香烈開胃 炙雉爲肴 知故人情味 連荷垂問 銘感在心

•고추장은 친구가 좋아하는 음식임을 잊지 않고 타향살이에 부쳐주시니 입에 맞을 뿐만 아니라 군침마저 돌았습니다. 단지를 열고 한 번 맛보니 문득 지난겨울의 오늘 천안 점사에서 마주 대하고 음식을 먹던 것이 생각납니다.

苦草醬 能不忘故人業嗜 有此客中寄餉 非直適口 醒胃之爲幸 開缸一嘗 忽憶客冬 今日對食於天安店舍耳

•추로주秋露酒와 농어를 멀리 적막한 물가의 이곳으로 보내주시니, 봄날 산창에서 한껏 취하는 것이 어찌 쉬운 일이겠습니까? 친구의 후의에 너무도 감사합니다.

秋露巨口 遠及於寂寞之濱 春日山窓 頹然一醉 豈是易事 多荷故人之情眷

---

432 申翊聖『樂全堂集』卷9「道源」

•감귤은 정으로 보내 주신 선물이기에 깊이 감사를 드립니다. 병든 입맛이 갈증이 많아도 해소할 방법이 없어 매번 찬 샘물을 길어 마시니 스스로 조양하기에 마땅한 방법이 아니라는 것을 알고 있습니다. 지금 이것을 얻어 급한 상황을 달랠 수 있으니 큰 다행입니다.

柑子 深荷情饋 病口多渴 無以沃之 每引冰井 自知非調養之宜 今得此可以救急 非少幸也

•보내 주신 감귤이 신선의 맛과 무엇이 다르겠습니까? 삼가 받고서 후의에 마음으로 감사드립니다.

柑榴之惠 何異仙味 拜領情眷 中心頌之

•지금 보내 주신 마흔 송이 포도를 받으니, 산과 들에서 지내는 흥취를 상상할 수 있어 감사함과 부러운 마음 그지없습니다. 꼬막[433] 열 꿰미와 삶은 다시마 두 줄기를 약소하나마 이번 회답하는 편에 부칩니다.

今承四十朶葡萄之惠 猶可想山野興味 感羨無已 江瑤柱十串蒸昆布二注之 略此回表[434]

•곶감은 이렇게 정다운 선물로 받게 되어 명절 차례상에 올릴 수 있으니 감사한 마음 그지없습니다.

乾柿 荷此情貺 用供節日茶禮 感篆無已

•한 접 곶감은 좋은 선물로 받으니 형언할 수가 없습니다.

百柿 領謝嘉貺 無以爲喩

•잣은 높은 봉우리 나무꼭대기에서 나는 물건인데, 어떻게 마련해서 보내 주셨는지요?

---

433 꼬막 : 원문의 '강요주江瑤柱'는 '강요주江瑤珠'라고도 하는데, 살조개 즉 꼬막을 말한다.

434 南九萬 『藥泉集』 卷30 「答西溪 八月一日」

栢子 在高峯頂上之物 何以運致耶

•동아冬苽로도 충분한데 자로주紫露酒까지 보내주시니, 정이 담긴 선물에 매우 감사드립니다.

冬苽足矣 佐以紫露 多謝情餉

•왼쪽에 기록한 훌륭한 음식은 낱낱이 가난한 집에서는 보기 드문 것입니다. 저를 생각해 주신 뜻을 깊이 알겠기에 감사드리고 감사드립니다.

左錄盛餉 箇箇是窮廬罕見 深認相念 珍荷珍荷

•보내 주신 간폭簡幅은 마침 부족한 중에 받았고, 숫자 또한 많습니다. 기억해 주시는 은혜를 생각해 봄에 저를 마음에 두시는 것에 깊이 감사드립니다.

下惠簡幅 適及於懸乏之中 數又夥然 仰念記有之眷 深切在心之感

•보내 주신 간폭은 정으로 보내 주신 선물인지라 감격했으니 감사한 마음을 가눌 수 없습니다.

惠送簡幅 仰感情貺 無任僕僕

•백간百簡은 백붕百朋에 맞먹을 만하니, 어찌 감사하는 마음을 가눌 수 있겠습니까?

百簡 可敵百朋 豈勝珍謝

•보내 주신 간지는 삼가 받았습니다. 거듭 감사를 드립니다.

惠簡伏受 申庸僕僕

•보내 주신 공책과 종이는 다 일상의 긴요함에 관계되니, 다른 물건에 견줄 것이 아닙니다. 실로 곡진히 생각해 주신 것이 아니라면 어찌 이런 일이 있겠습니까?

頫惠空冊紙地 俱係日用緊要 非如他物之比 苟非曲至之念 何能有此

•간지는 또한 수효대로 받았습니다. 상중에 있는 사람 같은 경우에는 부채도 과분한데 또 간지를 봉해 주셨으니 더욱 깊이 감사드립니다.

簡紙亦依領 而如罪蟄之人 扇子已過 而又及簡封 尤爲深荷

•고지藁紙는 쓸 곳이 매우 요긴하여 부탁한 바가 있었는데, 이렇게 두 묶음이나 주신 은혜를 입었습니다. 삼가 공경히 받음에 매우 감사를 드립니다.

藁紙 用處甚緊 有所奉索矣 蒙此兩束下惠 謹以敬領 僕僕拜謝

•부채는 수응에 매우 긴요하니, 더욱 감사드리고 감사드립니다.

便面 甚緊酬應 尤荷尤荷

•보내 주신 세 가지 물건은 삼가 받고서 많이 감사하지만 종이는 더욱 우리 아이가 글자 공부를 하는 데 절실한 것입니다. 이렇게 후의를 받게 되어 더욱 감사를 드립니다.

惠來三種 拜領多荷 而紙地尤切於迷兒習字之工 荷此摯念 尤用鳴感

•보내 주신 새 먹은 삼가 잘 받았습니다. 과거 공부하는 선비의 수요에 부응하니 감사하기 그지없습니다.

下惠新墨 拜領 用副科儒之需 感荷無已

•보내 주신 먹이 거듭 후미진 이곳에 이르니, 혹 후의가 아니라면 어찌 여기에 미치겠습니까? 벼루와 붓 몇 개와 함께 감사하기 그지없습니다.

惠貺眞玄 荐及僻陋 倘非盛眷 何以及此 與泓穎數子 攢謝無已

•먹에 이르러서는 부족한 중에 보내 주시니 더욱 감사드립니다.

至於陳玄 及於絶乏中 尤用珍謝

•부쳐 주신 종이와 먹은 이때 이 물건이 시골에서 지낼 때에 가장 요긴한 것이니, 감사한 마음 인사할 길이 없습니다.

寄惠簡墨 此時此物 最要於鄕居 感幸無以謝

•종이와 빗, 붓, 먹은 더욱 타향살이에 긴요한 물건이니, 진실로 평생의 친구가 아니라면 어찌 여기까지 멀리 생각이 미쳤겠습니까? 궁벽한 길에 하나하나 감사히 받았으니, 마음의 선물일 뿐만이 아닙니다.

簡梳筆墨 尤是客中緊需 苟非平生故人 何能遠念及此 窮途一一感領不但爲心貺也

•종이와 먹이 이 먼 곳까지 이르게 되었으니, 매우 감사드립니다.

紙墨得蒙波及 感拜感拜

•말린 육포와 종이, 먹을 보내 주신 것이 비록 후의에서 나온 것인 줄 알지만 거리가 멀어 조그마한 물건도 보내기 어려운 처지이거늘, 이렇게 많이 싸 주시니 힘이 많이 들었을 것이라 염려되어 매우 미안합니다.

脯脩簡墨之貺 雖知出於至意 程途不邇 鵝毛難致 腆封至此 恐亦費力深用未安[435]

•보내 주신 달력은 삼가 잘 받았습니다. 저에 대한 생각이 여기에까지 이르렀으니, 황송하고 감사한 마음 그지없습니다.

下送新曆 伏受而下念至此 惶感無已

•새 달력은 이렇게 기억하여 보내 주셨으니, 후의에 깊이 감사하여 인사하려 해도 무어라 형언하기 어렵습니다.

新曆 荷此記存 深感眷厚 謝難容喙

435 尹拯『明齋遺稿』卷17「與朴晦叔 辛酉五月二十二日」

·달력으로 기억해 주심을 입었으니, 감사하고 다행스러운 마음 그지없습니다.

幾蓂 仰荷省錄 珍幸不已

·달력이 제가 응수하느라 감내하기 어려운 즈음에 이르니, 감사하고 다행스러움이 마땅히 어떠하겠습니까?

曆書 及於酬應難堪之際 其爲感幸 當如何

·보내 주신 달력은 받고서 감사하는 마음 그지없습니다.

幾蓂之惠 領謝無已

·달력과 짝하여 온 편지로 비로소 호숫가의 봄소식을 알게 되었으니 더욱 감사드립니다.

新蓂伴來 始得湖上小春 尤感尤感

·보내 주신 달력으로 한가로이 지내는 세월을 기록할 수 있게 되었으니 감사드립니다.

惠曆 可記閑中日月 感荷

·새 달력을 통해 매번 해마다 기억해 주심을 입었습니다.

新曆 每荷年年記存

·지난해 답장을 달력과 함께 받으니 위로되고 감사합니다.

客歲覆狀 與曆書承領 慰荷

·멀리서 귀한 편지에다 거듭 새 달력을 보내 주시니, 마음이 열리고 위로되어 객수가 조금 풀립니다.

遠書珍重 重以新曆 披慰領謝 稍紓羈懷

•부채를 받게 되니 매해 기억해 주심에 깊이 감사드립니다.

節箑 深荷每年記存

•보내 주신 부채는 후의에서 나왔으니 삼가 받고서 감사하여 인사할 바를 알지 못하겠습니다.

俯惠節箑 出自至意 謹領仰感 不知攸謝

•보내 주신 부채는 뜻밖에 나온 것이니, 감사한 마음이 지극하여 인사할 바를 알지 못하겠습니다.

惠貺扇簡 出於望外 銘感之極 不知攸謝

•부채 묶음을 보내 주시니 기쁘고 감사한 마음 이미 말로 다 할 수 없는데, 만든 모양 또한 모두 기묘해서 칼을 놀린 솜씨의 일단을 볼 수 있습니다. 손수 친구가 보내준 부채를 잡고서 집안 사람들과 함께합니다.

寄惠扇封 其爲喜幸 已不可言 而制樣又皆奇妙 可推遊刃之一端 手把故人淸風 與家人共之耳

•보내 주신 부채는 북창의 맑은 바람을 갖출 만하니 감사한 마음 가눌 수 없습니다.

節箑之惠 可備北窓淸風 不勝感佩

•부채가 올해는 얻을 길이 예전과 달라서 매우 걱정했는데 이렇게 넉넉히 보내주셔서 한시름 덜게 되었으니 더욱 감사할 만합니다.

扇子 今年則所得之道異於前 深以爲悶 有此優送 可忘一憂 尤可感也

•보내 주신 부채는 수응할 때에 받게 되어 부족한 끝에 더욱 절실히 감사드립니다.

至於扇柄 政及於酬應 艱乏之際 尤切銘佩

·영삽嶺箑이 막 도착했지만 하나도 얻지 못해 남선南扇이 도착하기를 기다렸습니다. 지금 보내 주신 것을 받아 보니 수효가 매우 많고 만든 모양도 더욱 절묘합니다. 다행스럽게도 미선尾扇과 별삽別箑이 모두 긴요한 것인지라 감사하기 그지 없습니다.

嶺箑才到 無一可把 方俟南扇之至矣 今承俯惠 而數旣夥然 製樣尤妙 且幸尾扇別箑 俱係緊要 僕僕無已

·부채와 종이는 특례로 넉넉히 보내주셨으니, 삼가 받고 매우 감사드립니다.

扇簡之拔例優惠 謹受珍謝

·부채와 편지를 멀리 바닷가로 보내 주시니, 매우 감사한 마음이 물건에만 있을 뿐만이 아닙니다.

節扇下問 遠及海曲 感荷之切 不徒在物

·보내 주신 부채는 한 자루만 얻어도 충분하니 감사하고 감사합니다.

下送扇子 一把足矣 伏感伏感

·보내 주신 부채가 빠르고 늦음과 정밀하고 거친 것을 어찌 따질 게 있겠습니까? 오직 문안 글씨를 얻음으로 정을 볼 수 있으니 몹시 그리워하던 차에 조금 위로가 됩니다.

節箑之早晩精麤 何須暇論 惟是問安之下 得有數行手筆 足見情也 稍慰極戀之懷

·보내 주신 담뱃대는 삼가 받고서 감사드립니다.

下惠茶竹 拜領珍謝

·함께 보내 주신 담뱃대는 영감께서 담배를 피울 줄 모르면서도 이러한 선물을 주셨으니 정다운 마음을 알 수 있습니다. 보내는 것은 어

렵지 않고 쓰임은 요긴하니 정사를 하는 한 단면을 볼 수 있습니다.

伴貺烟竹 以令之不解吸草 能有此 可認情念 而送之不難 用之則緊 可見爲政之一端耶

•날마다 피는 한 잎의 시초市草는 맛이 나빠 견디기 어려웠는데 이렇게 한 달 남짓을 버틸 수 있는 양식 같은 담배를 얻게 되니, 다행스러움이 실로 기화요초보다 못하지 않는다는 것이 실로 지나친 말이 아닙니다.

日日一葉市草 味惡難堪 得此可支月餘之粮 其幸固不下於瑤草瓊苗 實非過語也

•남초南草는 삼가 잘 받았습니다. 이를 이어서 계속 보내 주시기를 바랍니다.

南草謹領 繼此續惠爲望

•보내 주신 두 근의 연초는 삼가 잘 받으니, 이를 통해 형이 정사하시는 것을 알 수 있지만 기맹箕氓이 하소연할 곳이 없을까 염려가 됩니다. 한 번 웃습니다.

見惠二斤草 謹領之而卽此兄之爲政可知 吾恐箕氓之無告也 一呵

•보내 주신 담배에 감사하지만 다만 씀씀이가 너무 적은 것이 한스럽습니다. 인편을 통해 계속 보내 주심이 어떻겠습니까? 답하는 편지에 또 요구하는 것이 있으니, 늙은이가 조심해야 할 일은 얻는 것에 있다[436]는 경계에 매우 부끄럽습니다.

惠草 非不仰感 第恨手段太少 憑便續惠如何 答簡又有求 甚媿在得之戒也

---

436 늙은이가~있다: 『논어論語』「계씨季氏」에 "군자에게 세 가지 경계할 것이 있으니, 젊을 때엔 혈기가 안정되지 않았으므로 여색을 경계해야 하고, 장성해서는 혈기가 한창 강하므로 싸움을 경계해야 하고, 늙어서는 혈기가 쇠하므로 욕심을 경계해야 한다[君子有三戒 少之時 血氣未定 戒之在色 及其壯也 血氣方剛 戒之在鬪 及其老也 血氣旣衰 戒之在得]"라고 하였다.

•보내 주신 백청白淸은 매우 절실히 병에 필요한 것이니 새롭고 오래된 것을 어찌 따지겠습니까? 넉넉히 보내 주신 것은 또한 오랫동안 버티기에 충분하니 내려 주신 은혜가 큽니다. 어떻게 감사를 드려야 할지요?

惠貺白淸 甚切病須 新舊何論 優餉亦足支久 爲賜大矣 何感如之

•보내 주신 백청은 약으로 쓰기에 긴요하니, 감사한 마음을 형언할 수 없습니다.

惠送白淸 緊於藥用 珍謝不容喩

•석청은 병에 필요한 것입니다. 감사한 마음 그지없습니다.

石淸 病所須也 感拜僕僕

•지금 보내 주신 다식과 참기름은 긴요하지 않은 것이 없습니다. 이로부터 온갖 구차함과 어려움을 벗어날 수 있으니, 지극한 뜻이 아니라면 어찌 여기에 이르렀겠습니까? 감사히 받고서 어떻게 인사해야 좋을지 모르겠습니다.

今玆茶食油淸 無非緊要 從此可免凡百苟艱 如非至意 何以及此 感領不知爲謝

•삼가 정으로 기억해 주심을 받고 감사한 마음 헤아릴 수 없습니다.

拜領情記 感戢無量

•새해 음식 몇 종류는 이렇게 정으로 보내주심을 입었으니, 삼가 받고서 매우 감사합니다.

歲饌幾種 荷此情餉 謹領多謝

•몇 종의 새해 선물로 보내 주신 물건은 후의에 감사히 받았으니, 어떻게 인사해야 좋을지 모르겠습니다.

幾種歲儀之惠 感領厚意 無以爲謝

•보내 주신 새해 음식은 매우 감사합니다.

蒙惠歲饌 拜嘉珍感

•보내 주신 여러 종류의 새해 선물은 모두 정으로 생각해 주는 데에서 나온 것입니다. 수효대로 받고 감사한 마음에 어떻게 인사해야 좋을지 모르겠습니다.

惠餉歲儀諸種 儘出情念 依領仰感 無以爲謝

•정으로 보내 주신 새해 선물로 후의임을 잘 아니, 감사한 마음 참으로 깊습니다.

情貺歲儀 仰領盛意 感佩良深

•보내 주신 여러 종류의 선물로 금저琴杵로 구차하게 새해를 보내는 것[437]을 면할 수 있게 되었으니, 감사하고 감사합니다.

下惠諸種 可免琴杵之作歲 仰感仰感

•뒤따라 보내 주신 동태로 또한 새해를 맞을 수 있게 되었으니, 삼가 감사하고 감사합니다.

追惠凍魚 亦可作歲 拜謝拜謝

•친구로서 옛일을 생각해 주는 후의가 아니라면 어떻게 가난한 집을 사치스럽게 할 수 있겠습니까? 삼가 받고서 감사한 마음 지극합니다.

非故人念舊之厚 何以侈雀羅之門 謹受銘感之至

---

437 금저琴杵로~보내는 것: 원문의 '금저작세金杵作歲'는 거문고로 떡방아 찧는 소리를 내면서 세밑을 보낸다는 뜻으로 살림이 매우 구차함을 비유하여 이르는 말. 신라 백결선생百結先生이 몹시 가난하여 세밑에 떡을 할 곡식이 없어서 거문고를 타서 떡방아 찧는 소리를 내었다는 고사에서 유래한 말이다.

•보내 주신 진상하고 남은[438] 몇 개의 전복은 수효대로 받았으니, 매우 감사드립니다.

惠餉封餘幾鰒 依領多謝

•임금에게 올리고 남은 생 전복을 보내주시니, 후의에 매우 감사드립니다.

君餘生鰒 多謝厚意

•진상하고 남은 청어를 보내 주시니, 감사한 마음 형언할 수 없습니다.

封餘青魚之惠 珍謝不容諭

•진상하고 남은 보배로운 음식을 이렇게 멀리까지 보내 주시니, 감사하는 마음 어찌 말로 다 할 수 있겠습니까?

封餘珍味 蒙此波及 拜嘉曷喩

•앞서 보내 주신 연복도 이미 너무 감사한데 진상하고 남은 대구를 또 이렇게 계속 주시니, 잘 받고 감사한 마음 어떻게 인사해야 좋을지 모르겠습니다.

前惠軟鰒 已極珍荷 而封餘夻魚 又此續至 照領僕僕 無以爲謝

•보내 주신 몇 가지 물건과 별도로 보내 주신 노자는 모두 정다운 마음에서 나온 것이니, 감사한 마음 어찌 다함이 있겠습니까?

惠送幾種 及別貺路資 儘出情念 拜謝曷已

•보내 주신 몇 가지 물건으로 여행길 부엌이 사치스럽게 되었으니 감사하기 그지없습니다.

---

438 진상하고 남은: 원문의 '봉여封餘'는 임금에게 바치는 것들 가운데 바치고 남은 것을 벼슬아치들이 나누어 가지는 물건을 말한다. 군여君餘라고도 한다.

惠來幾種 用侈行廚 鳴謝僕僕

•나그네에게 주신 노자는 진실로 인정의 곡진함에서 나왔으니, 받고서 감사하여 어떻게 인사해야 좋을지 모르겠습니다.

行者之贐 寔出情曲 受言感戢 無以爲謝

•실로 노자를 도와주려는 마음에서 나온 것이니, 잘 받았고 감사한 마음 어떻게 말씀드려야 할지 모르겠습니다.

實出贐助之下念 依領仰感 不知攸諭

•보잘 것 없는 고을에 보내 주신 많은 선물은 크게 도움이 되었습니다. 삼가 받고서 물건을 보내 주신 뜻의 중함을 알았으니, 감사한 마음 어찌 다함이 있겠습니까?

殘邑厚貺 爲助大矣 拜領物意之重 珍謝曷已

•보내 주신 노자 돈과 의례 별도로 갖추어 주신 것은 모두 수효대로 잘 받았습니다. 많이 있는 일이지만 후의가 아니라면 어찌 이렇게 할 수 있겠습니까? 감탄하고 감탄합니다.

下惠行資 例別俱照數依領 多事中非厚意 何能爾也 感歎感歎

•한 묶음의 종이 선물은 지금까지도 그 후의에 감사하고 있습니다. 그러나 길 떠나는 자가 도리어 노자를 주는 꼴이어서 집에 있는 자로서 부끄럽습니다.

紙束之貺 迨感厚意 而行者反有贐 居者之媿也[439]

•보내 주신 제수는 단자에 의거해 삼가 잘 받았으니, 감사한 마음 어찌 다하겠습니까?

439 尹拯『明齋遺稿』卷20「與羅碩佐仲輔 癸丑十月十三日」

下惠祭需 照單祗領 感謝何已

•보내 주신 제수는 곡진한 마음이 이정도이니 감사한 마음 그지없습니다.

下惠祭需 委意至此 感拜僕僕

•보내 주신 제수와 각종 물건은 숫자대로 감사히 잘 받았습니다마는 이러한 일에 마음을 쓰니, 백성을 위로하고 어루만지는 정사에 어찌 방해가 되지 않겠습니까?

寄送祭需及各種 依領爲荷 而費心於此等事 不瑕有妨於勞來撫摩之政耶[440]

•특별히 보내 주신 제수를 받고 감사한 마음을 가누지 못하겠습니다. 산간의 고을이라 매우 궁핍하여 비록 정성을 다하더라도 물력이 필시 미치지 못할 것인데 이와 같이 두텁게 갖추어 보내 주시니 감사한 나머지에 매우 송구스러워 몸 둘 바를 모르겠습니다.

特惠祭需 不勝摧感 峽邑甚薄 雖誠之至 物必不逮 而如是腆備 感拜之餘 又切悚仄[441]

•제물은 숫자대로 잘 받았습니다. 올해에는 조기와 곶감 같은 것은 하나도 볼 수 없었지만 이를 바탕으로 다른 물건으로 바꾸어 그런대로 모양을 갖출 수 있었으니 다행입니다.

祭物依受 而今年則石魚乾柹之屬 無一得見 藉此可以貿取成樣 可幸

•집안 형편에 맞추어 예를 행함이 분수를 따르면 되는데, 과분하게 염려해 주시어 이렇게 후한 협조를 해 주셨으니 부끄럽고 송구하기 그지없습니다.

稱家行禮 自可隨分 而過荷勤念 有此腆助 媿悚無已[442]

---

440 南九萬『藥泉集』卷33「答姜亨叔 癸未四月十日」

441 尹拯『明齋遺稿』卷13「與趙士威 庚辰三月六日」

442 尹拯『明齋遺稿』卷21「答李煃君晦 辛卯十月十四日」

·보내 주신 유청油淸은 제수품으로 쓰도록 한 것임을 잘 알았으니, 슬프고도 감사한 마음 지극하지만 인사할 방법이 없습니다.

油淸之惠 深認助祭 哀感之極 無以爲謝

·보내 주신 여러 종류는 제수에 긴요한 것이니, 잘 받고서 슬프면서도 감사드립니다.

送惠諸種 緊於奠需 依領哀感

•보내 주신 백미白米와 어찬魚饌은 봉록을 쪼개 곤궁한 저를 도와주신 것으로서, 포숙아가 관중을 알아주던 의리처럼 지극한 후의에서 나온 것임을 잘 알기에 더욱 매우 부끄러운 마음을 가눌 수 없습니다. 형께서 보내 주신 물품은 진실로 사양할 이유가 없지만, 구구한 저의 옹졸한 소신은 이전부터 주현에서 1섬이 넘는 음식은 감히 받지 않는 것입니다. 이는 공손치 않은 마음이 있어서가 아니라, 단지 의리를 거스르고 분수에 지나칠까 두렵기 때문입니다. 그래서 비록 다급한 상황에 처해 있지만 다짐을 깨뜨릴 수는 없기에 다시 받들어 보내드립니다.

所惠白粲與魚饌 割俸周急 極知知仲之義 出於至眷 益不勝媿戢之深也 令兄之賜 誠無可辭之義 而區區拙法 從前不敢受州縣盈石之饋 非有不恭之意 只懼犯義而踰分耳 以此雖在涸轍 不能破戒 還以奉納矣[443]

•기일忌日에 술과 고기를 받는 것은 고인古人도 꺼렸던 일이므로 끝내 받아 둘 수 없습니다. 이 또한 융통성 없는 저의 소신이니, 마음으로 이해해 주시리라 생각합니다.

忌日酒肉之受 古人亦以爲嫌 終不能奉留 此亦拘曲拙法 想有以心諒也[444]

•후의의 선물을 헛되게 하였으니, 참으로 송구하여 무어라 사죄해야 할지 모르겠습니다.

虛辱盛貺 實深悚懼 不知所以爲謝也[445]

•벗이 주는 선물은 감히 사양하지 않는다고 하지만 이미 대략은 마련하였으니 전부를 받기는 마음이 편치 않습니다. 이에 두 냥은 돌려보내니, 다른 뜻이 있어서가 아니라 원래 부족하지 않기 때문입니다.

---

443 尹拯『明齋遺稿』卷13「答權季常 壬申六月五日」
444 尹拯『明齋遺稿』卷13「答李沃溝廷獜 辛酉四月十八日」
445 尹拯『明齋遺稿』卷23「答兪監司命弘」

朋友之饋 有不敢辭 而旣已略備 全受不安 玆將二兩錢文還呈 非有他意 自無不足故也[446]

•몇 종의 물품을 보내주셨는데, 새로 부임한 초기에 이런 후의를 보내 주시니 감사하기 그지없습니다. 다만 쌀은 이전에도 으레 감히 받지 않았기에 돌려보냅니다. 종이와 먹과 생선 또한 지나치게 많으니 부끄럽고 송구하여 편치 않습니다.

幾種惠貺 新到之初 有此勤念 感荷無已 第米則前此例不敢受 玆奉還 紙墨及魚 亦且過腆 令人媿悚不安也[447]

•보내 주신 여러 물품은 후의에 매우 감사드립니다. 다만 아무개 물건은 감히 받을 수가 없어 삼가 이렇게 그대로 돌려보내니[448] 죄로 여기지 마시길 바랍니다.

惠寄諸種 深荷盛念 只某物 有不敢冒受者 謹此璧還 勿以爲罪如何

•보내 준 세 가지 귀한 음식은 실로 매우 부끄럽고 송구합니다. 그 가운데 밀과 한 가지는 우리 집 제사에 매번 친구들이 보내 온 것을 받을 때마다 편치 않았습니다. 이에 부득이 돌려보냅니다. 그 외에 받은 것도 이미 충분하니, 양해하여 주시고 의아해하지 말길 바랍니다.

三種珍饋 實深媿悚 其中密果一種 鄙家祭祀 每以冒受親舊之饋問爲未安 玆不得已付還 其他承惠 亦已足矣 望垂恕諒 勿以爲訝如何[449]

---

446 尹拯『明齋遺稿』卷21「答李熤君晦 辛卯十月十四日」

447 尹拯『明齋遺稿』卷22「答韓配周文卿 壬辰三月十四日」

448 그대로 돌려보내니: 원문의 '벽환璧還'은 원래 주인에게 되돌려 준다는 뜻이다. 이 말은『사기史記』卷81「염파인상여열전廉頗藺相如列傳」에 전국시대 조 혜문왕趙惠文王이 소장하고 있던 화씨벽和氏璧과 연성連城을 바꾸자고 겁박한 진시황의 위협에 대항하여 구슬을 온전하게 지킨 인상여藺相如의 기지機智에서 유래하였다.

449 尹拯『明齋遺稿』卷22「答韓配周文卿 六月一日」

•보내 주신 아무개 물건은 감사하기 그지없습니다. 다만 이러한 사적인 일은 비록 하지 않더라도 무방할 것입니다. 백성들이 장차 굶어 죽을 상황에 어찌 한가한 사람의 일까지 생각하신단 말입니까. 부디 유념하시길 바랍니다.

所惠某物 無任感謝 第此等私事 雖除之無妨 民將孑遺 何可念及於閒人事哉 千萬惕念也[450]

•태수가 공간空簡[451]을 주고받는 것이 어렵다지만 근래의 상투적인 예입니다. 당신과 저의 사이에 이르러서는 어찌 이러한 혐의를 두겠습니까?

太守空簡往復之爲難 近來例套 至於令與弟間 豈用此等嫌耶

•정이 담긴 음식을 따로 보내 주시니 감사하고 감사합니다. 다만 이런 것 때문에 자주 편지를 할 수 없으니 또한 안타깝습니다. 형께서 만약 이러한 속된 습관을 없애주신다면 저도 편지를 받자마자 바로 안부를 여쭐 것입니다.

別是情味 多感多謝 但爲此故 不能頻有書 亦可恨 兄若去此俗套 則弟欲聞便輒候矣

---

450 尹拯『明齋遺稿』卷27「與再從弟天縱 丁丑八月晦日」

451 공간空簡: 선물이 딸리지 않은 편지를 말한다.

한훤차록 寒暄箚錄 권 3

국애류國哀類

•하늘이 무너지는 애통함은 누구나 똑같이 망극한 마음입니다.

天崩之慟 同情罔極

•국상은 애통한 마음 누구나 그지없을 것입니다.

國哀 普痛曷已

•국상에 가슴을 치며 울부짖는 통한은 만백성이 같습니다.

國哀 攀號之痛 率普惟均

•신하와 백성이 복이 없어 갑자기 국상을 만나 온 나라가 함께 슬퍼하니 망극하고 망극합니다.

臣民弗祿 遽罹國哀 遐邇同悲 罔極罔極

•인산因山[452]이 어느새 임박했습니다. 신민臣民의 애통한 마음 갈수록 더욱 그지없습니다.

因山奄迫 臣民痛寃 去益罔涯

•인산因山이 어느새 지나갔지만 애통한 마음 처음과 같습니다.

因山奄過 痛隕如新

•세월이 빨리 흘러 국련國練[453]이 어느새 지나갔습니다. 가슴을 치며 울부짖어도 미치지 못하니, 애통한 마음 어찌 끝이 있겠습니까?

日月迅逝 國練奄過 攀號靡逮 痛隕曷極

---

452 인산因山: 왕과 왕비, 왕세자와 세자빈 등의 장례인 국상國喪을 말한다. 국장國葬, 인봉因封이라고도 한다.

453 국련國練: 국상國喪이 지난 지 1년 만에 지내는 소상을 말한다.

•세월은 달리는 말처럼 빨리 흘러 국상國祥이 어느덧 지났습니다. 임금님을 잃은 애통한 마음 오래될수록 더욱 깊어만 갑니다.

居諸如駟 國祥奄過 叫梧之痛 愈久愈深[454]

454 尹拯『明齋遺稿』卷9「上炭翁 辛丑五月八日」

부모상류父母喪類

<부고식 1>

告訃 某官 座前 姓某官名 某親以宿患 今月某日某時別世 專人訃告 某年某月某日 護喪姓名上 某官 座前

부음을 알립니다.

모관某官 좌전座前

성모姓某 관명官名 모친某親께서 숙환으로 금월 모일 모시에 별세하셨기에 심부름꾼을 통해 부음을 알립니다.

모년 모월 모일 호상護喪 성명 올림

모관 좌전

【원주】[455]

·부상父喪의 경우 "부친父親" 혹은 "대인大人"이라고 하고, 모상母喪의 경우 "모친 모씨母親某氏" 혹은 "대부인 모씨大夫人某氏"라고 한다.

·숙환이 아닐 경우 "모질某疾"이라고 한다.

·지극히 존귀한 분은 별세別世를 고쳐 "불기不起"라고 하고, 부고訃告는 "고달告達", 좌전座前은 "댁宅"이라고 한다.

·호상護喪이 없을 경우 복인服人의 이름으로 또한 알린다.

·먼 곳으로 보낼 경우 중봉重封하여 부음을 알리되 "모읍某邑 大衙대아 입납入納"이라고 쓴다. 영진營鎭도 이를 따라 쓴다.

[·父喪曰父親 或大人 母喪曰母親某氏 或大夫人某氏 ·非宿患則曰某疾 ·極尊處改別世曰不起 訃告曰告達 座前曰宅 ·無護喪 則以服人名亦告之 ·遠地所送 有重封

455 부고 서식에 있어서 다른 표현과 상황에 따라 달리 쓰는 표현을 제시하였다.

告訃 書某邑大衙入納 營鎭放此措語]

<부고식 2>

某碩士某 某月某日 得某疾 今月某日某時棄世 痛哭痛哭(一本又如此 而名下或加氏字)

모 석사 모가 모월 모일에 모질을 얻어 금월 모일 모시에 세상을 버리셨으니, 통곡하고 통곡합니다.(또 한 본도 이와 같지만 이름 아래에 간혹 "씨氏" 자를 덧붙인다.)

<위장 피봉식>

疏上 姓名謹封 某官 大孝 苦前

<위장식1>

某頓首再拜言 不意凶變 先府君 奄 棄榮養 承

訃 驚怛不能已已 伏惟

孝心純至 思慕號絶 何可堪居 日月流邁 遽經成服 哀痛奈何 罔極

奈何 不審

自罹荼毒

氣力何似 伏乞

强加饘粥 俯從禮制 某役事所縻 末由趨

慰 其於憂戀 無任下誠 謹奉疏 伏惟

鑑察 不備謹疏

　某年某月某日 姓名疏上

某官 大孝 苫前

모某는 머리를 조아리며 두 번 절하고 말씀드립니다. 뜻하지 않은 흉변으로 선부군께서 갑자기 영화로운 봉양을 버리셨으니, 부고를 받고 놀랍고 슬프기 그지없습니다. 삼가 생각건대 효심이 순수하고 지극하실 터이니, 사모하여 부르짖으며 애절한 마음 어떻게 견디며 지내겠습니까?

세월이 빨리 흘러 벌써 성복成服을 하게 되었는데, 애통한 마음 어찌하겠으며 망극함을 어찌하겠습니까? 알지 못하겠습니다만 쓰라리고 독한 일을 당한 이래로 기력은 어떠하신지요? 삼가 억지로라도 죽을 드시어 부디 예제禮制를 따르시길 바랍니다.

모某는 일에 얽매여 달려가 위문할 길이 없으니, 걱정되고 그리운 마음을 가눌 수 없습니다. 삼가 위장을 올립니다. 살펴주시기 바랍니다.

격식을 갖추지 못하고 삼가 올립니다.

모년 모월 모일 성명 올림.

모관某官 대효大孝 점전苫前[456]

456 점전苫前: 거적자리를 깐 방으로, 부모 상중에 상주喪主가 머무는 곳을 말한다.

【원주】[457]

•여러 형제들을 함께 위문할 때는 "모관某官" "모관"을 연이어 쓰고, 관직이 없으면 "생원生員"이라 한다.

•외간外艱(부친상)은 "대효大孝", 내간內艱(모친상)은 "지효至孝"라 한다.

•승중承重[458]은 대효 위에 "승중承重" 두 자를 덧붙이고, 출계인出系人이 본생本生의 상을 만났을 때는 "본생本生" 두 자를 덧붙인다.

•장사 지낸 뒤에는 "애전哀前"이라 한다.

•죽은 사람이 관직이 높으면 "방국邦國이 불행하여 선부군이 갑자기 관사를 버렸다."고 한다.

•내간內艱일 경우 "선부인先夫人"이라 하고, 생부모의 상은 "본생선부군本生先府君" "본생선부인"이라 한다. 승중承重은 "선조고부군先祖考府君" "왕대부인王大夫人"이라 한다.

•산 사람이 관직이 없으면 "문득 색양色養[459]을 버리셨다."고 한다.

•이미 장사를 지냈으면 "벌써 장사를 지냈다."고 하고, 졸곡卒哭·소상小祥·대상大祥·담제禫祭에 맞춰 쓴다.

•아버지는 계시고 어머니가 돌아가셨을 경우에는 "우고憂苦를 만나고부터"라고 한다.

•이미 장례를 지냈다면 "억지로라도 거친 밥을 드시고"라고 한다.

•관직이 있으면 "맡은 직업이 있다."고 하고, 서로 사는 곳이 조금 멀면 "서울과 시골 사이 길이 멀다."고 하고, 걱정과 병이 있으면 "걱정과 병이 서로 잇따라"라고 하여 사정에 맞춰 쓴다.

[•竝問諸兄 則連書某官某官 而無官則曰生員 •外艱曰大孝 內艱曰至孝 •承重則大孝上加承重二字 出系人遭本生喪 則加本生二字 •葬後則曰哀前 •亡者官尊 則邦國不幸 先府君奄捐館舍 •內艱曰先夫人 生父母喪曰本生先府君先夫人 承重曰 先祖考府君王大夫

---

457 위장 피봉과 서식에 있어서 다른 표현과 상황에 따라 달리 쓰는 표현을 제시하였다.

458 승중承重: 제사祭祀를 받드는 중한 책임을 입는다는 뜻이다. 아버지가 먼저 죽은 뒤 할아버지의 상을 당했을 경우 적손嫡孫은 가복加服으로 삼년복을 입는다.

459 색양色養 : 『논어論語』「위정爲政」의 '색난色難'이라는 말에서 나온 것으로, 얼굴빛을 화열和悅하게 하여 부모님을 섬기는 것, 혹은 부모님의 안색을 맞춰서 봉양하는 것을 말한다.

人·生者無官 則曰奄違色養·已葬曰遽經襄奉 卒哭 小祥 大祥 禫祭·父在母喪曰自罹憂苦·已葬曰強加疏食·在官曰職業有守 相居稍遠曰京鄕路左, 有憂病曰 憂病相仍 隨宜措語]

<위장식 2>

某頓首言 不意凶變
先府君奄
棄色養 承
訃驚怛 不能已已 緬惟
孝心純至 思慕號絶 何可堪居 日月流邁 遽經
成服 哀痛奈何 罔極奈何 不審
自罹荼毒
氣力何如 惟冀
強加餰粥 俯從禮制 某職業有守 末由奉
慰 悲係增深 謹奉狀 不宣謹狀
某年某月某日 姓名奉疏
某官 大孝 苫次

모某는 머리를 조아리고 말씀드립니다. 뜻하지 않은 흉변으로 선부군께서 갑자기 색양色養을 버리셨으니, 부고를 받고 놀랍고 슬픈 마음 그지없습니다. 생각건대, 효심이 순수하고 지극하실 터이니, 사모하여 부르짖으며 애절한 마음 어떻게 견디며 지내겠습니까?

세월이 빨리 흘러 벌써 성복成服을 하게 되었는데, 애통한 마음 어찌하겠으며 망극함을 어찌하겠습니까? 알지 못하겠습니다만 쓰라리고 독한 일을 당한 이래로 기력은 어떠하십니까? 삼가 억지로라도 죽을 드시어 부디 예제禮制를 따르시길 바랍니다.

모某는 맡은 직업이 있어서 위문할 길이 없으니 슬픈 마음 더욱 깊습니다. 삼가 위장을 올립니다.

격식을 갖추지 못하고 삼가 올립니다.

모년 모월 모일 성명 올림.

모관某官의 대효大孝 점차苫次[460]

<답장 피봉식>

答疏上

孤子姓名稽顙謹封

某官 座前

<답장식 1>

某稽顙再拜言 某罪逆深重 不自死滅 禍延先考
攀號擗踊 五內分崩 叩地叫天 無所逮及 日月不
居 奄踰旬朔 酷罰罪苦 無望生全 卽日蒙
恩 祇奉几筵 苟存視息 伏蒙
尊慈俯賜
慰問 哀感之至 無任下誠 末由號訴 不勝隕絶 謹奉

460 점차苫次: 점전苫前과 같다.

疏 荒迷不次 謹疏
某年某月某日 孤子姓名 疏上
某官 座前

모某는 머리를 조아리며 두 번 절하고 말씀드립니다. 모某는 죄역이 매우 중하지만 스스로 죽어 없어지지 못해 화禍가 선고先考께 미쳤습니다. 부여잡고 부르짖으며 가슴을 치고 발을 구르며 오장이 찢어져 무너지지만 땅을 치고 하늘에 부르짖어도 미칠 길이 없습니다.

세월은 머물지 않아 문득 달을 넘겼습니다. 혹독한 벌에 죄가 고통스러우니 살아서 온전하기를 바랄 수 없습니다. 그런데 당일 당신의 은혜를 입어 삼가 궤연几筵을 모시며 구차히 목숨을 보존하고 있습니다. 삼가 존자尊慈께서 직접 위문해주셨으니 슬프고 감사한 마음 지극하여 제 마음을 가눌 길 없습니다. 호소할 방법이 없어 목숨이 끊어질 듯한 슬픔을 가누지 못하겠습니다. 삼가 글을 올립니다. 정신이 없어 두서가 없습니다. 삼가 올립니다.

모년 모월 모일 고자孤子 성명 올림.

모관某官 좌전座前

【원주】[461]

•어머니가 상을 당했을 때는 "애자哀子"라 일컫고, 부모 모두 돌아가셨을 때는 "고애자孤哀子"라 일컫는다. 승중손承重孫은 "고손孤孫", "애손哀孫", "고애손孤哀孫"이라 일컫는다.

•모母는 "선비先妣"라 한다. 승중承重은 "선조고先祖考", "선조비先祖妣"라 한다.

•장사를 지낸 뒤에는 "문득 졸곡을 지냈다."고 하고, 소상小祥·대상大祥·담제禫祭에 맞춰 쓴다.

•아버지는 계시고 어머니가 없으면 "한쪽에 내린 벌에 죄가 깊다."라 하

461 답장 피봉과 서식에 있어서 달리 쓰는 표현을 제시하였다.

고, 아버지가 먼저 돌아가신 경우는 어머니도 아버지와 똑같이 쓴다.

•심상心喪과 대상大祥 뒤에는 "심제인心制人"이라 일컫고, 담제禫祭 뒤에는 "담복인禫服人"이라 하고 소疏를 고쳐서 "장狀"이라 한다.

[•母喪稱哀子 俱亡稱孤哀子 承重孫則稱孤孫哀孫孤哀孫 •母云先妣 承重云先祖考先祖妣 •葬後云 奄經卒哭 小祥 大祥 禫祭 •父在母亡云 偏罰罪深 父先亡 母與父同 •心喪及大祥後稱心制人 禫後稱禫服人 改疏爲狀]

<답장식 2>

某叩首 某罪逆深重 不自死滅 禍延先考 攀號擗踊 五內分崩 叩地叫天 無所逮及 日月不居 奄踰旬朔 酷罰罪苦 無望生全 祇奉几筵 苟存視息 仰承 仁恩 俯垂 慰問 其爲哀感 但切下懷 末由號訴 不勝隕絶 謹奉狀 不次謹狀

모某는 머리를 조아립니다. 모某는 죄역이 매우 중하지만 스스로 죽어 없어지지 못해 화禍가 선고先考께 미쳤습니다. 부여잡고 부르짖으며 가슴을 치고 발을 구르며 오장이 찢어져 무너지지만 땅을 치고 하늘에 부르짖어도 미칠 길이 없습니다.

세월은 머물지 않아 문득 달을 넘겼습니다. 혹독한 벌에 죄가 고통스러우니 살아서 온전하기를 바랄 수 없습니다. 그런데 당일 당신의 은혜를 입어 삼가 궤연几筵을 모시며 구차히 목숨을 보존하고 있습니다. 당신의 인자한 은혜를 받고 직접 위문까지 해주셨으니 슬프고 감사한 마음 간절할 뿐입니다. 호소할 방법이 없어 목숨이 끊어질 듯한 슬픔을 가누지 못하겠습니다. 삼가 글을 올립니다. 두서없이 삼가 올립니다.

【원주】[462]

•또 강등降等은 "앙승인은仰承仁恩" 이하 16자를 "특별히 위문을 받으니 슬프고 감사한 마음 정말 깊습니다."로 고쳐 쓴다. [又降等 仰承仁恩以下十六字改以特承慰問哀感良深]

•예서禮書의 밖에 다시 무엇을 말씀드리겠습니까? 병환이 비록 깊어 고질이 되었다지만 평상시에 근력이 건강하여 신명이 도와 병이 나을 것이라 여겼는데, 어찌 갑자기 이런 지경에 이르리라 생각했겠습니까? 창졸간에 초종初終[463]은 어찌 제대로 모습을 갖추었습니까? 산지山地는 일찍이 남은 기슭이 있었습니까? 슬픔은 청약淸弱에 근본 하여 이치상 반드시 몸이 훼손될 것입니다. 그러나 성性을 멸한다는 경계[464]를 잘 생각하시어 효로 효를 해치는 지경에 이르지 않도록 하는 것이 어떻겠습니까?

禮書之外 夫復何言 病患雖曰沈痼 而常時筋力康旺 意謂神明 所佑自可勿藥 豈料遽至斯境 倉卒初終 何以成樣 山地曾有餘麓否 哀本淸弱 理宜必毁 第軫滅性之戒 無至以孝傷孝 如何

•이것이 무슨 일이고 무슨 일입니까? 비록 환후가 심해졌다는 소식을 들었지만 평소 근력이 건강하시고 또 상주 여러분들의 효성에 감화하여 병이 낫는 경사가 있을 것이라 기대했었는데, 어찌 갑자기 이런 지경에 이르리라 생각했겠습니까? 초종初終의 모든 일들은 아마 미리 갖춘 물품들이 있겠지만 객지에서 판재를 갑자기 마련하여 효성스러운 마음에 남은 유감이 어찌 없겠습니까?

---

462 답장 서식에 있어서 다른 표현과 상황에 따라 달리 쓰는 표현을 제시하였다.

463 초종初終: 상례의 시작과 장례 준비 과정을 이르는 말로써 흔히 초상初喪을 의미하는데, 초상이 난 뒤로부터 염습 이전까지의 일을 말한다.

464 성性을 멸한다는 경계: 상을 치르면서 지나치게 슬퍼한 나머지 목숨을 잃어서는 안 된다는 뜻이다. 『예기禮記』「상복사제喪服四制」에 "슬픔으로 몸을 상할지라도 목숨을 잃지 않도록 하는 것은 죽은 사람 때문에 산 사람을 해치지 않기 위해서다"라고 하였다.

此何事 此何事 雖伏聞患候添欿之報 而平日筋力康旺 且以僉哀誠孝之感 佇企勿藥有慶 豈料遽至於斯 初終凡百 想有預備之需 而客地板材何以猝辦能無餘憾於孝思否

•춘추가 아직 칠순도 차지 않았고, 근력도 아직 쇠약한 지경에 이르지 않았으니, 비록 평소 숙환이 있더라도 어찌 갑자기 부고를 받으리라 생각했겠습니까? 통곡하고 통곡하며 형언할 바를 알지 못하겠습니다.

春秋旣未滿七旬 筋力猶不至衰邁 雖有平日宿患 豈意遽承訃音 痛哭痛哭 不知所喩

•연령이 비록 높더라도 기력이 오히려 왕성했는데, 어찌 오늘 갑자기 흉음凶音을 받으리라 생각했겠습니까?

年齡雖卲 氣力尙旺 豈意今日突承凶音

•병환이 있다는 소식을 듣지 못했는데 갑자기 흉음을 받게 되었습니다.

未聞病患之報 遽承凶音

•사람의 삶의 장수와 단명은 본래 일정한 법이 없습니다만 어찌 흉음이 이렇게 이를지 생각했겠습니까? 평소 기대한 바가 여기에 그치지 않는데 여기에 그쳤으니 또한 운명인지요. 놀라고 슬픈 마음 지극하여 오래되어도 멈추지 않습니다. 늘그막 정경情境은 더욱 끝이 없을 것이라 생각됩니다. 가난한 집 형편으로 초종初終의 모든 일들을 어떻게 효자의 마음을 다하고 또 이미 완벽히 장례를 마무리할 수 있었는지요? 성性을 멸한다는 경계를 깊이 염두에 두시어 십분 잘 버티시기를 더욱 바랍니다.

人生脩短 固無常 而豈料凶音此至 平日所期 不止此 而止於此 則亦命耶 驚怛之極 歷久不能已 老下情境 尤想罔涯 以窮家形勢 初終凡百 其何以能盡孝子之心 而亦已完襄否 深存滅性之戒 十分支持 尤所望也

•병환이 있다는 소식을 받자마자 부고가 뒤따라 이르렀습니다. 어떤 별증別症으로 갑자기 이런 지경에 이르렀는지 알지 못하겠습니다. 통곡하고 통곡합니다.

纔承病患之報 而訃書踵至 未知因何別証 遽至斯境 痛哭痛哭

•환후가 비록 깊고 오래되었다고 하지만 가만히 효성에 감동하여 마땅히 신인神人의 도움을 받을 것으로 여겼는데, 어찌 끝내 이런 지경에 이르리라 생각했겠습니까?

患候雖云沈綿 竊謂誠孝所感 宜獲神人之佑 豈料竟至斯境

•초종初終의 필요한 물건들은 마땅히 평소 준비한 것이 있었을 터인데, 효심에 유감은 없었는지요?

初終諸需 宜有時月之備 而於孝心無憾否

•초종初終의 모든 물건들은 효심에 만족하며 장사 지낼 날은 이미 정했는지요?

初終凡需 其能恔然於孝心 而襄期已定否

•초종初終의 모든 절차는 아마 응당 유감이 없겠지만 합장의 예는 길한 날이 연운年運에 맞는지요?

初終凡節 想應無憾 而合祔之禮 吉叶年運否

•효성이 순수하고 지극하실 터인데, 호절號絶의 애통한 마음 어찌 견디십니까?

伏惟純至之孝 何堪號絶之慟

•효심이 순수하고 독실하신데 이렇게 큰 슬픔[465]을 만났습니다. 부모

465 큰 슬픔: 원문의 '거창巨創'은 부모상을 말한다.

를 잃은 아픈 마음[466] 어떻게 견딜 수 있겠습니까?

孝心純篤 罹此巨創 欒棘之痛 何可堪居

•노쇠한 나이에 병든 채 정을 따라 울부짖고 가슴을 치며 슬퍼하여 반드시 건강을 많이 해쳤을 것입니다. 이 때문에 더욱 슬프고 염려됩니다.

衰齡抱痾 任情號擗 必多損節 尤爲之悲念

•노쇠한 나이에 큰 슬픔을 당하여 반드시 건강을 해쳤을 것입니다. 구구한 제가 어찌 슬프고 염려되는 마음 가누겠습니까?

衰年巨創 必致毁損 區區豈勝悲念

•백씨 상주께서 늘그막에 여막살이를 하게 되어 쉽게 건강을 해치실 것입니다. 더욱 더 염려가 됩니다.

伯氏哀 慕境居廬 易致柴毁 尤切仰慮

•집사의 타고난 효성으로 가슴치고 부르짖는 슬픔을 어찌 견디며 지내십니까? 생각해보니 정경이 저의 지난겨울의 정황과 똑같습니다. 이 때문에 가만히 흐르는 눈물 금치 못합니다.

以執事出天之孝 攀擗號霣 何以堪處 想來景像一般是孤子客冬情事爲之不禁潛涕也

•거적자리에 흙덩이를 베고[467] 남은 숨을 몰아쉬면서도 남이 상을 당

---

466 부모를 잃은 아픔: 원문의 '난극欒棘'은 수척한 상주喪主를 가리킨다. 『시경詩經』「회풍檜風 소관素冠」에 "행여 흰 관을 쓴 극인의 수척함을 볼 수 있을까[庶見素冠兮 棘人欒欒兮]"라고 하였는데, 주註에 "극棘은 급하다는 뜻으로 상주는 급하여 경황이 없기 때문에 상주를 극인이라 하며, 난란欒欒은 수척한 모습이다"라고 하였다.

467 거적자리에 흙덩이를 베고: 원문의 '점괴苫塊'는 침점침괴寢苫枕塊의 준말이다. 거적으로 자리를 삼고 흙덩이로 베개를 삼는다는 뜻으로, 거상居喪하는 예를 말한다.

했다는 소식을 들으면 오히려 이 때문에 측은해지는데, 하물며 상주에 대한 정이 골육과도 같음에야 어떠하겠습니까?

苦塊殘喘 聞人有喪 尙爲之惻然 況哀情同骨肉

•부디 슬픔을 절제하여 몸을 지키고 보존해 구구한 저의 슬픈 바람에 부응해 주소서.

惟願節哀支保 以副區區悲禱

•슬픔을 절제해 예를 수행하시어 건강을 해치는 지경에 이르지 마시기를 천만 번 바랍니다.

萬乞節哀從禮 無至毁傷

•십분 슬픔을 절제하여 효성을 잘 마무리하시기를 바랄 뿐입니다.

惟祝十分節哀 以爲終孝之地

•부디 옛사람의 멸성滅性에 대한 경계를 생각하시어 십분 힘써 몸을 보전하여 구구한 저의 바람을 위로해 주소서.

幸念古人滅性之戒 十分勉護 以慰區區之望

•부디 변고에 순종하고 슬픔을 절제하시어 멸성滅性에 대한 경계를 깊이 생각하시는 것이 구구한 저의 바람입니다.

惟願順變節哀 深存滅性之戒 區區所望也

•마땅히 곧바로 가서 위로해야 하지만 병과 우환이 서로 잇따라 뜻대로 할 수가 없어 평소의 정을 져버렸습니다. 슬프고 허전한 마음 그지없습니다.

宜卽進唁 而病憂相仍 未得遂意 孤負平昔 悲觖無已

•곧장 달려가 위로하지도 못했고, 또 발인 행차 앞에서 곡하며 영결

하지도 못했으니 이것이 어찌 평소의 정이겠습니까?

未卽趨慰 亦不克哭訣於靷行之前 此豈平昔之情哉

•글을 올려 위로를 대신하는 것도 남보다 뒤졌으니 슬프고 부끄러운 마음 가누지 못하겠습니다.

以疏替唁 亦後人 不勝悲媿

•끝내 손잡고 위로하지 못하고 글을 올려 위로를 대신하니 이것이 어찌 평소의 정이겠습니까? 부끄럽고 한스러운 마음 더욱 절실합니다.

竟失握慰 以疏替唁 此豈平日情誼 媿恨尤切

•죄를 짓고 적소謫所에 있는 몸이라 곧바로 달려가 위로하지 못했고, 글을 올려 위로를 대신하는 것도 때에 늦고 말았습니다. 옛 일을 생각함에 슬프고 허전한 마음 어찌 가누겠습니까?

身在罪謫 未卽奔慰 一疏替唁 亦且後時 拊念疇昔 曷勝悲觖

•상환喪患 소식을 듣고 의심스러워 감히 바로 위문하지 못했고, 그 후에도 인편이 없어 한결같이 지체하고 말았습니다. 유명幽明을 저버린 슬픈 마음 깊습니다.

聞喪患涉疑 不敢卽通慰問 其後無便 一味因循 悲負幽明多矣

•겨우 아무개 인편에 위로편지를 써 올렸지만 큰 슬픔(부모상)은 뜻밖에 나온 일이니, 상주들께서 부여잡고 울부짖으며 목숨이 끊어질 듯 슬퍼하실 것입니다. 어찌 견디며 지내십니까? 삼가 생각건대 발인 날이 이미 닥쳤을 터이고, 또 돌아가신 숙부님의 무덤도 이장移葬하는 일이 있다고 들었습니다. 슬픈 감회가 처음과 같아 멀리서도 그리운 마음 간절한데, 하물며 상주들의 지극히 애통한 마음 더욱 또 어떠하겠습니까?

才因某便 修上慰書 而巨創出於不意 伏惟僉哀攀號隕絶 何以堪居 伏

想鞠日已迫 且伏聞先叔主宅兆 亦有遷奉之擧云 悲感如新 遠切瞻望之思 況僉哀至痛 益復如何

•영중營中의 온갖 물건들이 바닥나 정情과 예禮에 맞게 부의를 보낼 수 없으니, 아프고 한스러운 마음 더욱 지극합니다. 만사輓詞는 병중에 지은 변변치 못한 글이니 쓰기에 합당하지 않을 듯합니다. 부끄럽고 송구한 마음 더욱 지극합니다.

營中百物蕩然 賻儀不能稱情禮 傷恨益至 輓語病中拙構 恐不合用 尤極媿悚之至

•달려가 문상하는 도리[468]에 있어서 도와드릴 물건이 없는지라 소략하나마 종이와 초를 편지와 함께 보내드립니다. 슬프고 부끄럽습니다.

匍匐之義 無物相助 略以紙燭伴呈 悲媿

•아직 산소를 정하지 못해 상중에 분주하다는 소식을 들었습니다. 어떻게 견디며 지내십니까? 생각할 때마다 측은하고 걱정되어 진정할 수가 없습니다.

仄聞山所尙未有定 哀遑奔走 何以支持耶 每念之測悶 不能爲懷也

•여러 곳에 정해놓은 산을 다 보았을 터인데, 혹 이미 뜻에 맞는 곳이 있는지요? 답답한 마음 가누지 못하겠습니다.

看盡諸處所占之山 或已有可意者否 不勝鬱鬱

•장사가 정해졌으니, 이 때문에 위로되고 다행스럽습니다.

襄事有定 爲之慰幸

468 달려가 문상하는 도리: 원문의 '포복지의匍匐之義'는 『예기禮記』「단궁檀弓」 하에 "상사喪事가 나면 부복扶服해서 도와주어야 한다"라고 하였는데, 부복은 엎어지고 자빠지면서도 급히 가야 한다는 포복匍匐과 같은 뜻이다. 그리고 『예기禮記』「문상問喪」에도 "포복해서라도 가서 곡哭을 해야 한다"라고 하였다.

•장례 기일이 점점 다가와 부르짖으며 그리운 마음 망극하실 터이니, 어찌 견디며 지내십니까?

襄奉之期漸迫 號慕罔極 何以堪處

•발인 행차가 머지않은 날 있다는 소식을 들었습니다. 수행하는 기력에 아마 더욱 손상이 있을 터이니 거듭 우러러 염려되는 마음 놓을 수 없습니다.

靷行聞在匪久 隨行氣力 想益有損 重用仰慮不弛

•부디 대사를 잘 마무리하시고 기력을 아껴서 멀리서 바라는 제 마음에 부응해주시기를 바랍니다.

惟祝克完大事 氣力支嗇 以副遠誠

•앞서 올린 위로편지는 아마 이미 살펴보았을 것입니다. 잠깐 사이에 문득 장례를 지냈으니, 추모하는 애통한 마음 더욱 망극할 것이라 생각됩니다. 평소 여위고 연약해 병에 잘 걸린다고 알고 있습니다. 상을 치르는 중에 한결같이 견디고 버텨서 건강을 해치는 지경에 이르지나 않았는지요?

前上慰書 計已照察 俯仰之際 奄過襄禮 緬惟追慕之慟 益復罔極 素知羸弱善病 巨創中 得一向支持而不至傷損否

•세월이 머물지 않아 선부인의 장례가 문득 지났습니다. 삼가 생각건대 효성스런 마음에 멀리 떨어진 바닷가에 칩거하여 부여잡고 영결할 수 없었을 것입니다. 하늘에 닿는 원통함과 혹독한 슬픔을 어떻게 견디며 지내십니까?

日月不居 先夫人襄奉奄過 伏惟孝思 遠蟄絶海 不得攀訣 窮天寃酷 何以堪處

•지난번 병세가 비록 오래도록 이어졌다고는 하나 어찌 갑자기 이런

지경에 이를 줄 생각이나 했겠습니까? 가만히 생각건대 상주들께서 애통한 마음 망극할 터인데 지금 견디는 상황은 건강에 손상이 없었는지요? 아득히 알지 못해서 편지로 위로를 드리는 것도 이렇게 지체되었습니다. 한탄스러울 뿐입니다.

向來病情 雖曰沈綿 豈意遽至斯境耶 竊想僉哀 哀痛罔極 而卽日支況得無傷損否 茫然未知 書慰此遲 歉歎而已

•갑자기 상을 당하셨으니 놀라고 슬픈 마음 가누지 못하겠습니다. 생각건대, 효성이 지극하실 터인데 울부짖으며 그리운 마음 어찌 견디고 계신지요? 세월은 어제 같은데 소상小祥이 이미 지났습니다. 애통하여 망극한 마음 더욱 어떻겠습니까?

奄遭大故 不勝驚怛 緬惟孝至誠深 號慕何堪 日月如昨 小祥已過 哀痛罔極 尤當如何

•상을 당했다는 소식을 들었으니, 놀라고 염려되는 마음 가누지 못하겠습니다.

聞遭巨創 不勝驚念

•삼가 위문을 받고, 편지를 잡고 흐느끼며 울면서 말씀드릴 바를 알지 못하겠습니다. 병환이 처음에는 심하지 않아 모일某日에 이르기까지도 평소처럼 세수하고 머리를 빗었는데 이틀 사이 갑자기 위중해져 목숨을 구할 수 없는 지경에 이르렀습니다. 평소 의약에 어두워 병세의 경중을 전혀 알지 못하고 있다가 위급한 지경에 이르러서도 손을 쓰지 못하고 허둥대다 끝내 이런 지경에 이르렀습니다. 천하에 어찌 이와 같은 불효 죄인이 있겠습니까? 단지 스스로 가슴을 치며 하늘에 호소할 뿐입니다.

伏蒙慰問 執書呼泣 不知所達 病患初不至重 至某日 猶盥櫛如平日 兩日之間 猝然危劇 至於不救 素昧醫藥 病情輕重 全未得知 及至危急 束手

遑遑 竟至於此 天下安有如此罪逆不孝 只自叩心呼天而已[469]

•삼가 편지를 받으니, 염려해 주시는 마음이 가득하였습니다. 초상에 부의를 보내 상주들을 위로하고 지난 일을 말씀해주시니, 베풀어 주신 호의가 융숭하고 말씀 속에 슬퍼 이승이나 저승 사람 모두 감읍하여 어떻게 말씀드려야 할지 모르겠습니다.

伏蒙手書 存念備至 至於賻喪問孤 論及往事 德意隆厚 辭旨惻怛 幽明感泣 不知所喩[470]

•선친의 편지는 다 읽기도 전에 저도 모르게 통곡과 눈물이 함께 나왔습니다.

先人手簡 讀之未竟 不覺聲淚之俱發也[471]

•하늘이 돌보지 않아 갑자기 선친의 상을 당하게 되었습니다. 장례가 이미 끝났으니 이제 어찌할 길이 없습니다.

不弔于天 奄遭愍凶 大事旣襄 無所逮及[472]

•장사 지낼 때의 모든 일들은 특별히 당신의 곡진한 보살핌 덕분에 장례를 잘 마무리했습니다. 제 마음의 슬픈 감회를 어찌 다 형언할 수 있겠습니까?

葬時凡百 特蒙俯念曲至 賴以完襄 私心哀感 何可盡狀

•매번 그대의 심사를 생각할 때마다 서글픈 마음 금할 수 없었습니다. 애당초 한번 서신을 보내 위로해 드리고 싶었으나 차마 붓을 들어 그 일을 제기할 수 없어서 오늘에 이르렀으니 마음에 맺힌 그 생각은

469 尹拯『明齋遺稿』卷9「上炭翁 四月二十八日」
470 尹拯『明齋遺稿』卷17「答崔汝和 錫鼎 丁亥十二月二十六日」
471 申翊聖『樂全堂集』卷9 尺牘「蔡生員夢硯」
472 申翊聖『樂全堂集』卷9 尺牘「蔡生員夢硯」

어느 때인들 누그러질 수 있겠습니까?

每想左右情事 不堪蠹然于心 每欲奉一書相慰 而把筆不忍提 以至于今 一念懸結 何時可已[473]

•편지 끝에 말씀하신 슬프고 괴로운 일은 더욱 마음이 아픕니다. 앓고 계신 혈증血證은 실로 가벼운 증세가 아닙니다. 위로되고 염려되는 마음 모두 간절합니다.

書末哀苦之辭 尤爲之愴悅 而所患血証 實非輕淺 慰念交切[474]

•상을 치르는 체후가 평소 강건하지 못하니 어찌 견디며 지내십니까? 독서하는 과정 또한 너무 애쓰지 말고 자신의 역량을 헤아려서 하는 것이 어떻겠습니까?

哀候素不健 何以支過 讀書之課 亦望勿太劬勞 量力而爲之如何[475]

•백씨伯氏는 쇠로한 연세이고, 중씨仲氏는 중병을 앓은 뒤인데, 여러 달 상중에 있으니 어찌 견디며 보중하고 계십니까?

伯氏衰年 仲氏重病之後 在疚積月 何以支護[476]

•가만히 생각건대 효성스러운 마음에 시절을 대하여 더욱 슬프실 것입니다.

竊惟孝思 對時增哀[477]

•부디 변고에 순응하여 예를 따르시고 기력을 보중하시어 그리운 제 마음을 위로해주시기를 바랍니다.

---

473 尹拯『明齋遺稿』卷23「與朴述可 泰輿」
474 尹拯『明齋遺稿』卷23「答金樂夫 八月十四日」
475 尹拯『明齋遺稿』卷24「答李公達 辛未七月望日」
476 尹拯『明齋遺稿』卷17「與林德涵 乙丑十月二日」
477 尹拯『明齋遺稿』卷24「答李光佐尙輔 二 庚寅」

惟希順變從禮 氣力保重 以慰馳誠[478]

•체력을 조절하시어 때에 맞게 견디며 보중하소서.

體力節宜 以時支護

•다만 봄추위에 슬픔을 조절하시어 더욱 보중하시기를 바랍니다.

只希春寒 節哀加護[479]

•장마가 한 달 동안 계속되었습니다. 낮고 습한 여막에서 몸이 수척하고 훼손되어 여력이 없을 터인데 어떻게 스스로 견디는지요?

淫雨竟月 竊念廬次卑濕 羸毁無餘 何以自持[480]

•더위와 빗속에 배를 타고 왕래했는데, 상을 치르며 어떻게 견디며 부중하시는지요?

暑雨中 船行往返 孝履何以支保[481]

•서리가 이미 내렸으니, 시절을 대해 애통하고 사모하는 마음 저와 일반일 것이라 생각합니다. 비통한 가운데 슬프고 그리운 마음 진정할 수가 없습니다.

霜露已降 想惟哀懷 對時號慕 與此一般 哀疚之中 悲戀憧憧[482]

•가을바람이 점점 높아만 갑니다. 삼가 생각건대 시절을 어루만지며 애통하고 그리워해도 더 이상 미치지 못할 것입니다.

凉風漸高 伏想撫辰痛慕 益復靡逮

---

478 尹拯『明齋遺稿』卷24「答李光佐尙輔 二 庚寅」
479 尹拯『明齋遺稿』卷24「答李光佐尙輔 二 庚寅」
480 許穆『記言』別集卷7「與尹佐郎鑴希仲」
481 許穆『記言』別集卷7「與尹佐郎鑴希仲」
482 尹拯『明齋遺稿』卷18「與兪起甫 命興 己酉九月二十三日」

•어느덧 다시 초겨울이 되었습니다. 삼가 생각하건대 효자의 마음 시절의 변화를 느끼며 사모하는 심정 어찌 끝이 있겠습니까?

忽復初冬 伏惟孝思感時 攀慕何窮[483]

•상을 치르며 병들어 아픈 나머지에 여러분들 기력은 어찌 견디며 지내십니까? 겨울이 반이 지났습니다. 아마 시절을 어루만지며 효성스러운 마음 그지없을 것입니다.

悲疚疾病之餘 僉氣力何以支持 冬序過半 想撫時孝思 靡所止屆

•어느덧 한 해가 저물었습니다. 아마 효성스러운 마음 시절을 어루만지며 그지없을 것입니다.

居然歲暮 想孝思撫時靡極

•향리에 거처한지라 사람을 만나지 못했고, 박마撲馬[484]도 이미 여막으로 돌아가 막연히 소식을 알지 못해 여태 가서 위문하는 것도 미루어 두었는데, 아드님이 찾아와 비로소 소식을 듣고 알게 되었습니다. 부끄럽고 송구한 마음 그지없습니다.

鄕居未逢人 撲馬已返廬 漠然不知 尙稽造慰 賢允惠然 始得聞知 媿悚無量

•그립던 중에 애찰哀札[485]을 받고서 제전을 올리는 나머지에 기력을 보중하고 있다는 것을 알게 되었습니다. 몹시 위로되고 다행스럽습니다.

戀中得哀札 審饋奠之餘 氣力支保 慰幸慰幸[486]

•삼가 애찰哀札을 받고 새해에 추모하는 애통한 마음이 더욱더 그지

483 金昌協『農巖集』卷18「答申靖夏 丁亥」
484 박마撲馬: 상중의 행차를 가리킨다.
485 애찰哀札: 상중에 보내준 편지를 말한다.
486 尹拯『明齋遺稿』卷26「與兪相基 庚戌三月十六日」

없지만 그래도 기력을 보중하고 있음을 알게 되었으니, 그립고 염려되는 마음에 조금이나마 위로가 됩니다.

伏承哀札 仰審新歲追慕之痛 益復罔極 猶以氣力支保 稍慰馳慮之懷[487]

•모某를 통해 상주의 병세가 위중하지만 오히려 상일祥日[488]을 기약함에 권도權道를 따를 의도가 없다는 것을 알게 되었습니다. 상주께서 이처럼 너무 고집을 피울 것이라고는 생각하지 못했습니다.

因某 謹審哀証危重 尙以祥日爲期 無意從權云 不意哀侍太執如此[489]

•겨우 편지 한 통을 써서 모某의 인편에 부쳤는데, 상주의 편지가 먼저 이르렀습니다. 비록 이렇게 지체된 것이 한스럽지만 몹시 기쁘고 위로되는 마음과 같은 경우는 어찌 피차의 선후가 있겠습니까? 다만 숙환이 아직도 완쾌되지 않았다는 것을 알았는데 상중에 기력은 이처럼 되기 쉽습니다. 염려되는 마음 실로 깊습니다.

才修一書 付之某便 而哀疏先至 雖此遲滯可恨 而若其驚倒欣慰 豈有彼此先後也 第承宿患 尙未蘇完 悲哀中 氣力自易如此 奉慮實深

•어버이 묘소[490]에 변고가 있다는 소식을 들었습니다. 지극히 놀랍고 염려됩니다.

聞防墓有變 極可驚慮

•구차히 모진 목숨을 연명하고 있으니, 무슨 말씀을 드리겠습니까?

苟延頑喘 尙何可言

---

487 南九萬『藥泉集』第33「答李汝元 辛卯正月十九日」

488 상일祥日: 대상大祥을 가리킨다.

489 李珥『栗谷全書』卷12「與鄭季涵 壬申」

490 어버이 묘소: 일반적으로 부모의 묘소를 지칭하는 말로 사용한다. 공자가 방防이라는 곳에 부모를 합봉合封하고 먼저 돌아왔는데 제자들이 늦게 오자 그 까닭을 물으니, 비가 많이 와서 방의 묘가 무너졌기에〔防墓崩〕 봉분을 다시 쌓고 왔다고 하였다.『禮記 檀弓上』

•이렇게 구차히 연명하고 있으니, 몹시도 어둡고 모진 목숨입니다.

尙此苟延 冥頑甚矣

•병든 목숨을 겨우 버티고 있지만 울부짖는 마음은 시절을 따라 더욱 깊어만 갑니다. 어찌합니까?

病喘菫支 而號寶之情 以時益深 奈何

•또 새달을 맞이했지만 은전殷奠[491]에는 참석지 못하니, 애통한 마음 어찌 끝이 있겠습니까?

又見新月 未參殷奠 痛隕何極[492]

•성묘를 하고 돌아오니 부모님이 그리운 감회를 더욱 가누지 못하겠습니다. 그러나 계절이 바뀌고 음성과 모습이 날마다 멀어지니, 단지 스스로 무너지는 마음만 망극할 뿐입니다.

省墓歸來 益不勝霜露之感 而節序流易 音容日遠 只自崩隕罔極而已

•아버지를 여읜 애통한 마음 갈수록 더욱더 혹독합니다. 가만히 살아 계시던 평소를 생각하면 죄송스럽고 후회되지 않는 일이 없습니다. 종일토록 처소에 엎드려 피눈물을 흘려도 미칠 길이 없으니, 슬픔이 지극할 때는 단지 스스로 가슴을 칠 뿐입니다.

孤苦之痛 愈往愈毒 靜念平日 莫非罪悔 終日伏次 血涕無及 哀至之時 只自叩心而已[493]

•모질고 잔인한 목숨을 구차히 연명하는데 치양穉陽[494]이 점점 자라

---

491 은전殷奠: 상기喪期 중 초하루에 지내는 큰 제사를 말한다.

492 金昌協『農巖集』卷19「答道以」

493 尹拯『明齋遺稿』卷13「與宋子文 己酉十月十八日」

494 치양穉陽: 치양은 '어린 양'이다.『주역周易』육십사괘 중에 지뢰복괘地雷復卦는 오음五陰의 아래서 일양一陽이 처음 생기는 상象이라 치양이라고 한다. 날씨가 따뜻해짐을 뜻한다.

나 뭇 품물品物들이 소생하고 있으니 하늘에 닿을 혹독한 고통은 다시 사람의 도리가 없습니다. 시절을 어루만지며 애통하고 찢어질 듯한 아픔을 다시 어찌 말씀드리겠습니까?

頑忍苟延 穉陽漸長 群品向蘇 終天荼毒 無復人理 撫序痛裂 更何言哉

•모질고 잔인한 목숨이 아직 온전한데 봄 절기가 깊어만 갑니다. 시절을 느끼는 애통한 마음 더욱더 망극합니다.

頑忍尙全 春序向深 感時攀隕 益復罔極

•선영先塋[495]으로 돌아오니 어느덧 봄이 벌써 한창입니다. 어줍고 모진 목숨만 한스러울 뿐입니다.

歸依松楸 居然春已半 只恨冥頑

•모질고 잔인한 목숨 사멸死滅하지 못해 또 여름 절기를 맞이했습니다. 무너지고 애통한 마음 더욱더 그지없습니다.

頑忍不滅 又當夏序 崩隕痛迫 益復靡極

•모진 목숨 겨우 버티고 있는데 여름의 절서가 끝나갑니다. 부여잡고 부르짖어도 닿을 길 없어 스스로 망극한 마음일 뿐입니다.

頑喘菫支 而夏序將窮 攀號靡逮 只自罔極

•죽지 않고 가을을 맞이하니 온갖 감회가 슬프고 괴롭습니다. 어찌하겠습니까?

不死逢秋 百感哀苦 奈何

•죽지 않고 지금에 이르렀는데 가을이 벌써 끝나갑니다. 시절을 어

495 선영先塋: 원문의 '송추松楸'는 묘지에 많이 심는 나무들로 분묘墳墓나 선영先塋을 뜻한다.

루만지며 원통히 부르짖는 슬픔을 더욱 스스로 금할 길 없습니다.

不死到今 秋序已闌 撫時寃號 益自靡極

·겨우 모진 목숨을 버티고 있는데 가을이 이미 다가고 겨울이 또 시작되었습니다. 시절을 느끼며 부르짖는 슬픈 마음 어찌 말로 다할 수 있겠습니까?

僅支頑喘 而秋序旣盡 冬令又生 感時號隕 尙何言喩

·죽어야 하는데 죽지 못하고 오히려 모진 목숨 유지하며 문득 계절이 여러 번 바뀌어 겨울 또한 깊어진 것을 보게 되었으니, 아침저녁으로 부르짖는 애통한 마음 그지없습니다. 오랫동안 축축한 여막에서 지내다보니 산疝이 맺혀 담痰이 되어 점점 융왕癃尫이 되려합니다. 슬프고 불쌍한 제 처지를 어찌 말씀드리겠습니까?

當滅不滅 尙支頑喘 奄見時物累遷 冬序且深 日夕叫隕靡極 久處濕地 疝結成痰 漸成癃尫 哀憐何達

·모질고 잔인한 목숨 죽지 못하고 또 일양一陽[496]이 생기는 것을 보게 되었습니다. 시절을 느끼며 부르짖고 그리워하는 마음 어찌 말로 다할 수 있겠습니까?

頑忍不死 又見一陽之生 感時號慕 如何可言

·모질게 버티며 사는데 겨울이 깊어갑니다. 풍경을 대할 때 애통한 마음 더욱 미칠 길이 없습니다. 단지 다행스러운 것은 가족들이 그럭저럭 편안한 것일 뿐입니다.

頑然支活 冬序向深 觸境痛隕 益無逮及 只幸眷寓之粗安耳

·어줍고 모진 목숨 구차히 연명하는데 한 해가 다해갑니다. 천지에

---

496 일양一陽: 음력 10월에 음陰이 다하고 11월 동지冬至에 생긴다는 것을 말한다.

호소해도 단지 내 마음만 애통하고 찢어질 뿐입니다.

冥頑苟息 歲且欲盡 叫號穹壤 只自隕裂而已

•모진 목숨 구차히 보존하며 차마 아세亞歲[497]를 보게 되었습니다. 천지에 부르짖는 슬픈 마음 더욱더 망극한데, 질병이 찾아들어 흙덩어리를 베고[498] 골골하고 있습니다. 어찌하겠습니까?

頑喘苟存 忍見亞歲 俯仰號隕 益復罔極 疾病侵尋 寢塊殑殑 奈何

•구차히 모진 목숨을 보존하며 문득 해가 바뀌는 것을 보게 되었습니다. 무너지는 애통한 마음 차마 말로 다할 수 있겠습니까?

苟保頑喘 奄見歲律之更 崩隕情理 尙忍言論

•사물을 대하고 풍경을 대할 때마다 단지 아픈 마음만 더해갈 뿐입니다. 이런 고통을 안고도 오히려 목숨을 연명하고 있으니, 다시 무슨 말씀을 드리겠습니까?

觸事觸境 只增隕割 抱玆苦毒 尙延視息 復何所言

•병상은 그럭저럭 더 심해짐을 면했지만 비와 이슬이 빈번히 내리니 슬픈 감회를 더욱 견디기 어렵습니다. 어찌하고 어찌하겠습니까?

病狀粗免添加 而雨露頻繁 哀感益難勝 奈何奈何

•병으로 궁벽한 시골에 칩복하여 서로 문안하는 사람도 없었는데, 문득 심부름꾼을 통해 위문편지를 받게 되었습니다. 정중히 염려해주시는 말씀이 정말 깊어 몹시도 슬픕니다.

---

497 아세亞歲: 작은설로 동지冬至의 별칭이다.

498 흙덩어리를 베고: 『의례儀禮』「기석례旣夕禮」에 "의려에 거하며, 거적자리를 깔고 흙덩어리를 벤다[居倚廬 寢苫枕塊]"라는 말이 나온다. 거적자리를 깔고 흙덩어리를 베는 것은, 효자가 상중喪中에 비통한 뜻을 표하기 위해 취하는 행동으로 보통 부모상을 당한 것을 비유하는 말로 쓰인다.

病伏窮鄕 無人相問 忽辱耑疏 鄭重之念良深 哀感萬萬

•상을 치르는 중에 인사人事는 이미 스스로 당신을 가까이할 길도 없고, 또 인편이 없어 대신 말씀드릴 수도 없습니다. 이는 진실로 여막을 지키는 가운데 그리움만 쌓여갈 뿐입니다.

凶疚人事 旣無由自近門屛 又無便未能替申 此誠塊伏之中 但積懸仰

•부득이 한 일은 제외하더라도 이러한 종적과 정으로 어찌 감히 산 사람의 반열로 자처하여 경대부의 사이에서 번거롭게 할 수 있겠습니까?

除非不得已之事 以此蹤情 何敢自處以生人之列 有煩於卿大夫間哉

•황량한 물가에 궁벽히 칩거하여 친애하는 사람에 대한 그리움이 갑절 간절하던 차에 삼가 심부름꾼을 통해 보내주신 편지를 받았습니다. 몹시도 기쁜 마음 진실로 빈 골짜기에 찾아주신 일과 같습니다.

窮蟄荒濱 倍切親愛之戀 伏承耑下疏 傾倒之極 眞是空谷之跫

•상중에 정신없이 지내며 선생님을 모시지 못한 지가 어느덧 3년입니다. 그립던 나머지 온갖 감회가 마음속에 교차합니다.

罪蟄棲屑 不得侍几席 居然三載 瞻慕之餘 百感交中

•겨우 모진 목숨을 보존하는데 새해를 맞이한 제 마음은 더욱더 처음과 같습니다. 가만히 생각건대 슬픔 마음 저와 마찬가지겠지요.

菫保頑喘 而逢新情私 益復如初 竊想哀懷 與此一般矣

•제 병이 오랫동안 낫지 않아 다섯 달 동안 고통스럽게 지내며 더욱 모진 목숨 죽지 못하는 것을 보게 되었습니다. 어찌하겠습니까?

賤疾沈淹 五朔作苦 尤見其頑然不死也 奈何

•소식이 막힌 지 오래되었습니다. 비록 이렇게 상중에 칩거하고 있

지만 때때로 간혹 정신을 차려보면 온통 그리운 마음만 있을 뿐입니다.

逖矣貽阻 雖此哀蟄 時或省覺 秖有一念之耿耿

•연사練事(소상)가 이미 지났고 상기祥期(대상)가 또 가까워졌습니다. 삼가 생각건대 효성스러운 마음에 부르짖으며 그리워할 터이니 어찌 견디며 지내십니까? 몹시도 그리운 마음 스스로 그지없습니다.

練事旣過 祥期且近 伏惟孝思號慕 何以堪處 區區懸念 不能自已

•세월이 멈추지 않아 상기祥期가 문득 닥쳤으니 아마 효성스러운 마음 망극할 것입니다. 단지 바라건대, 슬픔을 절제하고 변고에 순응해 예를 마무리하시고 형제들의 기력을 잘 유지하시어 구구한 저의 바람을 위로해주소서.

日月不居 祥期奄迫 想惟孝心罔極 只願節順就禮 昆弟氣力支勝 以慰區區之望也[499]

•상기祥期가 점점 다가오니 부르짖으며 그리워하는 마음 그지없어 견디며 지내기 어려울 것이라 생각됩니다. 부디 더욱 슬픔을 조절하고 자제하여 저의 그리운 마음을 위로해 주소서.

祥期漸迫 號慕無極 想難堪處 願加節抑 以慰此戀

•상기祥期가 머지않았으니 추모하는 마음 어찌 견디십니까? 슬프고 그리운 마음 그지없습니다.

祥期不遠 追慕尙何堪勝 悲係無已

•세월이 빨리 흘러 상기祥期가 문득 다가왔습니다. 효성스런 마음 더욱더 그지없을 것이라 생각됩니다.

日月電邁 祥期奄迫 仰惟孝思 益復靡極

---

499 尹拯『明齋遺稿』卷25「答閔允昌 己卯十一月十五日」

·세월이 얼마기에 재기再期(대상)가 문득 지났습니다. 그리워도 미치지 못하는 아픈 마음 한층 더 크실 것이라 생각됩니다.

日月幾何 再期焂過 仰惟攀慕靡逮之痛 一倍廓然

·세월이 빨리 흘러 상사祥事가 이미 지났습니다. 효자의 그리운 마음 더욱더 그지없을 것이라 생각됩니다.

居諸易邁 祥事已過 伏想孝思攀慕 益復無極

·일전에 답소答疏를 받고, 종상終祥이 문득 지났음을 알게 되었습니다. 상가의 세월은 더욱 빨리 흘러감을 느끼나니, 몹시도 애통한 마음 어찌 견디며 지내십니까?

日前復疏 仰審終祥奄過 喪家歲月 尤覺迅駛 憫廓之痛 何可堪處

·세월이 빨리 흘러 담사禫事가 문득 지났습니다. 그리워해도 미치지 못하는 아픈 마음 더욱더 자제하기 어려울 것이라 생각됩니다.

日月迅駛 禫事奄過 想惟靡逮之痛 益復難抑

·화액禍厄을 당한 몸이라 복服이 끝난 뒤에도 찾아뵙고 위로하지 못했습니다. 용서해주실 수 있는지요?

身在禍厄 不得就慰於服闋之後 可蒙恕諒耶

·추위를 무릅쓰고 멀리서 찾아와 주신 일은 지금도 어찌 감히 잊겠습니까? 한 번 편지를 올려 사례하고, 또 복제가 끝난 것을 위로하고자 했지만 병든 사람의 인사는 뜻대로 할 수가 없어 여태까지 하지 못하게 되었으니, 마치 목에 가시가 걸린 것처럼 몹시도 그립습니다.

冒寒遠枉 至今何敢忘 擬一奉書以謝 且慰闋制 而病昏人事 不能如誠 汔致闕然 懸懸如鯁[500]

500 尹拯『明齋遺稿』卷23「答申黃州 潚 庚辰三月十六日」

•모진 목숨 구차히 연명하여 수월讎月[501]이 멀지 않았습니다. 애통한 제 마음 더욱더 망극합니다.

頑喘苟延 讎月不遠 痛隕情私 益復罔極

•연사練事가 문득 지나 아침저녁 곡을 그만둡니다. 원통하고 절박한 마음 어찌 말로 다할 수 있겠습니까?

練事奄過 朝哺哭撤 寃號崩迫 何可勝言

•병들어 숨을 몰아시며 겨우 버티고 연명하면서 또 이 달을 만났습니다. 부르짖으며 그리워하는 마음 한층 더 망극합니다.

病喘堇得支綴 而又逢此月 號慕一倍罔極

•수월讎月이 이렇게 닥치니 마음이 더욱 망극합니다.

讎月此迫 情事益罔極

•세월이 돌아와서 다시 오늘을 보게 되었으니, 몹시도 모진 사람의 삶을 스스로 애통하게 여길 뿐입니다.

日月環周 復見今日 自痛人生之至頑耳

•잠깐 사이에 문득 상일祥日을 지났습니다. 부르짖으며 그리워하는 마음 애통하고 혹독하니 어찌 말로 다할 수 있겠습니까?

俯仰之頃 奄過祥日 號慕痛毒 何可盡諭

•잠깐 사이에 종상終祥이 벌써 닥쳤으니 천지에 부르짖는 애통한 마음 지극합니다. 단지 구차히 연명하는 모진 목숨만 한스러울 뿐입니다.

轉眄之間 終祥已迫 俯仰號隕之極 只恨頑命之苟延而已

---

501 수월讎月: 수일讎日은 제삿날을 의미하므로 수월은 제삿날이 들어있는 달을 말한다.

•잔인하고 애통한 모진 목숨을 연명하는 사이 대상大祥이 문득 다가 왔습니다. 가슴을 치고 애통하게 부르짖어도 다시 닿을 수 없으니 밤낮으로 망극한 마음뿐입니다.

冥頑忍痛 再朞奄迫 叩心號隕 更無逮及 日夜罔極而已

•모질고 잔인한 목숨 구차히 살고 있는 사이에 세월이 흘러 상기祥期가 단지 수십일 밖에 남지 않았습니다. 닿을 길 없는 애통한 마음 천지간에 망극합니다.

頑忍苟活 日月荏苒 祥期只隔數旬 崩隕莫逮 穹壤罔極

•병 정상이 또 한층 더 심해져서 힘없이 누워 궤전饋奠에 참석하지 못한 지가 벌써 두 달입니다. 대상大祥이 이렇게 닥쳤지만 정사情事를 스스로 쏟아낼 길이 없으니 참으로 이른바 죽는 것만 같지 못하다고 여긴 지가 오래되었습니다. 애통하여 눈물을 흘린들 어찌하겠습니까?

病狀又加一層 委頓澌綴 不得參饋奠 已兩月矣 再期此迫 而情事無以自伸 眞所謂不如死之久矣 痛泣奈何

•상기가 이렇게 닥쳤으니, 이미 애통함이 지극하지만 변제變除[502]의 절차도 제대로 행할 방법이 없습니다. 어찌할 수 없는 사정을 어찌 말로 다하겠습니까?

祥期此迫 已極崩隕 而變除之節 又沒其策 罔措何言

•실오라기 같은 목숨 구차히 살아오다가 갑자기 종상終祥이 지났습니다. 천지에 부르짖는 슬픈 마음 사람의 이치가 더욱 궁색합니다.

一縷苟活 奄過終祥 俯仰叫號 人理益窮矣

---

502 변제變除: 상복을 바꾸고 벗는 것을 이른다. 소상小祥을 마친 뒤에 상복을 빨고 수질首絰을 벗으며, 대상大祥을 마친 뒤에는 상복까지 아주 벗는다.

•머리를 돌리는 잠깐 사이에 문득 대상大祥이 지나 또 담제禫祭를 지내는 달을 맞이했습니다. 확연히 미칠 수 없는 애통한 마음 단지 죽지 못하는 어줍고 모진 목숨만 한스러울 뿐입니다.

轉頭之頃 奄經大期 又當禫朔 廓然靡逮之痛 只恨冥頑不滅而已

•세월이 쉬이 흘러 대상大祥과 담제禫祭가 차례로 문득 지났습니다. 하늘과 땅을 우러러보고 굽어보아도 미칠 바가 없어서 단지 여전히 구차히 살아가는 모진 목숨만 한스러울 뿐입니다.

居諸易得 祥禫次第奄過 俯仰穹壤 無所逮及 只恨頑喘之尙苟活爾

•모진 목숨 차마 사멸하지 못해 문득 대상大祥과 담제禫祭가 지나 빈소를 영원히 걷고 갓과 옷도 따라서 변복하니, 개탄스럽고 허전한 아픔은 자못 사람의 이치로 견디며 지낼 수 있는바가 아닙니다. 단지 원통해 부르짖는 마음만 간절할 뿐입니다.

頑忍不滅 奄經祥禫 筵几永撤 冠裳隨變 慨廓之痛 殊非人理所可堪遣 祇切寃號而已

•몹시도 모질고 잔인한 목숨을 연명하며 문득 상제喪制를 마쳤습니다. 천지 사이 애통한 마음 어찌 말로 표현할 수 있겠습니까?

頑忍之極 奄闋喪制 覜仰痛寳 尙何言喩

•문득 친상親喪을 마치고 모질게도 구차히 지내면서 세월이 얼마 되지 않아 다시 보통 사람이 되었습니다. 아버지를 잃은 회포 쓸쓸하고 허전해 진정할 수가 없습니다.

奄畢親喪 頑然苟遣 日月無幾 復作恒人 孤懷廖廓若無所止

•삼년상[503]이 문득 끝나 의관이 다 바뀌었습니다. 허전함에 애통한

---

503 삼년상: 원문의 '삼수三燧'는 『논어論語』「양화陽貨」에 "삼년상은 너무 깁니다.

마음 어찌 말씀드리겠습니까?

三燧奄畢 冠裳盡變 廓然之慟 尙何言哉

•제삿날이 하루 남았으니, 아마 추모하는 마음 처음과 같을 것이라 생각됩니다.

祀事隔日 想追慕如新

•제사를 잘 마쳤겠지만 추모하는 마음 어떻겠습니까?

祀事利成 感慕何如

•제사는 아마도 잘 마쳤겠지만 해마다 참석해 지내지 못하시니 애통하고 허전한 마음 어찌 말로 다하겠습니까?

祀事想亦利成 而年年不得參行 痛缺何言

•절사節祀[504]를 지낼 때 빠진 것은 없는지요?

節祀行事 無闕耶

•어제 기제사[505]를 지냈으니, 애통하고 그리운 마음 처음과 같을 것이라 생각됩니다.

昨過喪餘 伏想痛慕如新

•이제 막 기제사를 지냈으니, 애통하고 원통한 마음 더욱 새로울 것입니다.

纔過喪餘 痛寃彌新

군자가 3년간 예를 닦지 않으면 예는 반드시 무너질 것입니다. 3년간 음악을 팽개친다면 음악도 반드시 무너질 것입니다. 묵은 곡식이 없어지면 새로운 곡식이 올라오겨 불씨를 얻을 나무도 다시 바꾸는 데는 1년이면 충분합니다[宰我問 三年之喪 期已久矣 君子三年不爲禮 禮必壞 三年不爲樂 樂必崩 舊穀旣沒 新穀旣升 鑽燧改火 期可已矣]"라는 말에서 유래한 것으로 삼년상을 말한다.

504 절사節祀: 속절俗節에 지내는 제사를 말한다.

505 기제사: 원문 '상여喪餘'는 삼년상을 마친 뒤의 첫 기제忌祭를 말한다.

•기제사가 하룻밤 남았으니, 어버이가 그리운 마음 그지없습니다.

喪餘隔宵 孺慕罔涯

•제사는 무사히 잘 지냈지만 눈병이 이와 같아 제사에 참석하지 못했으니, 더욱더 슬프고 그리울 뿐입니다.

祀事無事安過 而眼疾如此 不得參祭 尤增悲慕爾

•기제사가 하루 남았지만 병으로 제사를 지낼 수 없습니다. 지극히 애통하고 그리운 마음 단지 제사를 지내지 않은 것과 같은 탄식[506]만 절실합니다.

喪餘隔日 病無以將事 痛慕之極 只切如不祭之歎也

•초 10일은 바로 돌아가신 어머니의 기일입니다. 이 때문에 머물고 있으니 이날이 지나면 마땅히 달려가 뵙겠습니다.

初十日 乃亡母諱日 爲此遲留 過此當馳拜

•어제 기제사를 지내고 성묫길을 나서려고 했지만 타고 갈 말이 없어 가지 못했습니다. 부모님이 그리운 제 감회를 또 스스로 가눌 길 없습니다. 어찌합니까?

昨過喪餘 擬作省墓之行 而乏騎未果 霜露私感 又無以自勝 奈何

•기제사를 지내기 위해서 어제 성 안으로 들어왔습니다.

爲過喪餘 昨入城裏

506 제사를~탄식: 원문의 '여부제지탄如不祭之歎'은 『논어論語』 「팔일八佾」에 "내가 제사에 참여하지 않으면 마치 제사를 지내지 않은 것과 같다[子曰 吾不與祭如不祭]"라는 말에서 유래했다.

조부모상류祖父母喪類

<위장 피봉식>

上狀

某官 朞服座前

姓名謹封

<위장식 1>

 某白 不意凶變
尊祖考 某位奄忽
違世 承
訃驚 怛不能已已 伏惟
孝心純至 哀痛摧裂 何可勝任 孟春猶寒 不審
尊體何似 伏乞
深自寬抑 以慰
慈念 某事役所縻 末由趨

慰 其於憂想 無任下誠 謹奉狀 伏惟
鑑察 不備謹狀
　某年某月某日 姓名狀上
某官 朞服座前

모는 아룁니다. 뜻밖의 흉변에 존조고尊祖考 모위某位께서 문득 세상을 버리시니 부음을 받고 놀라고 슬픈 마음 그지없습니다. 아마 효성스러운 마음 지극하실 터이니 애통하여 찢어지는 아픔을 어떻게 가눌 수 있겠습니까?

초봄인데도 날씨가 여전히 춥습니다. 존체는 어떠하신지 알지 못하겠습니다. 삼가 바라건대 깊이 스스로 마음을 너그러이 가지시고 슬픈 마음을 자제하여 이로써 부모님 마음을 위로해 주시기를 바랍니다.

저는 일에 얽매여 달려가 위로할 길이 없으니, 걱정되는 제 마음을 가누지 못하겠습니다. 삼가 위장을 받들어 올립니다. 살펴 주시기를 바랍니다.

예를 갖추지 못합니다. 삼가 위장을 올립니다.

모년 모월 모일 성명 장상狀上

모관某官 기복좌전朞服座前

【원주】[507]

- 혹은 "복좌전服座前", "복전服前"이라 일컫는다.
- 혹은 성명을 쓰지 않고 단지 "생례근봉省禮謹封"이라 쓴다.
- 조모상은 "존조비尊祖妣"라 한다.
- "맹춘유한孟春猶寒"은 시령時令에 따라 고쳐 쓴다.
- 혹은 "복체服體"라 하거나 "복중동지服中動止"라 한다.
- 해당 사람이 부모가 없으면 "이위원성以慰遠誠"이라 한다.

507 위장 피봉식과 서식에 있어서 다른 표현과 상황에 따라 달리 쓰는 표현을 제시하였다.

•"사역소미事役所縻" 4자는 상황에 맞게 다른 말로 고친다.

[•或稱 服座前 服前 •或不書姓名 只云省禮謹封 省式謹封 •祖母喪曰尊祖妣 •孟春猶寒 隨時令改之 •或云服體 服中動止 •其人無父母 則以慰遠誠 •事役所縻四字隨宜改以他語]

<위장식 2>

不審(以上同) 服履何似 惟冀 深自寬抑 仰慰 慈念 某事役所縻 未由奉 慰 悲係增深 謹奉狀 不備謹狀

알지 못하겠습니다.(이상은 위와 같다.) 복중의 체후가 어떠하십니까? 바라건대 깊이 스스로 마음을 너그러이 하셔서 슬픔을 자제하여 부모님 마음을 위로해 주시기를 바랍니다.

저는 일에 얽매여 직접 위로드릴 길이 없으니 슬프고 그리운 마음 더욱 깊습니다. 삼가 위장을 받들어 올립니다.

예를 갖추지 못했습니다. 삼가 올립니다.

<답장 피봉식>

答狀上

衰服人姓名謹封

某官 朞座前

<답장식 1>

某白 家門凶禍 先祖考奄忽棄背 痛苦摧裂 不自
勝堪 伏蒙
尊慈俯賜
慰問 哀感之至 不任下誠 孟春猶寒 伏惟
尊體起居萬重 某卽日侍奉 幸免他苦 末由
面訴 徒增哽塞 謹奉狀上謝 不備謹狀
某年某月某日 衰服人 姓名狀上
某官 座前

모는 아룁니다. 가문에 흉화凶禍로 선조고先祖考께서 갑자기 세상을 버리시니 애통하고 괴로워 꺾이고 찢어지는 마음 스스로 감당할 수 없습니다. 삼가 존자尊慈께서 내려 보내주신 위문을 받으니, 애통하고 감사한 마음 지극하여 제 마음 거눌 길이 없습니다. 초봄 날씨가 여전히 찬데 삼가 존체의 기거가 만중하시리라 생각됩니다.

저는 요즘 부모님을 모시고 다행히 달리 괴로운 일은 면했지만 직접 뵙고 말씀드릴 길이 없으니 더욱 목이 메일 뿐입니다. 삼가 답장을 받들어 올립니다.

예를 갖추지 못했습니다. 삼가 올립니다.

모년 모월 모일 최복인衰服人 성명姓名 장상狀上

모관某官 좌전座前

【원주】[508]

·혹은 성명을 쓰지 않고 또한 "생례근봉省禮謹封", "생식근봉省式謹封"이라 일컫는다.

·조모는 "선고비先祖妣"라 한다.

·부모가 없으면 "시봉侍奉" 2자를 쓰지 않고 다른 말로 고쳐 쓴다.

·차손次孫 이하는 "기복인朞服人"이라 일컫는다.

[·或不書姓名 而亦稱省禮謹封 省式謹封 ·祖母云先祖妣 ·無父母 則不用侍奉二字 改以他語 ·次孫以下 稱朞服人]

<답장식 2>

不自勝堪(以上仝) 仰承仁恩俯垂 慰問 其爲悲感 但切下懷 孟春猶寒 恭惟 尊體萬重 某卽日侍奉 幸免他苦 末由 面訴 徒增哽塞 謹奉狀陳謝 不宣謹狀

스스로 견디지 못하겠습니다.(이상은 위와 같다.) 인자하고 은혜로운 당신의 위문을 받았으니 그 슬프고 감사한 마음 절실할 뿐입니다. 초봄

508 위장 답장 피봉식과 서식에 있어서 다른 표현과 상황에 따라 달리 쓰는 표현을 제시하였다.

날씨가 여전히 찬데 삼가 존체尊體가 만중하시리라 생각됩니다.

저는 요즘 부모를 모시고 다행히 달리 괴로운 일은 면했지만 직접 뵙고 말씀드릴 길이 없으니 더욱 목이 메일 뿐입니다. 삼가 답장을 받들어 올립니다.

예를 갖추지 못했습니다. 삼가 글을 올립니다.

•존조고尊祖考 대감께서 종양腫瘍 증세가 있어서 몹시도 염려하셨겠지만 평소의 정력이 강건하시고 벗들의 기대도 적지 않아 끝내 빨리 떨쳐버리는 기쁨이 있을 것이라 생각했습니다. 그러나 하늘이 선인善人을 돕지 않아 끝내 돌아가셨습니다. 부음을 받고 놀라고 슬픈 마음 가눌 길 없습니다. 삼가 생각건대 좌우께서 상복을 입고 있는 나머지에 이런 조부 상을 만나게 되었으니, 애통하고 찢어지는 마음을 어찌 감당할 수 있겠습니까?

祖考台監 有腫瘍之証 殊切貢慮 而平日精力素强 儕友期許不淺 謂應終有遄損之喜 天不佑善 竟捐館舍 承訃 不任驚怛 伏惟左右純素之餘 遭此重制 哀痛摧裂 何可勝任

•춘부장春府丈께서는 쇠로한 연세에 상중에 계시니 반드시 건강을 해치는 일이 많을 것입니다. 염려되는 마음 지극합니다.

春府丈衰齡居憂 必多損節 尤切悲念之至

•존부尊府의 기력은 크게 손상된 점이 없는지요?

尊府氣力 得無大段損節否

•남은 화가 다하지 않아 조고祖考께서 갑자기 돌아가셔서 애통하고 찢어지는 마음을 이미 감당하기 어려울 터인데 중부仲父와 사백舍伯께서도 모두 위급하여 버티기 어려운 지경에 있습니다. 또 약값과 상을 치른 비용으로 부채도 산처럼 쌓였으니 이곳의 슬프고 걱정되는 마음 어떠하겠습니까?

餘禍未艾 祖考奄忽棄背 痛苦摧裂 已難勝堪 而仲父舍伯 俱在凜綴難支之境 且以藥價喪需 負債如山 此間悲悶如何

•앞서 보내주신 위장慰狀은 받은 그 당시 응당 답장을 올렸다고 생각했습니다. 그러나 이처럼 말씀하시니 혹시 답장을 하지 않았는지요? 부끄럽고 한탄스러운 마음 자못 깊습니다.

前賜慰狀 承拜其時 想應奉答 而所敎如此 或未之謝耶 媿歎殊深

•조모의 초기初朞가 문득 닥쳤는데, 아버지의 기력이 날마다 나빠지시니 슬프고 그리운 마음과 애타고 걱정되는 마음을 어찌 이루 다 말씀드릴 수 있겠습니까?

祖母初朞忽迫 家嚴氣力日敗 悲慕煎悶 何可勝諭

숙부모상류叔父母喪類

<위장식>

某白 不意凶變 尊伯叔父某位 奄忽 違世 承 訃 驚怛不能已已 伏惟 親愛加隆 哀慟沈痛 何可堪勝(以下 同祖父母喪慰狀)

모는 아룁니다. 뜻하지 않은 흉변에 당신의 백·숙부伯·叔父 모위某位께서 문득 세상을 버리시니 부음을 받고 놀라고 슬픈 마음 그지없습니다. 삼가 친애親愛하는 마음 더욱 각별했을 터인데 애통하고 침통함을 어찌 견뎌낼 수 있겠습니까?(이하는 조부모상위장祖父母喪慰狀과 같다.)

<답장식>

某白 家門不幸 伯叔父奄忽棄背 摧痛酸苦 不自堪忍(以下 同祖父母喪答慰狀)

모는 아룁니다. 집안이 불행하여 백·숙부伯·叔父께서 문득 돌아가시니 찢어질 듯한 애통함과 고통스러움을 스스로 참고 견디지 못합니다.(이하는 조부모상祖父母喪 답위장答慰狀과 같다.)

•그대의 백부대감伯父大監께서 문득 세상을 버리시니 이 어찌 꿈속에서라도 이를 것이라 생각했겠습니까? 놀라고 애통함이 지극하여 종종 상심하며 눈물을 흘립니다. 수십 년 동안 종유했던 것을 생각해 보니 이미 전날의 일이 되어 버렸습니다. 어느덧 붉은 깃발을 펼쳤으니 만사가 그만입니다. 굽어보고 우러르며 슬픈 마음이 마땅히 다시 어떤 마음이겠습니까?

尊伯父大監 奄捐館舍 此豈夢想所到 驚隕之極 往往傷涕 回想數十年

從游 已屬前塵 居然丹旐將啓 萬事已矣 俯仰悲怛 當復何懷

•선백부영감의 상사喪事는 통곡하고 통곡하니 다시 무엇을 말하겠습니까?
先伯父令監喪事 痛哭痛哭 夫復何言

•병환이 비록 깊다고는 하지만 하늘이 반드시 선한 이를 돕는 법이어서 혹 낳을 것이라 기대했더니[509], 귀신이 어질지 못해서 마침내 이 지경에 이를 줄을 어찌 생각했겠습니까?
病患雖云沈篤 天必佑善 或冀勿藥 豈意鬼神不仁 竟至於斯

•삼가 생각건대 멀리 밖에서 부음을 받고서 친애親愛가 더욱 높아 애통하고 무너질 것이니, 어떻게 견디며 지내십니까?
伏惟遠外承凶 親愛加隆 哀痛摧隕 何以堪處

•멀리 밖에서 부음을 받고서 마음이 끊어지고 슬플 것이라 생각합니다.
可想遠外承訃 情理絶悲

•삼가 바라건대 애써 더욱더 마음을 너그럽게 가지고 억눌러서, 멀리 자념慈念을 위로하시길 바랍니다.
伏乞强加寬抑 遠慰慈念

•서로 간의 거리가 아득히 멀어 만나서 위로할 길이 없으니 다만 굽어보고 우러르며 슬퍼하여 눈물만 흘릴 뿐입니다.
相望落落 末由握慰 只有俯仰悲涕而已

•작년 가을 그대 백부대감伯父大監의 상사喪事는 진실로 나라의 불행

509 혹~기대했더니: 원문의 '물약勿藥'은 『주역周易』「무망괘无妄卦 구오九五」에 "구오는 잘못이 없는 병이니 약을 쓰지 않아도 나을 것이다[九五 无妄之疾 勿藥有喜]"라고 한 것에서 유래하였다.

이며 우리들의 액운입니다. 오래될수록 더욱 놀라고 애통하니, 오히려 어찌 말로 비유하겠습니까?

昨年秋 尊伯父大監喪事 實是邦國之不幸 吾黨之厄運 久益驚慟 尙何言喩

•삼가 대감께서 보내 주신 편지를 받고 대감의 계부季父 정승대감政丞大監 부인夫人께서 세상을 떠나심을 알게 되었으니 놀라고 슬픈 마음 그지없습니다. 삼가 생각건대 대감께서 친의親懿가 매우 지극하시니 찢어지고 아픈 마음 어찌 견디며 상주의 기력은 어떠십니까? 또 장사가 이미 지났을 것으로 생각되지만 병으로 궁벽한 시골로 떨어져 있어서 달려가 위로할 길이 없으니, 다만 슬픈 생각을 더하여 목 놓아 오열할 뿐입니다.

伏承台下札 仰審尊季父政丞大監夫人捐世 驚怛不能已已 伏惟大監親懿隆摯 摧痛何堪 棘人氣力如何 且想襄事已過 而病落窮鄕 末由趨慰 只增慨念哽咽而已[510]

•다만 듣건대 그대의 고모 상에 대한 소식은 놀라고 슬픈 마음을 이기지 못하겠습니다. 멀리 밖에서 부음을 받음에 어찌 꺾이는 아픔을 견디십니까?

第聞尊姑喪報 不勝驚怛 遠外承凶 曷堪摧痛

•뜻하지 않은 흉변에 그대의 계부께서 문득 세상을 떠나시고, 조카의 상도 또 같은 날이니 놀라고 슬픈 마음 매우 지극해서 형언할 바를 알지 못하겠습니다. 영윤允令의 상이 이미 먼저 답장한 편지 가운데에 위로와 정성을 부쳐서 폈는데, 성대한 집의 화위禍威가 이처럼 자주 겹쳐서 사람으로 하여금 극히 슬프고 상심하게 합니다. 하물며 변방의 멀고 막막한 땅에서 관을 어루만지고 부음을 받게 되니 듣고 보는 것이 모두 참담합니다.

---

510 南九萬『藥泉集』第31「答李判書畬 丙子」

不意凶變 尊季父府君奄忽捐世 令姪之喪 又與同日 驚怛千萬 不知所喩 令允喪慘 已於先往謝簡中附申慰忱 而盛門禍威 若是荐疊 極令人盡傷 況在塞徼遐邈之地 撫柩承訃 聞見俱慘

•저의 집안이 불행하여 숙모님 상을 만났으니, 고로孤露한 마음에 애통하고 절박함을 어찌 말씀드리겠습니까?

私門不幸 纔遭叔母喪 孤露情事 痛迫何言

•집안의 화가 거듭 겹쳐 또 백부의 상을 당했으니, 고로한 여생이 더 의지하고 우러러볼 곳이 없습니다. 마음이 꺾이고 애통하고 시리고 아픈 괴로움을 오히려 어찌 견딜 수 있겠습니까?

家禍荐疊 又遭伯父喪 孤露餘生 益無依仰之所 摧痛酸苦 尙何堪忍

•집안의 화가 끊이지 않아 또 작은어머니와 사촌누이의 상에 곡하니, 꺾이고 고통스럽고 참담하여 마음을 안정할 수가 없습니다.

家禍未艾 又哭季母從妹之喪 摧苦慘裂 懷不能定

•집안의 운이 불행해서 큰고모께서 갑자기 세상을 떠나시니 꺾이고 찢어지는 아픔을 어찌 견디겠습니까?

門運不幸 伯姑奄忽棄背 摧裂何堪

•삼촌고모三寸姑母 상은 모 관아에서 나왔으니 여러 해 동안 이별했던 나머지에 갑자기 부음을 듣게 되니, 한 갑절 더 꺾이고 애통한 마음을 스스로 더 견디지 못하겠습니다.

三寸姑喪 出於某衙內 積年離違之餘 奄聞哀音 一倍摧痛 不自堪忍

•지난 가을에 계부께서 세상을 떠나셨으나 미처 돌아가서 영결하지 못했으니, 꺾이고 찢어지는 마음을 스스로 견디지 못하겠습니다.

去秋 季父捐世 未及歸訣 摧裂不自勝

•집안의 운수가 불행해서 갑자기 숙부의 상을 만나게 되어 천리 밖에서 부음을 들으니 내 심정을 어찌 다 생각할 수 있겠습니까?

家運不幸 奄遭叔父喪 千里外聞訃 情事可想

형제상류兄弟喪類

<위장식>

某白 不意凶變 令伯氏某位奄忽 違世 承 訃驚怛 不能已已 伏惟 友愛加隆 哀慟沈痛 何可堪勝(以下 同祖父喪 慰狀)

모는 아뢰니다. 뜻하지 않은 흉변에 그대의 큰형 모위某位께서 갑자기 세상을 떠나시니 부음을 받고 놀라고 슬픈 마음 그칠 수 없습니다. 삼가 생각건대 우애가 더욱 클 것이니 애통하고 침통한 마음을 어찌 견딜 수 있겠습니까?(이하는 조부상 위장慰狀과 같다.)

<답장식>

某白 家門不幸 幾兄奄忽喪逝 摧痛酸苦 不自堪忍(以下 同祖父喪 答慰狀)

모는 아뢰니다. 가문이 불행하여 몇째 형이 갑자기 돌아가시니 꺾이고 애통하고 쓰라리고 고통스러운 마음을 스스로 견디지 못하겠습니다.(이하는 조부상 답위장答慰狀과 같다.)

•모위某位의 상사喪事는 오래될수록 오히려 놀라고 애통하니 오히려 다시 어찌 말로 다 하겠습니까? 그 평상을 생각해 보면 실제 사궁四窮의 으뜸[511]이 되지만, 하늘이 또 그 수를 재촉했으니 하나도 형제의 정을 위로할 수 없습니다. 삼가 생각건대 슬프고 애통한 마음을 어찌 견

511 사궁四窮의 으뜸: '사궁四窮'은 『맹자孟子』「양혜왕하梁惠王下」에 나오는 말로 환과고독鰥寡孤獨을 말한다. 늙은 홀어미, 부모 없는 아이, 자식 없는 늙은이를 통틀어 이르는 말이다. 이 중에 첫 번째, 즉 환鰥을 뜻한다.

디며 지내십니까? 그대가 오읍於邑함을 돌이켜 생각함에, 저도 모르게 눈물을 흘립니다.

某位喪事 久猶驚痛 尙復何喩 念其平生 實爲四窮之最 而天又促其年壽 無一可以慰孔懷之情 伏惟悲割 痛毒何以堪處 追想於邑 不覺涕下

• 백씨가 세상을 떠났다는 소식은 이 무슨 일입니까? 올 때에 편지로 문안한 것이 선하게 눈앞에 있습니다. 평소의 정신이 마땅히 거칠지 않았는데, 이 무슨 말입니까?

伯氏違世之報 此何事也 來時書問 悅爾在眼 平日精神 宜不草草 是何言耶

• 문득 백씨伯氏 모관某官 애시哀侍 부서訃書를 받으니, 놀라고 애통하여 스스로 안정할 수가 없습니다.

忽承伯氏某官哀侍訃書 驚愕慘痛 不能自定

• 지난번 모인의 편지에서 백씨伯氏께서 피를 토하는 증세로 거의 위태롭다가 겨우 소생했다는 것을 보고 놀라고 염려되는 마음을 이기지 못했습니다. 이 사람이 끝내 이 지경에 그칠 줄을 누가 생각했겠습니까?

頃見某人書 謂伯氏以吐血之証 幾危菫甦 不勝驚念 實不料其竟至於此 孰謂斯人竟止於斯

• 백씨伯氏께서 평소에 숙질을 가지고 있었는데도 응당 집례執禮에 슬픔을 다하느라 스스로 견딜 수 없음을 깨닫지 못했습니다.

伯氏素抱宿疾 當是執禮致哀 不自覺其不能勝也

• 산속에서 드물게 바깥사람을 접하다 보니 가장 늦게 비로소 백씨가 세상을 떠났다는 것을 들었으니, 생각해 보건대 이미 그 사이에 양장襄葬을 지났을 것입니다. 삼가 생각건대 우애가 깊은데 슬픔과 애통한 마음을 어찌 감당하십니까?

山裏罕接外人 最晚始聞伯氏捐世 計於其間 已經襄葬 伏惟友愛之隆

悲痛何勝

•뜻하지 않게 동생분께서 갑자기 요절하게 되니, 사실이 아닌 듯합니다. 놀라고 애통한 마음을 다시 어찌 말씀드리겠습니까? 인하여 여러 형제분들이 겨우 부모님 상을 만난 것을 생각하니 심정이 망극할 것이지만 오직 아침저녁으로 전물을 올리실 적에 슬픔을 조절해서 더 힘쓰시길 바랍니다.

不意令季遽夭 疑若非眞 驚慘痛惜 夫復何言 仍想僉哀 才罹荼毒 雖情界罔極 惟是朝夕侍奠 節哀加勉

•어진 동생분 모관某官이 젊은 나이에 갑자기 세상을 떠나니 (제가)놀라고 애통한 마음을 다시 어찌 형언할 수 있겠습니까? 괴걸한 자질과 원대한 그릇은 후진의 영수領袖와 장래의 동량棟樑으로 기대를 했더니 지금 이에 크게 어긋났으니 이것은 덕문德門의 불행일 뿐 아니라 진실로 이 세상의 불행입니다. 생각하고 또 생각해 보아도 참이 아닌 듯합니다.

賢季某官 奄捐夙齡 驚慘痛惜 夫復何言 其瓌傑之資 遠大之器 期之以後進之領袖 來頭之棟樑 今乃大謬 此非但德門之不幸 誠斯世之不幸 思之又思 疑若非眞

•형제의 친함은 수족과 같습니다. 생사의 이별에 이르러서는 더욱이 사람의 이치로 참지 못할 바입니다. 더군다나 우러러 생각건대 위로 대부인을 모시고 계시니 정리情理로서 통운痛隕 하고 참독慘毒함이 다른 사람에 견줄 바가 아닐 것입니다. 가지가지 슬픈 생각을 그만둘 수 없을 것으로 생각됩니다.

兄弟之親 如手如足 至於死生之別 尤人理之所不忍 而仰惟上侍大夫人 情理之痛隕慘毒 有非他人之比 種種悲念 不能已已

•하물며 형제간 돈독한 정과 부모님을 모시고 있는 처지 아래에서 응당 어떠한 심정일는지요?

況以友于之篤 侍奉之下 當作何懷

•부모님을 모시면서 스스로 너그럽게 비유하는 도리는 진실로 응당 (내가)우러러 늘 힘쓰기를 기다리지 않을 것이지만, 구구한 제가 슬퍼하면서 그리워하는 마음은 누그러지지 않습니다.

侍下寬譬之道 固應不待仰勉 而區區悲係 不能少弛

•오직 바라건대 여러 형제들께서는 너그럽게 마음을 가지고 더욱 보호해서 위로 부모님의 마음을 위로하고, 아울러 붕우의 구구한 바람에 부응해 주신다면 천만 매우 다행이겠습니다.

惟冀僉哀 寬譬加護 上慰慈念 兼副朋友區區之冀 千萬幸甚

•삼가 생각건대 형제간의 정이 평소에 돈독하여 수족같이 지극한 마음이었을 것이니 슬프고 침통한 마음을 어찌 감당하십니까?

恭惟友弟素篤 手足至情 悲慟沈痛 何可堪勝[512]

•하물며 부모님을 모시고 외롭게 있는 중이니 어찌 만에 하나라도 마음을 위로해 드릴 수 있겠습니까?

況在侍奉煢疚之中 何以寬譬萬一[513]

•위패를 설치하고 한번 애통해 한들 어찌 족히 이 슬픔을 씻겠습니까? 신은 따질 수 없고, 이치는 믿을 수 없으니, 애통하고 애석함이 어찌 다만 평소 노닐며 좋아했던 사사로움일 뿐이겠습니까?

設位一慟 豈足以洩此悲也 神不可詰 理不可諶 其爲慟惜 豈但平日游好之私而已[514]

•삼가 바라건대 마음을 너그러이 가지고 스스로를 아껴서 무익한 슬픔 때문에 귀중한 몸을 손상하지 말아서, 효와 우애를 온전히 보존해서

512 尹拯『明齋遺稿』卷24「與朴恒漢道常 丁丑五月二十六日」
513 尹拯『明齋遺稿』卷24「與朴恒漢道常 丁丑五月二十六日」
514 尹拯『明齋遺稿』卷24「與朴恒漢道常 丁丑五月二十六日」

나의 그리워하는 마음을 위로하기를 바랍니다.

伏乞寬譬自愛 無以無益之悲 損不貲之軀 以全孝友 慰此瞻係

•동생의 영궤靈几에 형수의 행차와 함께하니, 우러러 생각건대 형제를 잃은 슬픔이 더욱 다시 새로울 것입니다.

賢季靈几 偕令嫂之行 仰惟孔懷之慟 益復如新

•모 형수의 슬픔에 형제 잃은 슬픈 심정을 상상할 수 있습니다.

某嫂之慽 可想孔懷之情

•형제를 잃은 아픔이 있음을 알았으니 놀란 마음을 이기지 못하겠습니다.

審有半割之痛 不勝驚愕

•천만번 바라는 바는 마음을 너그러이 가지고 밥을 억지로 먹어서 여기에 바라는 마음에 부합해 주시는 것입니다.

千萬所祈 寬中强食 副此願言

•대감께서 중제重制를 만났다는 소식을 들었습니다. 평소 대감의 우애가 남보다 더하다는 것을 알고 있었으니 형제를 잃은 아픔을 어찌 견디며 지내십니까?

聞台遭重制 素知台友愛加於人 如剡之痛 其何以堪居

•멀리서 생각건대 노형의 마음이 바야흐로 매우 슬플 것입니다. 이즈음에 편지가 이르니 저도 모르게 소리를 삼킵니다.

遠想老兄情緒 方切愴然 書至此際 不覺呑聲

•중형님께서 여러 해 소식이 없다가 문득 영결永訣을 하게 되니, 옛일을 어루만지며 슬퍼하는 마음이 오래될수록 더욱 깊습니다. 삼가 생각건대 형님의 형제간 정이 마땅히 다시 어떠하겠습니까?

仲兄主積年貽阻 奄成永訣 撫古痛悼 愈久愈深 伏惟兄主友于之情 當復如何

•위로편지는 써둔 지가 이미 오래되었으나 인편이 없어서 아직까지 드리지 못했으니, 거의 지친至親의 정의情誼가 없어 더욱 부끄럽습니다. 지금 비로소 부쳐 올리니 바라건대 시자侍者에게 전해 주게 하십시오.

唁狀成置已久 無便尚未致 殆無至親情誼 尤可歉 媿今始付呈 幸令侍者傳之

•집안이 불행해서 사형舍兄이 문득 세상을 떠났으니 꺾이고 애통하고 괴로운 마음을 스스로 견딜 수가 없습니다. 홀로 계신 어버이를 모시고 멀리 영외에 있기 때문에 (형이)질병에 들었을 때에도 와서 살펴드릴 수 없었고, 죽고 사는 즈음에도 직접 영결할 수 없었습니다. 마음에 참담함이 진실로 사람의 이치로서 견딜 수 있는 바가 아니니 오히려 어찌 말로써 표현할 수 있겠습니까?

家門不幸 舍兄奄忽喪逝 摧痛酸苦 不自勝堪 獨奉偏親 遠在嶺外 疾病之時 旣不能來省 死生之際 又不得面訣 情境之憯毒 實非人理所可忍 尙何言諭

•저의 집안이 혹독한 화를 입어서 사제舍弟가 갑자기 일찍 죽었으니, 꺾이고 애통하고 괴로운 마음을 오히려 어찌 견디겠습니까?

私門酷禍 舍弟奄然夭逝 摧痛酸苦 尙何堪忍

•동기를 잃은 슬픔은 사람들이 견디기 어려운 것인데 몇 년 사이에 거듭 이러한 슬픔을 만났고, 어버이를 모시고 있는 아래의 정경이 가지마다 매우 참담합니다. 비록 너그럽게 마음을 가지고자 하더라도 또한 위로할 말이 없으니 애타는 마음이 오래될수록 더욱 심해집니다.

同氣之慽 人所難堪 而數年之間 荐罹此毒 重以奉親下情境 種種慘切 雖欲寬譬 亦無其說 心肝腐蝕 久而益甚矣

•지금 조물주가 시기하는 바가 되어 하루아침에 빼앗아 가버리시니, 이러한 애통함을 또한 말로 할 수 있겠습니까?

今爲造物所忌 一朝奪去 此痛又可言耶

•병이 들었을 때에도 가서 보지 못했고, 죽은 뒤에도 직접 영결하지 못했으니 한스러운 마음이 유명幽明간에 맺혀 있습니다. 이 애통함이 어찌 다하겠습니까?

病未躬視 沒未面訣 恨結幽明 此痛曷旣

•부음을 받고 통곡하니 망극하고 망극합니다. 처음 병환이 들었다는 소식을 들었을 때, 이미 회춘하기를 바라는 것은 만무할 것이라 생각했지만, 시령時令의 증세는 의례 너무 급하면 쉬이 물러가기 때문에 만에 하나의 바람이 없지는 않았습니다. 오직 밤낮으로 가만히 기도했더니 어찌 마침내 이 지경에 이를 줄 생각했겠습니까? 천명이구나! 천명이구나! 하며 부르짖으며 애통한들 어찌 하겠습니까?

承訃痛哭 罔極罔極 初聞病患之報 已料萬無回春之望 而時令之証 例太急則易退 故不無萬一之幸 惟日夜黙禱 而豈料竟至於此耶 天乎天乎 號痛奈何[515]

•병이 들었을 때에는 급히 가서 살피지 못했고, 상이 났을 때 바로 달려가지 못하고 막연히 멀리 앉아있으니 어찌 길가는 사람과 다르겠습니까? 하늘에 다하도록 뉘우치고 애통해 한들 미칠 바가 없으니 다만 스스로 부르짖으며 두드릴 뿐입니다.

病未及馳省 喪未得卽奔 漠然遠坐 何異路人 終天悔痛 無所逮及 只自號扣而已[516]

•죽은 아우의 장사를 지내고부터 외로운 회포가 더욱 괴로워 말씀드

---

515 尹拯『明齋遺稿』卷27「與庶弟拙 辛未四月五日」

516 尹拯『明齋遺稿』卷10「與朴季肯 辛未四月六日」

릴 만한 것이 없습니다. 천지간 하나의 궁한 사람일 뿐이며 하나의 좀벌레일 뿐인데 늙어도 죽지 않고 있으니 다시 무엇을 하겠습니까?

自經亡弟葬事 孤懷愈苦 無可言者 天地間一窮人耳 一蠹虫耳 老而不死 復何爲乎[517]

•삼가 존자尊慈께서 내려주신 위문慰問을 받으니 말씀이 간절하고 슬퍼서 받들고 읽은 뒤로 단지 슬픈 눈물만 흘릴 뿐입니다.

伏蒙尊慈俯賜慰問 辭旨懇惻 奉讀以來 只有悲涕

•이에 보내 주신 편지를 받으니 위로와 존문하는 말씀이 정성스럽고 지극해서 슬픈 감회가 이름에 목이 메고 오열하는 마음을 감당하지 못하겠습니다.

玆蒙枉書 慰存款至 哀感之至 不任哽咽

•위문을 받았지만 슬프고 고달프며 바쁘고 어수선하여 한 글자도 답장을 올리지 못했습니다. 슬픈 감회가 지금까지도 잊지 못하고 있습니다. 모인某人이 돌아옴에 또 보내 주신 문안을 받고 염려해 주시고 존문해 주시는 바가 더욱 지극하여 정의情義에 감사하여 어떤 이름으로도 비유할 수 없습니다.

蒙荷委問 而悲憊忙擾 未能以一字奉申 哀感之懷 至今以爲耿耿 某人之回 又承惠問 所以念存者尤至 感戢情義 不容名喩

•홀로 슬픔과 괴로움을 감당하니 온갖 감회가 마음속에 있습니다. 이 때문에 슬프고 멍하여 더욱 그칠 수 없습니다.

獨當悲苦 百感在中 爲之愴怳 尤不能已

•모 아우의 상은 뜻하지 않은 데에서 나왔으니 노친을 모시고 있는 처지에서 슬프고 참담함이 더욱 지극합니다.

---

517 尹拯『明齋遺稿』卷18「與鄭士仰 戊子二月二十七日」

某弟之喪 出於不意 老親之下 惻慘尤極

•질부姪婦가 상으로 인해 계髻를 더하니 더욱 슬프고 염려됩니다.

姪婦因喪加髻 尤爲悲念

•겨우 양사襄事를 지냈으니 애통하고 에이는 마음 더욱 절실합니다.

才過襄事 痛割益切

•모 누이의 상은 통곡한들 어찌 마음을 달랠 수 있겠습니까? 집안의 화가 거듭 혹독함이 여기에 이르렀으니 더욱 지극함이 괴이할 만합니다.

某妹之喪 痛哭何論 家禍之荐酷至此 尤極可怪

•외로이 남은 목숨을 오직 연로한 누이만을 의지하고 있어 가을이 끝난 뒤에 돌아오는 누이를 맞이하여 수년 동안 (누이를)모시고 받들 계획을 했습니다. 바야흐로 날짜를 헤아리며 마음속으로 잊지 못했는데, 화가 닥치는 것이 이와 같은데도 살펴 깨닫지 못할 줄을 누가 생각했겠습니까? 부음을 받고 망극하여 말씀드릴 바를 알지 못하겠습니다. 오직 원컨대 빨리 죽어서 끝없는 슬픔과 고뇌를 잊어 거의 이 소원(누이를 모실 소원)을 이루길 바랍니다.

孤露餘喘 惟老姊是恃 秋後迎歸 爲數年侍奉之計者 方計日耿耿 孰謂禍迫如此 而莫之省覺耶 承訃罔極 不知所言 惟願速死 以忘無限悲惱 而庶以遂此願矣[518]

•외로이 남은 목숨에 문득 연로한 누이의 곡을 당했습니다, 모해 이후로 다시는 가서 살펴드리지 못했는데 이처럼 하늘에 다하도록 뉘우치고 애통함을 만났으니, 어찌 견디겠습니까? 상가에 가서 곡하니 만사가 미칠 길이 없습니다. 모인의某人 (무덤의)묵은 풀이 더욱 명막冥漠함

518 尹拯『明齋遺稿』卷10「與朴季肯 辛未四月六日」

을 이루니 어찌 이 같은 정계情界가 있겠습니까?

孤露餘喘 奄哭老姊 某歲以後 更未往省 而遭此終天悔痛 何以堪忍 往哭喪次 萬事無及 某人宿草 尤成冥漠 安有如許情界乎[519]

•평소 돌보아주심이 돈독함을 생각했는데 이런 화변禍變을 당해 멀리 길가의 사람처럼 앉아있으니, 이 어찌 사람의 도리이겠습니까? 오장이 찢어질 듯하니 어찌 견디며 지내십니까?

念平日眷念之篤 而當此禍變 遠坐如路人 此何人理 五內如裂 何可堪忍也[520]

•가문이 불행하여 문득 큰 누이의 상을 당했으니 저의 마음이 슬프고 애통함을 어찌 말로 다 할 수 있겠습니까?

家門不幸 奄遭伯姊喪 情私悲痛 如何可言

•지난번 둘째 누이 내외의 상변喪變을 당했습니다. 저의 마음이 꺾이고 애통하여 진실로 스스로 감당하기 어려우니 어찌하겠습니까?

向遭仲妹內外喪變 私情摧痛 實難自堪 奈何

•가문이 불행하여 연이어 장녀와 큰형수의 상에 곡을 했지만, 천리의 관직에 매여 있어 여태껏 달려가 위로하지 못했습니다. 마음에 슬프고 혹독하고 꺾이고 애통함을 어찌 차마 말로 비유하겠습니까?

家門不幸 連哭長女及伯嫂喪 係官千里 汔未奔慰 情理悲毒摧痛 豈忍言喩

•부여잡고 하소연한 것이 멀지 않음에 정신이 흐리고 괴로워서 하나하나 다 말씀드릴 수 없습니다.

攀訴不遠 心神昏撓 不能一一

519 尹拯『明齋遺稿』卷24「答朴喬伯 八月七日」
520 尹拯『明齋遺稿』卷27「與庶弟挴 辛未四月五日」

처상류妻喪類

<위장식>

某白 不意凶變 賢閤奄忽 違世 承 訃驚愕 不能已已 伏惟 伉儷義重 悲悼沈痛 何可堪勝(以下 仝祖父母喪 慰狀)

모는 아룁니다. 뜻하지 않은 흉변에 합부인이 문득 세상을 떠나시니 부음을 받고 놀라운 마음을 그칠 수 없습니다. 삼가 생각건대 배우자의 의리가 중하니 슬프고 침통한 마음을 어찌 견디며 감당하십니까?(이하는 조부모상祖父母喪 위장慰狀과 같다.)

<답장식>

某白 私家不幸 室人違 背悲悼酸苦 不自堪忍(以下 仝祖父母喪 慰狀)

모는 아룁니다. 저의 집안이 불행하여 아내가 세상을 떠났으니 슬프고 쓰라린 마음을 스스로 참고 견디지 못하겠습니다.(이하는 조부모상祖父母喪 위장慰狀과 같다.)

•합부인의 상사喪事는 지극히 놀랄만한 일이니 어찌 형언할 수 있겠습니까? 중년에 짝을 잃는 일은 사람의 이치에 (견디기)어려운 바입니다. 삼가 생각건대 부모님을 모시고 계신 정경에 슬픈 마음을 어찌 견디십니까?

賢閤喪事 驚愕之極 尙何言諭 中年喪耦 人理所難 伏惟侍下情境 悲悼何堪

•곧 합부인께서 세상을 떠나셨다는 소식을 듣고 놀란 마음을 이기지 못하여 오래되어도 안정할 수 없습니다. 어떤 병으로 갑자기 이 지경에 이르렀는지 알지 못하겠습니다. 천리 영외嶺外에서 초상은 어떻게 의식을 갖추었습니까? 발인發靷은 장차 어느 곳으로 가려하십니까? 상중[521]에 있는 아드님은 평소 연약하니 이러한 무더위를 당해서 어떻게 부지하고 있는지요?

卽聞賢閤捐背 不勝驚愕 久而靡定 未知緣何祟奄然至此耶 千里嶺外初喪何以成樣 發靷將向何處耶 令胤棘人 素所羸弱 當此盛炎 何以扶持耶

•아내를 잃은 근심은 놀란 마음을 이기지 못하겠습니다.

裳帶之憂 不勝驚愕

•배우자의 의리가 중한데 생사의 이별을 하였으니 슬프고 침통한 마음을 더욱 어떻게 견디십니까?

伉儷義重 存沒分暌 悲悼沈慟 尤何堪勝

•상주가 약관의 나이에 상을 당하니 또한 어떻게 견디며 보중하십니까? 하관하는 일은 과연 이미 날을 잡았는지요?

棘人弱齡巨創 亦何以支保 窀穸之事 果已涓吉否

•상기를 겨우 마쳤는데 또 중제重制를 만났으니, 덕문德門의 화변이 어찌 거듭 겹치는지요? 저로 하여금 목이 메게 합니다.

喪紀甫畢 又遭重制 德門禍變 何其荐疊 令人哽塞

•뜻하지 않은 상척喪慽이 잇달아 겹치니 슬픈 나머지에 복리服履[522]의 보색保嗇[523]과 대부인의 체기는 어떠하신지요? 두 아드님의 슬픔은 능히 지탱

---

521 상중: 원문의 '극인棘人'은 부모 상중喪中에 있는 사람을 말한다.
522 복리服履: 서간문에서 평교平交 사이에 복인服人의 안부를 물을 때 쓰는 말이다.
523 보색保嗇: 배불리 먹는 음식과 충분한 수면을 말한다. 조섭調攝.

할 수 있겠습니까? 구구한 저의 슬픈 마음을 감당하지 못하겠습니다.

不意喪慽比疊 悲疚之餘 服履保嗇 大夫人體氣若何 兩胤哀能得支安耶 不任區區悲念之忱

•장례를 치르고 고아가 된 아이를 돌보시느라 생각건대 일마다 슬퍼하실 것인데, 어떻게 참고 지내십니까?

營葬撫孤 想當觸事傷割 何以忽遣耶[524]

•삼가 바라건대 깊이 스스로 마음을 너그러이 가지고 억눌러서 우환憂患 중에도 평소처럼 행하셔서 멀고 가까운 이들의 바람을 위로해 주십시오.

伏乞深自寬抑 素行憂患 以慰遠邇之望[525]

•아름다운 아이와 아내가 혼정신성昏定晨省을 묻고 국과 탕을 올리니, 또한 만경에 지극한 즐거움이라 할 만한데, 다시 울며 곡하고 슬퍼하고 근심하며 어지러운 일이 있으니, 이 또한 이치로 알 수 없는 것입니다. 청복淸福을 누리기 어려움이 어찌 세상의 쟁탈보다 심하단 말입니까? 또한 조물주가 또한 세상의 미워함과 시새워 하는 것을 따라서 그러한 것이겠습니까?

佳兒佳婦 問晨昏而奉羹湯 亦可謂晩景至樂 而復有啼哭悲愁而擾之 是亦理之不可知 淸福之難 焉甚於世之爭奪歟 將造化者 亦隨世之憎娟而然歟

•고을의 양상이 예전 같지 못하여 손쓸 방법이 없습니다. 몇 종의 별도의 기록은 의례적인 부의에 불과하니 지난 일을 생각해 보면 저버림이 진실로 많습니다. 부끄럽고 한탄스러움이 지극하여 형언할 바를 알

524 尹拯『明齋遺稿』卷18「與鄭士仰 戊寅五月十二日」

525 尹拯『明齋遺稿』卷10「與晩庵 己巳六月七日」

지 못하겠습니다.

邑樣不古 措手無地 數種別錄 不過例賻 撫念平昔 辜負實多 慙歎之至 不知爲喩

•최마복을 입고 있어서 직접 위로할 길이 없습니다. 오직 깊이 스스로 마음을 너그러이 가지셔서 구구한 제 마음을 위로해 주시기를 바랍니다.

衰麻在身 末由面慰 惟祝深自寬譬 以慰區區

•미처 위장을 쓰지도 못했는데 먼저 보내 주신 편지를 받으니, 마침 부끄러운 마음이 더하던 차에 관대히 용서해 주시는 마음을 많이 입었습니다.

未及脩慰 先承辱問 適增慙悳 多荷善恕

•돌아보건대 어버이의 병과 몸의 병으로 미처 영윤令允의 상에 위로를 드리지 못하여 막 스스로 그 소만踈慢을 자책하고 있었는데, 영감께서 문득 존문해 주시는 편지를 자애롭게 받게 되니, 부끄러운 마음 더욱 더해서 어찌할 바를 알지 못하겠습니다.

顧以親癠身恙 未及伸慰於令允哀侍 方此自訟其踈慢 而慈蒙令監輒有存訊 媿仄彌增 不知所處

•백씨대감께서 부인상을 당하셨는데 배필의 의리가 중할 것이니 삼가 생각건대 침통한 마음을 어찌 견디십니까?

伯台遭閤內之喪 伉儷義重 伏惟沈痛何堪

•듣자하니 중씨대감이 인리人理에 독실하기에 슬픔을 스스로 제어하지 못하고, 곡하고 우는 것에 때가 없어서 쉬에 손상되는 데에 이른다고 합니다. 그 정리에 어찌 그렇지 않겠냐 만은 지난해 저의 아내를 잃은 슬픔에 비교해 보면 차이가 있을 뿐만이 아닙니다. 부모님을 모시고

있는 아래에 마땅히 더욱 슬픔을 조절하여 평소의 공부를 다 하여 정에 맡기는 데에 이르지 않게 하십시오.

似聞仲氏台 以篤於人理之故 哀不自制 哭泣無時 易致傷損 其於情理 安得不然 而視向年弟之擲琴之慟 不啻有間 侍下尤宜節哀 盡平日工夫 不至任情也

•듣건대 아무개 사람이 마침내 아내상을 당했다고 하니, 그 중히 모시는 정경을 생각해 보면 사람으로 하여금 오읍於悒하게 합니다.

聞某人竟遭室內喪 念其重侍情境 令人於悒

•아무개 벗이 어제 소실小室의 상을 당했으니 매우 슬프고 애도할 만합니다.

某友昨日喪小室 深可憐悼

•저의 집안이 불행하여 아내가 죽었으니 슬픈 정리를 오히려 차마 말로 표현할 수 있겠습니까?

私家不幸 室人喪逝 情理悲悼 尙忍言諭

•중년에 아내를 잃음은 인가에 가장 불행한 일이지만 어머니를 모시고 있는 정경과 어린아이들의 광경에 가지가지 슬픔이 지극하여 거의 스스로 안정할 수 없습니다.

中年叩盆 最是人家不幸 而侍下情界 兒穉光景 種種悲絶 殆無以自定

•쇠경에 짝을 잃음은 봉사가 지팡이를 잃은 것과 같으니, 일마다 슬픈 회포에 더욱 여생이 괴로울 만한 것임을 느낍니다.

衰境喪耦 如瞽失相 觸事疚懷 益覺餘生之可苦也

•슬프고 괴로운 마음은 우선 버려두더라도 상중의 아이가 수척하고 병이 생겼으니, 또 보존하기 어려운 염려가 있습니다.

悼苦情理 姑舍之 棘兒贏敗生疾 又有難保之慮

•나의 궁한 명으로 말미암아 더욱 시리고 애통한 마음을 느낍니다.
緣我窮命 尤覺酸痛

•어린아이가 우는 것이 마치 표주박에 밤을 담아놓은 것 같으니, 어버이의 마음이 매우 슬퍼 우러러 비유할 수 없습니다.
幼穉呱呱 如瓢盛栗 親心切悲 無以仰譬

•지금부터 이후로 중당中堂에서의 음식은 또 그 사람이 없으니 많은 세월을 장차 무엇으로써 회포를 삼겠습니까?
從今以往 中堂之饋 又無其人 許多歲月 將何以爲懷耶

•어제 장례를 치르고 돌아오니 만사가 모두 끝인지라 슬프고 애통한 마음이 더욱 간절합니다.
昨日過葬而歸 萬事都休 愴漏采切

•집안의 액운이 다하지 않아 첩이 병들어 죽어 어제 땅에 묻고 앉아 문을 닫고서 궁한 마을에서 지내니, 거의 머리 기른 중과 같습니다.
家厄未盡 畜妾病死 昨日埋土而坐 閉門窮村 殆同有髮僧

•곤궁하고 외로움이 심한 처지에 또 천첩에 곡하여 겨우 복服을 이루었습니다. 이 사람은 환난을 함께하고 어머니상을 같이 한 사람이니 참혹하고 슬픈 마음을 알만합니다. 어찌하겠습니까?
窮獨之甚 又哭賤畜 纔成服 此是共患難 同母喪者 慘愴可知 奈何

•잠깐 사이에 죽은 아내의 상기가 문득 닥치니 슬프고 고통스러운 마음을 견디고 누르기 어려운 점이 있습니다. 어찌하겠습니까?
轉眄之間 亡室祥期奄迫 悲苦情緖 有難堪抑 奈何

•죽은 아내의 면례緬禮(이장)와 상사祥事가 차례대로 행사를 치렀으니, 슬픈 회포를 견디고 억누를 수 없습니다.

亡室緬禮祥事 次第過行 悲悼之懷 無以堪抑

•어제 죽은 아내의 상제祥祭를 치렀으니, 슬프고 애통한 마음을 스스로 이길 수 없습니다.

昨過亡室祥祭 愴痛不自勝

자상류子喪類

<위장식>

某白 令子某位 奄忽 違世 承 訃不勝驚怛 伏惟 慈愛隆深(以下 同祖父母喪慰狀 子侄孫 通用 降等 改令爲賢)

모는 아룁니다. 당신아들 모위某位가 갑자기 세상을 떠났으니, 부음을 받고 놀라고 슬픈 마음을 이기지 못하겠습니다. 삼가 생각건대 사랑하는 마음이 높고 깊은데… (이하는 조부모상祖父母喪 위장慰狀과 같다. •자질손子侄孫도 통용한다. •강등降等은 령令을 고쳐 현賢이라 한다.)

<답장식>

某白 私門不幸 小子某 遽爾夭折 悲悼酸苦 不自堪忍(以上 同祖父母喪 慰狀)

모는 아룁니다. 저의 집안이 불행하여 어린 아들 모가 갑자기 요절하니, 슬프고 쓰라린 마음을 스스로 견디고 참지 못하겠습니다.(이상은 조부모상祖父母喪 위장慰狀과 같다.)

•천만뜻밖에 당신의 아들이 갑자기 세상을 떠났으니, 부음을 받음에 놀라고 슬픈 마음을 능히 그칠 수 없습니다. 의도儀度가 무리에서 출중하고, 자품姿稟이 비범하여, 바야흐로 크게 진보하기를 기약하여 촉망이 가볍지 않았는데, 바로 나이가 젊고 기운이 왕성한 날을 당하여 어떠한 질병으로 인하여 갑자기 이런 지경에 이르렀는지 알지 못하겠습니다. 삼가 자애로운 마음이 크고 깊을 것을 생각건대, 슬프고 애통하고 침통한 마음을 어찌 견딜 수 있겠습니까? 제가 겪은 일로도 가히 슬

프고 괴로운 마음을 생각할 수 있습니다.

千萬意外 令子奄忽違世 承訃驚怛 不能已已 儀度出群 姿稟異凡 方期其大進 屬望不輕 政當年壯氣完之日 未知緣何疾恙 遽至於斯 而伏惟慈愛隆深 悲痛沈慟 何可堪勝 以弟經歷 可以想悲苦之懷也

•우리 당黨이 불행하여 당신의 아들 어진 벗이 마침내 그 생을 일찍 마쳤으니, 부음을 받고 길이 애통한 마음을 능히 그칠 수 없습니다.

吾黨不幸 令允賢友 竟夭其生 承訃長痛 不能已已[526]

•어찌 그대의 아들 상사上舍가 갑자기 이러한 지경에 이를 줄 생각했겠습니까? 평소 호랑이에게 다친 일은 놀라고 슬픈 마음이 배로 절실합니다. 아득히 생각건대 자애로운 마음에 어찌 참고 견디십니까?

豈料令允上舍 奄忽至於此耶 平生傷虎 驚慟倍切 緬想慈愛 何以堪忍

•슬하膝下의 참상은 놀라고 슬픈 마음을 어찌 다 말씀드리겠습니까? 저의 몸이 천리밖에 있어서 부음을 받은 것 또한 늦었고, 인편 또한 드물어서 위장을 쓰는 일도 오히려 빠뜨렸으니 죄스럽고 송구함이 더욱 지극합니다.

膝下慘傷 驚怛何言 身在千里 承訃亦晚 便風甚稀 修慰尙闕 罪悚尤極

•듣건대 슬하膝下의 애통함이 있다 하니 모경暮境에 꺾이고 슬픈 마음은 더욱 참지 못하는 바가 있을 것입니다. 모某도 또한 일찍이 이러한 슬픔이 있었으니, 고인古人이 이르기를 "사람이 이러한 지경을 겪지 않으면 이러한 고통을 알지 못한다"라고 했으니 것은 진실로 깊이 이른 말입니다.

聞有膝下之痛 暮境摧悼 尤有所不忍 某亦嘗有此哀 古人曰人不履此

526 尹拯『明齋遺稿』卷10「上鄭抱翁 瀁 庚子七月六日」

境 不知此苦者 誠深到語[527]

•소식을 듣고서 놀라고 참담하여 오래되어도 안정하지 못합니다. 화복禍福을 믿을 수 없다는 것이 이와 같음이 있습니까? 다만 바라건대 위로는 어머니의 마음을 위로하시고 갑절 더 마음을 너그러이 하고 억눌러 상하고 손상되는 데에 이르지 마시기를 천만 지극히 바랍니다.

聞來驚慘 久而未定 禍福之不可恃 有如是耶 第乞上慰慈念 倍加寬抑毋致傷損 千萬至禱

•대저 덕문德門의 돈독하고 두터움으로서 이전부터 여러 차례 아들이 죽는 슬픔을 보았고, 지금 또 이와 같으니 귀신은 참으로 어질지 못합니다.

夫以德門敦厚 從前屢見逆理之慽 今又如此 鬼誠不仁哉

•병이 위독한 때를 당해서 스스로 속을 태우며 구하고 살피지 않을 수 없는데 어찌할 수 없는 처지에 이르러서는 목숨이 길고 짧음이 명이 아님이 없습니다. 귀중한 몸으로써 무익한 슬픔을 하여 거듭 떠난 사람이 눈을 가지 못하는 데에 미쳐서는 안 될 것입니다. 바라건대 마음을 너그러이 가지고 비호를 더하여 이 바라보고 바라는 마음에 부합해 주십시오.

當其病劇 自不能不焦熬捄視 及其無可奈何之地 脩短莫非命 不可以不貲之軀 爲無益之悲 重貽逝者之不瞑 幸寬譬加護 副此瞻冀

•이미 어찌할 수 없는 처지에 이르러서는 한갓 무익한 슬픔을 하여 거듭 떠난 사람의 슬픔을 끼쳐서는 안 될 것입니다. 십분 마음을 너그러이 가지고 보호하고 아껴서 여기 구구한 저의 바람에 부합해 주십시오.

旣到此無可奈何之境 不可徒爲無益之悲 重貽逝者之哀 十分寬譬護愛

527 許穆『記言』別集 卷7「書牘三 與呂判書」

以副此區區之望

•떠난 사람은 그만이니 생각건대 이치를 보고 잘 조섭하여 준 바의 중함을 저버리지 마십시오.

逝者已矣 想觀理善攝 不負所畀之重也

•인편을 통하여 당신 아들이 뜻하지 않게 갑자기 세상을 떠났다는 소식을 듣고, 놀라고 참담함이 지극하여 말씀드릴 바를 알지 못하겠습니다. 인하여 생각건대 자애로움이 크고 깊을 것이니 슬프고 침통한 마음을 어찌 견디며 지내십니까? 교외에 칩거하여 좇아가 위로할 길이 없고, 편지 한 통을 받들어 올려 위문하는 것도 또한 남보다 뒤졌으니, 부끄럽고 한스러운 마음 더욱 절실합니다. 오직 바라건대 이치로서 보내고 마음을 너그러이 하고 억눌러서 구구한 저의 바람에 부응해 주십시오.

因便聞令胤不意奄忽 驚慘之極 不知所諭 仍惟慈愛隆深 悲悼沈痛 何以堪遣 蟄伏郊坰 無路趨慰 一書奉問 亦後於人 慙恨尤切 惟望理遣寬抑以副區區

•세월이 이미 열흘이 지났으니 생각건대 이미 관을 덮고 장차 무덤을 만들 일을 도모할 것입니다.

日月已經旬日 想已蓋棺行謀窀穸之事矣

•삼가 생각건대 노쇠하고 머리가 흰 처지에 이러한 참담하고 혹독한 일을 만났으니, 어버이의 지극한 정 어찌 스스로 견디십니까?

伏惟衰白之境 遭此慘毒 慈天至情 何以自忍

•만약 한 붙이 후손이 있었다면 어찌 조금이라도 하늘을 다하는 애통함에 위로가 되지 않겠는가? 끝났구나. 끝났구나. 어찌할까? 어찌할까?

若有一塊嗣續 則豈不少慰窮天之痛耶 已矣已矣 奈何奈何

•항상 이 사람이 반드시 여기서 끝나지 않으리라 생각했으니, 비록 병이 매우 위태롭다는 말을 듣더라도 오히려 이를 염려하지는 않았습니다. 명이구나. 명이구나. 저 다시 무슨 말을 하겠습니까? 뛰어난 식견과 뜻을 품은 채 죽은 사람이 된 것을 생각하면 저로 하여금 애통하여 눈물 흘리는 것을 견디지 못하게 합니다.

常謂此人必不止此 雖聞病甚危 猶不以此爲慮 命矣命矣 夫復何喩 想其神識 齎志就木 令人不堪慟惜涕下也[528]

•죽음으로 생을 해치는 것은 고인古人이 경계한 바고[529], 춘부장春府丈이 그대를 근심한 것이 또한 얕지 않습니다. 간절히 바라건대 변고에 순응하여 슬픔을 억눌러 후회를 두지 말도록 한다면 매우 다행이겠습니다.

以死傷生 古人所戒 而春府之憂左右 亦不淺 切冀順變抑哀 勿之有悔 幸甚

•떠난 사람은 그만입니다. 오직 바라건대 마음을 너그러이 가지고 슬픔을 억눌러 이치로 떨쳐버리고 억지로라도 음식을 드시고 더욱 아끼십시오.

逝者已矣 惟乞寬抑理遣 强餐加愛[530]

•우리들이 어떤 재앙을 쌓은 것이 있기에 죄 없는 사람에게 갑자기 혹독한 고통을 만나게 한단 말입니까? 견딜 수 없을 듯하니 어찌하겠습니까?

吾輩有何積殃 使無辜橫罹痛酷之極 若不可堪 奈何

528 尹拯『明齋遺稿』卷10「上鄭抱翁 瀁 庚子七月六日」

529 죽음으로~바고: 친상親喪을 당하여 슬픔이 지나친 나머지 목숨을 잃는 것을 말한다.『예기禮記』「상복사제喪服四制」에 "상중喪中에 슬픔으로 몸을 손상할지라도 목숨을 잃는 데에는 이르지 않도록 하니, 이는 죽은 사람 때문에 산 사람을 해치지 않기 위해서다[毁不滅性, 不以死傷生也]"라고 하였다.

530 尹拯『明齋遺稿』卷10「上鄭抱翁 瀁 庚子七月六日」

•산에 갇히고 자취가 메여 관을 어루만지고 한번 통곡할 길이 없어 올 때 한번 뵈었던 것이 아직까지 눈 속에 선합니다. 단지 그리워하며 눈물을 흘릴 뿐입니다.

囚山累蹤 末由撫棺一哭 來時一面 尙在眼中 只爲瞻言 汪然而已

•아들이 죽은 일은 이미 장례를 마쳤습니까?

嬴博之事 其已完襄否

•오직 장례가 순조롭게 이루어지기를 바랍니다.

惟冀襄事順成

•장례는 이미 지냈습니까? 형의 슬프고 괴로운 마음을 생각해 보면 목이 멤을 금할 수 없습니다.

襄事已過否 想兄悲疚 不禁哽塞

•아들의 장례를 마쳤으니 정서가 더욱 슬프고 허전함을 생각할 수가 있습니다. 오히려 다시 무슨 말씀을 드리겠습니까?

嬴博事訖 可想情緖益悲廓 尙復何言

•안장安葬은 새 산소 곁에 하는지요? 마음과 힘을 수고로이 하고 쓰실 것이니 또한 어찌 견디십니까?

營窆當於新壟側耶 心力勞費 亦何以堪之[531]

•생각건대 마음을 너그러이 달래어 더욱 보중하여 위로는 부모님의 마음을 위로할 것이니, 이 말을 들을 필요까지는 없습니다.

想寬譬加護 上慰慈念 非暇此申慰之言也

531 尹拯『明齋遺稿』卷11「與朴和叔 己未二月」

•마땅히 곧장 편지로 위로를 대신 해야 할 것이나, 소식을 전해 들은 것이 진실이 아닌 듯해서 지체하며 아직 편지를 드리지 못했습니다. 지금 비로소 인편을 빌어서 아울러 문안 편지를 드립니다.

宜卽以書替唁 而傳聞有若非眞 遲遲未果 今始借便 兼修起居

•지난번 동문으로 나갔다가 비로소 상제를 당했다는 말을 들었습니다. 바빠서 전팽을 보내어 위로하지 못하고 한 통의 편지로써 말하려고 했더니…

向出東門 始聞遭制 忙不得伻慰 擬一書言

•오직 쇠병衰病한 인사에 널을 잡고 한번 통곡하고 한번 붙잡고 위로할 길이 없어서 단지 서쪽으로 바라보고 부르짖으며 눈물 흘릴 뿐입니다.

惟是衰病人事 末由撫柩一慟一握而慰 只自西望 號咷而已

•저는 인사에 얽매여 있어 상가에 달려가 위로할 길이 없습니다. 또 죽은 친구는 서로 아끼는 마음을 입음이 가장 깊지만, 병이 났을 때 손을 잡고서 능히 영결하지 못했고, 죽어서도 관을 어루만지며 통곡하지 못하니, 유명을 져버림에 부끄러워 단지 더욱 슬프고 그리울 뿐입니다. 통곡하고 통곡합니다만 어찌하겠습니까? 어찌하겠습니까? 노형이여! 노형이여! 원컨대 얼마 남지 않은 여생으로 부질없이 무익한 슬픔을 짓지 마십시오.

弟人事跧蟄 末由趨慰於服次 且於亡友最荷相愛之深 而病未能執手以訣 歿未能撫棺以慟 慚負幽明 只增悲係[532] 痛哭痛哭 奈何奈何 老兄老兄 願勿以無幾之餘日 枉作無益之悲也[533]

•다만 생각건대 아들을 잃고 애통한 마음을 이미 견디기 어려울 것

532 尹拯『明齋遺稿』卷10「上鄭抱翁 瀁 庚子七月六日」
533 尹拯『明齋遺稿』卷10「與朴季肯 己巳五月十日」

인데, 부모님을 모시고 있는 아래에 그 마음이 우러러 더욱 염려되는 바입니다. 산지山地가 이미 정해졌고 장사 지낼 날이 머지않으니 슬픈 마음 더욱 절실합니다.

第想重慽 摧痛已難勝堪 侍下情理 尤所仰念 山地已卜 葬日不遠 悲悼尤切

•편지를 잡고서 슬퍼 오열하니 다시 무엇을 말하겠습니까?

執書悲哽 更何言哉

•(편지에서)보여 주고 깨우쳐 주신 말씀이 슬프고 괴로운 것은 저로 하여금 더욱 슬프게 합니다. 마음에 있는 아픔을 고칠 방법이 없으니 속담에 이른바 '세월이 약'이라는 것이 먼저 이 이치를 간파한 것입니다.

示諭悲苦 令人增怛 在心之痛 無法可醫 諺所謂日久爲藥 爲先獲矣[534]

•당신 장손의 장사는 천만뜻밖의 일이니 놀라고 슬퍼하던 나머지에 저 다시 무엇으로 비유하겠습니까? 인하여 생각건대 형께서는 매우 늙은 나이에 이런 손자의 죽음을 당해서 또 손상함이 한 갑절 더 많은 것이니 서글픈 생각이 그치지 않습니다.

令長孫之喪 萬萬夢寐之外 驚怛之餘 夫復何論 仍想兄篤老之年 遭此逆理之慘 又多損傷一倍 悲念不已

•재앙과 허물이 몸에 있어 갑자기 장남을 삼년 동안 멀리 떨어진 끝에 곡을 하게 되었습니다. 돌아갈 날을 손꼽아 기다리던 차에 마침내 널만 이르게 되니, 마음의 참혹함을 차마 말씀드리지 못합니다.

殃咎在身 遽哭長男於三年遠離之餘 屈指歸日 卒以柩至 情理慘毒 有不忍言

---

534 尹拯『明齋遺稿』卷11「與朴和叔 五月二日」

•쇠퇴한 사람이 죽지 못하고 화가 장자에게 미친 것은 실로 죄가 쌓인 것에 말미암은 것이라 스스로 슬퍼함을 그칠 수 없습니다.

衰人不死 禍及長子 實由罪釁之積 自悼不已

•곤궁하고 외로움이 심함에 또 막내아들을 곡하니 잔혹하고 참담한 마음을 형언할 수 없습니다.

窮獨之甚 又哭季子 殘毒慘痛 無以言喩

•두 해 안에 사상四喪[535]에 곡하니 이생이 참으로 매우 괴롭거늘 아직까지 지루하게 목숨을 이어감은 어찌해서란 말입니까? 참혹한 소식을 겨우 듣고 마음이 어지러워 회포를 다할 수 없습니다.

兩年之內 哭四喪 此生誠甚苦 尙支離何耶 纔聞慘報 心緖錯惡 不能悉懷

•한 몸이 곤궁하고 외로운 것은 우선 두고 논하지 않더라도 그 재질才質과 지상志尙[536]을 생각하면 실로 녹록碌碌하지 않았습니다. 특히 그 애비가 재앙을 쌓았기 때문에 이루지 못하고 죽었으니 이것이 슬퍼할 만합니다. 어찌 유독 지독舐犢[537]의 사사로운 마음 때문이겠습니까?

一身窮獨 姑置不論 念其才質志尙 實不碌碌 特坐其父積殃 不得成就以死 此其可哀 豈獨爲舐犢之私耶

•저의 심사心事는 (제가)말하지 않아도 (그대가)상상할 수 있습니다. 당초의 갑작스러운 일은 단지 꿈속의 일 같아 시일이 점점 오래될수록 애통한 마음 더욱 간절합니다.

此間心事 不言可想 當初倉卒 只如夢中事 時日漸久 痛苦益切

---

535 사상四喪: 부父·모母·처妻·본인의 상을 말한다.

536 지상志尙: 고상한 마음과 뜻을 말한다.

537 지독舐犢: 지독지회舐犢之懷를 가리키는 것으로 어미 소가 송아지를 핥듯이 부모가 자식을 사랑하는 마음을 말한다.

·매양 생각이 날 때마다 애통하고 애석한 마음을 이기기 어렵습니다. 비록 잠시 잊어보고자 해도 잊을 수 없으니 장차 어찌하겠습니까?

每念及之 痛惜難勝 雖欲暫忘 而不可得 其將奈何

·외롭고 궁한 남은 목숨을 골육骨肉간 서로 의지해서 거의 이 쇠퇴한 나이를 마치려 했는데, 모든 일이 여지없이 무너져 살 마음이 모두 다하여 홀홀한 심정을 견디지 못할 듯합니다.

孤窮餘命 骨肉相依 庶以畢此頹齡 而萬事一敗 生意都盡 心緒忽忽 若不可堪[538]

·아이가 영거靈車(상여)로 이르렀으니 혼기魂氣가 비록 가지 않는 곳이 없다지만 어찌 일찍이 이런 궁곡(窮谷)을 알았겠습니까?

兒子以靈車至 魂氣雖無所不之 何曾識此窮谷耶[539]

·늙어서 죽을 날이 없는데, 또 골육의 상을 만났으니 더욱더 고독한 감회를 느낍니다. 모든 일이 슬프고 처량하여 빨리 죽지 못함이 한스러워 눈물만 흘릴 뿐입니다.

老死無日 又遭骨肉之慽 益覺孤獨之感 萬事悲涼 恨不速化 流涕而已

·장례를 마치고 애통한 마음이 안정되어 잊을 수 있지만 문득 평소의 일이 생각나서 슬픈 마음을 절로 금할 수 없습니다.

葬畢痛定 可以忘矣 而忽念平生 悲懷不自禁[540]

·슬프고 괴로운 마음은 갈수록 더욱 억누르기 어렵습니다. 또 이렇게 억지로 지팡이를 짚고 오라는 것은[541] 실로 전부顚仆될 염려가 있으

538 尹拯『明齋遺稿』卷19「與朴泰輔士元 十一月九日」

539 尹拯『明齋遺稿』卷19「與朴泰輔士元 十六日」

540 尹拯『明齋遺稿』卷20「與朴泰輔士元 五月十三日」

541 억지로~것은: 원문의 '강책强策'은 힘써 부림을 받는다는 말로 임금의 명령을

니 어찌하겠습니까?

悲苦情理 去益難抑 又此强策 實有顚仆之慮 奈何

•존자尊慈께서 멀리서 보내 주신 편지는 사의辭意가 정중하여 한번 감동하고 한번 눈물을 흘립니다.

尊慈遠訊 辭意鄭重 一感一涕

•이에 균자勻慈[542]의 멀리서 내려주신 편지를 받았으니 위문함이 지극하여 슬픔과 감사한 마음이 서로 몰려듭니다.

乃蒙勻慈 遠賜手敎 慰問勤至 悲感交集

•심부름꾼으로 보내 주신 위로편지를 받으니 슬픔과 감사한 마음이 더욱 배가 됩니다.

專承哀慰 悲感益倍

•세월이 점점 쌓여 잊을 만하지만 갑자기 생각이 나서 애통함이 뼈를 찌르는 것과 같음이 있습니다.

日月漸積 可以忘矣 而忽然思痛 有如砭骨

•지난해에 내 아들을 곡하던 날에 아드님을 보내와서 조문함을 입었는데 그 뒤에 또 손수 편지를 보내어 위로와 존문을 하면서 힘쓰고 경계함이 절실하고 지극했으니, 뜻의 두터움을 입은 것을 어찌 감히 잊겠습니까? 그러나 병이 깊어지고 위독하여 온갖 일을 폐하고 하지 못하여 오랫동안 답장을 쓰지 못했으니, 부끄럽고 한스러운 마음이 잊혀 지지 않습니다.

年前哭子之日 蒙遣令胤臨弔 其後又辱手字慰存 勉戒切至 荷意之厚

열심히 따르는 것을 말한다.

542 균자勻慈: 균후勻侯라는 말은 원래는 균후鈞侯였는데 선조 임금의 이름이 이균李鈞이어서 이를 피휘하여 균勻을 사용하였다.

何敢忘哉 顧以賤疾沈頓 百事廢闕 久未報謝 媿恨耿耿[543]

•이러한 마음으로 지묵紙墨에 글을 쓰고 싶지 않아 아직 지금까지 지체하였으니, 매우 부끄럽고 부끄럽습니다.

以此心緖 不欲書諸紙墨 尙遲于今 歉媿歉媿

•눈물이 쏟아지고 가슴이 막혀 온갖 많은 이야기는 남겨두고 이만 줄입니다.

淚迸胸塞 千萬只此

•죽은 아이의 초기初期가 문득 지나가니 애통한 마음 처음 죽었을 때와 같습니다.

亡子初期奄過 痛若初歿

•죽은 아이의 초기初期를 겨우 보내니, 단지 완악한 목숨 죽어 없어지지 않음이 한스러울 뿐입니다.

才過亡子初期 只恨頑不死滅耳

•문득 죽은 아이의 초기初期를 보내니 무척 모질기도 합니다. 다시 무슨 말씀을 드리겠습니까? 이 마음을 오직 형만이 깊이 아실 뿐입니다.

奄過亡兒初期 頑忍甚矣 更復何言 此懷惟兄當深知之耳

•문득 한 해가 다되니 감격스럽고 애통함을 형용하기 어렵습니다. 이 마음을 오직 영형令兄께서 만이 서로 아실 것입니다.

忽此歲窮 感痛難狀 此懷惟令兄 可相照也

543 金昌協『農巖集』卷16「答朴大叔 鐔 癸未」

자부상류子婦喪類

•지난번 당신 자부子婦의 상환喪患은 어찌 놀람을 견딜 수 있겠습니까? 우러러 생각건대 자애로움이 크고 깊으실 것이니 슬픈 마음을 어찌 견디십니까? 상과 병이 서로 이어져 편지로 위로를 대신하는 것도 이렇게 지체되고 미루어졌으니, 송구스러운 마음 그지없습니다.

向來令子婦喪患 豈勝驚愕 仰惟慈愛隆深 悲悼何堪 喪病相仍 尺書替慰 亦此稽後 歉悚無已

•지난번 현자부賢子婦의 상을 만난 일은 놀란 마음을 어찌 말씀드리겠습니까? (시아버지께서)객지에서 부음을 받았으니 슬프고 괴로운 마음이 배가 됨을 상상할 수 있습니다.

向遭賢子婦之喪 驚愕何言 客裏聞訃 可想悲疚有倍

•당신 자부子婦의 상사喪事는 어찌 놀란 마음을 감당할 수 있겠습니까? 삼가 생각건대 자애慈愛가 더욱 클 것이니 꺾이고 애통함을 어찌 견디십니까?

令子婦喪事 曷任驚愕 伏惟慈愛加隆 摧痛何堪

•병으로 칩거하여 귀머거리와 장님처럼 있다가 늦게 서야 비로소 대감台監께서 총부冢婦[544]를 상실喪失한 소식을 들었습니다. 비록 매우 놀라고 슬펐지만 병들어 침침함이 심하여 또한 곧장 장狀을 올려 우러러 위로드리지 못했습니다. 이에 그저께 전팽으로 문안해 주심을 입고, 만어挽語로 이어서 보내주시니 감사하고 부끄러운 마음을 어찌 이루다 형언하겠습니까?

病蟄聾瞽 晩始得聞台監喪失冢婦 雖極驚怛 病昏之甚 亦不卽奉狀仰慰 乃於數昨 伏蒙伻問續以挽語 感媿何可勝喩

544 총부冢婦: 적장자嫡長子의 아내를 말한다.

•모某 부인의 상은 갈수록 더욱 참혹하고 슬프니, 장기葬期는 이미 좋은 날을 정했을 것으로 생각됩니다.

某婦之喪 去益慘悼 葬期想已涓定矣

•집안의 운수가 불행하여 문득 장자부長子婦의 상을 만나서 양사襄事를 이미 지냈으니, 슬픈 마음을 억누르기 어렵습니다. 이렇게 위문을 받고 각종의 은혜로운 물품을 아울러 주셨으니 (당신께서)마음 써 주심을 입었습니다. 슬프고 감사한 마음이 서로 지극합니다.

家運不幸 奄遭長子婦喪慽 襄事已過 悲悼難抑 蒙此慰問 兼以各種之惠 知荷情念 悲感交至

•봄에 계자부季子婦가 요절한 일을 참담히 보고, 이달 전에 양례襄禮를 지냈으니 내 마음의 애통함이 오래되어도 오히려 심합니다. 편지로 위문해 주시니 참담하고 아픈 마음이 더합니다.

春首慘見季子婦之夭 月前過襄禮 情私痛割 久猶爲甚 辱札垂問 尤增慘傷

•해마다 상을 당하여 남은 화가 그치지 않았는데, 또 의지하고 귀중하게 여기던 손부孫婦의 부음 소식을 듣게 되었습니다. 살아있는 것으로서 슬픔을 끼쳤으니, 이 어떠한 사람이겠습니까? 생각하고 또 생각해도 놀라고 참혹하고 애통하여 쇠악衰惡한 마음을 스스로 다스려 보내지 못하니 형세인지라 어찌하겠습니까?

連年喪慽 餘禍未艾 又聞倚重孫婦之訃 以生貽慽 此何人哉 思之又思 驚慘痛惜 衰惡之腸 自未理遣 勢也奈何

•근년에 역리逆理의 애통함이 서로 이어졌고, 또 계부季婦가 요절한 일을 곡하게 되었습니다. 창자를 도려내는 듯하여 스스로 잘 떨쳐내지 못하니 어찌해야 하겠습니까?

年來逆理之痛相續 又哭季婦之夭 衰腸如抽 自不能遣 奈何

•두 세대에 제수 준비를 비웠으니 이런 정경情境을 말로 다 할 수 없습니다.

兩世空饋 情境不可言

•고손孤孫을 기름에 맞이한 부인도 매우 아름다웠고, 종사宗祀도 맡길 곳이 있게 되었으니 매번 볼 때마다 기특하고 사랑스러워 이로써 슬픔을 잊었습니다. 지금 갑자기 잃었으니 슬프고 애통하며 낙심한 마음을 자못 스스로 가눌 수 없습니다.

養得孤孫 娶婦佳甚 宗祀有托 每見奇愛 以此忘悲 今忽失之 慘慟隕穫[545] 殊不能自定

•두 해 사이에 세 번 참혹한 지경을 겪고 남은 화가 또 총손부冢孫婦에게 미쳤습니다. 노경老境에 정을 쏟음이 여기에 있었고, 여러 대의 제사를 주관함에 여기에 의지하였는데 갑자기 이러한 부음을 받으니, 마음과 정신이 함께 상하여 참혹하고 애통함을 어찌 말하겠습니까? 살아있는 것으로 슬픔을 끼치는 것이 이와 같으니, 이 세상에 오래 살고자 할 것이 무엇이란 말입니까? 슬프고 슬픈저!

兩年之間 三見慘境 餘禍又及於冢孫婦 老境情鍾在是 屢代主祀靠是 忽聞是訃 心神俱傷 慘痛何言 有生貽慽如此 欲久居此世者何也 悲夫悲夫

•집안의 막중한 제사[546]와 저의 노년[547] 의탁이 이 사람을 믿고 있어서 집에 들어가면 흐뭇하여 역리逆理[548]의 애통한 일을 자못 누그러트렸는

545 운확隕穫: 마음대로 되지 않아 괴로운 것을 말한다.

546 제사: 원문의 '빈번蘋蘩'은 소박하면서도 정성이 담긴 제수를 올려 제사 지내는 것을 말한다. 『시경詩經』「소남召南」'채빈采蘋'과 '채조采藻'가 실렸는데, 제후諸侯의 부인이 제수를 마련하기 위해 빈蘋과 번蘩을 뜯는 내용이 실려 있다.

547 노년: 원문의 '상유桑楡'는 해가 저녁이 되면 뽕나무[桑]와 느릅나무[楡]의 사이에 있다고 하므로 노년을 의미한다.

548 역리逆理: 이치를 거스른다는 말로 자기보다 어린 사람이 먼저 죽었을 때 쓰는데, 보통 부모보다 자식이 먼저 죽었을 때 쓰는 표현이다. 역리지척逆理之慽,

데, 갑자기 요절했다는 소식을 들으니 참담한 마음 마치 쇠약한 간장을 뽑아내는 듯합니다.

蘋蘩之重 桑楡之托 有此靠恃 入則欣然 頗寬逆理之痛 遽聞夭孩 情事慘傷 衰腸如抽

·조손祖孫 사이의 정情과 종사宗祀의 의탁이 이 사람에게 있었으나 갑자기 물거품이 되고 말았습니다. 해마다 쇠약한 간장을 애정의 칼날[549]이 도려내는 듯하여 이내 삶이 정말 괴롭습니다. 어찌합니까?

祖孫之情 宗祀之托 在是 而忽成泡幻 年年衰腸 爲愛刃所割 此生良苦 奈何

·그 순수하고 지극한 효성과 영민한 행실과 식견을 보니 아녀자들 가운데 투박하고 얕은 기상이 없었습니다. 그래서 생각하기를 큰 복을 누리겠다고 금석같이 믿었습니다.

見其誠孝純至 行識通敏 無閨閤中粗淺氣像 意謂享有遐祉 金石以恃之

·역리逆理의 애통한 일을 차마 보겠습니까? 단지 슬픔을 자초했으니 말한들 무엇 하겠습니까?

忍見逆理之痛 秖自貽慽 謂之何哉

역리지통逆理之痛이라고도 한다.

549 애정의 칼날: 원문의 '애인愛刃'은 어린 자식이 죽거나 친인척이 죽었을 때 쓰는 표현이다. 소식蘇軾이 어린 자식의 죽음을 시로 애도하면서 "은애恩愛의 칼날을 가지고, 나의 노쇠한 창자를 끊는구나[仍將恩愛刃 割此衰老腸]"라고 하였다.

•다만 따님이 요절했다는 소식을 받으니 놀라고 참담한 마음 어찌 가누겠습니까? 역리逆理의 고통은 잊으려고 노력하여 무익한 슬픔을 막지 않을 수 없습니다. 때때로 애정의 칼날은 쇠로한 창자를 도려낼 뿐만이 아닙니다. 곧바로 다시 이치를 살펴 마음을 너그럽게 하여 스스로 떨쳐내시고 부디 이로써 부모님이 남겨준 몸을 손상하는 데 이르지 않도록 하소서.

第承令愛夭逝 曷勝驚慘 逆理之痛 不得不以忘爲主 塞無益之悲 有時愛刃 不徒割衰腸 旋復觀理 寬譬自遣 幸不至於以此損於遺體

•따님이 세상을 떠났다는 소식은 정을 쏟아온 부모의 혹독한 마음을 생각할 수 있습니다.

令愛凶報 可想情鍾之毒

•훌륭한 자식을 묻는 것[550]은 다른 사람도 오히려 참기 어려운 일인데, 하물며 한집안 골육骨肉간의 정임에랴? 생각하면 슬픈 마음 그지없습니다.

埋玉 他人尙難忍 況一家骨肉之情耶 念之惻愴 不能已已[551]

•지난번에 당신의 장녀와 사위가 차례로 세상을 떠났고[552] 슬하의 두 딸아이 또한 요절했다는 소식을 들었습니다. 지금 진재殄災와 살기殺機

---

550 자식을 묻는 것: 원문의 매옥埋玉은 옥수玉樹, 즉 재주가 있는 사람을 묻는다는 뜻이다. 『세설신어世說新語』「상서傷逝」에 진晉나라 유량庾亮이 땅에 묻힐 즈음에 하충何充이 "옥수를 땅속에 묻으니, 사람의 슬픈 정을 어찌 억제할 수 있으리오[埋玉樹箸土中 使人情何能已已]"라고 하였다.

551 尹拯 『明齋遺稿』 卷20 「與朴泰輔士元 閏四月二十四日」

552 세상을 떠났고: 원문의 불숙不淑은 죽음을 완곡하게 표현하는 말이다. 『예기禮記』「잡기상雜記上」에 "제후의 죽음에 조문객들이 오면 제후의 상자相者가 조문객을 맞이하는데, 이때 다른 나라에서 온 조문객은 '우리의 임금님께서 저를 사신으로 보내 조문하게 하였습니다. 도대체 어찌하여 이러한 불행이 일어났단 말입니까[寡君使某 如何不淑]'라고 말한다"라는 대목이 보인다.

가 치성하여 마음을 놀라게 하는 소식들이 손가락으로 다 꼽을 수 없을 정도입니다. 그러나 당신과 같은 참혹한 정경은 또한 거의 듣지 못한 일입니다. 참담한 마음 오래되어도 그지없습니다.

向聞令長女與婿 次第不淑 膝前兩嬌 亦復夭札 今玆殄災殺機如熾 驚心之報 指不勝屈 而若尊之慘境 亦罕聞也 慘然之懷 久猶未已

•자애로운 부모의 마음은 마땅히 어떤 심정이겠습니까? 아무개(저)의 정리情理는 더욱 참혹하여 차마 말로 다 할 수 없습니다.

慈愛之心 當作何懷 某之情理 尤慘毒不忍言

•자애로운 마음을 오로지 이 딸아이 하나에게 쏟았음을 익히 알고 있는데, 아침저녁으로 애태우고 근정하던 끝에 또 이런 지경을 당하여 눈 닿는 곳마다 마음이 아프고 애통할 터이니 어떻게 마음을 가누겠습니까? 진실로 자중自愛하지도 못하면서 영형令兄을 사랑해 몹시도 그리운 마음 주체하지 못하겠습니다.

慣知慈愛專注於此一女 日夕焦憂之餘 又當此境 觸目傷痛 其何以爲懷 誠有不可自愛而愛令兄不任懸懸者矣

•아무개 내실內室이 요절했다는 소식을 들었으니 그대의 피붙이는 다 끝나버렸네. 온 식구가 오로지 이 딸아이에게 사랑을 쏟았는데, 지금 문득 잃고 말았으니 이것이 무슨 신명의 이치며 사람의 일이란 말인가? 생각할수록 참담하고 놀란 마음 차마 말로 다 할 수 없고 차마 말로 다 할 수 없네. 어떻게 스스로 위로하며, 또 어떻게 위로 연로하신 형수님의 아픈 마음을 위로하겠는가? 그러나 이미 어찌할 수 없는 지경에 이르렀다면 무익한 슬픔으로 귀중한 몸을 손상하는 것은 매우 불가한 일이네. 이로써 마음을 너그러이 하여 삼가 슬픈 모습을 부모님께 보이지 마시게.

自聞某內之夭 君之血屬盡矣 渾室鍾情 專注於是 今忽失之 是何神理人事 思之慘驚 不忍言不忍言 其何自慰 又何以上慰嫂主篤老悲疚之懷也 然已至無可奈何之境 則以無益之悲 損不貲之身 大不可 以此寬譬 愼不露

慽容於侍下也

•지난번 당신 사위의 요절은 매번 생각할 때마다 참담하고 아픈 마음을 차마 말로 다 할 수 없습니다. 게다가 몸소 이런 광경을 목격했으니 어떤 마음이겠습니까? 소식을 듣고 즉시 위로 편지를 보냈어야 했으나 위로하는 것은 축하와 달라서 편지를 보면 족히 아픔만 더할 터고, 이윽고 집 소식에 마음이 놀라 병우病憂로 애태우다가 지금까지 편지를 못했습니다.

向者令婿之夭 每念慘傷 不忍言 況躬睹此境界 作何如懷耶 聞卽宜書而唁與賀殊 覽之適足增疚 屬家信驚心 病憂如灼 至今闕焉

•따님의 따뜻하고 은혜로운 모습은 박복한 운명을 지닌 사람이 아니었으나 결국 이러한 지경에 이르고 말았으니 훗날 형을 어찌 차마 보겠습니까?

令愛溫惠之容 非薄命之人 而乃至於此 他日兄將何以忍見耶[553]

•받은 운명이 흉하고 기구하여 갑자기 외동딸의 상을 만났습니다. 참혹하고 애통한 정리情理를 사람의 이치로 감당할 수 없는지라 진실로 바로 죽고 싶은데 잔인하게도 예전처럼 보고 숨 쉬며 살고 있으니 몹시도 모진 목숨입니다. 어찌합니까?

賦命凶奇 忽遭獨女之喪 情理慘痛 有非人理可堪 實欲卽地溘然 而尙忍視息依舊 冥頑極矣 奈何

•제 집안이 불행하여 여식女息의 상을 곡하고 복제服制를 마친 지 얼마 되지 않았습니다. 찢어지도록 아픈 정리情理를 어찌 형언하겠습니까?

私家不幸 哭女息喪 服成屬耳 情理摧裂 尙何言喩

553 尹拯『明齋遺稿』卷14「答羅顯道 十一月九日」

•아들을 곡한 지 채 보름도 되지 않았는데 또 아무개 사위를 곡하였습니다. 그의 풍채와 훌륭한 재주로 꽃도 열매도 맺지 못한 채[554] 갑자기 요절할 줄을 어찌 생각이나 했겠습니까? 이는 모두 끝나지 않은 나의 재앙이 그에게 미친 것입니다. 애석하고 아픈 마음을 차마 어찌 말로 다 할 수 있겠습니까?

哭子未一望 又哭某婿 以渠風骨才華 豈料其不秀不實 奄忽夭折 是皆由我禍殃未殄 以及于渠 慟惜傷悼 忍何可言

554 꽃도~못한 채: 원문의 '불수부실不秀不實'은 『논어論語』「자한子罕」에 "싹만 트고 꽃 피우지 못하는 경우도 있고, 꽃은 폈지만 열매 맺지 못하는 경우도 있구나[苗而不秀者有矣夫 秀而不實者有矣夫]"라고 하며 공자가 탄식하는 대목이 나오는데, 재능은 뛰어나지만 그것을 이루지 못하고 요절하는 경우에 많이 이를 인용한다.

요척류夭慽類

•형께서 슬픈 일을 당했다는 소식을 듣고 난 뒤로 걱정되는 마음에 어찌 밥 먹고 숨 쉴 수가 있겠습니까?

自承兄遭慽以後 憂想 何能食息已也[555]

•사랑하는 아이[556]상喪을 당했다는 소식을 들었는데, 참으로 그런지 모르겠습니다. 몇째 아들입니까? 놀라고 슬픈 마음 어떻게 표현할 길이 없습니다.

聞遭舐犢之悲 未知信然否 是第幾胤耶 驚悼罔喩[557]

•아이상을 만났다는 것을 알았습니다. 얼마나 놀라고 애석한 일인지요?

審遭兒慽 何等驚惜

•슬하의 세 아들[558]이 모두 황천의 흙이 되었으니, 듣는 사람도 차마 어쩔 줄 모르는데 하물며 이 일을 당한 사람은 어떻겠습니까? 그래도 부디 이치로 떨쳐버리시고 집착하지 마소서.

膝下三珠 盡化爲黃壤 聞者猶不忍 況乎當之者乎 猶幸理遣達觀[559]

---

555 尹拯『明齋遺稿』卷11「與朴和叔 己未二月」

556 사랑하는 아이: 원문의 '지독舐犢'은 송아지를 핥아 준다는 뜻으로 자식을 끔찍이 사랑하는 어버이를 뜻하는 말이다.『후한서後漢書』「동이열전楊震列傳 양표楊彪」에 양표楊彪의 아들 양수楊修가 조조曹操에게 죽임을 당하였는데 그 뒤에 조조가 양표에게 왜 그토록 야위었느냐고 묻자, 양표가 "늙은 소가 송아지를 핥아 주는 애정을 아직도 지니고 있어서 그렇다[猶懷老牛舐犢之愛]"라고 대답한 고사에서 유래하였다.

557 李珥『栗谷全書』卷11「答宋雲長」

558 세 아들: 원문의 '삼주三珠'는 훌륭한 세 아들을 의미한다. 당나라 때 왕면王勔, 왕거王勮, 왕발王勃 삼형제를 찬미하던 말이다.『신당서新唐書』「왕발열전王勃列傳」에 "당나라 초기에 왕면, 왕거, 왕발 삼형제는 재능으로 명성이 자자해서 두이간이 이들을 '삼주수'라 불렀다[初勔勮勃皆著才名 故杜易簡稱三珠樹]"라는 기록이 보인다.

559 尹拯『明齋遺稿』卷17「答奇子亮挺翼 甲寅五月旣望」

·뜻밖에 만난 요절의 슬픔은 놀라고 슬픈 마음 어찌 그지 있겠습니까? 눈앞에 벌어지는 참담한 상황은 어른이나 젊은이 차이가 없으니 어떻게 견디며 참아내겠습니까?

意外夭慽 驚怛何已 目前慘境 長少無間 何以堪忍

·대감과 같은 경우는 슬하에 자손이 번성하지 못하여 오로지 이에 정을 쏟았으니 아마 더욱 마음을 가누기 어려울 것입니다. 우러러 몹시 염려가 되지만 장수와 단명은 모두 운명이니 이것은 본디 어찌할 수 없는 일입니다. 평소 했던 조존操存 공부[560]가 바로 이러한 곳에 마땅히 힘을 얻을 것입니다. 부디 마음을 너그럽게 가지시고 몸을 더욱 보중하시어 이렇게 우러러 빌고 있는 저의 마음을 위로해 주소서.

若台邊膝不蕃 鍾情有專 想尤難爲懷 仰念殊切 而脩短皆命 此固無奈 平日操存 定於此等處宜得力 幸寬譬加護 慰此瞻禱

·요절의 상喪[561]을 당했다는 것을 알고, 놀라고 슬픈 마음 가누지 못하겠습니다.

審遭殤慽 不勝驚悼

·스스로 이치로 잘 이겨내시어 몸이 크게 손상되는 지경에 이르지나 않았는지 모르겠습니다.

未知能自理遣不至大傷否[562]

---

560 조존操存 공부: 마음을 다스리는 공부를 말한다. 『맹자孟子』「고자告子」 상편에 "잡으면 보존되고 놓으면 잃어서 나가고 들어옴이 정한 때가 없으며, 그 방향을 알 수 없는 것은 오직 마음을 말한 것이다[操則存 舍則亡 出入無時 莫知其鄕 惟心之謂與]"라고 하였다.

561 요절의 상喪: 원문의 '상척殤慽'은 자식의 요절을 뜻한다. 상殤은 요절한 것으로 장상長殤·중상中殤·하상下殤으로 나눈다. 16~19세를 장상이라 하여 대공복大功服을 입고, 12~15세를 중상이라 하여 소공복小功服을 입고, 8~12세를 하상이라 하여 시마복緦麻服을 입는다.

562 尹拯 『明齋遺稿』 卷11 「與朴和叔 己未二月」

•치하治下 홍진紅疹은 비록 세상의 변고와 관계된 것이나 아드님 형제의 요절과 같은 경우는 인가人家의 화변禍變으로는 드물게 있는 일입니다. 그 참담하고 애석한 마음을 우선 놓아두더라도 윤생胤甥의 돈독한 효성은 진실로 사람들을 감동시키는 곳이 있었습니다. 그 아비와 어미 같은 경우는 행실이 순결하고 평소 어질고 소박하여 무릇 말하는 사이에도 행여 남을 다치게 할까 걱정했습니다. 마땅히 신명神明께 죄를 얻는 지경에 이르지 않았어야 할 터인데, 하루아침에 갑자기 사방을 돌아보아도 의지할 친척이 없는 처지가 되었습니다. 그가 기약한 바가 모두 허사로 돌아갔을 뿐만 아니라 열 명의 장님에게 지팡이 하나 없는 격[563]이 되었으니 다시 어느 곳에 의지하겠습니까? 생각이 여기에 이르자 혹독하고 놀란 마음에 꿈을 꾸면서도 두렵습니다. 이것이 무슨 일이고 무슨 일이랍니까?

治下紅疹 雖係世變 若賢允兄弟之夭椓 是人家禍變之所罕有 其驚慘痛惜 姑勿論 胤甥誠孝之篤 誠有感人處 若其爺孃 純潔有行 平生仁拙 凡言語之間 惟恐傷人 宜不至得罪神明 一朝奄忽於四顧無親之地 不但渠之所期都歸虛地 十瞽無相 更靠何處 思之至此 酷毒錯愕 寢夢猶悸 此何事此何事

•상을 당하여 슬픈 마음은 피차가 똑같은 처지니 이 때문에 슬픕니다.

喪慽情懷 彼此同之 爲之愴悅[564]

•형께서 선하고 어진데도 하나의 동오童烏[565]마저 보전하지 못했습니다. 어찌 문인文人의 궁색한 운명을 형만이 혹독히 받아서 그렇게 된 것이 아니겠습니까?

---

563 열 명의~없는 격: 원문의 십고무상十瞽無相은 매우 긴요한 물건이 없는 것을 말한다. 속언에 십고일장十瞽一杖이라고 하여 '열 명의 맹인에 한 개의 지팡이'라는 뜻으로 여러 곳에서 긴요하게 쓰이는 물건을 이르는데, 여기서 이를 원용하였다.

564 尹拯『明齋遺稿』卷19「與閔彦暉 五月七日」

565 동오童烏: 재주가 뛰어난 어린 아들을 뜻하는 말이다. 『법언法言』「문신問神」에 동오童烏는 한漢나라 양웅揚雄의 아들로 양웅이 『태현경太玄經』을 지을 당시 9세 된 어린 나이에도 불구하고 함께 내용을 토론할 정도로 자질이 우수하였는데 일찍 죽었다고 한다.

令兄善仁 又不保一童烏 豈非偏遭文人窮命而然耶[566]

•아직 상殤의 나이도 되지 않은 아이를 곡했다는 것을 알았습니다. 그 총명함을 생각하면 몹시도 슬픈 일입니다. 만사는 모두 운명이니 너그러운 마음으로 슬픔을 자제하시기를 몹시 바랍니다.

審哭未殤之兒 念其明悟 殊以爲悼 萬事皆命 寬抑幸甚[567]

•백씨伯氏의 두 아들이 요절했다는 것은 일찍이 알고 있었던 일인데, 그 뒤에 또 아들을 얻었습니까? 선한 사람은 복이 없으니 천도天道는 알기 어렵습니다. 어찌하겠습니까?

伯氏兩兒 曾知夭折 其後又得之否耶 善人無福 天道難知 奈何[568]

•일찍이 아무개 상주喪主가 둔 아이를 보았습니다. 모습이 곱고 훌륭할 뿐만이 아니라 됨됨이가 정갈하고 조숙하여 반드시 성취가 있으리라 생각했는데 또 목숨을 구하지 못했다고 합니다. 살기가 마구 타올라서 어른과 아이를 막론하고 목숨을 보장할 수 없습니다.

曾見某哀有兒 不但姸好 作人精醅 謂必有成 亦不救云 殺機如熾 勿論長幼 有不可恃

•운명이 기구하고 박복하여 흰머리로 다 늙은 지경인데 한 덩이 혈육도 보존하지 못했으니, 세상에 요절한 자식을 곡하는 자가 어찌 한량 있으랴마는 어찌 저와 같이 원통하고 잔혹한 일이 있겠습니까? 진실로 슬퍼하는 것은 무익하다는 것을 알지만 눈앞의 한 가지 일도 위로될 만한 것이 없고 잊고자 하여도 할 수가 없습니다. 죽기 전까지 모든 것이 괴로운 광경이니 어찌합니까?

命途奇薄 白首垂老之境 不能保有一塊肉 世間哭殤慽者何限 而豈有

---

566 李植『澤堂集』卷18「與鄭畸翁」

567 李珥『栗谷全書』卷11「答宋雲長」

568 尹拯『明齋遺稿』卷24「與朴恒漢道常 丁丑五月二十六日」

如弟之寃酷殘毒者哉 固知悲慽無益 而目前無一事可慰 欲忘不得 未死之前 無非苦境 奈何

•요절의 슬픔은 어찌 차마 다시 말씀드리겠습니까? 더욱이 아이의 병으로 장시간 애태우고 심란했던 터라 버티고 견딜 수 없을지 걱정입니다.

夭慽 豈忍提說 加以兒少病憂 長時燋撓 恐無以支堪也

•아우를 곡한 눈물이 아직 마르지 않았는데 또 손자와 손녀 두 아이까지 잃었으니, 잔혹한 정리情理를 이미 말로 다 할 수 없습니다.

哭弟之淚未乾 又失孫子女二人 情理之殘毒 已無可言

•노친을 모시고 그럭저럭 지내지만 이번 달 전에 참담하게도 아이가 요절하는 일을 당했습니다. 불쌍한 저를 어찌합니까?

奉老粗依 而月前慘遭兒慽 伏憐奈何

•요절한 아무개의 참담한 일은 운명과 관계된 것이니 어찌하겠습니까?

夭某之慘 關於數命 奈何

•그가 이미 아무개 달 아무개 날 땅에 묻혔으니 어느 곳에서 그의 모습을 볼 수 있겠습니까? 세월이 점차 흘러가도 슬프고 그리운 마음 떨쳐내기 어렵습니다.

渠已以某月某日入地矣 何處得見其形耶 日月漸久 悲戀難遣[569]

•바람 앞의 등불이요 물거품 같은 허깨비니, 생각해 보면 족히 애석하게 여길 일도 아닙니다.

風燈泡幻 顧不足惜

---

569 尹拯『明齋遺稿』卷19「與朴泰輔士元 戊午元月八日」

•아름다운 옥을 땅속에 묻었는데 변방에서 동부銅符[570]를 차고 있으니 이 무슨 사람이랍니까?

埋却美玉於地中 隨着銅符於塞外 此何人哉

•과부가 된 누이가 양자養子[571] 하나를 데려다 이를 목숨처럼 여겼는데 객사했다는 소식을 들었습니다. 이는 아직 죽지 않은 누이의 목숨을 끊는 것과 같은 일이니 몹시도 놀란 마음을 오랫동안 진정할 수가 없습니다. 신명하신 하늘의 이치는 정말 헤아릴 수 없으니 어찌합니까?

寡妹有一螟兒 以此爲命 而聞客死之報 是勦絶未亡之命也 心神錯愕久未能定 神天一理 實有推測不得者 奈何

---

570 동부銅符: 동어부銅魚符의 준말로 지방관이 차는 인끈을 말한다.

571 양자養子: 원문의 '명아螟兒'는 명령螟蛉으로 애벌레인데 나나니벌이 업고 가서 자기의 애벌레로 기른다고 한다. 전하여 양자養子를 가리키는 말로 쓰인다. 『시경詩經』 「소아小雅 소완小宛」에 "명령이 새끼를 두거늘, 나나니벌이 업어 가도다[螟蛉有子 蜾蠃負之]"라고 하였다.

•복제服制[572]를 만난 사실을 알았습니다. 덕 있는 집안에 상사喪事가 어찌 이리도 거듭 일어나는지요? 놀라고 슬픈 마음 지극하여 어떻게 표현할 길이 없습니다.

審遭服制 德門喪患 何如是洊疊 驚怛之極 無以爲諭

•다만 지난겨울 이래로 재차 누이 상喪[573]을 당했다는 소식을 받았습니다. 올해 전의 상화喪禍로도 이미 몹시 놀라고 슬픈 일인데, 하물며 이렇게 잇따라 상을 당하셨으니 어떻게 견디시는지요?

第承去冬以來 再遭尙右之痛 年前喪禍 已深驚怛 況此洊仍 何以堪之

•아무개의 상사喪事는 이 무슨 말입니까? 애석하고 참담한 마음 차마 말로 다 할 수 없습니다. 자씨姊氏의 큰 병이 낫지 않아 염려하고 있었는데, 갑자기 이렇게 참담한 정경을 만났으니 어떻게 견디고 계시는지요? 당장 상을 치르기에도 경황이 없을 터인데 앞으로 집안일도 의지할 사람이 없을 터이니, 생각하고 또 생각해 봐도 망연하고 참담합니다. 이 일을 장차 어찌할는지요?

某之喪 是何言耶 痛惜慘憐 不忍爲說 念姊氏大病未蘇 遽遭此慘景 何以扶持 目下治喪之罔措 來頭家事之靡依 思之又思 茫然慘然 此將奈何

•아무개가 끝내 세상을 떠났다[574]는 소식을 들으니 하늘이시여 하늘

---

572 복제服制: 상례喪禮에 상복喪服을 입는 제도를 말한다. 일가 촌수에 따라 오복五服을 입는데 곧 참최斬衰·재최齋衰·대공大功·소공小功·시마緦麻다.

573 누이 상喪: 원문의 '상우尙右'는 누이의 상喪을 이른다. 『예기禮記』 「단궁檀弓」에 공자가 문인들과 서있을 때 공수拱手하면서 오른손이 위[尙右]에 있었다. 문인들도 모두 오른손을 위에 두자 공자가 "그대들은 배우기를 좋아하는구나. 나는 누이의 상喪을 당했기 때문이다[孔子與門人立 拱而尙右 二三子亦皆尙右 孔子曰 二三子之嗜學也 我則有姊之喪故也]"고 하면서 오른손이 위에 있는 이유를 설명하였다.

574 세상을 떠났다: 원문의 '불숙不淑'은 죽음을 완곡하게 표현하는 말이다. 『예기

이시여 이것이 무슨 일이란 말인가? 이 소식을 들은 뒤로 심장이 다 타버린 지가 이미 오래되어 곡을 해도 나올 소리도 없고 뿌릴 눈물도 없구나. 나도 이와 같은데 하물며 그 아버지야 어떻겠는가?

聞某竟不淑 天乎天乎 此何故也 自聞此報以來 心腸焦煎已久 無聲可哭 無淚可揮 吾猶如此 況其爺耶[575]

•집안에 화를 당한 사람들이 많이 있다 한들 어찌 상주들께서 만난 바와 같은 일이 있겠으며, 어찌 덕을 쌓은 집안인데도 그 보답을 받지 못하는 경우가 있는지요? 하늘의 현묘한 이치는 너무도 아득해서 추측하기가 어렵습니다. 통곡하고 통곡할 뿐 어떻게 말씀드려야 할지 모르겠습니다.

家禍人多有之 而豈有如僉哀之所遭 豈有如積德之門而不食其報者耶 玄理杳冥 有難徵測 痛哭痛哭 不知所言

•아무개 읍邑의 상변喪變은 꿈속에서도 전혀 생각하지 못했던 일입니다. 몹시 참담하고 놀란 마음 다시 어떻게 형용하겠습니까? 상주喪主께서 지금 이어서 아픈 상황이라 따라갈 수 없다는 소식을 들었으니 그 정경이 더욱 지극히 슬프고 참담할 것으로 생각됩니다.

某邑喪變 萬萬夢寐之外 慘愕慘愕 更何伏喩 聞喪人方在繼痛 未得隨去 想其情境 尤極悲慘

•아무개 처妻의 요절은 놀라고 슬픈 마음 어찌 말로 다 할 수 있겠습니까? 그 홀로 남은 생질甥姪도 구하지 못했다는 소식을 들었으니 이로부터 아무개 형께서는 피붙이가 없어져 버렸습니다. 그 두 곳의 노친과

禮記』「잡기상雜記上」에 "제후의 죽음에 조문객들이 오면 제후의 상자相者가 조문객을 맞이하는데, 이때 다른 나라에서 온 조문객은 '우리의 임금님께서 저를 사신으로 보내 조문하게 하였습니다. 도대체 어찌하여 이러한 불행이 일어났단 말입니까[寡君使某 如何不淑]'라고 말한다"라는 대목이 보인다.

575 尹拯『明齋遺稿』卷34「寄兒 五月十五日」

그 아비의 정경을 생각해 보면 이를 듣는 사람들 또한 눈물을 흘릴 것입니다. 자주姊主의 아픔이 아마 클 터이니 이로써 자애로운 당신의 심정도 생각할 수 있습니다.

某妻之夭 驚悼何言 聞其獨甥亦不救 自此某兄無血屬 想其兩處老親與厥爺情境 聞者亦隕涕 姊主疚傷想多 以令慈愛懷緖可想

•연이어 기공朞功[576]의 슬픈 일을 당했으니, 먼 곳에서 슬프고 아픈 마음을 어떻게 견디십니까?

連遭朞功之慽 遠外悲疚 何以堪抑

•공제功制[577]는 어찌 놀라고 슬픈 마음을 가누겠습니까?

功制 豈勝驚怛

•아무개 숙주叔主의 상을 당한 지가 아직 몇 달도 지나지 않았는데, 아무개 숙주께서 또다시 돌아가시니 통곡할 뿐 무슨 말을 하겠습니까?

某叔主喪未數月 某叔主又復捐館 痛哭何言

•다만 그대 종자從姊인 아무개의 내실內室이 뜻밖에 세상을 떠났다는 소식을 알게 되었습니다. 아마 슬퍼하고 계실 터인데 어떻게 스스로 감당하시는지요?

第審令從姊某人內室 意外喪逝 想令悲怛 何以自勝

•아무개의 상사喪事는 세월이 비록 오래되었지만 어찌 차마 붓을 들어 말씀드리겠습니까?

---

576 기공朞功: 기년복朞年服과 대공大功·소공小功의 상기喪期를 말한다. 상기 1년인 경우를 기복朞服이라 하는데 조부모·백숙부모·형제자매·처 등의 상이 이에 해당하고, 9개월인 경우를 대공大功이라 하는데 사촌 형제자매의 상이 이에 해당하며, 5개월인 경우를 소공小功이라 하는데 증조부모·재종형제 등의 상이 이에 해당한다.

577 공제功制: 대공복大功服과 소공복小功服을 입는 친족 관계의 상을 말한다. 대공복은 9개월간, 소공복은 5개월간 입는다.

某人喪事 日月雖久 何忍泚筆耶

•누차 시공緦功[578]의 슬픈 일을 당했으니 놀라고 한탄스러운 저의 마음 가누지 못하겠습니다.

屢遭緦功之慽 區區不任驚歎

•집안의 화가 다하지 않아 조카가 갑자기 요절하였으니 몹시도 애통한 마음을 견딜 수 없습니다. 이 아이의 뜻과 행실이 정말 기대하게 만들었는데 싹만 트고 꽃을 피우지 못했으니[579] 모두가 운명입니다. 날마다 그 아비와 마주앉아 눈물을 흘리고 있으니 어쩌면 좋겠습니까? 뜻 있는 사람이 수명을 누리지 못했으니 죽은 자만의 불행일 뿐만이 아닙니다.

家禍未殄 姪子遽爾夭逝 痛酷之私 不可堪忍 此子志行 實所期望 苗而不秀 莫非命也 日與其父相對涕沱 奈何 有志無年 不但逝者之不幸而已[580]

•집안의 화가 몹시도 혹독하여 아무개 달 아무개 날 갑자기 둘째 조카의 상을 당했으니 통곡하고 통곡할 뿐 다시 무슨 말을 하겠습니까? 기댈 곳 없는 외로운 여생에 단지 이 두 조카만 의지하면서 여년을 보내려 했는데 천만뜻밖에도 갑자기 이런 지경에 이르렀으니 이것이 무슨 하늘의 이치랍니까? 더욱 참담하고 애통합니다.

家禍孔酷 某月某日 奄遭第二舍姪之喪 痛哭痛哭 更何言 孤露餘生 只依此兩姪 欲保餘年矣 千萬意外 遽至於斯 是何天耶 尤用慘痛

---

578 시공緦功: 상복喪服 제도에서 가장 가벼운 3개월 동안 입는 시마복緦麻服과 5개월 동안 입는 소공복小功服을 말한다.

579 싹만~못했으니: 성공하지 못하고 일찍 죽은 것을 말한다. 『논어論語』「자한子罕」에 "싹이 나고는 꽃 피지 못하는 경우도 있고, 꽃은 피었건만 열매를 맺지 못하는 경우도 있다[苗而不秀者 有矣夫 秀而不實者 有矣夫]"고 공자가 말하였는데, 이에 대해서 황간皇侃은 안회顏回가 대성大成하지 못하고서 일찍 죽은 것을 비유한 것이라고 하였다.

580 尹拯『明齋遺稿』卷19「與閔彥暉 十二月十九日」

•종제從弟 아무개가 갑자기 어떤 병에 걸려 일어나지 못하였습니다. 늘그막에 서로 의지하고 지냈는데 홀연 먼저 떠나가니 몹시도 슬픈 마음 스스로 진정할 수 없습니다.

從弟某 遽以一疾不起 老境相依 奄見先逝 悲懷悤悤 不能自定[581]

•종형과는 어린 시절 함께 자라면서 고로孤露한 처지에 서로 의지하고 지냈는데, 한 번 열흘간 자리에 눕더니 홀연 세상을 떠났습니다. 너무도 애통한 마음 오래되어도 심해지기만 합니다.

從兄童穉相長 孤露相依 一臥旬日 奄作今古 摧痛之私 久而猶酷[582]

•요사이 당숙모堂叔母의 중제重制[583]를 만났으니 슬프고 애통한 마음 어찌 말로 다 하겠습니까?

間遭堂叔母重制 悲痛何言

•종숙從叔께서 일찍이 이런 지경에 이를 줄 생각했겠습니까? 마침 이렇게 멀리 떨어져 있어서 마침내 손을 잡고 영결도 못했으니 기댈 곳 없는 고로孤露한 처지에 몹시도 아픈 마음 더욱 견디지 못하겠습니다.

從叔 曾謂止於斯耶 適此睽違 遂失握訣 孤露之中 益不堪摧廓

•이제 막 재종再從을 곡했는데 또 당숙堂叔의 변고로 인한 상喪까지 만났으니 슬픔이 마음속에 가득하여 전혀 마음을 가눌 길 없습니다. 어찌하겠습니까?

方哭再從 又遭堂叔變喪 悲疚嬰情 頓無以爲悰 奈何

•백수白首의 나이에 문득 당형堂兄을 곡하게 되어 의지할 그림자 하

581 尹拯『明齋遺稿』卷10「與朴季肯 戊寅三月十七日」

582 尹拯『明齋遺稿』卷10「與朴季肯 乙卯五月二十日」

583 중제重制: 상례喪禮 복제服制에서 사촌이나 고모 또는 고종사촌 등 대공친大功親 이상의 상사 때 입던 복제服制다.

나 없으니 몹시도 애통한 마음 어찌 견디겠습니까?

白首之年 奄哭堂兄 一影無依 摧痛何堪

•아무개 동洞의 상사喪事는 연세가 일흔이 지난 뒤에 일어났으니 진실로 돌아가신 분께서 한으로 여기지는 않습니다. 그러나 무엇보다도 당숙주堂叔主께서 만년에 이런 큰 슬픔[584]을 만나 그 목숨을 보존하기 어려운 처지인지라 이 때문에 몹시 염려됩니다.

某洞喪事 年過七十 固不足爲逝者之恨 而最是堂叔主 暮年遭此巨創 難保其氣息 此以爲慮深矣

•지친至親의 상변喪變이 반달 사이 서로 이어지니 비통한 정리를 어찌 차마 말로 다 하겠습니까?

至親喪變 相繼於半月之內 情理悲痛 尙忍言哉

•사계舍季[585]가 만난 거창巨創[586]은 애통한 마음 어찌 말로 다 하겠습니까? 여러 달 탕약을 받드느라 형편없이 초췌한 모습으로 부르짖으며 가슴을 쳐도[587] 어쩔 수 없는 상황을 보니 정말 목숨을 보전하기 어려울까 염려가 되는지라 저의 슬프고 걱정되는 마음 더욱 어떠하겠습니까? 아무개(저)는 병환이 위급하다는 소식을 듣자마자 밤새 내려와서 다행히도 상喪이 날 즈음에 도착하여 초종初終[588] 때 서로 의지할 수 있었으니 이것이 그나마 위로가 될 만합니다.

舍季巨創 痛悼何言 見其積月侍湯 柴瘁無餘 號擗莫逮 實有難保之慮

---

584 큰 슬픔: 원문의 '거창巨創'은 보통 부모의 상을 당했을 때 쓰는 표현이다.

585 사계舍季: 보통 친제親弟의 경우 사제舍弟로 쓰는데, 문맥으로 보아 양자로 나간 자신의 아우가 양부모 상을 당한 것으로 보인다.

586 거창巨創: 큰 슬픔으로 보통 부모님 상을 당했을 때 쓰는 표현이다.

587 부르짖으며 가슴을 쳐도: 원문의 호벽號擗은 반호벽용攀號擗踊의 준말로 부모의 상喪을 당하여 너무 슬퍼 부여잡고 울부짖기도 하고, 가슴을 치며 뛰기도 함을 가리키는 말이다.

588 초종初終: 초상初喪이 난 뒤로부터 졸곡卒哭 때까지의 모든 장례 절차를 이른다.

此間悲悶 尤當如何 某人纔聞病患急報 罔夜下來 幸趁於喪出之際 得以相依於初終之時 是可慰也

•또 당숙堂叔의 상을 만나 일전에 달려가 곡하고 성으로 들어왔는데, 위문편지가 문득 도착하여 마치 저와 마음이 서로 통하는 듯하니 얼마나 슬픈지요?

又遭堂叔之喪 日前奔哭入城 委問忽及 有若神會 何等哀感

•거듭 상척喪慽을 만났으니 참혹한 마음을 말로 다 할 수 없습니다.

洊遭喪慽 情界之慘毒 無可言

•일가들의 상사喪事는 늘 몹시도 슬프고 마음이 아픈지라 오직 죽을 날만 기다릴 뿐입니다.

一家喪戚 悲疚常多 惟待死期而已[589]

•복록福祿은 정말 유감이 없으나 일가 장로들이 차례대로 세상을 떠나시니 애통한 마음 말로 다 할 수 없습니다.

福祿儘無餘憾 一家長老 次第喪逝 愴痛不可言

•어버이 병환이 오랫동안 차도가 없는데 시공緦功의 상제喪制까지 잇따라 생기니 애통한 마음을 어찌 말로 다 하겠습니까?

親疾久未差 緦功之慽相續 悶痛何言

•죽은 조카를 장사 지낸 뒤 침통한 마음 시간이 갈수록 더욱 괴롭습니다. 어찌하고 어찌합니까?

纔過亡姪葬事 沈痛在中 久念愈苦 奈何奈何[590]

---

589 尹拯『明齋遺稿』卷13「與尹叔麟趾完 乙亥」

590 尹拯『明齋遺稿』卷11「與朴和叔 戊午正月二十四日」

•백종수씨伯從嫂氏가 과부로 계신지 30년에 병환으로 침상에 누워계시자 종제從弟 아무개가 관아로 모시고 갔는데, 어제 부음을 들었으니 예순 세월이 대낮 촛불[591]처럼 덧없이 세월입니다. 비록 변고로 인한 상喪은 아니지만 어린 양자養子도 빈소를 지킬 터이니 정경을 생각하면 몹시 슬퍼서 마음을 주체할 수가 없습니다.

伯從嫂 孀居三十年 病委床第 從弟某 奉往衙中矣 昨聞其喪訃 六旬晝燭之光 雖非變喪 其稚孩螟子 又罹塊堊 念之傷怛 無以爲心耳

•상을 치르고 난 뒤 기력이 온통 빠진 터라 늘 피로하여 편안한 날이 거의 없으니 불쌍한 저를 어찌합니까?

喪慽之餘 氣力頓減 居常憊劣 寧日苦罕 悶憐奈何

•병우病憂와 상척喪慽으로 날마다 슬프고 심란하여 그밖에 나머지 일들은 말씀드릴 것도 없습니다.

病憂喪慽 日事悲撓 餘外無足言者

•근래 일가 상변喪變을 만났으니 슬프고 심란한 마음을 어찌 말로 다하겠습니까?

近遭一家喪變 悲撓何言

•월전月前에 또 생질甥姪 상喪을 곡하였으니, 병든 누이가 거듭 혹독한 화를 만나 정신과 기력이 거의 없는 상태입니다.

月前 又哭甥姪之喪 病妹 荐遭酷禍 神氣殘殘

---

591 대낮 촛불: 원문의 '주촉晝燭'은 대낮에는 촛불을 켜도 그 불빛이 희미하듯 인생의 의미가 전혀 없음을 표현한 말이다. 당나라 장적張籍이 지은 「정부원征婦怨」에 "부인은 자식과 남편에 의지하여 가난하나 천하나 함께 마음 편히 살려 했건만, 남편은 전장에서 죽고 자식은 배 속에 있으니 첩의 몸이 살아 있은들 대낮의 촛불 같구나[婦人依倚子與夫 同居貧賤心亦舒 夫死戰場子在腹 妾身雖存如晝燭]"라고 하였다.

•지금도 생각하면 몹시 놀라고 허전한 마음[592] 주체할 수가 없습니다.

至今思之 錯愕隕穫 不能已也

•이렇게 전팽專伻을 통해 보내 주신 위문을 받으니, 뜻이 몹시도 정중합니다. 정말 감사합니다.

荷此專价慰存 意甚鄭重 良用啣戢

592 허전한 마음: 원문의 '운확隕穫'은 곤궁하고 급박하여 뜻을 잃은 모습이다. 『예기禮記』「유행儒行」에 "선비는 빈천 때문에 의기를 잃지 않는다[儒不有隕穫於貧賤]"라고 하였다.

친지상류親知喪類

•아무개가 갑자기 세상을 떠났으니 놀랍고 애통한 마음 가누지 못하겠습니다. 공사간에 애석한 마음 이미 말로 다 할 수 없는데 대대로 덕을 쌓은 집안에 재앙이 아직도 다 끝나지 않았으니, 이것이 무슨 이치란 말입니까?

某人奄忽長逝 不勝驚慟 公私痛惜之懷 已不可言 而積德之家 禍猶未殄 此何理耶[593]

•아무개가 갑자기 세상을 떠나니 자못 마음이 아프고 슬픕니다. 몇 년 동안 종유하면서 저를 개발하고 도움을 받은 것이 정말 많았는데 지금 갑자기 이런 지경에 이르고 말았으니 더욱 애석한 일입니다.

某人奄忽 殊可傷悼 遊從幾年 開益良多 今遽至此 尤爲可惜[594]

•아무개 대감의 부고訃告가 천만뜻밖에 갑자기 이르니 그 참담한 심경을 어찌 다 형언할 수 있겠습니까? 망연자실하여 여러 날 동안 진정할 수 없었습니다. 손수 쓴 편지가 먼 곳에서 왔을 때 그 말투가 자상하였으니 세상을 떠날 날이 이미 임박하여 그 조짐이 앞서 나타난 것인 듯합니다. 뒤에 죽는 저의 애통한 심정 그지없습니다.

某台之訃 忽至於千萬夢外 其爲慘境 何可勝言 心神如失 累日靡定 手札遠至 辭意諄諄 似是大期已迫 兆之先見者 後死之痛 不能已已[595]

•아무개 벗이 뜻하지 않게 갑자기 세상을 떠났으니 공사간에 애석한 마음 어찌 말로 다 할 수 있겠습니까?

某友不意奄忽 公私痛惜 何可言

•아무개 어른의 상사喪事는 놀란 마음 가눌 길 없습니다. 상주喪主께

---

593 尹拯『明齋遺稿』卷20「與朴泰輔士元 七月二十五日」
594 金昌協『農巖集』卷13「答李同甫」
595 尹拯『明齋遺稿』卷13「與趙士威 乙亥」

서 밤새 달려온[596] 나머지 어떻게 버티며 보중하고 계시는지요? 그 정경情境을 생각함에 지극히 슬픈 마음 더욱 가눌 길 없습니다.

某丈喪事 不勝驚愕 喪人戴星之餘 何以支保 念其情境 益不勝悲念之至

•아무개 동네의 상사喪事는 아마 먼 곳에서 더욱 놀랍고 슬플 것입니다.

某洞喪事 想在遠益驚怛

•아무개 영감의 상사는 또한 가문의 운명과 관계된 것입니다. 병 없이 건강한 사람이 갑자기 돌아가셨으니 세상에서 장수와 요절이라는 것은 진실로 알 수 없는 일입니다. 어찌하겠습니까?

某令之喪 亦係門運 無病而健者 忽地化去 世間壽夭 儘不可知矣 奈何

•아무개가 끝내 일어나지 못하고 말았으니 참담하고 아픈 마음 어찌 가눌 수 있겠습니까? 저도 오히려 측은하고 슬퍼 잊기 어려운데, 하물며 그대는 마땅히 어떻겠습니까?

某人竟不起 慘傷何勝 我猶惻愴難忘 況君當如何耶[597]

•아무개의 죽음은 애통한 심정을 어찌 차마 말로 다 할 수 있겠는가? 나는 그와 어울린 지가 그다지 오래되지는 않았지만 깊은 우정으로 말하면 실로 다른 사람과 비교할 수 없었는데, 지금 갑자기 그를 잃고 말았으니 애통한 심정이 어떻겠습니까?

某人之死 哀哉何忍言 雖相從未甚久 而託契之深 實非餘人比 今遽失之 痛傷如何[598]

•아무개의 상사喪事는 연치年齒로는 유감이 없지만 단지 그리워하던

---

596 밤새 달려온: 원문의 '대성戴星'은 객지에서 부모의 부음訃音을 받고 밤을 새워 가며 귀가하는 일이다.

597 金昌協『農巖集』卷11「與敬明 庚辰」

598 金昌協『農巖集』卷20「與魚有鳳 丙子」

여식과 결국 서로 영결도 못했으니 이것이 슬퍼할 만한 일입니다.

某人事 年則無憾 但戀憶女息 竟不得相訣 是可悲悼[599]

•아무개가 갑자기 고인이 되었으니 슬픈 마음 가눌 수 없습니다. 백운산白雲山에서 거문고 타고 술 마시며 글을 짓던 모임은 생각해 보면 바로 어제 같은데, 인사의 변고가 이미 이와 같아서 인생살이가 정말 꿈이라는 걸 깨닫게 됩니다.

某人遽作古人 不勝怛傷 白雲山裏 琴酒文字之會 思之如昨日 而人事之變已如此 此生眞覺夢幻也[600]

•뜻밖에도 아무개 관官이 갑자기 병으로 세상을 떠났습니다. 부음을 받고 아프고 슬픈 마음 어찌 가누겠습니까?

意外 某官奄不起疾 承訃 曷勝痛悼[601]

•그저께 아무개 영감의 부음訃音을 듣고 놀라 기절까지 할 뻔했습니다. 병의 증세가 본래 위독했지만 몹시도 사랑하고 사모하여 어쩌면 대번에 이런 지경에 이르지는 않을 것이라 생각했습니다. 인간의 일이 이미 극에 달하면 이치는 마땅히 이에 이르는 것이니 어찌하고 어찌하겠습니까?

再昨 聞某令之訃 驚隕欲絶 病症則固危篤 而愛慕之極 猶或意其不遽至斯 人事已窮 理宜至此 奈何奈何[602]

•아무개가 자녀의 병을 구하려다가 끝내 이 때문에 병이 들어 세상을 떠났습니다. 위로는 연로하신 어버이가 계시는데, 아무개가 중병을 앓고 있다는 소식을 듣자마자 노친께서 떨고 계신 터라 아직까지 부음

---

599 李珥『栗谷全書』卷11「答宋雲長 辛巳」
600 金昌協『農巖集』卷18「答金顯甫 甲子」
601 蔡之洪『鳳巖集』卷5「上寒水先生 戊戌」
602 南九萬『藥泉集』卷34「上叔父 十二月八日」

을 통보하지 못했으니 더욱 참담하고 애통합니다.

某人救子女之病 終以是疾不起 上有篤老之親 聞某人纔經重疾 老人凜然 尙未通訃 尤爲慘痛

•아무개의 상사喪事는 애석한 마음을 어찌 말로 다 할 수 있겠습니까? 지극한 행실이 있는 사람은 복이 없고 훌륭한 행실이 있는 사람은 명이 짧은 법이니 애석한 마음 오래되어도 그지없습니다.

某人之喪 痛惜何言 至行無祿 高行短命 哀惜之懷 久猶未已[603]

•천만뜻밖에 아무개 어른의 부음訃音을 받고 통곡할 뿐 다시 무슨 말씀을 드리겠습니까? 일찍이 병환이 있다는 소식을 듣지 못했는데, 갑자기 이런 지경에 이르렀으니 더욱 놀랍고 애통하여 드릴 말씀을 모르겠습니다.

千萬意外 伏承某丈凶音 慟哭之外 夫復何言 曾未聞患候 而遽爾至此 尤切驚痛 不知所喩

•아무개가 연로하신 편친偏親를 남겨두고 갑자기 세상을 떠났으니 그 정리情理가 참으로 참혹합니다.

某人 捨篤老偏親而奄逝 情理誠慘毒

•아무개 어른이 돌아가신 일[604]은 운기運氣와 관계된 것이니 애석한 마음 오래되어도 그지없습니다.

某丈不淑 運氣所關 悼惜久猶未已

---

603 尹拯『明齋遺稿』卷24「答李廷傑秀甫 戊寅正月十四日」

604 돌아가신 일: 원문의 '불숙不淑'은 죽음을 완곡하게 표현하는 말이다.『예기禮記』「잡기상雜記上」에 "제후의 죽음에 조문객들이 오면 제후의 상자相者가 조문객을 맞이하는데, 이때 다른 나라에서 온 조문객은 '우리의 임금님께서 저를 사신으로 보내 조문하게 하였습니다. 도대체 어찌하여 이러한 불행이 일어났단 말입니까[寡君使某 如何不淑]'라고 말한다"라는 대목이 보인다.

•아무개 또한 천고千古의 사람이 되어 사림士林들이 더욱 우러러볼 곳이 없게 되었으니 이것이 무슨 운수랍니까? 애통한 마음 말로 다 할 수 없습니다.

某人又作千古 士林益無所仰 此何運氣 痛悼不可言

•아무개가 이번 아무개 날 두창痘瘡으로 세상을 떠났습니다. 뛰어난 인재 하나를 잃었으니 애통한 마음 형언할 수 없습니다.

某人今某日 以痘瘡化去 失一奇才 慟悼罔諭[605]

•아무개의 부음訃音이 어찌 진실이겠습니까? 지난번에 성에 들어가서 한나절 동안 서로 대면할 때 참으로 세상에 오래 있지 못할 것이라 걱정하였습니다. 그래도 갑자기 이런 지경에 이를 줄은 생각지 못했습니다.

某人之訃 豈是眞耶 頃者入城 半日相對 固慮其不久於世 亦不謂遽至於斯也[606]

•아무개가 세상을 떠났다는 소식을 듣고 부르짖으며 애통한 심정을 스스로 진정할 수 없습니다. 이 사람이 끝내 이 지경에 이르렀으니, 어쩌면 하늘이 부질없이 세상에 내기만 해놓고 도와줄 뜻은 없었단 말입니까?

聞某人長逝 號隕不能自定 斯人之竟至於斯 豈天虛生而無意於扶相之耶[607]

•내가 세상에서 존경하는 사람은 장자長者 중에는 아무개고, 동류同類 중에는 이 사람뿐이었으나 이제 모두 세상을 떠나고 끝나버렸으니 다시 무슨 말을 하겠습니까?

吾之於世 在長者某人 在儕流此人 而今皆已矣 復何言哉[608]

---

605 李珥『栗谷全書』卷12「答鄭季涵」

606 申翊聖『樂全堂集』卷9「朴仲淵」

607 南九萬『藥泉集』卷34「寄兒 癸丑十二月五日」

608 南九萬『藥泉集』卷34「寄兒 癸丑十二月五日」

• 아름다운 자질과 훌륭한 행실이 있는 사람을 어느 곳에서 얻는단 말입니까?

美質懿行 何處得來

• 집에 계신 노친老親과 방에 가득한 어린 자식들을 생각하면 참담하고 애통한 마음을 차마 말씀드리지 못하겠습니다.

念其老人在堂 幼孤滿室 思之慘痛 不忍興言[609]

• 여러분께서는 친족으로서 평소 우의가 돈독하여 죽은 이를 애도하고 살아 있는 사람을 불쌍히 여겨야 하는 처지일 터인데 비통한 심정을 어떻게 견디고 계십니까?

伏惟僉尊素敦媚睦 悼死悶生 何堪悲怛[610]

• 세상을 떠난 자와는 이미 유명幽明을 달리했고 살아 있는 사람과도 만날 길이 없으니, 피차간에 살아남은 사람으로서의 심사心事는 각자 참담할 것입니다.

逝者已隔幽明 生者亦無會面之路 彼此後死心事 各自黯愴[611]

• 여기癘氣가 더욱 치성하여 막 전념되고 있는 상황인데, 아무개 사람과 아무개 벗이 모두 이병으로 세상을 떠났으니 놀랍고 참담한 마음을 어찌 말로 다 하겠습니까? 선한 사람의 불행이 또한 애도할 만한 일입니다.

癘氣愈熾 方在薰染中 而某人及某友 俱以是疾逝去 驚慘何言 善人不幸 亦可悼也

• 그의 죽음이 어찌 친구들 사이 사사로운 슬픔에만 그치겠습니까?

---

609 尹拯『明齋遺稿』卷13「與沈主簿櫟 辛亥六月十六日」

610 尹拯『明齋遺稿』卷13「與沈主簿櫟 辛亥六月十六日」

611 尹拯『明齋遺稿』卷13「與趙士威 庚寅二月十二日」

其爲死也 豈但朋知私痛而已哉[612]

•병들어 고향에 누워 있느라 영결도 보지 못했고 곡위哭位를 만들어 통곡해도 이 슬픔을 풀 수가 없습니다. 애통해 한들 어찌하겠습니까?

病伏邱園 旣不得視其含結 爲位而痛 不足以洩此悲 痛結奈何[613]

•나보다 먼저 세상을 떠나는 것이 반드시 나쁜 일은 아닐 것입니다. 그러나 30년 동안 종유한 정의情誼를 생각하면 어떻게 견딜 수 있겠습니까?

先吾而去 未必爲惡事 而只念三十年從遊之誼 若何以堪之也[614]

•이는 운명이 궁색한 내가 그에게 누를 끼친 것만 같아서 스스로 애도할 뿐 감히 하늘을 원망할 수도 없습니다. 붓을 잡고 이 글을 쓰노라니 나도 모르게 눈물이 솟아납니다. 아마도 그대도 이 때문에 슬퍼하실 것입니다.

此似亦窮命累渠 只有自悼 不敢怨天耳 援筆至此 不覺淚迸 想亦爲之愴然也[615]

•이 벗은 받은 기운이 매우 박하여 이미 동료들의 근심이 된 지가 오래되었습니다.

此友之受氣甚薄 已爲儕流憂久矣[616]

•떠날 때 비록 조금 피곤한 것을 염려했으나 지난번에 북순北巡에서 이미 돌아왔다는 소식을 들었을 때 점차 회복이 되었다고 생각했습

612 申翊聖『樂全堂集』卷9「朴仲淵」
613 申翊聖『樂全堂集』卷9「朴仲淵」
614 申翊聖『樂全堂集』卷9「朴仲淵」
615 金昌協『農巖集』卷20「與魚有鳳 丙子」
616 蔡之洪『鳳巖集』卷6「答韓德昭」

니다. 그런데 갑자기 부음이 이르니 벗으로서 애석한 마음 어찌 다만 사사로운 마음 때문이겠습니까? 알지 못하겠습니다만 그 사이 여츤旅櫬[617]이 이미 고개를 넘었는지요?

去時雖慮其稍憊 頃聞北巡已返 意謂漸蘇 遽以訃至 朋知痛惜 豈但爲私 未知其間旅櫬已踰嶺否耶

•요사이 친지들이 연이어 세상을 떠나니 덧없는 인생 조만간 떠나는 것은 모두 운수에 달린 것입니다.

比來 親知又零落相繼 浮生早晩 無非數也[618]

•덧없는 인생 장수하고 단명하는 이들 모두 죽게 마련이니 다만 조만간 일어날 일일 뿐입니다. 죽는 자는 매우 좋고 살아남은 자만 괴로울 뿐이니 그저 부럽고 부럽습니다.

浮生脩短 同歸於盡 只是早晩間事 逝者甚好 只留生者苦耳 長羨長羨[619]

•아무개가 어제 이미 발인發靷했으니 온갖 일들이 마음을 아프게 합니다.

某人昨已靷歸 萬事可以傷心

•아무개는 날이 멀어질수록 더욱 잊지 못하겠습니다. 본디 이것은 단지 먼저 죽고 뒤에 죽는 일일 뿐이라는 것을 알고 있지만 죽기 전에 어찌 시린 마음을 견디겠습니까? 괴롭고 괴로운 일입니다.

某人日遠愈不忘 固知此只是先後事 而未死之前 何耐辛酸 苦事苦事

•아무개가 이미 아무개 장소에서 돌아왔습니까? 상을 당한 뒤로 아직 그곳 편지를 받지 못하여 어떤 상태인지 알 수 없으니 염려스러워 잊을 수가 없습니다.

---

617 여츤旅櫬: 객지에서 죽어 고향으로 돌아오는 관棺을 말한다.
618 尹拯『明齋遺稿』卷13「與朴季肯 戊寅三月十七日」
619 成渾『牛溪集』卷5「答李大司成海壽書癸巳十二月」

某人已自某處還否 喪後尙不得其書 不知作何狀 念之不能忘也[620]

•아무개는 고향으로 돌아오는 운구 행차를 나섰다는 소식을 들었는데 언제쯤 돌아오겠습니까? 그 정경을 생각하면 목이 메어 잊을 수가 없습니다.

某人 聞作返櫬之行 何間當還 念其情境 哽噎不能忘[621]

•아무개의 첫 기일忌日이 어느새 지나가 버렸습니다. 인생은 흘러가는 물처럼 돌아오지 않나니 애통해 한들 어찌하겠습니까?

某人初期 忽忽已過 人生如逝水之不可返 愴痛奈何[622]

•이제 끝나버렸으니 더욱 비통합니다.

今焉已矣 尤可悲也[623]

•인간 세상 위아래 살펴보니 감개한 마음 더욱 가누지 못하겠습니다.

俯仰人代 尤不勝感慨矣

620 金昌協『農巖集』卷19「與道以」
621 金昌協『農巖集』卷19「與道以」
622 尹拯『明齋遺稿』卷16「與李君輔 辛卯三月」
623 尹拯『明齋遺稿』卷13「與趙士威 丙子七月十日」

면례류緬禮類

•면례緬禮[624]가 머지않았기 때문에 효자의 마음 더욱더 힘들고 고통스러울 터이니 이 때문에 슬프고 염려가 됩니다.

伏以緬禮不遠 仰惟孝思 益復窮毒 爲之悲念[625]

•선왕고先王考와 선고先考 두 분의 관棺을 이미 새로운 자리로 이장했다는 소식을 들었습니다. 효성이 그지없을 터인데 오래된 관을 직접 보고 그리운 마음 처음 상을 당했을 때와 같아서 면례緬禮를 치른다고 해서 그 마음은 그때에 못지않을 것입니다.

伏承祖禰兩轎 已就新兆 竊想孝思罔極 親見舊柩 號慕如新 不以緬禮而情殺也[626]

•새로운 산소 자리가 정해진 것은 실로 신명의 도움입니다. 다만 오랜 세월이 지난 뒤에 이장하는 것은 그 일이 실로 중대합니다. 비록 편안한 곳에 모시려는 효심이야 그지없겠지만 혹 낭패라도 있으면 뒤늦게 후회해도 바로잡기 어려울까 걱정입니다. 부디 열 번을 더 생각하고 충분히 의논한 뒤에 결정하는 것이 어떻겠습니까?

新兆有定 實神奉祐 第恐啓遷於年久之後 事實重大 雖安厝之孝心 不可窮已 而亦有狼狽 難以追悔 伏望更加十思熟講決之 如何[627]

•관의 앞머리[628]가 다시 나오니 부여잡고 울부짖던 애통함이 더욱더

---

624 면례緬禮: 무덤을 옮겨 다시 장례를 지내는 일로 곧 이장移葬을 말한다.

625 蔡之洪『鳳巖集』卷7「答尹瑞膺 丁巳」

626 尹拯『明齋遺稿』卷10「上鄭抱翁 乙巳三月六日」

627 尹拯『明齋遺稿』卷10「上鄭抱翁 九月十日」

628 관의 앞머리: 원문의 '전화前和'는 관의 앞머리라는 뜻으로 주로 개장할 때 쓰는 표현이다. 『여씨춘추呂氏春秋』「개춘開春」에 옛날 왕계王季를 와산渦山의 기슭에 장사 지냈는데 난수欒水가 그 묘를 스쳐 묘가 깎여 관棺의 앞머리[前和]가 밖으로 드러났다. 문왕文王이, 선군先君이 군신群臣과 백성을 보고 싶어서

새로울 것으로 생각됩니다.

前和復出 仰惟攀號之痛 益復如新

•또 슬픈 눈물이 옷깃을 적셨다는 말씀을 듣고 저도 모르게 놀랍고 두렵기까지 합니다. 70년이나 지난 뒤에 큰일을 잘 치렀으니 흉한 것은 사라지고 길한 것만 다가와서 육체와 넋이 영원히 편안하실 것입니다. 이는 실로 우리 어른의 지극한 정성과 효심이 이승과 저승을 다 감동시킨 것입니다.

且承水氣及衽 不覺驚悚 克定大計於七十載之後 去凶卽吉 永安體魄 此實吾丈誠孝之至 感徹幽明也[629]

•면례緬禮 기일이 점점 다가와서 온갖 일들이 하관下棺하기 전에 손에 잡히지 않습니다. 산소를 조성하는 일도 너무도 크기 때문에 일꾼들의 양식과 제반 일들이 이따금씩 마련하기 어려운 처지인지라 단지 스스로 걱정만 할 뿐입니다.

緬禮期日漸迫 而百事不入手未窆前 山役已浩大 役糧凡事 種種難辦 只自憂悶而已

•무덤에서 관棺이[630] 다시 나오니 부여잡고 그리워하는 마음 처음과 같은지라 망극한 저의 마음 다시 어찌 다 말씀드리겠습니까?

玄和復出 攀慕如新 情私罔極 尙復何論

•아무개 날 면례緬禮를 거행했는데 예전 광중壙中은 재해가 몹시 참담했습니다. 그러나 새로운 산소는 토질이 선명하고 윤택하여 관을 부여잡

나타난 것이라 하고는 곧 관을 꺼내어 장막을 만들어 모셨다가 3일 뒤에 장사를 지냈다고 한다.

629 尹拯『明齋遺稿』卷10「上鄭抱翁 乙巳三月六日」

630 무덤에서 관이: 원문의 '현화玄和'는 현궁玄宮과 같은 말로 무덤의 구덩이 속인 광중壙中을 말한다.

고 슬퍼하던 나머지 조금이나마 그지없는 그리움에 위로가 됩니다.

某日過行緬禮 而舊壙之災害孔慘 新山之土性明潤 攀和之餘 稍慰罔極之思耳

한훤차록 寒暄箚錄 권 4

·다섯 번의 경사가 거듭 이른데다가 세 차례 책봉례冊封禮를 장차 거행하려고 하니[631], 신하와 백성들의 몹시도 기쁜 마음은 안팎이 똑같은 마음입니다.

五慶洊臻 三冊將擧 臣民欣忭 中外惟均

·새해 경사로 축하 의례를 장차 거행하려고 하니, 몹시도 기쁜 마음 어찌 이루 다 말할 수 있겠습니까?

新年吉慶 賀儀將擧 欣忭之忱 何可勝諭

·새해 아침 축하 의례를 비로소 거행하니, 안팎 백성들의 기쁨은 똑같은 마음입니다. 변방에서 대궐을 그리워하는 마음은 아마 이때 더욱 깊을 것입니다.

元朝賀儀載擧 中外歡忭惟同 邊塞望宸之戀 想益深也

·좋은 날 좋은 시절 임금님 행차[632]가 편안히 돌아왔으니, 기쁜 마음을 어찌 말로 다 하겠습니까?

日吉辰良 鑾輿穩旋 欣忭何言

631 다섯 번~거행하려고 하니: 『승정원일기承政院日記』「정조正祖 18년 12월 13일」에 을묘년(1795, 정조19)에 다섯 가지 경사가 있었으며, 세 가지 존호를 올린 일이 있다. 즉, 오경五慶이란 1795년이 정조가 즉위한 지 20주년이 된 것, 정순왕후貞純王后가 망륙望六이 된 것을 기념하여 존호를 가상하는 것, 사도세자思悼世子에게 존호를 가상하는 것, 혜경궁惠慶宮이 회갑이 된 것, 혜경궁에게 존호를 가상하는 것을 통칭한 것이다. 삼책은 이 중에서 정순왕후, 사도세자, 혜경궁 홍씨에게 존호를 가상하는 책봉례冊封禮을 올리게 된 것을 말한다.

632 임금님 행차: 원문의 '난여鑾輿'는 임금이 타는 수레를 이른다.

•하늘의 토벌[633]이 속히 시행되어 성대한 의식[634]을 곧바로 거행하니 신하와 백성들의 경사스러운 마음 어찌 그지 있겠습니까?

天討亟行 縟儀載擧 臣民慶忭 曷有其極

•임금님 체후가 건강을 회복하고 단비가 내려 두루 적셔주니 신명과 사람이 모두 기뻐합니다.

玉候康復 甘霈普洽 神人胥悅

•단비가 쏟아지고 성상의 체후도 곧바로 회복[635]했으니 경사스럽고 기쁜 마음 어찌 그지 있겠습니까?

甘澍沛然 聖候占翌瘳之喜 慶幸欣忭 曷有其極

•편찮으신 중전께서 점점 차도가 있더니 이제 병을 돌보던 약원藥院까지 철수하라는 명을 내렸습니다. 기쁜 마음을 말로 다 할 수 있겠습니까?

坤聖違豫之候 漸向差安 纔有藥院撤罷之命 欣幸可言

•동궁께서 천연두를 순조롭게 치르고 하루도 되지 않아 건강을 회복하시어 축하 의례를 장차 거행하니 종묘사직의 경사가 이보다 큰일이 있겠습니까? 기쁘고 축원하기 그지없습니다.

東宮痘候 聖順不日康復 賀儀將行 宗社之慶 尙有大乎 忻祝萬萬

---

633 하늘의 토벌: 원문의 '천토天討'는 『서경書經』「고요모皐陶謨」에 "하늘이 덕 있는 이에게 관작을 내리고[天命有德], 하늘이 죄 있는 이를 토벌한다[天討有罪]"라고 한 데서 온 말로 천명에 따라 죄인을 응징하고 다스린다는 뜻이다.

634 성대한 의식: 원문의 욕의縟儀는 궁중에서 행하는 성대한 의식의 뜻으로 제사 등에 쓰이는 말이다.

635 곧바로 회복: 원문의 '익추翌瘳'는 다음 날 병이 낫는다는 말이니, 단시간에 쾌차하는 것을 뜻한다. 『서경書經』「금등金縢」에 주周 무왕武王이 병이 났을 때, 주공周公이 태왕太王, 왕계王季, 문왕文王의 세 영혼께 자신을 대신 죽게 해달라고 기도하고, 돌아와 금등의 궤 속에 기도 축책문을 넣어 보관하였다. 그러자 다음 날 무왕의 병이 바로 나았다고 한다.

•동궁께서 앓던 천연두를 하루도 되지 않아 회복하셨으니 안팎 백성들의 기쁨과 경사를 어찌 이루 다 말할 수 있겠습니까?

東宮痘候 不日平復 中外忭慶 何可勝諭

•동궁께서 앓던 홍역을 훌쩍 떨쳐내시어 장차 축하 의례를 거행하니 몹시도 경사스럽고 기쁜 마음 마땅히 어떻겠습니까?

東宮疹候霍然 將擧賀儀 慶忭喜躍 當如何哉

•세손께서 탄생하시고 세자께서도 홍역을 순조롭게 치러 나라의 경사가 거듭 이르니 몹시도 기쁜 마음 누구나 같습니다.

聖孫載誕 春邸順經疹証 邦慶疊臻 忭躍惟勻

•세손께서 탄생하시어 국운國運은 끝이 없으니 신하와 백성들의 경사스럽고 기쁜 마음 어찌 끝이 있겠습니까?

神孫載誕 邦籙無疆 臣民慶忭 曷有其極

•자궁慈宮[636]과 원자元子께서 탄신한 날이 하루 남았으니 저의 기쁜 마음을 어찌 말로 다 하겠습니까?

慈宮元子宮 誕辰隔日 下情欣忭 何可勝言

•서울 소식은 기뻐서 춤을 추는 것 외에는 알려드릴 만한 일이 없습니다.

洛奇 舞蹈之外 無可報者

•해를 이어 밖에 머물고 있어서 공의 뒤를 따라 임금께 문안을 올리는 반열에 나가지 못하는지라 대궐을 바라보며 슬퍼할 뿐입니다.

連年居外 未得隨諸公後其造起居之列 北望悵缺而已

636 자궁慈宮: 왕세자가 즉위하지 못한 채 죽은 뒤 왕세손이 왕위에 나아갔을 때 왕세자의 빈嬪을 일컫는 말이다. 대표적 인물로 혜경궁惠慶宮 홍씨洪氏가 있다.

중시류重試類

•중시重試[637]에 장원으로 뽑혔으니, 한결같이 얼마나 장한 일입니까? 삼장三場[638]에서 장원하는 일은 세상에 간혹 있으나 홍패紅牌와 백패白牌[639] 4장를 받는 일은 더욱 보기 드문 일입니다. 보고 듣는 이들이 모두 놀라워하니 저의 기쁜 마음을 어찌 형용하겠습니까?

重試巍擢 一何壯也 三場壯元 世或有之 紅白四紙 尤所罕覯 瞻聆俱聳 欣忭曷諭

•용두龍頭의 자리[640]에 우뚝 발탁되어 당상관堂上官[641]에 오르니 벗으로서 몹시도 기쁜 마음[642]을 말로 다 할 수 없습니다. 생각건대 평소의 뜻이 겸손하여 영화로운 자리에 올라도 조심하실 듯합니다.

龍頭巍捷 緋玉寵陞 區區栢悅 有不可言 想雅意沖挹 履榮若惕也

•중시重試에 급제하여 상상관堂上官에 올랐으니[643], 우러러 생각건대

637 중시重試: 문과文科 당하관堂下官을 위하여 설치된 과거제도로 10년에 한 번씩 실시하였고 이 시험에 합격한 사람은 당상堂上 정3품의 품계로 올려주었다.

638 삼장三場: 과거 시험의 초시初試, 복시覆試, 전시殿試를 말한다.

639 홍패紅牌와 백패白牌: 홍패는 대과大科 급제자들에게 나누어 주던 증서로 붉은 종이에 썼기 때문에 붙여진 명칭이고, 백패는 소과小科에 합격한 자들에게 주는 증서로 흰 종이에 썼기 때문에 이렇게 불렀다.

640 용두龍頭의 자리: 과거에 장원급제하거나 장원급제한 사람에 대한 별칭으로 쓰인다. 참고로 예전에 과거에 장원급제한 사람들의 모임을 용두회龍頭會라 일컫곤 하였다.

641 당상관堂上官: 원문의 '비옥緋玉'은 비옥緋玉과 같다. 붉은빛의 관복과 옥으로 만든 관자貫子란 의미로 당상관堂上官의 품계를 뜻한다.

642 벗으로서~마음: 원문의 '백열栢悅'은 친구의 좋은 일을 함께 기뻐한다는 말이다. 서진西晉 육기陸機의 「탄서부歎逝賦」에 "참으로 소나무가 무성하니 잣나무가 기뻐하고, 슬프다 지초가 불에 타니 혜초가 탄식하네[信松茂而柏悅 嗟芝焚而蕙歎]"라고 하였다.

643 당상관堂上官에 올랐으니: 원문의 '정옥잠화頂玉簪花'는 당상관에 오르는 경사를 이른다. 정옥頂玉은 망건에 다는 옥관자玉貫子로 당상관의 조관朝冠을 이르고, 잠화簪花는 경사스러운 모임이 있을 때 남자들의 머리에 꽂던 조화다.

부모님을 기쁘게 해드린 효성이 금니金泥의 교서[644]를 받는 기쁨뿐만이 아닐 것입니다. 이와 같은 복과 경사는 인가에서 보기 드문 일이니 더욱 이 때문에 손 모아 축하드립니다.

科名重重 頂玉簪花 仰惟貽悅之孝 不但金泥之喜 如此福慶 人家所罕 尤爲之攢賀

•한 번 급제하기도 어려운 일인데 하물며 두 번은 어떻겠습니까? 지푸라기를 줍는 것처럼 어찌 그리도 쉽게 급제하셨는지요?

一之猶難 況再乎 拾之如芥 何其容易也

•뜻밖에 요행으로 급제하여 외람되이 자품資品이 오르는 대우를 받았으니 지극한 은혜에 감사하고 축원하는 마음 어찌 말로 다 하겠습니까?

意外倖占 猥膺陞資之眷 到底恩造 感祝何言

•중시重試에서 과명科名을 얻은 것은 실로 제 분수에 넘치는 두려움이 있으니 자못 다행한 일인지 모르겠습니다.

重忝科名 實有踰分之懼 殊不知爲幸也

---

644 금니金泥의 교서: 금박金箔 가루를 아교풀에 갠 것으로 조서詔書·옥책玉冊 등 진중한 문적을 봉인封印하는 데 쓰므로 그런 문적의 뜻으로 쓰는데 여기서는 관직 임명 조서를 가리킨다.

대과류大科類

•갈옷을 벗는 것[645]은 진실로 조만간 일어날 일이지만 꽃다운 나이에 대과에 급제[646]하여 향기로운 명성이 귀에 가득 들려오니 몹시도 기쁜 마음을 어찌 형용할 수 있겠습니까?

釋褐固早晩事 而芳年大闡 香名滿耳 區區欣喜 豈勝名諭

•단번에 대과에 급제한 것은 부모님의 바람에 시원히 부응한 것입니다. 소식을 듣고 기쁜 마음에 거의 잠도 잘 수 없을 지경입니다.

一擧大闡 快副庭闈之望 聞之喜悅 殆不能寐

•재예才藝로 이름을 떨쳐 어버이를 영광스럽게 하였으니, 감탄스러운 마음 어찌 가누겠습니까?

才藝登名 以爲親榮 豈勝嘉歎[647]

•과거에 능히 합격해 이름을 날려서 모친을 기쁘게 해드렸으니, 축하하고 싶은 마음 어찌 가누겠습니까?

科事 能中選成名 以爲萱堂歡 豈勝馳賀[648]

•과거의 장원은 본디 당신 집안에 흔히 있는 일이니, 또한 어찌 축하할 만한 일이겠습니까?

科甲 自是尊家事 又何足賀耶[649]

---

645 갈옷을 벗는 것: 원문의 '석갈釋褐'은 신분이 낮은 사람이 입는 옷으로 이 옷을 벗는다는 것은 과거에 급제하여 관직에 오름을 이른다.

646 대과에 급제: 원문의 '대천大闡'은 크게 드러났다는 뜻으로 대과大科에 급제한 것을 말한다.

647 尹拯『明齋遺稿』卷25「答李森 癸未三月」

648 尹拯『明齋遺稿』卷26「答吳遂采 戊子三月五日」

649 尹拯『明齋遺稿』卷17「答朴士受 四月二十二日」

•어제 도하都下에 들어와 형께서 사제賜第[650]의 은전을 받았다는 소식을 들었습니다. 놀라고 기쁜 마음 마치 제가 받은 것과 같을 뿐만이 아닙니다.

昨入都下 聞兄蒙賜第之恩 驚喜之忱 不翅若己得之

•방안榜眼[651]을 보고 기뻐서 잠을 이루지 못했네. 잘 배워서 일찍 명성을 날렸으니 어질다고 할 수 있을 것이네. 오직 더욱더 확충하고 궁구하여 스스로 수립하는 데 힘써서 공손히 선조의 덕을 계승하는 것이 구구한 나의 바람이네.

見榜眼 喜而不寐 能學早有成名 可謂賢矣 惟願益加充闡 務自樹立 以恭承餘慶 區區之望也[652]

•아무개도 참방參榜[653]하여 한 집안에 두 사람이 급제했습니다. 진실로 기특한 일이니 더욱 기쁩니다.

某也亦得參 一家二人 儘是奇事 尤可喜也[654]

•아드님의 대과에 급제는 기특하고 장한 일이니, 나도 모르게 병상에서 벌떡 일어나 국가를 위해 인재를 얻은 것을 축하합니다. 기뻐서 잠도 자지 못하지만 병으로 기력이 없어 정말 준동蠢動할 수가 없는 형편이라 바로 몸소 찾아가 축하드리지 못하니, 몹시도 한탄스러워 마치 병 하나가 더 생기는 것 같습니다.

令胤大闡 奇哉壯哉 不覺病枕之蹶起 爲國家賀得人也 喜而失寐 而病狀殊殊 實無蠢動之勢 未卽躬賀 恨歎之甚 如添一病

---

650 사제賜第: 임금의 명령으로 특별히 과거에 급제한 사람과 똑같은 자격을 주는 일을 말한다.

651 방안榜眼: 과거에서 수석 합격인 장원壯元에 이어 차석으로 합격함을 이르는 말인데, 여기서는 과거 합격자 명단을 가리키는 것으로 보인다.

652 尹拯『明齋遺稿』卷27「與庶弟拙 辛酉十月二十日」

653 참방參榜: 과거에 뽑혀서 과거의 방목榜目에 성명이 오른 것을 이른다.

654 尹拯『明齋遺稿』卷27「與再從弟天縱 癸巳十月九日」

•큰 아드님의 과거 급제는 그에게 있어서 봉격捧檄[655]의 소원을 이룬 것이니, 어찌 지극히 다행한 일이 아니겠습니까?

伯允決科 在渠捧檄之願 豈非至幸[656]

•첫째 아드님의 과거 급제는 저에게 갑절이나 축하하게 하는군요.

一哥科慶 令人倍賀[657]

•두 자제가 회시會試에 장원을 하더니 곧이어 전대殿對[658]에서도 장원을 하였습니다. 진실로 국가를 위해 인재를 얻은 것에 하례드리니 합하閤下 문정門庭의 경사일 뿐만이 아닙니다.

二郎魁捷會圍 旋魁殿對 誠爲國家賀得人 不獨閤下門庭之慶也[659]

•아드님의 과거 급제는 몹시도 기쁜 나머지 축하의 말씀을 입으로 다 표현할 수 없습니다.

令胤科慶 奇喜之極 賀不容口

•백씨伯氏의 과거 급제는 공사간에 모두 기쁜 일입니다. 병으로 바로 편지를 올려 축하드리지 못한 데다가 또 기쁜 소식을 듣는 모임에도 참석하지 못하니 서운하고 한탄스러울 따름입니다.

---

655 봉격捧檄: 봉격奉檄과 같다. 부모를 봉양하기 위해 벼슬길에 나아간다는 봉격색희奉檄色喜의 준말이다. 『후한서後漢書』「유조순우강유주조열전劉趙淳于江劉周趙列傳」에 후한後漢의 모의毛義가 가난하여 노모를 봉양하기 어려웠는데, 효행이 널리 알려져 수령에 제수하는 격문檄文이 오자 기뻐하여 받들었다. 그러나 노모가 돌아가시자 벼슬을 그만두었다는 고사에서 온 말이다.

656 尹拯『明齋遺稿』卷9「上炭翁 乙巳五月三日」

657 尹拯『明齋遺稿』卷20「與朴和叔 十二月五日 附玄石書」, 朴世采『南溪集』續集 卷9「與尹子仁 十一月十二日」

658 전대殿對: 전시殿試의 대책對策을 말한다. 전시는 문과의 회시會試에서 선발된 33명 및 무과의 회시에서 선발된 28명을 궐내에 모아 임금의 친림親臨 아래 등수를 정하던 과거다.

659 金錫胄『息庵遺稿』卷8「答首輔文谷金公書 壬戌冬赴燕時在義州」

伯氏科慶 公私匀喜 病不卽書賀 亦未得往與聞喜之會 悵歎而已

•계씨季氏의 과거 급제는 진실로 조만간 꼭 그렇게 될 일이라는 것을 알았는데, 과연 기대한 대로 되었습니다. 벗으로서 기쁜 마음[660]을 어찌 형언할 수 있겠습니까?

賢季大闡 固知早晩應爾 果如所期 栢悅何論

•조카의 과거 급제는 아직도 달려가 축하하지 못하고 있으니 한탄스럽습니다.

賢咸科慶 尙未趨賀 可歎

•방금 아무개가 과거에 급제했다는 소식을 들었으니 경하하는 마음 그지없네. 이것이 비록 그의 재능과 선조들이 남기신 덕 때문이기는 하지만 또한 그대의 굽힌 뜻을 펼 수 있게 되었으니 거듭 경하하네.

卽聞某之擢第 不勝奉賀 此雖是渠之才與祖先之餘慶 亦君之屈 有以伸之也 重以爲賀[661]

•아드님의 영광스러운 근행覲行은 시절이 봄 시절을 만났습니다. 우러러 생각건대, 기쁜 소식을 듣는 자리에 기쁜 기운이 문안에 넘쳐날 터이니 저에게 부러운 마음 들게 하는군요.

胤友榮覲 時値方春 仰惟聞喜之席 喜氣溢門 令人健羨

•영광스러운 행차가 나설 때 저도 산소까지 따라가 함께 사례祀禮를 올렸으니, 기쁘고 다행스러운 마음 어찌 말로 다 하겠습니까? 도착한

---

660 벗으로서 기쁜 마음: 원문의 '백열柏悅'은 친구의 좋은 일을 함께 기뻐한다는 말이다. 서진西晉 육기陸機의 「탄서부歎逝賦」에 "참으로 소나무가 무성하니 잣나무가 기뻐하고, 슬프다 지초가 불에 타니 혜초가 탄식하네[信松茂而柏悅 嗟芝焚而蕙歎]"라고 하였다.

661 尹拯 『明齋遺稿』 卷27 「與再從弟天縱 癸巳十月九日」

날 경사와 기쁨을 생각해 보면 손에 잡힐 듯 선합니다.

榮行發去 弟亦隨往山下 同過祀禮 喜幸曷言 想到日慶歡 可掬

•아무개가 도착한 뒤에 경사스럽고 기쁜 모습을 상상할 수 있습니다. 그러나 반주인泮主人[662]의 골짜기처럼 큰 욕심은 끝이 없으니 두통이 날까 걱정될 뿐입니다.

某到後 慶喜可想 而泮主壑欲無厭 恐作頭痛耳

•뜻밖에 참방參榜을 얻었으니 요행이고 요행입니다. 부모님을 기쁘게 해드리니 오직 이것이 기쁠 뿐입니다.

意外獲參 倖矣倖矣 侍下供歡 惟是爲喜

•요행히 참방參榜하였으니, 부모님을 모시는 처지에 매우 다행입니다.

僥倖參榜 侍下多幸

•뜻밖에 과거에 급제했으니, 비록 어버이를 기쁘게 해드리는 일이지만 이미 불행의 계율[663]을 범한 꼴이니 기쁨이 아니라 근심입니다.

意外占科 雖爲悅親之資 旣犯不幸之戒 非喜伊憂也

•아이가 요행히 과거에 급제하여 근심과 두려움이 더욱 큰 터라 거의 스스로 어찌할 바를 모르겠습니다.

---

662 반주인泮主人: 성균관 입학시험을 보려고 서울에 올라온 시골 선비가 성균관 근처에서 묵던 집, 또는 그 집의 주인을 이르는 말로 관주인館主人이라고도 한다.

663 불행의 계율: 젊은 나이에 과거에 급제한 것을 이른다. 『소학집주小學集註』「가언嘉言」에 "사람에게는 세 가지 불행이 있다. 젊은 나이에 고과高科에 오르는 것이 첫 번째 불행이요, 부형의 권세를 빌려 좋은 벼슬을 하는 것이 두 번째 불행이요, 높은 재주가 있어서 문장을 잘하는 것이 세 번째 불행이다[人有三不幸 少年登高科 一不幸 席父兄之勢爲美官 二不幸 有高才能文章 三不幸也]"라는 정이천程伊川의 말이 실려 있다.

兒子倖科 憂懼尤大 殆不知所以自措也[664]

•우리 아이가 과명科名을 훔친 것은 고인古人이 말한 불행의 계율을 범한 꼴이니 장차 가득 차게 될까[665] 두렵습니다.

迷兒之竊科 犯古人不幸之戒 且以盛滿爲懼也

•우리 아이의 과거 급제는 가만히 제 집안으로서는 분수에 넘치는 두려운 일이라 생각합니다. 부모님을 여읜[666] 처지에 또한 더욱 감격해 목이 멥니다.

迷兒科事 竊有私家過盛之懼 孤露之餘 亦增感咽矣

•한미한 집안에 가득 참을 경계로 삼을 일이 생겼으니, 부모님을 여읜 처지에 더욱 감격스럽습니다.

寒門盈戒 孤露增感

•아이가 과거에 함부로 나섰다가 참방參榜했으나 이것은 기쁜 일이 아니고 두려운 일입니다. 전시殿試[667]에 보내지 말라고 하신 대감의 말씀은 진실로 서로 아끼는 지극한 마음에서 나온 것입니다.

兒子妄發參榜 非喜伊懼 殿試不入送 勻教 實出相愛之至心

---

664 尹拯『明齋遺稿』卷13「與尹叔麟趾完 乙亥」

665 가득 차게 될까: 원문의 '성만盛滿'은 차고 넘치면 마침내 기울게 된다는 경계를 말한다.『한서漢書』「소광전疏廣傳」에 한漢나라 선제宣帝 때 소광疏廣이 태자태부太子太傅가 된 지 5년 만에 스스로 성만盛滿을 경계하는 뜻에서 병을 핑계로 상소하여 사직하고 조카인 태자소부太子少傅 소수疏受와 함께 고향으로 돌아갔다는 고사다.

666 부모님을 여읜: 원문의 '고로孤露'는 외로운 몸을 말한다. 보통 부모를 모두 잃은 사람이 자신을 표현할 때 쓰는 말이다.

667 전시殿試: 문과·무과에는 초시初試·복시覆試·전시의 3단계 시험이 있다. 전시는 국왕의 친림親臨 하에 복시에서 선발된 문과 33인, 무과 28인의 합격자들을 재시험해 등급을 결정하는 시험이다.

•막내아우의 과거 급제는 쇠락한 가문으로서는 다행이지만 도리어 부모님을 봉양하지 못하는 감회[668]만 절실할 뿐입니다.

季弟科名 衰門之幸 而還切不洎之感耳

•제 아우의 과거 급제는 옛일에 대한 감회가 마음속에 교차하여 자못 다행한 일인지도 모르겠습니다.

舍弟科事 感舊之懷 交切于中 殊不知爲幸也

668 부모님을~감회: 원문의 '불계지감不洎之感'은 벼슬에 나아가 귀하게 되었으나 부모가 돌아가셔서 봉양할 길이 없음을 슬퍼하는 것을 가리킨다. 『장자莊子』 「우언寓言」에 증자曾子가 "부모가 살아 계실 때는 벼슬에 나아가 3부 정도의 녹봉을 받고서도 마음이 편했는데, 부모가 돌아가신 뒤에는 벼슬길에 나아가 3천 종의 녹봉을 받으면서도 어버이를 봉양할 수 없어 내 마음이 슬펐다[吾及親仕 三釜而心樂 後仕 三千鍾而不洎親 吾心悲]"라고 하였다.

소과류小科類

•소과에 합격[669]한 기쁜 일은 오래전에 문안했어야 했는데, 해수咳嗽를 앓아 그렇게 하지 못했습니다.

蓮榜之喜 久當有問 病嗽闕然[670]

•상상上庠에 장원으로 발탁[671]되었다는 소식을 들은 뒤로 편지 한 통을 보내 기쁜 마음을 전하려 했으나, 병 때문에 그리하지 못했을 뿐만 아니라 이 일은 그대에게 있어 족히 축하할 일이 아니기 때문입니다.

自聞擢冠上庠 欲遣一書 以申欣悅之意 而非但病未能爲 此在吾人 不足爲賀也[672]

•비록 소과小科지만 부모님 마음을 위로해 주는 것으로는 큰일입니다. 하물며 또 이보다 크고 이보다 훌륭한 일이야 어떻겠습니까? 더욱 노력하길 바랍니다.

雖小科 慰我親心則大矣 況又大於此緊於此者乎 願益勉旃[673]

•아드님의 소과 급제는 몹시 축하하고 축하할 일입니다.

令允小慶 奇賀奇賀

•아드님의 과거 급제는 비록 소과라도 마땅히 축하해야 했는데, 편지를 올려 말씀드리는 일도 이렇게 지체하고 말았습니다.

令允科慶 雖小宜賀 尙稽奉書以申

---

669 소과에 합격: 원문의 '연방蓮榜'은 생원진사과에 합격한 사람의 이름을 적은 명부名簿를 말한다.

670 尹拯『明齋遺稿』卷21「答李宜華君實 壬戌至月二十五日」

671 상상上庠에 장원으로 발탁: 상상上庠은 성균관을 가리키며 상상에 발탁된 것은 사마시司馬試에 합격하였음을 뜻한다.

672 金昌協『農巖集』卷16「答李顯益 戊子」

673 尹拯『明齋遺稿』卷19「與朴泰輔士元 乙卯四月九日」

•아드님의 소과 급제는 오히려 늦은 일입니다. 그러나 형의 슬하에서 과거 급제는 일찍 달성된 것이라 할 수 있으니 이 때문에 축하드립니다.

胤君小成 猶爲晩矣 而兄之膝下科慶 可謂早達 爲之仰賀

•아드님의 소과 급제는 지금까지도 벗으로서 기뻐하는 일[674]입니다. 그때 곧장 편지를 올려야 했으나 상중에 있는 몸이라 감히 사람들에게 축하의 말을 하지 못하는 처지였습니다. 그러다가 결국 빠뜨리고 말았으니 부끄럽고 한스러운 마음만 간절합니다.

令胤小成 至今栢悅 其時宜卽奉書 而哀疚之身 不敢向人作賀語 遂致闕然 第切歉恨

•아드님의 영광스러운 행차 때 미처 알지 못하여 답장도 쓰지 못했으니 지금까지도 슬픕니다. 가문을 빛낸 날 이웃 수령 중에 자리에 참석한 사람은 누구입니까? 아득히 길이 험하고 멀어 한스럽게도 이 몸이 그곳에 있지 못하여 우리 형께서 기뻐하는 모습도 보지 못했습니다. 이 때문에 그립고도 부러울 따름입니다.

令允榮行之時 未及聞知 不得修謝 至今爲悵 榮門之日 鄰宰之赴席者誰歟 邈焉阻脩 恨未能置此身於其間 不見吾兄嘉悅之狀 爲之馳豔而已

•분수 밖의 과명科名은 저에게는 너무나 다행한 일입니다. 아무개도 함께 합격했으니 참으로 기특한 일입니다.

分外科名 已極私幸 某也同榜 儘是奇事

•부모님을 모시고 있는 가운데 과거 급제가 저로서는 다행이 아닌

674 벗으로서 기뻐할 일: 원문의 '백열柏悅'은 친구의 좋은 일을 함께 기뻐한다는 말이다. 서진西晉 육기陸機의 「탄서부歎逝賦」에 "참으로 소나무가 무성하니 잣나무가 기뻐하고, 슬프다 지초가 불에 타니 혜초가 탄식하네[信松茂而柏悅 嗟芝焚而蕙歎]"라고 하였다.

것은 아니나 늙은이의 푸른 수염에 난삼幱衫[675]이라니 자못 노둔하고 못난 제 자신을 깨닫습니다. 어찌하겠습니까?

侍下科名 非不爲幸 而蒼髥幱衫 殊覺駑孱 柰何

•제 못난 아이의 과명은 여러 차례 떨어진 끝에 얻은 것이니, 자못 위로되고 다행한 일입니다.

迷兒獲忝科名 屢屈之餘 頗用慰幸

•큰 아이의 소과 급제는 마침 선친께서 진사에 오른 해고, 또 내가 하지 못했던 일을 해낸 것이니, 몹시 다행스러운 제 마음을 어찌 다 형언할 수 있겠습니까?

大兒小成 適値先人升庠之歲 而又辦乃父未能之事 私心奇幸 如何盡狀

•당신의 둘째 아우와 저의 종제가 나란히 과방科榜에 올랐으니, 어버이를 모시고 있는 가운데 매우 위로되고 다행한 일입니다.

阿仲與從第 聯參科榜 侍下慰幸爲多

•그가 이미 성장하여 과거에 급제하였으니, 기쁘다 못해 비통하기까지 하여 슬픈 마음 가누지 못하겠습니다.

渠旣成長 而至於成名 喜極而悲 不勝感愴也

•아무개 생질甥姪이 성균관에 들어간 것은 그에게는 자랑할 만한 일이 아니지만 제 늙은 누이에게는 위로와 기쁨이 큽니다.

某甥庠選 在渠未足爲夥 而其慰悅我老娣則大矣[676]

675 난삼幱衫: 난삼襴衫과 같다. 생원生員이나 진사進士에 합격했을 때 입던 예복으로 녹색이나 검은 빛의 단령團領에 각기 같은 빛의 선을 둘렀다.

676 尹拯『明齋遺稿』卷10「與朴季肯 乙卯五月二十日」

발해류發解類

•해방解榜[677]에 높은 성적으로 합격하였으니, 초시初試 합격을 기뻐할 만합니다.

解榜高中 初味可喜

•해시解試에 높은 성적으로 합격했으니, 몹시 기쁜 마음을 가누지 못하겠습니다. 강론 공부가 미숙한 데다가 또 중제重制[678]까지 만났으니, 우선 묵혀두었다가 내년 식년式年 회시會試[679]를 보는 것이 마땅할 듯합니다. 어떻게 생각하는지 모르겠습니다.

發解高參 不勝奇喜 講工未熟 且遭重制 則姑爲陳置 以付明年式會 似爲得宜 未知如何

•오랫동안 소식이 막혔으니, 이미 과거에 급제[680]하지 않았는지요?

久阻音信 無乃已折桂枝耶

•아드님의 해시解試 합격은 기특한 일입니다.

令允發解 奇妙

•아드님이 해시解試에 합격하여 아마 기뻐하실 것입니다. 저도 이 때문에 몹시 기쁩니다. 꼭 과거에 합격하여 아버지의 만년을 위로해 주길 바랄 뿐입니다.

允友發解 伏想嘉悅 爲之奇喜 惟企必捷 以慰晩景耳

---

677 해방解榜: 해시解試의 방榜으로 해시解試는 문과 초시初試로 향시鄕試라고도 한다.

678 중제重制: 상례喪禮 복제服制에서 사촌이나 고모 또는 고종사촌 등 대공친大功親 이상의 상사 때 입던 상복喪服을 말한다.

679 회시會試: 복시覆試라고도 한다. 초시初試에 합격한 사람이 다시 보던 과거科擧다.

680 급제: 원문의 '절계지折桂枝'는 계수나무 가지를 꺾었다는 뜻으로 과거에 급제한 것을 비유한다.

•아드님들의 해시解試 합격[681]은 정말 축하합니다. 우리 집 노유老儒인 저는 낙막한 마음 어찌 말로 다 하겠습니까?

胤輩解額 良賀 吾家老儒 落莫何言

•둘째 아드님의 해시解試 장원은 오히려 저로 하여금 좋은 소식을 바라게 합니다. 정말 또한 "이것이 참으로 무슨 마음인가[682]"라고 한 것이니, 그저 껄껄 웃습니다.

次胤解元 猶使人望其好音 眞亦所謂是誠何心者也 可呵

•지난번 해방解榜을 보니 아드님이 과연 높은 성적으로 합격했더군요. 형을 위해 멀리서 기뻐합니다.

頃見解榜 令胤果高中 爲兄遙喜[683]

•아드님은 삼여三餘[684] 공부가 아마 독실할 터이니 높은 성적의 합격을 기대해봅니다.

胤友 三餘之工 想篤實 高捷是企

•아드님의 재주는 일찍 알려졌으니 이번 과거에 아마 높은 성적으로

---

681 해시解試 합격: 원문의 '해액解額'은 과거 시험 중 지방 시험, 즉 향시鄕試에 합격한 사람들의 액수를 말한다. 곧 초시初試 합격자의 액수 또는 그 명단이다.

682 이것이~마음인가: 『맹자孟子』 구절을 단순히 인용한 말이다. 『맹자孟子』「양혜왕梁惠王」 상에 맹자가 제齊 선왕에게, 벌벌 떨며 끌려가는 소를 차마 볼 수 없어 양으로 바꾸었지만, 백성들은 작은 양을 가지고 큰 소와 바꾸었으니 왕이 재물을 아꼈다고 비난할 것이나 괴이하게 여길 필요는 없다고 하였다. 하지만 사지로 끌려가는 것을 측은히 여겼다면 왜 양과 소를 구별했느냐고 하니, 제 선왕이 "이것이 참으로 무슨 마음인가[是誠何心哉] 내가 재물을 아껴서 바꾼 것은 아니지만 백성들은 재물을 아낀다고 하겠구나"라고 하였다.

683 尹拯『明齋遺稿』卷16「與崔善餘 乙酉八月二十七日」

684 삼여三餘: 독서하기에 좋은 세 가지 여가餘暇를 가리킨다. 『삼국지三國志 위서魏書』「왕숙전王肅傳」에 삼국시대 위魏나라 동우董遇가 "겨울은 한 해의 여가, 밤은 하루의 여가, 장마철은 한 철의 여가므로 독서를 하기에 아주 좋다"라고 하였다.

합격할 것입니다.

令允才調夙茂 今科想高中也

•아드님의 해시解試 합격은 진실로 너무나 기특하고 다행한 일입니다. 그러나 오랫동안 합격하지 못한 끝에 마침내 크게 울게 된 것이니 몹시도 기쁘고 축하하는 마음 가누지 못하겠습니다.

令允發解 固已奇幸 而久屈之餘 終得大鳴 尤不勝聳賀

•아드님의 문장은 진실로 높은 품격에 올라 장옥場屋에서 오랫동안 합격하지 못할 사람이 아니니, 나도 모르게 기쁜 마음 먼저 일어납니다. 형께서 이런 명주明珠를 지니고 계시니, 얼마나 위로되고 축하할 일입니까?

賢允文字 實超高品 場屋間非久屈者 不覺喜眉先之 兄之有明珠 何等慰賀

•아드님의 해시解試 합격은 저를 즐겁고 기쁘게 합니다. 제 못난 아이도 합격했으니 더욱 기쁩니다.

令允發解 令人嘉悅 迷兒亦得參 尤喜

•아드님이 높은 성적으로 합격하였으니 기특하고 기특합니다. 몹시도 즐겁고 기쁜 마음에 마치 제가 합격한 듯합니다. 강경講經이 이미 난숙爛熟하겠지만 고을 공무가 공부를 심히 방해하는 지경에 이르지나 않는지요?

令胤高中 奇哉奇哉 區區嘉悅之心 若己當之 講經已爛熟 而邑務不至甚妨工夫耶

•어제 삭서朔書[685]에서 장원을 차지했으니, 그 흥취가 어떠한지요?

---

685 삭서朔書: 매달 초하루에 시행하는 글씨 시험이다. 승문원承文院으로 하여금 40세 이하의 당하堂下 문신을 뽑아 매달 해서楷書와 전서篆書를 시험하였다.

昨日 朔書居魁 其趣如何

•상시庠試[686]에 이상二上[687]을 차지한 것은 이 늙은이가 백번 겨룬다 해도 얻지 못하는 일입니다. 어찌 그리도 쉽게 차지했는지요?

庠試二上 是老夫百戰而未得者 何其容易也

•상시庠試의 방榜에 높은 등급을 받았으니, 몹시 다행스러운 마음 말로다 할 수 없습니다.

庠榜高等 奇幸不可言

•요행히 응시자에 이름을 올린 것[688]은 다행이지만 강습하는 일이 당장 앞에 있으니 노파심이 없지 않습니다. 어찌하겠습니까?

僥倖錄名 非不爲幸 而講役當前 不無老㤼 奈何

•요행히 해시解試 방榜에 이름이 올랐지만 썰렁한 집에서 언 벼루를 불고 있어서 회시會試 공부도 과정을 맞추지 못합니다. 스스로 불쌍하고 가련할 뿐입니다.

倖占解榜 而冷屋呵硯 會工亦不趁課 只自悶憐

•회시會試 기일이 임박했으니 노유老儒인 저로서는 득실得失에 대해

---

686 상시庠試: 조선시대 성균관에 거처하는 유생 중에서 일정한 원점圓點을 받은 사람에 한해 강경講經·제술製述을 시험 보는 도기과到記科, 식년式年에 보는 문과초시文科初試, 승보시升補試 등을 말한다.

687 이상二上: 과거에 급제한 사람의 순위다. 성적을 9등으로 나누어 이상二上·이중二中·이하二下·삼상三上·삼중三中·삼하三下 및 차상次上·차중次中·차하次下로 규정하여 우열優劣을 가렸고, 삼하三下 이상을 급제로 하였다.

688 이름을 올린 것: 원문의 '녹명錄名'은 과거 응시자의 응시 자격을 심사하여 응시원서를 접수 등록하는 것을 말한다. 그 절차는 응시자와 그의 사조의 관직, 성명, 본관 등을 쓴 문서[四祖單子]와 조관朝官의 신원보증서 등을 제출하여 신원을 확인한 다음 흠결이 없으면 조흘강照訖講을 시행하고, 여기에 합격하면 응시자의 이름을 등록한다.

마음을 쓰지 않을 수 없습니다. 어찌하겠습니까?

會期迫頭 老儒得失 不能不關心 奈何

•과거가 점점 닥쳐오지만 이처럼 병들어 있으니, 시집 갈 때 종기가 난 여인과 거의 같은 처지인지입니다. 괴롭고 심란한 마음을 말로 다 할 수 없습니다.

科事漸迫 病狀如此 殆同臨嫁患腫 惱撓不可言

•과거 날이 이렇게 임박했는데, 소란하고 괴로운 일은 없는지요?

科日此迫 得無撓惱之端否

•바로 과거 시절[689]이 닥쳤으니, 과거 응시생의 바쁜 상황을 생각할 수 있습니다.

政當槐黃 可想擧子之忙

•과거 날이 하룻밤 남았으니, 제반 도구들은 모두 정돈했으며 또 좋은 꿈을 꾸었는지요?

科日隔宵 諸具其皆整頓 而亦得好夢耶

•나라의 경사를 만나 과거 날이 아무개 날로 잡혔습니다. 알지 못하겠습니다. 언제 한양에 올라가서 공부할 계획인지요?

慶設擇在某日 未知何間上洛做工計耶

•과거[690] 날이 점점 다가오니 한번 가보는 것을 면치 못하겠지요. 금강산 일만이천 봉우리를 돌아보면 서리 맞은 단풍이 매우 붉을 터인데, 저 단풍을 버리고 과거장에 나가는 것이 마음에 부끄럽지 않겠습니까? 그저 웃습니다.

棘圍漸近 不免一行 回顧萬二千峰 霜葉政酣 捨彼就此 能不媿於心乎 好笑

---

689 과거 시절: 원문의 '괴황槐黃'은 과거를 보는 시기로 당唐나라 때 수도 장안長安의 회화나무에 노란 꽃이 피는 7월 예부禮部의 과거가 있으므로 당시에 사람들이 "회화나무에 노란 꽃이 피면 과거 응시생들이 바빠진다[槐花黃 擧子忙]"라고 한 데서 유래한 말이다.

690 과거: 원문의 '극위棘圍'는 과장科場을 이르는데, 옛날 과시장科試場은 가시덩굴로 울을 막기 때문에 이렇게 불렀다.

•과거 날이 임박하여 오마五馬[691]에 다시 멍에를 지우려 할 터인데 언제 도성에 당도하시는지요? 형에게는 끝내 의미 없고 요긴하지 않은 행차가 되겠지만 친구인 저에게는 한번 만나 그럭저럭 격조했던 마음을 풀 수 있을 것입니다. 어찌 다행한 일이 아니겠습니까?

科期迫止 五馬將復戒駕 何間當入城耶 在兄則終當爲無味不緊之行 在親友則可以一番會穩 聊抒阻想 豈不幸耶

•공무를 보는 여가에 강송 공부는 아마 전념하지 못했을 터이니 이것이 걱정됩니다. 군첨軍簽과 환곡還穀에 관한 일들이 조금 정리되면 휴가를 청해 올라와 함께 모여 힘을 붙여 공부하는 것을 그만둘 수 없을 듯합니다.

視篆之暇 講工想未專意 此爲悶念 簽糴稍定頭緖 則請暇上來 出接着力 似不可已也

•제 스스로 역량도 헤아리지 않고 망령되이 과거[692] 볼 생각을 냈으나 제반 도구들이 전혀 없는 상황이니, 걱정스러운 마음 어찌 형용할 수 있겠습니까?

不自量力 妄生觀光之計 而凡具掃如 悶何可狀

•과거 날이 이렇게 임박했지만 서수書手[693]를 아직 마련하지 못했으니 걱정됩니다.

科期此迫 書手尙未句搭 可悶

•과거에 임하느라 분주하고 바빠서 좋은 풍취가 전혀 없습니다. 어

691 오마五馬: 지방 장관의 수레를 말한다. 한漢나라 때 태수太守가 다섯 필의 말이 끄는 수레를 탔던 데에서 유래하였다.

692 과거: 원문의 '관광觀光'은 『주역周易』「관괘觀卦 육사六四」에, "나라의 빛을 보는 것이니, 임금께 손님이 되는 것이 이롭다[觀國之光 利用賓于王]"라고 한 데서 온 말로 서울에 과거 시험을 보러 가는 것을 말한다.

693 서수書手: 과거 시험장에서 글씨를 대신 써주는 사람을 이른다.

찌 하겠습니까?

臨科奔忙 苦無佳趣 奈何

•태지胎紙[694]에 말씀드린 바는 노유老儒의 과거와 관계된 일입니다. 낭패를 당하실 일이지만 서로 의논할 곳이 없어서 이에 오로지 믿고 부탁합니다. 설령 약간 제약이 있더라도 반드시 만사를 젖혀두고 힘써 도모해 주시는 것이 어떻겠습니까? 이는 영문營門에서 한 번 호령號令을 내는 사이에 달려 있는 일입니다. 간절히 바라고 바랍니다.

胎紙所告 係是老儒科事 見方狼狽 而無處相議 玆以專恃奉托 設有略干掣礙 必爲掃萬力圖之如何 此在營門一號令間 切望切望

•연이어 과거장에서 골몰하다보니 쌓인 피로가 회복되지 않습니다. 동병상련同病相憐이라 할 만하니 어떻습니까?

連汨場屋 積憊未蘇 可謂同病相憐 奈何

•비록 백지를 제출하는 일은 면했으나 인사人事를 스스로 많이 닦지 못했으니, 어찌 바람이 있을 수 있겠습니까?

雖免曳白 而人事自多未修 安能有望耶

694 태지胎紙: 편지와 함께 동봉하는 쪽지로 별지別紙와 같다.

낙방류落榜類

• 은시恩試에 또다시 낙방했으니, 사람을 몹시 낙심하게 합니다.

恩試又復不遇 殊令人落莫[695]

• 이번 과거가 또 그림의 떡이 되었으니, 파수灞水를 건너는 행색[696]을 생각하면 안타깝기 그지없습니다.

今番科事 又成畵餠 仰念渡灞行色 咄咄何已

• 전체 합격자 명단이 이미 나왔으나 또 그대의 성명이 없습니다. 과거의 명운이 한결같이 어찌 이리도 막혔는지요?

全榜已出 又無吾人姓名 科數一何蹇也

• 아드님의 낙방은 안타까운 마음 가눌 수 있겠습니까? 노유老儒의 사업이 진실로 걱정됩니다.

令胤見屈 可勝咄歎 老儒事 誠可悶然

• 아드님의 과거 행차는 별 재미를 보지 못해 한탄스럽습니다. 도로가 험난했을 터인데 바로 돌아와 편안히 모시고 지내는지요?

令胤科行 無聊可歎 道路間關 能卽安侍否

• 아드님 형제의 낙방은 몹시 애석한 일입니다. 손을 꼽으며 기쁜 소식을 기다렸는데 결국 낙심하게 되어버렸으니 운수가 이르지 않아서가 아니겠는지요? 어찌 이렇게 누차 낙방하겠습니까? 저를 탄식해 마지않

---

695 尹拯『明齋遺稿』卷26「與兪相基 辛酉九月十一日」

696 파수灞水를 건너는 행색: 관직에 진출하지 못하거나 과거에 급제하지 못한 것을 이른다. 한유韓愈의 시「현재유회縣齋有懷」에 "서책을 품고 황도를 떠나니, 눈물을 머금고 푸른 파수를 건너네[懷書出皇都, 銜淚渡淸灞]"라고 하였는데 이 시는 한유가 정원貞元 11년(795)에 박학굉사시博學宏詞試에 급제하였으나 등용되지 못하고 수도를 떠나 낙양洛陽으로 간 사실을 읊은 것이다.

게 하는군요.

令胤昆弟之落榜 深用瞻惜 屈指俟喜音 竟歸落莫 豈數之未至耶 何其屢屈也 令人歎咜不已[697]

•아무개 조카가 졸렬함을 무릅쓰고 벼슬하려던 일[698]은 끝내 낙심하게 되었다는 것을 들었습니다. 인사人事가 비록 미진해도 종족들 중에 요행한 이들이 많았는데 그만 홀로 낙방했습니다. 어찌 운수와 관련이 있어 그런 것이 아니겠습니까?

某姪 聞强拙免白 竟致落莫 人事雖未盡 諸宗多徼倖 而渠獨見屈 豈亦關數而然耶

•과거는 득과 실이 운수에 달린 것이니, 무슨 말을 하겠습니까?

科事 得失有數 謂之何哉

•양장兩場[699]에서 재미를 보지 못하고 한갓 몸만 상했습니다. 비록 승상시升庠試[700]에 뜻을 두고자 했지만 이 또한 어찌 쉽게 얻을 수 있는 일이겠습니까?

兩場無味 徒添憊損 雖欲留意於升庠 而亦何可易也

•초장初場 때 주신 먹은 회위會圍[701]에서 마시고 말았으니[702] 자못 부끄

---

697 尹拯『明齋遺稿』卷27「與再從弟天縱 丙寅八月二十五日」

698 벼슬하려던 일: 원문의 '면백免白'은 머리에 아무 관도 쓰지 못하는 신세를 면한다는 뜻으로 늙어서야 처음으로 변변치 못한 벼슬을 하게 됨을 이르는 말이다.

699 양장兩場: 과거 시험에는 초장初場、중장中場、종장終場의 3장이 있는데, 이 중 초장과 중장을 말한다.

700 승상시升庠試: 승학시升學試 또는 승보시陞補試라고도 부른다. 소과小科 초시初試에 해당하는 시험으로 성균관 대사성大司成이 사학四學의 유생들에게 매년 10회, 나중에는 1회에 걸쳐 시행하였다. 입격자에게는 생원시나 진사시에 응시할 수 있는 자격이 주어졌다.

701 회위會圍: 회시會試를 가리킨다. 과거의 1차 시험인 중앙과 지방의 초시初試에 합격한 사람이 서울에서 다시 보는 복시覆試다.

러운 일입니다.

初場惠墨 飮於會圍 殊可媿也

• 제 아우가 낙방했으니, 한탄한들 어찌하겠습니까?

家弟落榜 恨歎奈何

• 아들이 과장科場에서 재미를 보지 못한 것은 당연한 일입니다. 태어난 지 하루된 비둘기가 어찌 고개를 넘을 수 있겠습니까[703]?

兒子之科場無味 固也 一日之鳩 豈能踰嶺耶

702 마시고 말았으니: 음묵飮墨이라 하는데 옛날에 과거 시험에서 글씨가 졸렬한 자에게 먹물을 마시게 한 데에서 유래하여 과거 시험에 낙방한 것을 뜻하는 말로 쓰인다.

703 태어난 지~있겠습니까: 속담 '어린 비둘기는 재를 넘지 못한다[新鳩未越嶺]'를 인용한 것으로 아직 미숙한 것을 뜻한다.

생남류生男類

•아들을 낳은 경사[704]는 하늘의 이치로 보아 진실로 마땅한 일입니다.

弄璋之慶 天理固應爾[705]

•아들이 많은 복은 남이 따라갈 수 없고 자손이 번창하는 것은 경사 중에서도 큰 것입니다. 손 모아 축하하는 마음 가누지 못합니다.

多男之福 人不可及 子姓蕃昌 慶之大者 不勝攢賀[706]

•또 장부아들을 얻었다는 소식을 들었으니, 축하하는 마음 어찌 끝이 있겠습니까? 노부인의 산후 증세들은 또 어떻습니까?

聞又誕得丈夫子 仰賀曷已 老夫人産後諸証 亦何如

•편지를 받고 무사히 해산했고 또 아들을 얻었다는 것을 알았습니다. 몹시 위로되고 기쁩니다.

得書 知已無事解娩 又得男子 慰喜慰喜[707]

•범을 잡을 만한 씩씩한 아들을 낳았다는 소식을 들었습니다. 얼마나 장하겠습니까? 비록 상喪으로 슬픔에 잠겨있는 처지지만 저도 모르게 손뼉을 치며 일어납니다.

聞搏虎而弄璋 何其壯也 雖在悲疚之中 不覺拊掌而起也

•벌써 순산했다는 소식을 들었습니다. 이것이 정말 기쁜 소식이니,

---

704 아들을 낳는 경사: 원문의 '농장지경弄璋之慶'은 아들을 낳았을 때 쓰는 표현으로 『시경詩經』 소아小雅 「사간斯干」에 "남자를 낳으면 구슬[璋]을, 여자를 낳으면 기왓장[瓦]을 가지고 놀게 한다[乃生男子 … 載弄之璋 … 乃生女子 … 載弄之瓦]"고 하였으니, 아들을 농장弄璋, 딸을 농와弄瓦라 한다.

705 趙龜命 『東谿集』 卷10 「答金遠卿玄澤書」

706 尹拯 『明齋遺稿』 卷27 「上從兄修撰公 壬寅七月二日」

707 尹拯 『明齋遺稿』 卷28 「與子行敎 辛酉二月八日」

아들과 딸을 어찌 따지겠습니까?

聞已順産 此誠可喜 男女何足論耶

•손자를 얻는 기쁨이 있다는 소식을 받았으니, 위로되는 마음 말로 다 할 수 없었습니다.

承有抱孫之喜 慰不可言[708]

•누이가 벌써 해산했을 터인데 어떤 아이를 얻었는지 모르겠습니다. 밥과 국은 잘 먹는지요? 행여 음식을 싫어하더라도 자주 권해 주시는 것이 어떻겠습니까? 조리하는 제반 방도는 제가 말씀드리지 않아도 형께서 반드시 세밀하게 살피실 터이니 낱낱이 말씀드리지 않겠습니다.

舍妹想已分娩 未知所得如何 善喫飯羹否 雖或厭進 頻勸如何 諸般調治之道 不待弟言 而兄必周詳 不爲縷縷耳

•이번 달에 들어와서 대감을 위해 계속 초조해하며 좋은 소식을 간절히 기대했는데, 편지를 받고 바라던 아들이 아니고 딸임을 알게 되었습니다. 몹시도 서운한 마음 표현할 길을 알지 못하겠습니다.

入此月來 爲台憧憧 懸企好音 承審所望 非璋而瓦 落莫之極 不知攸諭

•노부인의 순산은 이미 축하드릴만한 일입니다. 그러나 말이 가는 곳에 소도 마땅히 따라가는 법입니다. 이미 해가 오래된 뒤에 시작된 일이니, 수삼 년이면 기린아麒麟兒를 얻는 것은 바로 다음에 일어날 일입니다. 이로써 위로하시고 조금도 걱정하지 않는 것이 어떻겠습니까?

老夫人之順産 已是可賀 而馬往牛當往 旣始之於年久之後 數三年 抱得麒麟 卽是次第事 以此慰滿 少勿愁沮 如何

708 尹拯『明齋遺稿』卷27「與庶弟拙 七日」

•잉태[709]가 유산되는 지경에 이르렀으니, 놀랍고 애석한 일입니다.

至於珠胎墮空 爲之驚惜[710]

•아들을 얻은 기쁨은 어버이 마음을 위로해드릴 수 있어 저로서는 매우 다행한 일입니다.

添丁之喜 足慰親心 私幸私幸

•아이 같은 마음이 어제와 같은데 갑자기 아비의 칭호를 듣게 되었습니다. 부끄럽고 부끄럽습니다.

童心如昨 遽聞人父之稱 媿媿

•또 아들 하나를 얻었습니다. 기쁘지 않은 것은 아니지만 산후의 증세들이 자못 가볍지 않아 걱정됩니다.

又得一男 非不爲喜 但産後諸証 頗不輕 是悶

•온 집안에서 몹시 바라던 끝에 어제 겨우 분만했습니다. 그러나 딸아이 하나를 또 얻었으니, 서운한 마음을 어찌 말로 다 하겠습니까?

擧家顒企之餘 昨纔分娩 而所得又是一瓦 落莫何言

•아무개 며느리가 어제 순산하여 아들을 얻었으니, 기특하고 다행스러운 마음 말로 다 할 수 없습니다. 우리 집안의 큰 경사가 이보다 더한 일이 있겠습니까?

某婦昨日 順産得男 奇幸不可言 吾家大慶 尙有加於此者乎

---

709 잉태: 원문의 '주태珠胎'는 원래 합중蛤中에 들어 있는 진주를 가리키는 말인데 임신妊娠의 뜻으로 쓰인다.

710 尹拯『明齋遺稿』卷17「答李子貞師吉 癸丑八月十二日」

과혼류過婚類

•아직 식형識荊의 바람[711]도 이루지 못했는데, 갑자기 혼인의 친분[712]을 맺었습니다.

未遂識荊之願 遽作瓜葛之親

•혼사는 이미 길일을 잡았으니 당신과 사돈이 되는 것[713]은 진정 바라는 바였습니다.

親事 旣已卜吉 秦晉之好 良愜願幸[714]

•혼사 날짜를 잡는데 제 뜻을 곡진히 따라주셨으니, 감사하고 다행스러운 마음 더욱 표현하기 어렵습니다.

親事涓吉 曲副我願 感幸之私 尤難名諭[715]

•막내 아드님의 관례와 혼례 기일이 머지않았으니, 아마 몹시도 즐겁고 기쁠 것입니다. 지난번 저를 오라고 하시는 말씀을 받았으니, 감히 날아가듯 찾아가 성대한 혼례를 보지 않겠습니까?

季胤 冠婚之期不遠 仰惟嘉悅益切 向蒙來汝之教 敢不翼如以瞻盛禮耶

---

711 식형識荊의 바람: 형주자사荊州刺史를 알기 바란다는 뜻으로 모든 사람들이 우러르고 사모하는 사람을 알기 바라는 것을 말한다. 『고문진보古文眞寶』「여한형주서與韓荊州書」에 당나라 원종元宗 때 사람인 한조종韓朝宗이 형주자사로 있을 때 이태백李太白이 보낸 편지에 "살아서 만호후에 봉할 것이 아니고, 다만 한번 한형주에게 알려지기를 원한다[生不用封萬戶侯 但願一識韓荊州]"고 한 말에서 유래한다.

712 혼인의 친분: 원문의 '과갈瓜葛'은 덩굴이 뻗어서 서로 얽힌 외와 칡으로 집안의 혼인으로 맺어진 관계를 뜻한다.

713 사돈이 되는 것: 원문의 '진진지호秦晉之好'는 춘추시대에 진秦과 진晉 두 나라 왕실이 대대로 혼인하여 혼인으로 맺어진 인척 관계를 뜻한다.

714 金昌協『農巖集』卷17「與海昌尉 吳公泰周 甲戌」

715 尹拯『明齋遺稿』卷14「答羅顯道 壬子正月二十二日」

•혼삿날이 벌써 임박했습니다. 제반 일들을 어떻게 조처하고 계신지요?

昏期已迫 凡百何以措辦[716]

•이틀 동안 치른 성대한 혼례는 다행히도 맑고 따뜻한 날을 만나서 편안히 치렀으니, 경사스럽고 기쁜 마음을 더욱 말로 다 할 수 없습니다.

兩日盛禮 幸値晴暖穩過 慶抃 益不可勝言

•날씨가 맑고 화창하여 혼례가 순조롭게 성사되었으니, 몹시도 기쁜 마음에 어찌 상례常禮에 넘치도록 축하하지 않을 수 있겠습니까?

日氣淸和 大禮順成 區區仰喜 安得不越禮而賀也

•편지를 받고 밤사이 격조했던 마음에 위로가 되었고, 또 길일이 임박했다는 소식에 기뻤습니다. 비록 아직 준비하지는 못했겠지만 물이 모이면 도랑이 되는 법이니, 힘이 닿지 않은 것은 빼도 괜찮습니다. 우리 집은 본래 진귀한 패물들이 없지만 신부에게 긴요한데 구하기 어려운 것들을 말씀해 주시면 아내가 말씀하신 것에 따라 구해서 빌려드리겠다고 합니다.

書慰夜阻 且喜吉迫 雖未準備 水到渠成 力不及者 闕之可也 吾家固無珠貝茝蘭之屬 而新婦所緊之難得者示之 內間隨有覓借云矣

•관례와 혼례[717] 소식을 들었습니다. 매번 소식을 들을 때마다 기쁘고 감사한 마음 함께 일어납니다.

聞加冠聞委禽 每聞喜與感幷[718]

•아무개가 별안간 관례를 치르더니, 어제 또 초례醮禮를 치렀습니다.

716 宋浚吉『同春堂先生別集』卷5「答權思誠 壬申」

717 혼례: 원문의 '위금委禽'은 혼례의 납채納采에서 기러기를 보내는 일로 전하여 혼인을 맺는 것을 말한다.

718 尹拯『明齋遺稿』卷23「與鄭洊長源 丙辰十二月二日」

두 집안의 기쁨을 말로 다 할 수 없습니다.

某也突而弁 昨又過醮 兩家欣滿不可言

•아드님[719]의 혼례 날이 가까워졌지만 먼 곳에 있는지라 곧장 가보지 못하게 되었으니 서운합니다.

阿戎婚日在近 令以在遠不卽見 爲悵也

•아드님이 관례冠禮를 올리고 손자도 품에 안아 정다운 모습이 집안에 가득할 터이니, 만년에 누리는 복이 가히 적지 않다 하겠습니다.

冠子抱孫 情境津津 晩福可謂不淺[720]

•중뢰重牢[721]의 성대한 일은 세상에 보기 드문 일입니다. 이와 함께 손자가 관례冠禮까지 올려 좋은 일들이 집안에 가득하니, 경하하는 마음을 어찌 말로 다 표현할 수 있겠습니까?

重牢盛事 世所罕有 兼以令孫冠禮 祥和滿庭 爲之瞻慶 豈容言諭[722]

•아이의 혼례는 무사히 예식을 마쳤으니, 이제부터 집안 종사宗祀는 의탁할 곳이 생겼습니다. 기쁜 마음을 어찌 가눌 수 있겠습니까?

兒婚無事成禮 從此宗祀有托 豈勝仰喜

•매씨妹氏의 혼례가 이미 지났다는 소식을 들었으니, 아마 서운한 마음이 많을 것이네. 그리고 제반 혼수는 어떻게 마련하였는가? 가난하

---

719 아드님: 원문의 '아융阿戎'은 남의 아들을 일컫는 말이다. 진晉나라 때 왕융王戎은 혼渾의 아들이다. 완적阮籍이 혼과 교제하였는데 20세나 아래인 융과도 교제하면서 혼에게 "그대와 말하는 것보다 아융阿戎과 이야기하는 것이 낫다"라고 하였다.

720 尹拯『明齋遺稿』卷16「與崔善餘 乙亥十月十九日」

721 중뢰重牢: 회혼례回婚禮를 이른다. 부부가 결혼하여 한 그릇에 음식을 먹는 것을 동뢰同牢라 하는데, 이것을 다시 행한다 하여 붙여진 이름이다.

722 尹拯『明齋遺稿』卷16「與白文玉 三月望日」

여 돕지도 못한 데다가 병들어 가서 만나지도 못해 정리情理를 저버렸으니, 참으로 마음이 아프고 한스럽네.

聞妹氏婚禮已過 想多感愴 且何以措備凡百耶 貧不能助 病未能會 情理廢矣 良可傷歎[723]

•지난번에 종손從孫이 혼례를 치르고 돌아와서 신부가 매우 아름답다는 얘기를 들었습니다. 정말 저희 집안으로서는 다행입니다.

頃者 從孫過婚禮而歸 聞新婦甚佳 實是私家之幸也[724]

•줄곧 병들어 변변치 못한 상황인데, 혼삿날이 머지않아 번잡한 일들이 걱정입니다.

一味病劣中 婚日不遠 惱擾可悶

•딸아이의 혼사가 모처某處로 정해졌습니다. 일마다 근심스럽고 고민되어 머리가 세고 말 지경입니다. 어찌합니까?

女息婚嫁 定於某處 觸事愁惱 至欲髮白乃已 奈何

•혼사를 돕는다는 약속은 지난 가을 오셨을 때 이미 너무도 명확히 말씀해 주셨지만 아직까지 약속의 이행을 아끼고 계시니 정말 답답한 심정입니다. 혼삿날이 머지않았으니 필요한 물품이 몹시 긴박합니다. 때문에 이에 다시 말씀드리니, 행여나 잊지 마시고 특별히 베풀어주시겠습니까?

助婚之約 昨秋惠臨時 旣甚丁寧 而尙靳信踐 良用慨鬱 婚日不遠 所須甚緊 故玆又仰提 儻不忘置而另施耶

•혼삿날이 이렇게 임박했는데 제반 물품이 아무것도 없으니 제대로

723 尹拯『明齋遺稿』卷27「與再從弟天縱 掄 戊午至月二十四日」

724 尹拯『明齋遺稿』卷22「答李泰壽士亨 庚寅臘月」

모양을 갖출 수 없을 듯합니다. 몹시 걱정됩니다.

婚期此迫 凡具掃如 恐無以成樣 極悶

•아이의 혼사를 무사히 치렀고 신부도 몹시 아름다우니 매우 다행입니다.

兒婚無事過行 新人亦極佳 甚幸

•어제 신부를 맞이하는 예를 치렀는데, 신부가 몹시 아름다워 바라던 것보다 훨씬 낫습니다. 이제부터 집안 종사宗祀를 의탁할 수 있으니, 어찌 기쁜 마음을 가눌 수 있겠습니까?

昨行迎婦之禮 新人甚佳 過於所望 從此宗祀有托 曷勝欣幸

•아이들이 혼사를 마치고 그럭저럭 잘 지내고 있으니, 궁색한 저로서는 다행한 일입니다.

兒輩畢婚 聊以呴呴 窮人之幸也[725]

•어제 또 해현례解見禮[726]를 올렸으니, 슬픔과 기쁨이 서로 교차합니다.

昨日 又行解見禮 愴喜交至

725 尹拯『明齋遺稿』卷17「答韓汝明聖亮 庚申上元日」

726 해현례解見禮: 신부가 혼인한 며칠 뒤에 시부모를 뵈러 가는 일 또는 그런 예식을 이르는 말이다.

혼서류婚書類

<혼서 피봉식>

上狀

某官 執事

(署) 謹封

<혼서식 1>

時維孟春
尊候多福 僕之第幾子某 年旣長成 未有伉儷 伏蒙
尊慈許以
令愛貺室 玆遵先人之禮 謹行納幣之儀 不宣 伏惟
尊照 謹狀
某年某月某日 忝親某貫後人 姓名 頓首

•이때 맹춘孟春에 존후尊候가 다복하시겠지요. 저의 몇 번째 아들 아무개는 나이가 이미 장성했지만 아직 짝이 있지 않았는데, 삼가 존자尊慈께서 따님을 내자로 주시는 것을 허락해 주셨습니다. 이에 선인先人의 예를 따라 삼가 납폐納幣의 의식을 행합니다.

예의를 갖추지 못합니다. 삼가 살펴 주십시오. 삼가 혼서婚書를 올립니다.

모년 모월 모일 첨친忝親[727] 모관某貫(관향) 후인後人 성명姓名 돈수頓首

【원주】

•'집사執事'는 '댁宅'을 쓰기도 한다.

•'맹춘孟春'은 절후節候에 따라 쓴다.

•어떤 본에는 '존자尊慈' 아래에 '불비한미不鄙寒微 곡종매의曲從媒議[한미한 집안을 비루하게 여기지 않고 매파媒婆의 의논을 곡진히 따르다]' 여덟 자를 쓴다.

•'준遵'은 '유有'를 쓰기도 한다. 중시하重侍下의 경우 조부가 혼주가 되어 '몇 번째 손[第幾孫]'이라 쓴다. 영감하永感下[728]의 경우 가장家長이 혼주가 되어 '몇 번째 아우[第幾弟]' 혹은 '몇 번째 질[第幾侄]'이라 쓴다. 문장門長이 혼주가 될 경우 '종질從姪'이라 쓰고, '종손從孫'일 경우도 이를 따른다.

•'영손애令孫愛', '영질애令姪愛' 또한 상황에 따라서 쓴다.

[執事 或以宅書之 •孟春 隨節候書之 •一本尊慈下 有不鄙寒微曲從媒議八字 •遵或作有 重侍下 則祖父爲主 書以第幾孫 永感下 則家長爲主 書以第幾弟或侄 若門長爲主 書以從姪 或從孫倣此 •令孫愛令姪愛 亦隨宜書之]

<혼서식 2>

[안부 생략]

伏承

嘉命 許以

令愛貺室于僕之第幾子某 玆有先人之禮 謹行納

幣之儀 不宣 伏惟

727 첨침忝親: 외람된 친속이란 뜻으로 사돈간 자신을 낮추어 부르는 칭호다.

728 영감하永感下: 아버지와 어머니를 모두 잃은 슬픔을 이른다. 부모가 모두 생존해 계시면 구경하具慶下, 아버지만 모시고 있을 때에는 엄시하嚴侍下, 어머니만 모시고 있을 때에는 자시하慈侍下, 부모를 모두 잃었을 때에는 영감하永感下라 칭한다.

尊照 上狀

[연월일 발신자 생략]

•[안부 생략] 삼가 아름다운 명을 받아보니, 따님을 저의 몇 번째 아들 아무개의 내자로 주시는 것을 허락하셨습니다. 이에 선인先人의 예禮가 있어 삼가 납폐納幣의 의식을 행합니다.

예를 갖추지 못합니다. 삼가 살펴 주시기를 바랍니다. 혼서婚書를 올립니다.

[연월일 발신자 생략]

【원주】

어떤 본은 이렇게도 쓰나 재취再娶와 삼취三娶에 많이 쓴다. 아마 '미유항려未有伉儷[아직 짝이 있지 않다]' 네 자는 구애되는 바가 있고, 또 '구궐중궤久闕中饋[오랫동안 중궤中饋[729]가 없다]' 등의 말을 쓰고자 하지 않기 때문일 것이다. 예를 좋아하는 집에서는 상규常規에 얽매이지 않고 달리 혼서를 쓰기도 하는데 사륙변려문四六騈儷文이나 고체古體를 본떠서 쓰기도 한다. [一本如此 多用於再娶三娶 似以未有伉儷四字 有所拘碍 又不欲用久闕中饋等語也 好禮家 不拘常規 另構婚書 或以四六 或做古體而用之]

729 중궤中饋: 집안에서 여러 가지 음식을 마련하는 부인네의 일을 말한다. 『주역周易』「가인괘家人卦)」에 "안에서 밥을 먹이면 마음이 바르고 곧게 되어 좋으리라[在中饋 貞吉]"라고 하였다.

승탁류升擢類

•멀리서 듣건대, 명철하신 성상의 하명으로 정승의 자리[730]에 오르셨다니, 공적으로나 사적으로나 경하慶賀하는 마음 형언할 수 없습니다.

逖聞明命 進位勻軸 公私攢慶 不容名諭[731]

•정승의 자리[732]에 오른 것은 진실로 사람들의 기대에 딱 맞는 자리입니다. 공을 위해 행복한 마음 어찌 가누겠습니까?

晉膺鼎席 允叶輿望 曷勝爲公之幸

•정승에 임명[733]하는 명이 내려진 뒤로 마땅히 홀笏을 들어 경하드렸겠지요.

自有爰立之命 宜申擧笏之慶

•어제 저녁 새로 벼슬에 임명하는 명이 있었다는 소식을 비로소 들었습니다. 몹시도 기쁜 나머지 거의 잠도 이루지 못했습니다.

昨夕始聞新命 悚踊之極 幾乎不寐[734]

•정승이 되어[735] 조정에 나아가시니, 진실로 옛사람이 이마에 손을

---

730 정승의 자리: 원문의 '균축勻軸'은 균勻은 균鈞으로 도자기를 만드는 물레고 축軸은 수레바퀴를 지탱하는 굴대로 나라의 중임重任을 비유하는바, 곧 정승의 자리를 가리킨다.

731 尹拯『明齋遺稿』卷10「與晩庵 十二月三日」

732 정승의 자리: 원문의 '정석鼎席'은 세발솥의 자리라는 말로 삼정승을 뜻한다.

733 정승에 임명: 원문의 '원립爰立'은 정승에 임명함을 뜻한다.『서경書經』「열명說命」에 "이에 그를 세워 정승으로 삼았다[爰立作相]"라고 한 것을 인용하였다.

734 金昌協『農巖集』卷17「與北溪李公」

735 정승이 되어: 원문의 '적석赤舃'은 삼공三公 등 대관大官이 신는 붉은 신발로 정승 벼슬을 하고 있음을 말한다.『시경詩經』「낭발狼跋」에 주周나라 성왕成王을 도와 정치를 대행한 주공周公에 대해 "붉은 신발이 점잖고 의젓하였다[赤舃几几]"라고 찬미한 것에서 온 말이다.

얹고 멀리서 공경히 바라본다는 것[736]과 부합합니다. 공사간에 기쁜 마음 어찌 끝이 있겠습니까?

赤舃造朝 允副昔人加額之望 公私喜幸 曷有其旣

•"앞길에 사람들만 경하한다고 말하지 마오. 들매화와 관아 버들도 모두 서로 환영하네"라고 한 것은 바로 합하께서 조정으로 돌아갈 때의 풍경입니다. 구구한 저의 위로되고 다행한 마음 어찌 남보다 못하겠습니까? 그러나 하당下堂의 근심[737]이 있을 뿐만이 아니라, 갑자기 먼저 맞아 문안을 드리게 되면 구설에 오를까 걱정이 되어 지금까지 주저하고 있습니다. 그립고 답답하기 그지없습니다.

休說前途人手額 野梅官柳摠相迎 卽閤下還朝時景物也 區區慰幸 豈後於人 而不但有下堂之憂 輒先迎候 恐致嘵舌 趑趄到今 慕鬱何極

•병조판서[738]에 새로 임명된 것은 공사간에 기쁘고 다행스러운 일인지라 거의 잠도 이루지 못했습니다.

西銓新命 公私喜幸 幾乎不寐

•새로운 임명이 나오지 않았으니, 선한 이들과 조정에 함께 서는 기쁨을 말로 다 할 수 없습니다.

新命不出 善類同朝之喜 不可言

---

736 옛사람이~본다는 것: 백성들이 이마에 손을 얹고 멀리서 공경히 바라보는 것이다. 『송사宋史』「사마광열전司馬光列傳」에 송宋나라 사마광司馬光이 낙양洛陽에 사는 15년 동안 예궐詣闕할 때마다 위사衛士들이 모두 손을 이마에 얹고 공경스럽게 바라보았던 고사를 인용하였다.

737 하당下堂의 근심: 원문의 '하당지우下堂之憂'는 발을 다친 것을 말한다. 『예기禮記』「제의祭義」에 증자曾子의 문인 악정자춘樂正子春이 당에서 내려오다가 발을 다친 뒤 부모님으로부터 받은 온전한 몸을 제대로 간수하지 못했다고 자책하면서 몇 달 동안이나 외출하지 않았던 고사를 인용하였다.

738 병조판서: 원문의 '서전西銓'은 서반西班의 전형銓衡을 맡은 병조兵曹의 이칭이다.

•지난번 형조刑曹로 승진하여 옮겼다는 소식을 들었으니, 기쁘고 위로되는 마음 가눌 길 없습니다.

頃聞陞遷秋曹 無任欣慰

•또 임금을 보호하는 내국內局에 들어갔다는 소식을 들었습니다. 아마 힘들고 소란한 일이 많을 터이니, 이 때문에 염려가 됩니다.

聞又入內局保護之地 想多勞擾 爲之獻念

•내국內局은 또한 노고를 면할 수 없는 자리니 염려가 됩니다.

內局又不能免賢勞 可慮

•다시 재상의 자리로 돌아와 보고 듣는 이들이 몹시 기뻐합니다. 이것이 어찌 단지 한 집안에서만 축하할 일이겠습니까?

復還宰秩 瞻聆喜動 此豈一家之稱賀而已[739]

•일전에 특별히 제수한 것은 임금의 융성한 대우와 발탁에서 나온 것입니다. 반드시 감사하고 황송한 마음 아울러 지극할 것으로 생각합니다.

日者特除 出於知簡之隆 想必感惶交切

•새로 제수하는 명이 있어 북쪽으로 돌아올 날이 가까이 있으니, 몹시도 기대하는 저의 마음 더욱 가누지 못하겠습니다.

新除有命 北還在邇 尤不勝翹企之私耳

•자품이 오르는 것은 진실로 조만간 일어날 일이었는데, 새로 임명되었다는 소식을 들었습니다. 벗으로서의 기쁜 마음[740] 어찌 가누겠습

---

739 尹拯『明齋遺稿』卷16「與成汝中 庚申八月晦日」

740 벗으로서의 기쁜 마음: 원문의 '백열柏悅'은 친구의 좋은 일을 함께 기뻐한다는 말이다. 서진西晉 육기陸機의「탄서부歎逝賦」에 "참으로 소나무가 무성하니 잣나무가 기뻐하고, 슬프다 지초가 불에 타니 혜초가 탄식하네[信松茂而柏悅 嗟

니까?

陞資 固早晩間事 而聞有新命 豈勝栢悅

•또 자품이 오르는 총애를 받았으니, 기쁘고 축하하는 마음 진실로 깊습니다.

又膺陞資之眷 喜賀實深

•백씨 대감의 초승超陞[741]은 기쁜 마음 어찌 가누겠습니까? 기로소耆老所 한 자리를 비워놓고 내년을 기다리겠습니다.

伯台超陞 其勝喜幸 虛耆司一席 以待來年

•형제분[742]께서 승진한 것은 몹시도 기쁜 일입니다.

白眉陞秩 欣喜良深

•아무개 대부께서 승진한 것은 기쁜 일이나 먼 변방에서의 벼슬살이니 몹시 염려됩니다.

某大父陞秩 可喜 遠塞宦遊 殊用貢念

•분수 아닌 총애로 발탁되어 너무나 황송하고 부끄럽습니다. 그러나 성상께서 옛일을 추념하여 넓고도 두터운 은교恩敎를 내렸으니 감사하기 그지없습니다.

非分寵擢 已極惶媿 而聖念追舊 恩敎曠摯 感祝無地

•뜻밖에 총애를 받아 발탁된 것은 제 분수를 헤아려보자면 황공한

芝焚而蕙歎]"라고 하였다.

741 초승超陞: 단계를 뛰어넘어 승진하는 것을 이른다.

742 형제분: 원문의 '백미白眉'는 여러 형제 중에 뛰어난 사람을 말한다. 『삼국지三國志 촉지蜀志』「마량전馬良傳」에 "마량馬良의 자는 계상季常인데 오형제가 모두 명성이 있었다. 마을 사람들이 이르기를 '마씨 오형제 중에 흰 눈썹이 가장 낫다'라고 하였는데, 이는 마량의 눈썹 가운데에 흰 털이 있었기 때문이다"라고 하였다.

일인지라 스스로 몸 둘 바를 모르겠습니다.

意外寵擢 揆分惶懍 靡所自容

• 일전에 새로 임명하는 명이 또 나왔으니, 쇠퇴한 가문에 있어 가득 차면 넘친다는 경계[743]를 두려워할 만합니다. 황송한 마음 어찌 말로 다 하겠습니까?

日者新命又出 於衰門 滿盈可懼 惶悚何言

• 분수에 넘치는 은자恩資는 무턱대고 오른 자품資品[744]이니, 부끄러운 일입니다.

匪分恩資 冥升可媿

• 뜻하지 않은 직책이 매번 하늘에서 떨어지는 것 같습니다.

無意之職 每隕自天

• 뜻밖의 총애로 발탁되어 황송하기만 할 뿐입니다.

意外寵擢 只覺兢惶

• 외람되게도 연치年齒가 높아진 것 때문에 갑자기 은혜를 받은 터라 황감하기 그지없습니다. 오직 살아서는 목숨을 바치고 죽어서는 결초보은結草報恩할 것을 생각할 뿐입니다.

猥因齒增 忽蒙恩數 惶感無地 惟思隕結而已

---

743 가득차면~경계: 『서경書經』 「대우모大禹謨」의 "자만하면 손해를 자초하고, 겸손하면 이익을 얻게 하니, 이것이 바로 하늘의 도다[滿招損 謙受益 時乃天道]"라고 한 것을 인용하였다.

744 무턱대고 오른 자품資品: 원문의 '명승冥升'은 능력과 덕이 없는 사람이 높은 지위에 오른 것을 비유한 말이다. 『주역周易』 「승괘升卦」에 "상육은 올라감에 어두우니, 쉬지 않는 정도貞道에 이롭다[上六 冥升 利于不息之貞]"라고 하였는데, 이에 대한 풀이는 "육六은 음陰으로 승升의 극에 거하였으니, 올라감에 어두워 나아갈 줄만 알고 멈출 줄 알지 못하는 자"라고 하였다.

•뜻밖에 받은 은명恩命은 오래될수록 더욱 황송합니다. 옥안獄案을 심리하는 것으로 오랫동안 관사에 머물고 있어 잔약한 근력이 거의 지친 상태니 어찌해야 합니까?

意外恩命 久益兢惶 以獄案審理 長在曹中 孱筋殆弊 奈何

•외람되게도 단계를 뛰어넘는 은전을 받았습니다. 영화롭고 감격한 마음 진실로 그지없지만, 스스로 제 분수를 생각해 보면 등급을 훌쩍 뛰어넘어 이런 지극한 자리에 오른 일이니, 몹시도 두려워 어찌할 바를 모르겠습니다.

猥蒙超資之恩 榮幸感激 固萬萬 而自惟私分 踰濫驟躐 至此之極 悸恐憂畏 不知所出

•관례를 벗어난 은자恩資는 어찌 꿈에라도 생각한 적이 이었겠습니까? 임명을 받고 황감하여 몸 둘 바를 모르겠습니다.

格外恩資 何曾夢想攸料 拜命惶感 無地自容

•갑자기 돈장敦匠의 임무[745]를 맡았다가 외람되이 그 노고에 보답하는 은전을 받았습니다. 감사한 저의 마음을 어찌 말로 다 하겠습니까?

猝當敦匠之任 猥蒙酬勞之恩 私心感幸 何言

•지난번 받은 은자恩資는 오히려 부승負乘[746]의 두려운 마음만 간절합니다.

向來恩資 尙切負乘之懼

---

745 돈장敦匠의 임무: 관棺을 만드는 일을 감독한다는 뜻으로 흔히 국상 때 관곽棺槨이나 산릉山陵 등의 공역을 관장하는 직임을 말한다.

746 부승負乘: '부負'는 짐을 짊어지는 것으로 소인小人이 하는 일이고, '승乘'은 수레로서 군자君子가 타는 것이다. 아랫자리에 있어야 할 소인이 윗자리에 있으면 화를 당한다는 것을 비유한 것으로 『주역周易』 「해괘解卦」에 "짐을 짊어져야 마땅할 소인이 도리어 수레를 타니 도적을 맞게 될 것이다[負且乘 致 寇至]"에서 나온 말이다.

•지난번 받은 특별한 은전은 고금에 없었던 일입니다. 살아서는 목숨을 바치고 죽어서는 결초보은結草報恩해야 하니 장차 어찌합니까?

向來特恩 曠絶今古 幽明隕結 其將如何

•은자恩資는 황감한 마음 날이 갈수록 더욱 깊어집니다. 그러나 초라한 단기필마單騎匹馬로 예전처럼 사직司直 영감을 보좌할 뿐입니다.

恩資惶感 歷日愈深 而草草單騎 依舊副司直令監而已

•우리 아이의 영화로운 명성은 그 아이에게는 분수에 맞지 않은 일이요, 저에게는 근심만 더하는 일입니다. 하나의 변변치 못한 고을이나마 얻어서 굶주림이나 면한다면 만족하겠는데, 또한 어찌 바랄 일이겠습니까?

兒子榮名 在渠爲匪分 在我爲添憂 若得一薄邑救飢則足矣 亦何望也[747]

•특별히 하사품을 내려주시는 은혜를 받았고, 우리 집 아이도 자품이 올랐습니다. 부자가 모두 분수에 넘치는 일이니, 몹시도 황송한 나머지 죄를 더한 것 같아 밤낮 마음이 편치 않습니다.

特蒙賜賚之恩 家兒又蒙陞資 父子皆踰分 惶恐之極 若添罪戾 日夜踧踖而已

•우리 아이의 당상관堂上官 품계는 비록 똑같은 상전賞典이지만 특별한 간택을 받은 것입니다. 영화롭고 감격스러운 나머지 송구한 마음 더욱 깊어 날이 갈수록 마음이 편치 않을 뿐입니다.

家兒緋玉之階 雖同賞典 便是特簡 榮感之餘 悚懼尤深 歷日不安而已

747 尹拯『明齋遺稿』卷10「與朴季肯 丁丑元月五日」

•남쪽 지방 감사로 새로 임명된 것은 공사간에 몹시도 기쁜 일입니다.
南臬新命 喜極公私

•영남지방 감사로 임명되어 곧바로 임금께 하직 인사를 올렸다는 소식을 비로소 들었습니다. 공적으로는 정중한 선발이었고, 사적으로는 융성한 총애를 받은 것이나 일을 시행한 것이 너무 급작스러운 데다가 백성들의 근심 또한 큰 시기입니다. 이 때문에 염려가 됩니다.
始聞嶺臬有命 旋已陛辭矣 以公則簡畀鄭重 以私則寵光隆摯 然行事太遽 民憂且殷 爲之仰念

• 번곤藩閫[748]에 임명되셨으니, 동쪽 백성들을 위해 복성福星[749]을 얻도록 해준 것을 하례합니다.
藩任 爲東民賀得福星

•우러러 바라보는 백성들 모두 영화로운 일입니다.
觀瞻俱榮

•아직 얻지 못했을 때는 사람들이 모두 갈구하던 곳이지만 이미 얻었을 때는 매번 괴롭고 소란한 일이 많은 곳인 터라 마음속으로 어떻게 여기실지 모르겠습니다.
其未得也 人皆渴求 其已得也 每多惱撓 未知意下以爲如何

---

748 번곤류藩閫: 감사監司·병사兵使·수사水使 등 외관직을 통틀어 일컫는 말이다.
749 복성福星: 행복을 주관하는 별로 백성을 구제할 유능한 지방관을 비유한다. 『산당사고山堂肆考』 신직臣職 「전운사轉運使」에 송宋 철종哲宗이 선우신鮮于侁을 동경 전운사東京轉運使로 삼았는데, 사마광司馬光이 말하기를 "지금 복성이 가게 되었다. 어찌하면 선우신 같은 사람 100명을 천하에 배치할 수 있을까[福星往矣 安得如侁百輩布列天下乎]"라고 하였다.

•절부節符를 반납할 날이 가까워졌는데 또 북관北關[750]으로 관직을 옮기게 되었습니다. 승진하여 발탁된 것은 축하드릴 일이나 먼 지방으로 가게 되었으니 또한 창망한 마음 가누지 못하겠습니다.

納節在邇 又移北關 陞擢雖可賀 遠出亦不勝悵惘也.

•뜻밖에 번곤藩閫을 맡은 것은 제 생각으로는 다행한 일이나 추운 날씨에 길을 나서게 되었으니 병을 더할 우려가 없지 않습니다.

意外藩任 私計雖幸 當寒作行 不無添病之慮

•뜻밖에 또 이런 새로운 임명을 받았으니, 노쇠한 나이에 중임을 맡은 터라 장차 어찌해야 할는지요?

意外又有此新命 年衰任重 將如之何

•뜻밖에 새로 제수된 관직은 늙고 병든 이가 결코 감당할 바가 아닙니다. 송구하고 걱정되는 마음 어찌 말로 다 하겠습니까?

意外新除 決非老病所堪 悚悶何言

•뜻밖에 이 관찰사의 임무[751]를 맡았으나 험하고 먼 길을 달려가는 일과 형제가 서로 헤어져 지내는 일은 정말 쇠로한 처지에 감당할 수 있는 바가 아닙니다. 저의 근심을 어찌할까요?

意外縻此關臬 而原隰之驅馳 鶺鴒之分張 實非衰境之所可堪 私悶奈何

•한 해 동안 중요한 영진을 맡아 녹봉만 축내는 죄가 쌓였지만 뜻밖에 새로 임명되어 책임이 더욱 막중한 터라 단지 황공하여 몸 둘 바를 모르겠습니다.

經年重鎭 罪積尸素 而意外新命 責任尤重 只自惶隕靡措

---

750 북관北關: 함경도 지방을 이른다.

751 관찰사의 임무: 원문의 '관얼關臬'은 관아를 가리키는 말로 주로 절도사節度使와 관찰사觀察使를 가리킨다.

•제 아우가 번방에 제수되어 헤어져 지내는 회포도 정말 이미 견디기 어려운데, 하물며 변변치 못한 지방의 범사는 근심은 많고 기쁨은 적은 법이니 어찌할는지요?

家弟藩除 分離之懷 固已難聊 而況其敗局凡事 多憂少喜 奈何

읍진류邑鎭類

1권의 제류第類 1, 조안류粗安類 7과 함께 보라[與一卷第類一粗安類七通看].

•지방관[752]으로서 시험은 임금께서 특별히 선발한 것입니다. 우러러 축하하는 마음 어찌 가누겠습니까?

製錦之試 特出聖簡 豈勝仰賀

•경서를 탐구하고 학문을 하여 이제야 백리百里 고을을 다스리게 되었습니다. 소 잡는 칼로 닭을 잡는 격이니, 아마 반드시 업무를 능숙하게 처리[753]할 것입니다.

窮經爲學 今得施諸百里 牛刀雞割 想必恢恢也

•지방 수령으로 나가 기쁘게도 어머니를 위해 임명장을 받는[754] 소원을 이루었다는 소식을 멀리서 들었습니다. 그러나 송별할 길이 없으니 단지 서운한 마음으로 멀리서 바라볼 뿐입니다.

---

752 지방관: 원문의 '제금製錦'은 비단옷을 만든다는 뜻인데, 지방관으로서 고을을 다스린다는 의미로 쓰인다. 『춘추좌씨전春秋左氏傳』「양공襄公」 삼십일년三十一年 기사에 "그대에게 아름다운 비단이 있으면 초보자에게 옷을 만들도록 하지는 않을 것이다. 큰 관직이나 큰 고을은 백성의 몸을 감싸 주는 것인데 초보자에게 다스리게 한단 말인가. 그 비중으로 말하면 아름다운 비단보다도 더하지 않겠는가[子有美錦, 不使人學製焉. 大官大邑, 身之所庇也, 而使學者製焉, 其為美錦, 不亦多乎]"라고 하였다.

753 능숙하게 처리: 원문의 '회회恢恢'는 드넓은 모양으로 『장자莊子』「양생주養生主」에 포정庖丁이 문혜군文惠君을 위해 소를 잡는데, 소 잡는 솜씨가 매우 뛰어나 문혜군을 감탄하게 하였다. 포정이 소 잡는 도道를 말하며 "두께가 없는 칼을 두께가 있는 틈새에 넣으니, 널찍하여 칼날을 움직이는 데에 있어 반드시 여유가 있습니다[恢恢乎其於遊刃必有餘地矣]"라고 하였다. 전하여 포정의 해우解牛라고 하여 정사를 다스림에 업무가 많아도 잘 처리함을 뜻하는 말로 쓰인다.

754 임명장을 받는: 원문의 '봉격捧檄'은 관직 임명장을 받는다는 말이다. 『후한서後漢書』 卷39 「유조순우강유주열전서劉趙淳于江劉周列傳序」에 효심이 깊었던 동한東漢의 모의毛義가 현령縣令 임명장을 받들고는 모친을 봉양할 수 있다고 하여 무척이나 기뻐했던 고사에서 유래한 것으로 어머님을 위해 벼슬하는 것을 말한다.

遠聞出宰 喜遂捧檄之願 無計送別 祇自瞻望悵然[755]

•고을살이가 비록 박봉이지만 한양 어귀에서 객지 벼슬살이의 고충은 면할 수 있습니다. 이 때문에 위안이 됩니다.

邑雖薄 可免京口旅宦之苦 爲之慰幸[756]

•아무개 지방에 도착하여 비로소 형이 지방 수령으로 나갔다는 소식을 들었습니다. 궁벽한 바닷가의 후미진 고을에 있어서 당초 정안政眼[757]을 보지 못해 축하 편지도 드리지 못했습니다. 한탄스러운 마음 말로 다 할 수 있겠습니까?

到某地 始聞兄出宰消息 窮海僻邑 初不見政眼 尙闕賀書 悵歎可言

•오늘 이미 사은숙배謝恩肅拜[758]했다는 소식을 들었으니, 임금께 하직 인사도 곧바로 올리시겠지요? 비록 한양에 있을 때도 자주 어울리지 못했는데, 또 이렇게 멀리 영남지방으로 보내게 되었습니다. 이 늙은이의 마음 몹시도 울적해 좋지 않습니다.

今日聞已肅謝 陛辭亦當在卽否 雖在京之日 無以頻數從游 又此遠送嶺外 老懷故悒悒不佳

•부모님 봉양을 위해 고을의 수령이 되는 것은 부모님의 장수를 바라는 효성[759]에 어찌 그만둘 수 있는 일이겠습니까?

---

755 金昌協『農巖集』卷13「答李同甫」

756 尹拯『明齋遺稿』卷27「與再從弟天縱 丁丑八月晦日」

757 정안政眼: 정목政目과 같다. 현직 관원의 임명과 해임 등을 기록한 문서로 해당 건이 있는 날에 조보朝報 형식으로 기록하여 이조와 병조에 비치해 두고 참고하게 하였다.

758 사은숙배謝恩肅拜: 처음으로 관원에 임명된 사람이 궁중에서 왕에게 숙배肅拜하고 왕은王恩에 치사致謝하는 일을 이른다.

759 부모님의 장수를 바라는 효성: 원문의 '애일지성愛日之誠'은 시간이 흘러 부모가 늙어가는 것을 안타까워하며 더 정성껏 봉양하려고 노력하는 효성을 말한다.『양자법언揚子法言』「효지孝至」에 "오래도록 할 수 없는 것은 어버이를 섬기는 일이

捧櫬之行 其於愛日之誠 烏可已乎[760]

•임금께 하직인사를 올리는 날은 언제로 정하셨는지요?

陛辭之期 定在何間耶

•만일 며칠 조금 늦게 출발하신다면 찾아가 직접 뵙고 작별할 생각입니다. 그러나 만일 빨리 출발하신다면 아마 손을 잡고 작별하기 어려울 듯하니 저의 서운한 마음 어떠하겠습니까? 부디 발행하시는 날을 알려주시길 바랍니다.

如可少遲數三日 計欲委造面別 而苟其遄發 則恐難摻別 瞻悵當如何 幸示發行期也

•현縣이 수많은 산들 가운데 있고, 앞 들이 소반처럼 둥글고 평평한 데다가 맑은 물 하얀 모래가 속담에 이른바 떨어진 밥알도 주울 수 있다는 곳입니다. 전생에 인연이 있는 사람이 아니면 얻을 수 없는 곳입니다.

縣在萬山中 前野圓平如盤 水淸沙白 諺所謂滴飯可拾 非有上淸夙緣者 不可得也

•이 시기 이 부임은 아마 평소 뜻에 맞지 않는 듯하니, 이 때문에 염려되는 마음 적지 않습니다. 언제 사은숙배謝恩肅拜하시는지요?

此時此任 想不愜於雅意 用是仰慮不淺 何時當肅謝耶

•영남지방은 공무가 번잡한 곳이라고 평소 일컫습니다. 비록 백성들을 다스리는 데 지장이 있을 듯하나 간결한 다스림으로 번잡한 공무를 처리하는 것에 달려있을 뿐입니다. 영감의 재능으로 무슨 걱정이 있겠습니까?

므로 효자는 날을 아낀다[不可得而久者 事親之謂也 孝子愛日]"라고 하였다.

760 尹拯『明齋遺稿』卷14「答羅顯道 十月二十五日」

嶺南素稱繁劇 雖似有妨於將理 惟在簡以制煩 以令才猷 何憂之有

•본 고을은 공문서의 번다함이 팔도에 으뜸입니다. 영감의 솜씨로 반드시 여유롭게 업무를 처리하시리라 생각되지만, 결국 신심身心을 가다듬고 수양할 곳은 아니니 염려되기 그지없습니다.

本州簿牒之浩繁 甲於八路 以令手段 想必遊刃恢恢 而終非頤養之地 仰念無已

•산과 시내, 소나무와 계수나무가 모두 한가롭게 지내기에 딱 맞는 곳입니다. 분주한 경기지방과 비교하자면 신선과 범인의 차이일 뿐만이 아닙니다. 더욱 축하합니다.

山水松桂 俱叶養閒 比諸畿甸奔走 不翅仙凡 尤賀

•한양에 가까운 곳인 데다가 지방관으로서 부모님을 봉양할 수 있는 곳이니, 아마 당신의 사적인 계책에 딱 맞는 곳일 것입니다. 축하하는 마음 어찌 가눌 수 있겠습니까?

近京之地 專城之養 想叶私計 曷勝奉賀

•큰 고을은 사무가 번잡하여 매번 영감을 위해 염려가 되지만 제가 묘시卯時부터 유시酉時까지[761] 공무로 분주히 지내는 곳보다 어찌 맑고 한가한 지역이 아니겠습니까? 다만 남쪽지방은 풍토가 매우 좋지 않아서 봄과 여름 사이 더욱 두려워할 만한 곳입니다. 모쪼록 더욱 유의하셔서 그리워하는 저의 마음에 부응해 주시는 것이 어떻겠습니까?

大府事繁 每爲令奉念 而視弟卯酉奔走 豈不是淸閒境界耶 但南中風土 殊不佳 春夏尤可畏 必須加意 副此馳情 如何

761 묘시卯時부터 유시酉時까지: 관청에 출근하여 직무에 종사하는 것을 말한다. 옛날에 관리들은 묘시卯時(오전 5~7시)에 출사하여 유시酉時(오후 5~7시)에 퇴근하였다.

•항상 한번 남쪽 지방관으로 내려오실 것이라고 여겼는데, 아득히 멀리 서쪽으로 가셨습니다. 서운한 마음 어찌 가누겠습니까?

常謂一麾南來 而乃西去邈然 豈勝悵仰[762]

•영감과 관문 밖에서 교대하게 되었으니, 어찌 좋은 인연이라 하지 않겠습니까?

與令交承於關外 豈不謂之好緣業耶

•매번 생각건대, 영감께서는 무슨 복과 인연이 있어서 번번이 이름난 지역의 주인이 되시는지요? 신선과 범인은 길이 다른 모양이니, 당신을 향해 부러워하지 않은 적이 없습니다.

每想令以何福緣 動作名區主人 仙凡路殊 未嘗不向風馳豔

•같은 도道에 수령으로 나온 것은 진실로 쉽게 얻을 수 있는 일이 아닙니다. 게다가 서로 거리도 멀지 않은 곳임에야 어떻겠습니까?

出宰同道 實非易得 况相距不蒼莽間耶

•요즘 해를 입지 않은 고을이 없는데 당신의 치하는 예전에 비해 과연 어떤지 모르겠습니다. 응당 당신의 능숙한 솜씨로 걱정할 일은 없겠지만 아마 심란한 단초가 없지는 않을 터이니 몹시 염려됩니다.

近來 無邑不受病 未知貴治比前果如何 固應恢刃無可憂 而想不無撓心之端 奉念奉念

•당신이 맡은 고을은 일찍이 제가 역임했던 곳이니, 겉으로 보기에는 풍요롭지 않은 곳이나 실제로는 진실로 재미가 있는 곳입니다. 그사이 또 벌써 10여 년이 지났는데, 과연 예전에 비해 어떤지 모르겠습니다.

貴邑曾所歷過 外面雖不豐饒 實地儘有滋味矣 其間亦已十餘年 果未

762 尹拯『明齋遺稿』卷23「答金天與性伯 癸未九月十二日」

知比前何如也

•당신이 맡은 부府는 근래 피폐한 지역이 되었으니, 새로 부임하여 신경 쓸 일은 없는지요?

貴府近成弊局 新莅 能無關心者否

•이미 체직되었다가 곧바로 연임하게 되었으니, 공적으로나 사적으로나 모두 다행입니다.

旣遞旋仍 公私兩幸

•승차되자마자 곧바로 연임하게 되었으니, 집사執事에게는 반드시 잘된 계책이라 할 수는 없겠지만 남쪽지방 백성을 위해서는 매우 축하할 일입니다.

纔陞旋仍 在執事未必爲得計 而爲南民深可賀也

•지난번 갑자기 체직되었으니, 아마 한바탕 소요를 면치 못했을 것입니다.

向來乍遞 想未免一場騷擾

•이미 임기가 찼다가 다시 그대로 연임하게 되었는데, 다시 진사賑政[763]를 펼쳐야 할 때를 만났으니, 아마 더욱 고민하고 괴로워하실 것입니다.

旣瓜還仍 復當賑政 想益悶惱

•이름난 군郡으로 승진하여 옮긴 것은 공적으로나 사적으로 몹시 기쁜 일입니다.

名郡陞遷 喜極公私

763 진정賑政: 백성들을 구제하는 진휼賑恤에 관한 정사를 가리킨다.

•이번에 승진하여 임지를 옮긴 일은 또한 뜻밖에 나온 일입니다. 부서簿書를 정리하는 온갖 공무에 어렵고 힘든 근심은 면했는지요?

今番陞移 亦出意外 簿書凡百 能免艱窘之患否

•승진하여 임지를 옮긴 것은 특별한 일은 아닙니다. 장차 금강산 일만이천 봉우리를 구경하고 해선정海仙亭에 누워계실 터이니, 참으로 평지의 신선입니다. 형께서는 어떻게 생각하시는지요?

陞移非奇事 將觀萬二千峯 高臥海仙亭 眞是平地神仙 兄意如何

•남쪽 지방관으로 승진하여 이직하시니 축하드릴 수 있을 듯합니다. 그러나 관문 밖에서 바라보며 의지하던 차에 갑자기 쓸쓸한 처지가 되고 말았으니, 서운하고 슬픈 제 마음 어찌 형용할 수 있겠습니까?

移陞南牧 若可以貢賀 而關外瞻依之餘 遽爾落莫 下懷悵悒 何可盡諭

•아무개 군郡으로 승진하여 옮기시니, 개천에서 용 났다고 이를 만합니다. 저를 이웃 고을로 보내 형들과 끊임없이 만나는 상황이 되도록 하는 것 또한 힘 있는 사람이 빼앗아 갔다고 이를 만하니, 다시 한바탕 껄껄 웃습니다.

某郡陞遷 可謂小川成龍 送我芳隣 俾作兄輩源源之地 亦可謂有力者所奪去 還用呵呵

•창졸간에 공문서 처리를 맡게 되어 바쁘고 소란할 것임을 상상할 수 있습니다. 행장을 꾸리는 제반 일들은 또 어떻습니까?

倉卒治薄 忙撓可想 俶裝諸節 亦復何如

•동쪽 군郡의 수장은 낙점받고 싶지 않았는데, 한탄스럽기 그지없습니다. 호남 고을의 공무도 임기가 아직 조금 남아 있는데, 바닷가와의 인연이 조금 박복해서 그런 것이 아니겠습니까?

東郡之首 擬未蒙點 不勝歎咄 無乃湖縣朱墨 瓜日尙淺 海上緣業 稍薄

而然耶

•임지를 옮긴 것은 그 득得과 실失이 어떻습니까?

移遷 得失何居

•백씨 영감께서 다스리는 보성寶城[764]과는 대개 멀지 않은 지역이니, 이웃으로 의지하게 되어 다행입니다. 몹시 축하드립니다.

伯令之領寶 蓋地不相遠 隣依爲幸 殊可賀也

•백씨 영감 형께서 오랫동안 협주峽州에 체류하고 있으니, 아마 괴로운 일이 없지는 않을 것입니다. 몹시 염려됩니다.

伯氏令兄 久滯峽州 想不無苦況 殊可奉念

•맏아드님이 부모님 봉양을 위해 지방 수령이 된 것도 이미 기쁜 일인데, 둘째 아드님이 양장兩場[765]에 합격까지 했으니 또한 가상하고 기쁜 영화입니다. 이것이 무슨 복이랍니까? 늘그막에 기뻐하는 모습을 상상할 수 있으니, 손 모아 축하하는 마음 가누지 못합니다.

伯胤一麾 已喜專城之養 仲胤兩場 又供嘉悅之榮 此何等福力 竊想暮境爲歡 不任攢賀之至

•계씨께서 새로 제수된 곳은 읍邑의 상황이 비록 변변치 못하지만 편하고 가까운 곳이니 기뻐할 만한 일입니다.

季氏新除 邑况雖薄 便近 可喜

•부모님을 봉양하려 지방관으로 나온 것도 이미 크나큰 다행이니, 어찌 읍邑의 좋고 나쁨을 따지겠습니까? 그러나 노정이 몹시 멀고 풍토

---

764 보성寶城: 지명 보성寶城을 가리키는 듯하나 명확하지 않다.

765 양장兩場: 과거 시험에는 초장初場·중장中場·종장終場의 3장이 있는데 이 중 초장과 중장을 말한다.

가 좋지 않아 걱정이 됩니다.

侍下奉檄 已是萬幸 何論邑之厚薄耶 但程道甚遠 風土不佳 是爲可悶

•뜻밖에 지방 수령이 되어 숙수菽水의 봉양[766]이라도 할 수 있으니, 저로서는 몹시도 다행한 일입니다.

意外一麾 可供菽水之養 私計甚幸

•뜻밖에 맡은 외직은 저로서는 다행한 일이지만 더운 날씨에 길을 나서게 되었으니, 미리 걱정되는 마음 어찌할까요?

意外外除 私計雖幸 當暑作行 預爲關心 奈何

•임지를 옮긴다는 소식을 들으니, 물이 맑고 길이 가까워 다 편하고 좋은 곳입니다. 그러나 당신의 보살핌 아래 있다가 갑자기 헤어지게 되었으니, 저로서는 몹시도 서운할 뿐입니다.

自聞移除之報 水淸途近 非不便好 而依庇之下 遽有分張 此殊悵惘耳

---

766 숙수菽水의 봉양: 콩죽과 맹물이라는 뜻으로 가난하지만 효자가 어버이를 극진하게 봉양하는 것을 비유하는 말이다. 『예기禮記』「단궁하檀弓下」에 자로子路가 집안이 빈궁해서 효도를 제대로 행하지 못한다고 탄식하자, 공자가 "콩죽을 끓여 먹고 맹물을 마시더라도 기쁘게 해 드리는 일을 극진히 행한다면, 그것이 바로 효다[啜菽飮水盡其歡 斯之謂孝]"라고 위로했던 고사에서 나왔다.

•새로 벼슬이 제수되었다는 말을 들었습니다. 벗으로서 기쁜 마음 한량 있겠습니까? “출처出處는 기포飢飽와 같다[767]”라는 말이 옛사람의 좋은 비유니, 몹시 염려될 뿐입니다.

聞有新除 栢悅何量 出處如飢飽云者 古人善喩也 第用馳念[768]

•새로 벼슬에 임명된 일은 공사간에 몹시 기쁜 일입니다.

新命 喜極公私

•늘그막의 처음 벼슬 임명이 어찌 축하할 일이겠습니까? 그러나 벗으로서 기뻐하는 마음 또한 어찌 끝이 있겠습니까?

垂老一命 豈足爲賀 而栢悅之情 亦何能已已[769]

•듣자 하니 그대가 가학을 실추시키지 않았다는 명목으로 명경들에게서 천거를 받았다고 하는데, 힘써 공부하고 이름을 드날려서 집안의 연원에 욕됨이 없어야 할 것이네. 이는 친척이나 친구로 있는 사람들에게도 다 함께 광영이니, 나에게 기뻐서 잠도 못 이루게 하였네.

聞君被薦名卿 而以不墜家學爲目 力學揚名 無忝淵源 凡在交親 亦與

767 출처出處~같다: 주희朱熹의 『이락연원록伊洛淵源録』 권13 「호문정공胡文定公」과 『송사宋史』 권435 「유림열전儒林列傳」에 나오는 말로 주진朱震이 소명을 받고 출처의 마땅함에 대해 묻자, 호안국胡安國이 말하기를 “사람의 거취와 말을 할 것인지 잠자코 있을 것인지에 대한 것은, 마치 사람이 음식을 먹을 때 굶주리고 배부른 것과 차고 따뜻한 것을 반드시 자신만이 짐작할 수 있어서 남에게 결정 받을 수도 없으며, 또 남이 결정해 줄 수도 없는 것과 같다. 나는 평생 동안 출처에 대한 것을 모두 내 마음으로 결단하였다[去就語默之幾 如人飮食其饑飽寒温 必自斟酌 不可決諸人 亦非人所能决也 吾平生出處 皆內斷於心]”라고 하였다.

768 尹拯 『明齋遺稿』 卷20 「與羅碩佐仲輔 丁丑三月八日」

769 尹拯 『明齋遺稿』 卷18 「與趙雲瑞東龍 壬辰三月三日」

有光焉 令人喜而不寐[770]

•새로 벼슬에 제수되었다는 소식을 듣고 몹시 축하드리고 싶었으나 병의 증상이 날로 더욱 심해져 스스로 떨치고 일어날 수가 없었던 터라 결행하지 못했습니다.

得聞新除 極欲修賀 而病狀日益困劣 不能自振 未果[771]

•새로 벼슬에 제수된 것은 차례에 따라 이루어진 일일 뿐인데, 구구한 저의 기쁘고 다행스러운 마음 또한 스스로 주체할 수 없습니다. 사람의 정리란 진실로 이런 것인지요?

新除 特次第事 而區區抃幸 亦不能自已 人情固如是耶

•이런 은혜와 영광이 있으시니, 구구한 저의 손 모아 축하하는 마음 글로 다 표현할 수 없습니다.

有此恩榮 區區攢賀 不能以筆舌盡喩[772]

•아드님의 관직 임명은 벌써 들었던 소식이지만 정안政眼[773]을 보게 되니 몹시도 기쁩니다. 곧장 찾아뵙고 축하를 드리고 싶었으나 사환이 없어 그렇게 하지 못했습니다.

賢胤得職 雖已聞之 及見政眼 深切喜幸 卽欲進賀 而無使喚 未果矣

•아드님의 관직 임명은 위로되고 경사스럽기 그지없습니다. 부자가 모두 벼슬길에 들었으니, 만년의 복이라고 이를 만합니다.

令胤得官 慰慶難量 父子俱入仕路 可謂晩景之福

---

770 尹拯『明齋遺稿』卷16「與成汝中 庚申八月晦日」

771 南九萬『藥泉集』卷33「答姜亨叔 辛卯正月一日」

772 尹拯『明齋遺稿』卷22「與金載海叔涵 癸巳四月六日」

773 정안政眼: 관원들의 임명과 해임 등을 기록한 문서, 즉 정목政目을 말한다.

•뜻밖의 처음 벼슬 임명은 가난을 면하기 위한 벼슬로는 해될 것이 없지만, 평소 스스로 했던 기약을 돌아보면 정말 몹시도 부끄럽습니다. 어찌하겠습니까?

意外一命 不害爲爲貧之仕 而若顧平昔自期 實多赧顔 奈何

•부모님을 모시고 있는 가운데 처음 벼슬에 임명되어 부모님 마음을 기쁘게 해드릴 수 있습니다. 모두가 나라의 은혜니, 감사하고 다행스러운 마음 어찌 말로 다 하겠습니까?

侍下一命 得以悅親 莫非國恩 感幸何言

•만년의 처음 벼슬이 어찌 축하할 일이겠습니까? 이제부터 장차 노쇠한[774] 음관蔭官이 될 터이니 스스로 한탄할 만합니다.

晩來初仕 何足爲賀 從此將爲蔭路潦倒之人 是可自歎

---

774 노쇠한 사람: 원문의 '요도潦倒'는 노쇠함을 뜻하는 말이다. 두보杜甫의 시 「기부서회夔府書懷」에 "내 몰골 진실로 노쇠하니, 은덕을 갚음을 감당치 못하노라[形容眞潦倒 答效莫支持]"라고 하였다.

복직류復職類

•지난번 견복甄復[775]은 벗으로서의 기쁜 마음을 어찌 가눌 수 있겠습니까?

向來甄復 豈勝栢悅

•춘궁春宮의 관원에 임명되는 각별한 은혜를 받으셨으니, 이는 정말 보기 드문 대단한 일입니다. 기쁘고 감격스러운 마음 어찌 저의 사사로운 정리 때문만이겠습니까?

春宮異數 此實稀覯之盛事也 其爲欣踊感誦 豈但爲私而已[776]

•그대 종씨가 춘방春坊[777]에 복직되었으니, 그래도 한때 마음이 후련해지는 일은 될 수 있겠지요.

令從氏桂坊牽復 猶可爲一時疏暢之資耶

•뜻밖의 복직은 다행스럽지 않은 것은 아니지만 오랫동안 한가하게 지내던 차에 날마다 바쁘게 보내게 되었습니다. 딱하고 가련한 저의 처지를 어찌하겠습니까?

意外甄復 非不爲幸 久閒之餘 逐日奔忙 悶憐奈何

•비록 복직이라고는 하지만 연자방아를 끄는 나귀가 같은 자리를 맴도는 것과 같을 뿐입니다. 어찌 말씀드릴 만한 일이겠습니까?

雖云復職 只是磨驢之踏舊迹 何足道哉

775 견복甄復: 퇴임자 중에서 적임자를 골라 관직에 복직시키는 것을 말한다.
776 尹拯『明齋遺稿』卷22「與金載海叔涵 癸巳四月六日」
777 춘방春坊: 사자익위사世子翊衛司의 별칭이다.

•언제 관찰사[778] 행차를 출발하시는지요?

何日當啓旌節[779]

•언제 임금께 하직 인사를 올리는지요? 하룻밤 정담을 나누고 싶습니다. 생각해 보고 말씀해 주시길 바랍니다.

何當辭陛 欲做一夜穩 量示之也

•오늘 관찰사 행차는 이미 도성 문을 나갔을 것입니다. 저는 요즘 본래 앓던 병에다 또 감기까지 더쳐서 누워 있었던 터라 이미 댁에 계실 때 답례를 하지 못하였고, 성문 밖 이별도 더욱 힘을 내기 어려운 터라 당신의 행차를 바라보며 단지 강수江樹의 탄식[780]만 할 뿐입니다.

今日旌節 已出都門矣 弟近來本病 又添感氣 委頓 旣未回敬於在第之時 郭外攀別 尤難自力 瞻翹行塵 只有江樹之歎

•새로 명이 내려지자마자 부임 행차를 서둘러 나서는데, 신병으로 찾아가 작별하지 못한 터라 서운한 마음뿐입니다.

新命纔下 旌棨遄啓 病未造別 第用悵惘

•대장군 큰 깃발[781]을 들고 외직으로 나가 큰 고을을 다스리시니, 영

778 관찰사: 원문의 '선절旌節'은 임금의 명을 받아 지방을 다스리기 위해 나가는 관찰사가 임금으로부터 받는 신표다.

779 金昌協『農巖集』卷17「與李伯祥 乙亥」

780 강수江樹의 탄식: 상대를 전송하지 못했다는 뜻이다. 당唐나라 송지문宋之問의 「별두심언別杜審言]에 "병들어 누워 인사도 못하는데, 아 그대 만 리 길 떠나는가. 하수 다리에서 전송도 못하다니, 강가 나무에 멀리 정이 어렸네[臥病人事絶 嗟君萬里行 河橋不相送 江樹遠含情]"라고 하였다.

781 대장군 큰 깃발: 원문의 '고아대독高牙大纛'은 모두 군영軍營에서 쓰이는 대장군의 깃발로 보통 관찰사의 의장儀仗을 가리킨다.

감께 있어서는 본래 뜻대로 된 행차이지만 저에게 있어서는 실로 혼자 외로이 탄식하는 처지가 되었습니다. 어찌하겠습니까?

高牙大纛 出按雄藩 於令自是得意之行 而於弟則實有踽踽之歎 奈何

•이미 임금께 하직인사를 올리고 부임 행차가 가까운 곳에 와서 머문다는 소식을 들었습니다. 그러나 신병으로 나가 작별하지 못한 채 행차만 바라보고 있으니, 서운한 마음만 간절할 뿐입니다.

聞已辭階 節旄來住近地 而病不得就別 瞻望行塵 只切悵悒而已

•나머지 드릴 말씀은, 조심해서 부임하여 그리운 저의 마음을 위로해 주시길 바랍니다.

餘祝愼驅以慰瞻懸

•단지 영감의 여유로운 관직 생활[782]이 더욱 보중하시기를 바랄 뿐입니다.

只幾令緩帶加護

•영감께서 임지에 부임하여 신명의 가호가 있기를 삼가 바랍니다.

伏惟令到界神相

•부임하시는 길에 제반 안부는 별 탈이 없었는지요.

在塗凡節 不瑕有損

•다만 갑자기 부임 행차를 나선 터라 반드시 노고가 많을 것으로 생각됩니다.

782 느긋한 관직 생활이: 원문의 '완대緩帶'는 경구완대輕裘緩帶의 줄임말로 전진戰陣 속에서 치밀하게 작전에 대처하면서도 한가롭고 여유로운 모습을 보여 주는 장수의 풍도風度를 표현한 것이다. 『진서晉書』 권34 「양호열전羊祜列傳」에 진晉나라의 명장 양호羊祜가 군중軍中에서 갑옷도 입지 않은 채 경구완대輕裘緩帶의 차림으로 지냈다는 고사에서 유래하였다.

第念啓行卒遽 必多勞攘

·오늘과 내일 사이 아마 고개를 넘을 터인데, 감영에 언제 도착하는지요? 가는 도중 기체는 여독으로 손상이 있지나 않았는지요?

今明似當踰嶺 上營定在何日 行中體氣 不以撼頓而有損否

·감영에 부임하여 과연 자사刺史의 풍미가 있을 터인데, 아직 달리 복잡한 업무는 없는지요?

上營果有刺史風味 姑無他纏繞否

·도성을 나가시던 날 마침 신병이 있어 길가에 달려가 행차를 전송하지 못했습니다. 목을 빼고 서글피 바라봄에 그리운 제 마음 가누지 못하겠습니다.

出都之日 適有賤疾 未克奔走道周 瞻送行塵 引領悵望 殆不勝下懷也[783]

·좌우께서 순행하는 길에 도내의 빼어난 풍경을 두루 돌아보아 진실로 장관을 구경하고 싶은 마음에 흡족했을 것입니다. 공무를 보시는 여가에 아마 해낭奚囊[784]이 반드시 넉넉히 찼을 것입니다.

左右巡路之 歷遍道內形勝 儘愜壯觀之願 朱墨之暇 竊想奚囊必富

·지금 어느 곳에 도착했는지요? 외직으로 가는 노정[785]이 또한 힘들

783 金昌協『農巖集』卷20「上尤齋先生 辛酉」

784 해낭奚囊: 시를 적은 종이를 담는 주머니를 이른다.『당문수唐文粹』卷99「이하소전李賀小傳」에 당唐나라 이하李賀가 외출할 때 늘 '아이 종[奚童]에게 오래 묵은 비단 주머니[囊]를 지고 따라다니게 하고는 시구가 생각날 때마다 즉시 써서 주머니에 넣었다'는 고사에서 유래하였다.

785 외직으로 가는 노정: 원문의 '원습原隰'은 원래는 사신의 임무를 수행하는 어려움을 말하는데, 여기서는 외직으로 나가는 길을 의미하는 말로 쓰였다.『시경詩經』「황황자화皇皇者華」에 "찬란하게 핀 꽃들, 저 언덕과 습지에 있도다. 무리지어 질주하는 사신 일행이여, 해내지 못할까 걱정이 태산 같네[皇皇者華 于彼原隰 駪駪征夫 每懷靡乃]"라고 하였다.

다고 할 만합니다.

方到何地 原隰之役 亦云勞矣

•헤아려 보면 지금 행차가 아마 영문營門으로 돌아갔을 것입니다.

計今節蓋 幾返營矣

•순행 길은 이미 돌아왔을 터인데, 풍경을 구경하는 길에 좋은 작품들이 반드시 비단 주머니 속에 가득할 것입니다. 만나서 회포를 풀 길이 없으니 마음만 달려갈 뿐입니다.

巡路果已撤還 而觀風一路 佳作必滿於錦囊中 無由對展 只覺神往

•외직으로 달려가신 노고와 공무를 보시는 번잡함이 봄 순행 길에 비해 어떠한지요?

原隰驅馳之勞 朱墨酬應之繁 比春巡如何

•임금께 하직인사를 올리는 날 이미 뵙고 작별하지 못했습니다.

辭陛之日 旣違拜辭

•행차가 떠난 이후 전혀 소식을 받지 못했습니다.

行旆離發以後 絶未承信

•남쪽 부임 행차를 즉시 출발하여 찾아가 작별할 겨를이 없었습니다.

南麾卽發 未暇進別

•조정에 하직인사를 하던 날 교외에 칩거하고 있었던 터라 손잡고 작별하지 못해 지금까지도 그립고 슬픕니다.

辭朝之日 屛蟄郊外 有失拚別 迄今耿悵

•떠날 때 뵙지 못하여 지금까지도 서운합니다.

去時失奉 至今茹悵

•지난번 공무로 인해 찾아가 뵙고 작별하지 못했으니, 그립고 울적한 마음 진정할 수가 없습니다.

向値公故 不得就別 瞻望依黯 無以爲情

•오마五馬[786]가 서쪽 행차를 나서던 날 상중喪中으로 칩거하고 있던 처지라 손잡고 작별할 길이 없었으니, 지금까지도 한스럽습니다.

五馬西爲之日 罪蟄之蹤 無緣摻別 迨用耿然

•서쪽으로 출발하시던 날 다시 뵙고 작별하지 못하여 지금까지도 서운하고 그립습니다.

西出之日 未獲更拜敍別 悵仰至今

•강호에 묻혀 지내고 있던 터라 행차를 전송하지 못했습니다. 귀하신 분은 잘 잊는 법이라 또한 한 글자 문안 편지도 없으니, 저의 마음만 몹시 울적할 뿐입니다.

迸伏江湖 無以攀送行塵 貴人善忘 亦無一字之問 徒切黯然之私

•행차를 바라보니, 선계仙界와 속세俗世처럼 동떨어진 것과 같을 뿐만이 아닙니다. 한편으로는 부럽고 한편으로는 부끄러워 무슨 말씀을 드려야 할지 모르겠습니다.

企望行塵 不翅仙凡之隔 且羨且慙 不知所云[787]

•지금 어느 곳에 도착했으며 임무 교대는 언제 하는지요?

方抵何境 交印當在何間

---

786 오마五馬: 원문의 '오마五馬'는 태수太守의 별칭으로 한漢나라 때 태수의 수레는 다섯 필의 말이 끌었던 것에서 유래하였다.

787 南九萬『藥泉集』卷31「與李相國尙眞 丁卯正月二十五日」

•지난번 찾아갔을 때 행차가 서쪽으로 내려간 지 며칠이 지난 터라 몹시도 그립고 한스럽기만 합니다.

頃日委進 皁蓋西下有日 只切瞻恨

•생각건대, 부모님을 모시고 부임하여[788] 기쁜 마음으로 봉양하며 더욱 행복할 것입니다.

想惟潘輿上官 歡侍增福

•부모님 가마를 편안히 모시고 부임하여 체후가 두루 만복하신지요?

穩奉輕輿莊莅 動履均福

•하직인사 없이 부임하시니, 마침 장마와 무더울 때입니다.

除辭赴任 政値霾炎

•방금 인편이 와서 부임 뒤 평안하다는 소식을 알게 되었으니, 위로되고 다행스러운 마음 형언할 수 없습니다.

卽者人來 知到任後平安消息 慰幸不勝言

•관아로 돌아가 편안하시며 정사를 돌봄에 여가가 많은지요?

還衙穩重 視政多暇

---

788 부모님을 모시고 부임하여: 원문의 '반여潘輿'는 진晉나라의 반악潘岳이 어머니를 모실 때 쓰던 가마라는 뜻으로 고을 수령이 되어 어머니를 봉양한다는 뜻으로 쓰인다.

•강역을 나가면 한번 장대한 유람을 하기에 무방하시겠지만 먼 길을 가야 하는 행역을 걱정하지 않을 수 없습니다.

出彊 不害爲一番大游 而行邁之役 不能不爲之慮念

•연경[789]으로 사명使命을 수행하며 하직인사를 올린 지 하루가 지났으니, 대궐을 되돌아봄에 그리운 마음 가눌 길 없을 것으로 생각됩니다. 다만 이처럼 한창 연세에 한 번 요동벌로 나가면 계문산薊門山[790]의 안개 물결과 거용관居庸關[791]의 장성長城을 마음껏 구경할 터이니 또한 장대한 유람이라 하겠습니다.

奉使燕雲 陛辭隔日 回瞻象魏 想不任戀結之忱 第及此年華方富之日 一出遼野 縱觀薊門烟水 居庸長城 亦云壯遊也

•이어서 생각건대, 요동의 빙판길과 계주薊州[792]의 눈으로 행차가 험난할 터이니, 후방에 머물고 있는 저로서는 몹시 염려되어 먼저 제 마음만 다급해집니다. 그런데 연경 대도시를 널리 구경하고 중국 땅을 장쾌하게 유람한다면 눈이 번쩍 뜨이고 가슴이 시원해지며 회포가 사라지고 생각이 화창해져서 아마도 소자유蘇子由 이후 천하의 크고 화려함을 아는 사람이 될 것입니다.[793] 되돌아보고서 비록 먼 길을 서글퍼하겠

---

789 연경: 원문의 '연운燕雲'은 연주燕州와 운주雲州의 병칭으로 북경과 그 주변 일대를 가리키는 만큼 많은 사행기록에서는 조선 사신이 머물렀던 연경을 가리키는 말로 많이 쓰인다.

790 계문산薊門山: 연경燕京의 덕승문德勝門 서북쪽에 있는 산이다. 이곳 숲의 경치가 뛰어나 계문연수薊門煙樹는 연경팔경燕京八景의 하나로 꼽힌다.

791 거용관居庸關: 연경燕京 서북방에 위치한 만리장성의 한 관문으로 '천하제일웅관天下第一雄關'이라고도 불린다. 거용산居庸山의 산세가 높고 험준하여 '거용첩취居庸疊翠'는 연경팔경燕京八景의 하나로 꼽힌다.

792 계주薊州: 지금의 하북성河北省 계현薊縣 지역으로 북경과 인접한 곳이다.

793 소자유蘇子油~사람이 될 것입니다: 자유子油는 소철蘇轍의 자字다. 소철의 「상추밀한태위서上樞密韓太尉書」에 "경사京師에 이르러 천자의 궁궐의 장엄함과

지만 눈에 들어오는 풍경들은 절로 기이한 경관이 많아서 오히려 산 넘고 물 건너는 노고도 잊고, 벗을 떠나 홀로 지내는 쓸쓸한 마음도 위로할 수 있을 것입니다. 그러나 임금을 그리워하는 마음과 부모님 곁을 떠나있는 사정은 아마 잠시도 떨쳐내지 못할 것입니다. 이미 달려가 전별할 길도 없었으니, 이에 짧은 편지를 빌어 서운하고 아쉬운 회포를 조금이나마 풀어봅니다. 부디 길에서 잘 챙겨 드시고 행차에 행운이 따르기를 빕니다. 구구한 저의 정표가 이보다 소홀할 수 없으니, 편지를 보내 그리운 마음 전합니다.

仍惟遼冰薊雪 載驅斯艱 在後殷念 預覺亟亟 乃若宏覽大都 壯遊中州 其所以豁眥盪胷 拓懷暢思 庶幾亦蘇子由而後 知天下之巨麗者也 回首而雖悵遐征 放眼則自多奇觀 玆猶可忘跋涉之勞 慰離索之情焉 但是戀闕之忱 離闈之私 想不得斯須按撥矣 旣無由趨餞 玆憑小函 略誦其惆悵之懷 幸冀在途慎餐 行李吉慶 區區情贐 無易於此 發楮神馳

•상국의 관풍觀風이 비록 예전 모습이 아니라고 하지만 대륙을 두루 구경하는 것 또한 하나의 훌륭한 일이니, 어찌 위로할 만한 일이겠습니까? 다만 더 잘 드시고 자중자애하여 잘 갔다 편안히 돌아오시기를 바랄 뿐입니다.

上國觀風 雖云非昔 大地騁目 亦一勝事 何足慰惜 只祝加餐自愛 利往穩旋

•행장을 벌써 꾸려서 멀리 떠났다는 소식을 받으니, 제 마음 망연자실하기 그지없습니다.

拜承行李已戒 闊別也 令人茫然不能已

•어느덧 밤이 지나면 사신 행차가 장차 서쪽으로 나설 것입니다. 만

창름倉廩·부고府庫·성지城池·원유園囿가 풍부하고도 거대함을 우러러보고서 천하가 크고 하려함을 알았다[至京師 仰觀天子宮闕之壯 與倉廩府庫城池園囿之富且大也 然後知天下之巨麗]"라고 한 구절이 보인다.

리 먼 길에다 한 해를 다 보내는 오랜 기간이니, 슬피 바라보는 그리운 마음 갑절이나 암울하게 애간장을 녹이는군요.

居然隔宿 輶軒將西出矣 萬里之遠 浹歲之久 悵望瞻戀 倍令人黯然神銷

•비록 인사人事를 폐하고 지내지만 예의상 마땅히 찾아가 뵙고 작별하면서 구구한 제 마음을 조금이나마 풀어야 하는데 참으로 그렇게 할 겨를이 없습니다. 지금 또 이불을 잡고 이 밤을 지내고 나면 행차 또한 떠날 것이니, 형편이 비록 그러하나 부끄럽고 송구하지 않겠습니까?

雖廢人事 禮宜就別 以略布區區 而實無暇隙 今又持被經此夜 則駕且發矣 勢雖使然 能不媿悚

•강역을 나가시는 날이 하룻밤 남았습니다. 그러나 병으로 찾아가 뵙지 못하니, 서운한 마음 어찌 형언하겠습니까?

出彊隔宵 而病未造拜 瞻悵何諭

•조정에서 임금님께[794] 하직 인사 올리시니, 제 마음 망연자실하게 합니다. 만 리 고국 생각에 길 떠나는 사람은 누차 돌아보지 않을 수 있겠습니까?

朝見陛辭 令人惘然 有萬里思 行者 能不屢回顧否

•깊은 시골에 칩거하고 있는 터라 온 조정 사람들이 전별하는 자리에 나아가 작별할 길이 없습니다.

屛蟄深巷 末由就別於傾朝餞席

•생각건대 이미 행장을 꾸리셨을 것입니다. 그러나 저는 이곳에 지체하고 있어서 홀로 전송하지 못하니, 저도 모르게 답답한 마음 당신께

794 조정에서 임금님께: 원문의 '조현朝見'은 신하가 조정에 나아가 임금을 알현하는 것을 이른다.

달려갑니다.

計已俶裝矣 顧此淹滯 獨違拚送 不覺黯然馳神

•북방 추위에 벌벌 떨면서 얼음물을 마시는 일[795]이 너무나 괴로울 것입니다. 천만 보중하여 먼 길 잘 가시는 것이 바로 구구한 저의 바람입니다.

朔寒寥栗 飮冰已苦 千萬保重 利涉長途 是區區之望也

•아마 대감께서 떠날 날이 임박하여 소란할 터이니, 감히 한 통 편지를 올리면서 번거롭게 수응酬應하시도록 하지 못합니다. 그러나 그리운 마음 언제든 잊을 수 있겠습니까?

想勻下臨行擾惱 不敢奉一書 致煩酬應 而中心耿耿 何時忘也

•수많은 이별의 회포를 어떻게 다 풀 수 있겠습니까? 오직 바라는 것은, 음식을 절제해 더욱 보중하시어 진중히 백복을 누리시고, 당신의 비호해 주시는 마음을 미루어 동행들에게 베풀어주시는 것뿐입니다. 병든 벗의 바람은 이것뿐입니다.

別懷千萬 何由盡攄 惟冀節飮加護 珍重百福 推其崇庇 以及同行也 病友所祝 惟是而已

•다만 나라를 위해 더욱 보중하시기를 바랍니다.

只冀爲國加護

•길에서 숙식이 만안하소서.

在道 鼎茵萬安

---

795 얼음물을 마시는 일: 원문의 '음빙飮冰'은 사신의 임무를 수행하는 어려움을 말한다. 『장자莊子』「인간세人間世」에 "내가 오늘 아침에 사신으로 가라는 명을 받고는 속이 뜨거워져 저녁에 얼음물을 마셨다[朝受命而夕飮氷 其內熱與]"라고 하였다.

•쇠병이 날마다 심해지는데 또 먼 길을 가는 사신을 맡게 되었으니, 저로서는 몹시도 걱정입니다.

衰病日甚 且當遠役 私計切悶

•행차가 장차 강역을 벗어날 터이니, 반년 동안 고국을 그리워할 마음에 미리 울적해집니다. 어찌하겠습니까?

行將出疆 半年家國之戀 豫覺黯然 奈何

•길은 삼천리가 되지 않고, 돌아올 기약은 다섯 달을 넘지 않습니다. 그래도 벗이 몹시 그리운 마음은 그대로입니다.

道路不滿三千 歸期不過五月 而猶有戀戀知舊之意

•먼 사신 길이 마음에 걸립니다. 걱정되는 마음 어찌하겠습니까?

遠役關心 悶如之何

•막 용만龍灣(의주)에 도착했는데, 지척의 호산胡山에는 얼음과 눈이 겹겹 쌓여 있습니다. 한 번 앞의 강을 건너면 도성이 아득히 멀어질 터이니, 망진루望辰樓에 기대서자 더욱 마음을 가눌 수 없습니다. 어찌하겠습니까?

方抵龍灣 而咫尺胡山 冰雪崚嶒 一渡前江 京國渺然 徙倚望辰樓 益無以爲懷 奈何

•강을 건널 때 보내 주신 한 통 편지는 지금까지도 책상에 두고 있습니다. 때때로 꺼내 읽어봄에 마치 직접 말씀을 듣는 것 같습니다.

渡江時一書 至今置在几案 時時出讀 如聆談誨

•이별할 때 앞날의 기약이 아득하다고 생각했는데, 눈을 돌리는 잠깐 사이 이미 돌아올 날이 다가왔습니다. 세월의 빠르기가 이와 같으니 어찌 늙음을 재촉하지 않을 수 있겠습니까?

別時 覺前期渺然 轉眄間 已迫回日 日月迅駛 如此 安得不催老也

•만 리 길 사신의 명[796]을 수행하며 다행히 길에서 쓰러지는 일은 면했습니다. 모두 왕령王靈께서 도와주신 덕분이니 단지 스스로 감축할 뿐, 나머지 온갖 괴로운 상황들은 굳이 말씀드릴 필요 없습니다.

萬里銜命 幸免顚仆道路 莫非王靈攸曁 只自感祝 餘外千萬苦狀 不須提說

•만 리 길에서 돌아오니 가국이 평안하더군요. 경사스럽고 기쁜 마음을 어찌 말로 다 하겠습니까?

萬里歸來 家國平安 慶忭曷諭

•먼 사신 길에서 이제 막 돌아왔는데, 몸이 더욱더 쇠약해졌습니다. 어찌합니까?

遠役纔返 衰苶更甚 奈何

•계부季父의 만 리 길을 전송하고 나니 슬프고 허전한 제 마음 벌써 말로 다 할 수 없습니다.

拜送季父萬里之行 私懷悵缺 已不可言

•어제 가친家親께서 책문柵門에 도착해 보내 주신 편지를 받았는데, 제반 체후가 계속 편안하신지라 다행한 제 마음 말로 다 할 수 없습니다.

昨承家親 到柵下書 諸節連爲安穩 私幸不可言

796 사신의 명: 원문의 '함명銜命'은 사명使命을 받들고 수행하는 것을 말한다.

•외직에 보임된 것은 죄가 아니고 영광입니다. 게다가 지역은 협소하고 일은 간편하여 조섭하시는 길에 방해되지 않을 터이니, 축하할 일이지 위로할 일은 아닙니다. 이미 손을 잡고 작별하지 못하였고, 이어서 소식도 전하지 못한 지 이렇게 오래되었으니, 그리운 마음 어느 때인들 마음속에 남아 있지 않겠습니까?

恩補 非罪伊榮 況地峽事簡 不害於調養之道 可賀無足慰也 旣未能拚別 從以貽阻此久 瞻耿之懷 何時不憧憧也

•뜻밖에 견책을 받아 외직에 보임되셨는데, 사교辭敎가 매우 엄준하니 몹시도 두려워 반드시 몸 둘 바를 몰랐을 것으로 생각됩니다. 그러나 교지를 전하는 파발이 빠르게 달려와 행색行色이 허둥지둥 경황이 없었을 터인데, 게다가 또 이틀거리를 하루에 가야 하고 비와 눈도 함께 내리는 상황이니, 행차가 몹시도 염려되어 거의 잠도 이루지 못하고 음식도 삼키지 못하는 지경입니다. 내일 사이에 임소에 도착하시겠지만 엄한 명령에 다급하여 행구行具가 엉성했을 터이니, 끝내 병이 나지 않음을 보장하기 어렵습니다. 알지 못하겠습니다. 길에서 제반 일들은 과연 어떠했는지요?

意外譴補 辭敎截嚴 悚凜之極 想必罔知攸措 而傳撥疾馳 行色蒼黃 況復竝日而行 雨雪交作 馳念行駕 殆至夢不成食不下矣 明間 可到任所 急於嚴命 行具疎闊 其終無疾恙 難可保也 未知在途諸節 果如何

•죄는 크지만 은혜가 깊어 오히려 지방관으로 가는 영화를 얻게 되었습니다. 좋은 땅에서 넉넉히 노닐며 이름난 누각의 훌륭한 경치를 오랫동안 누리게 되었으니, 감축하는 것 외에 다시 무슨 말을 하겠습니까?

罪大恩深 猶縻仗鉞之榮 優遊善地 久享名樓之勝 感祝之外 更有何言

•높은 자리 발탁은 너무나 지나친 처사였고, 외직에 보임된 것은 곡진히 용서해 주신 일입니다. 바닷가 고을은 마침 일이 적어 날마다 호

수와 산을 대하고 혼자 휘파람불며 시를 읊조릴 뿐이니 신세가 문득 조금 편안함을 느낍니다. 지극한 임금님 은혜를 감축할 뿐입니다.

陞擢太濫 恩補曲恕 海邑 適少事 日對湖山 只自嘯詠 身計便覺稍安 到底君恩 感祝而已

- 죄는 무거운데 벌은 가벼우니, 황송하고 감사한 마음 교차합니다.
  罪重罰輕 惶感交竝

- 죄를 영광으로 만들어 주셨으니, 더욱더 감축할 일입니다.
  以罪爲榮 尤增感祝

•뜻밖에 받으신 엄한 견책은 놀라고 두려운 마음 어찌 말로 다 하겠습니까?

意外嚴譴 驚悚何言

•귀양을 가라는 명이 내렸다고 들었으니, 놀라고 한탄스러운 마음 가누지 못하겠습니다.

聞有行譴之命 不勝驚歎

•귀양을 가라는 명은 며칠 동안 놀라고 두려워 제 마음을 가누지 못하겠습니다.

行譴之命 歷日驚悚 不任下誠

•가만히 생각건대, 명을 듣고 떨리고 두려워 마음을 가눌 수 없었을 것입니다. 제가 익히 겪었던 일이기 때문에 갑절이나 염려됩니다.

竊想聞命震悚 無以爲情 稔經之故 慮仰倍切

•기한이 정해진 노정[797]에 더위까지 무릅쓰고 가는 길은 비록 튼튼하고 건장한 사람이라도 또한 견디기 어렵습니다. 어떻게 도달할 수 있겠습니까?

嚴程觸熱 雖强壯者 亦難堪 其何以得達耶

•기한이 정해진 노정에 추위까지 무릅쓰고 가는 길이니, 어떻게 도달할는지요?

嚴程冒寒 何以抵達[798]

---

797 기한이 정해진 노정: 원문의 '엄정嚴程'은 정해진 기한 안에 도착해야 하는 노정으로 보통 귀양길을 이른다.

798 尹拯『明齋遺稿』卷19「與朴泰輔士元 十一月九日」

•무더위 노정을 달려가야 하는 노고와 수토水土가 맞지 않는 근심이 모두 저로 하여금 계속해서 마음 쓰이게 하는군요.

炎程趲赴之勞 水土不服之憂 俱令人耿耿關念

•바다에 가까운 곳은 더위로 인한 장기瘴氣[799] 때문에 머물기 불편할 터인데, 여독으로 건강을 해치지나 않았는지요?

近海炎瘴 居停不便 得無撼損節否

•조심하여 환난을 생각하며 마음을 분발시키고 성질을 참게 하여 평소 능하지 못한 것을 증익시킨다면[800] 이것 또한 그대를 훌륭하게 만들기[801] 위한 시련인지 어찌 알겠습니까?

操心慮患 動忍增益 亦安知非玉汝于成耶[802]

•고향으로 돌아가고 싶은 꿈[803]이 비록 절실하겠지만 더위와 습기로 병이 생기는 것도 염려하지 않을 수 없습니다.

---

799 장기瘴氣: 풍토병風土病의 원인이 되는 독기를 말하는데, 주로 바닷가 덥고 습기가 많은 곳에서 생기는 독기를 이른다.

800 마음을~증익시킨다면: 원문의 '동인증익動忍增益'은 인의仁義의 마음을 일으키고 기질氣質의 성품을 참아서 자신의 부족한 점을 보완한다는 뜻이다. 『맹자孟子』「고자告子」 하下에 "하늘이 장차 큰 임무를 이 사람에게 내리려 할 적에는 반드시 먼저 그 심지를 괴롭게 하며, 그 근골을 수고롭게 하며, 그 체부를 굶주리게 하며, 그 몸을 빈궁하게 한다. 그리하여 그 하는 바를 방해하고 어지럽게 하니 이것은 그 마음을 분발시키고 성질을 참게 함으로써 그 능력을 향상하고자 해서다[天將降大任於是人也 必先苦其心志 勞其筋骨 餓其體膚 空乏其身 行拂亂其所爲 所以動心忍性 曾益其所不能]"라고 한 것을 인용하였다.

801 그대를 훌륭하게 만들기: 송宋나라 장재張載의 「서명西銘」에 "부귀와 복택은 나의 삶을 풍요롭게 해 줄 것이고, 빈천과 근심, 번뇌는 너를 옥처럼 완성시킬 것이다[富貴福澤 將厚吾之生也 貧賤憂戚 庸玉女於成也]"라고 하였다.

802 尹拯『明齋遺稿』卷19「與朴泰輔士元 十一月九日」

803 고향으로 돌아가고 싶은 꿈: 원문의 '연환連環'은 고리가 계속 이어진 것을 뜻한다. 마치 고리가 이어지듯 끊임없이 고향 꿈을 꾼다는 것으로 고향으로 돌아가고 싶은 마음을 뜻한다.

連環之夢雖切 暑濕生疾 亦不可不念[804]

•궁벽하고 황량한 곳에서는 온갖 일들이 모두 어려울 터인데, 쌀은 옥처럼 귀하고 장맛은 씀바귀처럼 쓰다고 들었습니다. 진실로 상황에 따라 스스로 잘 처신하실 것을 알지만 구구한 저의 염려되는 마음 어찌 가누겠습니까?

窮荒之地 百事皆艱 聞米貴如珠 醬惡如荼 固知隨遇自適 區區者曷任慮仰

•그대가 떠나고부터 온통 그리운 마음 자나 깨나 맺혀있습니다. 지금 편지를 보니, 파도가 하늘까지 솟는데 바닷가를 배회하며 쓸쓸히 생각하는 모습이 눈앞에 선합니다. 편지를 들고 거듭 한탄스러운 마음 어찌 끝이 있겠습니까?

自君之去 耿耿一念 寤寐如結 今見書 波濤際天 徘徊洲渚 意想蕭然如在眼中 把書三歎 何能已已[805]

•일찍 변방에 와있었던 터라 늦게야 형께서 유배되었다는 소식을 들었습니다. 그지없는 제 회포를 어찌 말로 다 하겠습니까?

曾在塞外 晚聞兄編配 無窮之抱 如何可言

•견책을 받고 남쪽으로 떠나시는 날 마침 제사가 있어 길가에 나가 기다리지 못했습니다. 행차를 바라만 보고 전송하였으니, 몹시도 슬플 뿐입니다.

恩譴南行之日 適有祀事 不得出候道周 瞻送行塵 但切冲悵[806]

•더운 날 길을 떠나는 것은 비록 걱정할 만한 일이지만, 불시에 용서

804 尹拯『明齋遺稿』, 卷26「答吳遂采 丁亥六月二十日」
805 尹拯『明齋遺稿』卷19「與閔彥暉 庚申九月旣望」
806 尹拯『明齋遺稿』卷12「與申元瑞 命圭 丁未三月二十日」

받을 날이 머지않아 정해질 터이니, 또한 다시 어쩌겠습니까?

暑日行役 雖屬可悶 不時恩宥 定在不遠 亦復奈何

•삼가 생각건대 한때의 칙교飭敎니 오래지 않아 반드시 용서하는 명이 있을 것입니다.

伏惟一時飭敎 匪久必有恩宥之命

•곤경에 처해도 형통함을 잃지 말고 처하는 곳마다 편안하시기를 가만히 집사執事를 위해 주송呪誦합니다.

困不失亨 隨處而安 竊爲執事誦之

•우레와 같은 엄명이 조금 누그러졌으니, 마땅히 하루가 다하기를 기다리지 않아도 될 것입니다.

雷威稍霽 宜不俟竟日

•바라는 바는 천금 같은 몸을 잘 보존하시어 자당의 걱정을 위로해 주시는 것입니다.

所願 善保千金 以慰慈闈之念

•임금님 은혜가 서둘러 내려지기를 오직 바랄 뿐입니다.

恩霈遄降 惟是伏祝

•백씨 어른께서 뜻밖에 귀양의 명을 받으셨으니, 놀라고 한탄스러운 마음 어찌 말로 다 하겠습니까?

伯氏丈 意外行譴 驚歎何言

•맏아드님이 뜻밖에 엄한 견책을 받았으니, 아마도 집에서 기다리는 부모님 마음에 괴로움이 있겠지요.

賢胤 意外嚴譴 想惱倚閭之情[807]

•아무개가 뜻하지 않게 엄한 견책을 받아 병과 우환이 사라지지 않은 상태에서 먼 길을 가야 하니 걱정됩니다.

某人 不意嚴譴 疾憂未霽 遠役可念

•노여워하지 않고 내린 하교[808]는 황송해 몸 둘 바를 모르겠습니다.

匪怒之教 悚惶罔措

•제가 만난 일은 제 스스로 지은 허물입니다. 다시 누구를 탓하겠습니까?

此中所遭 自作之孽也 復誰咎也[809]

•명을 어긴 죄가 큰데 좋은 곳을 내려주셨으니, 송구하고 감사하여 몸 둘 바를 모르겠습니다. 그리고 침식은 그럭저럭 해결하고 지내는 터라 친구에게 걱정을 끼치는 지경까지 이르지 않을 듯합니다.

罪大逋違 恩畀善地 懍悚感篆 罔知攸措 而寢啖粗遣 似不至故人貽念耳

•제 한 몸 죽고 사는 것은 진실로 돌볼 필요도 없습니다. 그러나 멀리 어버이 곁을 떠나 소식도 듣기 어려웠는데, 한번 해도海島로 들어가면 앞으로 소식이 더욱 묘연해질 것입니다. 이것이 무슨 정경이란 말입니까?

一身死生 固不足恤 而遠離親側 消息不聞 一入海島 尤將杳然矣 此何情境

---

807 尹拯『明齋遺稿』卷10「與朴季肯 七月晦日」

808 노여워하지 않고 내린 하교: 원문의 '비로지교匪怒之教'는 노여워한 것이 아니라 가르치려 한 것이라는 의미다. 『시경詩經』「반수泮水」에 "얼굴빛을 화락하게 하고 웃으시니, 노한 것이 아니라 가르치시는 것이로다[載色載笑 匪怒伊教]"라고 하였다.

809 尹拯『明齋遺稿』卷23「答李伯邵 五月十日」

•궁벽한 바닷가에서 허물을 자책합니다. 침식은 그럭저럭 편안합니다.

窮海訟愆 寢啜粗安

•비로소 귀양지에 도착하여 생활은 그럭저럭 편안하니, 유배온 객의 외로운 신세를 알지 못하겠습니다.

始到配所 棲息粗安 不知謫籍之羈孤

•거처와 음식은 우선 견디기 어려운 점이 없으니, 굳이 멀리서 염려하실 필요는 없습니다. 그러나 아득히 서로 바라만 봐야 하니, 이것이 슬프고 울적한 일입니다.

居處飮啜 姑無難堪之端 不必貽遠念 而相望杳然 是可悵鬱

•억지로라도 밥을 먹으며 우선 편안하게 지내니, 오히려 소동파의 유배생활보다 낫습니다.

强飯姑安 猶勝坡翁之謫況

•산으로 둘러싸인 적막한 물가에서 문득 당신의 편지를 받으니, 몹시도 마음이 후련하여 직접 맑은 가르침을 듣는 것 못지않습니다.

囚山寂寞之濱 忽奉手敎 披瀉之至 不減淸誨

•문득 당신의 편지를 전하니, 외로운 저의 회포가 후련히 풀려 직접 찾아 주신 것처럼 기쁠 뿐만이 아닙니다.

忽傳翰敎 披抒孤懷 不啻聞跫之喜

•기한이 정해진 노정으로 허둥지둥 가는 길에 당신의 편지가 뒤따라 이르렀습니다. 후련하고 위로되는 마음 남전藍田까지 전송했던 일[810]과

810 남전藍田까지 전송한 일: 자신을 알아주는 벗이 전송해 주는 것을 뜻한다. 남전藍田은 지명이다. 『당서唐書』에 당唐의 양빙楊憑이 친구를 가려 사귀고 기절氣節을 숭상하여 많은 사람들로부터 부러움을 샀다. 그가 경조윤京兆尹으로 있

어찌 다르겠습니까?

嚴程倉卒 華翰追至 披瀉感慰 何殊送至藍田

•궁벽한 바닷가 귀양지에서 벗이 보낸 한 통 편지를 받아보니, 백금에 맞먹는 가치입니다.

窮海魍魅 獲見故人一札 可敵百朋

•산으로 둘러싸인 궁벽한 바닷가에 한 장에 두 통 편지로 정중히 위문해 주시니, 후련하고 위로되는 마음 남전藍田까지 좇아와 전송했던 일보다 낫습니다.

窮海囚山 一紙兩書 勞問鄭重 披攉慰感 有逾藍田之追送也

•늙고 병든 몸으로 먼 곳에 머무니, 오랜 슬픔과 새로운 수심이 날마다 모두 깊어만 갑니다. 어찌할까요?

老病遠寄 舊悲新愁 與日俱深 奈何

•처음 도착하니 고을의 풍토가 자못 아름다워 두세 영현營縣에서 의례적 문안을 하였습니다. 평소 담박한 음식에 익숙한 터라 집에서의 가난하게 지낼 때보다 나은 듯하나 호찬虎餐과 같아서 계속 끼니를 잇지 못하는 일을 면치 못하니 귀양살이의 복福이라 해도 좋겠지요.

始到 風土頗佳 數三營縣有例問 平生慣於食淡 似勝於在家之貧 而有同虎餐 不免間斷 謂之謫福 可也

•종일 문을 닫고 책을 보는데, 비록 책을 덮으면 문득 잊어버리지만 볼 때는 읽는 맛이 있어 절로 귀양살이의 고통도 알지 못합니다.

終日杜門看書 雖捲卷輒忘 看時有味 自不知謫中苦況

다가 어사중승御史中丞 이이간李夷簡의 탄핵을 받아 임하위臨賀尉로 폄직 되었는데 그가 일단 죄를 얻자, 누구 하나 찾아가는 사람이 없었으나 오직 평소 잘 지냈던 서회徐晦가 남전藍田까지 가서 그를 위로하고 전별한 고사가 있다.

•여기에 우거한 이래로 밝은 창과 따뜻한 방에서 아침저녁 생활하고 있습니다. 대부분 주인의 궁중 소유를 따라 생활하지만 죄인으로 귀양 온 신분에 주인과 객의 도리라는 것이 몹시도 편치 않습니다. 그러나 감사한 마음만은 있으니 어찌 잊을 수 있겠습니까?

寓此以來 明窓暖室 朝夕過活 多從主人宮中所有 其於罪謫之分 主客之道 甚不安 而感則有之 何可忘也

•풍토가 자못 아름다워 종일 문을 닫고 책을 보는 맛이 있으니, 귀양지[811]에 있는 것도 잊고 지낸다고 이를 만합니다.

風土頗佳 終日閉戶看書有味 可謂忘卻在長沙者也

•올해 날도 많이 남지 않았는데, 제 처지로 이곳에서 한 해를 보내게 되었습니다. 아마 당신의 후덕한 모습을 뵙지 못했기 때문에 귀양의 복을 오래 누려 그런 것이 아니겠습니까?

殘曆無多 自分過歲於此 豈緣頰厚不見耳 故謫福久享而然歟

•전팽專伻으로 편지를 보내 존문存問해 주시니, 어려운 처지에 있는 저의 감사한 마음 너무나 지극합니다. 함께 보내 주신 제반 물품 또한 마음을 담아 베풀어주신 것이니, 감사한 마음 뭐라 표현할 길 없습니다.

耑書俯存 已極窮途之感 伴來諸種 又出心貺之惠 以荷以謝 無以爲諭

•영외嶺外까지 멀리 문안해 주시고, 다섯 가지 물품까지 함께 보내 주셨으니, 어려운 처지에 있는 저의 감사한 마음 평소에 비길 바가 아닙니다.

嶺外遠問 兼以五種 窮途慰感 不比尋常

•조만간 풀려나 돌아갈 터이니, 훗날 만날 기약합니다.

---

811 귀양지: 원문의 '장사長沙'는 좌천이나 유배를 비유하는 말이다. 『한서漢書』 「가의전賈誼傳」에 한漢 문제文帝 때 가의賈誼가 권신權臣의 배척을 받아 장사왕長沙王 태부太傅로 좌천되어 귀양간 내용이 보인다.

早晩放歸 後會猶期

•훗날 풀려날 때가 있을 터이니, 부디 조급하게 생각하지 마십시오. 당신을 찾아가 뵙고 이렇게 갈망하는 제 마음을 위로하고 싶지만 또한 어떻게 기필할 수 있겠습니까?

他日 賜環有時 幸無急宂意 欲拖晉高軒 慰此渴仰 而亦何可必也

•가친께서 받으신 귀양길은 오래될수록 더욱 황공합니다. 서쪽 지방은 일찍 추워져 머물러 지내기에 어려운지라 애타고 절박한 제 마음 말로 다 할 수 없습니다.

家親所被恩譴 久益惶懍 西土早寒 居停齟齬 情私煎迫 無可言

•종손從孫은 용서받고 돌아올 희망이 없습니다. 그러나 수토水土가 조금 좋은 편이라 병 없이 그럭저럭 지낼 수 있으니 다행입니다.

從孫宥還無望 但水土稍佳 得以無病粗過 可幸

유환류宥還類

•뜻밖에 귀양을 가게 되었다가 곧이어 사면[812]의 명이 내려져 잠깐 사이 슬프고 기쁜 상황이 바뀌었으니, 굳이 통증이 진정된 다음 그 통증을 생각할 필요가 있겠습니까?[813]

意外行譴 旋有賜環之命 咷笑俄頃 何必痛定思痛也

•잠시 유배되었다가 곧이어 용서를 받았으니, 이미 놀랐다가 또다시 기뻐합니다.

乍配旋宥 旣驚且喜

•뒤이어 은혜로운 용서를 입어 서울 집으로 다시 오게 되었습니다. 여러 사람들이 기쁘고 다행으로 생각함에 말로 다 하지 못함이 있습니다.

遄蒙恩宥 穩還京第 公私喜幸 有不容諭

•지나온 시절 만난 일들은 액운 아닌 것이 없었습니다. 이로부터 마음대로 즐겁게 노닐 터이니[814] 축하할 일이지 위로할 만한 일은 아닙니다.

過境所遭 無非戹會 從此天放之樂 可賀而不足慰也

---

812 사면: 원문의 '사환賜環'은 예전에 죄가 있어 쫓겨난 구신舊臣을 임금이 사면하여 조정으로 다시 불러들이는 것을 뜻한다. 『순자荀子』「대략大略」에 "임금이 사람과 절교할 때에는 결을 쓰고, 절교한 사람을 돌아오게 할 때에는 환을 쓴다[絶人以玦, 反絶以環]"라고 하였는데, 그 주에 "옛날에 신하가 죄가 있으면 경계 지역에서 방축放逐하기를 기다리며 3년을 감히 떠나지 않았는데, 임금이 환을 주면 돌아오고 결을 주면 절교하는 것이다[古者臣有罪 待放於境 三年不敢去 與之環則還 與之玦則絶]"라고 한 데서 온 말이다.

813 굳이 통증이~필요가 있겠습니까?: 원문의 '통정사통痛定思痛'은 통증이 가라앉은 다음 이전 고통을 생각한다는 말로 참혹한 실패 뒤에 그 실패를 반성함을 이른다. 여기서는 너무 빠른 시기 상황이 바뀌어 이전 일을 돌아볼 필요가 없다는 말이다.

814 마음대로~노닐 터이니: 원문의 '천방天放'은 자유방임自由放任, 즉 남의 간섭을 받지 않고 자연 속에서 자유자재로 즐겁게 살아가는 것을 말한다. 『장자莊子』「마제馬蹄」에 "자연과 혼연일체가 되어, 한쪽에 치우친 삶을 살아가지 않는 것을 일컬어 천방이라 한다[一而不黨 命曰天放]"라고 하였다.

•저보邸報[815]를 보니, 은지恩旨를 내려 특별히 용서해 주셨더군요. 감축하는 마음 가누지 못하겠습니다.

得見邸報 恩旨特宥 不勝感祝[816]

•한때 견책을 받아 더욱더 황송했을 터인데 마침내 복직[817]되셨으니, 참으로 기쁩니다.

一時恩譴 尤增悚惶 畢竟牽復 良可喜也

•곧바로 임금의 부름을 받으셨으니, 아마 감축하는 마음 간절하시겠지요.

遄蒙恩召 想切感祝

•백씨 대감의 귀양은 놀라고 한탄스럽기 그지없었는데, 곧이어 바로 용서를 받으셨으니 먼저 울다가 뒤이어 웃는 격입니다.

伯氏台丈 行譴 驚歎已極 旋卽蒙宥 先咷後笑

•백씨 대감께서 용서를 받으셨으니 다행입니다. 그러나 장맛비가 이처럼 내리니, 북쪽으로 돌아가시는 행차가 반드시 비에 막혀 지체되는 근심이 있을 것입니다. 이것이 몹시 걱정됩니다.

伯氏台恩宥 可幸 而潦雨如此 北歸徒御 必有阻滯之患 是極奉念

•듣자 하니, 중씨가 귀양지[818]에서 곧장 당신이 계신 곳으로 갔다고

815 저보邸報: 관보官報를 말한다. 지방 장관이 설치한 경저京邸에서 조령詔令이나 주장奏章을 베껴서 각 지방에 알렸기 때문에 그렇게 일컬은 것이다.

816 尹拯『明齋遺稿』卷23「答李伯邵 癸巳三月二十三日」

817 복직: 원문의 '견복牽復'은 견인하여 정도正道를 회복시킴을 이르는 말로『주역周易』「소축小畜」의 "구이九二는 이끌어 회복함이니, 길吉하다[九二 牽復 吉]"라는 구절에서 나왔는데, 여기서는 다시 관직에 복귀한다는 의미다.

818 귀양지: 원문의 '복사鵩舍'는 배소配所를 가리킨다.『한서漢書』「가의전賈誼傳」에 한漢나라 가의賈誼가 참소를 입어 장사왕長沙王 태부太傅로 폄척貶斥되

합니다.

似聞仲氏 自鵬舍 直向令邊云

•뜻밖에 단란히 모였으니 기뻐하는 모습을 상상할 수 있습니다. 지극한 임금님의 은혜를 응당 더욱 감축하시겠지요.

意外團聚 歡翕可想 到底天恩 當益感祝也

•아드님이 유배되었다가 곧이어 용서를 받았으니 축하할 일입니다.

賢胤令 行謫 旋蒙恩宥 可賀

•아무개가 성은을 입고 사면되어 집에서 기다리는 부모님 근심을 풀어주었으니 다행함을 어찌 말로 다 하겠습니까? 항상 부모 곁을 떠나 있는 것으로 깊이 염려하였는데, 이제야 강호江湖에서 서로 잊고[819] 지낼 수 있게 되었습니다.

某人 蒙恩賜環 得解高堂倚閭之憂 幸何可言 常以其離違親側爲深慮 今以後 可以相忘於江湖矣[820]

•환후가 회복되어 가고, 아무개도 차도를 보이며, 구씨舅氏도 용서를 받아 집으로 돌아오라는 명을 받았다는 것을 알게 되었습니다. 편지 속에 알린 내용이 모두 기쁜 소식이니, 이것은 만금에 해당하는 내용입니다.

承所患向蘇 某人亦占差道 舅氏亦蒙宥還之命 一紙所報 皆是喜音 此

어 나갔는데, 장사 지방은 본래 땅이 낮고 습기가 많다는 말을 진작 들었기 때문에 스스로 오래 살지 못하리라 생각했다. 그런데 집에 상서롭지 못한 새라고 여긴 복조鵩鳥까지 날아 들어오자 불길한 생각에 「복조부鵩鳥賦」를 지어 스스로 위로했던 고사에서 온 말이다.

819 강호江湖에서 서로 잊고: 아무 상관 없이 각자 살아가는 것을 비유한 말이다. 『장자莊子』 「대종사大宗師」에 "샘이 말라 물고기가 뭍에서 함께 있으면서 서로 입김을 불어주고 서로 적셔주는 것이 강호에서 서로를 잊고 지내는 것만 못하다[泉涸 魚相與處於陸 相呴以濕 相濡以沫 不如相忘於江湖]"라고 한 것을 인용하였다.

820 尹拯 『明齋遺稿』 卷16 「與李君輔 戊辰二月」

可以抵萬金也[821]

•쇠로하여 병든 상태로 멀리 귀양을 가게 되어 살아서 돌아올 희망이 없었으나 특별히 크나큰 성은을 입어 고향에 뼈를 묻을 기약이 있게 되었습니다. 삶을 마칠 수 있도록 해 주신 성은에 감읍한 마음 어찌 말로 다 하겠습니까?

衰病遠謫 無望生全 而特蒙霈澤 歸骨有期 生成之恩 感泣何言

•지난번 받은 엄중한 견책은 아직도 몹시 두려운데, 곧이어 용서를 받아 사가로 돌아오게 되었으니 모두가 성은입니다. 황송하고 감사하기 그지없습니다.

向來嚴譴 尙切震懍 旋蒙恩宥 歸伏私次 莫非恩造 惶感萬萬

•특별히 석방해 주신 성은을 입어 병든 어머니를 간호할 수 있게 되었으니, 몹시도 감격하여 송축하는 마음 어찌 형용할 수 있겠습니까?

特蒙恩釋 歸護病慈 感戴攢頌 如何可諭

•용서해 주시는 성은이 이미 나왔지만, 뜻하지 않게 사장辭狀이 곧바로 엄한 비답을 초래했으니 앞으로 일을 장차 어떻게 할는지요? 한결같이 민망하고 답답한 심정입니다. 무엇이든 죄 아닌 것이 없으니 어찌할까요?

恩宥旣出 匪意辭章 旋速嚴批 來頭事 將何爲之 一味悶隘 無往非罪 奈何

•구사일생으로 돌아왔으나 노쇠와 질병 모두 극심하니 걱정되고 걱정됩니다.

九死歸來 衰病俱極 悶悶

---

821 金昌協『農巖集』卷11「答敬明 戊辰」

•지난번 입은 성은은 세상 어디에도 듣지 못했던 일입니다. 화란을 겪은 끝에 받은 은혜니 감읍한 마음 그지없어 죽을 곳을 모르겠습니다.

向來所蒙恩數 曠世所未聞 得見於禍釁之餘 感泣罔極 不知死所

•살아서 고향으로 돌아오니, 내닫는 그리움 더욱 금할 길 없습니다.

生還故土 益不禁馳情

•섬에서 목숨을 부지하는 것도 이미 하늘같은 성은이니, 돌아가 어머니 얼굴을 대하는 것을 어찌 꿈속이라도 감히 생각하겠습니까? 머리 숙여 송축함에 감사의 눈물이 옷깃을 적실뿐입니다.

假息島中 已是聖恩如天 歸對慈顏 夫豈夢想敢到 聚首攢祝 感涕盈襟而已

•살아서 설애雪崖로 돌아왔으니, 남다른 성은을 크게 입었습니다. 덩그러니 궁벽한 시골에서 예전처럼 쓸쓸히 지낼 뿐입니다.

生還雪崖 優荷異渥 坯塊窮巷 依舊蕭然而已

•길에서 고생하고 질병에 시달린 상황은 생략해 두고 번거롭게 멀리서 알려드릴 필요는 없습니다.

道塗艱關 疾病侵凌之狀 在所可略 不足煩遠聞也

•지난번 제가 받은 엄한 교지에 대하여 물으셨는데, 몹시도 황송하여 날이 조금 오래되었어도 감히 스스로 편안히 지내지 못합니다. 지금 먼 교외에서 이리저리 떠돌고 있으니 민망하고 위축된 마음 말로 다 할 수 없습니다.

向問所被嚴教 萬萬惶悚 日稍久而不敢自安 見方棲屑於郊坰 悶蹙不可言

•남쪽으로 달려갔다가 북쪽으로 돌아와 여전히 남은 목숨을 연명하

고 있습니다. 친구의 편지를 받아보고, 병석에 누워 가쁜 숨을 쉬는 가운데 옛일을 더듬어 생각해 보니, 절로 슬프고 한스러워집니다.

南徙北還 尙延殘喘 得見故人書問 於牀席奄奄之中 撫念今昔 自爾愴恨

•가친家親께서 세밑에 용서를 받아 돌아오셔서 성은에 우러러 감사를 드리지만, 몹시 바쁜 공무로 수고로운 상황이시니 어느 겨를에 자신을 돌보시겠습니까?

家親 歲前宥還 仰感恩渥 至於卯申供劇之勞 奚暇自恤

•아무개 귀양지에서 석방되어 벌써 집으로 돌아가 호연히 몹시 즐겁겠지만, 남아 있는 사람의 슬픔은 자못 마음을 가누기 어렵습니다.

某謫蒙釋 已歸自家 浩然甚樂 而居者之悵 殊難爲懷也

•일전에 받은 엄한 유지는 놀라고 한탄스러운 마음 어찌 말로 다 하겠습니까?

日前 所被嚴旨 驚歎何言

•뜻밖에 받은 엄한 유지는 놀라고 두려운 마음 가누지 못하겠습니다.

意外嚴旨 不任驚悚

•지난번 받은 대간臺諫의 비평은 참으로 생각하지도 못했던 일입니다. 놀랍고 개탄스럽기 그지없습니다.

向來臺評 誠是慮不到 驚惋何已

•아마 벌써 장부를 정리하고 길을 나섰을 것입니다. 교대[822] 날짜는 언제며 조정에 돌아올 날 또한 언제인지요?

想已治簿啓程 交龜在何日 還朝又當在何時

•저의 호연한 기상으로 생각해 보면 형께서 흐뭇하게 여기지 않을 수 없을 것입니다. 그러나 넉넉한 감영의 상황에는 미련이 남을 터고, 눈물 흘리는 많은 기생들에게는 정이 끌리시겠지요.

以弟之浩然 想兄之不得不怡然 然營況之豊則係戀焉 妓淚之多則牽情焉

•장부 정리와 떠날 채비는 모두 잘 헤아려 처리하고 계신 일이니 굳이 걱정할 필요는 없을 듯한데, 과연 잘 마무리하시고 신관 사또를 가만히 기다리고 계신지요? 동쪽 동산의 봄빛이 바로 주인을 기다리고 있습니다. 만약 이 동산의 꽃이 시들지 않았을 때 다시 시주詩酒를 즐긴

822 교대: 원문의 '교귀交龜'는 관리官吏가 귀형龜形으로 된 관인官印을 후임자에게 넘겨 주는 것을 이른 말로 즉 직무를 인계하는 것을 의미한다.

다면 수년 간 장부를 정리하셨던 노고는 응당 한바탕 지나간 꿈이라 여기며 더욱 맑은 정취를 느끼실 것이니 영감의 계책이 좋습니다.

修簿假裝 俱是料理中事也 似必無所爲憂 果得收殺 坐待新使否 東園春色 正待主人 若趁此園花之不衰 復事詩酒 則數年薄書之勞 當作一場過夢 而更覺淸趣 令之計得矣

•장부를 정리하는 제반 일들은 아마 벌써 유의하고 계시겠지만, 예전에 간행하는 문자의 서문을 많이 작성하고 계신 것을 보았는데 이 일은 이미 마무리하셨는지요?

治簿諸節 想已留意 而前見多作刊印文字之序文 此事已了當否

•폄직貶職 당한 일은 몹시 놀라고 한탄스러운 마음 가누지 못하겠습니다.

貶辱 不勝驚歎之至

•뜻밖에 거토居土[823]는 무릇 친지의 반열에 있는 사람이라면 누군들 안타까워하지 않겠습니까? 점하點下[824]를 받은 경우는 더욱 생각이 미쳤던 바가 아닙니다. 형께서 황송해하실 것을 생각하면 마치 제가 그 일을 당한 듯합니다. 예전 사대부가 지방관을 귀하게 여기지 않았던 것은 다 실제 체험한 것이 있었기 때문에 말한 것입니다. 어찌하겠습니까?

意外居土 凡在親知之列 孰不咄咄 至於點下 尤非意慮之所及 想兄惶懍 若己當之 古之士大夫 所以不貴作宰者 儘有實獲言之 奈何

•이미 오두五斗[825]를 위해 허리를 굽혔다면 남의 붓끝에 곤경을 겪는

---

823 거토居土: 고과考課에서 중中의 성적을 차지한 것을 이른다.

824 점하點下: 『은대조례銀臺條例』「이고吏攷 전최殿最」에 나오는 말로, 포폄褒貶계본啓本에서 평가 등급이 잘못 매겨졌다고 판단되는 부분에 임금이 주비朱批로 점을 찍어 내리는 것으로 그 대상자에 대해 한 등급씩 낮춰서 상고上考는 중고中考로, 중고中考는 하고下考로 시행하게 되어 있었다.

825 오두五斗: 오두미五斗米로 수령의 적은 녹봉을 가리킨다. 『진서晉書』「도잠열

것은 선배들도 면하지 못했던 일이니, 편안히 여기고 계실 것으로 생각합니다.

既爲五斗折腰 則爲人筆端之困 前輩所不免 想怡然安之矣

•다만 당신의 평소 규모로서는 비록 빨리 체직되더라도 결코 허위 장부로 낭패를 볼 리가 없을 터이니, 조금이나마 위로드립니다.

第平日規模 雖當徑遞 決無虛簿狼狽理 稍以奉慰

•직무 수행이 변변치 못하여 엄한 견책을 자초했으니, 황송하여 어찌할 바를 모르겠습니다.

奉職無狀 自速嚴譴 惶蹙靡措

•몸가짐이 떳떳하지 못해 망극한 일을 만났으니, 차마 무슨 말씀을 드리겠습니까?

行己無常 所遭罔極 尙何忍言

•견책해 파직하는 명이 내려졌으니, 황공한 마음 자못 깊습니다.

譴罷之下 悚恐殊深

•중임을 벗게 되었으니 벌이 아니고 성은입니다. 편의대로 조섭하며 우선 다른 일은 면했으니 저로서는 다행이고 다행입니다.

重任獲解 非罰伊恩 便宜調養 姑免他故 私幸私幸

•중임에서 파직되어 황송한 마음 정말 깊습니다. 오직 한산하게 된

전陶潛列傳」에 진晉 도잠陶潛이 팽택령彭澤令으로 있을 때, 군郡의 독우督郵가 현縣을 순시하게 되자 아전이 도잠에게 의관을 갖추고 독우를 뵈어야 한다고 하니, 도잠이 탄식하며 말하기를 "내가 오두미의 녹봉 때문에 시골의 어린아이에게 허리를 굽힐 수 없다[我不能爲五斗米, 折腰向鄕里小兒]"라고 하고, 마침내 팽택령을 그만두고 고향으로 돌아갔다.

것을 다행이라 여길 뿐입니다.

罷解重任 悚恧實深 惟以散閑爲幸

•맡고 있던 직책에서 체직되었으니, 이로부터 병을 조섭하며 한가하게 지낼 수 있습니다. 다행한 제 마음을 어찌 말로 다 하겠습니까?

見職獲遞 從此可以調病養閒 私幸何言

•체직된 고을의 장부 정리가 비록 군색하고 다급한 탄식은 있지만 파직되어 귀가하니 정말 짐을 벗어 다행입니다.

遞邑治簿 雖有窘急之歎 罷官歸家 實多釋負之幸

•근래 파직으로 인해 강가 집으로 돌아왔습니다. 조금이나마 여유롭고 한가하게 지낼 수 있으니, 저에게 내려주신 큰 은혜에 더욱 송축합니다.

近因官罷 歸尋江舍 稍能優閑 益頌洪私

•곧이어 교외로 나감에 분수대로 먹고 마실 터이니, 위축된 상황 속에 여유롭고 한가함이 또한 기뻐할 만합니다.

旋出郊外 隨分飮啄 危蹙之中 優閑亦可喜也

•국가와 안위를 함께하는 의리는 진실로 자리에 있거나 자리를 떠났거나 차이가 없습니다. 그러나 책임을 벗고 한가롭게 지내게 됨으로써 자신의 평소 소원을 이루셨으니, 구구한 저는 그리운 마음 가눌 길 없습니다.

體國休戚之義 固不以居位去位有間 而釋負就閑 得以遂我素願 區區瞻耿 無任下誠[826]

•이때 걱정은 아마 병들어 누워계신 것으로 차이가 있지 않을 것입니다.

此時憂虞 想不以臥閤而有間也

•귀향하고 싶을 때 관찰사에서 해직되어 일마다 마음대로 된다고 할 수 있으니 기쁜 일입니다. 그러나 큰 번방 고을의 장부 마감과 일행이 짐을 꾸려 돌아오는 일로 아마 많이 소란하고 괴로울 것입니다.

解節於思歸之日 可謂事事從心 可喜 而巨藩勘簿 一行治還 想多撓惱

•맡아 다스리던 칠십 고을[827]과 아리따운 관기官妓 반백 명을 하루아침에 버리고 돌아오니, 어찌 슬퍼서 뒤돌아보는 마음이 없겠습니까?

七十州承奉 半百妓嬌豔 一朝棄歸 那無悲係 而回首之意也

•관찰사[828]에서 해직되어 교대할 사람이 이미 나왔음을 알게 되었으니, 기쁘고 시원한 나머지 아마 반듯이 호연히 돌아오시겠지요.

審解藩寄 交代已出 欣快之餘 想必浩然也

•돌아갈 계획을 어찌 이리 갑작스럽게 냈는지요? 호부虎符[829]가 팔에

826 尹拯『明齋遺稿』卷13「與尹叔麟趾完 乙亥」
827 칠십 고을: 원문의 '칠십주七十州'는 보통 경상도관찰사의 관할 고을 수를 가리킨다.
828 관찰사: 원문의 '번기藩寄'는 지방 장관, 곧 관찰사를 뜻한다.
829 호부虎符: 동호부銅虎符의 준말로 한대漢代에 구리로 범 모양처럼 만든 군대

걸려 있을 때는 고을 원이 소매를 떨치고 곧바로 돌아가는 것과는 달라서 해직을 요청하여 해직되는 것은 쉽지 않을 듯합니다.

歸計 何乃遽爾 虎符在肘 非若邑宰之拂袖徑歸 求解而解 似未易也

•말씀을 받아보니, 귀거래사歸去來辭 읊을 날이 가까워졌다고 하셨습니다. 오직 기쁘고 바라던 일입니다.

承諭 賦歸在邇 惟是欣企

•뜻밖에 빨리 체직되셨으니, 득실 중 어디 해당하는 일입니까?

意外徑遞 得失何居

•다만 근래 관직을 그만두고[830] 고개를 넘는다고 들었습니다. 이제부터 문후를 드릴 길이 더욱 아득해졌으니, 서운하고 허전한 마음 가누지 못하겠습니다.

第聞比將解紱踰嶺 自此奉候尤杳然 不勝悵缺

•근래에 비로소 해직되어 즐거운 곳에 깊이 은거하였습니다. 비록 몹시 위축된 생활이지만 신세가 자못 넉넉하고 한가함을 느끼는지라 도리어 행복합니다.

近始解官 深居悰地 雖甚危蹙 身計頗覺優閑 還以爲幸

•분주한 종사하던 끝에 어제 체직을 받아 잠시 쉬게 되었습니다. 저로서는 몹시 다행이고 다행입니다.

奔走之餘 昨蒙恩遞 可以少歇 私幸私幸

•체직되어 한가하게 지내니 참으로 공사간에 다행한 일입니다. 그러

출동용 부절符節인데, 보통 관찰사의 관인官印을 뜻한다.

830 관직을 그만두고: 원문의 '해불解紱'은 수령이 차는 도장의 끈을 푼다는 뜻으로 관직을 그만둠을 이른다.

나 병이 날마다 깊어지고, 게다가 전원에 돌아가 눕지도 못하니 이 때문에 밤낮 심란합니다.

遞職在散 誠幸公私 而病狀日深 且未能歸臥田廬 以是 日夕悶撓

•해직되고 싶던 차에 다행히 체직을 받아 문을 닫고 칩거하니, 저로서는 정말 다행이라 여깁니다.

求解之際 幸蒙恩遞 杜門蟄伏 私計良幸

•관직 없이 유유자적함은 참으로 제 생각과 딱 들어맞는 일입니다. 그러나 더위를 먹고 골골하여 편안한 날이 몹시도 적습니다.

無官自適 實愜私計 而中暍殗殜 苦少寧日

•근래 체직을 도모하는 것은 이미 정해두었던 계책입니다. 그러나 추위가 이렇게 혹독하니 꼭 봄이 된 뒤에 귀향하고 싶습니다.

從近圖遞 已有定計 而寒事此酷 必欲伴春還鄕矣

•이미 체직된 상태와 같지만 아직 완전히 그만둔 것이 아닌데, 신병이 몹시 심해 공무도 보지 못하고 있으니, 제 고민을 다 말씀드리기 어렵습니다.

便同已遞 尙未快解 薪憂苦欿 公務曠廢 悶惱難狀

•임기 만료일이 되어 바로바로 장부 정리하고 있으니, 교대할 사람을 기다리는 괴로움이 하루가 한 해 같습니다. 교대자의 폐사陛辭[831]가 어찌 이처럼 더딘지요? 답답하지 않을 수 없습니다.

報瓜之日 卽卽修簿 須代之苦 度日如年 陛辭何如是遲遲耶 不能無泄泄

•지금 떠날 때가 되어 예의상 마땅히 직접 찾아가 작별해야 하지만, 장부 정리로 많이 심란하여 겨를이 없다가 드디어 이렇게 한 통의 서찰

831 폐사陛辭: 조정을 떠나는 신하가 임금에게 하직을 고하는 것을 말한다.

을 써서 제 마음을 표현합니다. 자질이 엉성하고 어리석어 관리의 사무에 전혀 능하지 못했으니, 떠난 뒤 남긴 흔적들이 아마 낭자하기 그지없어 가시는 곳마다 조처하고 돌봐주실 것입니다. 오로지 묵묵히 처리해 주시기만 믿겠습니다.

今當離去 禮宜進身辭別 治簿多撓未暇 遂誠玆修一札 庸暴賤悰 疎闇之質 全不嫺吏事 去後瘡瘢 想不勝其狼藉 隨處調護 專恃默運

•막내아우가 순조롭게 무거운 직책을 벗었으니, 모두 천지와 부모의 은혜입니다. 몹시 감축하고 감축합니다.

季弟之順解重握 莫非天地父母之恩 感祝感祝

취리류就理類

•누추한 옥사에 계시니 염려가 됩니다. 판결을 받는 날은 언제입니까?

處陋 慮仰 出場 當在何時

•지난번 심문을 받으셨으니[832], 두려운 마음 가누지 못하겠습니다.

向來對吏 不勝悚然

•취리就理[833]는 결국 염려할 일이 없을 것이라고 예견하고 있었는데, 과연 바로 무사히 판결이 났으니, 몹시도 기쁘고 다행스러운 마음 가누지 못하겠습니다.

就理 已料其末梢無慮 而果卽無事出場 伏不勝喜幸之至

•뜻밖의 곤액으로 감옥[834]에서 여름을 보내는 지경까지 이르러 더위와 습기에 몸 손상이 필시 적지 않을 터이니 이 때문에 염려됩니다.

意外之戹 至於經夏於福堂 暑濕所傷 必不貲 爲之憂念[835]

•아무개 고을 일은 극히 염려됩니다. 만약 치대置對[836]하는 지경에 이른다면 어찌 곤액이 아니겠습니까?

某邑事 極可慮 若至置對 則豈非戹哉

•멀리서 생각건대, 형께서는 옥사에 갇히는 곤액에서 벗어나 새로운

---

832 심문을 받으셨으니: 원문의 '대리對吏'는 의금부에서 심문을 받은 것을 말한다.

833 취리就理: 죄지은 벼슬아치가 의금부에 나아가 심리를 받는 것을 말한다.

834 감옥: 원문의 '복당福堂'은 감옥을 가리키는 말로 『오월춘추吳越春秋』에 대부大夫 문종文鍾의 축사祝詞에 '화는 덕의 근본이 되고 근심은 복의 당이 된다[禍爲德根憂爲福堂]'라고 한 것에서 유래하였다.

835 尹拯 『明齋遺稿』 卷23 「與鄭長源 丙戌七月八日」

836 치대置對: 의금부나 국청鞫廳 등에서 직접 심문하여 답변하게 하는 일, 또는 심문을 받아 답변하는 일을 말한다.

복을 받고 만중하실 터인데, 만일 조사하여 처분하는 일이 아직 지체되고 있다면 어찌 잠시라도 잊을 수 있겠습니까?

遠想兄得脫囚厄 新福萬重 如其査處 未免遲滯 何可一刻忘乎

·지난번 당하신 낭패는 한탄스러운 마음 어찌 말로 다 하겠습니까?

向來狼狽 咄歎何言

·춘부장께서 심문을 받은 일은 놀랍고 한탄스럽기 그지없습니다. 이는 실로 한때의 액운과 관계된 일이니 어쩌겠습니까?

春府就吏 驚歎曷已 此實一時厄會所關 奈何

·이제 막 아무개 일로 네댓새 옥사에 갇히는 곤액을 겪었으니 어찌 하겠습니까?

才以某事 喫了四五日畫地之困 奈何

·오랫동안 차가운 옥사에 갇혀 있다가 이제야 겨우 풀려났습니다. 그러나 몸 상한 곳이 적지 않아 비실대며 날을 보내니, 불쌍한 제 처지를 어찌합니까?

久繫冷狴 今纔脫出 而所傷非細 委頓度日 悶憐奈何

·오랫동안 차가운 옥사에 갇혀 있었던 터라 병을 얻어 골골합니다.

久滯冷獄 受病委頓

·뜻밖에 옥사에 갇히는 곤액을 이제 막 겪고 병을 얻어 신음하고 있습니다.

才經意外畫地之厄 添病叫痛

행역류行役類

1권의 조안류粗安類 8과 함께 보라[與第一卷粗安類八通看].

•듣자 하니, 서행西行 길이 열흘에서 보름 사이를 넘지 않을 듯한데, 마침 저도 황공한 상황에 있는 처지인지라 감히 길가에 나가 기다렸다가 만나 이야기를 나누고[837] 행차를 배웅할 생각을 내지 못합니다. 구구한 저의 그립고 답답한 심정 참으로 가누지 못하겠습니다.

仄聞西行 似不出旬望之間 而適此惶蹙 不敢爲出候道左 班荊望塵之計 區區瞻結 誠不自勝[838]

•행차가 만약 열흘 사이 떠난다면 아마 뵙고 이별하지 못할 듯하니, 더욱 저를 서운하고 한스럽게 합니다.

行旆 若於旬間離發 則恐不得拜別 益令人觖恨也

•병으로 누워 있는 가운데 남행南行이 이미 도착했다는 소식을 들었으니, 그립고 서운할 뿐입니다.

病伏中 伏聞南行已屆 瞻望悵缺而已

•멀리 길을 떠난 지 여러 날 되었다고 하니, 저를 서운하게 합니다.

承遠行有日 令人悵然[839]

•내일 떠나는 행차가 실로 마음에 걸립니다.

明日行役 實有關心矣

---

837 만나 이야기를 나누고: 원문의 '반형班荊'은 친구 간에 길에서 이야기를 나눔을 의미한다. 『춘추좌씨전』 양공襄公 26년 조에 "오거가 정나라로 달아났다가 마침내 진나라로 달아났는데, 성자가 진나라로 가던 길에 정나라 교외에서 둘이 만나 자형나무를 깔고 앉아서 함께 밥을 먹으면서 복귀에 대한 이야기를 나누었다[伍擧奔鄭 將遂奔晉 聲子將如晉 遇之於鄭郊 班荊相與食 而言復故]"고 하였다.

838 尹拯 『明齋遺稿』 卷13 「與申叔弼翼相 壬戌九月七日」

839 金昌協 『農巖集』 卷18 「答黃奎河 癸未」

•병 증세가 오랫동안 심하여 인사人事를 모두 폐하고 지낸 터라 같은 성안인데도 한번 찾아뵙지 못했습니다. 멀리 떠나시는 날이 목전에 있지만 이번에도 만나 작별할 수 없으니, 아쉽고 한탄스럽기 그지없습니다.

病意長時作苦 人事都廢 同城而一未參尋 遠離當前 而亦不得握別 歎歎何已

•병이 아직 회복되지 않았는데 또 먼 길을 나서시니, 염려되는 마음 가누지 못하겠습니다.

病未平而又作遠役 不勝瞻慮[840]

•오래지 않아 길을 떠난다는 소식을 들었으니, 몹시 심란하고 괴로우실 것으로 생각됩니다.

聞當非久作行 伏想深以撓惱也

•모레로 정해진 떠나는 날짜가 당겨지거나 미루어지지는 않았는지요?

再明行期 其無前卻否[841]

•절에 가는 행차가 벌써 나섰다고 들었습니다. 이 때문에 몹시도 그립습니다.

聞蕭寺之行已啓 爲之馳仰[842]

•모레로 정해진 떠나는 날짜는 미루어지거나 바뀌지는 않았는지요? 조각배에 돛을 한번 달면 호연히 떠나는 길을 막기 어렵습니다. 이 때문에 창망하기 그지없습니다.

再明行期 無退轉否 片帆一掛 浩然難遏 爲之悵惘不已[843]

---

840 尹拯『明齋遺稿』卷20「與朴泰輔士元 七月幾望」

841 尹拯『明齋遺稿』卷13「與趙士威 十月八日」

842 蔡之洪『鳳巖集』卷8「答鄭明佐姬柱 癸卯」

843 趙龜命『東谿集』卷10「與元華伯景夏書 壬寅」

•뜻밖에 길에서 잠시 만났던 일은 여전히 특별한 행운이라 느낍니다. 그러나 저물녘 이별할 때 모습이 희미해 분명히 보기 어려웠으니, 관하關河[844]의 운수雲樹[845]가 갑절 더 울적합니다.

意外路上霎奉 猶覺奇幸 而第暮色別顔 依依難分 關河雲樹 倍切黯然

•내일 출발은 아마 앞당겨지거나 미뤄질 일은 없을 터인데 빗물이 길을 막을까 염려됩니다. 게다가 다시 손을 잡고 전송하지 못하여 저를 몹시 울적하게 합니다.

明發 想無進退 而雨水梗路 可慮 且失更拚以送 極令人黯黯

•세찬 비가 비록 갰지만 아직까지 비 기운이 남아있습니다. 금일 노정路程이 가장 멀고 진흙길도 많이 미끄러울 터이니 이 때문에 걱정되기 그지없습니다.

狂雨雖晴 尙有餘意 今日路程最遠 泥路多滑 以此伏慮無窮

•남은 더위가 아직 기승을 부리고 있는데 행로에 시봉하는 사람이 없으니, 말고삐를 잡는 수고로움과 곁에서 수발을 드는 일이 몹시 염려됩니다.

殘炎尙熾 侍行無人 鞍馬之勞 杖屨之奉 但切貢慮[846]

•도보로 가는 모습이 계속 떠올라 잊을 수 없습니다.

徒步行色 耿耿不能忘[847]

---

844 관하關河: 함곡관函谷關과 황하黃河의 병칭으로 고향이나 도성에서 멀리 떨어진 변방 타향을 뜻한다.

845 운수雲樹: 벗을 그리워하는 마음을 뜻한다. 두보杜甫의 시 「춘일억이백春日憶李白」에서 "위수 북쪽 봄날의 나무 한 그루, 장강 동쪽 해질녘 구름이로다[渭北春天樹 江東日暮雲]"라고 한 것에서 온 말이다.

846 尹拯『明齋遺稿』卷27「上仲父童士府君 乙巳七月十日」

847 尹拯『明齋遺稿』卷18「與柳和仲聖和 戊申九月十九日」

•아무개 산에 행차하신다니, 소식을 들은 뒤 몹시 염려됩니다. 추위를 무릅쓰고 가는 길과 오랫동안 객지에서 지내는 고생이 모두 염려되니, 부디 자중자애하시길 바랍니다.

某山之行 聞來深慮 冒寒之役 久客之苦 俱可念也 千萬自愛[848]

•행차를 나선 뒤 연일 몹시 춥습니다. 말은 나약하고 시종도 한 명뿐이니, 어떻게 도달하실지 몹시 걱정됩니다.

發行後 連日極寒 馬孱僕單 何以抵達 憂念萬萬

•길을 나선 뒤 비가 연일 개지 않아 먼 길 힘든 노정에 몸이 상할 듯합니다. 늘 염려되는 제 마음 또한 이루 다 말씀드릴 수 없습니다.

發程後 雨勢連日不開 長路跋履 恐致傷損 耿耿伏慮 亦不可勝言

•먹구름이 끼어 비가 오려고 하니, 먼 길 행차가 더욱 염려됩니다.

陰雲欲雨 遠途行邁 尤貢奉念

•편지가 와서 벌써 길을 나섰다는 것을 알게 되었으니, 더욱 위로됩니다.

書來 知已啓程 爲增瞻慰[849]

•그날 아무개와 교외로 달려갔으나 행차가 벌써 고개를 넘었더군요. 행차를 슬프게 바라만 보고 돌아온 뒤 제 마음을 진정시키기 어렵습니다.

伊日 與某人馳往郊外 行駕已逾嶺 悵望而歸 殆難定心

•근행覲行[850]은 아마 벌써 나섰을 터인데 돌아오실 날은 또 언제입니까?

覲行想已啓之 而歸期亦在何間

---

848 尹拯『明齋遺稿』卷27「上從兄修撰公 辛丑至月八日」

849 尹拯『明齋遺稿』卷17「與林德涵 庚申六月二十日」

850 근행覲行: 시집간 딸이나 객지에 머물던 자식이 어버이를 뵈러 오거나 가는 것을 말한다.

•극심한 더위를 무릅쓰고 달려가시어 응당 건강에 손상이 있을 터이니, 몹시도 걱정되어 밤낮 마음을 놓지 못합니다. 편지를 올려 문후를 여쭈려고 했으나 이렇게까지 미루며 단지 스스로 그리워만 했을 뿐입니다.

冒極炎驅馳 當有愆傷 區區慮仰 日夕未弛 奉書申候之計 姑此遷就 只自耿耿

•행차가 점점 멀어져가니 단지 바라만 볼 뿐입니다.

行塵漸遠 第有瞻言

•이별 회포로 여러 날 마음이 좋지 않습니다. 쇠로하여 그런 것인지요?

別懷 屢日作惡 年衰而然歟

•대감의 행차가 길을 나선 뒤 연일 바람 불고 추웠습니다. 행차가 지금 벌써 도착하셨지만 험한 노정 끝에 체후가 두루 다 좋으신지 모르겠습니다.

台旆戒路後 連日風寒 不審行軒今已稅止 而跋涉餘 體履萬勝

•뒷날 만날 기약이 비록 멀지 않지만 장차 올해를 넘기는 이별이 될 터이니, 갑절이나 서운합니다.

後期雖不遠 將作隔歲之別 倍覺悵惘

•그날 사람을 보내니 형께서 벌써 길을 떠나셨더군요. 행차를 바라보니 제 마음 아프기만 합니다.

其日送人 則兄已發程矣 瞻望行塵 令人傷神

•도중 행차가 어떤지 모르겠습니다. 노복과 말, 노자는 또한 탈이 나거나 떨어지지나 않았는지요?

不審在途行李如何 僕馬盤費 亦不瑕無闕耶[851]

•단지 행차가 진중하시기만 바랄 뿐입니다.
只祝行李珍衛

•단지 행차가 잘 돌아오시기만 바랄 뿐입니다.
只冀行旆利旋

•선향扇香을 구해 올리니, 이것이 낯을 대신할 물건이 될는지요? 부디 좋은 글을 많이 내려주시어 제 뜻에 부응해 주시는 것이 어떻겠습니까?
扇香覓上 可作替面之資否 須多惠妙墨 以酬此意 如何

•명정名亭에 갔던 행차가 돌아오자마자 또 약산藥山 모임에 가셨으니, 아마 많이 피로하실 것입니다. 이 때문에 염려가 됩니다.
才返名亭之駕 又赴藥山之會 想多困憊之端 爲之仰念

•행차가 매우 가까이 있다는 소식을 들었으니, 제 마음만 내달려갈 뿐입니다.
仄聞輿御密邇 只自馳爽

•아마 바로 당일 행차가 돌아와 모친께서는 한껏 위안이 되고 당신은 예전처럼 고요히 지내실 터이니 몹시도 기쁘고 다행한 일입니다.
想惟卽日行李已返 萱闈慰滿 靜履依舊 欣幸萬萬[852]

•힘든 노정 뒤 기거는 편안하신지요?
勞攘之餘 起處珍嗇否

851 南九萬『藥泉集』卷31「與李相國尙眞 丁卯正月二十五日」
852 尹拯『明齋遺稿』卷14「答羅顯道 戊辰正月二十九日」

•아무개는 이미 도착했습니까? 출발한 뒤 연이어 몹시 추운 날씨를 만나 안절부절 온통 염려되어 밥을 먹거나 쉴 때도 늘 마음을 놓지 못했습니다.

某人已得達否 發行後 連値甚寒 憧憧一念 食息不弛

•여러 날 말을 달려왔지만 다행히 쓰러지는 일은 면했습니다.

多日驅馳 幸免顚仆矣

•힘들게 산 넘고 물 건너왔지만 다행히 병이 나는 것은 면했습니다.

間關跋涉 幸免添病

•언덕을 넘고 습지 건너는 노고[853]는 겨울이나 여름이나 의당 다를 게 없겠지만, 지금 지나온 길로 말씀드리자면 제 생각에 추위가 더위만 못한 듯합니다.

原濕之勞 冬夏宜無異 而以今所歷言之 竊恐寒不如暑也

•장맛비를 무릅쓰고 산 넘고 물 건너 겨우 오늘에서야 집으로 돌아왔습니다. 이번 행차가 무사히 돌아온 것은 오로지 형께서 돌봐주신 노력 덕분이니, 그 감사하고 다행한 마음 마땅히 또 어떻겠습니까? 다만 앞뒤로 끼친 폐가 몹시 많아 이 때문에 마음이 편치 않습니다.

冒潦跋涉 僅於今日還家 此行之無事歸來 專賴兄調護之力 其爲感幸當復如何 但前後貽弊甚多 是用不安也

•도착한 뒤 여독으로 병이 났을 뿐만 아니라, 또 혹독한 더위에 시달

853 언덕을 넘고 습지를 건너는 노고: 원문의 '원습原濕'은 언덕과 습지로 사신가는 길을 말한다. 『시경詩經』「소아小雅」 황황자화皇皇者華에 "밝고 고운 꽃은 저 언덕과 저습한 곳에 피어 있고, 부지런히 가는 사신 일행은 매양 미치지 못할세라 염려하도다[皇皇者華 于彼原隰 駪駪征夫 每懷靡及]"라고 한 것을 인용하였다.

려 반은 죽고 반은 살아 있는 상태입니다. 돌이켜 생각해 보면 지난번 영해嶺海의 장대한 유람은 바로 한바탕 꿈이었으니, 단지 스스로 안타까워 탄식만 할 뿐입니다.

歸稅之後 不但餘憊成病 又爲毒暑所惱 半死半生 回思向來嶺海壯游便一夢境 只自憐歎而已

한훤차록 寒暄箚錄 권 5

문병류問病類

1권의 제류第類 3, 조안류粗安類 3·4·5와 함께 보라[與第一卷第類三粗安類三四五通看].

•건강이 좋지 않으시니 몹시 놀라고 염려되는 마음 가누지 못하겠습니다.

體中欠適 不勝驚慮之至

•근래 병환이 자못 심하다는 소식을 들었습니다. 얼마나 염려되는지요?

近聞愼節頗深 何等貢慮

•근래 숙환이 자못 심해졌다는 소식을 들었습니다. 몹시 염려되어 편지를 써서 탐문하려했지만 소란하여 그렇게 하지 못했습니다.

近聞宿患頗歊 仰慮之極 欲以書仰探 而惱撓未果

•한 달 넘게 편찮으시다는 소식을 듣고 놀랍고 염려되는 마음 가눌 수 없습니다. 막 사람을 보내 안부를 여쭙고자 하였으나 그럴 겨를이 없었습니다.

伏聞愆度閱月 不勝驚慮 方欲走伻仰候 而有未遑者[854]

•병환이 더 심해지고 차도가 없어 나가서 피접하는 지경에 이르렀다는 소식을 들었습니다. 어찌 놀라고 염려되는 마음 가누겠습니까? 식욕이 없는 것은 오랜 설사 끝에 나타나는 본래 증세지만 온조溫燥의 약제를 함부로 복용하는 것은 마땅하지 않습니다. 지금 보니 보중익기방補中益氣方[855]은 병이 더칠 염려가 있는 듯한데, 병을 멀리서 짐작하기 어려운 터라 만류할 수가 없습니다. 부디 스스로 잘 헤아려 복용하시길 바랍니다.

---

854 南九萬『藥泉集』卷30「答西溪十月十九日」

855 보중익기방補中益氣方: 비위脾胃를 보하여 원기를 돕는 데 쓰는 처방이다.

似聞所愼 有加無減 至於出避云 豈勝驚慮 厭食 自是久痢本証 而溫燥之劑 不宜妄用 今見補中益氣方 似有添病之慮 而病難遙度 不能挽之 幸須自諒服之也

• 이때 제반 체절體節은 더하고 덜한 정도가 어떠한지요? 하루 설사는 얼마나 잦으며, 식욕이 없는 증세들은 또한 어떠한지요?
此時諸節 加減若何 一日泄痢 度數幾何 而厭食諸症 亦何如耶

• 병환은 시원히 회복되었는지요?
愼度快復否

• 감기는 이미 회복되었는지요?
感氣已解耶

• 오랫동안 소식을 듣지 못했습니다. 병을 조섭하고 계신 체후는 이미 회복되었는지요?
久未聞 調攝氣體 已就平復否[856]

• 병을 조섭하고 계신 체후는 어떠한지요? 병으로 야윈 모습을 생각해 보니, 구구한 저의 걱정과 염려가 평소보다 갑절이 됩니다.
調中體候若何 自瞻病瘁之狀 區區憂念 倍於他日

• 병환은 이미 쾌차하셨는지요?
美疢已快差否

• 이제 조섭하고 계신 체후가 회복[857]되었을 것입니다.

---

856 許穆『記言』別集 卷7「與李監司命雄」
857 회복: 원문의 '유희有喜'는 약을 쓰지 않고 병이 낫는 것을 뜻한다.『주역周易』「무망괘无妄卦」에 "무망의 병은 약을 쓰지 않고도 나아 기쁨이 있다[无妄之疾

卽惟調體有喜[858]

•어제 아무개가 와서 말하기를, 형의 백발이 다시 여기 있을 때의 모습이 아니라고 하였습니다. 예순 나이에 또한 족히 괴이할 것은 없으나 오랫동안 몹시도 곤궁한 처지였고, 게다가 여러 해 깊은 병환까지 앓아 또한 백발을 재촉했을 것입니다. 이 때문에 마음이 아픕니다.

昨某來言 兄白髮非復在此時容顔云 六十之年 亦足無怪 而長困涸轍 重以積年沉痾 亦當有以催之 爲之相憐

•편지를 받고 대감의 건강이 조금 편찮다는 소식을 알게 되었으니, 한편으로 위로되지만 한편으로 염려됩니다.

承審台候少愆 一慰一慮

•조섭하고 계신 체후는 점차 회복되어 가는지요?

調候 漸臻康復否

•온천욕을 한 뒤 효험을 보셨는지요?

浴泉 能見效否

•궁궐에서 밤을 샌 뒤 병환에 더 나빠진 점은 없는지요?

禁苑經夜 所愼得無添損節否

•그곳의 수토水土[859]가 몹시 맑고 시원하다고 들었는데, 무엇 때문에 다섯 달이나 학질瘧疾에 걸렸는지요?

水土聞甚清凉 緣何以遘五朔之瘧耶

勿藥有喜]"라고 하였다.

858 南九萬『藥泉集』卷31「與申判書翼相 甲戌十二月二十日」

859 수토水土: 지방의 기후나 수질, 풍토 따위의 환경을 뜻한다.

•노경에는 한때 병환도 오히려 잘 낫지 않는데, 하물며 여러 달 동안 편찮은 경우에야 반드시 배나 쇠로해질 것입니다. 모두 죽음에 이르는 조짐[860]이니 어찌하겠습니까?

老境一時之愼 猶難勝效 況屢月愆候 必倍衰白 無非維霰之兆 奈何

•조섭하시던 체후는 다시 남은 증세가 없고, 봄이 온 뒤 민사民事도 점차 간소해졌을 터이니 부모님을 봉양하시기에 넉넉하시겠지요?

調候更無餘証 而春來民事漸簡 愜於榮養否

•요사이 부모님 탕약을 받들고 계신 제반 체후는 또 어떠한지요?

日間 侍湯諸節 更若何

•그리고 부모님을 모시면서 늘 색우色憂[861]가 있음을 알았습니다. 쇠로한 연세에 곤궁하게 살면서 조섭과 간호가 진실로 어려울 터이니, 어찌 염려되는 마음 가누겠습니까?

仍審侍奉下 常有色憂 衰年窮居 調護誠難 豈勝奉慮[862]

•삼가 보내 주신 편지를 받고 상약嘗藥[863]으로 걱정하며 경황이 없는 가운데 당신의 환후도 가볍지 않음을 알게 되었으니, 놀랍고 걱정되는

860 죽음에 이르는 조짐: 원문의 '유산維霰'은 『시경詩經』「규변頍弁」에 "저렇게 눈이 쏟아지려고, 먼저 싸락눈 뿌리는구나[如彼雨雪 先集維霰]"라고 한 구절에서 인용하였다. 여기서는 싸락눈이 내리면 눈이 올 것을 알 수 있듯이 사람이 늙으면 죽는 것은 자명한 일이라는 말이다.

861 색우色憂: 부모가 편찮으시면 자식이 근심스러운 얼굴빛을 한다는 말이다. 『예기禮記』「문왕세자文王世子」에 "왕계王季가 편치 않은 때가 있어 내시가 문왕에게 알리면 문왕은 얼굴에 근심하는 기색을 띠고 걸음을 똑바로 걷지 못하였다[其有不安節 則內豎以告文王 文王色憂 行不能正履]"라고 하였다.

862 尹拯 『明齋遺稿』 卷24 「答朴喬伯 八月七日」

863 상약嘗藥: 약을 맛본다는 뜻으로 부모가 병이 났을 경우 자식이 약성을 먼저 알아보는 것을 이른다. 『예기禮記』「곡례하曲禮下」에 "임금이 병이 들어 약을 먹을 경우에는 신하가 먼저 맛보고, 부모가 병이 들어 약을 먹을 경우에는 자식이 먼저 맛본다[君有疾 飮藥 臣先嘗之 親有疾 飮藥 子先嘗之]"고 하였다.

마음 그지없습니다.

伏承下書 仰審嘗藥憂遑之中 湯候不輕 驚慮無已

•부모님 병환이 낫지 않아 관아로 돌아가지 못했음을 알게 되어 막 염려하고 있던 차에, 또 이미 체직되어 편안한 마음으로 병환을 보살필 수 있게 되었다는 소식을 듣고 조금 위로가 됩니다.

仰審湯憂未已 不克還官 方用奉慮 又聞已得遞職 可以安意可病 爲之稍慰[864]

•밤새 간호해도 부모님 병환이 회복되지 않았다면 행차의 출발은 쉽지 않을 듯합니다.

夜帶猶未快解 則徒御之發 想不容易

•다만 부모님 병환이 낫지 않았다고 하시니 자못 염려됩니다.

第湯患未解 殊令人仰念[865]

•다만 자당의 병환이 줄곧 낫지 않고 있다는 소식을 받았으니 이 때문에 염려되기 그지없습니다.

第承慈闈愆度 一向沈綿 爲之仰慮無已[866]

•다만 밤새 간호해도 부모님 병환이 낫지 않았다는 소식을 받았으니, 몹시 염려되는 마음 가누지 못하겠습니다.

第伏承夜帶未解 愆候未脫然 不任慮仰之至

•부모님 건강은 근래 또 어떻습니까? 사무가 모두 마음에 잡히지 않음은 어찌 그렇지 않겠습니까? 염려됩니다.

---

864 南九萬『藥泉集』卷32「答崔汝和 己巳七月七日」
865 金昌協『農巖集』卷18「答趙定而 丁巳」
866 金昌協『農巖集』卷18「答李仲深 戊午」

庭候近復如何 事務之都不掛心 安得不然 奉念

• 다만 병환이 있다는 소식을 들었으니, 염려되는 마음 그지없습니다.

第聞有病憂 貢慮不已

• 다만 아드님의 병[867] 소식을 들었으니, 몹시 염려되고 염려됩니다.

第聞惟憂 仰慮仰慮

• 아이의 병은 이미 다 나았는지요?

兒患 果已快愈否

• 다만 따님의 병이 점점 심해진다는 소식을 들었으니, 이 때문에 몹시 염려됩니다.

第聞令愛所苦漸篤 爲之驚慮

• 편지를 받고 아드님 병이 조금 좋아졌다는 것을 알게 되었으니, 많이 위로가 됩니다.

承審惟疾之憂少降 爲慰多矣

• 편지를 받고 아이의 병이 좋아졌다는 것을 알게 되었으니, 더욱 기쁜 일입니다.

得審兒患良已 尤可喜也

• 아이의 병이 위중하여 한 달 동안 더 심해졌다는 소식을 들었는데, 그사이 벌써 나았는지 알지 못하겠습니다. 더욱 적잖게 염려가 됩니다.

聞兒憂沈重 閱月添頓 未知其間果已快瘳否 仰慮尤不淺

---

867 아드님의 병: 원문의 '유우惟憂'는 '자식의 병에 대한 근심'을 뜻하는 말로 『논어論語』 「위정爲政」에 "부모는 오직 자식이 병들까 근심하신다[父母唯其疾之憂]"라고 한 데서 온 것이다.

•편지를 받고 복중服中에 또 아이 병까지 걱정함을 알게 되었으니, 몹시 염려됩니다.

得審遭服 且患兒疾 深用慮念[868]

•요사이 어떤 병으로 며칠 동안 고통스러웠습니다. 오랫동안 찾아가 뵙지 못하여 송구하고 한탄스럽던 차에 삼가 보내 주신 위문편지를 받았으니, 황송하고 감사하기 그지없습니다.

近以某疾 委痛幾日 久未趨拜 方用悚歎 伏蒙下問 惶感無已

•요사이 원인 모를 병[869]을 얻어 늘 고통스러워 침석에서 신음하고 있었는데, 이렇게 팽인伻人으로 문안편지를 보내 주셨으니 몹시도 감사합니다.

近得無妄之疾 沈淹作苦 伏枕涔涔 承此伻問 深用感荷

•저의 병을 걱정하여 누차 팽인伻人으로 안부를 물어주셨으니, 당신의 권념眷念에 감사한 나머지 문득 묵은 병이 몸에서 사라지는 듯합니다.

憂念賤疾 屢辱伻訊 仰感盛眷 頓覺宿痾之祛體也

•제 병[870]을 염려하시어 편지를 보내 위문해 주시는 지경에 이르렀습니다. 병중에 기쁘고 감사하여 어찌 진귀한 보배[871]로만 여길 뿐이겠습니까?

俯念採薪之憂 至有折簡之問 病中欣感 何啻拱璧

•부모님 병이 위중하여 여전히 하루도 좋아질 기미가 보이지 않습니

---

868 李珥『栗谷全書』卷11「與宋雲長 丁丑」

869 원인 모를 병: 원문의 '무망지질無妄之疾'은 잘못한 일이 없이 생긴 병을 말한다. 『주역周易』「무망괘无妄卦 구오九五」에 "잘못한 일이 없는 병이니, 약을 쓰지 않아도 나을 것이다[无妄之疾 勿藥有喜]"라고 하였다.

870 제 병: 원문의 '채신지우採薪之憂'는 『맹자孟子』「공손추하公孫丑下」에 나오는 말로 땔나무를 하기 어려울 정도로 몸이 불편하다는 뜻으로 자신의 병환을 완곡하게 비유하는 표현이다.

871 진귀한 보배: 원문의 '공벽拱璧'은 두 손으로 감싸 잡을 만큼 큰 벽옥璧玉으로 진귀한 보배를 뜻한다. 『춘추좌씨전春秋左氏傳』「양공襄公 이십팔년二十八年」에 보인다.

다. 애타는 마음을 어찌 말로 다 하겠습니까? 이렇게 보내 주신 위문편지를 받았으니 정말로 감사합니다.

親病沈重 尙無日勝之勢 煎灼何言 荷此委問 良用感謝

•부모님 병환이 며칠 동안 몹시 심하더니 다행히 조금 좋아졌습니다. 그러나 남은 증세가 오락가락하여 노인의 원기가 날마다 크게 손상되어 가니, 애타는 마음을 어떻게 형용하겠습니까?

親患幾日苦劇 幸得少減 而餘証進退 老人元氣 日就大脫 焦悶何狀

•양친의 병환이 요사이 조금 좋아졌으니, 저로서는 매우 다행입니다.

兩親病患 近得差安 私幸萬萬

•아이의 병이 매우 극심하여 처방을 찾느라 경황이 없습니다. 걱정되고 심란한 마음을 어떻게 형용하겠습니까?

兒病苦劇 見方遑遑 悶擾何狀

•제 아이 병은 이렇게 더욱 심해져서 소생할 길이 아득하니 몹시 우려됩니다.

迷兒之病 尙此彌苦 蘇甦杳然 憂慮萬萬

•제 아이 병은 한결같이 나아질 기미가 없으니 걱정됩니다.

迷豚所苦 一味無勝 可悶

•어린 아들이 아무개 증세로 누차 위험한 상황을 겪다가 조금 좋아질 기미가 있으니 다행입니다.

幼子以某証 屢經危域 少得差勢 可幸

•여식의 병은 심하다 덜하다 일정치 않으니 몹시 걱정됩니다.

女息之病 劇歇無常 殊可惱悶

과주류課做類

•공부는 아마 짧은 등잔에 책상을 맞대고 하실 터이니 더욱 재미가 나시겠지요.

做工 想聯牀短檠 趣味滋長[872]

•긴 여름 하시는 공부는 또 어떤 책을 보시는지요?

長夏工夫 又在何書[873]

•요사이 어떤 공부를 하며, 이때 아무개와 서로 모이는지요?

近何工夫 時與某人相聚否[874]

•보시는 책은 어떤 책이며, 맡은 일은 어떤 일입니까? 함께 듣고 싶습니다.

所看何書 所幹何事 幷願聞之

•또 절 행차를 벌써 나섰다는 소식을 들었습니다. 아마 고요하고 적막한 산사山社에서 더욱 연구하는 재미가 날 터이니, 이 때문에 그리운 마음 더욱 깊습니다.

且聞蕭寺之行已啓 竊想山社靜寂之中 益有尋玩之味 爲之馳仰增深[875]

•지난번 여름 동안 절에서 독서한다는 소식을 들었을 때 축지술縮地術을 배울 방법이 없어 더욱 한스러웠습니다.

頃聞夏間讀書蕭寺 尤恨無由有縮地術也[876]

---

872 尹拯『明齋遺稿』卷21「與李熷希敬 庚申至月幾望」
873 尹拯『明齋遺稿』卷23「答權汝柔 壬午正月二十六日」
874 尹拯『明齋遺稿』卷23「答李伯邵 甲子三月七日」
875 蔡之洪『鳳巖集』卷8「答鄭明佐姬柱 癸卯」
876 尹拯『明齋遺稿』卷19「與閔彥暉 庚申九月既望」

•서책을 멀리하면 마음에 잡풀이 자라는 것은[877] 참으로 개탄스러운 일입니다.

書冊之疎 蹊茅之長 其爲慨歎固也[878]

•매번 병 때문에 학업을 부지런히 하지 못한다는 탄식을 하였는데, 지금 방년芳年의 나이에 앓고 있는 병이 어떤 증세인지 모르겠습니다.

每以病字 爲不能勤業之歎 未知芳年所祟何証耶[879]

•글공부[880]도 전념하지 못하실 듯하니, 이 때문에 깊이 염려됩니다.

佔僤工夫 似當不專 爲之深慮[881]

•아이들은 과거 공부가 아니면 쓸데없는 일을 하거나 놀기만 할 뿐입니다. 전혀 학문에 뜻과 취미가 없으니, 만나거든 모쪼록 엄히 타일러주시는 것이 어떻겠습니까?

兒輩非科工 則雜冗耳 遊戲耳 一無志趣 相見時 須痛加警飭 如何[882]

•과거시험 시기[883]가 이제 많은 달이 남지 않았습니다. 북창의 시원

---

877 마음에~자라는 것은: 원문의 '해모蹊茅'는 학문이나 수양을 지속하지 못하고 중단하여 마음이 거칠어지고 막혀 버렸다는 것이다. 『맹자孟子』「진심盡心」 하편에 맹자孟子가 고자高子에게 "산골짜기의 좁은 길이 사람들이 잠시만 사용하면 길을 이루지만, 잠깐 동안 사용하지 않으면 잡풀이 자라서 길을 막는다. 지금 잡풀이 그대의 마음을 꽉 막고 있구나[山徑之蹊間 介然用之而成路 爲間不用 則茅塞之矣 今茅塞子之心矣]"라고 하였다.

878 尹拯 『明齋遺稿』 卷27 「與再從弟天縱 己巳元月二十八日」

879 尹拯 『明齋遺稿』 卷23 「答李伯邵 辛酉五月二十一日」

880 글공부: 원문의 '점필佔僤'은 원래 단지 글자만 알고 뜻을 모르고 읽는 것을 말한다. 『예기禮記』「학기學記」에 "지금에 가르치는 사람은 책을 보고 읊기만 할 뿐 깊은 뜻은 모른다[今人敎者 呻其佔畢]"라고 한 데서 유래한 말이다.

881 尹拯 『明齋遺稿』 卷14 「答羅顯道 丙辰六月二十三日」

882 尹拯 『明齋遺稿』 卷19 「與閔彦暉 五月七日」

883 과거시험 시기: 원문의 '괴황槐黃'은 과거시험 철을 뜻하는 말이다. 『대전회통大典會通』「예전禮典 제과諸科」에 회화나무가 음력 7월에 녹황색 꽃이 피어 옛날 중국

한 자리에서 어떤 공부에 한결같이 전념하고 계시는지요?

槐黃之期 今無多月 北窓凉簟 做得何工 而一意專著否

•초가을 시원한 기운이 들에 드니 등불을 가까이 할 계절입니다. 부디 부질없이 세월을 보내어 늙어서 후회한다는 경계를 범하지 마시는 것이 어떠하겠습니까?

新凉入郊 燈火可親 幸勿漫浪以犯老悔之戒 如何

•공부를 한지 오래되었지만 쓸데없는 일이 많아서 괴로워 전념할 수 없으니 어찌하겠습니까?

開硏雖久 而冗故多端 苦未專意 奈何奈何

•글공부[884]가 사람을 늙게 하니, 백두잠득白頭賺得[885]이라는 말이 참으로 좋은 비유입니다.

鉛槧之工 令人欲老 白頭賺得之語 眞善喩也

•요사이 아무개들과 비로소 공부를 시작하였습니다. 우선 일과日課를 받고 문文으로 벗을 모았으니[886] 또한 기쁘고 다행한 일입니다.

近與某某 始爲開做 姑得日課 以文會友 亦可喜幸

의 과거시험 철과 일치한 데서 유래하였다. 우리나라도 정기 시험인 식년시式年試의 경우, 가을에 초시初試를 보이고 이듬해 초봄에 복시覆試와 전시殿試를 보였다.

884 글공부: 원문의 '연참鉛槧'은 문장 혹은 글공부를 가리킨다. 참槧은 목판, 연鉛은 연분필로 『서경잡기西京雜記』에 "양자운揚子雲이 항상 연필을 품고 목판을 들고 다녔다"라고 하였다.

885 백두잠득白頭賺得: 과거를 통해 훌륭한 인재를 많이 얻었으나, 모두 머리가 하얗게 된 늙은이란 뜻이다. 『고금사문유취전집古今事文類聚前集』卷27 소식蘇軾의 시 「잠료영웅賺了英雄」에서 "당 태종 황제 장구한 계책을 세웠으나, 얻은 영웅은 모두 흰머리 늙은이였네[太宗皇帝眞長策 賺得英雄盡白頭]"라고 하였다.

886 문文으로 벗을 모았으니: 『논어論語』 「안연顏淵」에 "군자는 학문을 통해서 벗을 모으고, 벗을 통해서 자신의 인덕을 보완한다[君子以文會友 以友輔仁]"라는 증자曾子의 말이 나온다.

•글공부에만 땀을 흘리는 것은 진실로 즐거운 일이 아니니, 사람이 과거에 구속될 뿐만이 아니라 과거가 또한 사람을 구속합니다.

揮汗佔 誠非樂事 非但人累科學 科學亦能累人也

•삼여三餘의 공부[887]로 비록 부질없이 보내는 것을 면했지만 한 해 학문이 아직 괄목할 정도의 수준이 아닌지라 도리어 많이 부끄럽습니다.

三餘之工 雖免漫浪 而一年之學 未見刮目 還多歉然

•독서를 했다 말았다 하다가 그대로 책을 덮어둔 지 오래되었습니다. 부끄럽게도 친구의 귀에 들려드릴 만한 성과가 없으니 어찌하겠습니까?

斷續看字之工 因以束閣久矣 媿無以擧似於故人之耳 奈何

•아이가 봄과 여름 동안 글을 짓고, 가을과 겨울 동안 글씨를 배우더니 책 속에 푹 빠져 지냅니다. 자못 나아짐이 있음을 느끼니 이것이 다행한 일입니다.

兒子 春夏作文 秋冬學書 優遊於方冊之間 頗覺有益 是可幸也

887 삼여三餘의 공부: 원문의 '삼여三餘'는 학문을 하는 데 가장 좋은 세 가지 여가餘暇로, 해의 나머지[歲之餘]인 겨울, 날의 나머지[日之餘]인 밤, 때의 나머지[時之餘]인 음우陰雨를 말한다.

•이미 편지를 보내 주시며 아울러 훌륭한 시까지 보내 주셨으니, 마치 소나무 그늘에서 학처럼 느긋하게 거닐 때 당신의 맑은 가르침을 받는 듯합니다.

旣賜寵翰 兼以瓊韻 若奉淸誨於松陰鶴步之間也

•앞서 보내 주신 아름다운 시는 비록 화답하지 못했지만 음미하기를 어찌 그만둘 수 있겠습니까?

前惠佳什 雖未拚和 其於吟玩 何能已已[888]

•부모님 생신에 기쁨을 표현한 시를 끝없이 읊조릴 터이니, 부모님 장수[889]를 우러러 축하드립니다.

壽辰志喜之作諷詠百回 仰賀喜懼[890]

•편지 속에 매번 시를 보내 주셨으나 제대로 화답하지 못했습니다. 보내 주신 시를 읊조리던 나머지 속세에 찌든 삭막한 제 흉금이 절로 부끄러웠습니다.

書中每有韻語 不能奉和 諷詠之餘 自媿塵襟之索然也[891]

•야대野臺에서 지은 훌륭한 시는 삼가 거듭 읽어봄에 입속에서 시원한 기운이 피어나 문득 다시 당신[892]을 모시고 광대한 공간에 올라 바라

---

888 金昌協『農巖集』卷18「答鄭參奉東後 壬午」

889 부모님 장수: 원문의 '희구喜懼'는 부모의 연세가 많음을 나타내는 말이다. 『논어論語』「이인里仁」에 "부모의 연세를 알지 않아서는 안 되니, 한편으로는 기쁘고 한편으로는 두려우니라[父母之年 不可不知也 一則以喜 一則以懼]"라고 하였다.

890 尹拯『明齋遺稿』卷14「答羅顯道 七月二十七日」

891 尹拯『明齋遺稿』卷16「與白文玉 辛卯正月十九日」

892 당신: 원문의 '아독牙纛'은 깃대 끝을 상아로 장식한 큰 깃발로 주장主將이나 주수主帥가 있는 곳에 세우는 깃발이다. 상대의 신분을 나타낸다.

보는 듯하니 감사하고 위로되는 마음 적지 않습니다.

野臺盛詩 伏讀再三 牙頰生凉 忽若復陪牙纛 登臨漭泱之間 感慰不淺

•벽에 걸린 시를 되풀이해 읊조리고 서성이며 슬픈 생각에 잠기노라니, 마치 몸소 당신을 곁에서 모시고 있는 것만 같았습니다.

三復壁間題詩 徘徊悵想 怳如躬侍杖屨[893]

•두 수의 절구絶句는 비록 화답하지는 못했지만 부디 짓는 대로 기록해 보여 주시고, 읊조리기만 하고 화답 시가 없다고 탓하지 마시는 것이 어떻습니까?

兩絶雖未拚和 幸隨得錄示 勿以有唱無和爲嫌 如何[894]

•풍악楓嶽에서 얻은 시는 어찌 한 번 보여 주기를 아끼십니까?

楓嶽所得 何靳一示耶[895]

•앞뒤 세 편은 차례대로 돌려보냈으니, 과연 하나하나 살펴보셨는지요? 뒤 인편에 꼭 말씀해 주십시오.

前後三篇 次第還之 果一一視至否 後便必示之也

•서문序文은 내용이 몹시 번다하기 때문에 산개刪改하여 드리니, 지금은 이에 간정簡靜하여 좋은 문장이 되었습니다. 한 글자의 가치도 오히려 천금이 되는데, 하물며 한 글자만이 아님에야 어떻겠습니까? 반드시 돈으로 많이많이 사례하겠습니다.

序文太傷於繁 故刪改以呈 今則乃是簡靜好文字也 一字之價 尙爲千金 况不止於一字也耶 必以靑銅多多謝之也

---

893 金昌協『農巖集』卷11「上伯父 乙亥」

894 金昌協『농農巖集』卷18「答金顯甫 戊子」

895 尹拯『明齋遺稿』卷22「答李泰壽士亨 庚辰六月四日」

•두 수의 아름다운 시는 점화點化[896]한 곳이 모두 정말 좋습니다. 촉석루矗石樓 강물 사이에서 지은 시가 아마 매일 쌓일 터이니 받아 볼 수 있겠습니까?

二首華什 點化處 儘好儘好 矗樓江流之間 所得想日富 可以獲翫否

•만일 근래 지은 시가 있으면 또한 아낌없이 보여 주십시오.

倘有近日所著 亦無勒袖示

•보내온 아름다운 시는 오랫동안 기다리던 차에 이미 마음이 경도되었음을 느낍니다. 그러나 문사文詞와 의사意思가 맑고 치밀하여 땅에 던지면 마땅히 소리가 날 터고[897] 물을 담아도 마땅히 새지 않을 것이니[898] 감사하기 그지없습니다.

送來華什 積企之中 已覺傾倒 而藻思淸切 擲地當有聲 盛水當不滲 珍荷無量

•글 속에 괴롭게 읊조린 뜻이 손에 잡힐 듯합니다.

書中吟苦之意 可掬

•두루 열람하고 삼가 이렇게 온전히 돌려드립니다.

---

896 점화點化: 종래의 것을 새롭게 고친다는 뜻으로 전인前人의 시문詩文의 격식을 본떠 더 참신하게 변용하여 시문을 짓는다는 뜻으로 쓰인다.

897 땅에~날 터고: 원문의 '척지당유성擲地當有聲'은 문사가 매우 아름다움을 나타내는 말이다. 『진서晉書』「손작전孫綽傳」에 "일찍이 손작이 천태산을 노래하는 부를 지은 적이 있었는데 그 말솜씨가 매우 좋았다. 막 다 지어서 범영기范榮期에게 보였더니 '그대 시험 삼아 땅에 던져보라. 당연히 쇠를 던지는 듯한 소리가 날 것이다'라고 하였다[嘗作天台賦 辭致甚工 初成 以示范榮期曰 卿試擲地 當作金石聲也]"라고 하였다.

898 물을~않을 것이니: 원문의 '성수당불삼盛水當不滲'은 『주자어류朱子語類』 卷19에 나오는 말로 성수불루盛水不漏와 같은 말이다. 주자朱子가 성인聖人의 말씀이나 문장이 치밀해서 빈틈이 없음을 설명할 때 흔히 사용한 말이다.

探閱略遍 謹此奉完[899]

•지금 저를 비루하게 여기지 않으시고 몇 축의 시를 보내 주셨으니 황홀하여 마치 파사波斯[900]의 고을에 들어간 듯 눈이 휘둥그레져 감히 한마디 말도 보탤 수 없습니다. 그러나 당신의 뜻을 져버릴 수 없기에 삼가 이렇게 참람함을 잊고 각 폭에 비평을 하오니 오불汚佛[901]의 죄를 스스로 피할 수 없음을 잘 압니다. 매우 송구하고 송구합니다.

今蒙不鄙 授以數軸珠璣 恍惚如入波斯之府 瞠然不敢贊一辭矣 然勤意不可孤 謹此忘僭 批隲於各幅 極知汚佛之罪 無以自逃 悚甚悚甚

•당신의 시고는 마땅히 완미한 뒤에 대략 저의 견해를 올리겠습니다.

貴稿當奉玩後 略貢鄙見矣

•입으로 읊은 절구絶句 한 수를 편지 끝에 써서 올리니, 한번 웃길 바랍니다.

口占一絶 書諸紙末 幸一莞爾也[902]

•지난달에 지은 몇 수의 시를 이에 베껴 올리니, 한때 뵙는 일을 대신할 자료가 될 수 있을는지요?

前月有所作幾首詩 玆以謄上 可爲一時代拜之資耶[903]

•시편은 아직 완성하지 못했으니 뒷날을 기다려야 할 듯합니다.

---

899 金錫胄『息庵先生遺稿』卷8「謝李擇之借示董學士份泌園全集書」

900 파사波斯: 『삼보대감三寶太鑑』「서양기西洋記」에 서남아西南亞에 위치한 나라로 고대 중국인들에게 세상에서 가장 값진 보물이 많이 나는 나라로 알려져 전하여 보물을 가리키는 대명사로 쓰였다.

901 오불汚佛: '부처의 이마에 똥칠한다[佛頭著糞]'는 데서 온 말로 좋은 문장의 첫머리에 변변치 못한 서문序文이나 평어評語 따위를 쓰는 것을 비유한 말이다.

902 南九萬『藥泉集』卷30「答西溪 丙子九月八日」

903 南九萬『藥泉集』卷34「上叔父 十一月十三日」

詩篇姑未構完 容俟後日耳

•근년에 글 빚이 산처럼 쌓여 있을 뿐만이 아닙니다.

年來文逋 不翅如山[904]

•아무개 글은 형의 안목을 한번 거치지 않을 수 없기에 보내드립니다. 부디 평가한 뒤 돌려 주시길 바랍니다.

某文 不可不一經兄眼 故呈去 幸評還

•여러 시편에 대해 한번 평가해 주시고 생각대로 수정하여 시의 하자를 알도록 해줬으면 또한 좋겠습니다.

試爲評來諸篇 隨意點抹 使見瑕瑜 亦可[905]

•화답 시를 보내달라고 하신 말씀은 어찌 감히 서툴다는 이유로 사양하겠습니까?

續和之敎 安敢辭拙[906]

•제가 지은 시를 소지小紙(별지)에 써서 보내지만 자어字語에 중첩이 많아 온당치 않습니다. 회신해 주시기를 바랍니다.

鄙作書在小紙 字語多疊未妥 乞回敎

•서툰 제 글은 남의 흉내만 냈으니 간곡한 부탁을 어기기 어려웠기 때문입니다. 지난번 매롱梅籠을 대하여 방옹放翁의 시를 화운和韻한 시가 있었지만[907] 제석除夕이었던 터라 또한 수응에 게을렀습니다. 이 글

---

904 金昌協『農巖集』卷18「答金顯甫 戊子」

905 金昌協『農巖集』卷11「與子益 丙子」

906 尹拯『明齋遺稿』卷14「答羅顯道 七月二十七日」

907 매롱梅籠을~시가 있었지만: 매롱梅籠은 매룡梅龍의 오기로 보인다. 방옹放翁은 남송 시인 육유陸游(1125~1210)의 호다. 육유의 「매화 아래에서 크게 취하여 붓을 휘둘러 이를 읊다[大醉梅花下 走筆賦此]」에서 "끝내 매룡을 타고, 바닷

과 함께 삼가 올리니 바로잡아 주시기를 기다리겠습니다.

拙語效嚬 重違勤索 向對梅籠 有和放翁韻 除夕亦嘗倦應 竝此伏呈 以俟斤敎

•서툰 제 글을 삼가 이렇게 올립니다. 부디 한바탕 웃으시길 바랍니다.

拙構謹此呈上 幸博粲焉

•입으로 읊은 율시律詩 한 수를 태지胎紙(별지)에 베껴 올립니다. 시어가 비록 서툴지만 정은 여기에 담겨있습니다.

口占一律 胎紙寫呈 語雖拙而情在是矣

•양춘陽春에 백설白雪[908]의 화답은 감히 미리 논할 일이 아니지만 목과木瓜에 경거瓊琚[909]의 보답은 이르거나 늦거나 무슨 상관이겠습니까? 다만 공무[910]를 보시는 여가에 한번 붓을 휘둘러 이로써 완미하는 자료로 삼게 해 주시는 것이 어떻겠습니까?

陽春白雪之和 非敢擬議 木瓜瓊琚之報 早晚何關 第於朱墨之暇 一賜揮灑 以爲傳玩之資 如何

•한가히 지내며 읊은 시들은 마치 시절의 벌레와 새들이 스스로 천기

가에서 봄 경치 보네[終當騎梅龍 海上看春色]"라고 하였는데, 스스로 주를 달기를 "매룡은 촉의 정원 속 오래된 매화나무다[梅龍 蓋蜀苑中故物也]"라고 하였다.

908 양춘陽春에 백설白雪: 좋은 시에 좋은 시로 화답하는 것을 뜻한다. 양춘陽春과 백설白雪은 전국시대 초楚나라의 고아高雅한 가곡歌曲 이름으로 이 노래를 따라 부를 수 있는 자가 극히 드물었다는 내용이 송옥宋玉의 「대초왕문對楚王問」에 나온다.

909 목과木瓜에 경거瓊琚: 경거瓊琚는 보배로운 구슬로 상대방의 시문을 뜻하고 목과木瓜는 모과로 자신의 변변치 못한 시문을 뜻한다. 『시경詩經』「목과木瓜」에 "나에게 목과를 주거늘 경거로써 갚는다[投我以木瓜 報之以瓊琚]"라고 한 것에서 유래하였다.

910 공무: 원문의 '주묵朱墨'은 주필朱筆과 묵필墨筆을 가지고 장부를 정리하는 것으로써 보통 지방 관청의 사무를 집행하는 것을 말한다.

天機에 따라 우는 것과 같습니다. 시가 많지 않은 것은 아니지만 종이가 귀해 써서 드리기 어려워 단지 약간 수만 써서 올립니다. 혹 바로잡아 주셔서 저의 미혹을 깨닫고 가르침을 청하도록 해 주시기를 바랍니다.

閒居吟弄 如候虫時鳥之自鳴天機者 不爲不多 而紙貴書艱 只以如干首 繕寫呈上 倘賜斤敎 庶幾覺迷而請益矣

•저의 변변치 못한 시고詩稿는 거듭 당신의 부탁을 어기기 어려워 대략 이렇게 보내드리지만 베로 만든 북과 반딧불 불빛이 어찌 감히 뇌문雷門[911]과 태양의 아래에서 소리와 빛을 견주겠습니까?

拙稿 重違勤敎 略此仰浼 而布鼓螢爝 安敢較聲光於雷門太陽之下哉

•변변치 못한 저의 화답 시는 의사意思가 매우 아둔하여 아직 미처 퇴고하지 못한 것이 있습니다. 이에 두 편 시만 보내니 장독을 덮는 용도가 마땅할 것입니다. 만약 남은 글 빚이 있다고 여기는데 당신의 훌륭한 시를 받는다면 얼마나 다행이겠습니까?

拙和 思苦鈍遲 尙有未及敲推 玆送兩疊 覆瓿宜矣 若謂有餘債 而蒙瓊報 則何幸如之

•지난번 찾으신 별지는 병으로 누운 채 간신히 생각을 엮어내어 지난번 글 빚과 함께 별지 세 장에 써서 보냅니다. 부디 보시고 한번 웃으며 친구의 정을 헤아려 주시길 바랍니다.

向索別紙 病枕艱辛思得 幷與前者逋債 而書送三紙 幸覽之一笑 諒故人之情也

---

911 뇌문雷門: 회계會稽의 성문城門이다. 이곳에 큰 북이 걸려 있어 한번 울리면 낙양洛陽의 모든 사람들이 들을 수 있었다고 한다. 『한서漢書』 卷76 「왕존전王尊傳」에 한나라 때 동평왕東平王의 상相으로 있던 왕존王尊이, 태부太傅가 왕에게 『시경詩經』의 「상서相鼠」를 강講하는 것을 보고 "뇌문에서 포고布鼓를 울리지 말라"라고 하였다. 이는 대가大家 앞에서 주제도 모르고 하찮은 재주를 뽐내는 경우를 비유하는 말이다.

•연행燕行 때 지은 시가 없다고 할 수 없지만 이미 남들에게 말할 만한 시가 없었습니다. 또 이때 우환으로 경황이 없어 한만汗漫한 문자를 친구 사이에 주고받기가 어려운 처지입니다. 비록 집사께서 말씀하신 것에 감히 그 말씀대로 따르지 못하더라도 아마 제 사정을 살피시어 용서해 주시겠지요?

燕行所得 非曰無之 旣無足向人說道者 且此時憂遑 難以汗漫文字 往復於知舊之間 雖於執事之教 未敢如戒 想或俯諒而垂恕否

•기행紀行 시가 수십 편이지만 모두가 부질없는 흥취를 읊은 시로 전해드릴 만한 것이 없는데, 문안을 받으니 몹시 부끄럽습니다. 만일 탈고할 수 있으면 또한 어찌 감히 우리 형께 끝까지 숨기겠습니까?

紀行詩爲數十篇 都是漫興 不堪傳筒 承問媿甚 苟能脫藁 亦何敢終秘於令兄耶

•저에게 찾으신 시편들은 비록 한두 편이 없지 않지만 서툰 솜씨를 무릅쓰고 지은 시들이라 감히 대방가 앞에 당돌히 내놓지 못합니다. 또 곁에 글씨를 써줄 서수書手도 없어 등사할 수 없으니, 오직 다른 날 합석할 때 가르침을 요청드릴 수 있을 것입니다.

俯索諸篇 雖不無一二 强拙之語 不敢唐突於大巫之前 且傍無書手 無以謄寫 惟當於他日合席時 可以求教也

•선친의 원고를 받아보았으니, 삼가 평소 선친을 사모하던 마음에 위로가 됩니다.

先稿 獲與寓目 謹慰平昔慕用之忱

•연이어 편지를 보아 위로가 되지만 내용과 글씨가 이처럼 다급하니, 비록 일이 많은 상황이라도 마음이 안정된 사람은 이처럼 쓰지 않을 것이다.

連見書爲慰 而書辭字畫 悤卒如許 雖多事之中 心定之人 不如此矣[912]

•몇 줄의 편지에 잘못된 글자가 이와 같으니, 이는 마음이 안정되지 않은 소치다. 다만 신체의 노고가 염려되지 않을 뿐만이 아니나 모쪼록 마음을 다잡는 공부에 더욱 뜻을 두었으면 좋겠다.

數行之書 誤錯如此 心下不能安靜之致也 不但身勞之可憂也 須加意操心工夫可也[913]

•마냥 노닐며 장난치는 일들은 매번 병통을 낳기 쉬운 법이네. 모쪼록 스스로 단속하여 마음에 외물이 침범해 어지럽히지 말도록 하게나.

遊傲戲劇 每易生病 須自斂飭 勿被外累侵亂[914]

•웃고 장난하는 것이 너무 지나치니, 이는 덕 있는 사람이 할 짓이 아니네. 이러한 병통은 아마도 해서는 안 될 듯하네.

嘲戲太過 恐非德人事 此病痛 恐亦不可也[915]

•여관에서 외롭고 쓸쓸할 때 오직 독서만이 괴로움에서 벗어날 수 있는 방법이네. 잘 노력하는지 모르겠네.

旅館孤寂 惟看書 可以免其苦 未知能勉之否[916]

---

912 尹拯『明齋遺稿』卷28「與子行教 四日」
913 尹拯『明齋遺稿』卷28「與子行教 三月三日」
914 尹拯『明齋遺稿』卷14「答羅顯道 七月二十七日」
915 金昌協『農巖集』卷19「答道以」
916 尹拯『明齋遺稿』卷27「與庶弟拙 丙戌五月二十二日」

•편의대로 함부로 행동하며 잡객이나 하류들과 어울려 놀면서 여색이나 평론하는 것은 그 얼마나 심한 구렁텅이며 그 얼마나 심한 치욕인데, 자신을 그런 곳에 버린단 말인가? 이렇게 하고서 스스로 깨끗하여 더럽지 않다고 하면 누가 믿어 주겠는가?

便爾放倒 與雜客下流 狎昵戲謔 評論女色 是何等坑塹 何等羞辱 而忍自棄身於其間耶 如此而自謂淸潔不汚 人誰信之[917]

•얻고 잃는 것은 명수命數가 있으니, 친척이라도 부귀한 집에는 드나들어서는[918] 안 되네. 부디 멀리 종적을 감추고 분수를 지켰으면 좋겠네.

得失有命 雖親戚熱門 不可曳裾也 須斂遠守分可也[919]

•교유가 고요히 지내는 것만 못하고, 청담淸淡을 나누는 것이 독서만 못하네.

交遊不如守靜 淸談不如讀書[920]

•영감께서 사물을 응접할 때 너무 집착하는 곳이 없지 않습니다. 일마다 반우反隅[921]하여 대략 상황에 맞게 대처한다면 진실로 흠결이 없게 될 것입니다.

令於應物之際 不無過執之處 隨事反隅 略加通變 則實爲無欠矣

---

917 尹拯『明齋遺稿』卷28「與子行敎 戊寅上元」

918 드나들어서는: 원문의 '예거曳裾'는 옷자락을 끌고 다닌다는 뜻으로 왕족이나 권세가의 집에 출입하며 빌붙어서 출세하는 것을 말한다.『한서漢書』卷51「추양전鄒陽傳」에 한漢나라 추양鄒陽이 오왕吳王에게 보낸 글 가운데 "내가 고루한 나의 마음을 꾸미려고만 들었다면, 어떤 왕의 궁문인들 나의 긴 옷자락을 끌고 다닐 수가 없었겠는가[飾固陋之心 則何王之門 不可曳長裾乎]"라는 말에서 유래하였다.

919 尹拯『明齋遺稿』卷27「與庶弟拙 八月十一日」

920 許穆『記言』別集 卷7「答李生綠」

921 반우反隅: 한 가지를 일러주면 그와 유사한 것은 미루어 안다는 뜻으로『논어論語』「술이述而」에 "한 모퉁이를 들어 일러주었는데 세 모퉁이를 반증하여 알지 못하면 더 이상 말해 주지 않는다[擧一隅 不以三隅反 則不復也]"고 하였다.

•들은 바가 반드시 확실한 것이 아닌데 이렇게 단정해서 말한 것은 어째서인가? 근후謹厚한 도리가 전혀 아니니 반성하는 것이 어떠한가?

所聞未必的 而質言如此 何耶 殊非謹厚之道 反省如何[922]

•길흉吉凶과 구기拘忌는 다 믿을 수 없고, 또 그 말이 길흉화복을 선악善惡에 귀결시키지도 못하니 매우 두려워할 만하네.

吉凶拘忌 不可盡信 又其言使禍福殃慶 不歸於善惡 甚可懼也[923]

•비난과 욕설을 듣는 것은 또한 명성을 한층 더 증가시킬지 어찌 알겠는가?

詬辱之來 亦安知令聞之增一倍也[924]

•이런 일 또한 모두 네 뜻대로 경솔히 행동하고 앞뒤를 돌아보지 않은 것이니 흠이 된다.

此等事 亦皆任情輕着 不顧前後 可欠[925]

•뜻을 다해 상세히 알려주시어 아둔한 저의 미혹을 풀어주시기를 천만번 지극히 바랍니다.

極意消詳 以解鈍澁之惑 千萬至祝[926]

•바삐 마무리 지을 필요 없으니, 침착하게 했으면 좋겠네.

不須乘忙了當 從容爲之 可也[927]

•부디 잘 처리하시기를 바랍니다.

---

922 尹拯『明齋遺稿』卷27「答三從子大教 庚寅」

923 許穆『記言』別集 卷7「與尹佐郎鑴希仲」

924 許穆『記言』別集 卷7「答趙應教威鳳」

925 尹拯『明齋遺稿』卷28「與子行教 二十一日」

926 李珥『栗谷全書』卷9「答成浩原 壬申」

927 尹拯『明齋遺稿』卷28「與子行教 二十五日」

須善是望

•또한 잘 생각했으면 좋겠네.
亦善思之 可也[928]

•아드님이 보낸 편지는 위로되고 감사하지만 병으로 답장을 하지 못해 부끄럽습니다. 아드님 편지에 글씨는 좋지만 문장이 부족하니 부디 부지런히 독서하게 하시는 것이 어떠하겠습니까? 젊고 함께 배우는 사람 중에 벗을 삼아 함께 지내도록 하는 것이 가장 유익한 방법입니다.
令胤有書慰荷 而病未作答爲媿 筆則勝而文不進 須令勤讀如何 有年少同學者 得友同處 最爲益矣

•가만히 생각건대 강마 정도가 이미 무르익었을 터인데, 외람되게도 제가 동료의 말석에 있는 처지라 감히 외면하지 못하고 대략 저의 얕은 견해를 올립니다. 혹여 저의 참람함을 용서하시어 채택해 주실는지요?
竊想講度之已熟 而忝在僚末 不敢自外 略貢賤見 倘荷恕僭而俯採否

•이미 생각한 바가 있어 또다시 함부로 말씀드리니 더욱더 황송합니다.
旣有所懷 又復妄稟 采曾惶悚[929]

•구구한 저의 마음이 자못 편치 않아 실정을 대략 말씀드리지 않을 수 없습니다.
區區賤悃 殊不自安 不得不略暴情實

•편지를 대하고서 부질없이 말씀드리니 이 마음을 헤아려 주실는지요?
臨書漫貢 可諒此心否

---

928 許穆『記言』別集 卷7「與李生澤」
929 金壽興『退憂堂集』卷9「上尤齋」

•가만히 보내 주신 말씀을 받아보니 반복해서 간절히 말씀해 주셨습니다. 정말 저를 비루하게 여기지 않으시는 은혜에 감사드립니다.

竊承來示 反覆丁寧 良感不鄙之惠[930]

•경계하고 격려해 주신 말씀은 감히 헛되이 받아들이지 않겠습니다.

戒勗之辭 敢不虛受[931]

•별지에 말씀하신 바는 지당하고 지당하신 말씀입니다.

別紙所教 至當至當[932]

•보내 주신 꾸짖고 타이르는 말씀은 감히 저의 불민不敏을 마다하겠습니까?

責諭之來 敢辭不敏

•마침 가르치고 타이르시는 말씀을 받으니 마음에 느낀 점이 있습니다.

適承誨諭 有感於心[933]

•저의 설說에 아마 부합하고 허여하는 뜻이 있는 듯합니다. 참으로 다행입니다.

某說 庶有契許之意 良幸

•더욱 저의 뜻을 헤아려 주시는 마음으로 천만 번 개도해 주시기를 바랍니다.

加以逆志之恕 千萬開示[934]

---

930 李珥『栗谷全書』卷12「答崔彦明」
931 李珥『栗谷全書』卷11「答宋雲長」
932 金錫冑『息庵先生遺稿』卷8「答松磵李尙書端夏書 癸亥秋在牛川時」
933 金壽興『退憂堂集』卷9「上尤齋 癸亥」
934 李珥『栗谷全書』卷10「答成浩原」

•쇠병衰病에 쓸쓸히 지내고 있으니 허물과 후회가 날마다 쌓여만 갑니다. 당신께서 하신 말씀에 자못 부응하지 못하여 정말 부끄럽고 부끄럽습니다.

衰病索居 尤悔日積 盛諭 殊不副 實媿汗媿汗

•칭찬이 너무 지나치니 이 늙은이가 감당할 수 있는 바가 아닙니다. 어찌 사람을 잘못 알고 하신 말씀이 아니겠습니까? 이는 내가 우리 벗에게 바라던 바가 아닙니다.

稱道太過 非此老所可堪任者 無乃知人過誤耶 非所望於吾友[935]

•물으신 두 조항은 대략 답하여 보내니 아울러 바로잡아 주시기를 바랍니다.

所詢二條 率爾報去 竝希斤教[936]

•저처럼 방책이 없는 사람은 또한 남에게 가르침을 받기에도 겨를이 없는데, 어찌 남을 가르칠 수가 있겠습니까?

如某無方 且受教於人之不暇 豈有可以教人者乎

---

935 許穆『記言』別集 卷7「與趙生瑊」

936 金昌協『農巖集』卷16「答李顯益 庚辰」

•날씨가 매우 좋습니다. 어떻게 시름을 풀며 지내십니까?

日氣甚好 何以消遣耶

•사립문이 낮에도 닫혀있으니, 단지 우는 새만이 벗을 찾고 있을 뿐입니다.

板扉晝掩 只有鳴禽求友

•산중에 일이 없어 한가하게 세월을 보내니, 모두 성상의 교화 덕분입니다.

山居無事 日月閒暇 無非聖化[937]

•개울엔 꽃이 만발하고 푸른 물은 긴 모래톱에 흐르며, 산뜻한 버들이 언덕을 덮고 보리 싹이 들판에 가득하다 하니, 이는 무엇보다 듣기 즐거운 소식입니다.

溪花盛開 綠水長沙 柳晴登岸 麥苗滿野 此最樂聞[938]

•비 온 뒤 강원江園 소식이 저를 기쁘게 합니다.

雨後 江園消息 令人發喜[939]

•수정水亭에서 『주역周易』을 완미하는 즐거움은 또 얼마나 저의 좋은 의사意思를 일어나게 하는지요?

水亭翫易之樂 又何發人好意思耶[940]

---

937 許穆『記言』別集 卷7「答韓掌令延仲澄」
938 許穆『記言』別集 卷7「楠溪謝復」
939 許穆『記言』別集 卷7「與李生晉茂茂卿」
940 金昌協『農巖集』卷11「與子益 敬明」

•시냇가의 돌 하나 나무 한 그루도 모두 즐기고 감상할 만하니, 그곳의 즐거움을 온통 다 누리고 있어 저에게 부러운 마음이 더욱 많이 들도록 합니다. 얼마나 많은 복을 닦아 이런 곳을 얻었습니까? 산승이 이 곳을 지나가다가 또 새 서찰을 전해 주었는데, 더욱 신선 세상과 같은 일상입니다.

溪上一石一木 皆可娛玩 都是得地中所樂 令人慕羡益多 修幾多厚福而得此耶 山人過此 又傳新札 尤如仙境事[941]

•여러 날 문을 닫고 지내니 더욱 살필 인사도 없으니, 백운산白雲山 가을 경치를 모두 꿈속에서나 볼 뿐입니다.

閉門累日 益無人事 白雲秋景 都付夢想[942]

•강가에서 학을 기르며 한가히 지내는 생활은 삼정승도 부러워하지만 바꿀 수 없는 것입니다.

江上養鶴閒居 三公之所羡慕不得換[943]

•가을 기운이 벌써 원림園林에 들어 밤낮 맑은 기운이 족히 병을 잊게 합니다.

秋氣已入園林 日夕清氣 足以忘疾[944]

•숲이 우거지고 매미 소리가 개울 소리와 서로 어우러집니다. 당신이 계신 선화당宣化堂에도 이런 승경이 있는지 모르겠습니다.

林木翳如 蟬聲與澗響相雜 未知宣化堂中 亦有此勝否

•잔설殘雪에 엉성한 울타리 속에서도 날마다 풍치가 있음을 느끼고

941 許穆『記言』別集 卷7「與李生晉茂茂卿」
942 許穆『記言』別集 卷7「與宋進士錫祜」
943 許穆『記言』別集 卷7「與李生晉茂茂卿」
944 許穆『記言』別集 卷7「與許珽仲玉」

있으니 자못 행복합니다.

殘雪踈蘺 日覺有趣味 殊幸

•강가에 얼음이 녹아 여울목에서 배가 뜰 터이니 이는 새봄의 좋은 소식입니다. 그러나 성큼 달려가 서로 만나서 음풍농월吟風弄月의 흥취를 함께 즐길 길 없음이 한스럽습니다.

江上冰消 灘頭出舟 此新春好消息[945] 恨無由縮地相會 以共吟風弄月之趣也[946]

•호정湖亭의 승경은 생각만 해도 문득 마음이 달려갑니다. 게다가 날마다 내려다보고 뱃놀이하는 즐거움도 있을 터이니, 이것이 생동하는 그림 속 신선과 무엇이 다르겠습니까?

湖亭之勝 想來輒覺神往 況日有臨泛之樂 此何異活畵中仙人耶[947]

•개울가 꽃이 고움을 다투고, 우는 새가 벗을 찾습니다. 이때 온통 제 생각은 늘 당신이 있는 곳을 오가지 않은 적이 없습니다.

溪花爭姸 鳴禽求友 此時一念 未嘗不憧憧往來於左右也

•개울가에서 일 없이 지내니 언덕에 비친 따듯한 햇살과 물결 속 개울 이끼에도 모두 흥이 납니다. 이런 때 더욱 친구가 그리워집니다.

溪居無事 陽阿日暖 澗波溪茗 皆可以發興 此尤故人思想處也[948]

•직사관이 와서 핍박하는 일도 없고 강변 누각의 한가한 정취도 예전 그대로 남아있겠지요? 강 빛도 아마 한층 더 빛날 터이니 이 때문에 그곳으로 내닫는 마음 그지없습니다.

---

945 許穆『記言』別集 卷7「答李生晉茂」

946 尹拯『明齋遺稿』卷14「答羅顯道 三月十九日」

947 金昌協『農巖集』卷13「答李同甫」

948 許穆『記言』別集 卷7「答權生聖中」

無職事之來逼 而江榭閑趣 依舊自有否 江光 可想一倍生色 爲之馳情不已

•비가 충분히 내렸으니 전원의 기쁨을 상상할 수 있습니다. 게다가 강가 정자의 비 갠 뒤 경치가 그림과 같을 터이니 더욱더 그곳으로 내닫는 마음 지극합니다.

雨足 田園之喜 可想 而況江亭霽景 如畫圖 益用傾溯之至[949]

•비 지난 뒤 샘 줄기는 반드시 세차게 흘러갈 터이니, 청류헌聽流軒은 아마 한층 더 맑고 상쾌할 것입니다. 그러나 찾아가 당신을 모실 길이 없으니 저의 한스러운 마음 어떠하겠습니까?

雨過 泉脉必壯 聽流軒 想亦一倍淸爽 而無緣往陪杖屨 此恨如何

•연못도 앉아서 보면 호수 같은데 호수는 아마 바다 같겠지요. 이때 당신을 모시고 '심란尋瀾' 구절을 한껏 읊조리지 못하는 것이 한스러울 뿐입니다.

塘水坐看如湖 湖水可想如海 此時 恨不得陪杖屨 高吟尋瀾之句耳

•중양절이 되지 않았는데도 국화가 이미 만개하였으니, 매번 꽃을 띄운 술잔을 들 때마다 어찌 당신을 그리워하지 않은 적이 있겠습니까?

不待重陽 黃花已滿開 每擧泛英之盃 何嘗不懷仰高風也

•오늘은 중양절이니 동쪽 울타리 국화 빛이 과연 또 어떻겠습니까?

今日是重陽 東籬物色 果更如何

•쌓인 눈이 수북하고 북두성이 높이 걸려 절로 기이한 경관을 이루었는데 마음에 맞는 사람과 함께할 수 없음이 한스럽습니다.

---

949 許穆『記言』別集 卷7 與李生晉茂茂卿」

積雪崢嶸 星斗闌干 自是奇境 而恨不與會心人共之

•고요히 지내는 가운데 즐거운 풍취가 있음을 잘 알게 되었으니, 마치 당신이 계신 자리에서 직접 모시는 것과 같아 기쁘고 위로되는 마음 형언할 수 없었습니다.

備諳靜中樂趣 有如親侍几席 其爲欣慰 不容名喩[950]

•호산湖山에서 이웃으로 접할 계획이 점차 어긋나는 지경[951]에 이르렀으니 이 또한 조물주의 희롱이겠지요?

湖山接隣之計 漸至差池 是亦造物兒之戲耶

•호수 가의 경물景物에 대해 말씀해 주신 것은 실로 저로 하여금 마음을 아프게 합니다. 어느 날 당장 좋은 바람을 타고 고향에서 두 이랑 밭을 얻어 다시 형들과 함께 개울물과 솔바람 소리 사이에서 소요하겠습니까? 세상의 일은 대부분 뜻대로 되지 않나니 이것이 길이 탄식할 일입니다.

湖上景物之示 實令人懷事作惡 何日當得好風 謀占二頃於舊里 復與兄輩 逍遙於澗水松聲之間耶 世上事 多不如意 是可長歎

---

950 金昌協『農巖集』卷11「上伯父 己卯」

951 어긋나는 지경: 원문의 '치지差池'는『시경詩經』「패풍邶風 연연燕燕」에 "제비들 나는데, 그 날개가 들쭉날쭉하네. 그대가 시집가니, 교외로 멀리 전송하네. 바라보아도 미치지 못하니, 눈물이 빗줄기 같네[燕燕于飛 差池其羽 之子于歸 遠送于野 瞻望弗及 泣涕如雨]"라고 했는데, 치지差池는 가지런하지 않은 모양으로 제비가 위아래로 나는 모습이다.

•바다와 산을 유람하겠다는 계획은 몸이 한적하여 매이는 바가 없음을 알 수가 있으니, 저로 하여금 감탄하고 부럽게 합니다.

海山遊賞之計 可想身事閑適 無有惹絆 令人歎羡[952]

•변방의 산천과 인민의 가요, 풍속을 한번 둘러볼 기회를 만났으니, 아마 소년 시절 품었던 장대한 마음을 달랠 수 있겠지요?

邊塞山川 人民謠俗 一遭歷覽 尙可以慰少年壯心耶[953]

•향악香岳(묘향산)의 유람은 과연 날짜의 조정이 없는지요? 생각해 보니 가을일로 몸을 빼낼 길이 없습니다. 세상의 일과 신선의 인연이 참으로 그리 멀리 떨어진 것입니까?

香岳之游 果無進退否 顧以秋務 不克抽出 塵事與僊緣 信乎其遠絶耶

•봄 사이 산과 바다의 유람을 나서서 한번 풍악산楓嶽山에 올랐다가 동쪽 대해大海를 굽어보았고, 북쪽 총석정叢石亭에서 남쪽으로 죽서루竹西樓까지 이르렀습니다. 그러다가 더위와 비에 막혀 영월寧越에서 여름을 보내고, 어제 또 배를 타고 강물을 따라 내려와 북벽北壁과 귀도龜島를 낱낱이 탐방하고 곧장 한벽루寒碧樓 아래에 이르러 배를 내려 서쪽으로 돌아왔습니다. 무릇 유람한 곳들은 모두 당신이 주선한 곳인지라 매양 아름다운 곳에 이를 때마다 당신을 생각하지 않은 적이 없었고, 당신이 조금 더 머물면서 저의 주인이 되지 못한 것을 한스러워하였습니다.

春間作山海之遊 得以一登楓嶽 東臨大海 北自叢石 南至竹西 仍爲暑雨所阻 過夏於越中 昨又乘船順流 歷探北壁龜島 直至寒碧樓下 捨舟西歸 凡所游歷 皆從者之周旋處也 每到佳處 未嘗不奉懷高風 而追恨其不少留

952 尹拯『明齋遺稿』卷14「答羅顯道 七月二十六日」
953 金昌協『農巖集』卷12「與趙成卿」

以作我主人也[954]

•어제 백운산白雲山에 들어가 종일 있다가 돌아왔는데 자못 울적한 회포를 풀 수 있었습니다. 아무개 벗이 함께 유람했으니 반드시 그 상세한 일들을 말씀드릴 것입니다.

昨入白雲 盡日而歸 頗得舒暢幽鬱 某友同游 必能道其詳也[955]

•어제 산에 들어가 빼어난 경치를 구경하였습니다. 단풍잎은 비록 늦었지만 산의 진면목은 사랑할 만했는데, 다만 제 행색이 바빠 두루 다 돌아보지 못하고 돌아왔습니다. 이것이 한스럽습니다.

再昨入山 領略諸勝 楓葉雖晩 眞面可愛 但行色悤遽 不能遍踏而歸 是可恨也

•해악海嶽(금강산)의 특별한 유람은 다행히도 당신의 뒤를 따라갔지만, 뵙고 헤어진 뒤로 제 마음 몹시 허전합니다.

海嶽奇游 幸躡後塵 拜辭以還 下懷沖悵

•한번 여유롭게 훌쩍 길을 나서 곧이어 덕봉德峯의 운수사雲水寺에 들어가니 온갖 소란과 고뇌가 문득 사라짐을 느꼈습니다. 제가 돌아가면 안색과 머리털에서 반드시 이 모습을 확인할 수 있을 것입니다.

一綽跳來 仍入德峯之雲水寺 千撓百惱 便覺消去 待吾歸 顔色鬚髮 須有以驗之

•산에 들어간 지 나흘 만에 정양사正陽寺에서 비로 체류하다가 이제 마하연摩訶衍에 도착했습니다. 저녁에 유점사楡店寺에 투숙하였는데, 형께서 전팽專伻을 보내 음식을 대접하도록 해 주신 덕분에 일행이 무사

954 尹拯『明齋遺稿』卷10「與朴參知 壬寅八月五日」
955 金昌協『農巖集』卷13「答李同甫 癸酉」

히 지낼 수 있었으니 받은 은혜가 진실로 큽니다. 감사한 마음 말로 다 할 수 없습니다.

入山四日 滯雨正陽 今到摩訶 夕投楡店 蒙兄耑送廚傳 一行得以無事 受賜誠大矣 感荷不可言

•형께서 돌봐주신 덕분에 산과 바다의 절경을 구석구석 구경할 수 있었습니다. 이것은 진실로 평생의 숙원이었으니, 문득 마음과 눈이 모두 시원해짐을 느낍니다.

賴兄眷顧 得以冥搜山海奇勝 此實平生宿願 頓覺心眼俱豁

•산과 바다의 암벽巖壁 사이에 당신의 성함으로 남겨진 글들을 많이 보면서 나보다 먼저 채찍을 잡고 다녀갔음을 상상할 수 있었습니다. 당신의 뒤를 밟아 온 것이 몹시 다행스러울 따름입니다.

山海巖壁之間 多見盛名之留題 可想先我着鞭 深幸追躡後塵耳

•행여 총석정叢石亭에서 돌아오는 길에 제 행색이 급하지 않으면 감히 찾아가 뵙지 않겠습니까?

倘於叢石歸路 行色不遽 則敢不迤造耶

•두 노복을 이렇게 빌려주신 덕분에 길을 안내받았으니 많이 감사드립니다.

二奴荷此勤借 賴以指路 多謝

•해악海岳의 봄 유람에서는 기이한 변화를 다보지 못하여 지금까지 한으로 남아 있습니다. 하늘이 흰 구름과 단풍으로 별경別景을 꾸며 당신께 넉넉히 보내 주었으니 부러운 마음 그지없습니다.

海岳春遊 未窮奇變 至今有餘恨 天以白雲紅樹 糚點別景 厚餉執事 仰羨無已

•명구名區를 잠깐 스쳐 지나면서 함부로 평가[956]했으니, 강산의 비웃음거리가 되지 않겠습니까?

暫過名區 輕肆雌黃 得不爲江山之所笑耶[957]

•유관遊觀의 법은 마음에 맞으면 그만입니다. 기술記述이 있고 없는 것으로 어찌 손익損益을 따질 수 있겠습니까?

游觀之法 會心爲上 記述有無 曷足損益哉

•운대雲臺의 빼어난 경치를 회상해 보면 마치 장박망張博望[958]이 새로 은하수를 따라 돌아온 것과 같아서 이를 가지고 자랑하였는데, 지금 한산도閑山島에서 달빛에 뱃놀이한다는 말씀을 받으니 저도 모르게 망연자실합니다. 이로부터 촉석루矗石樓와 부석사浮石寺를 끝없이 살펴보실 터이니, 단지 양충壤虫의 탄식[959]만 있을 뿐입니다.

回想雲臺勝覽 如張博望新從星漢歸 持以自詑 今承閑山島泛月之敎 不覺惘然自失 自此矗樓浮石 領略無窮 則秪有壤虫之歎耳

•가을 기운이 점차 서늘해진 뒤에 필마匹馬로 찾아가 뵙고 겸하여 산수의 경치를 구경하면 무한한 회포를 풀 수 있겠지요.

---

956 평가: 원문의 '자황雌黃'은 유황과 비소의 혼합물인데, 옛날에는 누런 종이에 글을 쓰고 잘못된 글이 있으면 자황을 칠하여 지우고 다시 그 위에 썼다. 그래서 자황은 자구字句의 첨삭添削이나 비평을 뜻하는 말로 쓰인다.

957 尹拯 『明齋遺稿』 卷20 「與羅碩佐仲輔 癸丑十月十三日」

958 장박망張博望: 한漢 무제武帝 때 박망후博望侯에 봉해진 장건張騫을 가리킨다. 황제의 명을 받고 대하大夏에 사신으로 나가 황하黃河의 근원을 찾았는데, 이때 배를 타고 은하수로 올라가 견우와 직녀를 만났다는 전설에 기인하여 그를 선사객仙槎客이라고 부르게 되었다.

959 양충壤虫의 탄식: 남보다 못한 것에 대한 탄식을 말한다. 『회남자淮南子』 「도응훈道應訓」에 전국시대 연燕나라 사람 노오魯敖가 유람하기를 좋아하여 천하에 자기보다 많은 곳을 유람한 자가 없다고 자부하였는데, 북쪽의 몽궐산蒙闕山에 올라 한 도사道士를 만나서 천상천하天上天下를 다 돌아다녔다는 말을 듣고는 "나는 도사에 비하면 마치 고니[鴻鵠]와 땅속 벌레[壤蟲] 같구려"라고 하였다.

待秋氣漸凉 可以匹馬從游 兼賞山水之趣 可展無限所懷[960]

•단풍이 물들 때 한번 봉래蓬萊의 가을빛을 감상하고자 하나 속세의 인연은 마장魔障이 많으니 어찌 기필할 수 있겠습니까?

欲趁楓葉之酣 一賞蓬萊秋色 而俗緣多魔 何可必也

•만약 내년 봄 꽃 피고 따뜻한 시절을 기다렸다가 한번 상류上流 행차를 나서면 혹여 청심사淸心樓와 신륵사神勒寺 사이에서 만날 수 있겠지만 또한 어찌 미리 기약할 수 있겠습니까?

若待明春花暖時節 一作上流之行 或可以淸心神勒之間 而亦何可預期也[961]

960 許穆『記言別集』卷7「與宋進士錫祜」
961 金錫胄『息庵先生遺稿』卷8「答松磵李尙書端夏書 癸亥秋在牛川時」

•중아仲兒의 관례를 이번 아무개 날에 치르려고 하는데, 홀기笏記 가운데 자세히 갖추어진 것은 얻기가 매우 어렵습니다. 형께서는 등사해 둔 정본精本이 있다고 들었으니, 부디 빌려주시는 것이 어떻겠습니까? 그날은 달리 찾아올 객이 없습니다. 부디 아드님을 데리고 참석해 주시는 것이 어떻겠습니까?

仲兒冠禮 欲行於今某日 而笏記之詳備者 甚難得 聞兄所謄留精本 幸借示之 如何 其日無他客 幸攜令允賁臨 如何

•내일 못난 제 아이의 초례醮禮[962]를 치르려고 합니다. 약간의 친구를 초대했지만 모두 사정이 있습니다. 천만번 바라건대 형께서는 부탁을 거절하지 마시고 일찍 신문新門 밖 누추한 저의 집에 오셔서 아울러 이별의 회포도 푸시는 것이 어떻겠습니까?

明日 將行豚兒醮禮 所速者若干親舊而皆有故 望兄千萬休托 早臨于新門外陋止 兼作敍別之懷 如何

•선조께서 시호諡號를 받는 날이 이번 달 아무개 날입니다. 한번 성대히 왕림해 주시어 손님 자리를 더욱 영화롭게 해 주신다면 저의 감사한 마음 어떠하겠습니까? 가만히 이를 위해 몹시 기대하고 있습니다.

先人延諡 在今某日 倘蒙賁然臨枉 俾客筵增榮 則何感如之 竊爲之凝企

•오늘은 온 나라 백성들이 똑같이 경사스러운 날입니다. 기쁨을 기념하는[963] 놀이에 아마 제가 다시 말씀드리지 않아도 대감께서는 반드시 오시겠지요.

---

962 초례醮禮: 신랑과 신부가 처음 만나 절하고 합환주合歡酒를 마시는 혼례 의식으로 일반적으로 혼례를 가리킨다.

963 기쁨을 기념하는: 원문의 '식희飾喜'는 부모의 경사에 잔치를 베푸는 것을 말한다. 앞의 내용으로 보아 왕실 부모의 기념일로 보인다.

今日 卽擧國同慶之日也 飾喜之游 想不待更提 而台必來會矣

•정월대보름에 다리를 밟는 풍습은 대개 액운을 없애는 뜻에서 나온 풍습입니다. 그런데 달빛이 매우 좋고 의금부에서도 통금을 풀어주니, 모쪼록 아무개 벗과 손을 잡고 오셔서 거리의 태평한 모습을 마음껏 구경해보시는 것이 어떻겠습니까?

上元踏橋 蓋出消厄之義 而月色甚好 金吾弛禁 須與某友攜手惠臨 縱觀康衢太平之像 如何

•온화한 기운이 펼쳐지고 온갖 꽃들이 곱게 피었으니, 이때 꽃과 버들을 찾아 구경하는 행차[964]를 미룰 수가 없습니다. 이미 아무개와 남쪽 산기슭에서 만나기로 약속하였고, 즐겁게 놀 물품도 대략 마련했습니다. 형께서도 부디 식사 후에 오시는 것이 어떻겠습니까?

和煦舒長 百花暄姸 此時 訪隨之行 有不可緩 已與某人約會於南麓 而略辦濟勝之具 兄須飯後來臨 如何

•오늘은 날씨가 더욱 따뜻하고 화창합니다. 뜰 가에 새로 심은 나무도 붉은 꽃을 터트리려고 하니, 이때를 어찌 저버릴 수 있겠습니까? 어젯밤 잠깐 만난 일을 핑계로 그만둘 수는 없을 듯하니, 아침 일찍 곧장 오시면 종일 정담을 나누는 자리가 될 터이니 한 그릇 좋은 안주도 갖추어 오시는 것이 어떻겠습니까?

今日 尤覺暄暢 庭畔新植 又欲綻紅 此時何可孤也 恐不可以昨夜霎時之會 塞責而止 早卽惠臨 以爲終日打話之地 亦具一器佳肴而來 如何

---

964 꽃과 버들을 찾아 구경하는 행차: 원문의 '방수訪隨'는 '방화수류訪花隨柳'로 송宋나라 정명도程明道의 시 「춘일우성春日偶成」에서 "옅은 구름에 살랑 바람 부는 정오 무렵, 꽃 찾아 버들 따라 앞 시내를 왔노라[雲淡風經近午天 訪花隨柳過前川]"라고 한 구절을 인용하였다.

•등석燈夕[965]에 높은 곳에 오르는 풍습은 세속에서 좋은 밤의 놀이라고 하지만 환하게 불을 밝힌 도성도 정말 장관입니다. 함께 나란히 걸으며 노닌 뒤에 소당小堂으로 돌아와 술자리를 마련해 정담을 나누는 것이 어떻겠습니까?

燈夕登高 俗稱良夜之遊 而煌煌火城 亦固壯觀 聯步徜徉之餘 歸到小堂 設酌款話 以爲如何

•이는 바로 아무개 벗의 편지인데 우산牛山에서 활 쏘는 유람이 몹시도 좋다고 합니다. 병이 조금 나으시면 거동할 수 있을 터이니, 소나무 그늘과 개울 소리 사이에서 종일 회포를 풀 수 있다면 또한 어찌 한 단락 즐거운 일이 아니겠습니까?

此乃某友書也 牛山射帿之遊 甚好甚好 美痾稍痊 可能移屧 得以終日暢懷於松陰澗響之間 則亦豈非一段勝事耶

•장맛비가 처음 개고 짙은 그늘에 서늘한 기운이 피어나니, 춘대春臺의 천석泉石을 가서 구경하고 싶습니다. 이어서 맑은 물에 갓끈도 씻을 생각이니 형께서도 부디 만사를 제쳐두고 함께 가시는 것이 어떻겠습니까?

積雨初霽 繁陰生凉 欲往觀春臺泉石 仍爲濯纓之計 兄須掃萬偕往 如何

•내일 날이 개면 당장 출발해 나갈 것입니다. 당신께서 만약 병이 쾌차하여 건강하시다면 검호劍湖에서 낚시 도구를 손질하며 기다릴 수 있겠지요?

明若開霽 當發軔前進 尊若快健 則可能於劒湖理釣具以待否

•물길을 거슬러 올라가는 뱃놀이는 반드시 장황히 크게 벌릴 필요는 없습니다. 부질없는 도구들을 아예 없애버리고 단지 어부 한 사람과 나

965 등석燈夕: 관등절觀燈節로 음력 4월 8일 밤 석가모니의 탄일을 기념하기 위하여 이날 밤에 등불을 밝힌다.

룻배 한 척만 있어도 좋습니다.

泝流之遊 不必張大 痛刪虛具 只帶一漁一艇 可也

•중구일重九日 약속은 더디 오는 것이 몹시 한스럽습니다. 그러나 만사는 본래 관심 두는 일을 시기하는 법이니, 또한 가벼이 누설하여 탈이 생기게 할 필요는 없습니다.

重九之約 苦恨其遲 而萬事從來忌有心 亦不須輕泄以招魔也

•동쪽 울타리 국화 빛이 비 지난 뒤 더욱 아름답습니다. 식사를 하신 뒤에 곧장 왕림하시어 하늘이 주신 두터운 선물을 받아주시는 것이 어떻겠습니까?

東蘺物色 經雨益佳 飯後即來臨 以副天餉之厚 如何

•오늘은 중양절重陽節입니다. 장차 국화를 띄운 술잔을 잡고 북성北城의 단풍잎을 두루 밟으면 노년의 흥취가 진실로 적지 않을 것입니다. 그러나 이번 행차에 족하足下가 없으면 안 되니 속세의 번잡한 일을 털어버리고 함께 하실 수 있을는지요?

今日是重陽也 將把泛菊之盃 踏遍北城紅葉 老興固自不淺 而此行不可無足下 可能擺脫俗冗而與之偕耶

•차가운 서리가 처음 내리니 단풍잎이 사랑스럽습니다. 마침 한 병 좋은 술을 얻었으니 오셔서 함께 마실 수 있겠습니까?

寒霜初落 紅葉可愛 適得一壺佳醞 可來共酌否

•쌓였던 눈이 비로소 녹고 맑은 달이 막 떠오르려고 합니다. 이미 찾아오시려고 하셨다면 오늘 밤을 져버려서는 안 됩니다.

積雪初開 霽月方升 旣肯惠然 則今夜不可孤矣

•새로 빚은 술이 비로소 익었으니 마땅히 달맞이 술잔을 함께 나누

어야 합니다. 병환이 이미 말끔히 나으셨다면 어찌 왕림해 주시지 않겠습니까?

新釀初熟 宜共邀月之盃 美疹既霍然 何不惠然俯臨耶

•술이 익고 달이 밝으니 집 동복들이 모두 친구가 마땅히 찾아올 것이라 알고 있습니다. 가볍게 훌쩍 한번 왕래하시어 오늘 저녁 다시 만나지 않을는지요?

酒熟月明 家僮皆知故人之當來 率爾倏然之來往 不復見於今夕耶

•오늘 절을 찾아가는 행차는 또한 청아한 일이니 아마 흥취가 훨훨 피어날 것입니다. 삼가 드릴 것이 있으니 잠시 들러주시는 것이 어떻겠습니까?

今日蕭寺之行 亦是淸事 想興致翩翩也 有奉贈者 暫爲歷入 如何

•긴히 뵙고 의논할 일이 있는 데다가 형을 위해 쑥국을 끓여 저녁밥까지 마련했습니다. 부디 핑계대지 말고 곧장 오셔서 배불리 드시고 함께 자는 자리를 만드는 것이 어떻겠습니까? 막 걸상을 쓸고 기다릴 뿐입니다.

切有面議事 且爲兄煮艾羹設夕飯 幸望無托卽來 以爲溫飽聯枕之地如何 方掃榻以企耳

•바로 상의드릴 일이 있는데 뵙지 않고는 할 수 없는 이야기입니다. 부디 잠시 왕림해 주시는 것이 어떻겠습니까?

卽有仰商者 而非面不可 幸暫臨 如何

•가만히 앉아서 행차를 맞이하는 일이 온당하지 않음을 잘 알지만 형과 저 사이에 어찌 이를 따지겠습니까?

極知坐屈之爲不安 而兄我間 豈以爲嫌耶

•요즘 한번 왕림을 어찌 그리 아끼십니까? 바로 긴히 드릴 말씀이 있으니 즉시 와주십시오.

近日何靳一枉 卽有緊緊可聞者 卽爲惠臨也

•일전에 오시려던 뜻을 저버리고 미리 막아버렸으니 지금도 슬프고 한탄스럽습니다. 오늘 만일 일 없이 한가하게 지내시면 혹 기꺼이 와주실 수 있겠습니까? 만일 탈 말이 없으면 제 말을 당장 보내드리겠습니다.

日前欲枉之意 孤負迎擊 至今悵歎 今日如無事閒養 或可肯顧否 如無所騎 鄙鬣當牽送矣

•이곳의 누관樓觀은 비록 한루寒樓와 수당睡堂의 빼어난 경치보다 못하지만 또한 그럭저럭 아름다운 풍치가 있습니다. 어찌 하면 형과 손을 잡고 함께 그 사이에서 술과 시로 풍악의 옛 유람을 이을 수 있을까요? 무심히 홀로 오르니 서글프고 그리운 마음 배나 절실합니다. 속히 한번 왕림하시어 좋은 모임을 갖는 것이 어떻겠습니까?

此地樓觀 雖不及寒樓睡堂之勝絶 亦頗薄有佳致 安得與兄携手同憑觴詠於其間 以續楓岳舊遊耶 無心獨上 悵往培切 從速一枉 以做佳會 如何

•날이 따뜻하고 바람은 온화하니 패수浿水(대동강) 가의 누대는 올라 구경하기 매우 좋습니다. 게다가 보름 사이에 공무로 영하營下의 행차가 있으니 집사執事께서 이때 맞춰 한번 만나주지 않으시겠습니까? 우리들이 관문 밖에서 서로 만나는 일은 또한 속세에 얻기 어려운 일입니다. 부디 빨리 도모하시길 바랍니다.

日暖風和 浿上樓臺 政合登覽 且望間 因公有營下之行 執事未可趁此一會否 吾輩關外相會 亦缺界難得之事 幸須亟圖之

•아드님 관례冠禮에 당신의 초청을 받았으니, 감히 달려가지 않겠습니까마는 어제 저녁부터 갑자기 여름감기에 걸렸습니다. 비를 맞고 출입함에 더 심해질까 걱정되어 말석에 달려가 참석할 수가 없습니다. 이

때문에 몹시 한탄스럽습니다.

令胤冠禮 獲被盛速 敢不進赴 而昨夕以來 猝患暑感 冒雨出入 恐致添苦 不得趨參末席 極用瞻歎

•부모님 생신[966]을 맞아 축수祝壽하는 자리를 장차 마련하려 하시니, 정성을 다해 봉양하는 지극한 정을 다 쏟지 않음이 없을 것입니다. 두 손 모아 경하하는 마음 더욱 어찌 가눌 수 있겠습니까? 연이어 전팽專伻을 보내 초대해 주시니 내일 당장 찾아가 뵙겠습니다.

喜懼之日 壽席將設 忠養至情 靡不用極 其爲攢慶 尤何可勝 連荷伻速 明當進拜耳[967]

•말씀하신 뜻은 잘 알겠습니다. 제가 중복重服[968] 중이기 때문에 친구들이 마련한 경사스러운 자리에 모두 갈 수가 없었습니다. 그러나 이 자리는 성대히 잔치를 베푸는 자리와는 다른 점이 있는 듯하니, 이 자리를 통해 회포를 푼다면 어찌 다행한 일이 아니겠습니까? 그러나 동료가 막 입직을 대신해달라 한사코 청하고 있으니, 만약 입직하지 않으면 당장 찾아가 뵙겠습니다.

敎意謹悉 以身有重服之故 親舊設慶之處 皆不得往赴 而此則似與盛宴有異 因此爲敍 豈不爲幸 但同僚方苦請替直 若不入直 則當委進以拜

•아무개 날 제사가 있기에 형편상 성례盛禮에 참석하기 어렵습니다. 한탄한들 어쩌겠습니까?

某日有忌 故勢難進參於盛禮 恨歎如何

966 희구喜懼의 날: 어버이의 생신을 의미한다. '희구喜懼'는 부모의 연세가 많음을 나타내는 말이다. 『논어論語』「이인里仁」에 "부모의 연세를 알지 않아서는 안 되니, 한편으로는 기쁘고 한편으로는 두려우니라[父母之年 不可不知也 一則以喜 一則以懼]"라고 하였다.

967 尹拯『明齋遺稿』卷14「答羅顯道 二十七日」

968 중복重服: 상례에서 대공大功 이상의 상복을 말하며 중제重製라고도 한다.

•오늘 수연壽宴을 뒤늦게 거행하다는 소식을 들었으니, 이 때문에 경하하면서도 부럽습니다. 이에 정성을 다해 봉양하고 남은 음식을 저의 노친에게까지 보내 주셨는데 뜻이 지극한 데다가 음식도 좋아 감사한 마음 그지없습니다. 내일 저녁 모임에 감히 달려가지 않겠습니까?

伏聞今日追擧壽酌 爲之慶豔 乃蒙以忠養之餘 及人之老 意至物嘉 珍戢曷已 明夕之會 敢不往赴耶

•초청을 받았으니 감히 즐거이 따르지 않겠습니까? 곧바로 날아가듯 달려가겠습니다.

辱速 敢不樂聞 卽當翼如矣

•내일 행사는 즐겁고 화목한 모습을 상상할 수 있는데, 한스럽게도 이곳에 박혀있는 처지라 몸을 빼낼 길이 없어 당신의 뜻을 저버릴 터이니, 부끄럽고 한탄스러운 마음 어쩌겠습니까?

明日之事 湛樂融洽 可想 恨此牢蟄 無由致身 孤負盛意 媿歎奈何

•초청을 받고 마땅히 곧장 달려가야 하나 마침 공무가 있어 실행하지 못했으니 지금까지도 슬픕니다. 그 뒤에도 병과 우환에 골몰하다 사과하는 것도 전혀 하지 못했으니 한탄스러운 마음 더욱 깊습니다.

辱招 宜卽赴 而適有公冗未果 至今悵仰 其後又汨病憂 闕焉無報謝 茹歎尤深

•꽃을 구경하는 약속은 제 병 때문에 이미 그 시기를 놓쳤으니 지금까지도 한탄스럽습니다. 그러나 아직까지 남은 꽃들이 시들지 않았으니, 다시 빨리 도모하시는 것이 어떻겠습니까?

看花之約 緣弟有病 旣失其時 至今恨歎 迨此殘紅未謝 更爲亟謀之 如何

•욕기浴沂[969] 모임은 저도 모르게 마음부터 달려갑니다. 그러나 마침 여기에서 재계하고 있는 처지라 부름에 달려갈 수 없으니 몹시도 슬프고 슬픕니다.

浴沂之會 不覺神往 而適此坐齋 無以赴召 甚悵甚悵

•탁영濯纓[970] 행차는 마치 가려운 곳을 긁는 것과 같다고 할 수 있습니다. 새로 빚은 술이 많지 않아서 단지 한 병만 남았기 때문에 이에 먼저 보내지만 취옹醉翁의 뜻[971]은 술에 있지 않습니다. 그렇다면 비록 술이 없더라도 또한 무슨 방해가 되겠습니까? 아무개 벗이 마침 자리에 있으니 곧장 데리고 가겠습니다.

濯纓之行 可謂如癢得搔 新釀不多 止有一壺子 故玆先送之 而醉翁之意不在酒 則雖無酒 亦何妨耶 某友適在座 卽當拉去耳

•강에서 물고기를 잡는다는 말씀을 받았으니 소식을 접하자마자 마음이 몹시 두근거립니다. 매우 궁색했던 두보杜甫도 오히려 미피渼陂[972]의 놀이를 그만두지 않았으니, 돌아보건대 이렇게 연하烟霞(자연)에 푹

---

969 욕기浴沂: 봄놀이를 뜻한다. 『논어論語』 「선진先進」에 "늦은 봄에 봄옷이 만들어지면 관을 쓴 벗 대여섯 명과 아이들 예닐곱 명을 데리고 기수沂水에서 목욕하고 무우舞雩에서 바람 쏘이고 시를 읊으며 돌아오겠습니다[莫春者 春服既成 冠者五六人 童子六七人 浴乎沂 風乎舞雩 詠而歸]"라고 하였다.

970 탁영濯纓: 진속塵俗을 초탈하여 고결한 자신의 신념을 지키는 것을 뜻하나 여기서는 속세를 벗어나 한가롭게 노니는 것을 뜻한다. 『맹자孟子』 「이루상離婁上」, 『초사楚辭』 「어부漁父」에 나오는 말로, 어부가 굴원屈原과 헤어지며 자신의 신념을 노래하기를 "창랑의 물이 맑으면 나의 갓끈을 씻고, 창랑의 물이 흐리면 나의 발을 씻으리라[滄浪之水清兮 可以濯我纓 滄浪之水濁兮 可以濯我足]"라는 말에서 나온 것이다.

971 취옹醉翁의 뜻: 취옹醉翁은 송宋나라 구양수歐陽修의 별호다. 구양수가 「취옹정기醉翁亭記」에서 '취옹醉翁'이라고 지은 뜻이 술에 있지 않고 "산수의 즐거움을 마음으로 터득하여 술에 의탁한 것이다[山水之樂 得之心而寓之酒也]"라고 하였다.

972 미피渼陂: 미피渼陂는 섬서성陝西省 호현鄠縣의 서쪽에 있는 못 이름인데 두보杜甫가 일찍이 잠삼岑參의 초청을 받아 미피에 가 노닐면서 장편시長篇詩 「미피행渼陂行」을 지은 바 있다. 『두소릉집杜少陵集』 卷3에 보인다.

빠진 제가 어찌 남보다 못할 리 있겠습니까?

承有江獵之敎 聞來神聳 老杜窮甚 猶不廢渼陂之游 顧此癖於烟霞者豈有落後之理

·기망旣望(16일)에 호수에 배를 띄우는 놀이는 저도 모르게 기뻐 눈썹이 먼저 솟구칩니다. 당장 아무개 벗과 함께 출발할 터이니, 즐거운 일을 성사할 물품들을 잘 마련해 두시는 것이 어떻겠습니까? 퉁소 한 자루도 아마 뺄 수 없을 것입니다.

旣望泛湖之遊 不覺喜眉先聳 當與某友 聯鑣出去 濟勝之具 善爲料理如何 一簫恐不可已也

·황국黃菊을 대하고 백주白酒를 기울이는 날[973]이 바로 이때이지만 감기와 기침이 풀리지 않아 이렇게 한 번 만남을 저버리고 말았습니다. 한탄스러운 마음 마땅히 어떠하겠습니까?

對黃傾白 正當其時 而感嗽未解 尙此孤負一會 恨歎當如何

·이틀간 내린 큰 눈은 산음山陰의 흥취[974]에 못지않지만 추위에 떨며 칩거하고 있는 처지라 흥을 내어 멀리 찾아갈 수 없습니다. 정말 부끄럽습니다.

兩日大雪 不減山陰 而畏寒蟄伏 無以承興遠訪 良可媿也

---

973 황국黃菊을~기울이는 날: 9월 9일 중양절重陽節을 이른다. 중양절에는 국화 꽃잎을 술잔에 띄워 마셔서 장수長壽를 기원하는 풍습이 있었다. 『남사南史』「은일전隱逸傳」에 도연명陶淵明이 중양절에 술이 없어 울 밑에서 속절없이 술에 띄울 꽃잎만 따고 있던 차에 백의白衣를 입은 사람이 백주白酒를 싣고 왔는데, 그는 바로 강주자사江州刺史 왕홍王弘이 보낸 사람이었다고 한다.

974 산음山陰의 흥취: 『세설신어世說新語』「임탄任誕」에 진晉나라 왕휘지王徽之가 폭설이 내린 달 밝은 밤에 산음山陰에서 홀로 술을 마시시다가 불현듯 섬계剡溪에 있는 벗 대규戴逵가 보고 싶어지자 밤새도록 배를 저어 그 집 앞에까지 갔다가 그냥 돌아왔는데, 그 이유를 물으니 "흥이 나서 갔다가 흥이 다해서 그냥 돌아왔다[乘興而行 興盡而返]"라고 대답한 고사가 있다.

•어제 모임을 갖지 못해 밤새 갑절이나 그리웠는데, 방금 찾아오신다는 말씀을 받고 몹시 위로가 됩니다. 가만히 앉아 무료하게 지내니 어찌 달리 용무가 있겠습니까?

不成昨日之會 倍切終宵之戀 卽荷見訪之示 甚慰甚慰 端居無聊 豈有他冗耶

•찾아오시겠다는 뜻은 참으로 이른바 '바로 청하는 말을 하고 싶던 차에 손님이 왔다는 말을 들었다'는 것입니다. 어떤 기쁨이 이와 같겠습니까?

見訪之意 眞所謂正欲請言 聞客至者也 何喜如之

•어제 보내 주신 답장은 넋을 놓고 보지 않은 곳이 없으니, 어찌 기뻐하는 모습을 직접 뵙는 것과 다르겠습니까? 게다가 삼백三白[975]의 진솔한 모임에서 받들 날이 바로 목전에 있으니 기쁨이 어떠하겠습니까?

昨日惠覆 無非絶倒處 何異親接色笑也 況承三白眞率之會 卽在目前 其喜如何

•때때로 잠시 모이는 것이 어찌 태강太康의 두려움[976]이 있는 지경에 이르겠습니까? 지난밤 문을 열어젖히고 보니, 짙은 구름이 끼었다 걷혔다 하며 달빛이 구름을 뚫고 비치는데, 뜰은 텅 비어 사람이 없고 오동나무 두 그루만 서로 비추고 서있었습니다. 일어나 연못가 언덕을 거

975 삼백三白: 소박한 음식을 뜻한다. 『곡유구문曲洧舊聞』에 소식蘇軾이 일찍이 유반劉攽과 얘기하면서 "내가 아우와 과거 공부를 할 때 날마다 삼백을 먹었는데, 매우 맛이 좋아서 세상에 팔진미八珍味가 있다는 말을 믿지 않았다"라고 하였다. 유반이 삼백이 무엇이냐고 묻자, 대답하기를 "한 줌의 소금과 한 접시의 무김치와 한 그릇의 밥이 곧 삼백이다"라고 하였다.

976 태강太康의 두려움: 공무를 돌보지 않아 자리를 잃는 것을 뜻한다. 『서경書經』「오자지가五子之歌」에 하夏나라 태강太康이 안일에 빠지지 말라는 우 임금의 교훈을 생각지 아니하고 낙수洛水 밖으로 사냥을 나가 10순旬이 지나도록 돌아오지 않자, 유궁有窮의 임금인 예羿가 하북河北에서 태강을 막아 돌아오지 못하게 하고 폐위해 버렸다는 이야기가 전한다.

닐고자 하였으나 함께 거닐 사람이 없어 한참을 서글퍼하다가 다시 스스로 문을 닫고 말았습니다. 생각해 보면 이곳의 경치는 반드시 걸음을 걷는 수고로움도 싫지 않을 것입니다.

時時小集 何至有太康之懼耶 去夜推戶而視 重雲卷舒 月光穿漏 庭虛無人 雙梧交影 欲起行池岸 無與共之者 怊悵良久 還自掩戶 想來此間境界 必不憚移屧之勞也

•오늘 저녁 모임은 비가 장애가 되어 한탄스럽습니다. 그러나 저문 뒤에 서풍이 잔잔히 일어나면 짙은 구름이 걷히고 진흙길이 마르지 않을는지 어찌 알겠습니까?

今夕之會 雨爲之魔 可歎 而晩後 西風微起 安知不重陰之捲而塗泥之乾耶

차여류借與類

•아무개 책을 보내드리니 혼자 보시고 이리저리 빌려주지 않는 것이 어떻겠습니까?

某冊送呈 獨覽勿轉借 如何

•두 책은 삼가 이렇게 온전히 돌려드립니다. 이 책의 다음 두 책도 빌려주시길 바랍니다.

二冊 謹此奉完 此下二冊 亦望許借

•보내온 책자는 자세히 본 뒤에 돌려드리겠으니, 우선 여기 두겠습니다.

送來冊子 俟細觀奉報 姑留之耳[977]

•보내온 책은 일찍 돌려주건 늦게 돌려주건 무슨 상관이 있는지요?

來冊 早晩何關耶

•아무개 책은 막 탐독하고 있으니 익숙히 강마하기 전에는 잠시도 놓기 어렵습니다. '차借'라는 한 글자는 다시 가져가심이 어떻겠습니까?

某冊 方耽看 講熟之前 有難暫捨 借之一字 還爲持去 如何

•아무개 본은 보고난 뒤에 다시 드리겠습니다.

某本 奉玩還納

•아무개 책을 삼가 받았습니다. 정력精力을 들인 바와 저를 생각해주시는 마음에 감히 심상한 감사의 말씀을 드리지 못합니다.

某冊伏受 精力所及 眷念所曁 不敢爲尋常謝感語

---

977 金昌協『農巖集』卷16「與李顯益 丁亥」

•아무개 책을 이렇게 멀리까지 보내 주시니, 진실로 수응酬應에 분주하다는 것을 아는데 어찌 저를 생각해 주시는 마음이 여기까지 미칠 수 있는지요? 한 질의 좋은 문자文字가 책장을 빛내줄 뿐만 아니라 또한 지극한 권념眷念을 알게 되었으니, 단지 심상한 감사의 말씀을 드릴 뿐만이 아닙니다.

某冊 蒙此遠貽 固知酬應紛如 而何能念及於此耶 不但一帙好文字得賁書廚 亦認勤眷 非止爲尋常感謝而已

•아무개 책을 찍어서 보내 주신다는 승낙은 오랫동안 가타부타 말씀이 없으니 답답합니다. 공명功名이 사람을 취하게 하는 것이 본래 이상한 일은 아니나 어찌 서로에게 소홀함이 이 지경에 이르렀는지요?

某冊印惠之諾 久無皂白 可菀 功名之醉人 固非異事 而何相忽之至此耶

•서울의 소식은 막연히 듣지 못하는데, 이렇게 조지朝紙[978]들을 보내주셔서 이 덕분에 울적한 마음을 달랬으니 받은 은혜가 큽니다. 삼가 이렇게 찾아서 올려드립니다.

洛奇 漠未聞知 荷此諸紙之投示 賴以破菀 受賜多矣 謹此覓上

•조지朝紙에 실린 정차政箚와 방안榜眼을 이렇게 전팽專伻으로 보내주시니 모두 새로운 소식들입니다. 오랫동안 답답하던 차에 이를 받았으니 이 덕분에 막혔던 귀가 시원해졌습니다. 얼마나 다행이고 얼마나 다행입니까? 편지와 함께 이렇게 돌려드립니다. 앞서 보내 주신 것도 잘 받았습니다.

朝紙政箚榜眼 荷此耑示 無非新消息 得之於久鬱之餘 賴以破聾 何幸何幸 幷謹此還上 前來者 亦謹受耳

978 조지朝紙: 조선시대 승정원承政院에서 처리한 일을 매일 아침마다 알리는 일, 또는 그것을 적은 종이를 말한다.

•보내 주신 조지朝紙는 보고 돌려드립니다. 이 뒤에도 계속 보내 주시길 바라니 어떻습니까?

來紙覽還 此後 亦望續示 如何

•아무개 물건은 진실로 오랫동안 빌려주신 은혜를 입었습니다.

某物 誠荷久假之惠

•아무개 물건은 잊고 있었던 것이 아닙니다. 막 시골에서 온 사람이 있었지만 아직 입수하지 못했습니다. 요컨대 이번 달 안에는 갖추어 올리겠으니 부디 잠시 기다려 주시는 것이 어떻겠습니까?

某物 非忘之也 方有自鄕來者 而未及入手 要之 此月內 可以奉完 幸姑俟之 如何

•아무개 물건은 이렇게까지 미루어 두었으니, 이것이 어찌 처음 생각했던 것이겠습니까? 비록 다시 말씀은 없었지만 힘을 다해 도모하는 중이니 며칠 뒤에는 마땅히 답신을 올릴 수 있을 것입니다.

某物 遷就至此 此豈始料所及 雖無提敎 方極圖之 數日後 當有以奉報也

•스무날 뜨거운 햇볕이 내리쬐어 온갖 곡식 중에 병들지 않은 곡식이 없으니, 애타고 걱정되는 마음 다 말할 수 없습니다.

兩旬熱陽 百穀無不受病 渴悶不可言

•한 달이 지나도록 몹시도 가문 날씨가 사람에게 머리카락을 모두 세도록 합니다.

跨朔亢旱 欲令人白盡頭髮

•단비[979]가 내릴 것처럼 하더니 곧바로 다시 해가 쨍쨍[980]합니다.

若將祈祈 旋復杲杲

•골짜기 농사의 재앙은 가뭄이 홍수보다 심합니다. 편지를 보낸 뒤에 만약 큰 비가 온다면 아마 큰 흉년은 면하겠지요? 형께서는 편안히 복의 기운을 타고난 분이시니 어찌 굶주림을 해결하느라 마음을 수고로이 할 염려가 있겠습니까?

峽農之災 旱勝於水 書後 若能大雨 則庶幾免大凶耶 兄是安靜有福氣者 豈有賙飢勞心之慮耶

•가뭄 끝에 비가 내리니 시절이 비록 많이 늦었지만 눈 가득 푸른빛이 메마른 땅일 때보다 조금 낫습니다. 하지만 과연 추수할 수 있을는지 모르겠습니다. 가을 날씨가 뜨거워서 서리가 늦게 내린다면 그래도 바랄 수 있겠으나 이것은 하늘에 달린 일이니 사람으로 하여금 축원하

979 단비: 원문의 '기기祈祈'는 단비가 촉촉이 내리는 것을 뜻한다. 『시경詩經』「소아小雅」 대전大田에 "뭉게뭉게 구름 일어, 촉촉이 비가 내리네[有渰萋萋 興雨祈祈]"라고 하였다.

980 쨍쨍: 원문의 '고고杲杲'는 햇볕이 빛나는 모습을 형용한 말이다. 『시경詩經』「위풍衛風」 백혜伯兮에 "비가 오려나 비가 오려나 했는데, 쨍쨍 비치는 해만 뜨는구나[其雨其雨 杲杲出日]"라고 하였다.

게 합니다.

早餘得雨 節雖過晩 而滿目靑色 差勝於赤地時 未知果能有秋否 秋熱而霜晩 則猶庶幾矣 此則在天 令人祝望[981]

•새벽부터 비 기운이 있더니 먼저 가랑비가 내립니다. 세차게 쏟아져 내리기를 바라고 또 바랍니다.

自曉有雨意 先以霢霂 沛然注下 顒祝顒祝

•큰비가 비로소 내려 농부의 바람에는 충분히 만족해 주었지만 또 너무 많이 내릴까 두렵습니다.

大雨始降 農望則快滿 而又恐其太過也[982]

•이제야 비로소 비가 내리더니 하룻밤 사이 농부들의 마음[983]을 위로할 만큼 충분히 내려 공사간에 매우 다행한 일이지만 또 너무 많이 내릴까 두렵습니다.

今始雨下 一夜之間 慰滿三農 公私大幸 而但恐又極備耳[984]

•오늘 다행히도 이렇게 비가 쏟아져 백곡百穀이 생기가 도니 결실을 기대할 수 있습니다. 그러나 어제부터 동풍이 연이어 불더니 차가운 비가 그치지 않습니다. 이것 또한 농가農家에서 크게 꺼리는 일이니 걱정되는 마음 가누지 못하겠습니다.

今幸得此滂霈 百穀發惺 可期食實 而昨日以來 東風連起 冷雨不止 此又農家大忌 不勝憂悶

---

981 尹拯『明齋遺稿』卷16「與白文玉 乙酉流頭日」

982 尹拯『明齋遺稿』卷17「與再從弟執中」

983 농부들의 마음: 원문의 '삼농三農'은 언덕과 습지와 평지의 농사를 말한다.『주례周禮』「천관총재天官冢宰」태재太宰에 "삼농에서 아홉 가지 곡식을 생산한다[三農生九穀]"라고 하였는데, 정현鄭玄이 "삼농은 평지와 산과 택이다[三農, 平地山澤也]"라고 풀이하였다.

984 尹拯『明齋遺稿』卷19「與朴泰輔士元 六月九日」

•비바람에 조금 손상을 입은 것은 안타까운 마음을 가눌 수 있겠습니까마는 또한 풍년이 되는 데에는 해가 되지 않을 것입니다.

風雨之如干致傷 可勝咄咄 而亦不害爲大登

•동풍이 재해를 입어 목면木綿 농사가 정말 걱정되었는데, 근래 날씨도 고르고 순조로워 지난해처럼 모두 잃을 리는 전혀 없을 터이니 너무 염려하지 마시길 바랍니다.

東風爲災 木綿事 誠可悶 而近日日氣 又調順 萬無如昨年全失之理 須勿過慮也

•비가 너무 내리든가 너무 내리지 않아 번갈아 재해를 입었으니, 공사간에 근심과 걱정을 어찌 말로 다 할 수 있겠습니까?

極備極無 迭相爲災 公私憂悶 如何可言耳

•일대의 백성들 농사가 비록 구휼을 의논할 걱정은 없겠지만 그래도 풍년이라고 할 수는 없습니다. 태수께서는 크게 관심을 둘 지경에 이르지나 않았는지요?

一路民事 雖無議賑之憂 猶不可謂豐年 太守不至有大關心耶

•보리농사가 생각과 어긋나버렸고 전염병 기운도 더욱 치성하여 백성들을 위한 근심이 고을의 크고 작은 것으로 차이가 있지 않습니다. 때때로 스스로 생각해 보면 결국 집에서 편안히 먹고 지내는 것만 못합니다. 아마도 집사께서 이 편지를 보시면 동병상련同病相憐의 마음이 있을 것입니다.

麥農違料 癘氣益熾 爲民之憂 不以大小而有間 時自思惟 終不如家食之爲便 想執事覽此 而有同病之憐也

•일대의 백성들 근심과 농사 형편은 과연 어떻습니까? 시기時氣[985]도 아직 잦아들지 않아 결국 앞으로 무한한 걱정이 있을 것입니다. 어찌합니까?

一路民憂農形 果如何 時氣尙未息歇 終有來頭無限之慮 奈何

•보리농사가 끝내 처음 생각했던 것과 어긋나버려서 진실로 한탄스럽고 애석한 일이었으나 눈앞의 가을 농사는 모두 풍년들 희망이 있습니다. 이 뒤로 달리 재앙이 없기를 오직 바랄 뿐이니 영감의 마음도 아마 이와 같을 것입니다.

麥事之終違始料 誠可歎惜 而目下秋農 擧有大登之望 此後無他災 惟是企祝 令心 想亦如此矣

985 시기時氣: 사시四時의 기운이 사기邪氣로 작용한 것으로 계절성 전염병을 일으키는 병인을 통틀어 말한다.

•보리농사가 흉년으로 판가름 난 이유는 이미 첩사牒辭에 다 말씀드렸는데, 처음에는 해충의 해를 입고 끝내는 비에 손상되어 대부분 낫을 댈 곳도 없습니다. 그 가운데 조금 나은 것도 전혀 결실을 보지 못했으니 비록 큰 흉년이라고 하더라도 맞는 말입니다.

麥事判歉之由 已悉於牒辭 而始被蟊傷 終爲雨損 多有掛鎌不得處 其中稍勝者 亦全不成實 雖謂之大無 可也

•긴 장마 끝에 이처럼 오랫동안 가무니 도내의 농사 형편은 과연 어떻습니까? 관동關東은 홍수에 잠기고 가뭄에 손상되어 결실을 보지 못할까 두렵습니다. 몹시 걱정됩니다.

長霖之餘 久旱如此 道內農形 果如何 關東則浸於水傷於枯 恐不免失稔 大是悶事

•지난번 풍재風災는 오랜 가뭄 끝에 갑자기 불어 농사에 해를 많이 입었습니다. 알지 못하겠습니다. 귀하의 도는 과연 이런 재해가 없었는지요?

向來風災 忽在久旱之餘 穡事多被傷損 未知貴道 果無此患否

•도내의 농사 형편이 풍년이 되려 하는 것은 진실로 복성福星이 비춰준 것[986]입니다. 그러나 양쪽 연안지역의 보리 흉년은 아마 다소 신경을 쓰셨을 것이니, 정해진 수량 외에 추가분은 과연 여러 도의 관례를 따라 적당한 수를 헤아려 더 요청하시는지요?

道內農形之向登 儘是福星所照 而兩沿麥荒 似費多少關念 定數外加

986 복성福星이 비춰준 것: 지방관으로 있는 상대의 치적을 칭송하는 말이다. 원래는 목성木星이 세성歲星으로서 복을 주관한다고 하여 목성의 대칭代稱으로 쓰였는데, 뒤에는 한 지역에 행복과 희망을 가져다주는 훌륭한 지방관이란 뜻으로 전용되었다. 『산당사고山堂肆考』 卷68에 송宋나라 철종哲宗 때 선우신鮮于侁이 경동전운사京東轉運司가 되어 부임할 적에 사마광司馬光이 말하기를 "지금 동쪽 지방의 폐해를 구하려면 자준子駿(선우신의 자)이 아니면 안 되니, 이 사람이 바로 한 지방의 복성이다. 모든 전운사의 모범이 될 수 있을 것이다[今欲救東土之敝, 非子駿不可. 此一路福星也, 可以爲諸路轉運模範矣]"라고 한 데서 온 말이다.

分 果依諸道例量宜加請否

•듣자 하니 바닷가 무논[水畓][987]은 전혀 낫을 대지 못해 관내管內의 민호가 혹여 떠나고 흩어지는 폐해를 면하지 못할 것이라고 하니, 과연 그렇다면 민사民事 때문에 반드시 시름을 전혀 놓지 못할 터이니 염려가 됩니다.

似聞海邊水畓 全不掛鎌 筒內民戶 或不免流散之弊 果然 則民事 必不能全然忘憂 奉念

•흉년에 백성들 근심으로 눈썹을 찌푸리시지나 않으시는지요?

荒歲民憂 能不上眉耶

•흉년 첨봉簽捧[988]으로 아마 더욱 정신없이 골몰하실 터인데, 어떻게 일을 처리하며 지내시는지요?

歉歲簽捧 想益紛汨 何以排遣

•메마른 농지의 참혹함이 이곳보다 심하다고 들었습니다. 경내에 가득한 굶주린 백성을 어떻게 구제하여 살리시겠습니까?

赤地之慘 聞有甚於此中 滿境飢餓之民 何以濟活耶[989]

•이미 한 읍의 책임을 맡았으니 마땅히 구제할 방법을 생각해야 하지만 어떻게 계책을 세워야 할지 모르겠습니다.

旣受一邑之責 當思所以救濟之道 未知何以爲計[990]

---

987 무논[水畓]: 물이 늘 차 있거나 쉽게 물을 댈 수 있는 논을 말한다.

988 첨봉簽捧: 군포를 징수하기 위해 군적을 기록하는 '첨정簽丁'과 환자를 거두어들이는 '봉적捧糴'을 말한다.

989 尹拯『明齋遺稿』卷27「與再從弟天縱 丁丑八月晦日」

990 尹拯『明齋遺稿』卷27「與再從弟天縱 丁丑八月晦日」

•진휼賑恤하는 근심이 비록 깊더라도 다만 천천히 대응할 것만 생각하시고 조급하거나 소란하게 대처하지 말아야 절로 일의 두서를 갖출 수 있을 것입니다.

賑憂雖深 只思徐徐應之 毋躁擾 自可就緖爾

•바닷가는 작년 수해가 적지 않았을 터인데, 봄이 온 뒤 곤궁[991]으로 인한 근심은 없는지요?

海邊 昨秊水災非細 春來 能無顚連之患否

•주부자朱夫子가 절동浙東 지방에 거듭 기근이 들자 단거單車로 길을 나섰습니다. 어찌 후학들의 길잡이가 아니겠습니까?

朱夫子 以浙東洊飢 單車就道 豈非後學之指南耶[992]

•도내道內 예닐곱의 연안 읍들이 비록 재앙을 입었다고는 하지만 오직 우리 읍만이 가장 심합니다. 거의 을해년乙亥年과 임오년壬午年의 흉년보다 심하니 정말 어찌할지 모르겠습니다. 앞으로 주진賙賑하는 모든 일들은 오로지 집사께서 두루 돌봐주시기만을 믿습니다.

道內六七沿邑 雖曰被災 惟本邑爲最 殆有甚於乙亥壬午之歉荒 誠罔措 前頭賙賑凡事 專恃執事周章

•진휼賑恤은 아마 이미 반을 넘겨서 백성들이 사망하는 지경에 이르진 않았을 것이나 곡물穀物이 부족한 근심은 없는지요?

賑事 想已過半 民不至死亡 而穀物無不足之患否

---

991 곤궁: 원문의 '전련顚連'은 가난하고 의지할 곳 없는 것을 의미한다. 송宋나라 장재張載의 『서명西銘』에 "온 천하의 쇠잔하고 병든 자, 고아와 독거노인과 홀아비와 과부가 모두 곤궁하여 하소연할 곳 없는 나의 형제들이다[凡天下疲癃殘疾 惸獨鰥寡 皆吾兄弟之顚連而無告者也]"라는 표현이 있다.

992 尹拯『明齋遺稿』卷16「與成汝中九月八日」

•큰 흉년에 진휼하여 구제하는 정사로 아마 매우 노심초사하셨을 것입니다. 그러나 포상하는 은전이 정중히 내려지고 하사품도 번다하게 받으셨으니, 영화롭고 감사한 나머지 보답할 근심으로 반드시 잠을 이루지 못할 것입니다. 이 때문에 염려가 됩니다.

大歉賙救之政 想極焦勞 而恩褒鄭重 寵賚便繁 榮感之餘 報答之憂 必當無寐 爲之奉念

•흉년에 공도회公都會[993]를 여는 것은 민읍民邑에 폐를 끼침이 매우 적지 않은 데다가 많은 선비들을 위로하고 기쁘게 하는 것과도 무관하다고 여겨집니다. 어찌 물려서 시행하도록 청하지 않으십니까? 또한 이미 전례가 있는 듯하니 바로 장계를 올려 요청하시는 것이 어떻습니까?

歉歲 公都會之謂獘民邑極不少 且無關於慰悅多士 何不請退行耶 似亦有已例 卽爲狀請 如何

•서토西土(관서지방)의 기황饑荒이 이태 동안 몹시도 참혹합니다. 어떻게 정사를 펼쳐 한 지방 백성들을 구제하시는지요? 걱정되어 잠시도 잊을 수 없습니다.

西土饑荒 連歲孔慘 其何以經紀以濟一方生靈也 憂慮不暫忘也

•일대가 재황災荒과 여역癘疫으로 우환이 매우 극심합니다. 아마 관찰사의 책무는 각 읍보다 더 크실 터이니 걱정되는 마음 적지 않습니다.

一路災荒癘疫 憂患孔棘 想按道之責 尤大於各邑 貢溯不淺

•도내 농사 형편이 큰 흉년이라는 소식을 받았습니다. 모르겠습니다. 어떻게 경영經營하여 한 지방 백성들의 바람에 부응하시는지요?

承道內農形大無 不識 何以經營以副一方之望也

---

993 공도회公都會: 각 도의 관찰사觀察使가 도내의 유생들을 선발하여 매달 한 번씩 일정한 장소에서 보이던 시험으로 입격자에게는 곧바로 진사시나 생원시의 복시覆試에 응시할 자격이 주어졌다.

•임기가 다 찼는데도 돌아가지 못하다가 또 크게 진휼하는 상황을 만났으니 염려되기 그지없습니다. 그러나 막중한 임무를 받았으니 마땅히 내 직분을 다해야 할 따름입니다. 어찌하겠습니까?

瓜至未歸 又當大賑 獻念無已 第受重寄 惟當盡吾分而已 奈何

촉탁류囑託類

【송인送人】

•아무개가 좌하座下께 말씀드릴 바가 있어서 지금 이렇게 찾아뵙습니다. 부디 맞이해서 특별히 조처해 주시는 것이 어떻겠습니까? 이는 큰 청탁을 하는 일은 아니니 모쪼록 싫은 눈으로 보지 마시기를 바랍니다.

某人有所言於座下 今此委進 幸邀接另施如何 此非甚干請事 須勿厭看也

•이곳에서 가는 승려는 바로 종승宗僧입니다. 부디 불러서 반가운 얼굴로 대해 주시길 바랍니다.

此去白足 卽宗僧 望須招見賜顔

•아무개는 평소 저와 절친한 사이인 데다가 아무개 벗과도 몹시 가까운 사이입니다. 본 목사께 일이 있어서 이제 막 찾아갔으니, 부디 즉시 전팽을 보내어 맞이해 친절히 대우하고 일에 따라 잘 조처해 주시는 것이 어떻겠습니까?

某人素所親切間 而且於某友甚緊 有事本牧 今方進去 幸卽伻問 延見款遇 隨事曲施 如何

•아무개는 문하의 친애하는 사람입니다. 당신 치하에 전토가 있어서 추수를 간평看坪[994]하기 위해 내려가는데 장차 답험踏驗[995]에 꼭 관아의 힘을 얻고자 합니다. 편지를 전해 받은 뒤에 불러서 반갑게 대해 주시고 간청하는 바대로 조처해 주시는 것이 어떻겠습니까?

某人 門下親愛者也 有田土於治下 爲看秋下往 而且欲踏驗 須賴官力 傳書後 招見賜顔 隨其所懇許施之 如何

---

994 간평看坪: 지주가 도조賭租를 매기기 위하여 추수하기 전에 실지로 가서 농작물의 풍흉을 살펴보는 일을 이른다.

995 답험踏驗: 손실답험損實踏驗의 준말로 즉 토지의 위치나 토질, 그리고 농사가 잘 되고 못 됨을 알기 위해 직접 논밭에 나가서 실지로 조사하는 것을 말한다.

•한마디 말씀을 얻어 그 일을 완수하고자 하니, 인정상 어찌 그렇게 하지 않을 수 있겠습니까? 부디 아뢰는 바대로 관례를 제쳐두고 특별히 베풀어주시기를 지극히 바랍니다.

要得一言以完其事 人情安得不然 幸隨其所告 拔例另施 至仰

•아무개는 바로 친족으로 서로 아끼는 사이인데 유람을 하기 위해 이제 막 서관西關으로 갔습니다. 부디 불러서 반갑게 대해 주시어 낯이 서도록 해 주시는 것이 어떻겠습니까? 지극히 어려운 일이 아닌지라 감히 이렇게 번거롭게 말씀드립니다.

某人 卽親族相愛間 爲遊覽 方往西關 幸望招見款接 以爲生色 如何 事極非難 敢此煩浼

•이 벗을 당신의 궤안几案 사이에 불러서 한번 그의 언론言論을 들어보고 함께 수창酬唱해 보시면 어찌 다만 관현악 연주만이 울적한 마음을 풀 수 있는 것이라고 여기겠습니까?

羅致此友於几案間 試聽其言論 與之酬唱 則奚特吹竹彈絲之可解憂鬱也

【전찰傳札】

•함께 동봉한 편지는 만일 읍의 인편이 있거든 부디 우체 편에 넣도록 하여 곧바로 전해지도록 하는 것이 어떻겠습니까?

胎上書角 如有邑便 幸命入褫 俾卽傳致之地 如何

•이 편지는 감영에서 저리邸吏[996] 편을 통해 내려 보내는 것이 어떻겠습니까?

此紙 自營憑邸 下送如何

---

996 저리邸吏: 경저리京邸吏와 영저리營邸吏를 합쳐서 부른 말로 서울이나 감영監營에 있으면서 지방 관청의 사무를 연락하고 대행하던 서리胥吏를 일컫는다. 경주인京主人·영주인營主人이라고도 한다.

•이 편지는 도착하면 즉시 아무개 어른의 적소謫所에 전해 주시고, 영감께서도 신경 써서 보살펴주시어 동료로서 낯이 서도록 해 주시는 것이 어떻겠습니까?

此札 到卽傳送於某丈謫所 令亦加意存恤 以生同朝光色 如何

•이곳에서 보낸 편지는 아무개 집에 전해 주시고 답장을 받아 속달로 부쳐주시는 것이 어떻겠습니까?

此去書 出傳于某家 受答付之速遞 如何

•집 아우의 행중에 보내는 편지를 인편에 한 통 보냈습니다. 부디 그곳을 왕래하는 인편을 찾아 전해 주시길 바랍니다.

家弟行中 因便送一書 望須討其往來便 傳送也

•모처某處로 보낸 답서를 이미 찾아왔습니까? 길이 매우 멀고 우체 편에 기대기도 쉽지 않아서 집사의 위령威令을 빌려 소식을 이어갈 계책을 도모하지 않을 수 없습니다.

某處答札 已討來耶 道路絶遠 憑遞未易 不得不籍執事威令 以圖嗣音之計

•이 편지는 행여 궁문지기에게 막힐까 걱정되니 겉봉을 만들어 도장을 찍어서 보냅니다.

此書 恐或阻閽 作外封 踏印以去耳

•가까운 인편이 없으면 마땅히 이곳에서 전체轉遞 편으로 보낼 터이니, 이곳에서 보낸 인편이 돌아올 때 편지를 써서 보내 주시는 것이 어떻겠습니까?

無近便 則當自此轉送 此回裁書以投 如何

•제 형님에게 보내는 먹과 편지도 잘 도착했으니, 마땅히 인편으로 잘 전하겠습니다.

舍兄邊 所惠墨封書角 亦依到 當因便謹傳

【존문存問】

•족형族兄 아무개 인물이 당신 치하治下의 아무개 면面에 새로 우거하였습니다. 가난한 선비의 우거 상황은 일마다 괴로운 법이니 만약 관부官府에서 돌보아주지 않으면 더욱 제대로 모습을 갖출 희망이 없습니다. 부디 편지를 보신 뒤에 으레 하는 존문存問은 할 필요가 없고, 즉시 아전을 보내 전갈傳喝[997]하여 맞이해 한번 보신다면 그 사람됨이 결코 정사의 체모에 방해가 되지 않음을 알 수 있을 것입니다. 이를 이어 서로 교유하면서 일마다 돌봐주시는 것이 어떻겠습니까? 이 형은 바로 모관某官 모씨某氏의 아우니 아마 한 번 보시면 구면舊面처럼 느끼실 것입니다.

族兄某 新寓於治下某面 貧士寓況 事事辛酸 若非官府顧籍 則尤無成樣之望 幸於覽書後 不必例施存問 卽爲送吏傳喝 邀致一見 可知其爲人決不害於政體 仍與過從 隨事顧護 如何 此兄 卽某官某氏之弟 似或一面如舊矣

•아무개 인물은 문아文雅한 사람입니다. 부디 계주雞酒[998]로 존문하여 낯이 서도록 해 주시는 것이 어떻겠습니까? 이는 바로 긴요한 요청이니 부디 특별히 베풀어주시기를 바랍니다.

某人 是文雅之人 幸以雞酒存問 俾生光色 如何 此乃緊請 須另施也

•아무개 집의 전장田庄이 아무개 면面 아무개 리里에 있는데 아무개 인물이 추수를 위해 이미 내려갔습니다. 부디 계주雞酒로 존문하여 관官의 위엄을 빌려 볼일이 성사되도록 해 주시는 것이 어떻겠습니까?

某家田庄 在於某面某里 而某人爲秋收 才已下去 幸以雞酒存問 俾籍官威

---

997 전갈傳喝: 사람을 시켜서 어떤 말을 전하거나 안부를 물음, 또는 그 말이나 안부를 말한다.

998 계주鷄酒: 계주란 척계두주隻鷄斗酒 혹은 적계서주炙鷄絮酒의 준말로 변변찮은 음식을 말한다.

得成所幹 如何

•아무개 집의 전장田庄이 당신 치하治下에 있습니다. 그 추수를 위해 이제 막 가까이 신임하는 사람을 보내 모처某處에 머물도록 하였습니다. 즉시 존문存問하여 만일 부탁하는 바가 있으면 하나하나 처리해 주시어 일이 어긋나는 근심을 면하게 해 주시기를 지극히 바랍니다.

某家田庄 在於治下 爲其收拾 纔送親信人 方住某處 卽爲存問 如有所控 一一採施 俾免齟齬之患 至仰

•아무개 인물이 지금 세稅를 걷는 일로 당신의 치하治下에 내려갔습니다. 그러나 만일 관가官家에서 돌봐주지 않으면 먼 지방의 인심에 낭패를 보지 않으리라 보장하기 어렵습니다. 부디 바로 존문存問하여 반갑게 맞아 낯이 서도록 해 주시는 것이 어떻겠습니까? 이는 지극히 친한 사이의 부탁인지라 이처럼 번거롭게 말씀드리는 것이니 대충 넘기시지 마시고 특별히 베풀어 주시기를 다시 한번 바랍니다.

某人今因收稅 下往治下 而如非官家顧護 遐土人心 難保其不狼狽 幸卽存問款接 以生光色 如何 此是至切間所托 如是縷煩 更望毋泛另施之

•당신 치하治下의 아무개 인물은 이곳의 촉망받는 인사입니다. 유림儒林의 집사執事로 감당하지 못하는 일이 없으니, 부디 존문存問하여 크게 돌봐주시길 바랍니다.

治下某甫 此土望士也 儒林執事 無不可堪 幸望存問斗護也

•당신 치하治下의 아무개 지역 아무개 인물은 바로 저와 매우 절친한 사람입니다. 매번 편지로 간청을 드리고 싶은 일이 있었으나 소란한 일로 실행하지 못했습니다. 향리에 살면서 없을 수 없는 것이 관官에서 낯을 세워주는 것이니, 부디 계주鷄酒로 바로 존문存問해 주시고, 또 반드시 일마다 돌봐주시어 만 길 광채가 나도록 해 주시는 것이 어떻겠습니까?

治下某地某 卽緊切緊切人也 每欲以書仰懇 而撓汩未果矣 鄕居不可無者

自官生色 幸以雞酒 卽爲存問 亦必隨事顧護 俾有萬丈光彩 如何

•아무개 인물은 인척의 정의도 있고 평소 친애하는 사람입니다. 향촌鄕村에서 관가의 문안을 받으면 이웃사람들이 우러러 볼 것이니, 부디 계주雞酒로 한 아전을 보내어 존문하여 낯이 서도록 해 주시는 것이 어떻겠습니까?

某人有戚誼 而素親愛者也 鄕村得官家問安 則鄰比聳然 幸以雞酒 遣一吏存饋 獲生光輝 如何

•지난번에 보낸 아무개 누이 집의 칭념稱念[999]은 아마 반드시 특별히 처리해 주셨을 것이니 다시 번거롭게 말씀드리지 않습니다. 그러나 새로 먼 지방에 우거하면서 온갖 고초를 겪을 것이니 생각하면 슬프고 가련합니다. 부디 일마다 곡진히 생각해 주시어 그곳에서 보존할 수 있도록 해 주시기를 몹시도 바랍니다.

頃送某姊家稱念 似必另施 不復煩縷 而新寓遐方 凡百之艱楚 想來悲憐 幸須隨事曲念 俾得保存 甚仰

•아무개 인물이 아들의 혼례를 치르기 위해 지금 막 내려갔습니다. 먼 고을에서의 모든 일들은 본래 관문에 도움받을 것이 많지만 번거롭게 다 감히 부탁드리지는 못합니다. 그러나 무엇보다 단령團領[1000]과 사모紗帽[1001]는 달리 얻을 곳이 없으니 부디 잠시 빌려주시는 것이 어떻겠습니까? 처리해 주시기에 어려운 부탁은 아니지만 공무로 소란한 가운데 행여 잊기 쉬운 일이니, 다시 한번 특별히 생각해 주시어 낭패를 보는 지경에 이르지 않

999 칭념稱念: 어떤 것을 거론해서 잊지 말고 염두에 두라고 부탁하는 것으로 부탁이나 청탁과 같다.

1000 단령團領: 깃을 둥글게 만든 공복公服이다. 색에 따라 흑단령黑團領·홍단령紅團領·백단령白團領·자단령紫團領의 구별이 있다.

1001 사모紗帽: 백관百官이 주로 상복常服에 착용하던 관모官帽다. 사모는 뒤가 높고 앞이 낮은 2단 모정부帽頂部를 이루며 뒷면에는 각角을 달고 있다. 겉면은 죽사竹絲와 말총으로 짜고 그 위를 사포紗布로 씌우는데 사모라는 명칭은 여기서 유래하였다.

도록 해 주시길 바랍니다.

某人爲過子婚 今方下去 遐鄕凡百 自多奉資於官門 而煩皆不敢 最是團領紗帽 他不可得 伏望暫許俯借 如何 請非難施 而撓惱中或易遺忘 更乞另念毋致狼狽也

·아무개 의원이 당신의 보살핌을 받았으니, 그와 함께 감사한 마음이 있습니다.

某醫 得蒙顧恤 與有感焉

【청적請糴】

·아무개 인물은 평소 절친한 사이고 의술에도 조예가 깊습니다. 이 때문에 매번 병이 날 때마다 번번이 그의 도움을 받았으니, 그를 후대해 주고 싶은 마음 어찌 한량 있겠습니까? 지금 춘궁기를 맞아 종자와 양식이 모두 모자라 막 이렇게 급한 사정을 알려왔는데 구제해줄 길이 없으니 몹시 걱정되고 걱정됩니다. 듣자 하니 그 집에서 다른 집 명의를 빌려 정기 환곡을 받는다고 합니다. 만약 합하여 한꺼번에 받는다면 한때 그럭저럭 도움이 될 수 있을 것입니다. 이는 별환別還[1002]과는 차이가 있으니, 부디 이런 긴절한 제 뜻을 완장阮丈[1003]께 편지로 알려주시어 관례를 제쳐두고 조처해 주도록 해 주시는 것이 어떻겠습니까?

某人 素所親切 而且深於醫 故每有病憂 輒賴其力 其欲相厚 豈有量哉 今當春窮 種粮俱乏 方此告急 無以救濟 甚悶甚悶 聞其家借戶受巡還云 若合等都受 則可以一時聊賴 此與別還有異 幸以此緊切之意 書告于阮丈 以爲拔例俯施之 如何

·아무개 인물의 환곡 요청에 관한 일은 아무개 벗의 간절한 부탁 때문입

1002 별환別還: 보편적인 환곡이 아닌 별도로 추가 대출을 받아 갚는 일을 말한다.
1003 완장阮丈: 남의 백부·숙부 등을 높여 부르는 말이다.

니다. 앞뒤로 편지와 대면을 통해 누차 언급하여 아마 기억하고 계실 것입니다. 그러나 이렇게 별지로 올리는 것은 요청한 대로 허가해 주신 뒤에 원장元狀을 곧바로 면주인面主人 혹은 면임面任에게 출급하여 때에 맞춰 받아내도록 하시기를 간절히 바랍니다.

某人請糴事 因某友懇托 前後書與面 及之屢矣 想記有之也 第此胎上 依所請許題後 元狀卽爲出付面主人或面任 以爲及時受出之地 切仰

•지난번 의논한 별환別還에 관한 일은 마땅히 아무개 명의로 장자狀子를 써서 올려야 하지만 만약 관례대로 책임만 모면하는 정도라면 도모했던 것과 매우 어긋나버립니다. 산역山役과 폄례窆禮를 할 때 앞뒤로 들어가는 양식 또한 매우 많아서 오로지 여기에만 기대고 있습니다. 굽어 살피시어 넉넉히 베풀어주시는 것이 어떻겠습니까?

頃議別還事 當以某名 書呈狀子 而若或循例塞責 甚失所圖 山役及窆禮時 前後粮資 亦極不貲 而專靠於此 俯諒優施之 如何

•사돈집의 별환別還에 관한 일은 이렇게 흔쾌히 베풀어주신 덕분에 제가 그 은혜를 받았으니 천 만 번 감사드릴 뿐만이 아닙니다. 소지명小地名은 바로 모처某處입니다. 서간書簡을 써서 올릴 때 사통私通[1004]을 동봉하여 바로바로 부쳐 보내고 답장을 받아 보내라는 뜻으로 분부하시는 것이 어떻겠습니까?

査家別還事 蒙此快施 弟受其賜也 感幸不啻千萬 小地名卽某處也 書簡裁上 與私通同裹 卽卽付送 受答以投之意 分付如何

•세상을 떠난 처를 장사지낼 때 아무개 읍邑에서 환미還米 몇 석을 구해 사용하고 순영巡營에서 가을이 오면 수쇄收殺[1005]하기로 약속하였습니다. 그러나 얼마 지나지 않아 해임되고, 그 뒤에 순상巡相도 서둘러 체직되어 진실로 일을 마무리할 길이 없어서 이렇게 우러러 아룁니다. 이는 한 두 포의

1004 사통私通: 공사公事에 관하여 사사로이 연락하는 편지를 말한다.
1005 수쇄收殺: 모두 받아들임, 또는 걷어 들이는 것을 의미한다.

소소한 물건이 아닌지라 갑자기 간청드리기에 어려운 점이 있으나 그 형편이 진실로 부득이한 사정에서 나왔습니다. 부디 가부를 잘 헤아려 주시는 것이 어떻겠습니까? 어제 우체 편에 부친 편지도 바로 이 일 때문이니, 만일 도와주고자 생각하신다면 반드시 속히 도모해 주신 뒤에야 관아의 주패朱牌[1006]를 받는 곤액을 면할 수 있을 것입니다.

亡妻窆禮時 得用某邑還米幾石 約以自巡營秋來收殺矣 未幾解任 其後巡相 亦徑遞 實無了當之路 玆以仰告 此非一二包零瑣之物 有難遽懇 而其勢誠出於不得已 幸商量可否 如何 昨書發褫者 卽此事也 如欲相念 則必速圖然後可免朱牌受困耳

•아무개 집의 환곡還穀은 작년에는 형님께서 방급防給[1007]해 주신 덕분에 곤궁한 처지를 면할 수 있었습니다. 올해도 내지 못한 것이 많아 독촉이 날마다 심하다고 합니다. 부디 분부하시어 사통私通을 작성해 보내어 바로 방급해 주도록 하시는 것이 어떻겠습니까? 거의 매년 으레 지급하는 것과 같아 저도 전례를 살펴서 부탁드리니 부디 꾸짖지 마시는 것이 어떻겠습니까? 소지小紙에 기록된 수 이상은 만일 너무 많은 것이 혐의가 된다면 잘 헤아려 처리해 주시기를 또한 바랍니다.

某家還穀 昨年蒙兄主防給 得免困境 今年亦多未輸 催督日甚云 幸乞分付成送私通 俾卽防給 如何 殆同每年應給 弟亦按例而仰乞 幸勿嗔呵 如何 小紙錄數以上 如以太多爲嫌 量宜處之 亦幸矣

•족제族弟 집의 환상還上은 특별히 독촉을 늦추어주신 은혜를 입었으니 진실로 감사합니다. 그러나 만약 이로써 보답을 요구하고자 하신다면 제가 부탁한 바를 차라리 베풀어주지 말아주십시오. 형께서 말씀하신 바는 실로 명을 따르기 어렵습니다.

1006 주패朱牌: 관아에서 죄인을 호출할 때 발부하는 통지서인데 주장朱杖과 함께 발부하기 때문에 붙여진 이름이다.

1007 방급防給: 조세 등을 먼저 대신 내주고 나중에 이익을 붙여 받는 것을 이르는 말이다.

族弟家還上 特蒙緩督 誠可感也 然若欲以此責報 則弟之所托 寧求勿施 兄之所教 實難聞命

•삼종제三從弟 집의 환곡還穀은 이미 다 납부하였으나, 태수太守께 근심을 끼치지나 않았는지요?

三從弟家還穀 已畢納 而不貽太守之憂耶

【조량助粮】

•아무개 인물은 바로 저의 재종再從인데 모지某地에서 이리저리 우거하고 하며 집을 떠나 고생하고 있습니다. 이제 막 과거에 나아갔다가 낙방하고 돌아오는데, 가난한 선비로 행장이 텅 비어 자신의 몸을 돌볼 수 없는 처지입니다. 제가 비록 조금 도와주더라도 먼 길에 한 치 길을 나아갈 정도니, 반드시 궁핍한 근심이 많을 것입니다. 부디 힘닿는 대로 도와주시어 객점客店에서 주리며 지체하는 일을 면하도록 해 주시는 것이 어떻겠습니까?

某人 卽弟之再從 而流寓某地 契闊艱辛 今方赴擧敗歸 貧措大 行橐枵然 無以致身 弟雖略助 而遠路寸進 必多窘乏之患 幸乞隨力惠濟 俾免客店饑滯 如何

•아무개 인물은 저의 집안과 삼대 째 교분이 있는 사람이니 그 친애親愛을 알 수 있을 것입니다. 아무개 일로 귀하께서 맡고 계신 고을로 내려갔으나 가난하여 양식을 조달할 수 없습니다. 부디 양태粮太를 여유가 있는 대로 내주어 객지의 가난을 면하게 해 주시는 것이 어떠하겠습니까? 어려운 일이 아닌지라 오로지 믿고 삼가 부탁드립니다. 헤아려 주십시오.

某人 卽弟三代世交 其親愛可知 以某事下去貴府 而貧不能齎粮 幸以粮太 從優帖惠 俾免客裏艱乏 如何 事係不難 專恃奉托 可諒之也

•아무개 인물이 막 모처某處로 갔는데 가는 길에 귀하께서 맡고 계신 고을에 들러 양식 비용을 얻어 낭패를 면하려고 합니다. 부디 반갑게 맞이하여 관

례를 제쳐두고 마련해 주어 낯이 서도록 해 주시는 것이 어떻겠습니까?

某人 方往某處 路過貴府 欲得粮費 以免狼狽 幸須款接賜顔 拔例覓給 以生光色 如何

•이곳에서 가는 아무개 인물은 바로 이곳의 시호詩豪입니다. 이제 막 아무개 관아로 부임해 가는데 본래 가난한 처지로 밑천이 없어 행장이 텅 비었습니다. 부디 약간의 양태粮太로 얼마간의 급한 사정을 도와주시어 객지에서 어려움을 겪는 근심을 면하도록 해 주시는 것이 어떻겠습니까?

此去某 卽此處詩豪也 方赴遷某衙 而素貧無資 行囊蕭然 幸以如干粮太惠助數時之急 俾免客地齟齬之患 如何

•제 사위 아무개 진사進士가 성묘 행차를 나섰는데, 앞으로 당신이 계신 경내 아래를 지납니다. 그러나 천리 먼 길에 단기單騎로 나서 행색이 초라하니 제가 아는 사람이 다스리는 고을에서 도와주지 않을 수 없습니다. 제 사위를 좌우左右께 대수롭게 보아 넘긴다면 어찌 유감이 있지 않겠습니까? 달리 믿을 만한 곳이 없으니, 당신께서 부디 힘써 도와주시는 것이 어떻겠습니까?

東牀某進士 爲塋掃之行 將過境下 而千里單騎 行色草草 所知治邑 不得不相資 吾之女婿 左右泛視 則豈不有憾乎 他無可恃處 尊須用力資助 如何

【조장助葬】

•편지와 동봉하여 올린 소지小紙는 바로 저와 절친한 사람의 일입니다. 이제 막 친상親喪을 당하여 천 리 먼 길을 운구하는 처지니 그 정리情理가 몹시도 슬픕니다. 번거롭게 간청드리는 것은 대단히 큰일은 아니니, 부디 이 내용에 따라 특별히 조처해 주시는 것이 어떻겠습니까? 보답받을 길 없는 곳에 은혜를 베푸는 일은 또한 인정仁政의 한 단서가 될 수 있으니 다시 한번 곡진히 생각해 주시길 바랍니다.

胎呈小紙 卽切親間事也 方遭親喪 千里運柩 其情理切悲矣 所煩懇者 不

至大段 幸望依此另施 如何 垂惠於不報之地 亦足爲仁政之一端 更須曲念焉

•제 척숙戚叔 모관某官이 재임 중에 세상을 떠났으니, 시하侍下의 정경情境이 저로 하여금 참담하고 불쌍한 마음이 들게 합니다. 장차 보름이 되기 전에 임소任所로부터 운구하여 돌아오려 하는데, 이미 비국備局에서 관문關文을 내어 당신이 계신 경내境內 길로 호송하게 되었습니다. 굳이 간청의 말씀을 드리지 않아도 아마 이미 특별히 염두에 두고 계실 것이나 평소 저는 이 족숙과 정호情好가 절친한 사이인지라 다만 이렇게 전팽으로 편지를 보내 말씀드릴 뿐입니다. 다시 한번 바라건대 관례를 제쳐두고 간곡히 생각해 주시어 운구 행차와 그 가족들로 하여금 중도에 낭패를 보는 근심을 면하도록 해 주시는 것이 어떠하겠습니까? 천 만 번 간절히 바랍니다.

戚叔某官 在任身故 侍下情境 令人慘矜 將以望前 自任所運柩而還 旣自備局發關 護送境內之道 必不待提懇 想已另念 而素與此叔 情好至切 第此專書以控 更乞拔例曲念 俾喪行與眷屬 獲免中路狼狽之患 如何 千萬切仰

•운상運喪 행차가 당신이 계신 경내에 도착하여 지체할지 빨리 떠날지 아직 미리 알 수가 없으니, 모쪼록 호상護喪 교리校吏를 뽑아 미리 숙소를 알아보고 내외 사람들이 거처할 곳을 나누어 정해 주도록 해 주십시오. 객점에 들르면 병풍과 장막을 설치하고 양태粮太와 땔나무[柴], 마초馬草를 마련해 주시기를 또한 바랍니다.

喪行到境 遲速未可知預 須擇定護喪校吏 前期探候宿所 分定內外下處 過店則設屛帳 覓給粮太柴馬草 亦仰

•태지胎紙 내용은 바로 저와 절친한 사이의 일입니다. 천리 먼 길 운구하여 돌아오니 그 정경이 불쌍합니다. 부디 관례를 제쳐두고 돌봐주시어 상가喪家에서 잊지 못하는 은혜에 감사하도록 해 주시는 것이 어떠하겠습니까?

胎紙 卽切親間事 千里返靷 情事可矜 幸望拔例顧恤 俾爲喪家難忘之感 如何

•편지와 동봉하여 올린 소록小錄은 바로 제 친구 집에서 부탁한 일인데, 빈한한 선비 중에서도 아무 세가 없는 사람입니다. 부디 특별히 조처해 주시는 것이 어떠하겠습니까? 사통私通은 상가喪家에서 전송하고자 하니, 이번 인편이 돌아오는 편에 부쳐주시길 바랍니다.

胎呈小錄 卽知舊家所托 而寒士之至無勢者也 幸另施之 如何 私通欲自喪家傳送 此回付之 幸矣

•재종再從 집의 장례葬禮가 오는 아무개 날로 정해졌는데 장지葬地가 바로 아무개 지역의 아무개 동洞입니다. 묘각墓閣, 제청祭廳, 삼물막三物幕[1008]을 부근의 동에서 재목을 빌려 만들어 공급하라는 뜻으로 분부를 내려 본읍邑에 사통私通을 보내 기일이 어긋나 낭패를 보는 것을 면하도록 해 주시는 것이 어떠하겠습니까?

再從家葬禮 定於來某日 而葬地卽某地某洞也 墓閣祭廳三物幕 以附近洞借材造給之意分付 私通於本邑 俾免愆期狼狽之地 如何

•이번 소록小錄은 바로 세상을 떠난 모관某官의 부인상 장사葬事에 관한 내용입니다. 저에게는 재종再從 고모할머니인데 그 집에서 부탁한 바가 몹시 긴박합니다. 부디 관례를 제쳐두고 특별히 명령을 내려주시어 포복匍匐의 의리[1009]를 다해 인가의 대사를 완수하도록 해 주시는 것이 어떠하겠습니까?

此小錄 卽故某官夫人喪葬事也 於弟爲再從大姑 而其家所托切緊 幸須拔例另飭 俾遂匍匐之義 以完人家大事 如何

•아무개 집의 운상運喪 행차는 영감께서 정성껏 생각해 주신 덕분에 무

1008 삼물막三物幕: 장사葬事 지낼 때 관棺 주위를 메우거나 회다짐을 하기 위해 석회, 모래, 백토를 보관하는 작은 움막을 말한다.

1009 포복匍匐의 의리: 남의 상사喪事에 힘을 다하여 달려가 도와주는 의리를 말한다. 『예기禮記』「단궁 하檀弓下」에 "상사喪事가 나면 부복扶服해서 도와주어야 한다"라고 하였는데, 부복은 엎어지고 자빠지면서도 급히 가야 한다는 포복의 뜻과 같다.

사히 반장返葬[1010]할 수 있었으니 다행한 일입니다.

某家喪行 賴令勤念 得以無事返葬 可幸

•일꾼들의 양식은 이미 승낙이 있었는데, 만약 한 포의 쌀과 감장甘醬 조금만 구하면 산역山役을 할 수 있을 것입니다. 여기 내용대로 결재해 내주시는 것이 어떠하겠습니까?

役粮 旣有諾矣 若得一包米及甘醬少許 則可以爲役 依此題給 如何

【비호庇護】

•아무개 읍邑에 새로 부임한 고을 원은 바로 옛날 같은 마을에서 친숙하게 지내던 사람인 데다가 그의 사람됨도 정밀하여 족히 백리를 맡길 만한 사람입니다. 그러나 이렇게 아무 세가 없는 고을 원이 만약 영문營門의 비호가 없으면 다스림을 행하기가 어려울 것입니다. 부디 범사에 처리하는 일마다 잘 도와주시어 노우老友의 간절한 부탁을 저버리지 마시길 바랍니다.

某邑新倅 卽舊日同閈親熟者 且其爲人精緊 足任百里 而此等無勢弁倅 若無營門庇護 則難以爲治 幸望凡事隨處斗護 無孤老友之懇托也

•아무개 진鎭에 새로 부임한 만호萬戶는 바로 문하門下의 친애하는 사람인데, 벼슬살이한 지 수십 년 만에 이제야 변변치 못한 진鎭을 얻어 갔으니 자못 염려가 됩니다. 부디 일마다 비호하여 처음부터 끝까지 잘 살펴 주시는 것이 어떠하겠습니까?

某鎭新萬戶 卽門下親愛之人 而積仕數十年 方得薄鎭以去 殊可念也 幸望隨事庇護 終始善視 如何

•아무개 별장別將 아무개는 아무개의 종질從姪인데 저희 집에 출입한 지 오래되었습니다. 군문軍門에서 오랫동안 벼슬살이를 하다가 마침내 변변치

1010 반장返葬: 객지에서 죽은 사람을 고향으로 옮겨 장사하는 것을 발한다.

못한 지역을 얻었으니, 만일 영문營門에서 돌봐주지 않으면 분명히 일이 어긋나 자리를 지키기 어려울 것입니다. 부디 일마다 곡진히 돌봐주시어 낭패 보는 일을 면하게 해 주시고, 또 부임하는 날에 특별히 반갑게 맞이하여 낯이 서는 단초를 마련해 주시는 것이 어떻겠습니까?

某別將某 某之從姪 而出入弟家舊矣 積仕軍門 竟得薄地 如非營門之顧視 則其齟齬難保必矣 幸乞隨事曲護 俾免狼狽 且於馳進之日 特賜顏色 以爲生光之端 如何

•내형內兄 아무개가 8년 동안 군문軍門에서 벼슬살이를 해오다가 겨우 별장別將 한 자리를 얻어서 갔으나 그 행차가 거의 귀양 가는 객과 같아서 주림을 면하기 어렵습니다. 부디 넉넉히 양식을 지급해 주시고, 또 전팽으로 존문도 하여 낯이 서도록 해 주시는 것이 어떻겠습니까? 오로지 믿고 믿습니다.

內兄某 八年積仕於軍門 厪得一別將而去 其行殆同謫客 難免饑餓 望須優給粮太 且卽伻問以生光色 如何 專恃專恃

•이외의 모든 일에 대동하는 막비幕裨[1011]로 간주하셔서 특별히 더욱 돌봐주시면 행세하기 매우 좋을 것입니다.

此外凡事 看作帶率幕裨 另加顧護 則行色大矣

•아무개 아전은 잘 아는 사이입니다. 친절하게 부리는 것이 어떻겠습니까?

某吏 熟面也 款曲使令 如何

•아무개에 관한 일은 아낄만한 사람이고 저희 집과는 절친한 사이입니다. 앞뒤로 누차 드린 부탁이 몇 번인지 모르겠으나 믿는 것은 영감께서 체직되어 올 당시였습니다. 지금 생각했던 바와 어긋났으니 그 무색하게 되어버린 것이 더욱 어떠하겠습니까? 처지를 바꾸어 본다면 아마 그렇게 하

1011 막비幕裨: 비장裨將으로 감사監司·유수留守·병사兵使·수사水使·견외사신遣外使臣 등을 따라 다니던 관원의 하나다.

지 않을 터이니 헤아려 주십시오.

某事 爲人之可愛 鄙家之親切 前後屢托 不知爲幾 所恃者 令之遞來時矣 今失所料 則其爲無色 尤當如何 易地則似不然 諒之

•아무개 인물은 영감께서 돌봐주시고 아껴주시는 은혜를 깊이 입었으니, 매우 감사하고 감사합니다. 부디 한결같이 잘 돌봐주시는 것이 어떠하겠습니까?

某人 深蒙令眷愛之恩 多感多感 幸須一向善視 如何

【탈세頉稅】

•아무개 집의 약간 전답田畓이 모처某處에 있는데 올해 수재水災를 혹독히 입어 거의 수확할 가망이 없습니다. 부디 집재執災[1012]할 때 상세히 조사하여 백지징세白地徵稅[1013]의 근심이 없도록 해 주시는 것이 어떻겠습니까?

某家如干田沓 在於某處 而今年酷被水災 殆無收穫之望 幸於執災時 詳細看踏 俾無白地徵稅之患 如何

•당신 치하治下의 아무개 면面에 지난겨울 자부子婦의 장지葬地를 새로 잡아 이미 묘진墓陳[1014]에 들어갔으나 면임面任들이 전세田稅를 징수한다고 합니다. 부디 엄히 명령을 내려 느닷없이 침탈하는 상황이 없도록 해 주시는 것이 어떠하겠습니까?

治下某面 昨冬新卜子婦葬地 已入於墓陳 而面任輩責徵田稅云 幸須嚴飭 俾無橫侵之地 如何

•아무개 집은 바로 저의 가까운 인척 집안인데, 근래 낙향落鄕하여 무엇

1012 집재執災: 홍수나 가뭄으로 인한 농사의 재해 상황을 조사하는 것을 말한다.
1013 백지징세白地徵稅: 천재지변天災地變으로 거둘 것이 없게 된 땅에 세금稅金을 면해 주지 않고 억지로 물려받던 일을 말한다.
1014 묘진墓陳: 묘지에 속하여 있어 조세를 면제하는 논밭을 말한다.

보다도 불쌍하고 염려가 됩니다. 이제 막 전결田結[1015]과 방역防役[1016]을 납부하지 못한 것으로 날마다 호수戶首[1017]의 독촉을 받는데, 집에는 바깥일을 주관할 사람이 없어 실로 가까운 시일에 갖추어 납부할 가망이 없다고 하니 들은 소식이 진실로 몹시 걱정스럽습니다. 부디 특별히 기한을 넉넉히 주시어 봄이 된 후에 갖추어 납부하라는 뜻으로 해색該色[1018]과 호수戶首에게 분부를 내려 궁벽한 집안이 편안히 한 해를 나도록 해 주시는 것이 어떠하겠습니까?

某家 卽弟之切姻家也 近日落鄕 最甚矜念 方以田結防役之未納 日被戶首之催督 家無外事主管之人 實無從近備納之望 所聞誠甚悶然 幸望特爲寬限俾令開春後備納之意 分付於該色及戶首處 以爲窮家安穩過歲之地 如何

•저의 전장田庄이 있는 모처某處도 전재全災[1019]를 입은 곳으로 들어가 거주하는 백성들이 흩어져 떠납니다. 당장 백성들을 안정시킬 방법과 오는 봄 종자와 양식 밑천은 아마 반드시 당신이 신경 써 주시는데 달려있기 때문에 아울러 이렇게 미리 아룁니다. 이 일은 실로 공공을 위한 일이고 저를 위한 일이 아니니 살펴 주십시오.

鄙庄某處 亦入全災中 居民離散 目下安集之方 來春種粮之資 似必在軫念中 故幷此豫告 此實爲公 而非爲此者 諒之

•중자仲姊의 가묘산家墓山이 당신 치하治下에 있는데, 단지 노복 한 명만 돌보고 지키고 있으나 도장都將의 부역에 차출되어 장차 도주하려고 합니다. 과부로 지내는 생부甥婦가 한 마디 말로 주선해달라고 요구하니, 비록

1015 전결田結: 논밭에 대하여 물리는 세금, 또는 그 전답을 말한다.

1016 방역防役: 지방에 있는 백성이 부역賦役 대신으로 나라에 돈이나 곡식 등을 미리 바치던 일을 말한다.

1017 호수戶首: 각 호戶의 우두머리다. 1호는 정호正戶와 봉족奉足으로 되어 있는데, 호수는 정군正軍의 입역立役과 여정餘丁의 공부貢賦를 책임지고 독려하였다.

1018 해색該色: 해당 업무를 맡은 사람을 말한다.

1019 전재全災: 재해 등으로 인해 전결田結 전체가 피해를 입은 것을 가리킨다. 이 경우 세금을 모두 면제하였다.

사사로운 부탁이지만 정사에 큰 해를 끼치는 지경에 이르지 않을 것입니다. 부디 명령을 고쳐 완문完文[1020]을 성급成給하도록 하여 자리를 보전해 지킬 수 있도록 해 주시는 것이 어떠하겠습니까?

仲姊家墓山 在治下 只一奴看守 而見差都將之役 將欲逃走 寡居甥婦 要一言周旋 雖私囑 不至大害於政 幸命改之 成給完文 俾得保守 如何

•묘지기 아무개 상한常漢이 일찍이 병영兵營의 군뢰軍牢[1021]에 입적되었을 때 병사兵使에게 편지를 보내 겨우 면제를 받았습니다. 그리고 전임 고을 원이 또 육군陸軍에 충원했으나 곧바로 면제를 받았습니다. 그런데 듣자 하니 향소배鄕所輩[1022]가 관리의 공백을 틈타 또 억지로 어영군御營軍에 배정하였다고 하니 제 마음이 몹시 통탄스럽습니다. 선현들의 묘지기는 많아도 3인에 불과한데도 매번 이렇게 뒤섞여 들어가는 일이 생기니, 곧바로 향소배를 불러 임의대로 충당하여 배정한 일을 꾸짖고, 이어서 완문完文을 성급成給하여 이 뒤로 다시 침탈하는 길을 끊어버리도록 하시는 것이 어떻겠습니까? 몹시 어려운 일이 아니니 부디 대수롭게 여기시지 마시고 꼭 처리해 주시기를 바랍니다.

墓直某漢 曾入兵營軍牢 貽書兵使 僅得頉下 而前倅又充陸軍 旋得頉下 聞鄕所輩乘空官 又勒定御營軍 人心極痛惋 先賢墓直 多不過三人 而每混侵如此 卽招鄕所 責其任意充定之事 仍給完文 俾絶日後更侵之路 如何 事甚不難 望須毋泛必施也

【산송山訟】

•족숙族叔 아무개의 어버이 산소가 당신 치하治下의 아무개 장소에 있는

1020 완문完文: 관공 문서의 하나로 증명·허가·인가·명령 등 처분에 관하여 당해 관청이 발급하는 문서다. 내용은 부동산에 관한 것, 조세租稅·부역賦役·군역軍役에 관한 것 등이다.

1021 군뢰軍牢: 군대에서 죄인을 다루는 군졸을 말한다.

1022 향소배鄕所輩: 수령守令의 자문기관이며 민정民情을 대표하는 지방 자치 기관이었던 유향소留鄕所의 향정鄕正·좌수座首·별감別監 등 직원들을 가리킨다.

데, 그 단청용單靑龍[1023] 오십 보의 땅에 상한常漢 한 놈의 투장偸葬이 있다고 급보가 왔습니다. 그러나 족숙은 북읍北邑에서 미처 올라오지 못하여 그 아들이 허둥지둥 내려갔다고 하니, 소식을 듣고 몹시도 놀라고 화가 났습니다. 이미 사대부가 선산의 단청용 백보 안이니 그 일의 곡직曲直을 알 수 있을 것입니다. 부디 잘 처분을 내려 일이 지체되는 폐단에 이르지 말도록 해 주시는 것이 어떠하겠습니까?

族叔某親山 在於治下某地 其單靑龍五十步之地 有一常漢偸葬 急報來至 而族叔則自北邑未及上來 其胤蒼黃下去 聞甚驚惋 旣是士夫家先山單靑龍百步內 則其曲直可知 幸須善爲決處 毋至遷延之弊 如何

•이번에 드리는 소록小錄은 바로 인척으로 절친한 사이의 일입니다. 상한常漢이 사대부가의 산소 국내局內에 투장偸葬하여 이미 변괴가 되었으니, 이러한 송사 심리는 생각건대 반드시 엄단하실 것이나 이 상한과 같은 경우는 풍화風化에 관계되는 일입니다. 부디 소장을 올린 뒤에 곧바로 관차官差[1024]를 보내 먼저 엄중히 다스리게 하고, 이어서 엄히 가두어 파내도록 하는 것이 어떻겠습니까? 비록 한겨울이지만 절대 시일을 너그럽게 처분하시지 마시고 기일을 정해 파내도록 하는 것이 어떻겠습니까?

此呈小錄 卽連姻切親間也 常漢之偸葬士夫家山所局內 已是變怪 此等訟理 想必嚴斷 而至於此漢 則事係風化 幸待呈狀 卽發官差 先爲重治 仍嚴囚督掘之地 如何 雖當隆冬 切勿饒貸 刻期掘去 如何

【징완懲頑】

•이번에 드리는 태지胎紙는 바로 아무개 집의 일입니다. 해서海西의 인심이 본래 모질고 사납다고 하는데, 태탄苔灘[1025]의 일에 이르러서는 극에 다

1023 단청룡單靑龍: 풍수風水 용어로 좌우로 산이 뻗지 않고 오로지 한줄기 산이 그대로 뻗은 것을 말한다.

1024 관차官差: 관에서 파견하는 관리를 말한다.

1025 태탄苔灘: 황해도 서쪽 끝에 있는 장연군長淵郡의 행정 구역 중 하나다.

다랐습니다. 예전에 이미 내쫓겼지만 뜻밖에 일이 일어날 염려가 없지 않기 때문에 이렇게 번거롭게 말씀드립니다. 부디 의송議送[1026]을 올린 뒤에 특별히 엄격한 관문關文을 내어 중죄로 다스려 완악한 습속을 징계하도록 하여 또한 사대부가의 대대로 지켜온 물건을 잃어버리지 말도록 해 주시는 것이 어떠하겠습니까? 이미 풍화風化의 정사에 관계된 일인지라 이렇게 누누이 말씀드리니, 부디 특별히 헤아려 주시기를 바랍니다.

此呈胎紙 卽某家事也 海西人心 素稱獰悍 至於呰灘事而極矣 前旣見逐 不無意外之慮 故玆煩瀆 幸待呈議送 特發嚴關 重繩以懲頑習 亦使大夫家世守之物 得以無失之地 如何 旣係風化之政 縷縷至此 幸須另諒焉

•태지胎紙로 고한 내용은 바로 질서姪壻 집의 일이지만 풍화風化와 크게 관계된 일입니다. 사람들로 하여금 대시 분노케 하는 일이니 태지 내용을 보시면 잘 아실 것입니다. 부디 엄히 다스려 죄를 징계한 뒤 잡아서 보내는 것이 어떠하겠습니까?

胎告 卽姪壻家事 而大關風化 令人代憤 覽此錄可悉 幸痛治懲罪後 捉送如何

•소지小紙에 알린 내용은 바로 제 청지기에 관한 일입니다. 사리事理가 명백하고 곡직曲直이 쉬이 분별되니, 그 소장을 한 번 보시면 아마 엄한 처결이 있을 것입니다. 아무개 상한常漢이 누차 소송하여 누차 졌음에도 오히려 또 무고하려고 하는 것은 몹시 통탄할 일입니다. 이번에는 반드시 법에 비추어 엄히 다스려 완악하고 참람한 습속을 징계하도록 하시는 것이 어떻겠습니까?

小紙所報 卽鄙傔事也 事理明白 曲直易卞 一覽其狀 想有以嚴決 某漢之屢訟屢屈 猶且誣籲者 極可痛 今番則必須照法痛治 俾懲頑濫之習 如何

1026 의송議送: 백성이 고을 원의 판결에 불복하여 관찰사에게 올리는 항소장抗訴狀을 말한다.

•소지小紙 내용은 보신 뒤에 각별히 엄중하게 다스려 주시는 것이 어떠하겠습니까? 일의 곡직을 논할 것 없이 바로 종과 주인의 신분 관계입니다. 그렇다면 풍화風化와 관계된 일이니 어찌 관례를 제쳐두고 엄중히 징계해야 하지 않겠습니까?

小紙覽後 各別痛治 如何 無論事之曲直 卽是奴主之分 則風化所關 豈不拔例痛懲耶

후기

얼마 전『寒暄箚錄』 번역을 출판사로 넘기기 전에 몇 가지 점검 사항 확인을 위해 오랜만에 모임을 가졌다. 그런데 천만뜻밖에 학번이 조금 빠르고 나이가 한두 살 더 많다는 이유로 갑자기 序文을 써줄 것을 요청해왔다. 갖가지 사유를 들며 절대 불가함을 역설했지만, 마음이 그다지 편치 않아 後記라면 가능하다고 한 걸음 물러섰다.

『한훤차록』 자체에 대해서는 앞부분의 해제와 본문의 내용을 참고하면 될 것이기에 책을 발간하기까지 그간의 과정을 한 번 훑는 것으로 주어진 책임을 면하고자 몇 마디를 남긴다.

2000년대 초반 무렵으로 기억된다. 영남대학교 한문학과 박사과정 同學 몇 명이 모인 자리에서 한문학 텍스트의 정밀한 해독과 이해를 위해 輪讀을 해보자는 의견이 있었다. 마침 박대현(전 고전번역원 교수) 선생님이 과정에 참여하고 계셨다. 의향을 여쭈니 흔쾌히 승락하시기에 座長으로 모시고 윤독을 시작하였다. 일주일에 한 차례 저녁에 모여 두서너 시간 동안『古文眞寶 前集』,『杜律虞註』,『中庸或問』 등을 꾸준히 輪讀하였다. 10여 년 동안 同學들이 각자의 사정에 맞춰 참여하였고, 윤독에만 머물지 않고 한문학과 관련된 다양한 토론의 장이 형성되는 등 긍정적인 영향을 주고받으며 성취감을 맛보았다. 그렇지만 항상 무언가 부족하다는 느낌을 지울 수 없었다.

그러다가 대부분이 과정을 수료한 2013년 무렵, 자기만족에만 머물지 말고 조금이나마 학계에 도움이 되는 자료를 발간해보자는 공감대가 형성되었다. 학회에서 주관한 '조선후기 名人 簡札展'에 주도적으로 참여하고,『陶山諸賢遺墨』의 발간에도 一助한 경험을 살려 자연스럽게 簡札로 의견이 모아졌다. 당시 민족이나 근대와 같은 거대 담론이 축소되고 생활이나 일상 등으로 대체되는 학계의 분위기도 여기에 일조하였던 것으로 기억된다.

텍스트는 널리 유포되어 가장 친숙한『한훤차록』으로 정했다. 항목에 맞는 짧은 구절이나 문장으로 되어있어 분량을 나눠 강독하지 않고 말 그대로 윤독하며 의견을 주고받는 방식으로 진행되었다. 간찰 해독의 지침서 제공이라는 所期의 목적을 달성하기 위해 出典을 명확히 밝히고 用語를 꼼꼼히 정리하는 데 주력했다.

돌이켜보면 진행 과정이 그렇게 순탄치만은 않았던 것 같다. 처음에는 참여 인원이 많다 보니 공간 문제로 교내외의 이곳저곳을 돌아다니며 고생한 기억이 난다. 그러다가 모임의 좌장인 박선생님이 고전번역원 교수로 부임하고, 회원 각자의 생업으로 인해 참여율이 급격히 떨어지면서 진행 동력이 저하되는 위기를 겪기도 했다.

마지막에는 네 사람만 남게 되었다. 멈출 수도 있었지만 그동안 들인 시간과 노력을 생각하며 끝까지 마무리를 짓자고 서로 격려하며 진행하였다. 그런데 윤독이 마무리가 될 무렵 옛날의 역병처럼 코로나의 창궐이 발목을 또 다시 잡았다. 코로나가 생각보다 장기화되면서 방역수칙 때문에 모임이 뜸해질 수 밖에 없었고, 방대한 양을 나눠서 읽고 정리하다 보니 문체의 통일성이 떨어지는 한계에 봉착했다. 이 부분은 수차례 서로 바꿔 보고 교정과 윤문을 하면서 間隙을 메워 나갔다.

시작부터 많은 동학이 참여했지만 일일이 고마움을 밝히지는 못한 점은 아쉽게 생각한다. 그렇지만 上梓를 앞두고 네 사람이 남은 지금 영남대학교 한자문화연구소의 김남규, 양재성 동학의 수고는 반드시 언급해야 할 것 같다. 김남규 선생은 다년간의 간찰 탈초와 해석의 경험을 살려 이 책의 시작부터 발간까지 모든 것을 주도하여 진행했고, 양재성 선생은 원문과 해석 및 주석을 정리하는 수고를 마다하지 않았다. 임규완 선생과 필자는 두 사람을 믿고 격려하며 각기 解題와 後記로 塞責한 정도에 지나지 않는다.

국역 『한훤차록』의 上梓를 앞두고 여전히 미흡함과 아쉬움이 남지만 언제까지 품고만 있을 수 없는 노릇이다. 이 책은 전공자를 위한 책만은 아니다. 국학 전공자의 경우 박대현 선생의 『한문서찰의 격식과 용어』를 통해 기본을 숙지한 다음 이 책을 통해 격식과 용어의 實例를 익힌다면 간찰 해독에 일정한 도움을 받을 수 있을 것이다. 그리고 일반 독자의 경우 이 책에 담긴 짧지만 다양한 삶의 이야기를 통해 옛 분들과 소통하는 기회를 가질 수 있을 것이다.

2025년 殘暑

伊山書舍에서 이상동 謹識